역대시화 2

歷代詩話

전당시화

A Talk on Poetry of Chronicle

엮은이 하문환(何文煥 : 청(淸) ?~?)은 자가 소미(少眉), 호가 야부(也夫)이며 가선(嘉善) 사람이다. 주로 건륭 연간에 활동하였다. 관직을 갖지 못한 제생(諸生)으로서 구체적인 생애는 잘 알려져 있지 않다. 저서로 『무보집(無補集)』이 있고 『역대시화』를 편찬하였다.

옮긴이 김규선(金奎璇)은 선문대학교 교수이다. 한국외국어대학교 중국어과 학사 및 동대학원 석 · 박사 학위를 받았다. 논문으로 「陸游의 憂國意識과 시적 형상화 고찰」, 「황상의 산거 생활과 시적 형상화 연구」 등과 역주서로 『추사 김정희 연구』(원서 : 清朝文化 東傳 硏究), 『국역 의암집』, 『日省錄 정조 62 (정조 10년 11월)』 등이 있으며, 조선시대 한 · 중 교류 자료의 발굴과 연구에 많은 노력을 기울이고 있다.

역대시화歷代詩話 2 — 전당시화

1판 1쇄 인쇄 2013년 11월 20일 **1판 1쇄 발행** 2013년 11월 30일

엮은이 하문환 **옮긴이** 김규선 **펴낸이** 박성모 **펴낸곳** 소명출판
등록 제13-522호 **주소** 137-878 서울시 서초구 서초동 1621-18 (란빌딩 1층)
대표전화 (02) 585-7840 **팩시밀리** (02) 585-7848
이메일 somyong@korea.com **홈페이지** www.somyong.co.kr

ISBN 978-89-5626-932-0 94820 값 39,000원
ISBN 978-89-5626-930-6 (전 6권)

이 번역도서는 2009년 정부재원(교육인적자원부 학술연구조성사업비)으로 한국연구재단의 지원에 의하여 연구되었음.

역대시화 2

전당시화

歷代詩話

하문환 엮음
김규선 옮김

소명출판

◆ 일러두기

1. 본서의 저본은 『歷代詩話』(中華書局, 1981)이다.
2. 본서의 원주는 중화서국본을 그대로 따랐다.
3. 자字와 호號, 기타 별칭에 대해서는 괄호 안에 본래 성명을 밝혔다.
4. 원문에 작품만 인용되었을 경우, 해당 작품의 작가와 작품명 등을 주석에 밝혔다.
5. 최근의 편집 추세에 맞춰, 한자 병기 시에 괄호를 쓰지 않았으며, 기타 표기는 일반적인 예를 따랐다.

전당시화

역대시화 전체 차례

이로당시화
백석도인시설
창랑시화
산방수필
시법가수
목천금어
시학금련
담예록
예포힐여
존여당시화
이백재시화
역대시화고색

『전당시화全唐詩話』

송宋 우무尤袤

우무尤袤, 『전당시화全唐詩話』 해제

우무(1127~1194)는 상주常州 무석無錫 사람이며 자는 연지延之, 호는 수초거사遂初居士이다. 소흥 18년(1148) 진사가 되었고 태흥현령泰興縣令, 강동제형江東提刑, 태상소경太常少卿 등을 역임하고 예부상서 겸 시독侍讀의 직위까지 올랐다. 문장과 시부에 능해 육유, 범성대, 양만리와 함께 중흥中興 4대 시인으로 불렸다. 그의 작품은 대부분 산실되었고 후인들이 묶은 『양계유고梁溪遺稿』가 전한다.

『전당시화』 원각본元刻本에는 작자의 성씨가 명기되어 있지 않고 단지 자서自序에 "함형咸淳 신미辛未 중양일重陽日 수초당서遂初堂書"라고 쓰여 있어서 후인들은 이 책을 우무가 지은 것으로 판단하였다. 그런데 『사고존목제요四庫存目提要』의 고증에 따르면 우무는 광종光宗 때(1194)에 죽었는데 이 책의 자서에 명기된 시화의 연월年月 기록은 그 후 칠십여 년이 지난 함형 연간이어서 시대가 전혀 맞지 않는다. 이에 주밀周密의 『제동야어齊東野語』에서는 가사도賈似道의 여러 저서들 중 이 책이 있었고 문객 요형중廖瑩中에게 대필을 시킨 것이며 후인들이 우무가 쓴 것처럼 고쳤다고 했다. 최근에는 정복보丁福保가 우무의 손자 우육尤堉이 이 책을 편집했다고 고증하기도 했다. 또한 『사고존목제요』에서는 또 "글을 견주어보면 모두 계유공計有功의 『당시기사唐詩紀事』[校驗其文, 皆與計有功『唐詩紀事』相同]"와 같다고 했다. 실제로 개별적인 곳마다 범례와 용어까지 그대로 옮겨온 흔적이 있어서 "후인들을 위해 뽑거나 베낀 것에 더욱 의심의 여지가 없다[其爲後人剌取影撰, 更無疑意]"고 판단했다.

『전당시화』는 인물별로 목차를 잡았는데, 당나라 시인 삼백이십여 명의 생평, 일화를 기록하거나 시를 수록하였다. 그들 중에는 왕과 왕족, 승려, 기생, 부녀자까지 포함된다. 앞에서 말한 대로 『당시기사』의 글을 많이 옮겨오기는 했지만 옮기는 과정에서 읽기 쉽게 줄이고 정련하여 보다 널리 읽힐 수 있었다. 그러나 정밀한 시론은 거의 눈에 띄지 않으며 그나마 얼마 안 되는 시평도 작자가 직접 논하지 않고 대부분 고중무高仲武의 입을 통해 서술한다.

물론 시인들의 생평과 일화가 전혀 가치가 없는 것은 아니다. 수록한 시인들의 범위가 광범위한 만큼 후대에 참고할 만한 자료로서 충분한 의의를 갖고 있다. 측천무후가 남긴 시에 대해 "무후의 시문은 모두 원만경元萬頃과 최융崔融 등이 지었다[凡太后之詩文, 皆元萬頃·崔融輩爲之]"고 한 것처럼 직접 고증을 가한 사례도 많다. 다만 도현陶峴을 소개한 부분에서 도현이 "서새산西塞山 아래에 이르러 갈상사吉祥寺라는 절에 배를 정박하였는데 깊고 검푸른 강물을 보고는 반드시 괴물이 있을 것이라고 이르며, 마가摩訶에게 검을 주어 내려가 잡아오라고 하였다. 한참 뒤에 갈가리 찢긴 지체支體가 물 위로 떠오르자, 도현이 눈물을 흘리고 노를 저어 돌아오며 시를 지어 자술하고 다시는 강호를 유람하지 않았다[至西塞山下, 泊舟吉祥佛寺, 見江水深黑, 謂必有怪物, 投劍命摩訶下取. 久之, 支體磔裂, 浮于水上. 峴流涕回棹, 賦詩自敘, 不復遊江湖矣]"라고 한 것처럼 허무맹랑한 이야깃거리를 싣기도 했다.

작자는 서문에서 “당나라는 정관貞觀 이래로 육조시대의 성운병聲韻病이 남아있었지만 기氣와 운韻의 웅장하고 심오함에는 옛 뜻이 넘쳤고, 개원開元, 원화元和시대의 융성은 마침내 「풍아風雅」를 따라잡았으며, 회창會昌 때에 와서는 모나고 화려함이 완전히 사라졌다. 이따금 세상의 변화를 살피는 이들은 여기에서 느낀 바 있을 것이니, 어찌 한낱 시일뿐이라고 말할 수 있겠는가![唐自貞觀來, 雖尙有六朝聲病, 而氣韻雄深, 駸駸古意. 開元・元和之盛, 遂可追配「風雅」, 迨會昌而後, 刻露華靡盡矣. 往往觀世變者於此有感焉. 徒詩云乎哉]”라고 하여 처음부터 당시의 빼어남과, 시 자체를 넘어서는 보편적 가치를 충분히 긍정하였다.

그리고 구체적으로 시를 논하면서는 고중무의 입을 빌려 유장경劉長卿과 전기錢起에 대해 각각 “‘죄를 지어 풍상에 괴로우나, 천지의 인자함에 삶을 온전히 누린다’는 슬퍼하면서도 원망하지 않은 것으로 풍아風雅를 충분히 발휘하고 있다 하겠다[‘得罪風霜苦, 全生天地仁.’ 傷而不怨, 亦足以發揮風雅矣]”, “제齊, 송宋의 부유浮游를 혁파하고, 양梁, 진陳의 미만靡曼을 제거하여 홀로 우뚝 서서 더불어 견줄 자가 없었다[革齊宋之浮游, 削梁陳之靡曼, 逈然獨立, 莫之與京]”고 하였으니 『시경』과 선진先秦의 맑고 담백한 기풍을 추종했다고 할 수 있다. 그러나 이번에는 심존중沈存中의 입을 빌려 “당나라 시인은 시로써 인물을 평가하므로 짧은 시라 해도 완벽하게 다듬고서야 그만두니, 이른바 열흘마다 단련하고 한 달마다 손본다는 것이 참으로 빈말이 아니다[唐人以詩主人物, 故雖小詩, 莫不極工而後已, 所謂旬鍛月煉者, 信非虛言]”라고 한 것을 봐서는 시어의 정련도 함께 중시하였다.

이 책은 비록 우무의 이름을 빌려 전해질 수 있기는 했지만 소재의 취사선택이 부당하거나 오류가 많다. 특히 『당시기사』에서는 이백과 두보를 많이 언급했는데도 이 책은 거의 언급하지 않은 것이 특이하다. 오직 피일휴皮日休가 「맹정기孟亭記」에서 “명황(明皇 : 현종)시대에 문풍은 건안체建安體를 크게 형성했는데, 논자들은 이한림(李翰林 : 이백)과 두공부(杜工部 : 두보)를 최고로 추대했다(明皇世, 章句之風, 大得建安體. 論者推李翰林杜工部爲尤)"라고 한 구절을 인용한 부분에서 단 한 번 이백과 두보의 이름이 거론되었을 뿐이다. 주요한 당나라 시인들과 그들의 작품을 총괄하는 시화에서 이처럼 이백과 두보를 누락한 점은 매우 이해하기 어렵다.

『전당시화』의 권수는 매우 혼란하다. 2권, 3권, 5권, 6권, 심지어 10권인 것도 있다. 곽소우는 "모두 나눠지고 합해진 것의 차이는 있지만 내용은 다르지 않다(均出分合之異, 不關內容之完缺)"고 판단했다. 명, 청 사이에 이 책은 연이어 여러 종류의 판본이 있었지만 특히 『진체비서』본의 영향이 가장 광범위했다. 그 후, 청대에 손도孫濤가 새로 글을 바로잡고 『전당시화속편全唐詩話續編』 두 권을 편찬했다. 『전당시화』는 전문적으로 한 왕조의 시와 시인만을 다룬 시화로서 나중에 왕사정王士禎의 『오대시화五代詩話』, 주춘周春의 『요시화遼詩話』에 영향을 주어 시화의 한 계열을 형성하였다.

전당시화全唐詩話 원서原序

송宋 우무尤袤

余少有詩癖. 歲在甲午, 奉祠湖曲,① 日與四方勝遊, 專意吟事, 大概與唐人詩誦之尤習. 間又裒話錄之纂記, 益朋友之見聞, 彙而書之, 名曰「全唐詩話」. 未幾, 驅馳於外, 此事便廢, 逾來三十有八年矣. 今又蒙恩便養湖曲, 因理故篋, 復得是編. 披覽慨然, 恍如疇昔浩歌縱談時也. 唐自貞觀來, 雖尚有六朝聲病, 而氣韻雄深, 駸駸古意. 開元・元和之盛, 遂可追配「風雅」, 迨會昌而後, 刻露華靡盡矣. 往往觀世變者於此有感焉. 徒詩云乎哉.

咸淳 辛未年 重陽日 遂初堂書

① "湖"原作"河", 據『津逮秘書』本改.

나는 어려서부터 시벽詩癖이 있었다. 지난 갑오년(1234) 호곡湖曲에서 제사를 치를 때, 날마다 사방 승지를 유람하며 시 읊기에 전념했는데, 대체로 당나라 시인들의 시를 더 많이 암송했다. 이따금 화록話錄의 글을 모으고, 뭇 친구들의 견문을 보탠 글들을 모아 『전당시화』라 이름 지었다. 그로부터 얼마 되지 않아 외적인 일에 휩쓸려 이 일을 멈췄으니, 어느덧 삼십팔 년이 되었다. 지금 또다시 성은을 입어 호곡에서 휴양하며 지내다가 옛날 책 상자를 정리하니 이 책이 다시 나왔다. 내용을 펼쳐보니, 지난날 마음껏 노래 부르고 편하게 담론했던 때가 떠올라 가슴이 뭉클했다. 당나라는 정관(貞觀 : 627~649) 이래로 육조시대의 성운병聲韻病이 남아 있었지만 기氣와 운韻의 웅장하고 심오함에 옛 뜻이 넘쳤고, 개원(開元 : 713~741)·원화(元和 : 806~820)시대의 융성함은 마침내 「풍아」를 따라잡았으며, 회창(會昌 : 841~846) 때에 와서는 모나고 화려함이 완전히 사라졌다. 이따금 세상의 변화를 살피는 이들은 여기에서 느낀 바 있을 것이니, 어찌 한낱 시일 뿐이라고 말할 수 있겠는가!

함순咸淳 신미년(1271) 중양일(重陽日 : 9월 9일)에 수초당遂初堂에서 쓰다.

① '湖'는 본래 '河'로 되어 있었는데, 『진체비서津逮秘書』본에 의거하여 고쳤다.

전당시화 목록

권1

太宗태종 高宗고종 中宗중종 玄宗현종 德宗덕종 文宗문종 宣宗선종 昭宗소종 武后무후 徐賢妃서현비 上官昭容상관소용 孔紹安공소안 虞世南우세남 魏徵위징 李百藥이백약 長孫無忌장손무기 王勃왕발 馬周마주 李義府이의부 杜淹두엄 蘇味道소미도 駱賓王낙빈왕 陳子昂진자앙 李日知이일지 李景伯이경백 崔融최융 李適이적 徐彦伯서언백 李嶠이교 蘇頲소정 沈佺期침전기 李行言이행언 張元一장원일 劉希夷류희이 張敬忠장경충 張說장열 宋璟송경 王灣왕만 姚崇요숭 趙仁獎조인장 金昌緒금창서 張九齡장구령 王維왕유 王縉왕진 賀知章하지장 李嘉佑이가우 張均장균 王諲왕인 孟浩然맹호연 陶峴도현 王昌齡왕창령 李淸이청 韓滉한황 王之渙왕지환

권2

劉長卿류장경 章八元장팔원 韋應物위응물 朱放주방 李泌이필 暢當창당 皇甫冉황보염 皇甫曾황보증 秦系진계 顧況고황 朱絳주강 楊志堅양지견 劉方平류방평 戎昱융욱 柳郴류침 薛顯설현 元載원재 楊郇伯양순백 梁鍠양굉 戴叔倫대숙륜 于鵠우곡 李益이익 耿湋경위 盧綸노륜 韓翃한굉 錢起전기 司空曙사공서 崔峒최동 李端이단 冷朝陽냉조양 竇叔向두숙향 竇常두상 竇鞏두공 常建상건 李約이약 陳通方진통방 楊炎양염 裴度배도 韓愈한유 張籍장적 李道昌이도창 陸暢육창 李翶이고 孟郊맹교 劉叉유차 楊巨源양거원 歐陽詹구양첨 袁高원고 閻濟美염제미 裴交泰배교태 劉竈유조 元稹원진 白居易백거역

권3

牛僧孺우승유 李紳이신 劉禹錫유우석 陳潤진윤 賈島가도 李正封이정봉 崔護최호 張又新장우신 柳公權유공권 陸鴻漸육홍점 章孝標장효표 施肩吾시견오 孟簡맹간 張肅遠장숙원 許康佐허강좌 張南史장남사 徐凝서응 令狐楚영호초 張仲素장중소 郎士元낭사원 于良史우량사 舒元輿서원여 李賀이하 柳宗元유종원 邵眞소진 李宣遠이선원 王建왕건 朱灣주만 蘇鬱소울 韋丹위단 王播왕파 周匡物주광물 劉言史유언사 劉猛유맹 李餘이여 李涉이섭 劉昭禹유소우 孫昌胤손창윤 嚴休復엄휴복 朱慶餘주경여 楊虞卿양우경 楊汝士양여사 張志和장지화 嚴維엄유 李播 이파 李德裕이덕유 鄭還古정환고 裴休배휴 薛宜僚설의료 九老會 胡杲구로회호고

吉皎길교 劉眞류진 鄭據정거 盧眞노진 張渾장혼 白居易백거역

권4

項斯항사 滕邁등매 裴思謙배사겸 廖有方요유방 姚合요합 宋雍송옹 段文昌단문창 劉郇伯류순백 陳彦博진언박 郭良驥곽량기 崔嘏최하 唐球당구 白敏中백민중 魏扶위부 馬植마식 崔鉉최현 裴夷直배이직 楊敬之양경지 喩凫유부 楊衡양형 王彦威왕언위 繁知一번지일 雍裕之옹유지 張祜장호 李商隱이상은 劉得仁류득인 王智興왕지흥 馬戴마대 鄭顥정호 李群玉이군옥 溫庭筠온정균 王起왕기 丁稜정릉 姚鵠요곡 蒯希逸괴희일 黃頗황파 鄭畋정전 李彙征이휘정 劉威유위 崔郊최교 來鵬내붕 杜牧두목 許渾허혼 雍陶옹도 李遠이원 趙嘏조하 韋承貽위승이 段成式단성식 韋蟾위섬 李敬方이경방 李郢이영 李洞이동 長孫翺장손고 崔櫓최로 高蟾고섬

권5

于武陵우무릉 李頻이빈 劉魯風류로풍 褚載저재 汪遵왕준 盧渥노악 滕倪등예 費冠卿비관경 李廓이곽 薛能설능 曹鄴조업 聶夷中섭이중 張林장림 崔塗최도 章碣장갈 方干방간 衛准위준 司空圖사공도 秦韜玉진도옥 高駢고병 翁承贊옹승찬 皮日休피일휴 盧延讓노연양 裴說배설 張

爲장위 韓偓한악 曹松조송 杜荀鶴두순학 鄭綮정계 錢珝전후 嚴惲엄운 王渙왕환 張曙장서 翁綬옹수 袁皓원호 李濤이도 王祝왕축 韋莊위장 吳融오융 公乘億공승억 羅鄴나업 羅隱나은 許棠허당 張蠙장빈 鄭谷정곡 溫憲온헌 李昌符리창부 李山甫리산보 鍾離權종리권 張道古장도고 胡曾호증 伍唐珪오당규

권6

韓定辭한정사 同谷子동곡자 沈彬침빈 周樸주박 孫魴손방 王易簡왕역간 范攄之子범터지자 鄭雲叟정운수 僧子蘭승려 자란 僧靈澈승려 영철 僧靈一승려 영일 僧淸江승려 청강 僧廣宣승려 광선 僧法振승려 법진 僧皎然승려 교연 僧文秀승려 문수 僧棲白승려 서백 僧無可승려 무가 僧懷濬승려 회준 僧可朋승려 가붕 僧雲表승려 운표 僧貫休승려 관휴 僧齊己승려 제기 僧棲蟾승려 서섬 僧淸塞승려 청새 僧文益승려 문익 僧修睦승려 수목 僧景雲승려 경운 僧可止승려 가지 僧卿雲승려 경운 僧處默승려 처묵 僧澹交승려 담교 僧曇域승려 담역 僧懷浦승려 회포 僧慕幽승려 모유 僧尙顔승려 상안 開元宮人개원의 궁인 崔氏최씨 劉氏류씨 薛媛설원 李季蘭이계란 如意여의(연간의 여인) 魚玄機어현기 僖宗宮人희종의 궁인 張建封妓장건봉의 기녀 女郎 宋若昭여랑 송약소 女郎 張窈窕여랑 장요조 女郎劉媛여랑류원 鶯鶯앵앵 不知名무명인 權龍褒권룡포

전당시화全唐詩話 권1卷一

太宗태종

貞觀六年九月, 帝幸慶善宮, 帝生時故宅也. 因與貴臣宴, 賦詩. 起居郞請平宮商, 被之管絃, 命曰「功成慶善樂」. 使童子八佾爲九功之舞, 大宴會, 與「破陣舞」偕奏於庭. 帝嘗作宮體詩, 使虞世南賡和. 世南曰, "聖作誠工, 然體非雅正, 上有所好, 下必有甚焉. 恐此詩一傳, 天下風靡, 不敢奉詔." 帝曰, "朕試卿爾." 後帝爲詩一篇, 述古興亡. 旣而歎曰, "鍾子期死, 伯牙不復鼓琴. 朕此詩何所示邪." 敕褚遂良卽世南靈座焚之. 貞觀二十年秋, 帝幸靈州. 時破薛延陀, 回紇諸部遣使入貢, 乞置官司. 上爲詩序其事, 曰, "雪恥酬百王, 除凶報千古." 公卿請勒石於靈州, 從之.

정관 6년(632) 9월에 태종이 경선궁慶善宮에 행행(行幸 : 임금의 행차)했는데, 이곳은 태종이 태어난 고택이다. 그래서 대신들과 함께 연회를 베풀고 시를 지었다. 이때 기거랑起居郎이 궁상宮商에 맞춰 음악으로 연주할 것을 요청하자, 「공성경선악功成慶善樂」으로 하라고 명했다. 동자로 하여금 여덟 줄로 서서 구공무九功舞[1]를 추게 하고, 대연회 때 「파진무破陣舞」와 함께 궁정에서 연주하게 했다.

태종이 일찍이 궁체시宮體詩를 지어 우세남虞世南으로 하여금 화답하게 하자, 우세남이 "성상의 시가 참으로 뛰어납니다만, 시체가 바르고 우아한 것은 아닙니다. 윗사람이 좋아하면 아랫사람은 반드시 그것을 더 본받으니, 이 시가 한번 전해지면 세상이 다 휩쓸릴까 우려되므로 감히 뜻을 받들지 못하겠습니다"라고 하니, 태종이 말하기를 "짐이 경을 시험하려 한 것일 뿐이다"라고 했다. 뒤에 태종이 시 한 편을 지어 역사의 흥망을 서술하고 나서 탄식하며 말하기를 "종자기鍾子期가 죽자 백아伯牙가 다시는 거문고를 타지 않았으니, 짐은 이 시를 누구에게 보인단 말인가"라고 하고 저수량褚遂良에게 명하여 우세남의 영전靈前에 찾아가 불사르게 했다.

정관 20년(646) 가을에 태종이 영주靈州로 가서 설연타薛延陀를 격파했는데, 회흘回紇의 각 부족이 사신을 보내 조공을 바치고, 관사官司의 설치를 요청했다. 태종이 시를 지어 그 때의 일을 서술하기를 "수치를 씻어 선왕들에게 보답하고, 흉적을 제거하여 천고에 보답한다[雪耻酬百王, 除凶報千古]"라고 했다. 좌우 신하들이 이 시를 새긴 빗돌을 영주에 세울 것을 요청하자 그렇게 하게 했다.

---

1 구공무(九功舞) : 당(唐) 정관(貞觀) 때의 악무(樂舞) 명칭으로, 본명은 공성경선악(功成慶善樂)이다. 태종(太宗)이 경선궁(慶善宮)에서 태어났으므로 정관 6년에 그곳에 가서 신하들에게 연회를 베풀고 시를 지은 데서 연유한다.

高宗고종

太平公主, 武后所生, 後愛之傾諸女. 帝擇薛紹尙之. 假萬年縣爲婚館, 門隘不能容翟車, 有司毁垣以入. 自興安門設燎相屬, 道樾爲枯. 當時群臣劉褘之詩云, "夢【一作蔓】梓光靑陛, 穠桃藹紫宮." 元萬頃云, "離元應春夕, 帝子降秋期." 任希古云,① "帝子升靑陛, 王姬降紫宸." 郭正一云, "桂宮初服冕, 蘭掖早生笄." 皆納妃出降之意也.

① "希"原作"奉", 據『唐詩紀事』改.

태평공주太平公主는 측천무후의 딸인데, 무후가 여느 딸보다 더 사랑했다. 고종이 설소薛紹를 택하여 혼례를 치를 때, 만년현萬年縣을 빌려 혼관婚館으로 삼았는데, 문이 비좁아 적거(翟車 : 황후의 수레)가 들어갈 수 없자, 유사(有司 : 담당관)가 담장을 허물고 들어갔다. 흥안문興安門으로부터 횃불을 죽 설치해서 가로수가 말라버렸다. 당시 신하 가운데 유의지劉褘之는 "꿈【만蔓으로 쓰기도 한다】의 재梓나무[2] 푸른 계단에 빛나고, 탐스런 복숭아 자궁紫宮에 무르익다[夢【一作蔓】梓光靑陛, 穠桃藹紫宮]"라고 하고, 원만경元萬頃은 "리원離元[3]은 봄날 밤에 호응하고, 태자는 가을철에 내려가시네[離元應春夕, 帝子降秋期]"라고 하고, 임희고任希古는 "태자는 푸른 계단에 오르시고, 왕후는 자신(紫宸 : 궁궐)을 내려오시네[帝子升靑陛, 王姬降紫宸]"라고 하고, 곽정일郭正一은 "계궁桂宮에서 처음 면류관 쓰시고, 난액(蘭掖 : 액궁掖宮, 후궁後宮)에서 일찍 비녀 마련하셨네[桂宮初服冕, 蘭掖早生笄]"라고 했는데, 모두 비妃를 들이기 위해 내려간다는 의미이다.

---

2 꿈의 재(梓)나무 : 새 왕조의 징조. 문왕의 비 태사(太姒)의 꿈에서 상나라 조정의 뜰에 가시나무가 있었는데 태자 발(發)이 그 사이에 재나무를 심자 소나무와 잣나무 등으로 변했다는 데에서 온 것이다. 『죽서기년(竹書紀年)』 권하(下) 참고.

3 리원(離元) : 리(離)는 배우자. 태자가 비를 들이는 것을 가리킨다.

① '希'는 본래 '奉'으로 되어 있었는데, 『당시기사』에 의거하여 고쳤다.

中宗중종

「九月九日幸臨渭亭登高作」云, "九日正乘秋, 三杯興已周. 泛桂迎樽滿, 吹花向酒浮. 長房萸早熟, 彭澤菊初收. 何藉龍沙上, 方得恣淹留." 時景龍三年也. 序云, "陶潛盈把, 卽浮九醞之歡, 畢卓持螯, 須盡一生之興. 人題四韻, 同賦五言, 其最後成, 罰之引滿."

韋安石得'枝'字云, "金風飄菊蕊, 玉露泫萸枝." 蘇瓌得'暉'字云, "恩深答效淺, 留醉奉宸暉." 李嶠得'歡'字云, "令節三秋晩, 重陽九日歡." 蕭至忠得'餘'字云,① "寵極萸房遍, 恩深菊酎餘." 竇希玠得'明'字云, "九辰陪聖膳, 萬歲奉承明." 韋嗣立得'深'字云, "願陪歡樂事, 長與歲時深." 李迥秀得'風'字云, "霽雲開曉日, 仙藻麗秋風." 趙彦伯得'花'字云,② "簪挂丹萸蕊, 盃銜紫菊花."③ 楊廉得'亭'字云, "遠目瞰秦坰, 重陽坐灞亭." 岑羲得'涘'字云, "爰豫矚秦坰, 升高臨灞涘." 盧藏用得'開'字云, "萸依珮裏發, 菊向酒邊開." 李咸得'直'字云, "菊黃迎酒泛, 松翠凌霜直." 閻朝隱得'筵'字云, "簪紱趨皇極, 笙歌接御筵." 沈佺期得'長'字云, "臣歡重九慶, 日月奉天長." 薛稷得'曆'字云, "願陪九九辰, 長奉千千曆." 蘇頲得'時'字云, "年數登高日, 延齡命賞時." 李乂得'濃'字云, "捧篋萸香徧, 稱觴菊氣濃." 馬懷素得'酒'字云, "蘭將葉布席, 菊用香浮酒." 陸景初得'臣'字云, "登高識漢苑, 問道侍軒臣." 韋元旦得'月'字云, "雲物開千里, 天行乘九月." 李適得'高'字云, "禁苑秋光入, 宸遊霽色高." 鄭南金得'日'字云, "風起韻虞弦, 雲開吐堯日." 于經野得'樽'字云, "桂筵羅玉俎, 菊醴泛芳樽." 盧懷愼得'還'字云, "鶴似聞琴至, 人疑宴鎬還." 是宴也, 韋安石蘇瓌詩先成. 于經野盧懷愼最後成, 罰酒.

十月, 帝誕辰. 內殿宴群臣,④ 聯句 "潤色鴻業寄賢才【帝云】, 叨居右弼愧鹽梅【李嶠】. 運籌帷幄荷時來【宗楚客】, 職掌圖籍濫蓬萊【劉憲】. 兩司謬忝謝鍾裴【崔湜】, 禮樂銓管效塵埃【鄭愔】. 陳師振旅清九垓【趙彦昭】, 忻承顧問侍天杯【李適】. 銜恩獻壽柏梁臺【蘇頲】, 黃縑青簡奉康哉【盧藏用】. 鯫生侍從忝王枚【李乂】, 右掖司言實不才【馬懷素】.⑤ 宗伯秩禮天地開【薛稷】, 帝歌難續仰昭回【宋之問】. 微臣捧日變寒灰【陸景初】,⑥ 遠慚班左愧遊陪【上官婕妤】.” 帝謂侍臣曰, “今天下無事, 朝野多懽, 欲與卿等詞人, 時賦詩宴樂, 可識朕意, 不須惜醉.” 大學士李嶠宗楚客等跪奏曰, “臣等多幸, 同遇昌期. 謬以不才, 策名文館. 思勵駑朽, 庶裨河嶽. 旣陪天歡, 不敢不醉.” 此後, 每遊別殿, 幸離宮, 駐蹕芳苑, 鳴笳仙禁, 或戚里宸筵, 王門卺席,⑦ 無不畢從.

景龍四年正月五日, 御大明殿, 會吐蕃騎馬之戲, 因重爲柏梁體聯句. 帝曰, “大明御宇臨萬方.” 皇后曰, “顧慚內政翊陶唐.” 長寧公主曰, “鸞鳴鳳舞向平陽.” 安樂公主曰, “秦樓魯館沐恩光.” 太平公主曰, “無心爲子輒求郎.” 溫王重茂曰, “雄才七步謝陳王.” 昭容上官曰, “當熊讓輦愧前芳.” 吏部侍郎崔湜曰, “再司銓管恩何忘.”⑧ 著作郎鄭愔曰, “文江學海思濟航.” 考功員外郎武平一曰, “萬邦考績臣所詳.” 著作郎閻朝隱曰, “著作不休出中腸.”

時上疑御史大夫竇從一・將作大匠宗晉卿素不屬文, 未卽令續. 二人固請, 許之. 從一曰, “權豪屛跡肅嚴霜.” 晉卿曰, “鑄鼎開嶽造明堂.” 此外遺忘. 時吐蕃舍人明悉獵請, 令授筆與之. 曰, “玉醴由來獻壽觴.” 上大悅, 賜與衣服.

① “玠”原作“珍”, 據『舊唐書』「竇希玠傳」改.

② “彦伯”原作“伯彦”, 據『全唐詩』及『紀事』改.

③ “盃銜”, 『紀事』作盃涵.

④ “群臣”, 據『紀事』補.

⑤ “鯫生”以下十九字據『紀事』補.

⑥ “陸景初”, 據『紀事』補.

⑦ "席"原作"集", 據『秘書』本改.

⑧ "何"『紀事』作可.

「구월구일행임위정등고작九月九日幸臨渭亭登高作」에서 "9월 9일 한 가을에, 석 잔 술에 흥취가 거나하다. 계화 띄워 술동이 가득 맞고, 꽃을 불어 술잔에 띄운다. 장방長房[4]의 산수유는 일찍 익고, 팽택彭澤[5]의 국화는 막 거두었다. 어찌 용사龍沙[6] 위에 있어야만, 비로소 맘껏 노닌다 하랴[九日正乘秋, 三杯興已周. 泛桂迎樽滿, 吹花向酒浮. 長房萸早熟, 彭澤菊初收. 何藉龍沙上, 方得恣淹留]"라고 했으니, 때는 경룡景龍 3년(709)이다. 그 서문에서 "도잠이 한 아름 안을 때, 이미 구온九醞[7]의 환희가 넘치고, 필탁畢卓[8]이 해오(蟹螯 : 게의 집게발)를 가지니, 일생의 흥취를 맘껏 누려야 하리라. 저마다 사운四韻을 갖고 오언시를 짓되, 가장 뒤에 짓는 사람은 벌로 술잔 가득 술을 마셔야 한다"라고 했다. 위안석韋安石이 '지枝' 자를 얻어 "금풍(金風 : 가을바람)에 국화꽃 나부끼고, 옥로가 수유 가지 적셨다[金風飄菊蕊, 玉露泫萸枝]"라고 하고, 소괴蘇瓌가 '휘暉' 자를 얻어 "은혜 깊은데 보답은 얕고, 술에 취하여 자신紫宸의 빛을 받든다[恩深答效淺, 留醉奉宸暉]"라고 하고, 이교李嶠가 '환歡' 자를 얻어 "좋은 계절 삼추가 저무나, 중양절 구일이 기쁘네[令節三秋晩, 重陽九日歡]"라고 하고, 소지충蕭至忠이

---

4 장방(長房)의 산수유 : 장방은 비장방(費長房)이며 후한의 술객(術客). "9월 9일 붉은 주머니에 산수유를 담아 팔뚝에 걸고 높은 산에 올라가서 국화주를 마시면 재앙을 면할 수 있다"는 이야기가 전한다. 『속제해기(續齊諧記)』 참고.

5 팽택(彭澤) : 팽택령(彭澤令)을 지낸 도잠(陶潛). 그의 「음주(飮酒)」시에 "동쪽 울타리 아래서 국화를 따며, 멀리 남산을 바라본다[採菊東籬下, 悠然見南山]"라는 구절이 있다.

6 용사(龍沙) : 중국 서쪽의 사막. 세외를 지칭한다.

7 구온(九醞) : 한(漢)나라 때 종묘에 쓰던 술로서 아홉 번을 거듭 담근 미주(美酒). 순주(醇酒)라고도 한다.

8 필탁(畢卓) : 진(晉)나라 때 이부랑(吏部郎)을 역임. 남의 집 술을 밤에 훔쳐 먹다가 붙잡힐 정도로 술을 좋아했다. "오른손에 술잔을 들고, 왼손에 게 다리를 잡은 채, 술 못 속에서 퍼 마시는 것으로, 일생이 충분하다[右手持酒卮, 左手持蟹螯, 拍浮酒池中, 便足了一生]"라는 그의 시가 전한다. 『진서(晉書)』「필탁전(畢卓傳)」 참고.

'여餘' 자를 얻어 "총애는 산수유방에 두루 퍼지고, 은혜는 국화 술잔에 깊네[寵極萸房遍, 恩深菊酎餘]"라고 하고, 두희개竇希玠가 '명明' 자를 얻어 "구월 구일 성상의 잔치를 모시고, 만년토록 밝은 세상을 받드네[九辰陪聖膳, 萬歲奉承明]"라고 하고, 위사립韋嗣立이 '심深' 자를 얻어 "바라노니 기쁨만을 모시고, 흐르는 세월과 영원하고 싶네[願陪歡樂事, 長與歲時深]"라고 하고, 이형수李逈秀가 '풍風' 자를 얻어 "구름 걷히며 밝은 태양 열리고, 신선 마름은 가을바람에 곱네[霽雲開曉日, 仙藻麗秋風]"라고 하고, 조언백趙彦伯이 '화花' 자를 얻어 "비녀는 붉은 수유꽃에 걸어두고, 술잔은 붉은 국화를 머금네[簪挂丹萸蕊, 盃銜紫菊花]"라고 하고, 양렴楊廉이 '정亭' 자를 얻어 "태양은 진나라 들녘을 굽어보고, 중양절에 파정灞亭에 앉았네[遠日瞰秦坰, 重陽坐灞亭]"라고 하고, 잠희岑羲가 '사涘' 자를 얻어 "이내 기쁨으로 진나라 들녘을 바라보고, 높은 곳에 올라 파수灞水의 물가를 굽어보네[爰豫矚秦坰, 升高臨灞涘]"라고 하고, 노장용盧藏用이 '개開' 자를 얻어 "산수유는 패옥에 기대어 피고, 국화는 술을 마주보고 피었네[萸依珮裏發, 菊向酒邊開]"라고 하고, 이함李咸이 '직直' 자를 얻어 "노란 국화는 술잔을 맞아 띄우고, 푸른 소나무는 서리를 짓밟으며 올곧네[菊黃迎酒泛, 松翠凌霜直]"라고 하고, 염조은閻朝隱이 '연筵' 자를 얻어 "비녀와 인끈은 황극(皇極 : 황제)을 향하고, 생황과 노래는 어연을 영접하네[簪紱趨皇極, 笙歌接御筵]"라고 하고, 심전기가 '장長' 자를 얻어 "신하는 중양절 경사를 기뻐하며, 해와 달처럼 영원한 하늘을 받드네[臣歡重九慶, 日月奉天長]"라고 하고, 설직薛稷이 '역曆' 자를 얻어 "부디 중양절을 모시고, 천 년을 받들고 싶네[願陪九九辰, 長奉千千曆]"라고 하고, 소정蘇頲이 '시時' 자를 얻어 "해마다 높은 곳에 오른 날을 세고, 상을 내리실 때 나이도 늘어나네[年數登高日, 延齡命賞時]"라고 하고, 이예李乂가 '농濃' 자를 얻어 "상자를 받드니 산수유 향기 펴지고, 술잔을 드니 국화 향기 자욱하네[捧篋萸香徧, 稱觴菊氣濃]"라고 하고, 마회소馬懷素가 '주酒' 자를 얻어 "난초는 잎으로 자리를 깔고, 국화는 향기가 술 위에 피어오르네[蘭將葉

布席, 菊用香浮酒]”라고 하고, 육경초陸景初가 ‘신臣’ 자를 얻어 “높은 곳에 올라 한나라 궁원을 인지하고, 시봉하는 신하에게 도를 묻네[登高識漢苑, 問道侍軒臣]”라고 하고, 위원단韋元旦이 ‘월月’ 자를 얻어 “구름은 천 리에 펼치고, 하늘 운행은 구월을 타고 있네[雲物開千里, 天行乘九月]”라고 하고, 이적李適이 ‘고高’ 자를 얻어 “금원에 가을 빛이 들고, 황상의 유람에 가을 하늘 드높네[禁苑秋光入, 宸遊霽色高]”라고 하고, 정남금鄭南金이 ‘일日’ 자를 얻어 “바람이 일자 유우(有虞 : 순임금)의 운율이 흐르고, 구름이 열리며 요임금의 태양을 토하네[風起韻虞弦, 雲開吐堯日]”라고 하고, 우경야于經野가 ‘준樽’ 자를 얻어 “계화 잔치에 옥 도마 나열되고, 국화 단술은 향기로운 술동이에 떠있네[桂筵羅玉俎, 菊醴泛芳樽]”라고 하고, 노회신盧懷愼이 ‘환還’ 자를 얻어 “학이 거문고 소리를 듣고 오는 듯하고, 사람은 호경(鎬京 : 도성) 잔치에 돌아오는 듯하네[鶴似聞琴至, 人疑宴鎬還]”라고 했다. 이 연회에서 위안석과 소괴가 가장 먼저 시를 지었고, 우경야와 노회신이 가장 뒤에 지어서 벌주를 마셨다.

10월은 중종이 탄생한 달이다. 내전에서 군신들과 연회를 베풀었는데, 다음과 같이 연구聯句를 지었다. “홍업(鴻業 : 대업大業, 제업帝業)을 윤색하는 것은 어질고 재능 있는 신하에게 부치고【중종】[潤色鴻業寄賢才], 우필右弼을 차지하고 있는 것은 염매鹽梅[9]에 부끄럽네【이교】[叨居右弼愧鹽梅]. 유악(帷幄 : 장막)에서 계책 세우는 것에 시대의 임무를 지고 있고【종초객宗楚客】[運籌帷幄荷時來], 도서圖書를 맡는 것은 봉래궁蓬萊宮에 분수가 넘치네【유헌劉憲】[職掌圖籍濫蓬萊]. 분에 넘쳐 양사(兩司 : 중서中書 문하門下)에 임명돼 종鍾·배裴에게 사례를 표하고【최식崔湜】[兩司謬忝謝鍾裴], 예악을 관장함에 있어 모든 정성을 다 바치겠네【정음鄭愔】[禮樂銓管效塵埃]. 군사를 진작시켜 구주를 맑게 하고【조언소趙彦昭】[陳師振旅淸九垓], 기

---

9 염매(鹽梅) : 훌륭한 재상의 비유이다. 은(殷)나라 고종(高宗)이 부열(傅說)을 정승으로 임명하면서, “비유하면, 국 맛을 맞출 때의 염매(鹽梅 : 조미료)로 삼겠다”고 한 데서 연유한다.

쁘게 돌봐주심을 받들어 황상의 술잔을 모시네【이적】[忻承顧問侍天杯]. 은혜를 안고 백량대柏梁臺에서 헌수하고【소정】[銜恩獻壽柏梁臺], 노란 비단과 푸른 간책簡冊으로 강령을 받드네【노장용】[黃縑青簡奉康哉]. 하찮은 서생이 시봉하노라니 왕매王枚에게 부끄럽고【이예】[鯫生侍從忝王枚], 우액(右掖 : 중서성中書省)에서 언로를 맡는 것이 실로 격에 맞지 않네【마회소】[右掖司言實不才]. 종백(宗伯 : 예부상서禮部尙書)이 예절을 펴니 하늘과 땅이 열리고【설직】[宗伯秩禮天地開], 황제의 노래를 잇기 어려워 별빛을 우러러보네【송지문宋之問】[帝歌難續仰昭回]. 미약한 신하가 태양을 받드노라니 차가운 재로 변하고【육경초】[微臣捧日變寒灰], 멀리 반좌(班左 : 반첩여·좌분左芬)에게 부끄러운 자질로 유람을 모시는 것이 부끄럽네.【상관첩여上官婕妤】[遠慚班左愧遊陪.]" 황제가 시신侍臣에게 이르기를 "지금 천하가 무사하고 조야에 기쁨이 넘쳐, 경 등의 문인들과 더불어 시를 지으며 기쁨을 누리고자 하니, 짐의 뜻을 알 수 있는 터, 술에 취하는 것을 아끼지 말라"라고 하자, 태학사大學士 이교와 종초객 등이 무릎을 꿇고 아뢰기를 "신 등이 참으로 다행스럽게도 번창한 시대를 만났습니다. 그러나 재능 없는 몸으로 잘못 문관에 이름을 올렸습니다. 우둔하고 쓸모없는 재능이나마 노력을 다하여 깊은 강 높은 산과 같은 은혜에 조금이나마 보탬이 되려 합니다. 이미 황상의 기쁨을 모시고 있는데, 감히 취하지 않을 수 없습니다"라고 했다. 이후에도 별전別殿에서 유람하거나 이궁(離宮 : 별궁別宮)을 횡행할 때면, 아름다운 정원에 자리를 펴고 선금(仙禁 : 황궁)에서 노래가 울려 퍼졌으며, 척리(戚里 : 황제의 외척이 사는 곳)의 신연(宸筵 : 황제의 연회)과 왕가王家의 술자리에 모두 뒤따르지 않는 일이 없었다.

경룡 4년(710) 정월 5일 대명전大明殿에 나아갈 때, 마침 토번吐蕃의 기마희騎馬戲가 공연되고 있어서, 다시 백량체柏梁體[10]로 연구를 지었다.

---

10 백량체(柏梁體) : 시체(詩體)의 하나. 한 무제(漢武帝)가 백량대(柏梁臺)를 완성했을 때 신하들을 모아 칠언(七言)으로 연구(聯句)를 짓게 한 데에서 유래한다. 한 사람이 한 구

중종이 "대명전에 나아가 만방을 굽어본다[大明御宇臨萬方]"라고 하고, 황후가 "내정에서 도당(陶唐 : 요제堯帝)을 돕는 것이 부끄럽네[顧慚內政翊陶唐]"라고 하고, 장녕공주長寧公主가 "난새의 울음과 봉황의 춤이 평양궁平陽宮을 향하네[鸞鳴鳳舞向平陽]"라고 하고, 안락공주安樂公主가 "진루秦樓와 노관魯館에서 성은의 빛에 목욕을 하네[秦樓魯館沐恩光]"라고 하고, 태평공주가 "자식이 되어 이내 낭군을 구할 마음이 없네[無心爲子輒求郎]"라고 하고, 온왕溫王 중무重茂가 "위대한 재능으로 칠보시를 지은 진왕(陳王 : 조식)에게 사례를 표하네[雄才七步謝陳王]"라고 하고, 소용昭容 상관上官이 "곰에 맞서 어연御輦을 보호한[11] 지난 미명美名에 부끄럽네[當熊讓輦愧前芳]"라고 하고, 이부시랑吏部侍郎 최식이 "재차 전관을 맡으니 그 은혜 어찌 잊으리오[再司銓管恩何忘]"라고 하고, 저작랑著作郎 정음이 "문장의 강과 학문의 바다를 배로 건널 것을 생각하네[文江學海思濟航]"라고 하고, 고공원외랑考功員外郎 무평일武平一이 "만방의 업적 평가하는 것은 신이 자세히 알고 있네[萬邦考績臣所詳]"라고 하고, 저작낭 염조은이 "저작은 쉼 없이 마음속에서 나오네[著作不休出中腸]"라고 했다. 당시 중종은 어사대부御史大夫 두종일竇從一과 장작대장將作大匠 종진경宗晉卿이 평소 글을 짓지 못할 것이라고 여겨 연구를 짓도록 하지 않았다. 두 사람이 굳이 짓겠다고 하자 그렇게 하라고 하니, 두종일이 "권신과 호족들은 서릿발 엄숙함 앞에 자취 감추네[權豪屛跡肅嚴霜]"라고 하고, 종진경은 "주조한 정鼎이 우뚝 솟아 명당을 짓네[鑄鼎開嶽造明堂]"라고 했다. 이 밖의 것들은 유실되었다. 당시 토번 사인(舍人 : 관직명) 명실렵明

(句)씩 짓되 한 구절마다 운자(韻字)를 다는 것인데, 칠언고체(七言古體)의 발단이 되었다. 『고문원(古文苑)』 백량시(柏梁詩) 참고.

11 곰에 맞서 어연을 보호한 : 한(漢)나라 원제(元帝)가 후궁까지 거느리고 호권(號圈)에 행행하여 짐승들이 싸우는 것을 구경했는데, 곰 한 마리가 우리를 뛰어나와 전상(殿上)으로 뛰어오르려 하자 풍소의(馮昭儀)가 앞을 가로 막아 무사했다. 뒤에 임금이 "어찌자고 그런 위험한 짓을 했느냐"고 묻자, "짐승은 먹이만 얻으면 그만이어서 제 몸으로 대신하려 했습니다"라는 고사가 전한다.

悉獵이 연구를 짓게 해달라고 요청해 붓을 내어주도록 하자, 그가 "옥단술은 수연에서 올리는 축하의 술잔에서 유래한다[玉醴由來獻壽觴]"라고 하니, 성상이 크게 기뻐하며 의복을 하사했다.

① '玠'는 본래 '珍'으로 되어 있었는데, 『구당서舊唐書』「두희개전」에 의거하여 고쳤다.

② '彦伯'은 본래 '伯彦'으로 되어 있었는데, 『전당시全唐詩』와 『당시기사』에 의거하여 고쳤다.

③ '盃銜'은 『당시기사』에 '盃涵'으로 되어 있다.

④ '群臣'은 『당시기사』에 의거하여 보충했다.

⑤ '鰋生' 이하 19자는 『당시기사』에 의거하여 보충했다.

⑥ '陸景初'는 『당시기사』에 의거하여 보충했다.

⑦ '席'은 본래 '集'으로 되어 있었는데, 『진체비서』에 의거하여 고쳤다.

⑧ '何'는 『당시기사』에 '可'로 되어 있다.

玄宗 현종

「左丞相說右丞相璟太子少傅乾曜同上官命宴東堂賜詩」云, "赤帝收三傑, 黃軒擧二臣. 由來丞相重, 分掌國之鈞. 我有握中璧, 雙飛席上珍. 子房推要道, 仲子訝風神. 復輟臺衡老, 將爲調護人. 鵷鸞同拜日, 車騎擁行塵. 樂聚南宮宴, 觴連北斗醇. 俾余成百揆, 垂拱問彝倫."

開元十六年, 帝自擇廷臣爲諸州刺史. 許景先治虢州, 源光裕鄭州, 寇泚宋州, 鄭溫琦邠州, 袁仁恭杭州, 崔志廉襄州, 李承期邢州, 鄭放定州, 蔣挺湖州, 裴觀滄州, 崔成遂州, 凡十一人. 行, 詔宰相·諸王·御史以上祖道洛濱, 盛供具,① 奏太常樂, 帛舫水嬉. 命高力士賜詩, 令題座右. 帝親書, 且給筆紙, 令自賦, 賚絹三千遣之. 帝詩云, "眷言思共理, 鑒夢想惟良. 猗與此推擇, 聲績著周行. 賢能旣俟進, 黎獻實佇康. 視人當如子, 愛人亦如傷. 講學試誦論,② 阡陌勤耕桑. 虛譽不可飾, 淸知不可忘.

求名跡易見, 安直德自彰.③ 獄訟必以情, 敎民貴有常. 恤惸且存老, 撫弱復綏强. 勉哉各祗命, 知予眷萬方."

① "供", 原缺, 據『紀事』補.

② "論"原作"詩", 據『秘書』及『全唐詩』改.

③ "安直", 『全唐詩』作安貞.

「좌승상설우승상경태자소부건요동상관명연동당사시左丞相說右丞相璟太子少傅乾曜同上官命宴東堂賜詩」에서 "적제赤帝가 세 호걸[12]을 거두어들이고, 황헌黃軒이 두 신하[13]를 등용했다. 예로부터 승상은 중책을 맡아, 국가의 균형추를 나누어 담당했다. 내게 손아귀 안 구슬이 있는데, 자리 위에 한 쌍의 보물이다. 자방(子房 : 장량張良)은 중요한 도를 추진했고, 중자仲子[14]는 풍모와 정신이 의아했다. 다시 대형(臺衡 : 정승)의 원로들을 계승하여, 장차 조절하고 보호하는 사람이 되고 싶다. 원추리와 난새가 함께 절을 올리고, 수레와 기마가 에워싸며 길을 걷는다. 남궁南宮의 연회에 즐겁게 모여, 북두北斗의 술을 연이어 마신다. 나로 하여금 백규(百揆, 문무백관)의 장이 되어, 편안하게 백성의 삶을 묻게 할지어다(赤帝收三傑, 黃軒擧二臣. 由來丞相重, 分掌國之鈞. 我有握中璧, 雙飛席上珍. 子房推要道, 仲子訝風神. 復輟臺衡老, 將爲調護人. 鵷鸞同拜日, 車騎擁行塵. 樂聚南宮宴, 觴連北斗醇. 俾余成百揆, 垂拱問彝倫)"라고 했다.

개원 16년(728)에 황제가 조정 신하들을 간택하여 여러 주의 자사로 삼았는데, 허경선許景先은 괵주虢州에, 원광유源光裕는 정주鄭州에, 구차寇

12 적제(赤帝)가 세 호걸 : 적제는 한 고조 유방이고 세 호걸은 그를 보좌한 장량 소하 한신이다.

13 황헌(黃軒)이 두 신하 : 황헌은 중국 고대 오제(五帝) 중 한 사람인 황제헌원씨(黃帝軒轅氏)이고 두 신하는 풍후(風后)와 역목(力牧)이다.

14 중자(仲子) : 진중자(陳仲子). 오릉중자(於陵仲子)라고도 한다. 전국시대 제나라의 청렴한 선비로, 소소한 청렴결백을 주장한 나머지 대의를 저버린 사람의 대명사로 쓰인다. 『맹자』「등문공(滕文公)」하(下) 참고.

洮는 송주宋州에, 정온기鄭溫琦는 빈주邠州에, 원인공袁仁恭은 항주杭州에, 최지렴崔志廉은 양주襄州에, 이승기李承期는 형주邢州에, 정방鄭放은 정주定州에, 장정蔣挺은 호주湖州에, 배관裴觀은 창주滄州에, 최성崔成은 수주遂州에 임명했으니, 모두 열한 사람이다. 길을 떠날 때, 재상과 제왕諸王과 어사 이상에게 명하여 낙수洛水 가에서 전송하게 했는데, 성대하게 자리를 마련하여 태상악太常樂을 연주하고, 백방수희帛舫水戲를 공연했다. 고력사高力士에게는, 하사한 시를 좌우座右에 쓰게 했다. 황제가 직접 글씨를 쓰고, 또 지필을 내려 스스로 글을 짓게 하고 견絹 삼천 필을 내려 주었다. 현종의 시는 다음과 같다. "뒤돌아 모두 다스려지길 생각하며, 꿈에서도 현신만 떠올렸다. 굳건하게 추려 뽑았으니, 업적을 크게 드날려라. 현자와 능력 있는 자들의 진출을 기다리고, 뭇 현인들도 안녕을 기대하고 있다. 사람들 보기를 내 자식처럼 해야 하고, 사람들 사랑하기를 내 자식 잃은 듯해야 한다. 학문의 강론은 강송과 논리로 시험하고, 전답에서는 경작을 권해야 한다. 공허한 명예는 일삼지 말고, 청정한 지명知名을 잊어서는 안 된다. 명예를 구하면 자취가 쉽게 나타나고, 정직함을 편안하게 여기면 덕이 저절로 드러난다. 송사는 반드시 실정에 바탕을 두고, 교육은 일상을 중시해야 한다. 구휼에 있어서는 우선 노인을 돌봐야 하고, 약자를 어루만지고 강자를 안아야 한다. 부디 명령을 삼가 받들어, 만방을 돌보는 내 마음을 알아줄지어다.[眷言思共理, 鑒夢想惟良. 猗與此推擇, 聲績著周行. 賢能旣俟進, 黎獻實佇康. 視人當如子, 愛人亦如傷. 講學試誦論 阡陌勤耕桑. 虛譽不可飾, 淸知不可忘. 求名跡易見, 安直德自彰. 獄訟必以情, 教民貴有常. 恤惸且存老, 撫弱復綏强. 勉哉各祗命, 知予眷萬方.]"

① '供'은 본래 누락되어 있었는데, 『당시기사』에 의거하여 보충했다.

② '論'은 본래 '詩'로 되어 있었는데, 『진체비서』와 『전당시』에 의거하여 고쳤다.

③ '安直'은 『전당시』에 '安貞'으로 되어 있다.

德宗 덕종

貞元四年九月, 賜宴曲江亭. 帝爲詩, 序曰, "朕在位僅將十載, 實賴忠賢左右, 克致小康. 是以擇三令節, 錫玆宴賞. 俾大夫卿士, 得同歡洽也. 夫共其戚者同其休, 有其初者貴其終. 咨爾群僚, 順朕不暇, 樂而能節, 職思其憂, 咸若時則, 庶乎理矣. 因重陽之會, 聊示所懷." 詩云, "早衣對庭燎, 躬化勤意誠. 時此萬幾暇, 適與佳節幷. 曲池潔寒流, 芳菊含金英. 乾坤爽氣澄, 臺殿秋光淸. 朝野慶年豐, 高會多歡聲. 永懷無荒戒, 良士同斯情."① 因詔曰, "卿等重陽宴會, 朕想歡洽, 欣慰良多, 情發於中, 因製詩序, 令賜卿等一本, 可中書門下簡定文詞士三五十人應制, 同用淸字. 明日內于延英門進來." 宰臣李泌等雖奉詔簡擇, 難於取捨. 由是百僚皆和. 上自考其詩, 以劉太眞及李紓等四人爲上等, 鮑防·于紹等四人爲次等, 張濛·殷亮等二十三人爲下等. 而李晟·馬燧·李泌三宰相之詩, 不加考第. 韋綬以內相感心疾, 罷還第. 帝九日作「黃菊歌」, 顧左右曰, "安可不示韋綬." 遣使持往. 綬遂奉和附使進. 帝曰, "爲文不已, 豈頤養邪!" 敕曰, "自今勿復爾."

① "良士"原作"良事", "斯"原作"期", 據『全唐詩』改.

정원 4년(769) 9월에 곡강정曲江亭에서 연회를 하사했다. 덕종이 시를 지었는데 그 서문에서 "짐이 재위한 지 이제 겨우 십 년에 가까운데 실로 충신과 현신의 도움을 힘입어 소강小康을 이루게 되었다. 그래서 세 명절을 선택했고, 이 연회와 상을 하사하여 대부大夫과 경사卿士로 하여금 기쁨을 함께 나눌 수 있도록 한다. 무릇 그 슬픔을 함께 하는 자는 그 기쁨도 함께 하며 그 처음이 있는 자는 그 마침을 중히 여긴다. 아! 그대 뭇 신료들은 짐의 겨를 없음에 순응하여 즐거워도 능히 절제하고 직책을 수행할 때 문제점을 생각하며 모두 시의에 잘 맞춘다면 거의 다스려질 것이다. 중양절 모임을 맞아 애오라지 소회를 나타낼지어다"라고 했다. 그 시에서는 "아침 일찍 옷을 입고 뜰 앞에 화톳불을 마주하니, 근면과 정성에 이 몸이 교화되었다. 때마침 모든 일에서 벗어나 있을 때, 아름다운 계절과 함께했다. 굽은 연못에 차가운 물 맑게 흐르고, 어여쁜 국화는 황금 꽃술을 머금었다. 하늘과 땅은 상쾌한 기운으로 맑고, 누대와 전각은 가을빛으로 청정하다. 조야는 풍년을 경하하고, 고상한 모임에 환성이 울려 퍼진다. 황폐함이 없어야 한다는 경계심을 영원히 가슴에 품고, 훌륭한 인물들과 이 마음을 함께하련다[早衣對庭燎, 躬化勤意誠. 時此萬幾暇, 適與佳節幷. 曲池潔寒流, 芳菊含金英. 乾坤爽氣澄, 臺殿秋光淸. 朝野慶年豐, 高會多歡聲. 永懷無荒戒, 良士同斯情]"라고 했다. 이어서 조서를 내리기를 "경들과 나눈 중양절 연회에서 짐은 기쁨이 넘치고 많은 위안을 받아서 감정이 마음속에서 우러나 시와 서문을 지어 경들에게 한 부씩 주도록 했으니, 중서문하中書門下에서 문사文詞를 다루는 삼십오 인을 선정해서 이 시에 화답의 글을 짓게 하되 모두 '청淸' 자를 사용하게 하도록 하라. 그리고 내일까지 연영문延英門에서 올리도록 하라"라고 했다. 재상 이필李泌 등이 조칙을 받들어 간택되긴 했으나 우열을 평가하기 어려웠다. 이로 말미암아 백관이 모두 화답의 시를 짓고 성상이 직접 평가를 해서 유태진劉太眞과 이서李紓 등 사 인을 상등에, 포방鮑防과 우소于紹 등 사 인을 차등에, 장몽張濛과 은량殷亮 등 이십삼 인을 하등에 선정했다. 이성李晟·마수馬燧·이필李泌 세 재상의 시는 평가를 하지 않았다.

내상內相 위수韋綬가 심질心疾에 걸려 자리가 파하자 집으로 돌아갔는데, 황제가 중양절에 「황국가黃菊歌」를 지어 좌우를 돌아보며 "어찌 위수韋綬에게 보이지 않으랴"라고 하여, 사신을 보내 전하게 했다. 위수가 화답의 글을 지어 사신을 통해 올리자, 황제가 이르기를 "글을 이렇게 짓는데 어찌 몸을 요양할 일이 있으랴"라고 하고 칙서를 내리기를 "앞으로는 그렇게 하지 말라"라고 했다.

① '良士'는 본래 '良事'로 되어 있었고 '斯'는 본래 '期'로 되어 있었는데, 『전당시』에

의거하여 고쳤다.

文宗문종

裴度拜中書令, 以疾未任朝謝. 上巳曲江賜宴, 群臣賦詩. 帝遣中使賜度詩曰, "注想待元老, 識君恨不早. 我家柱石衰, 憂來學丘禱." 仍賜御札曰, "朕詩集中欲得見卿唱和詩, 故令示此. 卿疾未差, 可他日進來." 御札及門而度薨.

帝聽政暇, 博覽群書. 一日, 延英顧問宰相, "「詩」云, '呦呦鹿鳴, 食野之苹.' 苹是何草." 時宰相楊玨·楊嗣復·陳夷行相顧未對. 玨曰, "臣按『爾雅』, 苹是藾蕭." 上曰, "朕看『毛詩疏』, 葉圓而花白, 叢生野中, 似非藾蕭."

又一日, 問宰臣, "古詩云, '輕衫襯跳脫.' 跳脫是何物." 宰臣未對. 上曰, "卽今之腕釧也.「眞誥」言安妃有斲粟金跳脫, 是臂飾."

嘗吟杜甫「曲江」篇云 : "'江頭宮殿鎖千門, 細柳新蒲為誰綠.' 乃知天寶以前樓臺之盛." 鄭注乃命神策軍淘曲江·昆明二池, 許公卿立亭館. 兩軍造紫雲樓·彩霞亭, 內出樓額賜之.

배도裴度가 중서령中書令에 임명되었으나 병으로 임지에 나오지 못했다. 상사일上巳日에 하사한 곡강曲江의 연회에서 군신들이 시를 지었다. 문종이 궁중의 사신을 보내 배도에게 시를 하사하기를 "원로를 대접하리라 언제나 생각했지만 그대를 일찍 몰랐던 것이 한스러웠다. 우리 국가의 주석柱石이 노쇠한 것이, 걱정이 되어 공구孔丘의 기도를 배운다[注想待元老, 識君恨不早. 我家柱石衰, 憂來學丘禱]"라고 하고, 아울러 어찰御札을 하사하기를 "짐의 시집에서 경이 화답한 시를 보고자 하므로 이 시를 보이도록 한 것이다. 경의 병이 아직 낫지 않았다면 훗날 나와도 된다"라고 했다. 어찰이 배도의 집에 이를 즈음에 배도는 세상을 떠났다.

문종은 정사를 보고나서 여유가 생기면 뭇 서적들을 두루 읽었다. 하루는 연영전延英殿에서 재상들에게 묻기를 "『시경』에 '우우 사슴의 울음이여, 들녘 마름을 먹네[呦呦鹿鳴, 食野之苹]'라고 했는데 평苹은 무슨 풀인가"라고 하니 당시 재신인 양각楊玨・양사복楊嗣復・진이행陳夷行이 서로 쳐다볼 뿐 대답을 못했다. 양각이 이르기를 "신이 『이아爾雅』를 살펴보니 평苹은 뇌쑥입니다"라고 하자 문종이 말하기를 "짐이 『모시소毛詩疏』를 보니 '잎이 둥글고 꽃은 희며 들녘에 무리지어 난다'라고 되어 있으니 그것은 아닌 듯하다"라고 했다.

하루는 재신에게 묻기를 "고시古詩에 '가벼운 적삼은 도탈跳脫을 가까이 한다[輕衫襯跳脫]'라고 했는데 도탈이 무엇인가" 하니 대답을 못했다. 문종이 이르기를 "바로 지금의 완천腕釧이다. 「진고眞誥」에 '안비安妃가 속금(粟金 : 좁쌀 형태의 황금 문양)의 도탈跳脫을 찼다'는 말이 있는데 팔 꾸미개를 말한다"라고 했다.

일찍이 두보의 「곡강」을 읊으며 "'강 머리 궁전 문들은 닫혀 있거늘, 실버들 새 부들은 누굴 위해 푸르나'에서 천보(天寶 : 742~756) 이전 누대의 성대함을 알 수 있다"라고 했다. 정주鄭注의 권유를 받아들여, 신책군神策軍에게 명하여 곡강과 곤명昆明 두 연못을 만들도록 하고 공경公卿들에게 각자 정자와 누관을 세우는 것을 허락했으며, 양군兩軍이 자운루紫雲樓와 채하정彩霞亭을 짓자 대내(大內 : 궁내)에서 편액을 하사했다.

宣宗 선종

帝好進士及第, 每對朝臣問及第,① 苟有科名對者, 必大喜, 便問所試詩賦題目並主司姓名. 或佳人物偶不中第, 必歎息移時. 嘗于內自題鄉貢進士李道龍. 白居易之死, 帝以詩弔之曰, "綴玉聯珠六十年, 誰敎冥路作詩仙. 浮雲不繫名居易, 造化無爲字樂天. 童子解吟長恨曲, 胡兒能唱琵琶篇. 文章已滿行人耳, 一度思卿一愴然."

帝製「秦邊陲曲」, 其詞曰, "海岳咸通." 及帝垂拱, 而年號咸通焉. 庶子裴倬進詩賀聖政, 有"太康"字. 帝怒曰 : "太康失邦, 乃以比我!" 戶部韋渙奏云 : "晉平吳寇, 改號太康. 雖有失邦之言, 乃見歸美之文." 上曰 : "天子大須博覽, 不然, 幾錯罪倬."

舊制 : 盛春內殿賜宴三日. 帝妙音律, 每先裁製新曲, 俾禁中女伶迭相教授. 至是, 出宮女數百, 分行連袂而歌. 其曲有曰「播皇猷」者, 率高冠方履, 褒衣博帶, 趨走俯仰, 皆合規矩, 于于然有唐堯之風焉. 有曰「蔥女踏歌隊」者, 率言蔥嶺之士, 樂河湟故地, 歸國復爲唐民也. 若「霓裳曲」者, 皆執節幡, 被羽服, 態度凝澹,② 飄飄然有翔雲舞鶴見左右. 如是數十曲, 流傳民間.【出令狐澄「貞陵遺事」】

① "第", 據『紀事』補.

② "澹"原作"碧", 據『紀事』改.

선종이 진사進士의 급제를 좋아하여 조정의 신료들을 만날 때마다 급제한 사람을 물었고 정말 과거급자의 이름을 말하는 사람이 있으면 반드시 크게 기뻐하고, 시험에 나온 시부詩賦의 제목과 시험을 주관한 자의 성명을 물었다. 어쩌다 훌륭한 인물이 우연히 급제를 하지 못하면 반드시 한참을 탄식했다. 일찍이 대내大內에서 스스로 향공진사鄕貢進士 이도룡李道龍에게 시제詩題를 내기도 했다. 백거이白居易가 세상을 떠나자 선종이 시를 지어 애도하기를 "육십 년을 옥구슬을 꿰었는데, 누가 명로(冥路 : 저승길)에서 시선詩仙을 만들 수 있을까. 뜬구름은 거이居易의 이름을 매어두지 못하고, 조화는 낙천樂天이라는 글자를 어찌할 수 없네. 어린아이도 「장한가長恨歌」를 읊을 줄 알고, 오랑캐도 「비파행琵琶行」을 노래할 줄 아네. 문장이 이미 길 가는 사람 귀에도 넘쳐나니, 경을 생각할 때마다 서글픈 마음이 드는구나[綴玉聯珠六十年, 誰敎冥路作

詩仙. 浮雲不繫名居易, 造化無爲字樂天. 童子解吟長恨曲, 胡兒能唱琵琶篇. 文章已滿行人耳, 一度思卿一愴然]"라고 했다.

선종이 지은 「진변수곡秦邊陲曲」에 '해악함통海岳咸通'이 있는데, 선종의 정치가 안정을 이룰 때의 연호를 함통이라 했다. 서자庶子 배운裴惲이 성정聖政을 축하하는 시를 바치며 "태강太康"이라는 글자가 있었는데 선종이 노하며 이르기를 "태강[15]은 나라를 잃었는데 나와 견준단 말인가"라고 하자 호부戶部 위환韋渙이 아뢰기를 "진晉나라가 오나라 외적을 평정하고 나서 태강으로 연호를 바꿨습니다. 비록 나라를 잃었다는 말은 있지만 이내 아름다움으로 귀결되는 글을 볼 수 있습니다"라고 하니, 문종이 이르기를 "천자는 반드시 두루 넓게 책을 봐야하니 그렇지 않으면 배운에게 자칫 죄를 범할 뻔했다"라고 했다.

구제(舊制 : 옛 제도)에 의하면, 화창한 봄에 내전에서 사흘 동안 연회를 하사했는데 선종은 음률에 조예가 있어 매번 앞서 새로운 곡을 지었고 궁 안 여령(女伶 : 여자 악관樂官)으로 하여금 전해가며 가르치도록 했다. 이때 궁녀 수백 명을 내보내, 줄을 나누고 소매를 이어서 노래를 불렀다. 그 가운데 「파황유播皇猷」라는 곡이 있는데, 높은 관에 모난 신발과 넓은 옷에 넉넉한 띠를 입은 사람들을 거느리고 걷거나 우러러보거나 구부리는 것이 모두 법도에 부합되어서 요·순의 풍모를 갖추기에 충분했다. 또 「총녀답가대蔥女踏歌隊」라는 곡이 있는데, 총령葱嶺의 인사들이 하황河湟의 옛 땅을 좋아하여 귀국해서 다시 당나라 백성이 되었다는 것을 줄거리로 하고 있다. 「예상곡霓裳曲」 같은 것은, 모두 깃발을 들고 깃옷을 입고 담백한 태도로 좌우에 펄럭이는 구름과 춤추는 학이 있는 듯했다. 이와 같은 수십 곡이 민간에 유전되고 있다【영호징令狐澄의 「정릉유사貞陵遺事」에 나온다】.

① '第'는 『당시기사』에 의거하여 보충했다.

---

15 태강(太康) : 하나라의 임금. 우(禹)의 손자이며 계(啓)의 아들인데, 왕위에 오른 후 사냥만 일삼다가 후예(后羿)에게 쫓겨났다.

② '瀺'은 본래 '碧'으로 되어 있었는데, 『당시기사』에 의거하여 고쳤다.

昭宗소종

陝府, 唐昭宗有詩云 : "安得有英雄, 迎歸大內中." 或曰 : "逍遙樓有太宗詩云 : '昔乘匹馬去, 今驅萬乘來' 志意不侔矣."

섬서부陝西府에 당 소종이 지은 "어찌하면 영웅을, 영접하여 대내로 돌아갈 수 있을까"라는 시가 있다. 혹자가 이르기를 "소요루逍遙樓에 태종이 지은 '지난날 필마를 타고 갔는데, 지금 만승萬乘을 휘몰아온다'라는 시가 있는데 그 포부가 다르다"라고 했다.

武后무후

天授二年臘, 卿相欲詐稱花發, 請幸上苑, 有所謀也. 許之, 尋疑有異圖, 先遣使宣詔曰 : "明朝遊上苑, 火急報春知, 花須連夜發, 莫待曉風吹." 於是淩晨名花布苑, 群臣咸服其異. 后託術以移唐祚, 此皆妖妄, 不足信也. 凡太后之詩文, 皆元萬頃・崔融輩爲之.

萬歲通天元年, 鑄九鼎成, 置於東都明堂之庭. 後自製「曳鼎歌」, 令曳鼎者唱和. 開元二年, 太子賓客薛謙光獻「東都九鼎銘」, 其「蔡州鼎銘」, 武后所製. 文曰 : "犧・農首出, 軒・昊應期. 唐・虞繼踵, 湯・禹乘時. 天下光宅, 域內雍熙. 上玄降靈, 方建隆基." 紫薇令姚崇奏曰 : "聖人啟運, 休兆必彰, 請宣付史館."①【明皇御名, 已兆於此】

① "宣付"原作"宣布", 據『秘書』改.

천수天授 2년(691) 선달에 경상(卿相 : 정승)이 꽃이 피었다고 속여 상원上苑에 납실 것을 청했으니 의도한 바가 있었던 것이다. 무후는 그렇게 하겠다고 허락했다가 이내 다른 뜻이 담겼을 것이라 의심하여 먼저 시자를 보내 이르기를 "내일 아침 상원에 유람하면, 신속하게 봄을 보고하라. 꽃은 반드시 밤새 피어서 새벽바람을 기다리지 않을 것이다[明朝遊上苑, 火急報春知. 花須連夜發, 莫待曉風吹]"라고 했다. 그런데 정말 꽃이 상원에 가득 피어 군신들이 그 남다름에 모두 탄복했다. 무후가 요술에 의지해 당 황실을 바꾸려 한 것이라는 말이 있는데 이는 요망한 이야기로 믿을 것이 못 된다. 무후의 시문은 모두 원만경元萬頃과 최융崔融 등이 지은 것이다.

만세통천萬歲通天 원년(696)에 구정九鼎을 주조해 동도(東都 : 낙양洛陽) 명당明堂 앞마당에 설치했다. 그 뒤에 스스로 「예정가曳鼎歌」를 지어 정鼎을 운반하는 자에게 화답하게 했다. 개원 2년(714)에는 태자빈객太子賓客 설겸광薛謙光이 「동도구정명東都九鼎銘」을 지어 올렸는데, 「채주정명蔡州鼎銘」은 무후가 지은 것이다. 문장은 다음과 같다. "복희와 신농이 먼저 나고, 헌원과 소호가 제때 응하셨다. 요・순이 뒤를 잇고, 탕湯・우禹가 제때를 타셨다. 천하가 빛이 나고 지역이 모두 환희에 찼다. 상현(上玄 : 하늘)이 신령을 내리시어 위대한 터전을 세우셨다[犧・農首出, 軒・昊應期. 唐・虞繼踵, 湯・禹乘時. 天下光宅, 域內雍熙. 上玄降靈, 方建隆基]"라고 했다. 자미紫薇가 요숭姚崇에게 아뢰게 하기를 "성인聖人이 운을 열면 좋은 징조가 반드시 나타나니 사관史館에 선부宣付[16]하소서"라고 했다【명황(明皇 : 현종)의 어명御名이 여기에서 이미 조짐을 보인 것이다】.

① '宣付'는 본래 '宣布'로 되어 있었는데, 『진체비서』에 의거하여 고쳤다.

16 선부(宣付) : 황제가 행정부서에 내려 조칙을 처리하도록 하는 것이다.

徐賢妃서현비

貞觀二十三年, 上疏諫太宗息兵罷役, 其略曰 : "大業者易驕, 願陛下難之, 善始者難終, 願陛下易之." 又曰 : "漆器非延叛之方, 桀造之而人叛, 玉杯豈招亡之術, 紂用之而國亡. 侈麗之源, 不可不遏. 作法於儉, 猶恐其奢. 作法於奢, 何以制後."

정관 23년(649)에 태종에게 전쟁과 부역을 멈출 것을 간하는 소疏를 올렸는데, 그 대략은 다음과 같다. "큰일을 하는 사람은 교만하기 쉬우니 폐하께서는 어려워하시고, 시작을 잘하는 사람은 마무리가 어려우니 폐하께서는 쉽게 하소서." "칠기漆器[17]가 배반을 낳는 방도는 아니지만 걸왕이 만들자 사람들이 배반했고, 옥배玉杯[18]가 어찌 멸망을 부르는 술법이겠습니까만 주왕이 사용하자 나라가 망했습니다. 사치와 화려의 근원은 막지 않아서는 안 됩니다. 검소함에 기초를 두어 법을 만들어도 사치스러울까 염려되는데, 사치에 기초를 두어 법을 만들면 어떻게 그 이후에 제재할 수 있겠습니까."

上官昭容상관소용

張說作「昭容文集序」云 : "古者, 有女史記功書過, 有女尙書決事宮闈. 昭容兩朝專美, 一日萬幾, 顧問不遺, 應接如響. 雖漢稱班媛, 晉譽

17 칠기(漆器) : 칠을 입힌 그릇. 순(舜)임금이 칠기를 만드니 사치하다고 간언하는 신하가 열여 명이었다고 한다.

18 옥배(玉杯) : 은나라 마지막 임금인 주왕이 상아 젓가락을 만들자, 기자(箕子)가 "상아 젓가락을 만들었으니 옥배를 만들려고 할 것이고, 옥배를 만들면 또 반드시 먼 지방의 진귀한 보물을 탐내어 사용하려고 할 것이다"라고 한 말에서 유래된 고사이다. 점진적으로 보다 사치스러운 것을 탐내게 된다는 뜻이다.

左嬪, 文章之道不殊, 輔佐之功則異. 迹秘九天之上, 身沒重泉之下, 嘉猷令範, 代罕得聞. 庶姬後學, 嗚呼何仰.① 然則大君據四海之圖, 懸百靈之命, 喜則九圍挾纊, 怒則千里流血, 靜則黔黎乂安, 動則蒼甿罷弊. 入耳之語, 諒其難乎. 貴而勢大者疑, 賤而禮絶者隔, 近而言輕者忽, 遠而意忠者忤. 惟窈窕柔曼, 誘掖善心, 忘味九德之衢, 傾情六藝之圃. 故登昆巡海之意寢, 剪胡刈越之威息, 璇臺珍服之態消, 從禽嗜樂之端廢. 獨使溫柔之教, 漸于生人, 風雅之聲, 流于來葉. 非夫玄黃毓粹, 正明助思, 衆妙扶識, 群靈挾志, 誕異人之寶, 授興王之瑞, 其孰能臻斯懿乎. 鎭國太平公主, 道高帝妹, 才重天人. 昔嘗共遊東壁, 同宴北海,② 倏來忽往, 物在人亡. 憫雕琯之殘言, 悲素扇之空曲. 上聞天子, 求椒房之故事, 有命史臣, 敍蘭臺之新集."

中宗正月晦日幸昆明池賦詩, 群臣應制百餘篇. 帳殿前結綵樓, 命昭容選一篇爲新翻御製曲. 從臣悉集其下, 須臾, 紙落如飛, 各認其名而懷之. 旣退, 惟沈宋二詩不下. 移時, 一紙飛墜, 競取而觀, 乃沈詩也. 及聞其評曰 : "二詩工力悉敵, 沈詩落句云 : '微臣雕朽質, 羞睹豫章才.' 蓋詞氣已竭. 宋詩云 : '不愁明月盡, 自有夜珠來.' 猶陡健豪擧." 沈乃伏, 不敢復爭. 宋之問詩曰 : "春豫靈池近, 滄波帳殿開. 舟凌石鯨動, 槎拂斗牛回. 節晦蓂全落, 春遲柳暗催. 象溟看浴景, 燒劫辯沉灰. 鎬飮周文樂, 汾歌漢武才. 不愁明月盡, 自有夜珠來."

昭容名婉兒, 西臺侍郎儀之孫. 父廷芝, 與儀死武后時. 母鄭, 方娠, 夢巨人畀大秤曰 : "持此秤量天下." 昭容生逾月, 母戲曰 : "秤量者豈汝邪." 輒啞然應. 後內秉機政, 符其夢云. 自通天以來, 內掌詔命. 中宗立, 進拜昭容. 帝引名儒, 賜宴賦詩, 婉兒常代帝及後・長寧・安樂二公主, 衆篇並作, 而采麗益新. 又差第群臣所賦, 賜金爵, 故朝廷靡然成風. 當時屬詞, 大抵浮靡, 然皆有可觀, 昭容力也. 韋后之敗, 斬闕下.

① "何"原作"可", 據『紀事』改.

② "北海", 『紀事』作"北渚."

장열張說이 지은 「소용문집서昭容文集序」에서 "옛날에 공과功過을 기록하는 여사관女史官이 있었고 궁궐 내에서 일을 결정하는 여상서女尙書가 있었다. 상관소용은 두 조정에서 아름다움을 독차지해 하루에 수만 가지 일을 빠짐없이 자문 받고 음향처럼 응했다. 비록 한漢나라에서는 반원班媛을, 진晉나라에서는 좌빈左嬪을 추켜세우지만, 그들과 견주어 문장의 도는 다르지 않아도 보좌의 공은 남다르다. 구천九天 위에서 자취가 드러나지 않고 중천重泉 아래에서는 몸이 사라졌지만 훌륭한 계책과 모범은 역사에 드물었다. 아, 뭇 여인과 후학들은 무엇을 추앙할 것인가. 그렇다면 황제는 사해四海의 도판에 의거해 다스리므로 온 누리의 운명이 그에 달려있어서, 기쁠 때는 구위(九圍 : 구주九州)가 솜옷을 껴입고 노할 때는 천 리에 피가 흐르며 조용할 때는 뭇 백성이 편안하고 움직일 때는 온 백성이 피폐하니, 황제의 귀에 들리는 말이란 참으로 쉽지 않은 것이다. 귀하여 세력이 커진 사람은 의심하고 천하여 예가 단절된 사람은 막히며 가까워 말이 가벼운 사람은 소홀하고 멀어서 생각이 충성스러운 사람은 거역한다. 오직 곱고 부드러움으로 선심을 이끌어 내어 구덕九德[19]의 거리에서 맛을 잊고 육예六藝[20]의 농장에서 정을 쏟는다. 그리하여 곤륜산에 오르고 해변을 순회하는 생각은 잠자고 오랑캐를 치고 월나라를 베는 위엄은 사라지며 높은 누대에서 화려한 복장을 한 자태는 소실되고 새를 관상하며 음악을 즐기는 단서는 폐지됐다. 홀로 온유한 가르침을 살아 있는 사람에게 스미게 하고 풍아風雅의 소리가 후인들에게 흐르게 했다. 현황(玄黃 : 천지)이 순수함을

19 구덕(九德) : 『서경(書經)』「고요모(皐陶謨)」에서 거론된 것으로, 너그러우면서도 위엄이 있는 것, 부드러우면서도 꿋꿋한 것, 성실하면서도 공손한 것, 다스리면서도 공경하는 것, 온순하면서도 굳센 것, 곧으면서도 온화한 것, 간이하면서도 청렴한 것, 강하면서도 착실한 것, 날렵하면서도 의로운 것[寬而栗, 柔而立, 愿而恭, 亂而敬, 擾而毅, 直而溫, 簡而廉, 剛而塞, 彊而義]이다.

20 육예(六藝) : 지식인이 갖춰야 할 여섯 가지 덕목으로, 예(禮), 악(樂), 사(射), 어(御), 서(書), 수(數)를 가리킨다.

기르고 정명正明이 생각을 도우며 뭇 오묘함이 지식을 부조하고 뭇 신령이 생각을 협조하여 이인異人의 보물을 탄생시키고 흥왕興王의 상서로움을 내려주지 않았다면 누가 이 아름다움에 다가갈 수 있겠는가. 태평공주는 도가 황제의 누이보다 높고 재능은 하늘이 낳은 사람보다 크다. 옛날 동벽東壁을 함께 유람하고 북해北海에서 함께 연회를 베풀었는데 갑자기 왔다가 어느덧 사라져 사물만 남아 있고 사람은 보이지 않는다. 옥에 새긴 남은 말만 가엾고 흰 부채의 빈 곡조만 슬프다. 위로 천자께 알려 초방(椒房 : 황후의 궁)의 고사를 구하고 사신에게 명하여 난대蘭臺[21]의 새 문집을 서술한다"라고 했다.

중종이 정월 그믐날 곤명지昆明池에 행차하여 시를 지었는데 군신들이 호응하여 백여 편을 지었다. 장전帳殿 앞에 채루綵樓를 가설한 뒤 상관소용에게 명하여 시 한 편을 선정해 어제곡御製曲을 새롭게 번안한 것으로 삼게 했다. 시종한 신하들이 모두 그 아래 모였는데 잠시 뒤 종이가 공중에서 떨어져 내려 각기 그 이름을 확인해 찾아갔다. 그런데 물러나 확인해 보니 오직 심전기·송지문 두 사람의 시만 내려오지 않았다. 나중에 종이 한 장이 떨어져서 서둘러 취하여 살펴보니 심전기의 시였다. 그 논평을 보니, "두 사람의 시는 공부와 힘이 모두 대적할 만하나 심전기의 시 낙구에서, '미신微臣은 못난 바탕으로, 예장豫章[22]의 재능을 보는 것이 부끄럽다[微臣雕朽質, 羞睹豫章才]'는 글의 기운이 이미 다 사라졌다. 송지문의 시에서 '밝은 달 사라진 걸 걱정하지 않음은, 야광주가 있기 때문이다[不愁明月盡, 自有夜珠來]'는 아직 건장하고 훤칠하다"라고 하니 심전기가 이내 굴복하여 감히 다시는 논쟁하지 못했다. 송지문의 시는 다음과 같다. "봄날 영지靈池 가까운 곳에서 즐길 때, 물

21 난대(蘭臺) : 비서성(秘書省). 궁중의 도서를 비장(祕藏)한 관청이다.

22 예장(豫章) : 동한(東漢)시대 예장태수(豫章太守)를 역임한 진번(陳蕃). 현자를 잘 모셨던 진번이 태수로 있으면서 다른 빈객은 일체 사절하고 서치(徐穉)가 올 때에만 특별히 의자를 내려놓았다가 그가 가면 다시 올려놓은 고사가 전한다. 『후한서(後漢書)』「서치전(徐穉傳)」 참고.

결이 장전帳殿 앞에 펼치었네. 배는 돌 고래(石鯨: 고래 석상)에 부딪혀 움직이고, 뗏목은 두우성斗牛星을 스치고 돌아오네. 그믐 되자 명초蓂草[23]는 모두 떨어지고, 봄 더디어도 버들은 조용히 재촉한다. 상명象溟[24]에서 일렁이는 태양을 보고, 소겁燒劫에서 묻힌 재를 확인한다.[25] 호경鎬京에서 주 문왕의 음악에 술을 마시고,[26] 분수汾水에서 한 무제의 재능을 노래한다.[27] 밝은 달이 사라진 걸 걱정하지 않음은, 야광주가 있기 때문이다.[春豫靈池近, 滄波帳殿開. 舟凌石鯨動, 槎拂斗牛回. 節晦蓂全落, 春遲柳暗催. 象溟看浴景, 燒劫辯沉灰. 鎬飮周文樂, 汾歌漢武才. 不愁明月盡, 自有夜珠來.]"

상관소용의 이름은 완아婉兒이며 서대시랑西臺侍郎 상관의上官儀의 손녀이다. 아버지는 상관정지上官廷芝이며 상관의와 함께 무후시대에 죽었다. 어머니 정鄭씨가 임신을 했을 때 꿈에 거인이 나타나 큰 저울을 주며 "이 저울을 갖고 천하를 측량하라"고 했다.

상관소용이 태어나 한 달이 지나자 어머니가 장난삼아 "저울로 측량하는 이가 혹시 너냐?"라고 하니 "응" 하고 대답했다. 나중에 내궁에서 주요한 권력을 움켜쥐어 그 꿈에 부응했다고 한다. 통천通天(696) 이후 궁내에서 조명詔命을 관장했다. 중종이 등극하여 소용昭容으로 높여 임명했다. 중종이 명유名儒들을 이끌고 잔치를 베풀고 시를 지을 때 상관완아는 언제나 황제와 황후, 장녕長寧과 안낙安樂 두 공주를 대신하여

---

23 명초(蓂草): 명협(蓂莢). 요(堯)임금 때 궁궐 마당에 났다는 서초(瑞草)로, 매달 1일부터 15일까지는 매일 한 잎씩 자라고 16일부터 말일까지는 매일 한 잎씩 졌다고 하며, 당시에 이것을 보고 달력을 만들었다고 한다.

24 상명(象溟): 명(溟)은 북해. 북해를 형상화한 연못이란 말로 해석된다.

25 소겁(燒劫) …… 확인한다: 곤명지는 한 무제가 굴착한 것인데 연못을 굴착할 때 숯이 나오자, 동방삭(東方朔)이, 천지의 대겁(大劫)이 다 끝나서 큰 화재가 발생할 것이므로 일체의 사물을 태웠다는 고사가 전한다.

26 호경(鎬京) …… 마시고: 주 문왕이 호경에 수도를 세운 뒤 군신들과 대연회를 열었다는 고사가 전한다.

27 분수(汾水) …… 노래한다: 한 무제가 분수에서 배를 띄우고 놀며 「추풍사(秋風辭)」를 지어 불렀다.

시를 지었는데 문체가 더욱더 새로웠다. 또 뭇 신하들이 지은 것을 심사하여 금작(金爵 : 황금술잔)을 하사했는데 이것이 조정에서 하나의 기풍을 형성했다. 당시의 시들이 대부분 부화浮華했는데, 그럼에도 모두 볼만했던 것은 상관소용의 힘이었다. 위후韋后가 폐위되자 궐하闕下에서 참수되었다.

① '何'는 본래 '可'로 되어 있었는데, 『당시기사』에 의거하여 고쳤다.

② '北海'는 『당시기사』에 '北渚'로 되어 있다.

孔紹安 공소안

大業末爲監察御史. 高祖爲隋討賊河東, 紹安監其軍, 深見接遇. 高祖受禪, 紹安自洛陽間行來奔. 高祖大悅, 拜內史舍人. 時夏侯端亦嘗爲御史, 先來歸. 紹安授秘書監, 因侍宴, 詠石榴, 有只爲時來晩, 開花不見春之句. 武德中, 令狐德棻欲補正歷代史記,① 詔各差官主修一代. 紹安以中書舍人與崔善爲蕭德言主梁, 多歷年不能就, 皆罷之. 紹安在隋時, 與孫萬壽以文詞稱, 時謂孔·孫.

① "記", 據『紀事』補.

대업(大業 : 605~616) 말에 감찰어사監察御史였다. 고조(高祖 : 이연李淵)가 수隋를 위해 하동河東에서 적을 토벌할 때, 공소안이 그 군사를 감독했는데, 이때 고조로부터 깊은 신망을 얻었다. 고조가 제위에 오른 뒤 공소안이 낙양으로부터 잠행해서 찾아오자 고조가 크게 기뻐하여 내사사인內史舍人에 임명했다. 당시 하후단夏侯端도 어사御史였는데, 먼저 귀의했었다. 공소안이 비서감秘書監에 제수된 뒤, 시연侍宴에서 석류에 대해 노래하며 "단지 시절이 늦어서, 꽃을 피워도 봄을 보지 못하네[只爲時來晩, 開花不見春]"라는 구절을 남겼다. 무덕(武德 : 618~626) 연간에 영호

덕분令狐德棻이 역대의 사기史記를 보완·수정하려고 하자, 각 차관差官에게 조서를 내려 한 시대씩 주관하여 찬수토록 했다. 공소안이 중서사인中書舍人으로서 최선위崔善爲·소덕언蕭德言과 함께 양梁대를 편수했으나 여러 해가 지나도록 완성하지 못하고 모두 그만두었다. 공소안은 수나라 때 손만수孫萬壽와 함께 문장이 뛰어나다는 평을 들어 '공손孔孫'이라는 말을 들었다.

① '記'는 『당시기사』에 의거하여 보충했다.

虞世南우세남

顔師古 『隋朝遺事』載, "洛陽獻合蒂迎輦花, 煬帝令袁寶兒持之, 號司花女. 時詔世南草「征遼指揮德音敕」於帝側, 寶兒注視久之. 帝曰: '昔傳飛燕可掌上舞, 今得寶兒, 方昭前事. 然多憨態, 今注目于卿, 卿才人, 可便嘲之.' 世南爲絶句曰: '學畫鴉黃半未成, 垂肩嚲袖太憨生. 緣憨却得君王惜, 長把花枝傍輦行.'"

안사고顔師古의 『수조유사隋朝遺事』에서 "낙양에서 합체영련화合蒂迎輦花를 헌상하자, 양제煬帝가 원보아袁寶兒에게 들게 하고 '사화녀司花女'라 불렀다. 당시 우세남에게 「정료지휘덕음칙征遼指揮德音敕」을 황제 곁에서 기초하게 했는데, 원보아가 이를 한참 주시했다. 양제가 이르기를 '옛날 비연飛燕[28]이 손바닥 위에서 춤을 출 만하다는 말이 전해오는데 지금 보아를 보니 비로소 지난 일이 소상하다. 하지만 참 어수룩한 모습으로 지금 경을 주목하고 있으니, 경은 재능이 있는 사람이라 조롱의 글을 지어볼 만하다'라고 했다. 우세남이 이에 절구시를 지었다.

28 비연(飛燕): 조비연(趙飛燕). 한 성제(漢成帝)의 총애를 받아 황후에까지 올랐다. 몸매가 아주 가냘파서 사람의 손바닥 위에서 춤을 출 정도였다고 한다.

"얼굴 분장 배우다가 절반도 마치지 못한 채, 처진 어깨 늘어진 소매에 어수룩함만 가득하다. 어수룩함으로 군왕의 귀여움을 차지하여 오랫동안 꽃을 들고 연거輦車 옆에 있다[學畫鴉黃半未成, 垂肩嚲袖太憨生. 緣憨却得君王惜, 長把花枝傍輦行]"라고 했다.

魏徵위징

太宗在洛陽宮, 幸積翠池. 宴酣各賦一事. 帝賦『尚書』曰:"日昃玩百篇, 臨燈披五典. 夏康既逸豫, 商辛亦荒湎. 恣情昏主多, 克己明君鮮. 滅身資累惡, 成名由積善." 徵賦西漢曰:"受降臨軹道, 爭長趣鴻門. 驅傳渭橋上, 觀兵細柳屯. 夜宴經柏谷, 朝遊出杜原. 終藉叔孫禮, 方知皇帝尊." 帝曰:"徵言未嘗不約我以禮."

태종이 낙양궁에 있을 때 적취지積翠池를 찾아가 연회를 베풀었는데 술이 거나할 때 각자 한 가지 내용을 갖고 시를 지었다. 황제가 『상서尚書』에 대해 읊기를 "해가 기울자 백 편을 완상하고, 등불을 켜고서는 오전五典을 펼친다. 하강(夏康: 하나라 강왕)은 안일에 빠졌고, 상신(商辛: 상나라 주왕)은 또한 황폐하다. 제멋대로 산 혼미한 군주는 많고, 자신을 극복한 현명한 군주는 적다. 멸망은 악의 누적에 의하고, 성공은 선을 쌓음에서 연유한다[日昃玩百篇, 臨燈披五典. 夏康既逸豫, 商辛亦荒湎. 恣情昏主多, 克己明君鮮. 滅身資累惡, 成名由積善]"라고 했다. 위징이 서한西漢에 대해 읊기를 "지도軹道에서 항복을 받을 때, 앞다퉈 홍문鴻門으로들 달려왔다. 위교渭橋 위에는 파발이 내달리고, 세류細柳 둔에서는 병사를 사열했다. 밤 잔치는 백곡柏谷에서 보내고, 아침 유람은 두원杜原을 나섰다. 마침내 숙손叔孫의 예를 빌려, 비로소 황제의 존엄을 알았다[受降臨軹道, 爭長趣鴻門. 驅傳渭橋上, 觀兵細柳屯. 夜宴經柏谷, 朝遊出杜原. 終藉叔

孫禮, 方知皇帝尊]”라고 하자, 태종이 말하기를 “위징의 말은 일찍이 ‘나를 예로 단속하라’가 아닌 것이 없다”라고 했다.

李百藥이백약

百藥七歲能屬文. 齊中書舍人陸乂, 嘗過其父德林, 有說徐陵文者云: “藉琅琊之稻”, 坐客並不識其事. 百藥進曰: “傳稱鄅人藉稻. 注云: ‘鄅國在琅琊·開陽縣.’” 人皆驚喜曰: “此兒卽神童.” 百藥幼多病, 祖母以百藥爲名.① 名臣之子, 才行相繼, 四海名流, 莫不宗仰. 藻思沈鬱, 尤長五言. 雖樵童牧子, 亦皆吟諷. 及懸車告老, 怡然自得, 穿池築山,② 文酒談詠, 以盡平生之志, 年八十五. 先是和太宗「帝京篇」, 手詔曰: “卿何身之老而才之壯, 齒之宿而意之新乎.”

子安期, 永徽末遷中書舍人. 自德林至安期, 三代掌制誥. 安期孫羲仲, 又爲中書舍人.

① “祖”, 『紀事』作父.

② “築”原作“鑿”, 據『紀事』改.

이백약은 일곱 살 때 능히 문장을 지었다. 북제北齊 중서사인 육예陸乂가 일찍이 이백약의 아버지 이덕림李德林을 찾아갔는데, 어떤 사람이 서릉徐陵의 문장에 대해 이야기하며 ‘자낭야지도藉琅琊之稻’라고 하자, 함께 있던 이들이 모두 그 내용을 알지 못했다. 이때 이백약이 나서서 말하기를 “『좌전左傳』에 ‘우인자도鄅人藉稻’라고 했는데, 주석에서 ‘우국鄅國은 낭야琅琊 개양현開陽縣에 있다’고 했습니다”라고 하자, 사람들이 모두 깜짝 놀라며 “이 아이는 신동이다”라고 했다. 이백약은 어려서 병이 많아 그의 할머니가 ‘백약’이라고 이름을 지어줬다. 명신名臣의 아들로서 재능과 실행이 잘 어우러져 세상 명사들이 모두 추앙했다.

그의 글은 깊이가 있었는데, 오언에 특히 뛰어나서 초동과 목동 들도 모두 읊조렸다. 노년에 관직에서 물러나서는 유유자적하며 연못을 파고 언덕을 쌓아 글을 논하고 술을 즐기면서 일생 동안 추구한 삶을 마음껏 누렸다. 향년 팔십오 세이다.

앞서 태종의 「제경편帝京篇」에 화답의 글을 짓자, 태종이 손수 내린 조서에 "경은 어찌하여 몸은 늙는데 재능은 씩씩하고, 나이는 늙는데 생각은 새로운가"라고 했다. 아들은 이안기李安期이며 영휘(永徽 : 650~655) 말에 중서사인으로 옮겼다. 이덕림에서부터 이안기까지 3대가 제고(制誥 : 황제의 조칙)를 관장했다. 이안기의 손자 이희중李羲仲도 중서사인이 되었다.

① '祖'는 『당시기사』에 '父'로 되어 있다.

② '築'은 본래 '鑿'으로 되어 있었는데, 『당시기사』에 의거하여 고쳤다.

長孫無忌장손무기

無忌嘲歐陽詢形狀猥陋云 : "聳膊成山字, 埋肩畏出頭. 誰令麟閣上, 畫此一獼猴." 詢應聲曰 : "縮頭連背暖, 漫襠畏肚寒. 只緣心渾渾, 所以麵團團." 太宗笑曰 : "詢殊不畏皇后耶."

장손무기가 왜소하고 못난 모습의 구양순歐陽詢을 조롱하며 "위의 팔은 뫼 산山 자 꼴이고, 가라앉은 어깨는 머리가 튀어나올까 싶다. 누가 기린각麒麟閣 위에, 이런 원숭이를 그려놓았나[聳膊成山字, 埋肩畏出頭. 誰令麟閣上, 畫此一獼猴]"라고 하자, 구양순이 대응하여 읊기를 "쪼그라든 머리는 등짝과 이어져 따뜻하고, 늘어진 잠방이는 배가 차가울까 두려워서라네. 속이 원만하면, 면麵도 둥글기 마련이라네[縮頭連背暖, 漫襠畏肚寒. 只緣心渾渾, 所以麵團團]"라고 하니, 태종이 웃으며 "구양순은 황후를 별로 두려워하지 않는단 말인가”라고 했다.

王勃 왕발

太宗嘗謂唐儉, “酒杯流行, 發言可喜.” 是時, 天下初定, 君臣俱欲無爲, 酒杯善謔, 理亦有之. 高宗雖不君, 然亦深察事機. 當時, 諸王鬥雞, 王勃在沛王府, 戲爲文檄英王. 帝見之, 大怒曰 : “此殆交鬥之漸.” 卽日竄勃. 以太宗之賢, 杯酒一時之樂, 何足爲後世戒. 及其弊也, 中宗詔群臣曰 : “天下無事, 欲與群臣共樂.” 於是「回波」豔詞, 妖冶之舞, 作於文字之臣, 而綱紀蕩然矣. 創業之難也, 一觴一詠, 足以肇亂, 況其甚焉者哉!

태종이 일찍이 당검唐儉을 두고, “술잔이 돌면, 하는 말이 참 재밌다”라고 했는데, 당시는 천하가 막 자리를 잡아서 군신이 모두 일이 없기를 바랐기 때문에, 술잔을 들며 농담을 나누는 것이 있을 만한 일이었다. 고종이 비록 제위에 오르진 않았지만 사태의 추이를 깊이 살폈다. 당시에 제왕諸王들이 투계鬥雞 놀이를 즐겼는데, 패왕부沛王府에 있던 왕발이 장난삼아 영왕(英王 : 이현李賢)을 공격하는 격문을 지었다. 고종이 이 글을 보고 크게 노하여 “이것은 싸움이 벌어질 조짐이다”라고 하고 그날로 왕발을 내쫓았다. 태종 같은 현명한 임금이 한때 술잔을 나누며 즐기는 낙이 어찌 후세에 경계가 될 수 있겠는가. 하지만 폐단이 발생했을 때는, 중종이 군신에게 조서를 내려 “천하가 무사하니 군신과 함께 즐거움을 누리고 싶다”고 하여 「회파回波」[29]의 화려한 글과 요염한 춤이 문자를 논하는 신하들에게서 이루어져 기강이 무너졌다. 창업

29 「회파(回波)」 : 악부(樂府)의 곡명(曲名)이다. 매 구 6언으로, 제1구를 “回波爾時”란 네 글자로 시작한 데에서 이름 붙여졌다. 나중에 무곡(舞曲)으로도 쓰였다. 현재 고증해낸 것 중에서 가장 이른 시기의 곡조이다.

은 어려워서 한 잔의 술과 한 구절의 노래가 난亂을 잉태시키기도 하는데, 하물며 그보다 심한 경우이랴!

馬周마주

「凌朝浮江旅思」詩云 : "太清初上日, 春水送孤舟. 山遠疑無樹, 潮平似不流. 岸花開且落, 江鳥沒還浮. 羈望傷千里, 長歌遣四愁."

「능조부강려사凌朝浮江旅思」에서 "하늘에 막 해가 떠오를 때, 봄날 강물에서 배를 떠나보낸다. 산이 멀어 나무가 없는 듯하고, 물결 잔잔해 흐르지 않는 듯하다. 언덕에 꽃은 피었다 지고, 강물에 새는 사라졌다 떠오른다. 나그네로서 바라보니 천 리 길이 슬퍼, 노래 한껏 부르며 시름을 떠나보낸다[太清初上日, 春水送孤舟. 山遠疑無樹, 潮平似不流. 岸花開且落, 江鳥沒還浮. 羈望傷千里, 長歌遣四愁]"라고 했다.

李義府이의부

義府初遇, 以李大亮劉洎之薦. 太宗召令詠烏, 義府曰 : "日裏颺朝彩, 琴中聞夜啼. 上林如許樹, 不借一枝棲." 帝曰 : "與卿全樹, 何止一枝."

이의부가 처음 관직에 오른 것은 이대량李大亮과 유계劉洎의 추천 때문이었다. 태종이 그를 불러 까마귀를 읊게 하자, 이의부가 "태양 속에 아침 무늬 휘날리고, 거문고 소리에 한밤 울음소리 듣는다. 상림上林의 나무 저토록 많거늘, 깃들 가지 하나 빌려주지 않으랴[日裏颺朝彩, 琴中聞夜啼. 上林如許樹, 不借一枝棲]"라고 하니, 태종이 말하기를 "경에게 나무 전체를 주지, 어찌 가지 하나만 주겠는가"라고 했다.

杜淹두엄

杜淹始見袁天綱於洛, 天綱謂曰:"蘭臺成就, 學堂寬廣."① 又曰:"二十年外, 終恐責黜, 暫去卽還." 武德六年, 以善隱太子, 俱配流嶲州. 淹至益州, 見天綱曰:"洛邑之言, 何其神也!" 天綱曰:"不久卽回." 至九年六月, 召入. 天綱曰:"杜公至京師, 卽得三品要職." 淹至京, 拜御史大夫・檢校吏部尚書. 贈天綱詩曰:"伊呂深可慕, 松喬定是虛. 繫風終不得, 脫屣欲安如. 且珍紈素美, 當與薜蘿疏. 旣逢楊得意, 非復久閑居."

① "寬廣"原作"廣寬", 據『紀事』改.

두엄이 낙양에서 처음 원천강袁天綱을 보았을 때, 원천강이 이르기를 "난대蘭臺의 성취는 학당學堂이 넉넉해서다"라고 하고, 또 "이십 년이 지나면 결국 내쫓길까 싶은데, 잠시 갔다 바로 돌아올 것이다"라고 했다. 무덕武德 6년(623)에 은태자(隱太子: 이건성李建成)와 친하다는 이유로 은태자와 함께 준주嶲州로 유배되었다. 두엄이 익주益州에 이르러 원천강을 보고 "낙양에서의 말이 어찌 그리 신묘한가"라고 하니, 원천강이 이르기를 "머지않아 곧 돌아갈 것이다"라고 했는데, 무덕 9년(626) 6월에 부름을 받아 돌아갔다. 원천강이 "두공杜公이 경사京師에 이르면 바로 삼품三品의 요직要職을 얻을 것이다"라고 했는데, 두엄이 경사에 이르러 어사대부・검교이부상서檢校吏部尚書에 제수되었다. 그는 원천강에게 준 시에서 이렇게 읊었다. "이윤伊尹과 여상呂尙은 아주 사모할 만하지만, 적송자赤松子와 왕지교王之喬는 정녕 공허하다. 바람에 매어두면 끝내 얻지 못하거늘, 신발 벗고 어디를 가려 하는가. 아름다운 비단은 귀중히 여기고, 거친 넝쿨과는 소원할지어다. 이미 양득의楊得意[30]를 만났으니, 다시는 한적한 삶을 오래 살지 않으리라[伊呂深可慕, 松喬定是虛. 繫風終不得, 脫屣欲安如. 且珍紈素美, 當與薜蘿疏. 旣逢楊得意, 非復久閒居]"라고 했다.

① '寬廣'은 본래 '廣寬'으로 되어 있었는데, 『당시기사』에 의거하여 고쳤다.

蘇味道소미도

趙州蘇味道, 與里人李嶠號蘇李. 武后朝爲相, 世號模稜手.「上元」云 : "火樹銀花合, 星橋鐵鎖開. 暗塵隨馬去, 明月逐人來. 遊妓皆穠李, 行歌盡落梅. 金吾不禁夜, 玉漏莫相催."

조주趙州의 소미도는 동향인 이교와 함께 '소이蘇李'로 불렸으며, 무후武后시대에 재상을 역임했는데 세상에서 '모릉수模稜手'라 불렸다.

「상원上元」에서 "불꽃 나무에는 은빛 꽃이 두르고, 별 다리에는 쇠열쇠가 열렸다. 자욱한 먼지는 말을 따라가고, 밝은 달은 사람을 뒤쫓아 온다. 노는 기생들은 모두 농염한 오얏이고, 불리는 노래는 모두 「떨어진 매화(落梅)」[31]이다. 금오(金吾 : 의금부)는 밤길을 금하지 않으니, 옥루玉漏는 시간을 재촉하지 말지어다[火樹銀花合, 星橋鐵鎖開. 暗塵隨馬去, 明月逐人來. 遊妓皆穠李, 行歌盡落梅. 金吾不禁夜, 玉漏莫相催]"라고 했다.

---

30 양득의(楊得意) : 사마상여와 동향인이다. 황제의 개를 기르는 감독인 구감(狗監)으로 있을 때, 한 무제에게 사마상여가 부(賦)를 잘 짓는다고 추천하여, 사마상여가 조정에 등용되는 계기를 마련했다.

31 「떨어진 매화[落梅]」 : 한 대(漢代)의 적곡(笛曲)으로 「매화락(梅花落)」, 「관산낙매곡(關山落梅曲)」이라고도 한다.

駱賓王 낙빈왕

世稱王・楊・盧・駱. 楊盈川之爲文, 好以古人姓名連用, 如"張平子之略談, 陸士衡之所記, 潘安仁宜其陋矣, 仲長統何足知之", 號爲點鬼簿. 賓王文好以數對, 如"秦地重關一百二, 漢家離宮三十六", 號爲算博士.「帝京篇」曰: "倏忽搏風生羽翼, 須臾失浪委泥沙." 賓王後與徐敬業興兵揚州, 大敗逃死, 此其讖也.

세상에서 '왕양노빈'(王楊盧駱 : 왕발・양형楊炯・노조린盧照隣・낙빈왕)이라 칭한다. 양영천(楊盈川 : 양형)은 문장을 지을 때 옛사람의 성명을 연용하는 것을 좋아했는데, 예컨대 "장평자(張平子 : 장형張衡)의 간략한 담론과 육사형(陸士衡 : 육기)의 기록, 반안인(潘安仁 : 반악)은 누추할 터인데, 중장통仲長統이 어찌 알겠는가[張平子之略談, 陸士衡之所記, 潘安仁宜其陋矣, 仲長統何足知之]" 따위이다. 그래서 그를 '점귀부點鬼簿'[32]라 부른다. 낙빈왕의 문장은 숫자로 대칭하는 것을 좋아하는데, 예컨대 "진秦나라 땅의 중첩된 관문은 백두 개이고, 한漢나라 황실의 이궁離宮은 서른여섯 개이다[秦地重關一百二, 漢家離宮三十六]" 따위이다. 그래서 그를 '산박사算博士'라 한다.

「제경편帝京篇」에서 "갑자기 바람 박차며 날개가 돋다가, 어느덧 풍랑에 유실되어 진흙 밭에 내팽겨졌네[倏忽搏風生羽翼, 須臾失浪委泥沙]"라고 했는데, 나중에 낙빈왕은 서경업徐敬業과 함께 양주揚州에서 병사를 일으켰다가 크게 패하여 도망가다가 죽었으니, 이 글이 그 조짐이었다.

---

32 점귀부(點鬼簿) : 죽은 사람의 성명을 기록하는 장부(帳簿). 고인(古人)의 이름을 많이 따다가 지은 시문을 조롱하는 말로 쓰인다.

陳子昂진자앙

『獨異記』載, "子昂初入京, 不爲人知. 有賣胡琴者, 價百萬, 豪貴傳視, 無辨者. 子昂突出, 顧左右以千緡市之. 衆驚問, 答曰 : '余善此樂.' 皆曰 : '可得聞乎.' 曰 : '明日可集宣陽里.' 如期偕往, 則酒肴畢具, 置胡琴於前. 食畢, 捧琴語曰 : '蜀人陳子昂, 有文百軸, 馳走京轂, 碌碌塵土, 不爲人知. 此樂賤工之役, 豈宜留心.' 擧而碎之, 以其文軸遍贈會者. 一日之內, 聲華溢都. 時武攸宜爲建安王, 辟爲書記."

『독이기獨異記』에서 "진자앙이 처음 경사에 들어갔을 때 사람들이 알아주지 않았다. 호금胡琴을 파는 자가 있었는데, 값이 백만이라 했다. 부호들이 돌아가며 보았으나 자신 있게 나서는 사람이 없었다. 진자앙이 쑥 나서서 좌우를 돌아보며 천 민(緡 : 돈 꾸러미)을 주고 샀다. 사람들이 깜짝 놀라서 묻자, 대답하기를 '내가 이 악기를 잘 다룬다'고 했다. 모두들 '들려줄 수 있겠는가'라고 하자, '내일 선양리宣陽里에 모여라'라고 했다. 약속대로 모두 찾아가자 술과 안주가 준비되어 있고 호금이 그 앞에 놓여 있었다. 식사를 마친 뒤 호금을 들고 말하기를 '촉나라 사람 진자앙이 백 축軸의 글을 갖고 경사를 여기저기 돌아다녔으나 녹록한 진토塵土에 나를 알아주는 이가 없다. 이 음악은 미천한 악공들이 하는 일인데, 어찌 마음을 둘 만하겠는가'라고 하며 호금을 부숴버린 뒤 두루마리 글을 모인 사람들에게 두루 나누어주었다. 이 일로 인해 하루 만에 명성이 도성에 넘쳤다. 당시 무유의武攸宜 건안왕建安王이 그를 불러 서기書記로 삼았다.

李日知이일지

鄭州・李日知, 景龍初爲相. 初, 安樂公主館第成, 中宗臨幸. 燕從官, 賦詩. 日知卒章曰:"所願但知居者樂, 無使時稱作者勞." 獨以規戒. 睿宗他日謂曰:"向時雖朕亦不敢諫, 非卿亮直何能爾." 卽拜侍郞.

정주鄭州 이일지는 경룡(景龍: 707~709) 초에 재상이 되었다. 일찍이 안락공주의 관제(館第: 저택)가 완성되자 중종이 찾아가서 따라온 관원들에게 연회를 베풀고 시들을 지었는데, 이일지가 졸장卒章에서 "바라는 것은 거주하는 사람이 즐겁기만 하면 될 뿐, 일하는 사람이 힘들다고 일컫는 일이 없기를[所願但知居者樂, 無使時稱作者勞]"이라고 하여 홀로 경계의 의미를 담았다. 예종睿宗이 훗날 이르기를 "지난날에는 짐도 감히 간언을 하지 못했으니, 어질고 곧은 경이 아니면 어찌 가능하겠는가"라고 하고 바로 시랑侍郞에 임명했다.

李景伯이경백

景伯, 中宗宰相懷遠之子. 景龍初, 爲諫議大夫. 中宗宴侍臣, 酒酣, 各命爲「回波辭」. 景伯獨爲箴規語,① 帝不悅. 蕭至忠曰:"眞諫官也."「回波詞」曰:"回波爾時酒巵, 微臣職在箴規. 侍宴旣過三爵, 喧嘩切恐非儀."

① "語", 據『紀事』補.

이경백은 중종 때의 재상인 이회원李懷遠의 아들인데, 경룡 초에 간의대부諫議大夫가 되었다. 중종이 시신들에게 연회를 베풀고 술이 거나할 때 「회파사回波辭」를 짓도록 했는데, 이경백만 홀로 경계의 내용을 담자 중종이 좋아하지 않았다. 이에 소지충蕭至忠이 "진정한 간관諫官이다"라고 했다. 「회파사」에서 "「회파사」를 지으며 술잔 나눌 때, 한미한 신은 경계를 권하는 직책에 있었네. 모시는 연회에서 이미 세 잔이 돌았지만 떠드는 것은 결코 예의가 아닌 듯했네[回波爾時酒卮, 微臣職在箴規. 侍宴旣過三爵, 喧嘩切恐非儀]"라고 했다.

① '語'는 『당시기사』에 의거하여 보충했다.

崔融최융

久視元年, 改控鶴府爲奉宸府. 張易之爲奉宸令, 引詞人爲供奉. 佞者奏云: "昌宗, 王子晉後身." 令被羽衣, 吹簫, 乘木鶴, 奏樂於庭. 融賦詩爲絶唱, 有昔遇浮邱伯, 今同丁令威. 中郎才貌是, 藏史姓名非之句. 後與宰相蘇味道相誚云: "融詩所以不及相公, 無銀花合." 蘇有詩云: 火樹銀花合." 味道云: "子詩雖無銀花合, 還有金銅丁." 取令威之句也.

구시久視 원년(700)에 공학부控鶴府를 봉신부奉宸府로 개명했다. 장역지張易之가 봉신령奉宸令이 되어 사인詞人들을 모아 공봉供奉으로 삼았다. 아첨하는 자가 아뢰기를 "창종(昌宗 : 장창종張昌宗)의 아우는 왕자진王子晉[33]의 후신後身입니다"라고 하자, 창종에게 우의羽衣를 입히고 퉁소를 불며 나무로 만든 학을 타고 마당에서 음악을 연주하게 했다. 최융이 절창의 시를 지어 "지난날 부구백浮邱伯[34]을 만났는데, 지금 정령위丁令威[35]와 함께했네. 중랑中郎은 재능과 모습이 제대로인데, 장사藏史는 성

33 왕자진(王子晉) : 주 영왕(周靈王)의 태자. 피리를 잘 불었으며, 신선이 되러 갔다가 삼십여 년 만에 백학(白鶴)을 타고 와 구씨산(緱氏山)에 내렸다 한다.

34 부구백(浮邱伯) : 전국시대 말기에서 한나라 초까지 활동한 인물로, 순자(荀子)의 제자이며, 동문으로 한비자(韓非子), 이사(李斯), 장창(張蒼) 등이 있다.

35 정령위(丁令威) : 요동(遼東) 출신으로 도를 배워 신선이 되었다는 전설 속의 인물이다. 나중에 학으로 변해서 고향을 찾아오니, 벌써 천 년의 세월이 지나 아무도 알아보는 사

과 이름이 아니네[昔遇浮邱伯, 今同丁令威. 中郎才貌是, 藏史姓名非]”란 구절을 남겼다.

나중에 재상 소미도蘇味道와 서로 비난이 이루어져 그가 “융의 시가 상공相公에 미치지 못하는 것은 ‘은빛 꽃 두른 것’이 없기 때문이다”라고 했는데 소미도의 시의 “불빛 나무에 은빛 꽃이 둘렀네”라는 구절을 인용한 것이다. 이에 소미도가 이르기를 “그대의 시에 ‘은빛 꽃 두른 것’은 없지만 아직 금동金銅의 정丁이 있다”라고 했는데, ‘정령위丁令威’의 구절을 인용한 것이다.

李適이적

初, 中宗・景龍二年, 始于修文館置大學士四員, 學士八員, 直學士十二員, 象四時・八節・十二月. 於是李嶠・宗楚客・趙彦昭・韋嗣立爲大學士, 李適・劉憲・崔湜・鄭愔・盧藏用・李乂・岑羲・劉子玄爲學士, 薛稷・馬懷素・宋之問・武平一・杜審言・沈佺期・閻朝隱爲直學士. 又召徐堅・韋元旦・徐彦伯・劉允濟等滿員. 其後被選者不一. 凡天子饗會遊豫, 惟宰相・直學士得從, 春幸黎園並渭水祓除, 則賜柳圈辟癘. 夏宴葡萄園, 賜朱櫻. 秋登慈恩浮圖, 獻菊花酒稱壽. 冬幸新豐, 歷白鹿觀, 登驪山, 賜浴湯池, 給香粉蘭澤, 從行給翔麟馬・品官黃衣各一. 帝有所感, 卽賦詩, 學士皆屬和, 當時人所欽慕. 然皆狎猥佻佞, 忘君臣禮法, 惟以文華取幸, 若韋元旦・劉允濟・沈佺期・宋之問・閻朝隱等, 無他稱. 景龍二年七月七夕, 御兩儀殿賦詩. 李嶠獻詩云: “誰言七襄詠, 流入五弦歌.” 是日李行言唱「步虛歌」. 九月, 幸慈恩寺塔, 上官氏獻詩, 群臣並賦. 閏九月, 幸總持, 登浮圖, 李嶠等獻詩. 十月三

람이 없었다. 어떤 소년이 활을 쏘려고 하자 공중을 배회하며 탄식하다 떠나갔다는 전설이 전한다. 도잠의 『수신후기(搜神後記)』 권1 참고.

日, 幸三會寺, 十一月十五日, 中宗誕辰, 內殿聯句爲柏梁體. 二十一日安樂公主出降武延秀. 是月, 以婕妤上官氏爲昭容. 十二月六日, 上幸薦福寺, 鄭愔詩先成,【舊邸三乘闢是也】宋之問後進.【駕象法三歸是也】立春, 侍宴賦詩. 二十一日, 幸臨渭亭, 李嶠等應制. 三十日幸長安故城. 十二月晦, 諸學士入閤守歲, 以皇后乳母戱適御史大夫竇從一.【往來其家, 遂有國爹之號】三年元日, 清暉閣登高遇雪. 宗楚客詩云蓬萊雪作山是也, 因賜金彩人勝. 李嶠等七言詩.【千鍾聖酒御筵披是也】是日, 甚歡, 上令學士遞起屢舞, 至沈佺期賦「回波」, 有齒錄牙緋之語. 晦日, 幸昆明池, 宋之問詩自有夜珠來之句, 至今傳之. 二月八日, 送沙門玄奘等歸荊州, 李嶠等賦詩. 十一日, 幸太平公主南莊. 七月, 幸望春宮, 送朔方節度張仁亶赴軍. 八月三日, 幸安樂公主西莊. 九月九日, 幸臨渭亭, 分韻賦詩.【韋安石先成】十一月一日, 安樂公主入新宅, 賦詩. 十五日, 中宗誕辰, 長寧公主滿月, 李嶠詩神龍見象日仙鳳養雛年是也. 二十三日, 南郊, 徐彦伯上「南郊賦」. 十二月十二日, 幸溫泉宮, 敕蒲州刺史徐彦伯入仗, 同學士例, 因與武平一等五人獻詩, 上官昭容獻七言絶句三首. 十四日, 幸韋嗣立莊, 拜嗣立逍遙公, 名其居曰清虛原・幽棲谷. 十五日, 幸白鹿觀. 十八日, 遊秦始皇陵. 四年正月朔, 賜群臣柏樹. 五日, 蓬萊宮宴吐蕃使, 因爲柏梁體.【吐蕃舍人亦賦】七日, 重宴大明殿, 賜彩鏤人勝, 又觀打球. 八日, 立春, 賜綵花. 二十九日, 晦, 幸滻水. 二月一日, 送金城公主. 三日, 幸司農少卿王光輔莊. 是夕, 岑羲設茗飮, 討論經史, 武平一論『春秋」, 崔日用請北面, 日用贈武平一歌曰 : "彼名流兮左氏癖, 意玄遠兮冠今夕." 二十一日, 張仁亶至自朔方, 宴于桃花園, 賦七言詩. 明日, 宴承慶殿, 李嶠等賦「桃花園詞」, 因號「桃花行」. 三月一日, 清明, 幸梨園, 命侍臣爲拔河之戱. 三日上巳, 祓禊於渭濱, 賦七言詩, 賜細柳圈. 八日, 令學士尋勝, 同宴于禮部尙書竇希玠亭,① 賦詩, 張說爲之序. 十一日, 宴于昭容之別院. 二十七日, 李嶠入都祔廟, 徐彦伯等餞之, 賦詩. 四月一日, 幸長寧公主莊. 六日, 幸興慶池觀競渡之戱. 其日, 過希玠宅, 學士賦詩. 二十九日, 御宴, 祝欽明爲八風舞, 諸學士曰 : "祝公斯擧, 五經掃地盡矣." 睿宗時, 道士司馬承禎天臺, 適贈詩, 詞甚美, 朝士屬和三百餘人, 徐彦伯編爲「白雲記」.

① "玠"原作"琳", 據『舊唐書』「竇希玠傳」改, 下同.

중종 경룡 2년(708) 수문관修文館에 비로소 태학사大學士 네 명, 학사學士 여덟 명, 직학사直學士 열두 명을 두었는데 사계절 · 팔절八節[36] · 십이개월을 형상화한 것이다. 이때 이교 · 종초객 · 조언소 · 위사립이 태학사가 되고, 이적 · 유헌 · 최식 · 정음 · 노장용 · 이예 · 잠희 · 유자현劉子玄이 학사가 되고, 설직 · 마회소素 · 송지문 · 무평일 · 두심언杜審言 · 심전기 · 염조은이 직학사가 되었다. 또 서견徐堅 · 위원단 · 서언백徐彦伯 · 유윤제劉允濟 등을 불러 충원했다. 그 뒤에도 선발된 사람이 한둘이 아니다. 천자天子가 연회를 열어 유희를 즐길 때면 오직 재상과 직학사만 수행했는데, 봄에 여원黎園과 위수渭水에 가서 불제(祓除 : 재액을 쫓는 의식)를 할 때면 세류권(細柳圈 : 실버들로 만든 둥근 굴레)을 하사하여 역병을 물리치게 하고, 여름에 포도원에서 잔치를 베풀 때에는 주앵(朱櫻 : 앵도의 일종)을 하사했다. 가을에 자은사慈恩寺에 오를 때면 국화주를 헌상하여 만수무강을 빌었다. 겨울에 신풍新豐에 행차할 때는 백록관白鹿觀을 거쳐 여산驪山에 올라가서 탕지湯池의 목욕을 하사하고 난택蘭澤에서 향분香粉을 내주었으며, 수행하는 이들에게 상인마(翔麟馬 : 말의 일종)를 주고 품관品官에게는 각각 황의黃衣 한 벌씩을 주었다. 중종이 감흥이 일어 시를 지으면 학사들이 모두 화답을 했는데, 당시 사람들이 이를 흠모했다. 그러나 모두 외람되고 경망하여 군신의 예법을 잊고 오직 문장의 화려함만으로 황제의 사랑을 받았으니, 위원단 · 유윤제 · 심전기 · 송지문 · 염조은 등은 특별히 일컬을 것이 없다.

---

36 팔절(八節) : 여덟 절기. 입춘(立春), 춘분(春分), 입하(立夏), 하지(夏至), 입추(立秋), 추분(秋分), 입동(立冬), 동지(冬至)이다.

경룡 2년 7월 칠석에 양의전兩儀殿에 나아가 시를 지었는데, 이교가 올린 시에서 “누가 칠양七襄[37]의 읊음을 말하는가, 오현가五弦歌[38]에 흘러들었네[誰言七襄詠, 流入五弦]”라고 했다【이날 이행언李行言은 「보허가步虛歌」를 불렀다】. 9월에 자은사慈恩寺 탑에 행차할 때 상관씨가 시를 바치자 군신들도 모두 함께 지었다. 윤9월에 총지總持에 행차하여 부도浮圖에 올라서는 이교 등이 시를 지어 바쳤다. 10월 3일 삼회사三會寺에 행차했고, 11월 15일은 중종의 탄신일이어서 내전에서 백량체柏梁體[39]로 연구를 지었다. 21일에 안락공주가 무연수武延秀에게 출가했다. 이달, 첩여婕妤 상관씨를 소용昭容으로 삼았다. 12월 6일에 중종이 천복사薦福寺에 행행할 때는 정음이 시를 먼저 완성했고【“구저舊邸에 삼승三乘이 열리고[舊邸三乘闢]”이다】, 송지문이 나중에 올렸다【“코끼리를 탈 때 삼귀三歸를 법으로 삼는다[駕象法三婦]”이다】. 입춘에는 시연侍宴에서 시를 지었다. 21일에는 임위정臨渭亭에 행차했는데, 이교 등이 응제시를 지었다. 30일에는 장안 고성故城에 행차했다. 12월 그믐에 학사들이 궁 안으로 들어와 수세守歲를 했는데, 황후의 유모는 어사대부 두종일竇從一을 찾아가 유희를 즐기며 시간을 보냈다【그 집안을 왕래하여 마침내 국다(國爹 : 국부)라는 호칭이 생겼다】. 3년(709) 원일元日에는 청휘각清暉閣에서 높은 곳에 올랐는데 눈을 만났다. 종초객의 시, “봉래에 눈이 산을 만들었다[蓬萊雪作山]”라는 것이 이를 두고 말한 것이며 이로 인하여 황금빛 인승人勝[40]을 하사했다. 이교 등은 칠언시를 지었다【“천종千鍾의

---

37 칠양(七襄) : 『시경(詩經)』 「소아(小雅)」 「대동(大東)」에 “발돋움하는 저 직녀, 하루에 자리를 일곱 번 옮기네[跂彼織女, 終日七襄]”라고 한 데서 온 말이다.

38 오현가(五弦歌) : 순(舜)임금이 오현금(五弦琴)을 타며 불렀다는 노래. “남풍의 훈훈함이여, 우리 백성들의 불평을 풀어주리라. 남풍의 때 맞음이여, 우리 백성들의 재물을 풍부히 하리라.[南風之薰兮, 可以解吾民之慍兮. 南風之時兮, 可以阜吾民之財兮.]” 「남훈곡(南薰曲)」. 『공자가어(孔子家語)』 「변악해(辯樂解)」 참고.

39 백량체(柏梁體) : 시체(詩體)의 하나. 칠언(七言)으로 매 구마다 압운(押韻)을 한다. 한 무제가 백량대(柏梁臺)에서 신하들에게 칠언연구(七言聯句)를 짓게 한 데에서 유래한다.

40 인승(人勝) : 음력 정월 초이렛날에 임금이 신하에게 내려주는, 자루가 달려 있는 조그

성주聖酒가 어연御筵에 펼쳐졌네[千鍾聖酒御筵披]"이다】. 이날 환희가 넘쳐서 중종이 학사들로 하여금 돌아가며 춤을 추게 했는데, 심전기가 「회파사」를 지어, '치록齒錄', '아배牙緋'라는 구절을 남겼다. 그믐날에는 곤명지昆明池에 행차했는데 송지문이 지은 "저절로 야광주夜光珠가 온다[自有夜珠來]"라는 구절이 지금까지 전한다. 2월 8일에는 사문沙門 현장玄奘 등을 형주荊州로 돌려보냈는데 이교 등이 시를 지었다. 11일에는 태평공주의 남장南莊에 행차했다. 7월에는 망춘궁望春宮에 행차하여 주둔지로 가는 삭방절도朔方節度 장인단張仁亶을 전송했다. 8월 3일에는 안락공주의 서장西莊에 행행했다. 9월 9일에는 임위정臨渭亭에 행차하여 운을 나누어 시를 지었다【위안석韋安石이 먼저 완성했다】. 11월 1일에는 안락공주가 새로 지은 집에 들어가 시를 지었다. 15일은 중종의 탄신일이고 장녕공주가 만삭이었는데, 이교의 시 "신룡神龍이 상象을 보는 날이요, 선봉仙鳳이 새끼를 기르는 해이다[神龍見象日, 仙鳳養雛年]"라고 한 것은 이를 두고 말한 것이다. 23일에는 남교南郊에서 서언백이 「남교부南郊賦」를 지어 올렸다. 12월 12일에는 온천궁溫泉宮에 행차했다. 이때 포주자사蒲州刺史 서언백에게 칙서를 내려 의장儀仗에 들어오게 하여 학사들의 예例와 같이 하게 했는데 무평일武平一 등 다섯 사람과 더불어 시를 지어 바치고, 상관소용은 칠언절구 3수를 지어 바쳤다. 14일에는 위사립의 별장에 행차하여 위사립을 소요공逍遙公에 임명하고, 그의 거처를 '청허원淸虛原'·'유서곡幽棲谷'이라 명명했다. 15일에는 백록관에 행차했다. 18일에는 진시황릉을 유람했다. 4년(710) 정월 초하루에는 군신들에게 잣나무를 하사했다. 5일에는 봉래궁蓬萊宮에서 토번吐蕃의 사신들에게 연회를 베풀며 백량체를 지었다【토번의 사인舍人도 지었다】. 7일 대명전大明殿에서 다시 연회를 베풀고, 무늬 넣어 새긴 인승人勝을 하사하고 타구打球도 구경했다. 8일 입춘에는 채화綵花를 하사했다. 29

만 머리꾸미개이다.

일 그믐에는 산수滻水에 행차했다. 2월 1일에는 금성공주金城公主를 전송했다. 3일에는 사농소경司農少卿 왕광보王光輔의 별장에 행차했다. 이날 밤 잠희가 차 마시는 자리를 마련해 경사經史를 토론했는데, 무평일이 『춘추』를 논하자, 최일용이 북면北面[41]을 요청했다. 최일용이 무평에게 지어준 노래에서 "저 명사여 좌씨의 벽癖이 되었고, 뜻이 깊고 오묘함이여 오늘 밤에 으뜸이네[彼名流兮左氏癖, 意玄遠兮冠今夕]"라고 했다. 21일 장인단張仁亶이 삭방朔方으로부터 돌아와 도화원桃花園에서 연회를 베풀고 칠언시를 지었다. 이튿날 승경전承慶殿에서 연회를 베풀었는데, 이교 등이 「도화원사桃花園詞」를 지어 이를 「도화행桃花行」이라 불렀다. 3월 1일 청명淸明에는 이원梨園에 행차하여 시신에게 발하희拔河戲를 공연할 것을 명했다. 3일 상사上巳에는 위수渭水에서 불제祓禊를 거행했는데, 칠언시를 짓고 세류권을 하사했다. 8일에는 학사들로 하여금 좋은 곳을 찾게 해서, 예부상서 두희개의 정자에서 연회를 베풀고 시를 지었는데, 장설이 서문을 썼다. 11일에는 상관소용의 별원別院에서 연회를 베풀었다. 27일 이교가 도성에 들어와 부묘祔廟[42]를 했는데, 서언백 등이 전송하며 시를 지었다. 4월 1일에는 장녕공주의 별장에 행차했다. 6일에는 흥경지興慶池에 행차하여 경도희競渡戲를 관람했다. 그날 두희개의 집에 들렀는데, 학사들이 시를 지었다. 29일 어연御宴에서는 축흠명祝欽明이 팔풍무八風舞를 추었는데, 학사들이 "축공祝公의 이 행위로 오경五經이 완전히 땅에 떨어졌다"라고 했다. 예종 때 도사道士 사마승정司馬承禎 천대天臺에게 이적이 시를 지어 주었는데, 그 시가 매우 아름다워서 조정 학사들 가운데 화답하여 지은 사람이 삼백여 명에 이르렀고, 서언백이 이를 편집하여 『백운기白雲記』를 만들었다.

① '玠'는 본래 '琳'으로 되어 있었는데, 『구당서』 「두희개전」에 의거하여 고쳤으며,

41 북면(北面) : 북쪽을 향함. 임금은 남면(南面)하여 앉으므로, 신하로서 임금을 섬기는 것을 뜻한다.

42 부묘(祔廟) : 삼년상이 지난 뒤 황제의 신주(神主)를 태묘(太廟)에 모시는 것을 말한다.

이하 동일하다.

徐彦伯서언백

徐彦伯爲文, 多變易求新, 以鳳閣爲鵷閣, 龍門爲虯戶, 金谷爲銑溪, 玉山爲瓊岳, 竹馬爲篠驂, 月兔爲魄兔. 進士效之, 謂之澀體.

서언백은 글을 지으면서 기존의 것을 새로운 것으로 바꾸는 경우가 많아, 봉각鳳閣을 안각鵷閣, 용문龍門을 규호虯戶, 금곡金谷을 선계銑溪, 옥산玉山을 경악瓊岳, 죽마竹馬를 소참篠驂, 월토月兔를 백토魄兔라 했다. 진사들이 이를 본받으며 '삽체澀體'라 일컬었다.

李嶠이교

皮日休 『松窗錄』云 : "中宗嘗召宰相蘇瓌·李嶠之子進見, 時皆童年.① 帝謂曰 : '汝等各以所通書, 取宜奏者, 爲我言之.' 頲應曰 : '木從繩則正, 後從諫則聖.' 嶠之子忘其名, 亦奏曰 : '斮朝涉之脛, 剖賢人之心.' 帝曰 : '蘇瓌有子, 李嶠無兒.'②"

① "童"原作"同", 據『紀事』改.

② "兒"原作"後", 據『紀事』改.

피일휴皮日休의 『송창록松窗錄』에서 "중종이 일찍이 재상 소괴와 이교의 아들에게 조정에 나와 알현하게 했는데, 두 사람 모두 나이가 어렸다. 중종이 이르기를 '너희들이 각자 잘 아는 책에서 마땅히 아뢸 만한 것을 골라서 내게 말해보거라'라고 하니, 소정蘇頲이 대답하기를 '나무가 먹줄을 따르면 곧고, 임금이 간언을 따르면 성군이 됩니다'라고 하고, 이름을 잊은 이교의 아들은 아뢰기를 '아침에 물을 건너는 이의 정강이를 베고, 어진 이의 심장을 쪼갭니다'라고 하자, 중종이 이르기를 '소괴는 아들이 있지만 이교는 아이가 없구나'라고 했다"라고 했다.

① '童'은 본래 '同'으로 되어 있었는데, 『당시기사』에 의거하여 고쳤다.

② '兒'는 본래 '後'로 되어 있었는데, 『당시기사』에 의거하여 고쳤다.

蘇頲소정

長安盛春遊, 頲製詩云: "飛埃結紅霧, 遊蓋飄青雲." 明皇嘉賞, 以御花親插其巾上. 時榮之.

장안에 봄놀이가 한창일 때 소정이 시를 짓기를 "이는 먼지는 붉은 무지개를 이루고, 유람 나온 수레 덮개는 푸른 구름을 스친다[飛埃結紅霧, 遊蓋飄青雲]"라고 하니 명황(明皇 : 현종)이 가상히 여겨 어사화를 직접 그의 두건에 꽂아주었고 사람들이 영광으로 여겼다.

沈佺期심전기

張燕公說嘗謂佺期曰: "沈三兄詩須還他第一." 佺期, 字雲卿, 相州人. 除給事中·考功郎, 受贓劾, 未究. 會張易之敗, 遂長流驩州. 稍遷臺州錄事參軍, 入計召見, 拜起居郎, 兼修文直學士. 侍宴, 爲弄詞悅帝, 賜牙緋, 尋爲太子詹事. 開元初, 卒. 佺期「迴波樂詞」云: "迴波爾時佺期, 流向嶺外生歸. 身名已蒙齒錄, 袍笏未復牙緋." 魏建安後訖江左, 詩律屢變. 至沈約庾信, 以音韻相婉附, 屬對精密. 及宋之問·沈佺期, 又加靡麗, 回忌聲病, 約句准篇, 如錦繡成文, 學者宗之, 號爲沈・宋. 語曰: "蘇・李居前, 沈・宋比肩." 謂蘇武・李陵也.

장연공(張燕公: 장설)이 일찍이 심전기에 대해 이르기를 "심씨 세 형제의 시 가운데서 반드시 그에게 일등의 자리를 돌려주어야 할 것이다[沈三兄詩須還他第一]"라고 했다. 심전기는 자가 운경雲卿이며 상주相州 사람이다. 급사중給事中・고공랑考功郎을 제수 받았으나 부정을 저질렀다는 이유로 탄핵을 받아 관직을 마치지 못했다. 마침 장역지張易之가 패배를 당해 결국 환주驩州에 오랫동안 유배되었다. 그 뒤 태주臺州 녹사참군錄事參軍으로 자리를 옮겼고, 입계入計[43] 때 황제의 부름을 받고 알현하여 기거랑起居郎과 수문관修文館 직학사直學士에 임명되었다. 시연侍宴에서 농담 섞인 글로 황제를 기쁘게 해 상아와 붉은 비단을 하사받았으며, 뒤이어 태자첨사太子詹事에 임명되었다. 개원 초에 생을 마쳤다【심전기의 「회파악사回波樂詞」에서 "회파이시迴波爾時[44] 심전기는, 영남 밖으로 유배되었다 살아서 돌아왔네. 몸과 이름은 이미 거두어주심을 입어, 관복과 홀笏이 다시는 상아와 비단이 아니네[迴波爾時佺期, 流向嶺外生歸. 身名已蒙齒錄, 袍笏未復牙緋]"라고 했다】.

위魏 건안 연간 이후 강좌(江左: 남조시대)에 이르기까지 시율詩律이 누차 변했다. 심약과 유신에 이르러 음운音韻이 서로 완곡하게 어울리고 대구가 정밀했다. 송지문・심전기에 이르러서는 더욱 미려해졌는데 성운聲韻의 병폐를 회피하면서 시구와 시편을 기준에 잘 맞춰 마치 비

---

43 입계(入計): 당나라 때 각 주(州)에서 매년 4월~6월 사이에 해당 지역의 재정 통계를 낸 것을 지방장관이 연말이나 그 이듬해 초에 상경하여 상서성에 보고하고 중앙정부의 지시를 받은 것을 말한다.

44 회파이시(迴波爾時): 『회파악(迴波樂)』의 시작구. 회파악은 당 교방(敎坊)의 곡명(曲名)이며, 또 무곡(舞曲) 혹은 사패(詞牌)의 명칭이기도 하다. 북위(北魏) 때 이주영(尒朱榮)이 일찍이 좌우 사람들과 손을 마주잡고 땅을 밟으며 노래한 『회파악』이 있었는데 가사가 오래전에 산실되었다.

단을 짜듯 글을 완성해서 배우는 이들이 으뜸으로 치며 '심송沈宋'이라 불렀다. 전하는 말에 "소이蘇李가 앞에 있고, 심송沈宋이 비견된다"라고 했는데, 소무와 이릉을 일컬은 것이다.

李行言 이행언

景龍中, 中宗引近臣宴集, 令各獻伎爲樂. 張錫爲談容娘舞, 宗晉卿舞「渾脫」, 張洽舞黃麞, 杜元琰誦「婆羅門咒」, 行言唱「駕車西河」, 盧藏用效道士上章, 國子司業郭山惲請誦古詩兩篇, 誦「鹿鳴」·「蟋蟀」未畢, 李嶠以詩有好樂無荒之語, 止之. 行言, 隴西人, 兼文學干事.「函谷關」詩爲時人所許. 中宗時, 爲給事中. 能唱「步虛歌」. 帝七月七日御兩儀殿會宴, 帝命爲之. 行言於御前長跪, 作三洞道士青詞歌曲, 貌偉聲暢, 上頻歎美.

경룡 연간에 중종이 근신들을 불러 연회를 베푸는 자리에서 각자 기량을 바쳐 즐기라고 하자, 장석張錫은 「담용낭무談容娘舞」를 추고, 종진경은 「혼탈渾脫」을 추고, 장흡張洽은 「황장黃麞」을 추고, 두원염杜元琰은 「파라문주婆羅門咒」를 외우고, 이행언은 「가거서하駕車西河」를 창하고, 노장용은 도사를 모방하여 글을 지어 올리고, 국자사업國子司業 곽산운郭山惲은 고시古詩 2편을 외우겠다고 하여 「녹명鹿鳴」과 「실솔蟋蟀」을 외웠는데 채 끝나기 전에 이교가 시를 지어 "즐기기를 좋아하나 문란함이 없다[好樂無荒]"라고 하는 구절을 남기면서 잔치가 멈췄다.

이행언은 농서隴西 사람이며, 문학과 실무 능력을 겸했다. 그가 지은 「함곡관函谷關」은 당시 사람들로부터 호평을 받았다. 중종 때 급사중이 되었으며, 「보허가步虛歌」[45]를 잘 불렀다. 황제가 7월 7일 양의전의 연회에 나아갔는데, 황제가 노래를 불러 보라고 하자 이행언이 어전에서 무릎을 꿇고 삼동도사三洞道士의 청사가곡靑詞歌曲을 불렀는데, 모습이 건장하고 소리가 우렁차 황제가 자주 감탄하고 찬미했다.

張元一장원일

武后朝, 左司郎中張元一善滑稽. 時西戎犯邊, 武懿宗統兵禦之, 至邠, 畏懦而遁. 元一嘲曰 : "長弓短度箭, 蜀馬臨高騙.① 去賊七百里, 隈牆獨自戰. 忽前逢著賊, 騎豬向南竄." 則天未曉, 曰 : "懿宗無馬邪." 元一曰 : "騎豬, 夾豕也." 則天大笑. 後嘗問元一, 外有何事, 曰 : "有三慶, 旱而雨, 洛橋成, 郭洪霸死."【洪霸, 酷吏也】

① 高,『全唐詩』作"階."

측천무후 재위 시절에 좌사낭중左司郎中 장원일이 골계滑稽를 잘했다. 당시 서융西戎이 변방을 침범하자 무의종武懿宗이 이를 막기 위해 병사를 이끌고 갔는데, 빈邠에 이르러 겁을 먹고 도망갔다. 장원일이 이를 조롱하여 "긴 활에 짧은 화살로, 촉나라 높은 곳에서 올라탔네. 적과 칠백 리 거리를 두고, 굽은 담장에서 스스로 싸웠네. 갑자기 눈앞에서 적을 만나자, 돼지를 타고 남쪽으로 달아나버렸네[長弓短度箭, 蜀馬臨高騙. 去賊七百里, 隈牆獨自戰. 忽前逢著賊, 騎豬向南竄]"라고 하자, 측천무후가 그 내용을 이해하지 못해 "무의종이 말이 없었는가"라고 하여, 장원일이 말하기를 "기저騎豬는 돼지를 끼고 있는 것입니다"라고 하니 측천무후가 크게 웃었다. 측천무후가 일찍이 장원일에게 밖에 무슨 일이

45 「보허가(步虛歌)」: 보허(步虛)는 도사들이 초단(醮壇)에서 사용하는 곡조이다. 전하는 말에 의하면 아련한 선율이 여러 신선들이 나부끼듯 아득하게 허공을 보행하는 것과 같다고 하여 '보허성(步虛聲)'이란 명칭을 얻었다 한다. 보허 음악에 가사를 전사(塡寫)한 것이 바로 '보허사(步虛詞)'이다.

있냐고 묻자, 대답하기를 "세 가지 경사가 있으니, 가뭄 끝에 내린 비와 낙교洛橋의 완성과 곽홍패郭洪霸의 죽음입니다"라고 했다【홍패洪霸는 포악한 관리이다】.

① '高'는 『전당시』에 '階'로 되어 있다.

劉希夷유희이

劉希夷, 一名庭芝, 汝州人. 少有文華, 好爲宮體詩, 詞旨悲苦, 不爲時人所重. 善彈琵琶. 嘗爲「白頭翁詠」云:"今年花落顏色改, 明年花開復誰在." 旣而自悔曰:"我此詩讖, 與石崇白首同所歸何異." 乃更作一聯云:"年年歲歲花相似, 歲歲年年人不同." 旣而又歎曰:"此句復仍似向讖矣. 然死生有命, 豈復由此!" 卽兩存之. 詩成未周歲, 爲奸人所殺, 或云宋之問害之. 後孫翌撰『正聲集』, 以希夷詩爲集中之最, 由是大爲人所稱.【或云:"之問害希夷以「洛陽篇」爲己作, 至今載此篇在之問集中."】

유희이는 정지庭芝라고 하며, 여주汝州 사람이다. 어려서부터 문재가 있고 궁체시를 즐겨 지었는데, 시어 속에 슬픔과 고뇌가 들어 있어서 당시 사람들로부터 중시를 받지 못했다. 비파를 잘 탔다. 일찍이 「백두옹영白頭翁詠」을 지어 "올해 꽃이 지면 얼굴이 바뀔 터인데, 내년에 꽃이 피면 다시 누가 있겠는가[今年花落顏色改, 明年花開復誰在]"라고 했다가, 얼마 뒤 후회하기를 "나의 이 시참詩讖[46]은 석숭의 '백발에 돌아가는 것을 함께한다[白首同所歸]'와 무엇이 다른가"라고 한 뒤 다시 1연을 지어 "연年마다 세歲마다 꽃은 같은데, 세마다 연마다 사람은 다르네[年

46 시참(詩讖): 무심히 지은 자신의 시가 우연히 뒷일과 일치하는 것을 말한다.

年歲歲花相似, 歲風年年人不同]"라고 하고서는 또다시 탄식하기를 "이 구절도 여전히 지난 시참과 같다. 그러나 죽음과 삶에는 운명이 있는데 어찌 이것으로 연유하겠는가!"라고 하고서 두 시를 모두 남겨두었다. 시를 지은 뒤 채 일 년도 못 돼 간악한 무리에게 살해당했는데, 혹자는 송지문이 살해한 것이라고 했다. 나중에 손익孫翌이 『정성집正聲集』을 만들면서 유희이의 시를 최고로 삼았는데, 이 때문에 사람들로부터 대단한 평가를 받았다【혹자가 이르기를 "송지문이 유희이를 해친 뒤 「낙양편洛陽篇」을 자신의 작품으로 삼아, 지금도 이 글이 송지문의 시집 속에 들어 있다"라고 했다】.

張敬忠장경충

先天中, 王主敬爲侍御史, 自以才望華妙, 當入省臺前行. 忽除膳部員外郎, 微有悵惋. 吏部郎中張敬忠戲詠曰 : "有意嫌兵部, 專心望考功. 誰知腳蹭蹬, 幾落省牆東." 蓋膳部在省最東北隅也.

선천(先天 : 713) 연간에 왕주경王主敬이 시어사侍御史가 되었는데, 자신은 재능과 명성과 뛰어나 마땅히 대성(臺省 : 상서성尙書省)에 들어가 앞자리를 차지할 수 있을 것이라 여겼다. 그런데 갑자기 선부원외랑膳部員外郎에 임명되자 약간 서운해했다. 이부낭중吏部郎中 장경충張敬忠이 이를 농 삼아 읊기를 "병부兵部에 혐의를 갖고, 오직 고공낭考功郎을 기대했다. 누가 비틀거리는 발로, 대성臺省 담장 동쪽에 몇 번이나 떨어질 줄 알았겠나[有意嫌兵部, 專心望考功. 誰知脚蹭蹬, 幾落省牆東]"라고 했으니, 선부膳部가 대성의 동북 모서리 끝에 있어서다.

張說장열

張說謫岳州, 常鬱鬱不樂, 時宰相以說機辯才略, 互相排擯. 蘇頲方大用, 說與瓌善, 說因爲「五君詠」, 致書封其詩以貽頲. 誡其使曰: "當候忌日近暮送之." 使者近暮至, 弔客多說先公僚舊, 頲覽詩, 嗚咽流涕. 翌日, 上對, 大陳說忠正謇諤, 人望所屬, 不宜淪滯遐方. 上因降璽書勞問, 俄遷荊州長史. 由是陸象先·韋嗣立·張庭珪·賈曾, 皆以讉逐歲久, 因加甄敍. 頲以父之執友, 事之甚謹. 王泠然上燕公書云: "詩云: '投我以木瓜, 報之以瓊琚.' 此言雖小, 可以喻大. 相公五君詠曰: '凄凉丞相府, 餘慶在玄成.' 蘇公一聞此詩, 移公于荊府, 積漸至相, 由蘇得也. 今蘇屈居益部, 公坐廟堂, 投木報瓊, 義將安在. 亦可擧蘇以自代, 然後爲朔方之行." 泠然書又曰: "相公「岳陽樓送別」詩云: '誰念三千里, 江潭一老翁.' 今日忘往日之棲遲, 貪暮年之富貴, 可乎."

장열이 악주岳州로 좌천되었을 때 항상 우울하게 지냈는데 당시 재상이 기변機辯과 재략이 있다고 하여 그를 배격했기 때문이다. 당시 소정蘇頲이 중용되어 있었는데, 소괴蘇瓌와 가까운 장열이 「오군영五君詠」을 지어 편지와 함께 시를 동봉해서 소정에게 전하게 했다. 이때 심부름꾼에게 당부하기를 "기일날 저물녘에 보내라"라고 했다. 심부름꾼이 저물녘에 도착하자 조객의 대부분은 장열의 선친과 함께 재직했던 옛 관료들이었다. 소정이 시를 보고 감격하여 눈물을 흘렸다. 이튿날 그는 황제를 알현할 때 장열이 충성스럽고 정직하여 사람들의 기대를 받고 있으므로 먼 곳에 내팽개쳐 두어서는 안 된다고 힘주어 말했다. 그러자 황제가 새서璽書를 내려 위로하고, 얼마 뒤 형주장사荊州長史로 옮겨주었다. 이로 인해 오랫동안 좌천되었던 육상선陸象先·위사립韋嗣立·장정규張庭珪·가증賈曾도 모두 풀려났다. 소정은 부친과 가까운 친구를 매우 정성스럽게 모셨다.

왕영연王泠然이 연공(燕公 : 장열)에게 올린 편지에서 "『시경』에 이르기를 '내게 모과를 주었으니, 경거(瓊琚 : 좋은 옥)로 보답하겠네[投我以木瓜, 報之以瓊琚]'라고 했는데, 이 말은 작은 내용이지만 큰일에 비유할 수 있습니다. 상공相公이 「오군영」에서 '처량한 승상부丞相府여, 남은 경사가 현성玄成에게 있네[淒涼丞相府, 餘慶在玄成]'라고 했는데, 소정공이 이 시를 보고 나서 형부荊府로 공을 이직시켰고 점차 발전해 재상에까지 이르렀으니, 이는 모두 소정공의 힘을 입어 얻은 것입니다. 지금 소정공은 좌절하여 익부益部에 머물고 있는데 공은 조정에 앉아 계시니, 모과를 주었을 때 경거로 보답한다는 의리가 어디 있습니까. 소공을 추천하여 자신을 대신하게 하고서 삭방(朔方 : 북방)으로 가시는 것이 옳을 것입니다"라고 했다. 왕영연이 보낸 또 다른 편지에서는 "상공의 「악양루송별岳陽樓送別」에서 '누가 삼천 리를 생각하지만 강담江潭의 한 노옹老翁이거늘[誰念三千里, 江潭一老翁]'이라고 했는데, 지금 지난날의 삶을 잊고 노년에 부귀를 탐하는 것이 옳습니까"라고 했다.

宋璟송영

劉禹錫「獻權舍人書」曰 : "昔宋廣平之沉下僚也, 蘇公味道時爲繡衣直指使者, 廣平投以「梅花賦」, 蘇盛稱之, 自是方列于聞人之目, 名遂振. 嗚呼! 以廣平之才, 未爲是賦, 則蘇公未暇知其人邪. 將廣平困於窮, 璟厄於躓, 然後爲是文邪. 是知英賢卓犖, 可外文字, 然猶用片言借說于先達之口, 席其勢而後驤首當時, 矧碌碌者, 疇能自異."

유우석劉禹錫이 「헌권사인서獻權舍人書」에서 "옛날 수의직지사繡衣直指使라는 낮은 관직에 있던 송광평宋廣平이 「매화부梅花賦」를 지어 전하자, 이를 본 소미도 공이 대단하다고 평가했고, 이 일로 인해 송광평은 명사의 반열에 올라 이름을 크게 떨쳤습니다. 아, 광평 같은 인재가 이 부賦를 짓지 않았다면 소공이 그 사람을 미처 몰랐단 말입니까. 아니면 송광평이 곤궁을 당하고 어려움에 처하고 나서야 이 글을 지은 것입니까. 탁월한 인재는 문자를 벗어나 있는 줄 압니다만, 그럼에도 한 마디 말을 명사의 입에서 빌리고 그 형세를 힘입어야만 당대에 머리를 내밀 수 있는 것인데, 하물며 별 볼일 없는 사람이 어떻게 스스로 남다를 수 있겠습니까"라고 했다.

王灣왕만

王灣登先天進士第, 開元初, 爲滎陽主簿. 馬懷素欲校正群籍, 灣在選中, 各部撰次. 後爲洛陽尉. 殷璠①云: "灣詞翰早著, 爲天下所稱, 最者不過一二.「遊吳中江南意」云: '海日生殘夜, 江春入舊年.' 詩人以來, 無聞此句. 張公居相府, 手題於政事堂, 每示能文, 令爲楷式. 又「擣衣篇」云: '月華照杵空悲妾, 風響傳砧不見君.' 所有衆製, 咸類若斯,② 非張・蔡輩之未見, 覺顔・謝之彌遠乎."「江南意」云: "南國多新意, 東行伺早天. 潮平兩岸失, 風正一帆懸. 海日生殘夜, 江春入舊年. 從來觀氣象, 唯向此中偏."

① "殷"原作"商", 據『河嶽英靈集』改, 下同.

② "咸類"原作"類咸", 據『英靈集』改.

왕만은 선천(713) 연간에 진사 시험에 급제했고 개원 초에 형양주부滎陽主簿가 되었다. 마회소가 뭇 전적을 교정하려 할 때, 왕만도 함께 선발되어 각 부部를 편찬 정리했다. 나중에 낙양위洛陽尉가 되었다. 은번殷璠이 이르기를 "왕만은 그 문장이 일찍 알려져 세상 사람들로부터 평가를 받았지만, 가장 뛰어난 작품은 한두 개에 지나지 않는다. 「유오중

강남의遊吳中江南意」에서 "바다 위 태양은 밤 끝에서 솟고, 강물의 봄은 묵은 해로 들어간다[海日生殘夜, 江春入舊年]"라고 했는데, 시인이 있고 나서 이런 구절은 없었다. 장공張公이 상부相府에 있을 때, 정사당政事堂에서 그의 시를 손수 써서 문장에 능한 사람에게 보여 모범으로 삼게 했다. 그리고 「도의편擣衣篇」에서 '달빛이 절구에 비추니 부질없이 첩을 슬프게 하고, 바람이 다듬이 소리 전하나 님은 보이지 않네[月華照杵空悲妾, 風響傳砧不見君]'라고 했는데, 지은 작품들이 모두 이와 유사했으니, 장형과 채옹 등이 보지 못한 것이 아니요, 안연지와 사령운이 더욱 멀어짐을 느낀다"라고 했다. 「강남의江南意」에서 이르기를 "남쪽 나라는 새로운 것이 많아, 동쪽으로 가며 이른 새벽을 기다린다. 물결이 고요해 양쪽 언덕을 잃었고, 바람 바른 데에 돛을 걸어둔다. 바다 위 태양은 밤 끝에서 솟고, 강물의 봄은 묵은 해로 들어간다. 이전부터 기상을 보아왔지만 오직 여기로만 마음 향한다[南國多新意, 東行伺早天. 潮平兩岸失, 風正一帆懸. 海日生殘夜, 江春入舊年. 從來觀氣象, 唯向此中偏]"라고 했다.

① '殷'은 본래 '商'으로 되어 있었는데, 『하악영령집河嶽英靈集』에 의거하여 고쳤으며, 이하 동일하다.

② '咸類'는 본래 '類咸'으로 되어 있었는데, 『하악영령집』에 의거하여 고쳤다.

姚崇요숭

「口箴」云: "君子欲訥, 吉人寡辭. 利口作戒, 長舌爲詩. 斯言不善, 千里違之. 勿謂可復, 駟馬難追. 惟靜惟默, 澄神之極. 去甚去泰, 居物之外. 多言多失, 多事多害. 聲繁則淫, 音希則大. 室本無暗, 垣亦有耳. 何言者天, 成蹊者李. 似不能言, 爲世所尊. 言不出口, 冠時之首. 無掉爾舌, 以速爾咎, 無易爾言, 亦孔之醜. 欽之謹之, 可大可久. 欽之伊何, 三命而走, 謹之伊何, 三緘其口. 勉哉夫子, 行矣勉旃. 書之屋壁, 以代韋弦." 李德裕「舌箴序」曰:"予宿於洞庭西, 夢與中書令姚公偶坐, 如舊相識. 問余曰:'君見僕所作「口箴」乎.' 余對曰:'去歲居守東門,① 于公曾孫諫議合處睹金石之刻.'② 遂莞爾而笑曰:'孫子猶能藏之'" 又曰:"余感姚公之夢, 乃爲「舌箴」云."

① "東門", 『紀事』作"東周."

② "合"原作"郃", 據『新唐書』「姚崇傳」改.

「구잠口箴」에서 이르기를 "군자는 어눌하려 하고, 길인吉人은 말이 적다. 예리한 입은 경계의 말을 만들고, 긴 혀는 시를 짓는다고 하지만 이 말은 옳지 않아서 천 리 밖에서 거부할 것이다. 반복할 수 있다 말하지 말라, 네 마리 말이 끄는 수레로도 따르기 어려울 것이다. 조용하고 침묵해야만 청정한 신神의 극치에 이를 것이며, 심한 것을 버리고 화려한 것을 버려서 사물 밖에 머물러야 한다. 말이 많으면 실수가 많고 일이 많으면 해로운 것이 많다. 소리가 번잡하면 음탕하고 음이 희미하면 위대하다. 방 안은 본래 어두움이 없고 담장 또한 귀가 있다. 무슨 말을 하랴는 것이 하늘이며 길이 만들어지는 것은 오얏나무이다. 말을 잘 못하는 듯해야만 세상으로부터 존중을 받고, 말이 입에서 나오지 않아야만 한 시대의 으뜸을 차지한다. 그대의 혀를 놀리지 말라, 그대의 허물만 부를 것이다. 그대의 말을 쉽게 하지 말라, 매우 추할 것이다. 삼가고 조심해야만, 크고 오래갈 수 있다. 삼가는 건 어떻게 해야 하는가, 세 번 명하고 나서 움직여야 한다. 조심하는 건 어떻게 해야 하는가, 입을 세 번 봉해야 한다. 힘쓸지어다, 부자夫子여, 노력을 다해 실행할지어다. 벽 위에 붙여두고, 위현韋弦[47]을 대신할지어다" 라고 했다.

47 위현(韋弦) : 전국시대 위(魏) 나라 서문표(西門豹)가 성질이 너무 급한 까닭에 부드러운 가죽[韋]을 몸에 차서 성질이 스스로 너그러워지도록 경계했던 고사와, 춘추시대 진(晉) 나라 동안우(董安于)가 성질이 너무 느슨한 까닭에 항상 활시위[弦]를 몸에 차서 스스로 성질이 급해지도록 노력했다는 고사이다. 『자치통감(資治通鑑)』 권39 참고.

이덕유李德裕는 「설잠서舌箴序」에서 “내가 동정洞庭 서쪽에서 하루를 묵을 때, 그날 밤 꿈에 중서령 요공姚公과 마주앉았는데 마치 이전부터 서로 알고 지내온 듯했다. 내게 묻기를 ‘그대께선 제가 지은 「구잠口箴」을 보셨습니까’라고 하여 내가 대답하기를 ‘지난해 동문東門을 지키고 있을 때, 공의 증손인 간의諫議 요합姚合의 집에서 금석金石에 새긴 것을 보았습니다’라고 하자, 빙긋이 웃으며 말하기를 ‘손자가 아직까지 잘 보존하고 있구려’라고 했다”라고 했다. 또 이르기를 “내가 요공의 꿈에 느낀 바 있어 「설잠舌箴」을 짓는다”라고 했다.

① ‘東門’은 『당시기사』에 ‘東周’로 되어 있다.

② ‘合’은 본래 ‘郃’으로 되어 있었는데, 『신당서新唐書』 「요숭전姚崇傳」에 의거하여 고쳤다.

趙仁奬조인장

“令乘驄馬去, 丞脫繡衣來.” 仁奬送上蔡令潘好禮拜御史詩也. 或疑其假手. 蓋仁奬在王戎墓側, 善歌「黃獐」. 景龍中, 負薪詣闕雲, 助國調鼎, 卽除臺官. 中書令姚崇曰 : “此是「黃獐」邪.”授以當州一尉, 惟以「黃獐」自衒. 宋務光嘲之曰 : “趙仁奬出王戎墓下, 入朱博臺中. 舍彼負薪, 登玆列柏, 行人不避驄馬, 坐客惟聽黃獐. 忽一夫負兩束薪曰 : ‘此合拜殿中.’ 人問其由, 曰 : ‘趙以一束拜監察, 此兩束合授殿中.’”

“령令은 청총마靑驄馬를 타고 가고, 승(丞 : 부관)은 수의繡衣를 벗고 오네[令乘驄馬去, 丞脫繡衣來]”는 조인장이 어사에 임명된 상채령上蔡令 반호례潘好禮를 전송하며 지은 시이다. 혹자는 남의 손을 빌린 것이라 의심하기도 한다. 조인장이 왕융王戎의 묘 옆에 있으면서 「황장가黃獐歌」[48]를 잘 불렀다. 경룡 연간에 땔나무를 짊어지고 궁궐로 찾아가 국가를 돕겠다고 하자 바로 대관臺官에 임명되었다. 중서령 요숭이 이르기를 "이 사람이 「황장」인가"라고 했다. 당주當州의 위관尉官을 제수했는데, 오직 「황장」만을 자랑했다. 송무광宋務光이 조롱하기를 "조인장이 왕융 묘 아래에서 태어나 주박朱博[49]의 대臺 안으로 들어가고, 저 등에 진 땔나무를 벗어두고 이 열백列柏[50]에 올랐으니, 길 가는 사람은 총마를 피하지 않고, 좌객은 「황장가」만을 들었다. 어느 날 한 사람이 두 묶음의 땔나무를 지고 와서 '이것은 전중(殿中 : 궁전 내의 관직)에 임명될 만하다'라고 하여, 사람들이 그 이유를 묻자, '조인장은 한 묶음으로 감찰監察에 임명되었으니, 이 두 묶음은 전중에 임명될 만하다'라고 했다"고 했다.

金昌緒김창서

「春怨」詩云 : "打却黃鶯兒, 莫教枝上啼. 幾回驚妾夢, 不得到遼西." 【顧陶取此詩爲『唐類詩』①】

① 『紀事』作『唐詩類選』.

「춘원春怨」에서 이르기를 "꾀꼬리를 건드려, 가지에서 울게 하지 말라. 몇 번이나 여인의 꿈을 깨워, 요서遼西에 이르지 못하게 했나[打却黃鶯兒, 莫教枝上啼. 幾回驚妾夢, 不得到遼西]"라고 했다【고도顧陶가 이 시를 취하여 『당류시唐類詩』에 넣었다】.

---

48 「황장가(黃獐歌)」 : 무측천(武則天) 여의(如意 : 692) 연간 이래 민간에서 유행하던 노래이다. 가사는 다음과 같다. "여우야 여우야 풀 속에 숨은 여우야, 활을 당겨 널 쏘리라.[黃獐黃獐草裏藏, 彎弓射你傷.]"

49 주박(朱博) : 한나라시대의 현리(賢吏). 세 번이나 현령을 지냈는데, 청렴하고 검소한 자세로 위엄 있게 지방을 다스렸다는 이야기가 전한다. 『한서』 「주박전(朱博傳)」 참고.

50 열백(列柏) : 사헌부에 있는 잣나무라는 뜻으로, 감찰의 집무소를 가리킨다. 이곳에 잣나무를 많이 심었으므로 이곳을 백부(柏府) 또는 백대(柏臺)라고 불렀다.

① 『당시기사』에 '『당시유선唐詩類選』'으로 되어 있다.

張九齡장구령

九齡在相位, 有蹇諤匪躬之誠. 明皇旣在位久, 稍怠庶政, 每見帝, 極言得失. 林甫時方同列, 陰欲中之. 將加朔方節度使牛仙客實封, 九齡稱其不可, 甚不協帝旨. 他日, 林甫請見, 屢陳九齡頗懷誹謗. 于時方秋, 帝命高力士持白羽扇以賜, 將寄意焉. 九齡惶恐, 因作賦以獻. 又爲「燕詩」以貽林甫曰: "海燕何微眇, 乘春亦暫來. 豈知泥滓賤, 只見玉堂開. 繡戶時雙入, 華軒日幾回. 無心與物競, 鷹隼莫相猜." 林甫覽之, 知其必退, 恚怒稍解.

장구령이 재상의 지위에 있으며 자기 몸을 돌보지 않는 충직함을 가졌다. 명황(현종)이 재위 기간이 오래되어 점차 게으름을 보이자, 황제를 알현할 때마다 득실에 대해 서슴없이 이야기했다. 당시 임보林甫가 같은 반열에 있었는데, 마음속으로 그를 겨누려 했다. 삭방절도사朔方節度使 우선객牛仙客을 실봉實封[51]하려 했는데, 장구령이 안 된다고 하여 황제의 뜻을 매우 거슬렀다. 훗날 임보가 알현을 요청하여 장구령이 마음속에 비방의 마음을 품고 있다고 누차 진언했다. 가을 무렵에 황제가 고력사에게 명하여 백우선白羽扇을 하사하게 했는데, 의도를 내포한 것이었다. 장구령이 황공하여 부賦를 지어 바치고, 또 「연燕」을 지어 임보에게 전하기를 "바다 제비는 얼마나 아득한가, 봄을 타고 잠시 찾아왔다. 어찌 진흙탕 물을 알랴, 다만 옥당玉堂이 열리기만 기다릴 뿐이다. 수놓은 창문에 때맞춰 두 마리가 들어와, 화려한 누대를 몇 번이나

51 실봉(實封) : 봉읍 안의 과호(課戶)가 바치는 조(租)를 실제로 취득할 수 있는 식봉이다.

돌았나. 남들과 다툴 마음 전혀 없으니, 매와 새매는 서로 시기하지 말지어다[海燕何微眇, 乘春亦暫來. 豈知泥滓賤, 只見玉堂開. 繡戶時雙入, 華軒日幾回. 無心與物競, 鷹隼莫相猜]"라고 했다. 임보가 받아보고 나서 반드시 물러날 것이라 여기고 노여움을 조금 풀었다.

王維왕유

『集異記』載: "王維未冠, 文章得名, 妙能琵琶. 春試之日, 岐王引至公主第, 使爲伶人進主前. 維進新曲, 號「鬱輪袍」, 並出所作. 主大奇之, 令宮婢傳敎, 遂召試官至第, 諭之, 作解頭登第."

祿山之亂, 李龜年奔放江潭, 曾於湘中採訪使筵上唱云: "紅豆生南國, 春來發幾枝. 願君多採擷, 此物最相思." 又, "秋風明月苦相思, 蕩子從戎十載餘. 征人去日殷勤囑, 歸雁來時數附書." 此皆王維所制, 而梨園唱焉.

王維年十七時, 「九日憶山東弟兄」云: "獨在異鄕爲異客, 每逢佳節倍思親. 遙知兄弟登高處, 遍插茱萸少一人."

祿山大會凝碧池, 梨園弟子歔欷泣下. 樂工雷海清擲樂器, 西向大慟, 賊支解于試馬殿. 維時拘於菩提寺, 有詩曰: "萬戶傷心生野烟, 百僚何日更朝天. 秋槐落葉深宮裏, 凝碧池頭奏管絃." 後有罪, 以此詩獲免.

寧王憲貴盛, 寵妓數十人. 有賣餠之妻, 纖白明媚, 王一見屬意, 因厚遺其夫求之, 寵愛逾等. 歲餘, 因問曰: "汝復憶餠否." 使見之, 其妻注視, 雙淚垂頰, 若不勝情. 時王坐客十餘人, 皆當時文士, 無不悽異. 王命賦詩, 維先成云: "莫以今時寵, 難忘異日恩. 看花滿眼淚, 不共楚王言." 坐客無敢繼者, 王乃歸餠師, 以終其志.【出『本事詩』】

或說: "維詠「終南山」詩, 譏時也. 詩曰: '太一近天都, 連山接海隅.' 言勢焰盤據朝野也. '白雲回望合, 靑靄入看無.' 言徒有其表也. '分野中峰變, 晴陰衆壑殊.' 言恩澤偏也. '欲投人處宿, 隔水問樵夫.' 畏禍深也."

殷璠云①: "維詩詞秀調雅, 意新理愜. 在泉爲珠, 著壁成繪, 一字一句, 皆出常境. 至如, '落日山水好, 漾舟信歸風.' 又, '澗芳襲人衣, 山月映石壁.' 又, '天寒遠山靜, 日暮長河急.' 又, '賤日豈殊衆, 貴來方悟稀.' 又, '日暮沙漠陲, 戰聲烟塵裏.' 詎肯慚于古人也."

① "殷", 原作"商", 據『紀事』改.

『집이기集異記』에 의하면 "왕유는 관례를 올리기 전에 문장으로 명성을 얻고, 비파에 능했다. 봄 시험 때, 기왕岐王이 그를 데리고 공주의 집에 가서 영인(伶人 : 배우)이 돼 공주 앞에 나가게 했다. 왕유가 「울륜포鬱輪袍」라는 새로운 곡을 올리고 자신의 작품까지 함께 내보였다. 공주가 대단히 기특하게 여겨 궁비宮婢에게 하교下敎를 내려, 시관試官을 불러서 공주의 집에 오게 하여 왕유를 잘 이야기 해 시험에서 해두(解頭 : 장원)로 급제하게 했다"라고 했다.

안록산의 난 때, 이귀년李龜年이 강담江潭으로 피신해 지냈는데, 일찍이 상중채방사湘中採訪使의 연회에서 노래하기를 "홍두紅豆는 남국南國에서 나는데, 봄날 몇 가지나 피었을까. 그대여 많이 따 두게나, 이 꽃이 가장 그리움 담겼나니[紅豆生南國, 春來發幾枝. 願君多採擷, 此物最相思]"라고 하고, 또 "가을바람 밝은 달에 그리움 사무치는데, 탕자蕩子는 군역 나간 지 십여 년이 되었네. 군역 떠나는 날 조용히 부탁하길, 기러기 돌아올 때 자주 편지를 부쳐달라고 했네[秋風明月苦相思, 蕩子從戎十載餘. 征人去日殷勤囑, 歸雁來時數附書. 此皆王維所制, 而梨園唱焉]"라고 했다. 이것은 모두 왕유가 지은 것인데 이원에서 불려졌다.

왕유가 열일곱 살 때 지은 「구일억산동제형九日憶山東弟兄」에서 이르기를 "타향에서 홀로 낯선 나그네 되어, 명절을 만날 때면 부모 생각 간절하네. 형제들은 높은 곳에 올라, 산수유 머리에 꽂으며 한 사람이 부족하다 여기겠지[獨在異鄕爲異客, 每逢佳節倍思親. 遙知兄弟登高處, 遍插

茱萸少一人]"라고 했다.

안록산이 응벽지凝碧池에서 큰 모임을 가질 때에 이원의 제자들이 한숨을 쉬고 눈물을 흘렸다. 악공 뇌해청雷海淸이 악기를 내던지고 서쪽을 향해 통곡을 하자, 적들이 시마전試馬殿에서 그의 사지를 찢었다. 당시 왕유는 보리사菩提寺에 구금되어 있었는데, 시를 짓기를 "집집마다 상심에 젖어 들 연기 피어오르는데, 백관은 언제 다시 천자를 알현할까. 궁궐 깊은 곳 가을 괴화나무 지는데, 응벽지에서는 관현악이 울려 퍼지네[萬戶傷心生野烟, 百僚何日更朝天. 秋槐落葉深宮裏, 凝碧池頭奏管絃]"라고 했다. 훗날 죄를 범했지만 이 시로 면죄되었다.

영왕寧王 이헌李憲이 권세를 누릴 때, 총애하는 기생이 수십 명이었다. 그중 떡을 파는 이의 부인이 있었는데, 살결이 곱고 밝고 화사했다. 영왕이 그녀를 보고 마음을 뺏겨 후한 돈을 그녀의 남편에게 주고서 데리고 와서, 남들보다 월등히 총애했다. 한 해가 지나고 나서 묻기를 "너는 떡 파는 남편을 다시 생각하는가"라고 하고 그를 보여주자, 여인은 애처롭게 쳐다보고 두 빰에 눈물을 흘리며 감정을 추스르지 못한 듯했다. 당시 영왕의 좌객坐客이 십여 명이었는데, 모두 당대의 문사들로서 이 광경을 보고 모두 처량해했다. 왕이 시를 지어보라고 명하자 왕유가 먼저 짓기를 "오늘의 총애로, 지난날의 은혜를 잊진 말라. 꽃을 보고 눈에 가득한 눈물을, 초왕楚王과는 이야기하지 않는다[莫以今時寵, 難忘異日恩. 看花滿眼淚, 不共楚王言]"라고 하니, 좌객들이 감히 뒤이어 짓지 못했고, 왕은 바로 떡 파는 이에게 돌려보내 그녀의 뜻을 지키도록 했다【『본사本事』시에 나온다】.

혹자가 말하기를 "왕유가 읊은 「종남산終南山」은 시대를 비평한 것이다. 시에서 '태일太一은 천도天都에 가깝고, 이어진 산은 바다 끝과 접했네[太一近天都, 連山接海隅]'는 권세가들이 조정를 차지한 것을 말한 것이고, '흰 구름은 뒤돌아보니 뭉쳐 있고, 푸른 아지랑이는 눈앞에 들어오자 사라지네[白雲回望合, 靑靄入看無]'는 한낱 형상만 있음을 말한 것이고, '분야分野는 중봉中峰에서 변하고, 맑고 흐림은 뭇 골짜기마다 다르네[分野中峰變, 晴陰衆壑殊]'는 은혜가 한쪽으로 치우침을 말한 것이고, '사람 사는 곳에 투숙하기 위하여 물 건너 나무꾼에게 묻네[欲投人處宿, 隔水問樵夫]'는 재앙이 깊은 것을 두려워한 것이다"라고 했다.

은번殷璠이 이르기를 "왕유의 시는 시어가 빼어나고 곡조가 단아하며, 의미가 새롭고 이치가 흡족하다. 샘물에서는 구슬이 되고 벽에 붙이면 그림이 되어, 한 글자 한 구절이 모두 일상의 경지에서 벗어난다. 예컨대 '해가 지니 산수가 좋고, 두둥실 배는 돌아가는 바람에 맡긴다[落日山水好, 漾舟信歸風]', '시냇가 풀 향기는 사람 옷에 젖고, 산의 달은 석벽에 비친다[澗芳襲人衣, 山月映石壁]', '하늘 썰렁한데 먼 산은 고요하고, 해가 질 때 긴 황하는 세차다[天寒遠山靜, 日暮長河急]', '미천한 때에야 어찌 뭇 사람들과 다르랴, 귀하고 나서야 희귀하다는 걸 깨닫는다[賤日豈殊衆, 貴來方悟稀]', '사막에 해는 저물고, 먼지 속에서 전쟁 소리 들린다[日暮沙漠陲, 戰聲烟塵裏]' 등은 어찌 옛사람에게 손색이 있다 하겠는가"라고 했다.

① '殷'은 본래 '商'으로 되어 있었는데, 『당시기사』에 의거하여 고쳤다.

王縉왕진

王縉「九月九日作」云: "莫將邊地比京都, 八月嚴霜草已枯. 今日登高樽酒裏, 不知能有菊花無."

왕진이 「구월구일작九月九日作」에서 "변방을 서울과 견주지 말라, 8월 시린 서리에 풀이 이미 말랐다. 오늘 높은 곳에 올라 술잔을 기울일 때, 국화는 있을지 모르겠다[莫將邊地比京都, 八月嚴霜草已枯. 今日登高樽酒裏, 不知能有菊花無]"라고 했다.

賀知章하지장

賀知章年八十六, 臥病, 冥然無知. 疾損, 上表乞爲道士還鄕, 明皇許之. 捨宅爲觀, 賜名千秋, 命其男曾子會稽郡司馬, 賜鑒湖剡川一曲.【元乞官湖一曲爲放生池,① 因賜剡川一曲】詔令供帳東門, 百僚祖餞. 御制送詩, 並序云 : "天寶三年, 太子賓客賀知章, 鑒止足之分, 抗歸老之疏, 解組辭榮, 志期入道. 朕以其年在遲暮, 用循掛冠之事, 俾遂赤松之遊. 正月五日, 將歸會稽, 遂餞東路, 乃命六卿庶尹大夫供帳青門, 寵行邁也. 豈惟崇德尚齒, 抑亦勵俗勸人, 無令二疏, 獨光漢冊. 乃賦詩贈行. 詩云 : '遺榮期入道, 辭老竟抽簪. 豈不惜賢達, 其如高尚心. 環中得秘要, 方外散幽襟. 獨有青門餞, 群英悵別深.' 又云 : '筵開百壺餞, 詔許二疏歸. 仙記題金籙, 朝章換羽衣. 悄然承睿藻, 行路滿光輝.'"

① "一曲"『紀事』作"數頃."

하지장이 팔십육 세 때 병이 들어 머리가 멍멍했다. 증세가 심해 표表를 올려 도사道士가 돼 고향으로 돌아갈 것을 요청하자 명황(현종)이 허락했다. 그리고 택宅을 관觀으로 만들어 천추千秋라는 이름을 하사하고, 그의 아들 하증자賀曾子를 회계군사마會稽郡司馬에 명하고 감호鑒湖와 섬천剡川 일대를 하사했다【원래는 관호官湖 일대를 요청하여 방생지放生池로 삼고자 했는데, 섬천 일대까지 하사한 것이다】. 명황이 조칙을 내려 동문東門에 장막을 치고 백관들이 전송하도록 했다. 명황이 전송의 시를 짓고 아울러 쓴 서문에서 "천보 3년(744)에 태자빈객太子賓客 하지장이 만족에 그치는 분수를 감별하여 귀로歸老의 소疏를 올리고, 관직을 벗고 영화를 사양하여 도道에 들어갈 것을 기약했다. 짐朕이 그해 늦은 봄에 괘관掛冠[52]의 고사를 따라 적송자赤松子의 유람을 이루도록

52 괘관(掛冠) : 관을 벗어서 걸어 놓는다는 말로, 벼슬을 그만두는 것을 뜻한다.

했다. 정월 5일 회계會稽로 돌아갈 때, 마침내 동문 길에서 전송하며 육경六卿과 서윤庶尹과 대부大夫들에게 청문靑門에 휘장을 쳐서 떠나는 길을 영화롭게 하도록'했다. 이것이 어찌 덕을 숭상하고 나이만 높이는 것이겠는가. 풍속을 엄숙하게 하고 사람들을 권장하는 것이니, 이소二疏[53]만 홀로 한韓나라 책에서 영광스럽게 할 수 없는 것이다. 이에 시를 지어 전송 길에 준다. '영화 버리고 도사가 되려 하며, 노년에 마침내 관리의 비녀를 뽑았다. 어찌 현명함이 아깝지 않으랴만, 고상한 마음을 어찌하랴. 고리 속에서 비밀의 요체를 얻고, 세상 밖에서 그윽한 회포를 펼치어라. 홀로 청문에서 전송연이 마련돼, 뭇 영웅들의 아쉬움이 깊구나[遺榮期入道, 辭老竟抽簪. 豈不惜賢達, 其如高尚心. 環中得秘要, 方外散幽襟. 獨有靑門餞, 群英悵別深]'라고 하고, 또 이르기를 '전별연에 백병의 술이 마련되고, 조서로 이소의 귀향을 허락한다. 신선의 글은 금록金籙[54]에 적고, 조정의 옷은 우의羽衣로 바꾸리라. 서글프게 빼어난 글 받아들었나니, 떠나는 길에 영광이 가득하구나[筵開百壺餞, 詔許二疏歸. 仙記題金籙, 朝章換羽衣. 悄然承睿藻, 行路滿光輝]'라고 했다"고 했다.

① '一曲'은 『당시기사』에 '數頃'으로 되어 있다.

李嘉祐이가우

「送王牧往吉州謁王使君」云 : "細草綠汀洲, 王孫耐薄遊. 年華初冠帶, 文體舊弓裘. 野渡花爭發, 春塘水亂流. 使君矜小阮, 應念倚門愁."

53 이소(二疏) : 한(漢)나라 때의 소광(疏廣)과 소수(疏受) 두 사람을 합칭한 말이다. 소수는 소광의 조카로, 같은 시기에 소광은 태자태부(太子太傅)가 되고 소수는 태자소부(太子少傅)가 되었는데, 재직한 지 오 년 만에 과분함을 경계하여 함께 사임하고 고향으로 돌아가 버렸다. 『한서』「소광전(疏廣傳)」 참고.

54 금록(金籙) : 도가(道家)에서 천제(天帝)의 조서를 이르는 말이다. 『수서(隋書)』「경적지(經籍志) 4」 참고.

「仲夏江陰官舍寄裴明府」云：“萬室邊江次，孤城對海安．朝霞晴作雨，濕氣曉生寒．苔色侵衣桁，潮痕上井欄．題書招茂宰，思爾欲辭官．”

高仲武云：“嘉祐，袁州人．振藻天朝，大收芳譽，中興高流也．與錢郎別爲一體，往往涉于齊梁，綺靡婉麗，① 蓋吳均何遜之敵也．至於‘野渡花爭發，春塘水亂流’，‘朝霞晴作雨，濕氣曉生寒’，文華之冠冕也．又，‘禪心超忍辱，梵語問多羅．’設使許詢更生，孫綽復出，窮思極筆，未到此境．”

① “靡”原作“美”，據『中興間氣集』改．

「송왕목왕길주알왕사군送王牧往吉州謁王使君」에서 “여린 풀은 물가에 푸르거늘, 왕손王孫은 애써 외유를 떠나네. 나이는 이제 막 관과 띠를 둘렀고, 문체는 옛 활과 가죽옷 그대로네. 들녘 나루에는 꽃이 앞다퉈 피고, 봄 연못에는 물이 어지러이 흐르네. 사군使君이 소완(小阮 : 완함阮咸)을 아낀다면, 응당 문에 기대어 시름겨운 것을 생각할 것이네[細草綠汀洲, 王孫耐薄遊. 年華初冠帶, 文體舊弓裘. 野渡花爭發, 春塘水亂流. 使君矜小阮, 應念倚門愁]”라고 했다.

「중하강음관사기배명부仲夏江陰官舍寄裴明府」에서 “수많은 집들은 강가에 줄지어 섰고, 외로운 성城은 바다를 마주하여 지어졌다. 아침노을은 맑은데도 비를 만들고, 젖은 기운은 새벽에 한기를 일으킨다. 이끼색은 옷 횃거에 스미고, 물결 흔적은 샘 난간까지 올라왔다. 글을 써서 무재茂宰[55]를 초청하며, 그대가 관직 사양하고 싶어 함을 생각한다[萬室邊江次, 孤城對海安. 朝霞晴作雨, 濕氣曉生寒. 苔色侵衣桁, 潮痕上井欄. 題書招茂宰, 思爾欲辭官]”라고 했다.

고중무高仲武가 이르기를 “이가우는 원주袁州 사람이며, 조정에서 문명을 떨쳐 큰 명성을 얻었으니 당 중흥中興 시기의 명사이다. 전낭錢郎과 더불어 새로운 시체詩體를 만들어 이따금 제량齊梁의 사조·유신 등

55 무재(茂宰) : 고을 수령에 대한 존칭이다.

에 미치기도 하여 화사하고 미려했으니, 오균吳均과 하손何遜의 적수였던 것이다. '들판 나루에는 꽃이 앞다퉈 피고, 봄 연못에는 물이 어지러이 흐르네[野渡花爭發, 春塘水亂流]', '아침노을은 맑은데도 비를 만들고, 젖은 기운은 새벽에 한기를 일으킨다[朝霞晴作雨, 濕氣曉生寒]' 등은 시의 으뜸이다. 또 '선심禪心은 인욕忍辱을 초월하고, 범어梵語를 다라(多羅 : 불경)에게 묻는다[禪心超忍辱, 梵語問多羅]'는 허순許詢이 다시 태어나고 손작孫綽이 다시 나와 생각을 모두 끌어내 문력을 다 발휘한다 해도 이러한 경지에는 이르지 못할 것이다"라고 했다.

① '靡'는 본래 '美'로 되어 있었는데, 『중흥간기집中興間氣集』에 의거하여 고쳤다.

張均장균

均, 丞相說之子也. 說最鍾愛, 其情見於「嶽州別均」之詩. 說爲丞相, 知官考, 均時任中書舍人, 特注之曰 : "父敎子忠, 古之善訓. 祁奚擧午, 義不務私. 至於潤色王言, 彰施帝載, 道參墳典, 例紀旂常,① 恭聞前烈, 尤難其任. 豈以嫌疑, 敢撓綱紀, 考上下." 均能文, 爲大理卿. 祿山盜國, 爲僞中書令, 免死, 流合浦.

① "紀旂"原作"絶功", 據『紀事』改.

장균은 승상 장열의 아들이다. 장열이 가장 사랑해서, 그 마음이 「악주별균嶽州別均」에 잘 나타나 있다. 장열이 승상이었을 때 관리의 고과를 맡았는데, 당시 중서사인으로 있던 장균에 대해 특별히 평가하기를 "아버지가 자식에게 충성을 가르치는 것은 옛날부터 전해오는 훌륭한 가르침이다. 기해祁奚가 우午를 천거[56]함에 있어 의리를 중시하고 사적

56 기해(祁奚)가 우(午)를 천거 : 기해는 춘추시대 진(晉)나라의 대부이다. 진나라 도공(悼公)이 사람을 천거하게 하자 자신의 원수였던 해호(解狐)와 자신의 아들 기오[祁午]를 같

인 것에는 힘쓰지 않았다. 왕의 말씀을 윤색하고 황제의 일을 널리 베풀 때, 삼분三墳과 오전五典을 참고하여 의례 기상旂常[57]에 기록하는데, 삼가 지난 공을 알림에 있어서는 그 책임을 맡기가 더더욱 어렵다. 어찌 혐의가 있다 하여 감히 기강을 흔들겠는가, 상上의 하下로 고과한다"라고 했다. 장균은 문장에 능했으며 대리경大理卿이 되었다. 안녹산이 나라를 훔칠 때 위중서령僞中書令이 되었지만, 사형은 면하고 합포合浦로 유배되었다.

① '紀旂'는 본래 '絶功'으로 되어 있었는데, 『당시기사』에 의거하여 고쳤다.

王諲왕인

「除夜」云: "今歲今宵盡,① 明年明日催. 寒隨一夜去, 春逐五更來. 氣色空中改, 容顏暗裏回. 風光人不覺, 已著後園梅."

① "歲"原作"夜", 據『秘書』改.

「제야除夜」에서 "올해 오늘 밤이 다 가면, 내년 내일이 재촉할 것이다. 추위가 하룻밤을 따라 떠나면, 봄이 오경五更을 따라 오리라. 기색은 허공에서 바뀌고, 모습은 어둠 속에서 돌아온다. 풍광을 사람은 느끼지 못해도, 후원 매화에서 이미 나타났다[今歲今宵盡, 明年明日催. 寒隨一夜去, 春逐五更來. 氣色空中改, 容顏暗裏回. 風光人不覺, 已著後園梅]"라고 했다.

① '歲'는 본래 '夜'로 되어 있었는데, 『진체비서』에 의거하여 고쳤다.

이 추천하여, 사심 없는 처사라고 높은 평가를 받았다.

57 기상(旂常): 왕후(王侯)의 기치(旗幟). 교룡(交龍)을 그린 것이 '기'이고, 일월(日月)을 그린 것이 '상'인데, 공신의 업적을 이 기상에 새겼다.

孟浩然맹호연

皮日休「孟亭記」云:“明皇世, 章句之風, 大得建安體. 論者推李翰林·杜工部爲尤. 介其間能不愧者, 惟我鄉之孟先生也. 先生之作, 遇景入詠, 不鉤奇抉異,① 令齬齪束人口者, 涵涵然有干霄之興, 若公輸氏當巧而不巧者也. 北齊美蕭慤‘芙蓉露下落, 楊柳月中疏.’, 先生則有‘微雲淡河漢, 疏雨滴梧桐.’ 樂府美王融‘日霽沙嶼明, 風動甘泉濁.’,② 先生則有‘氣蒸雲夢澤, 波動岳陽城.’ 謝朓之詩句, 精者有‘露濕寒塘草, 月映清淮流.’ 先生則有‘荷風送香氣, 竹露滴清響.’ 此與古人爭勝於毫釐間也.” 「建德江宿」云:“移舟泊烟渚, 日暮客愁新. 野曠天低樹, 江清月近人.”

① “鉤”原作“拘”, 據『紀事』改.

② “濁”原作“燭”, 據『紀事』改.

피일휴의 「맹정기孟亭記」에서 “명황(현종)시대에 문풍은 건안체建安體를 크게 형성했는데, 논자들은 이한림(李翰林: 이백)과 두공부(杜工部: 두보)를 최고로 추대했다. 그런데 그 가운데 부끄럽지 않을 사람은 우리 고을의 맹선생(孟先生: 맹호연)이다. 선생의 작품은 외경을 만나 시 속에 받아들일 때, 기묘하고 특이한 것을 포착, 엇갈리게 해서 사람의 입을 묶지 않고, 넉넉하게 하늘까지 닿는 흥취가 있어서 마치 공수씨(公輸氏, 뛰어난 목수)가 기교를 부려야할 때 기교를 부리지 않는 것과 같다. 북제北齊 때 소각蕭慤의 ‘부용은 이슬 아래 지고, 버들은 달 속에 성기네[芙蓉露下落, 楊柳月中疏]’를 찬미했지만, 선생은 ‘옅은 구름에 하수河水와 한수漢水는 담백하고, 성긴 비가 오동나무를 적신다[微雲淡河漢, 疏雨滴梧桐]’라고 했고, 악부樂府에서 왕융의 ‘날 개이자 모래섬 밝고, 바람 움직이자 감천甘泉이 흐리다[日霽沙嶼明, 風動甘泉濁]’를 찬미했지만, 선생은 ‘운몽택雲夢澤에 기운 피어오르고, 악양성岳陽城에 물결 움직이네[氣蒸雲夢澤, 波動岳陽城]’라고 했다. 사조의 시구 가운데 뛰어난 것으로 ‘이슬은 차가운 연못 풀을 적시고, 달은 맑은 회수淮水에 비추네[露濕寒塘草, 月映淸淮流]'가 있지만, 선생은 '연꽃 바람은 향기를 보내오고, 대나무 이슬은 맑은 음향으로 방울지네[荷風送香氣, 竹露滴淸響]'라고 했으니, 이는 옛사람과 털끝 차이로 승부를 겨루는 것이다"라고 했다. 「건덕강숙建德江宿」에서는 "안개 자욱한 나룻가에 배를 매니, 어스름 저녁에 집 생각 새록새록하다. 아득한 들녘 하늘은 나무 끝에 나직한데, 강은 맑고 달은 사람 곁으로 다가온다[移舟泊烟渚, 日暮客愁新. 野曠天低樹, 江淸月近人]"라고 했다.

① '鈎'는 본래 '拘'로 되어 있었는데, 『당시기사』에 의거하여 고쳤다.

② '濁'은 본래 '燭'으로 되어 있었는데, 『당시기사』에 의거하여 고쳤다.

陶峴도현

陶峴, 彭澤之孫也. 開元末, 家昆山, 泛遊江湖, 自製三舟, 與孟彦深孟雲卿焦遂共載. 吳越之士, 號爲水仙. 省親南海, 獲崑崙奴名摩訶, 善泅水. 至西塞山下, 泊舟吉祥佛寺, 見江水深黑, 謂必有怪物, 投劍命摩訶下取. 久之, 支體磔裂, 浮于水上. 峴流涕回棹, 賦詩自敍, 不復遊江湖矣. 詩云: "匡廬舊業是誰主, 吳越新居安此生. 白髮數莖歸未得, 青山一望計還成. 鴉翻楓葉夕陽動, 鷺立蘆花秋水明. 從此舍舟何所詣, 酒旗歌扇正相迎."

도현은 팽택(彭澤: 도연명)의 손자이다. 개원 말에 곤산昆山에서 살며 배를 띄워 강호江湖를 유람했는데, 스스로 배 세 척을 만들어 맹언심孟彦深·맹운경孟雲卿·초수焦遂와 함께 타며 지냈다. 오월吳越 선비들이 '수선水仙'이라 불렀다. 부친을 뵙기 위해 남해南海에 갔을 때 곤륜노崑崙奴[58]를 얻었는데, 이름이 마가摩訶였고 헤엄을 잘 쳤다. 서새산西塞山 아래에 이르러 길상사吉祥寺라는 절에 배를 정박했는데 깊고 검푸른 강물을 보고는 반드시 괴물이 있을 것이라고 이르며, 마가에게 검을 주어 내려가서 잡아오라고 했다. 한참 뒤에 갈가리 찢긴 사지가 물 위로 떠오르자, 도현은 눈물을 흘리고 노를 저어 돌아오며 시를 지어 자술하고 다시는 강호를 유람하지 않았다. 그 시에서 이르기를 "광려산匡廬山 옛 별장은 누가 주인인가, 오월의 새 집이 삶을 편하게 했다. 흰 머리 생겨도 돌아가지 못하다가, 청산의 꿈을 결국 이루었다. 까마귀가 펄럭이는 단풍잎에 석양이 지고, 백로가 선 갈대꽃에 가을 물 맑다. 이제 배를 두고 어느 곳으로 갈까, 술집 깃발 노래 부채가 손짓하고 있다匡廬舊業是誰主, 吳越新居安此生. 白髮數莖歸未得, 靑山一望計還成. 鴉翻楓葉夕陽動, 鷺立蘆花秋水明. 從此舍舟何所詣, 酒旗歌扇正相迎"라고 했다.

王昌齡왕창령

昌齡, 字少伯, 江寧人. 中第, 補校書郎. 又中博學宏詞科, 遷汜水尉. 不護細行, 世亂還鄕里, 爲刺史閭邱曉所殺. 其詩縝密而思淸, 時謂王江寧.「長信秋詞」云①: "奉帚平明金殿開, 且將團扇共徘徊. 玉顔不及寒鴉色, 猶帶昭陽日影來."

① 「長信秋」詞云, 原脫, 據『紀事』補.

왕창령은 자가 소백少伯이며 강녕江寧 사람이다. 과거에 급제하여 교서랑校書郎에 임명되었으며, 박학굉사과博學宏詞科에 급제하여 사수위汜水尉로 옮겼다. 자잘한 행동에 신경 쓰지 않아, 세상이 어지러울 때 고향으로 돌아갔다가 자사刺史 여구효閭邱曉에게 죽임을 당했다. 시가 치

58 곤륜노(崑崙奴) : 당(唐)대에 외국에서 온 노비들을 가리킨다.

밀하고 생각이 청신하여 당시에 왕강녕王江寧이라 일컬었다.

「장신추사長信秋詞」에서, "새벽에 빗자루 들 때 황금 궁전 열리고, 잠시 둥근 부채를 들고 함께 서성인다. 옥 같은 얼굴이 까마귀 빛깔만 못한 건, 그래도 까마귀는 소양궁 햇볕을 쬘 수 있어서다[奉帚平明金殿開, 且將團扇共徘徊. 玉顏不及寒鴉色, 猶帶昭陽日影來]"라고 했다.

① '「장신추사」에서 이르기를'은 본래 없었는데, 『당시기사』에 의거하여 보충했다.

李清이청

「詠石季倫」云："金谷繁華石季倫, 只能謀富不謀身. 當時縱與綠珠去, 猶有無窮歌舞人." 清登天寶十二年進士第.

「영석계륜詠石季倫」에서 "번화한 금곡金谷[59]의 석계륜(石季倫 : 석숭)은, 부귀만 도모하고 몸을 돌보지 않았네. 당시에 녹주綠珠[60]와 함께 떠났다고 해도, 아직 수많은 가무객이 남아 있었네[金谷繁華石季倫, 只能謀富不謀身. 當時縱與綠珠去, 猶有無窮歌舞人]"라고 했다. 이청은 천보 12년(753) 진사가 되었다.

韓滉한황

「聽樂悵然自述」, "萬事傷心對管絃, 一身含淚向春烟. 黃金用盡教歌

59 금곡(金谷) : 晉 석숭이 하양(河陽)에 둔 별장(別莊) 이름이다.

60 녹주(綠珠) : 석숭의 애첩. 미모에다 피리를 잘 불었다. 손수(孫秀)가 녹주를 자기에게 달라고 요청하자 석숭이 거절했다. 그러자 조서를 꾸며서 석숭을 구속하니, 녹주가 누대 아래로 몸을 던져 자살했다 한다.

舞, 留與他人樂少年."

「청악창연자술聽樂悵然自述」에서 "상심에 젖어 음악을 들으니, 온몸이 눈물에 젖어 봄 안개를 향하네. 황금을 다 내어 가무를 가르치며, 다른 사람에게 소년을 즐기라고 넘겨주네[萬事傷心對官弦, 一身含淚向春烟. 黃金用盡教歌舞, 留與他人樂少年]"라고 했다.

王之渙 왕지환

「出塞」詩, "黃沙直上白雲間, 一片孤城萬仞山. 羌笛何須怨楊柳, 春風不過玉門關." 之渙, 并州人, 與兄之咸·之賁皆有文名,① 天寶間人. 樂天作滁州刺史鄭昈墓誌云: "與王昌齡王之渙崔國輔連唱迭和, 名動一時."

① "名", 據『紀事』補.

「출새出塞」에서 "황사가 곧바로 구름 사이를 오르고, 한 줄기 성곽은 만길 산에 걸쳤다. 오랑캐 젓대는 어찌하여 버드나무를 원망하는가, 봄은 옥문관玉門關에 이르지 않았거늘[黃沙直上白雲間, 一片孤城萬仞山. 羌笛何須怨楊柳, 春風不過玉門關]"이라고 했다.

왕지환은 병주并州 사람이며, 형 왕함王咸·왕지분王之賁과 함께 모두 문명文名이 있었다. 천보 연간의 사람이다. 낙천(백거이)의 「저주자사정호묘지滁州刺史鄭昈墓誌」에서 "왕창령·왕지환·최국보崔國輔와 함께 연결 지어 창唱하고 번갈아 화답하며 한 시대를 풍미했다"라고 했다.

① '名'은 『당시기사』에 의거하여 보충했다.

전당시화全唐詩話 권2卷二

劉長卿유장경

劉長卿, 字文房, 至德監察御史.① 以檢校祠部員外郎, 爲轉運使判官, 知淮南鄂嶽轉運留後. 鄂嶽觀察使. 吳仲孺誣奏, 貶播州南巴尉. 會有爲之辯者, 除睦州司馬, 終隨州刺史. 以詩馳聲上元寶應間. 皇甫湜云: “詩未有劉長卿一句, 已呼宋玉爲老兵矣, 語未有駱賓王一字, 已罵宋玉爲罪人矣.” 其名重如此.

高仲武云: “長卿員外有吏幹, 剛而犯上.② 兩度遷謫, 皆自取之. 詩體雖不新奇, 甚能鍊飾. 十首已上, 語意稍同, 于落句尤甚, 此其短也.③ 然 ‘春風吳草綠, 古木剡山深, 明日滄洲路, 歸雲不可尋.’ 又 ‘沙鷗驚小吏, 明月上高枝.’ 又 ‘細雨濕衣看不見, 閒花落地聽無聲.’ 截長補短, 蓋玉徽之類與. 又 ‘得罪風霜苦, 全生天地仁.’ 傷而不怨, 亦足以發揮風雅矣.”

「過張明府別業」云: “寥寥東郭外, 白首一先生. 考滿孤琴在, 家移五柳成. 夕陽臨水釣, 春雨向田耕. 終日空林下, 何人識此情."

「餘干旅舍」云: "搖落暮天迥, 青楓霜葉稀. 孤城向水閉, 獨鳥背人飛. 渡口月初上, 鄰家漁未歸. 鄉心正欲絶, 何處搗寒衣."

「送李中丞之襄州」云: "流落征南將, 曾驅十萬師. 罷歸無舊業, 老去戀明時. 獨立三朝盛,④ 輕生一劍知. 茫茫江漢上, 日暮欲何之."

「送嚴士元」云: "春風倚棹闔閭城, 水國猶寒陰復晴. 細雨濕衣看不見, 閒花落地聽無聲. 日斜江上孤帆影, 草綠湖南萬里程. 東道若逢相識問, 青袍今已誤儒生."

① "德", 據『新唐書』「藝文志」補.

② "剛", 據『中興間氣集』補.

③ 此句『間氣集』作"此其思銳才窄也."

④ "盛",『全唐詩』作"識", 又注, "朝識", 一作"邊靜."

유장경은 자字가 문방文房이며 하간河間 사람이다. 지덕(至德: 756~758) 연간에 감찰어사가 되고 검교사원외랑檢校祠部員外郎에서 전운사판관轉運使判官이 된 뒤 회남淮南·악악鄂岳 전운유후轉運留後와 악악관찰사鄂岳觀察使를 역임하다가 오중유吳仲孺의 무고로 반주남파위潘州南巴尉로 좌천되었으나 마침 그를 도와 무고를 해명해 준 사람이 있어 목주사마睦州司馬에 임명되고 수주자사隨州刺史로 생을 마감했다. 상원(上元: 760~761)·보응(寶應: 762) 연간에 시인으로서 명성을 떨쳤다. 황보식皇甫湜이 이르기를 "시에 유장경의 한 구절이 없었다면 벌써 송옥宋玉을 노병老兵이라 불렀을 테고, 말에 낙빈왕駱賓王의 한 글자가 없었다면 벌써 송옥을 죄인이라 불렀을 것이다"라고 했으니 이처럼 그 명성이 대단했다.

고중무가 이르기를 "관리로서의 능력을 갖춘 유장경은 강직한 성격으로 윗사람에게 대들어 두 번이나 좌천되었는데 모두 스스로 취한 것이다. 시체가 새롭고 기묘하지는 않지만 단련과 수식에 아주 능하다. 10수 이상인 것은 말뜻이 약간 비슷한데 낙구(落句: 결구結句)가 특히 심하니 이것이 단점이다. 하지만 '봄바람에 오吳 땅 풀은 푸르고, 고목의 섬산剡山은 깊다. 내일 창주滄洲로 가는 길에, 돌아가는 구름을 찾을 수 없으리라[春風吳草綠, 古木剡山深, 明日滄洲路, 歸雲不可尋]'와 '백사장 갈매기는 여린 관리를 놀라게 하고, 밝은 달은 높은 가지로 올라온다[沙鷗驚小吏, 明月上高枝]'와 '가랑비에 옷 젖는 건 보아도 보이지 않고, 조용히 지는 꽃은 아무 소리가 없다[細雨濕衣看不見, 閒花落地聽無聲]' 등은 긴 것은 자르고 짧은 것은 보완한 것으로, 왕휘지王徽之와 같은 유에 속한 것이다. 그리고 '죄를 지어 풍상에 괴로우나, 천지의 인자함에 삶을 온전히 누린다[得罪風霜苦, 全生天地仁]'는 슬퍼하면서도 원망하지 않은 것으로 풍아風雅를 충분히 발휘하고 있다 하겠다"라고 했다.

「과장명부별업過張明府別業」에서 "한적한 동쪽 성곽 밖에, 백발의 한 선생이다. 만기가 되자 거문고만 홀로 남고, 집안 옮기니 다섯 그루 버들이 이루어졌다. 석양 물가에서 낚시 드리우고, 봄비에 밭에 나가 밭갈이한다. 온종일 텅 빈 숲 속의 삶을, 그 누가 알까[寥寥東郭外, 白首一先生. 考滿孤琴在, 家移五柳成. 夕陽臨水釣, 春雨向田耕. 終日空林下, 何人識此情]"라고 했다.

「여간여사餘干旅舍」에서 "스산한 저녁 하늘 아득한데, 푸른 단풍에 붉은 잎 드물다. 성곽은 물을 향해 닫혔고, 새는 사람을 등지고 날아간다. 포구에는 달이 막 솟고, 이웃집 고기잡이는 아직 돌아오지 않았다. 고향 그리워 애가 타는데, 어디서 겨울 옷 다듬이질하나[搖落暮天迥, 青楓霜葉稀. 孤城向水閉, 獨鳥背人飛. 渡口月初上, 鄰家漁未歸. 鄉心正欲絶, 何處搗寒衣]"라고 했다.

「송이중승지양주送李中丞之襄州」에서 "쇠락한 정남장군征南將軍, 일찍이 십만 군사를 호령했다. 세상일 접고 돌아가도 옛터는 없고, 나이 들수록 태평시절이 그립다. 홀로 우뚝 섬은 세 조정에 성대했고, 삶을 가벼이 여김은 칼이 잘 알고 있다. 아득한 강한江漢에서, 해는 지는데 어디로 가려하나[流落征南將, 曾驅十萬師. 罷歸無舊業, 老去戀明時. 獨立三朝盛,

輕生一劍知. 茫茫江漢上, 日暮欲何之]”라고 했다.

「송엄사원送嚴士元」에서 “봄바람 돛에 기대 합려성闔閭城에 닿으니, 물나라 아직 추워 흐렸다 다시 맑다. 가랑비 옷 젖어도 보이지 않고, 조용한 꽃 질 때 소리 나지 않는다. 해 비낀 강물위에 돛단배 외롭고, 풀 푸른 호남湖南은 만 리 길 정 담겼다. 동쪽 가는 길에서 아는 이 만나거들랑, 푸른 도포 유생의 삶 이미 그르쳤다 하게[春風倚棹闔閭城, 水國猶寒陰復晴. 細雨濕衣看不見, 閒花落地聽無聲. 日斜江上孤帆影, 草綠湖南萬里程. 東道若逢相識問, 青袍今已誤儒生]”라고 했다.

① ‘德’은 『신당서』 「예문지藝文志」에 의거하여 보충했다.

② ‘剛’은 『중흥간기집』에 의거하여 보충했다.

③ 이 구절은 『중흥간기집』에 ‘이는 그 생각은 치밀한데 재능이 부족한 것이다’로 되어 있다.

④ ‘盛’은 『전당시』에 ‘識’으로 되어 있고, 또 주에서 “‘朝識’은 한편으로 ‘邊靜’이라 한다”라고 했다.

章八元장팔원

八元「題慈恩塔」云:“七層突兀在虛空, 四十門開面面風. 却怪鳥飛平地上, 自驚人語半天中. 回梯暗踏如穿洞, 絶頂初攀似出籠. 落日鳳城佳氣合, 滿城春樹雨濛濛.” 或云:“元·白見其詩曰:‘不謂嚴維出此弟子.”

高仲武云:“八元嘗於郵亭偶題數句, 蓋激楚之音也. 會稽·嚴維到驛, 問八元曰:‘爾能從我學詩乎.’ 曰:‘能.’ 少頃遂發. 八元已辭家.① 維大異之, 遂親指喻, 數年詞賦擢第.② 至如‘雪晴山脊見, 沙淺浪痕交’, 得山水狀貌也.” 八元, 睦州人, 登大曆進士第.”

① “蓋激楚 …… 八元已辭家”, 原作“蓋激元楚以辭家”, 據『間氣集』改.

② "詞"原作"充", 據『間氣集』改.

장팔원의 「제자은탑題慈恩塔」에서 "칠층 높이로 허공에 서서, 사십 개 문 열며 바람을 맞는다. 평지에서 새 날아오를 때 문득 의아하고, 허공에서 들리는 사람 말소리에 절로 놀란다. 휘도는 사다리길 밟아가니 골짜기 헤쳐 가는 듯하고, 절정을 휘어잡으니 굴레에서 벗어난듯하다. 해 지는 봉성鳳城에 가상한 기운 서려, 성 가득한 봄 나무에 비가 촉촉하다[七層突兀在虛空, 四十門開面面風. 却怪鳥飛平地上, 自驚人語半天中. 回梯暗踏如穿洞, 絶頂初攀似出籠. 落日鳳城佳氣合, 滿城春樹雨濛濛]"라고 했다. 혹자가 이르기를 "원진과 백거이가 그의 시를 보고 '엄유嚴維가 이런 제자를 배출할 줄 생각지 못했다'라고 했다" 하였다.

고중무가 이르기를 "팔원이 일찍이 우정郵亭에서 몇 구절을 지었는데 격초激楚[1]의 음이었다. 회계會稽의 엄유嚴維가 우정에 이르러 팔원에게 묻기를 '네가 내게서 시를 배우겠느냐'라고 하자, '배우겠습니다'라고 했다. 잠시 뒤 출발을 했는데 팔원이 이미 짐을 챙겨 집을 나왔다. 엄유가 이를 대견하게 여겨 마침내 직접 가르쳤고 수년 뒤 사부詞賦로 급제했다. '눈이 그치자 산 어깨 보이고, 모래 엷어 물결 흔적과 사귄다[雪晴山脊見, 沙淺浪痕交]'는 산과 물의 형상을 터득한 것이다"라고 했다. 팔원은 목주睦州 출신이며 대력(大曆 : 766~779) 때 진사시에 급제했다.

① '蓋激楚 …… 八元已辭家'는 본래 '蓋激元楚以辭家'로 되어 있었는데, 『중흥간기집』에 의거하여 고쳤다.

② '詞'는 본래 '充'으로 되어 있었는데, 『중흥간기집』에 의거하여 고쳤다.

1 격초(激楚) : 고대 가무곡의 이름. 『한서』 「사마상여전(司馬相如傳)」 상 참고.

韋應物위응물

李肇『國史補』云："開元後位卑而名著, 李北海邕・王江寧昌齡・李館陶光速・鄭廣文虔・元魯山德秀・蕭功曹穎士・張長史旭・獨孤常州及・崔比部元翰・梁補闕肅, 韋蘇州其一也. 應物仕宦本末, 似止于蘇. 按白傅答禹錫云：'敢有文章替左司', 謂應物也, 官稱亦止此."

「郡齋雨中與諸文士燕集」詩云："兵衛森畫戟, 燕寢凝清香. 海上風雨至, 逍遙池閣涼. 煩屙近消散, 嘉賓復滿堂. 自慚居處崇, 未睹斯民康. 理會是非遣, 性達形跡忘. 鮮肥屬時禁, 蔬果幸見嘗. 俯飮一杯酒, 仰聆金玉章. 神歡體自輕, 意欲凌風翔. 吳中盛文史, 群彦今汪洋. 方知大藩地, 豈曰財賦强."

'欲持一瓢酒, 遠寄風雨夕.'【句】'萬籟自生聽, 太空常寂寥. 還從靜中起, 却向靜中銷.'【詠聲】'山深松子落, 幽人應未眠.'【句】'舟泊南池雨, 簾捲北樓風.'【句】右張爲取作「主客圖」.

應物「寄全椒山中道士」云："今朝郡齋冷, 忽憶山中客. 澗底拾枯松, 歸來煮白石. 欲持一瓢酒, 遠寄風雨夕. 落葉遍空山, 何處尋行跡."

이조李肇의 『국사보國史補』에서 "개원 이후 지위는 낮지만 명망이 있는 이들은 북해北海 이옹李邕・강녕 왕창령・관도館陶 이광속李光速・광문廣文・정건鄭虔・노산魯山 원덕수元德秀・공조功曹 조영사曹穎士・장사長史 장욱張旭・상주常州 독고급獨孤及・비부比部 최원한崔元翰・보궐補闕 양숙梁肅, 소주蘇州 위응물 등이다. 위응물은 관직이 소주자사蘇州刺史에 그친 듯하다. 백부(白傅 : 백거이)가 유우석에게 답한 글에서 '문장은 감히 좌사(左司 : 위응물)를 대신할 만하다'고 했는데 위응물을 말한 것이며 관직명 또한 여기에 그쳤다"라고 했다.

「군재우중여제문사연집郡齋雨中與諸文士燕集」에서 "호위병은 창 들고 삼엄하게 늘어섰고, 연침燕寢[2]은 맑은 향이 서렸다. 바다에서 비바람

불어오고, 서늘한 연못 누각을 거닌다. 번민은 곧 흩어지고, 반가운 손님들 다시 방에 가득하다. 높은 자리 차지하고도, 백성들 편안한 것 보지 못한 것이 부끄럽다. 사물의 이치 깨달아 시비를 털어버리고, 본성을 깨쳐 형상을 잊는다. 생선과 고기를 금식하는 때에도, 다행히 채소와 과일을 맛본다. 몸 구부려 한 잔 술을 마시고, 머리 들어 금옥 같은 문장을 듣는다. 환희에 차니 몸은 절로 가볍고, 마음은 구름 위로 날고 싶다. 오중(吳中 : 소주)은 문사가 흥성하여 뭇 선비들이 오늘 다 모였다. 이제야 큰 도시가 무언지를 알았으니, 어찌 재화만 많다고 하랴[兵衛森畫戟, 燕寢凝淸香. 海上風雨至, 逍遙池閣涼. 煩屙近消散, 嘉賓復滿堂. 自慚居處崇, 未睹斯民康. 理會是非遣, 性達形跡忘. 鮮肥屬時禁, 蔬果幸見嘗. 俯飮一杯酒, 仰聆金玉章. 神歡體自輕, 意欲凌風翔. 吳中盛文史, 群彦今汪洋. 方知大藩地, 豈曰財賦强]"라고 했다.

'표주박 한잔 술을 챙겨, 멀리 비바람 치는 밤에 보내고 싶다[欲持一瓢酒, 遠寄風雨夕]', '만뢰(萬籟 : 연의 온갖 소리)가 절로 들리고, 태공太空은 항상 고요하다. 고요함에서 생겨나, 다시 고요함 속으로 사라진다[萬籟自生聽, 太空常寂寥. 還從靜中起, 却向靜中銷]'【소리를 읊은 것이다】, '산 깊어 솔방울 지고, 조용히 사는 이는 잠들지 못하리라[山深松子落, 幽人應未眠]', '배는 남쪽 연못 비에 정박하고, 주렴은 북쪽 누각 바람에 만다[舟泊南池雨, 簾捲北樓風]' 등은 장위張爲가 취하여 「주객도主客圖」를 만들었다.

위응물이 「기전초산중도사寄全椒山中道士」에서 "오늘 군재(郡齋 : 군의 관사)가 쌀쌀하여 갑자기 산속 나그네가 생각난다. 골짜기 옆에서 마른 소나무 줍고, 돌아와 백석白石을 덥히겠지. 표주박 한잔 술을 챙겨, 멀리 비바람 치는 밤에 보내고 싶다. 낙엽이 공산에 가득한데, 어느 곳에서 발자취를 찾을까[今朝郡齋冷, 忽憶山中客. 澗底拾枯松, 歸來煮白石. 欲持一瓢酒, 遠寄風雨夕. 落葉遍空山, 何處尋行跡]"라고 했다.

---

2 연침(燕寢) : 임금이 평상시에 한가롭게 거처하는 전각(殿閣)이다.

朱放주방

放字長通, 襄州人, 隱居剡溪. 嗣曹王皐鎭江西, 辟節度參謀. 貞元中, 召爲左拾遺, 不就.「送著公歸越」云:“誰能愁此別, 到越會相逢. 長憶雲門寺, 門前千萬峰. 石床堆積雪, 山路倒枯松. 莫學白道士, 無人知去蹤.”

주방은 자가 장통長通이고 양주襄州 사람이며 섬계剡溪에 은거했다. 사조왕嗣曹王 이고李皐가 강서절도사江西節度使로 있을 때 절도참모節度參謀로 초빙했다. 정원(貞元: 785~804) 연간에 좌습유左拾遺로 부름 받았으나 나가지 않았다.

「송저공귀월送著公歸越」에서 “누가 이 이별을 아쉬워하지만 월越에 닿으면 만나게 될 것을. 언제나 기억나는 건 운문사雲門寺 문 앞의 수많은 봉우리들이다. 석상石床에는 눈이 쌓이고, 산길에는 마른 소나무가 거꾸러졌다. 백도사白道士를 배우지 말게나, 떠난 발자취를 아는 사람 없으니[誰能愁此別, 到越會相逢. 長憶雲門寺, 門前千萬峰. 石床堆積雪, 山路倒枯松. 莫學白道士, 無人知去蹤]”라고 했다.

李泌이필

「鄴侯家傳」云:“泌賦詩譏楊國忠曰:‘青青東門柳, 歲晏復憔悴.’ 國忠訴於明皇, 上曰:‘賦柳爲譏卿, 則賦李爲譏朕, 可乎.’”

「업후가전鄴侯家傳」에서 “이필이 시를 지어 양국충楊國忠을 비난하기를 ‘푸른 동문의 버드나무, 한 해가 저물자 다시 초췌하구나[青青東門柳, 歲晏復憔悴]’라고 하자, 양국충이 명황(현종)에게 하소연하니, 명황이 이르기를 '버들을 노래한 것이 경을 비난한 것이라면 오얏을 노래한 것은 짐을 비난한 것이라 해야 하는가'라고 했다"라고 했다.

暢當창당

當詩平淡多佳句, 如「釣渚亭」云: "花發多遠意, 鳧雁有閒情. 遲暉耿不暮, 平江寂無聲."「天柱隱所」云: "荒徑饒松子, 深蘿綠鳥聲. 陽崖全帶日, 寬嶂偶通耕."「山居」云: "水定鶴翻去, 松欹峰儼如." 又, "寒林苞晚橘,① 風絮露垂楊. 湖畔聞漁唱, 天邊數雁行." 皆有遠意.

① "橘"原作"菊", 據『紀事』改.

창당의 시는 평담平淡하여 좋은 구절이 많다. 예를 들어 「조저정釣渚亭」의 "꽃이 피어 심원한 뜻 짙고, 기러기에는 한적함이 담겼다. 느릿느릿 해는 저물지 않고, 넓은 강물은 아무 소리 없다[花發多遠意, 鳧雁有閒情. 遲暉耿不暮, 平江寂無聲]", 「천주은소天柱隱所」의 "거친 길에는 솔방울 넘치고, 깊숙한 넝쿨에는 새소리 걸렸다. 양지 언덕은 해를 가득 받고, 넉넉한 비탈에는 우연히 밭이 갈렸다[荒徑饒松子, 深蘿綠鳥聲. 陽崖全帶日, 寬嶂偶通耕]", 「산거山居」의 "물결 잠잠할 때 학이 푸드덕 날고, 소나무 기우는 곳에는 봉우리들이 삼엄하다[水定鶴翻去, 松欹峰儼如]", "찬 숲은 늦은 귤 감싸고, 바람개비에 버드나무 드러난다. 호반에서 어부의 노래 듣고, 하늘 너머로 기러기 줄지어 난다[寒林苞晚橘, 風絮露垂楊. 湖畔聞漁唱, 天邊數雁行]" 등에는 모두 심원한 뜻이 들어 있다.

① '橘'은 본래 '菊'으로 되어 있었는데, 『당시기사』에 의거하여 고쳤다.

皇甫冉황보염

高仲武云:“皇甫冉補闕, 自擢桂禮闈, 遂爲高格. 往以世道艱虞, 避地江外, 每文章一到朝廷, 作者變色. 于詞場爲先輩, 推錢·郎爲伯仲,① 誰家勝負, 或逐鹿中原. 如‘果熟任霜封, 籬疏從水渡.’ 又‘裛露收新稼, 迎寒葺舊廬.’ 又‘燕知社日辭巢去, 菊爲重陽冒雨開.’ 可以雄視潘張, 平揖沈·謝. 又「巫山」詩終篇皆麗, 自晉·宋·齊·梁·陳·周·隋以來,② 采掇者無數, 而補闕獨獲驪珠, 使前賢失步, 後輩却立, 自非天假, 何以逌斯. 恨長轡未騁, 而芳蘭早凋. 悲夫!”

「送韓司直」云:“遊吳還適楚,③ 來往任風波. 復送王孫去, 其如春草何. 岸明殘雪在, 潮滿夕陽多. 季子留遺廟, 停舟試一過.”

「西陵寄一公」云:“西陵遇風處, 自古是通津. 終日空江上, 雲山若待人. 汀洲寒事早, 魚鳥興情新. 南望山陰路, 吾心有所親.”【姚合取四詩爲『極玄集』】

「秋日東林之作」云:“閒看秋水心無事, 坐對寒松手自栽. 廬阜高僧留偈別, 茅山道士寄書來. 燕知社日辭巢去, 菊爲重陽冒雨開. 淺薄將何稱獻納, 臨岐終日自遲回.”

① “錢郎”原作“薦卽”, 據『紀事』改.

② “陳”, 據『紀事』補.

③ “楚”, 『紀事』作“越.”

고중무가 이르기를 “보궐補闕 황보염이 예위(禮闈 : 회시會試)에 급제하고 나서 마침내 고상한 품격을 가졌다. 이전에 세상이 혼란에 처할 때 양자강 밖에 물러나 있었는데 그의 글이 조정에 이를 때면 시인들이 모두 깜짝 놀랐다. 문장의 장에서 선배로 높여 전기錢起 낭사원郎士元과 함께 백중지세였으며 중원에서 각축을 벌였다. 예를 들어 ‘익은 과일 서리 뭉친 대로 두고, 성긴 울타리 나루터를 따라 둘렀다[果熟任霜封, 籬

疏從水渡]', '이슬 젖어 새 곡식을 수확하고, 추위를 맞아 옛집을 기운다[裛露收新稼, 迎寒葺舊廬]', '제비는 사일社日[3]을 알아 집을 떠나고, 국화는 중양절 되자 비 무릅쓰고 핀다[燕知社日辭巢去, 菊爲重陽冒雨開]' 등은 반악·장화를 웅시雄視하고 심약·사조와 평등하게 예를 표할 만하다. 또 「무산」은 글 전체가 모두 미려하다. 진晉·송·제·량·진陳·주周·수 이래로 채집한 작품이 수없이 많으나 황보보궐皇甫補闕만 홀로 으뜸을 차지하여 선대의 명가들이 제 걸음을 잃고 후배들이 물러서니 하늘이 낳은 인물이 아니면 어떻게 이에 이를 수 있겠는가. 그러나 안타깝게도 긴 고삐가 내달리지 못하고 향기로운 난초가 일찍 시들었으니 아 슬프다!"라고 했다.

「송한사직送韓司直」에서 "오吳로 다시 초楚로, 물결 따라 오며 간다. 왕손王孫을 다시 보내니, 봄풀을 어찌할까.[4] 훤한 언덕에 잔설이 남아 있고, 가득한 조수에 석양이 짙다. 계자季子[5]가 사당에 모셔져 있으니, 배를 멈추고 찾아가보게나[遊吳還入越, 來往任風波. 復送王孫去, 其如春草何. 岸明殘雪在, 潮滿夕陽多. 季子留遺廟, 停舟試一過]"라고 했다.

「서릉기일공西陵寄一公」에서 "서릉西陵 바람 맞는 곳은, 예로부터 통진通津이다. 진종일 텅 빈 강물에, 구름과 산이 사람을 기다리는 듯하다. 물 어귀에 추위가 일찍 닿아, 물고기와 새들이 감흥을 새로 일으킨다. 남쪽 산음山陰길을 바라보니, 내 마음에 친근하다[西陵遇風處, 自古是通津. 終日空江上, 雲山若待人. 汀洲寒事早, 魚鳥興情新. 南望山陰路, 吾心有所親]"라고 했다【요합이 이 네 수의 시를 『극현집極玄集』에 채록했다】.

---

3 사일(社日) : 입춘 후, 입추 후 제5 무일(戊日)로 춘사(春社)일, 추사(秋社)일이라고 한다. 춘사일은 3월 17~26일에, 추사일은 9월 18~27일에 있는데, 춘사에는 부지런히 일하자는 뜻에서 그리고 추사에는 풍성하게 된 것을 기뻐하자는 뜻에서 지신(地神)과 농신(農神)에게 제사를 지냈다.

4 왕손(王孫) …… 어찌할까 : 『초사(楚辭)』「초은사(招隱士)」 "왕손은 떠나 돌아오지 않거늘, 봄풀은 절로 무성하구나[王孫遊兮不歸 春草生兮萋萋]"를 원용한 것이다.

5 계자(季子) : 춘추시대 오왕(吳王) 수몽(壽夢)의 동생인 계찰(季札)의 호, '연릉계자(延陵季子)'의 약칭이다.

「추일동림지작秋日東林之作」에서 "가만히 가을물 보니 마음 한적하고, 앉아서 겨울 소나무 마주보며 손수 심는다. 여부廬阜의 고승은 이별의 게송을 남기고, 모산茅山의 도사는 편지를 보내왔다. 제비는 사일社日을 알아 집을 떠나고, 국화는 중양절 되자 비 무릅쓰고 핀다. 미천함으로 어떻게 헌납獻納[6]에 맞출까, 갈림길에서 하루 종일 더디더디 돌아간다[閒看秋水心無事, 坐對寒松手自栽. 廬阜高僧留偈別, 茅山道士寄書來. 燕知社日辭巢去, 菊爲重陽冒雨開. 淺薄將何稱獻納, 臨岐終日自遲回]"라고 했다.

① '錢郎'은 본래 '薦即'으로 되어 있었는데, 『당시기사』에 의거하여 고쳤다.

② '陳'은 『당시기사』에 의거하여 보충했다.

③ '楚'는 『당시기사』에 '越'로 되어 있다.

皇甫曾황보증

「張汾見訪郊居」云①:"林中雨散早涼生, 已有迎秋促織聲. 三徑荒蕪羞對客, 十年衰老愧稱兄. 愁心自惜江蘺短, 世事方看木槿榮. 君若罷官攜手日, 尋山莫算白雲程."

曾與劉長卿友善. 曾「過長卿碧澗別業」詩云:"謝客開山後, 郊扉去水通. 江湖十年別, 衰老一樽同. 返照寒川滿, 平田暮雪空. 滄洲自有趣, 不復泣途窮." 長卿和云:"荒村帶晚照, 落葉亂紛紛. 古路無行客, 寒林獨見君. 野橋經雨斷, 澗水向田分. 不爲憐同病, 何人到白雲."

曾又寄長卿云:"南憶新安郡, 千江帶夕陽. 斷猿知夜久, 秋草助江長. 鬢髮應成素, 青松獨見霜. 愛才稱漢主, 題柱待田郎."② 長卿和云:"離別江南北, 汀洲葉再黃. 路遙雲共水, 砧迥月如霜. 歲儉依仁政, 【姑臧相國初臨郡】 年衰憶故鄉. 佇看宣室召, 漢法倚張綱."

6 헌납(獻納): 임금에게 충언을 올리는 일이나 그 직책을 가리킨다.

① "張汾", 『全唐詩』作"張芬", 注"一作芳", 『紀事』作"張芳."

② "柱"原作"賦", 據『紀事』改.

「장분견방교거張汾見訪郊居」에서 "숲 속에 비 그치자 찬바람 일며, 벌써 가을 맞아 길쌈질 재촉하는 소리 들린다. 삼경三徑은 거칠어 객을 맞이하기 부끄럽고, 십 년 쇠퇴한 늙은이가 형 소리 듣는 게 쑥스럽다. 시름 속에 강가 울타리 낮은 게 안타깝고, 세상 살며 무궁화꽃 핀 것을 비로소 본다. 그대 관직 그만두고 함께 거닐며, 산을 찾을 때 흰 구름 여정을 계산하지 말라[林中雨散早涼生, 已有迎秋促織聲. 三徑荒蕪羞對客, 十年衰老愧稱兄. 愁心自惜江蘺短, 世事方看木槿榮. 君若罷官攜手日, 尋山莫算白雲程]"라고 했다.

황보증은 유장경과 우정이 남달랐다. 황보증이 「과장경벽간별업過長卿碧澗別業」에서 "사객(謝客 : 사령운)이 별장을 차린 뒤, 교외의 사립문 흐르는 물과 통했다. 강호와 십 년 이별에, 늙은 몸 술잔을 함께 나눈다. 석양은 찬 강물에 가득하고, 너른 밭은 저녁 눈 아래 텅 비었다. 창주滄洲[7]에도 정취 있으니, 다시는 막다른 길에서 눈물 흘리지 말라[謝客開山後, 郊扉去水通. 江湖十年別, 衰老一樽同. 返照寒川滿, 平田暮雪空. 滄洲自有趣, 不復泣途窮]"라고 하자, 유장경이 화답하기를 "썰렁한 마을에 석양 깃들며, 낙엽은 어지러이 나부낀다. 옛길에는 길손이 없고, 찬 숲에서 홀로 그대를 본다. 들판 다리는 비 겪으며 끊기고, 시냇물은 전답을 향해 나뉜다. 동병상련 때문이 아니라면, 어느 누가 흰 구름에게 온 것인가[荒村帶晚照, 落葉亂紛紛. 古路無行客, 寒林獨見君. 野橋經雨 斷, 澗水向田分. 不爲憐同病, 何人到白雲]"라고 했다.

---

7 창주(滄洲) : 삼국시대 위나라 완적이 지은 「위정충권진왕전(爲鄭沖勸晉王箋)」의 "창주를 굽어보며 지백에게 사례하고, 기산에 올라가 허유에게 읍을 한다[臨滄洲而謝支伯, 登箕山而揖許由]"라는 말에서 나온 것으로, 경치 좋은 은자의 거처로 흔히 쓰인다. 『문선(文選)』 권20 참고.

황보증이 또 유장경에게 보내기를 "남쪽의 신안군新安郡, 수많은 강물에 석양 깃든 모습이 생각난다. 원숭이 소리 끊겨 밤 깊은 줄 알고, 가을 풀은 유장한 강물을 돕는다. 머리털은 하얗게 되었을 터, 푸른 솔만 서리 앞에 우뚝하리라. 인재 사랑하기로는 한漢나라 군주를 들어, 기둥에 글을 써 전낭田郎[8]을 기다렸다[南憶新安郡, 千江帶夕陽. 斷猿知夜久, 秋草助江長. 鬢髮應成素, 青松獨見霜. 愛才稱漢主, 題柱待田郎]"라고 하자, 유장경이 화답하기를 "강남과 강북으로 헤어져, 물 어귀에 나뭇잎이 다시 붉게 진다. 먼 길에 구름 물과 함께하고, 아득한 다듬이소리에 달은 서리 빛 같다. 농사가 흉작일 때는 어진 정치 의지하고【고장姑臧 상국相國이 막 군수로 부임했다】, 나이가 드니 고향이 생각난다. 우두커니 선실宣室의 부름[9]을 떠올리니, 한나라의 법은 장강張綱[10]을 의지했다[離別江南北, 汀洲葉再黃. 路遙雲共水, 砧迥月如霜. 歲儉依仁政, 【姑臧相國初臨郡年衰憶故鄉】佇看宣室召, 漢法倚張綱]"라고 했다.

① '張汾'은 『전당시』에 '張芬'으로 되어 있고, 주에서 "한편으로 '芳'이라 한다"라고 했으며, 『당시기사』에는 '張芳'으로 되어 있다.

② '柱'는 본래 '賦'로 되어 있었는데, 『당시기사』에 의거하여 고쳤다.

---

8 전낭(田郎) : 동한의 전봉(田鳳)을 가리킨다. 상서랑(尙書郎)을 역임한 전봉은 태도가 단정해 상주(上奏)할 때마다 영제(靈帝)가 끝까지 지켜보았다. 『초학기(初學記)』 권11 인용. 「삼보결록주(三輔決錄注)」에서는 "당당하구나, 경조의 전랑이여[堂堂乎張, 京兆田郎]"라는 글이 보인다.

9 선실(宣室)의 부름 : 선실은 한나라 미앙궁(未央宮)의 정전(正殿)이다. 가의(賈誼)가 좌천되어 장사왕(長沙王)의 태부(太傅)로 있다가 일 년 남짓 만에 소명(召命)을 받고 조정으로 돌아오니, 문제(文帝)가 선실에 있다가 그에게 귀신의 본원(本源)에 대해 물었다. 가의가 귀신의 유래와 변화 등을 자세히 이야기하다가 한밤에 이르자 문제가 그 이야기에 빠져서 자기도 모르게 자리를 앞으로 당겨 가의 가까이로 다가왔다 한다. 『사기(史記)』 권84 「굴원가생열전(屈原賈生列傳)」 참고.

10 장강(張綱) : 후한 사람으로 자는 문기(文紀)이다. 벼슬이 광릉태수(廣陵太守)에 이르렀으며 바른말을 잘했다. 『후한서』 「장호전(張晧傳)」에 관련 내용이 보인다.

秦系진계

系「呈韋蘇州」云："久臥雲間已息機, 青袍忽著狎鷗飛. 詩興到來無一事, 郡中今有謝玄暉"

系, 字公緒, 會稽人, 隱泉州南安九日山. 張建封聞系不可致, 就加校書郎. 自號東海釣客, 與劉長卿善. 權德輿曰："長卿自以爲五言長城, 系用偏師攻之矣." 韋答系云："知掩山扉三十秋, 魚鬚翠碧滿床頭. 莫道謝公方在郡, 五言今日爲君休." 蓋系以五言得名久矣.① 年八十餘歲卒, 南安人號其峰爲高士峰."

「山中贈張評事時授右衛佐」云："終年常避喧, 自注五千言. 流水閒過院, 春風與閉門. 山茶邀上客, 桂實落前軒. 何事敎予起, 微官不足論."

系家剡山, 高隱一紀. 大曆五年, 人或以其文聞于留守薛公. 無何, 奏系右衛率府倉曹參軍. 意所不欲, 以疾辭免, 因將命者獻詩云："由來那敢議輕肥, 散髮行歌自采薇. 逋客未能忘野興, 辟書令遣脫荷衣. 家中匹婦空相笑, 池上群鷗盡欲飛. 更乞大賢容小隱, 益看愚谷有光輝."

① "系", 據『紀事』補.

진계의 「정위소주呈韋蘇州」에서 "오랫동안 구름에 누워 세상일 벌써 잊고, 갑자기 청포靑袍를 입자 갈매기 날아간다. 시흥이 일며 아무 일 없으니, 군 내에 지금 사현휘謝玄暉[11]가 있다[久臥雲間已息機, 靑袍忽著狎鷗飛. 詩興到來無一事, 郡中今有謝玄暉]"라고 했다. 진계는 자가 공서公緖이며 회계會稽 사람이다. 천주泉州 남안南安 구일산九日山에 은거했다. 장건봉張建封이 진계를 부를 수 없다는 말을 듣고 바로 교서랑校書郎에 임명했다. 스스로 동해조객東海釣客이라 불렀으며 유장경과 친했다. 권덕여權德輿가 이르기를 "유장경은 스스로 오언시의 장성長城이라 했는데 진계

11 사현휘(謝玄暉) : 육조시대의 대표적인 문인으로 선성태수(宣城太守)를 역임했다. 오언시에 특히 뛰어났다.

가 전념해서 모범으로 삼았다"라고 하고, 위응물이 진계에게 화답한 시에서 "산 사립문 닫은 지 삼십 년, 비취색 푸른 어수魚鬚[12]가 상 위에 가득하다. 사공(謝公: 사현휘)이 지금 군 내에 있다 말하지 말라, 지금 오언시는 그대 탓에 멈췄으니[知掩山扉三十秋, 魚鬚翠碧滿床頭. 莫道謝公方在郡, 五言今日爲君休]"라고 했으니, 진계가 오언시로 명성을 얻은 지 오래였던 것이다. 팔십여 세를 살았으며, 남안 사람들이 그가 살던 산봉우리를 고사봉高士峰이라고 했다.

「산중증장평사시수우위좌山中贈張評事時授右衛佐」에서 "일생을 속세를 벗어나, 스스로 오천 마디를 주석했다. 물은 조용히 집 앞을 흐르고, 봄바람과 함께 문을 닫는다. 산에서 난 차로 귀객을 맞고, 계수桂樹 열매는 앞마당에 떨어진다. 무슨 일로 나를 나오게 하려 하지만 관직 따위는 논할 것이 못되거늘[終年常避喧, 自注五千言. 流水閒過院, 春風與閉門. 山茶邀上客, 桂實落前軒. 何事敎予起, 微官不足論]"이라고 했다.

진계는 섬산剡山에 살며 품격 높은 은사로서 한세상을 풍미했다. 대력 5년(770)에 어떤 사람이 그의 글을 유수留守 설공薛公에게 보이자, 얼마 있지 않아 진계를 추천해 우위솔부창조참군右衛率府倉曹參軍에 임명했다. 이를 받아들이고 싶지 않았던 진계는 병을 핑계로 사양하며 임명장을 전하는 이를 통해 올린 시에서 "제 어찌 감히 영화를 논하리오, 헝클어진 머리로 노래 부르며 고사리나 캐거늘. 포객(逋客: 은사隱士)은 야지의 흥취를 잊을 수 없으니, 벽서(辟書, 초청의 글)을 보낸들 연잎 옷을 벗으랴. 집안의 아내는 허허 웃고, 연못 갈매기는 모두 날아가려 한다. 대현大賢이시여 여린 은자를 용서해주오, 우공곡愚公谷[13]에 영광이

12 어수(魚鬚): 깃대를 말한다. 사마상여의 「자허부(子虛賦)」에 "옥으로 새긴 수레를 타고, 어수의 깃대를 세우다[乘雕玉之輿, 靡魚鬚之橈旃]"라는 구절이 있다.

13 우공곡(愚公谷): 산동성 임치현(臨淄縣)에 있다. 제나라 환공(桓公)이 사슴을 뒤쫓아 산골짜기에 들어갔다가 한 노인에게 지명을 물으니, 우공(愚公)의 골짜기라 했다는 말이 전한다. 산 정상에 평탄한 분지가 있는데 난리를 당했을 때 피난민이 송아지를 안고 올라가 화를 모면했다고 해서 포독복지(抱犢伏地)라고 부른다. 나중에 은거지 혹은 분쟁

있기만 더욱 바라볼 뿐이니[由來那敢議輕肥, 散髮行歌自采薇. 逋客未能忘野興, 辟書令遣脫荷衣. 家中匹婦空相笑, 池上群鷗盡欲飛. 更乞大賢容小隱, 益看愚谷有光輝]"라고 했다.

① '系'는 『당시기사』에 의거하여 보충했다.

顧況고황

況, 字逋翁, 姑蘇人, 至德進士. 性詼諧, 與柳渾·李泌爲方外友. 德宗時, 渾輔政, 以秘書郎召. 及泌相, 自謂當得達官, 久之, 遷著作郎. 況坐詩語調謔, 貶饒州司戶. 居於茅山, 以壽終. 皇甫湜爲況文集序云: "偏於逸歌長句, 駿發踔厲, 往往若穿天心, 出月脅, 意外驚人語, 非常人所能及, 最爲快也. 其爲人類其章句云."①

「山中作」云: "野人愛向山中宿, 況在葛洪丹井西. 庭前有個長松樹, 半夜子規來上啼."

又, "汀洲渺渺江蘺短, 疑是疑非兩斷腸."【句】"巫峽朝雲暮不歸, 洞庭春水晴空滿."【句】"頹垣化爲陂, 陸地堪乘舟."【句】"大姑山盡小姑出,② 月照洞庭行客船."【句】

① "章句", 『紀事』作詞章.

② "小姑", 『紀事』作小孤.

고황은 자가 포옹逋翁이고, 고소姑蘇 사람이며, 지덕 연간에 진사가 되었다. 성격이 익살스러웠는데, 유혼柳渾·이필李泌과 방외方外의 벗으로 어울렸다. 덕종 당시 유혼이 정사를 보좌할 때 비서랑秘書郎으로 부름을 받았고, 이필이 재상이 될 때 스스로 고관을 얻을 것이라 했는데

이 없는 곳을 가리키는 말로 전용되었다. 『설원(說苑)』「정리(政理)」 참고.

한참 뒤에 저작랑으로 옮겼다. 고황은 익살스런 시어가 문제가 돼 요주사호饒州司戶로 좌천되고, 모산에서 살다가 생을 마쳤다. 황보식이 쓴 고황의 문집 서문에서 "특히 일가(逸歌 : 열정이 담긴 노래)와 장편이 탁월하고 격렬해 이따금 하늘 속을 꿰뚫고 달 옆구리를 찢는 듯하며, 사람을 깜짝 놀라게 하는 의외의 말들은 아무나 미칠 바가 아니어서 참으로 통쾌하다. 그 사람 됨됨이도 글을 닮았다"라고 했다.

「산중작山中作」에서 "야인은 산에서 살기를 좋아하지만, 갈홍葛洪의 단정丹井 서쪽이야 말할 것이 있으랴. 뜰 앞에 키 큰 소나무 있어, 한밤 두견이 와서 운다[野人愛向山中宿, 況在葛洪丹井西. 庭前有個長松樹, 半夜子規來上啼]"라고 했다.

또, "강어귀 아득하고 강 울타리 낮으니, 긴지 아닌지 하여 애간장이 탄다[汀洲渺渺江蘺短, 疑是疑非兩斷腸]", "무협巫峽의 아침 구름 저녁 돼도 돌아오지 않고, 동정호 봄물은 창공에 가득하다[巫峽朝雲暮不歸, 洞庭春水晴空滿]", "퇴락한 담장은 언덕으로 변하고, 평평한 땅은 배를 탈 만하다[頹垣化爲陂, 陸地堪乘舟]", "대고산大姑山이 끝나자 소고산小姑山이 나오며, 동정호 나그네 탄 배를 달이 비춘다[大姑山盡小姑出, 月照洞庭行客船]"라고 했다.

① '章句'는 『당시기사』에 '詞章'으로 되어 있다.

② '小姑'는 『당시기사』에 '小孤'로 되어 있다.

朱絳주강

「春女怨」云 : "獨坐紗窗刺繡遲, 紫荊枝上囀黃鸝. 欲知無限傷春意, 盡在停針不語時."【顧陶取此詩爲類選】

「춘녀원春女怨」에서 "홀로 사창紗窗에 앉아 수를 놓거늘, 붉은 가시나뭇가지 위에 꾀꼬리 지저귄다. 무한한 봄의 상심을 알려 한다면, 바느질 멈추고 아무 말 없는 때에 모두 있다[獨坐紗窗刺繡遲, 紫荊枝上囀黃鸝. 欲知無限傷春意, 盡在停針不語時]"라고 했다【고도는 이 작품을 『당시류선唐詩類選』에 채록했다】.

楊志堅양지견

顔魯公爲臨川內史, 邑有楊志堅者, 嗜學而貧, 妻厭之. 一日告離, 志堅以詩送之曰:"平生志業在琴詩, 頭上如今有二絲. 漁父尙知溪谷暗, 山妻不信出身遲. 荊釵任意撩新鬢, 明鏡從他畫別眉. 今日便同行路客, 相逢卽是下山時." 妻持詩詣州, 請公牒求別醮, 顔公案其妻曰:"王尊之廩旣虛, 豈歡黃卷,① 朱叟之妻必去, 寧見錦衣. 汚辱鄕閭, 敗傷風俗, 若無褒貶, 僥倖者多." 遂笞之, 後無棄其夫者.

① "尊", 原作"歡", "歡", 原作"遵", 據汲古閣本『紀事』改.

안노공(안로공 : 안진경顔眞卿)이 임천내사臨川內史를 지낼 때, 고을에 양지견楊志堅이라는 사람이 있었는데 학문을 좋아했으나 집안이 곤궁하여 아내가 못마땅해 했다. 하루는 아내가 이별을 고하자, 양지견이 시를 지어 전송하기를 "일생의 사업은 거문고와 시일 뿐, 지금 머리에는 반백斑白만 있을 뿐이오. 어부는 아직 골짜기가 어두운 줄만 알거늘, 시골 아내는 출신이 더딘 것을 믿지 않는구려. 가시나무 비녀 아무렇게나 새 머리 마름질하고, 밝은 거울 앞에서 그럭저럭 눈썹을 그렸구려. 이제는 길 가는 나그네와 다름없게 됐으니, 서로 만날 때는 산을 내려갈 때일 거요[平生志業在琴詩, 頭上如今有二絲. 漁父尙知溪谷暗, 山妻不信出身遲. 荊釵任意撩新鬢, 明鏡從他畫別眉. 今日便同行路客, 相逢卽是下山時]"라고 했다. 처가 시를 갖고 주州에 나아가, 다른 사람과 결혼할 수 있는 공첩公牒을 요청하자, 안노공이 그 처에게 단안을 내리기를 "왕존王尊[14]의 창고 이미 비었으니, 어찌 황권(黃卷 : 서책)을 기뻐하랴만, 주수朱叟의 처가 반드시 떠날 터, 어찌 비단옷을 만나랴. 고을 여염을 더럽히고 풍속을 손상시켰는데, 만일 벌을 가하지 않는다면, 요행을 바라는 자가 많을 것이다"라고 한 뒤 매질을 가했고, 이후에는 남편을 버리는 여자가 없었다.

① '尊'은 본래 '歡'으로 되어 있었고 '歡'은 본래 '遵'으로 되어 있었는데, 급고각본汲古閣本 『당시기사』에 의거하여 고쳤다.

劉方平 유방평

「秋夜泛舟」云 : "林塘夜泛舟, 蟲響荻颼颼. 萬影皆因月, 千聲各爲秋. 歲華空復晚, 鄉思不堪愁. 西北浮雲外, 伊川何處流."

方平「春怨」云 : "紗窗日落漸黃昏, 金屋無人見淚痕. 寂寞空庭春又晚, 梨花滿地不開門."

「추야범주秋夜泛舟」에서 "한밤 숲 속 호수에 배를 띄우니, 갈대 너머에서 벌레 소리 들려온다. 그림자는 달빛에 의해 만들어지고, 소리마다 제각기 가을이다. 흐르는 세월에 부질없이 늙고, 고향 생각에 시름을 가눌 수 없다. 서북쪽 구름 너머로, 이천伊川은 어느 곳에서 흐를까[林塘夜泛舟, 蟲響荻颼颼. 萬影皆因月, 千聲各爲秋. 歲華空復晚, 鄉思不堪愁. 西北浮雲外, 伊川何處流]"라고 했다.

유방평이 「춘원春怨」에서 "사창紗窗에 해지며 황혼 들 무렵, 금옥金屋에는 사람 없고 눈물의 흔적만 보인다. 적막한 정원에 봄도 저물어, 배

14 왕존(王尊) : 한(漢)대의 직신(直臣). 안정태수(安定太守), 익주자사(益州刺史) 등을 역임하며 강직한 정책을 펼쳤다. 『한서』 「왕존전(王尊傳)」 참고.

꽃만 땅에 가득 지고 문은 닫혀 있다[紗窗日落漸黃昏, 金屋無人見淚痕. 寂寞空庭春又晚, 梨花滿地不開門]"라고 했다.

戎昱융욱

憲宗朝, 北狄頻寇邊, 大臣奏議, "古者和親有五利, 而無千金之費." 帝曰 : "比聞有士子能爲詩, 而姓名稍僻, 是誰." 宰相對以包子虛冷朝陽, 皆非也. 帝遂吟曰 : "山上靑松陌上塵, 雲泥豈合得相親. 世路盡嫌良馬瘦, 惟君不棄臥龍貧. 千金未必能移性, 一諾從來許殺身. 莫道書生無感激, 寸心還是報恩人." 侍臣對曰 : "此是戎昱詩也." 京兆尹李鑾, 擬以女嫁昱, 令其改姓, 昱固辭焉. 帝悅曰 : "朕又記得「詠史」一篇云 : '漢家靑史內, 計拙是和親. 社稷因明主, 安危託婦人. 豈能將玉貌, 便欲靜胡塵. 地下千年骨, 誰爲輔佐臣.'" 帝笑曰 : "魏絳之功, 何其懦也!" 大臣遂息和戎之論矣.

헌종憲宗 조에 북쪽 오랑캐들이 변방을 자주 침략하자 대신들이 상주하여 논하기를 "지난날 화친을 맺은 것에는 다섯 가지 이익이 있고 천 금의 비용은 들지 않았습니다"라고 했다. 헌종이 말하기를 "요사이 시를 잘 짓는 인물이 있다는 말을 들었는데, 이름이 별로 알려지지 않았으니 누구인가"라고 하여 재상들이 포자허包子虛와 냉조양冷朝陽을 거론했지만 모두 아니었다. 헌종이 마침내 읊기를 "산 위에 푸른 소나무, 언덕 위에 먼지와 구름과 진흙이 어찌 서로 가까이할 수 있으랴. 세상은 모두 명마가 파리한 것에 혐의를 두는데, 그대만은 와룡臥龍의 가난을 버리지 않았구나. 천 금의 돈도 본성을 바뀌게 할 수는 없고, 한 번 허락하면 내 몸도 희생할 수 있다. 서생에게 감격이 없다 말하지 말라, 한 치 마음은 여전히 은혜에 보답하려 한다[山上靑松陌上塵, 雲泥豈合

得相親. 世路盡嫌良馬瘦, 惟君不棄臥龍貧. 千金未必能移性, 一諾從來許殺身. 莫道書生無感激, 寸心還是報恩人]"라고 하니, 시신이 대답하기를 "이것은 융욱의 시입니다"라고 했다. 경조윤京兆尹 이란李鑾이 자신의 딸을 융욱에게 시집보내려 하며 성姓을 바꾸라 했지만 융욱이 고사했다. 헌종이 기뻐하여 말하기를 "짐이 「영사詠史」 1편을 또 기억하고 있으니, '중국의 청사靑史에서, 가장 못난 계책은 화친이다. 사직은 현명한 군주에 의지하거늘, 안위가 부인에게 의탁되었다. 어떻게 옥 같은 모양으로, 오랑캐의 소란을 진정시키려 하는가. 지하에 있는 천 년의 넋 가운데, 누가 진정 보좌한 신하인가[漢家靑史內, 計拙是和親. 社稷因明主, 安危託婦人. 豈能將玉貌, 便欲靜胡塵. 地下千年骨, 誰爲輔佐臣]'라고 했다" 했다. 황제가 웃으며 "위강魏絳[15]의 공로가 어찌 그토록 볼품없는가!"라고 하니, 대신들이 마침내 오랑캐와의 화친에 대한 논의를 멈췄다.

柳郴유침

郴與李端盧綸友善, 有「賊平後送客還鄕」詩云: "他鄕生白髮, 舊國有靑山." 最有思致.

유침柳郴은 이단李端·노륜盧綸과 절친했다. 「적평후송객환향賊平後送客還鄕」에서 "타향에서 백발이 성성했지만 고국에는 청산이 있다[他鄕生白髮, 舊國有靑山]"는 구절이 있는데, 사치(思致: 의경)가 가장 뛰어나다.

---

15 위강(魏絳): 춘추시대 진(晉)나라의 대부(大夫). 진 도공(悼公) 때 산융(山戎)이 화친(和親)을 청하자, 화친에 다섯 이익이 있음을 역설하여 산융과 화친의 맹약을 맺었다.

薛翽설우

「敕贈康尚書美人」云："天門喜氣曉氛氳, 聖主臨軒召冠軍. 欲令從此行霖雨, 先賜巫山一片雲." 康尚書, 日知也. 德宗時, 斬李惟嶽, 以功擢爲深趙節度, 遷奉誠軍, 陟晉絳. 翽德宗時河東詩人也.

「칙증강상서미인敕贈康尚書美人」에서 "천문天門의 기쁜 기운 새벽녘 모락모락 피어오를 때, 성주께서는 대전으로 나와 관군(冠軍 : 장군)을 부르시네. 이제부터 깊은 은애를 베풀기 위하여 먼저 무산의 한조각 구름을 하사하시네[天門喜氣曉氛氳, 聖主臨軒召冠軍. 欲令從此行霖雨, 先賜巫山一片雲]"라고 했다. 강상서康尚書는 이름이 일지日知이며 덕종시대에 이유악李惟嶽을 무찌른 공로로 심조절도사深趙節度使가 되고, 다시 봉성군奉誠軍으로 자리를 옮긴 뒤, 진강절도사晉絳節度使가 되었다. 설우는 덕종시대 하동河東의 시인이다.

元載원재

王忠嗣鎭北京, 以女韞秀歸元載, 歲久見輕. 韞秀勸之遊學, 元乃遊秦, 爲詩別韞秀曰："年來誰不厭龍鍾, 雖在侯門似不容. 看取海山寒翠樹, 苦遭霜霰到秦封." 妻請偕行, 曰："路掃饑寒跡, 天哀志氣人. 休零別離淚, 攜手入西秦."

元到京, 屢陳時務, 深符上旨, 肅宗擢拜中書. 韞秀寄諸姊妹詩曰："相閨已隨麟閣貴, 家風第一右丞詩. 笄年解笑鳴機婦, 恥見蘇秦富貴時." 元, 肅·代兩朝宰相, 貴盛無比. 復爲一篇以喻之曰："楚些燕歌動畫樑,① 更闌重換舞衣裳.② 公孫開館招佳客, 知道浮雲不久長."

元貪吝被誅, 上令王氏入宮, 歎曰："二十年太原節度使女, 十六年宰相妻, 誰能爲長信・昭陽之事, 死亦幸矣." 京兆笞斃.

① "些", 『秘書』作"竹."

② "吏", 『秘書』作"春."

왕충사王忠嗣가 북경을 맡아 다스리고 있을 때, 딸 온수韞秀를 원재에게 시집보냈는데, 세월이 흐르자 원재가 경시를 당했다. 온수가 유학遊學을 권유하여 원재가 진秦으로 떠나게 되었는데, 온수와 헤어지며 지은 시에서 "지금 누군들 용종龍鍾[16]을 싫어하지 않으랴, 왕후 곁에 있어도 받아들이지 못할 듯하다. 해산海山의 차가운 비취 나무를 가지고, 고달프게 서리를 맞으며 진나라 땅에 이른다[年來誰不厭龍鍾, 雖在侯門似不容. 看取海山寒翠樹, 苦遭霜霰到秦封]"라고 했다. 아내가 함께 갈 것을 요청하자, 이르기를 "길에서 굶주리고 차가운 자취를 쓸어버리니, 하늘이 포부를 가진 사람을 가엽게 여긴다. 이별의 눈물을 흘리지 말라, 손 붙잡고 서진西秦으로 들어갈 터이니[路掃饑寒跡, 天哀志氣人. 休零別離淚, 攜手入西秦]"라고 했다.

원재가 서울에 도착한 뒤, 시무에 대해 여러 번 건의한 것이 황제의 뜻에 깊이 부합되어서 숙종肅宗은 그를 중서中書에 발탁했다. 온수가 자매들에게 보낸 시에서 "형부는 이미 기린각에서 귀한 분이 되었지만 가풍은 우승(右丞 : 왕유)의 시를 제일로 친다네. 계례笄禮 올린 나이에 웃음 보인 베틀 짜는 아낙이, 부귀 누린 소진蘇秦을 보기가 부끄럽네[相闔已隨麟閣貴, 家風第一右丞詩. 笄年解笑鳴機婦, 恥見蘇秦富貴時]"라고 했다. 원재는 숙종과 대종代宗 두 시대의 재상으로서 견줄 수 없는 권력을 가졌다. 온수가 다시 시 한 수를 지어 비유하기를 "초나라의 연주와 연나라

16 용종(龍鍾) : 대나무 이름인데, 사람이 늙었을 때 대나무의 가지와 잎이 스스로 주체하지 못하고 흔들리는 것과 같은 모습을 형용하는 말로도 쓰인다. 유신(庾信)의 「공죽장부(邛竹杖賦)」에 "풍상을 겪어 고색을 띠고, 이슬에 젖어 얼룩무늬가 진한 채, 언제나 용종의 부류들과 함께, 조용히 자취를 감춘다[霜風色古, 露染斑深, 每與龍鍾之族, 幽翳沈沈]"라는 구절이 있다.

의 노래가 화려한 들보 아래 울려 퍼지고, 끝나고 나면 다시 춤추는 무희들로 바뀌네. 공손公孫[17]이 객관을 열어 가객들을 불렀지만 뜬구름은 오래가지 못한다는 사실을 알아야 하네[楚些燕歌動畫樑, 更闌重換舞衣裳. 公孫開館招佳客, 知道浮雲不久長]"라고 했다.

원재가 탐욕과 인색으로 인해 죽임을 당할 때, 황제가 왕씨王氏에게 입궁하라고 하니, 탄식하기를 "이십 년 태원절도사太原節度使의 딸과 십육 년 재상의 아내였거늘, 어찌 장신궁長信宮·소양궁昭陽宮의 일을 하랴. 죽는 것이 다행이다"라고 했다. 경조京兆가 태형을 가해 죽였다.

① '些'는 『진체비서』에 '竹'으로 되어 있다.

② '更'은 『진체비서』에 '春'으로 되어 있다.

楊郇伯양순백

「妓人出家」云: "盡出花鈿與四鄰, 雲鬟剪落厭殘春. 暫驚風燭難留世, 便是蓮花不染身. 貝葉欲翻迷錦字, 梵聲初學誤梁塵. 從今豔色歸空後, 湘浦應無解珮人."

「기인출가妓人出家」에서 "꽃 비녀 모두 내어 이웃에 주고, 구름 머리 자르며 시든 봄이 싫구나. 바람 앞 촛불은 세상에 머물기 어렵다는 것에 잠시 놀라지만, 아직 물들지 않은 연꽃 같은 몸이다. 패엽貝葉을 뒤척이다 비단 위 글자와 혼동되고, 범문 소리 처음 배울 때는 양진梁塵[18]으로 오인한다. 이제 요염의 색이 공空으로 돌아가고 나면, 상수湘水 포

17 공손(公孫) : 한나라의 학자이자 정치가인 공손홍(公孫弘). 무제 때 현량으로 추천되어 승상에 오른 뒤 가장 오랫동안 재직했다. 특별히 현자들을 초빙하기 위해 관각(館閣)을 별도로 마련하기도 했다.

18 양진(梁塵) : 노래가 맑고 구슬픈 것을 가리킨다. 양진은 들보 위의 티끌인데, 옛날 노나라 우공(虞公)이 노래를 부르면 그 소리가 워낙 맑아 들보 위에 있는 티끌이 움직였다 한다.

구에는 옥을 푸는 사람[19]이 없으리라[盡出花鈿與四鄰, 雲鬟剪落厭殘春. 暫驚風燭難留世, 便是蓮花不染身. 貝葉欲翻迷錦字, 梵聲初學誤梁塵. 從今豔色歸空後, 湘浦應無解珮人]"라고 했다.

梁鍠 양굉

「詠木老人」云:"刻木牽絲作老翁, 雞皮鶴髮與眞同. 須臾弄罷寂無事, 還似人生一夢中."【明皇還西內, 每詠此詩】

「영목노인詠木老人」에서 "나무 새기고 실 끌어와 노옹을 만드니, 닭살 피부 학 머리가 실제와 같다. 잠시 만지작거린 뒤 아무 일 없으니, 문득 인생이 꿈속에 사는 것과 같다[刻木牽絲作老翁, 雞皮鶴髮與眞同. 須臾弄罷寂無事, 還似人生一夢中]"라고 했다【명황明皇이 서내西內로 돌아올 때면 언제나 이 시를 읊었다】.

戴叔倫 대숙윤

戴叔倫字幼公, 潤州人. 師事蕭穎士, 爲門人冠. 劉晏管鹽鐵, 表主管湖南. 至雲安, 楊惠琳反, 馳客劫之曰:"歸我金幣, 可緩死." 叔倫曰:"身可殺, 財不可得." 乃舍之. 累遷至容管經略. 德宗嘗賦「中和節詩」, 遣使者寵賜. 代還, 卒.「吳明府自遠來留宿」云:"出門逢故友, 衣服滿塵埃. 歲月不可問, 山川何處來. 倚城容敝宅, 散職寄靈臺. 自此留君醉,

19 옥을 푸는 사람: 원문의 패(珮)는 옥패(玉珮)이다. 주나라 정교보(鄭交甫)가 한고대(漢皐臺)에서 두 여자를 만났는데 옥패를 풀어 선물로 주었다는 고사가 전한다. 남녀 간에 애정의 징표로 주고받는 선물을 가리킨다.

相歡得幾回."

「除夜宿石頭驛」云: "旅館誰相問, 寒燭獨可親. 一年將盡夜, 萬里未歸人. 寥落悲前事, 支離笑此身. 愁顔與衰鬢, 明日又逢春."

「送友人東歸」云: "萬里楊柳色, 出關逢故人. 輕烟拂流水, 落日照行塵. 積夢江河闊, 憶家兄弟貧. 徘徊灞亭上, 不語自傷春."【姚合取爲『極玄集』】

대숙윤은 자가 유공幼公이며, 윤주潤州 사람이다. 소영사蕭穎士를 스승으로 모시며 문인門人 가운데 으뜸이 되었다. 유안劉晏이 염철鹽鐵을 관리할 때, 조정에 추천을 해 호남湖南을 관장하게 했다. 운안雲安과 양혜림楊惠琳이 반란을 일으킬 때, 사람을 보내 겁을 주기를 "내게 황금과 폐백을 주면 죽음을 늦출 수 있다"라고 하자, 대숙윤이 말하기를 "몸은 죽을 수 있어도, 재물은 얻을 수 없다"라고 하니, 이내 놓아주었다. 여러 차례 자리를 옮기다가 용관경략사容管經略使에 이르렀다. 덕종이 일찍이 「중화절시中和節詩」를 지어 사신을 보내 하사했다. 임기를 마치고 돌아와 생을 마쳤다.

「오명부자원래유숙吳明府自遠來留宿」에서 "문을 나서 친구를 만나니, 옷에 때가 가득하다. 세월은 물을 수 없지만 산천 어느 곳에서 온 것인가. 성에 기댄 해진 집은 살 만하고, 한산한 직책에 마음을 기탁한다. 이제는 그대를 붙들고 취하고 싶으니, 기쁨 나눌 일이 얼마나 되겠는가[出門逢故友, 衣服滿塵埃. 歲月不可問, 山川何處來. 倚城容敝宅, 散職寄靈臺. 自此留君醉, 相歡得幾回]"라고 했다.

「제야숙석두역除夜宿石頭驛」에서 "여관에서 누구와 말 주고받으랴, 찬 등불만 가까이 할 뿐이다. 한 해가 다 가려는 밤에, 고향 돌아가지 못하는 사람이다. 멀리 떨어져 지난날이 슬프고, 지리한 내 꼴이 우습다. 시름 진 얼굴과 쇤 머리로, 내일 또다시 새봄을 맞겠구나[旅館誰相問, 寒燭獨可親. 一年將盡夜, 萬里未歸人. 寥落悲前事, 支離笑此身. 愁顔與衰鬢, 明

日又逢春]”라고 했다.

「송우인동귀送友人東歸」에서 “만 리 길 펼친 버드나무, 관문을 나서면 친구를 만나리라. 가벼운 안개는 흐르는 물에 스치고, 지는 해는 길 위 먼지를 비춘다. 드넓은 강물에 꿈은 쌓이고, 가난한 형제들 기억에 떠오른다. 패정灞亭에서 머뭇거리며, 말없이 저절로 봄이 서럽다[萬里楊柳色, 出關逢故人. 輕烟拂流水, 落日照行塵. 積夢江河闊, 憶家兄弟貧. 徘徊灞亭上, 不語自傷春]”라고 했다【요합이 『극현집』에 채록했다】.

于鵠우곡

鵠, 大曆・貞元間詩人也. 爲諸府從事, 居江湖間, 有「卜居漢陽及荊南陪樊尚書賞花詩」, 自述曰 : “三十無名客, 空山獨臥秋.” 豈以詩窮者邪.

“老大看花猶未足, 沿江正遇一枝紅. 日斜人散東風急, 吹向誰家明月中.”【「襄陽座上作」】

“送死多于生, 幾人得終老.”【句】右張爲取作「主客圖」.

鵠「送客遊邊」云 : “若到并州北, 誰人不憶家. 寒深無去伴, 路盡有平沙. 磧冷惟逢雁, 天春不見花. 莫隨邊將意, 垂老事輕車.”

「江南曲」云 : “偶向江邊采白蘋, 還須女伴賽江神. 衆中不敢分明語, 暗擲金錢卜遠人.”【韋莊取爲『又玄集』】

우곡은 대력・정원 연간의 시인이다. 제부諸府의 종사從事가 되어 강호에서 지냈는데, 「복거한양급형남배번상서상화시卜居漢陽及荊南陪樊尚書賞花詩」에서 자술하기를 “삼십 년 무명객이, 공산에 홀로 누운 가을이다[三十無名客, 空山獨臥秋]”라 했으니, 혹시 시궁자詩窮者[20]인가?

20 시궁자(詩窮者) : 문인이 불운해서 시나 읊조리며 빈궁한 생활에 처한 것을 뜻한다. 구양수(歐陽脩)의 「매성유시집서(梅聖兪詩集序)」에 “시가 사람을 궁하게 하는 것이

"늙어 꽃구경하는 것만으로는 부족하여 강을 따라가다 붉은 꽃가지를 만났다. 해는 기울고 사람 사라지게 하는 세찬 동풍이, 어느 집 밝은 달 속으로 불고 있는가.[老大看花猶未足, 沿江正遇一枝紅. 日斜人散東風急, 吹向誰家明月中.]"【「양양좌상작襄陽座上作」】

"죽음 전송하는 것이 태어나는 것보다 많으니, 몇 사람이나 노년까지 살 수 있을까.[送死多于生, 幾人得終老.]"【장위가 「주객도」로 그렸다】

우곡이 「송객유변送客遊邊」에서 "병주幷州 북쪽에 이르면, 누군들 집을 그리워하지 않으랴. 추위가 심해 같이 갈 무리가 없고, 길 끝나는 곳에는 모래밭만 있다. 삭막한 사막에서는 기러기만 만나고, 계절은 봄이 와도 꽃을 볼 수 없다. 변장邊將의 생각을 따르지 말라, 노년에 이르도록 가벼운 수레만 일삼는다[若到幷州北, 誰人不憶家. 寒深無去伴, 路盡有平沙. 磧冷惟逢雁, 天春不見花. 莫隨邊將意, 垂老事輕車]"라고 했다.

「강남곡江南曲」에서 "우연히 강가로 가 흰 마름 채취하다, 다시 여인들과 강신江神에게 제를 지내야한다. 사람들에게는 감히 드러내 말하지 못하고, 남몰래 동전을 던져 멀리 떠난 사람을 점쳐 본다[偶向江邊采白蘋, 還須女伴賽江神. 衆中不敢分明語, 暗擲金錢卜遠人]"라고 했다【위장韋莊이 『우현집又玄集』에 채록했다】.

李益이익

益, 姑臧人, 字君虞. 大曆四年登第. 其「受降城聞笛」詩, 教坊樂人取爲聲樂度曲. 又有寫「征人歌」·「早行」詩爲圖畫者, "回樂峰前沙似雪"之詩是也. 益有心疾, 不見用. 及爲幽州·劉濟營田副使, 獻詩有"感恩知有地, 不上望京樓"之句, 左遷右庶子. 年且老, 門人趙宗儒自宰相罷

아니라, 궁해진 다음에 시에 능해지는 것이다[非詩之能窮人, 殆窮者而後工也]"라는 말이 있다.

免, 年七十餘. 益曰 : "此我爲東府所選進士也." 聞者憐益之困. 後遷禮部尙書, 致仕, 卒. "閑庭草色能留馬, 當路楊花不避人." 句. "笳簫漢恩繁, 旌旗邊色故." 句. "馬汗凍成霜" 句.

이익은 고장姑臧 사람이며 자가 군우君虞이다. 대력大曆 4년(769)에 급제했다. 그의 「수항성문적受降城聞笛」은 교방敎坊 악공들이 곡으로 만들었다. 그리고 「정인가征人歌」와 「조행早行」을 그림으로 그리기도 했는데, "회락봉回樂峰 앞 모래는 눈과 같네[回樂峰前沙似雪]"라는 시가 그것이다. 이익은 심질心疾이 있어 등용되지 못했다. 유주幽州 유제劉濟의 영전부사營田副使가 되었을 때, 황제에게 올린 시에서 "성은에 감사하는 처지를 알고 있기에, 망경루에 오르지 않네[感恩知有地, 不上望京樓]"라는 구절이 들어 있음으로 인해 우서자右庶子로 좌천되었다. 노년이 되었을 때, 문인門人 조종유趙宗儒가 재상에서 파면되었는데 당시 나이가 칠십여 세였다. 이익이 말하기를 "이 사람은 내가 동부東府에서 선발한 진사였다"라고 했다. 이 말을 들은 사람들이 이익의 곤궁한 처지를 안타까워했다. 나중에 예부상서로 자리를 옮긴 뒤, 사직하고 생을 마쳤다.

"한적한 뜨락에 풀은 말을 머물게 할 수 있고, 길 앞 버들 꽃은 사람을 피하지 않는다[閒庭草色能留馬, 當路楊花不避人]", "젓대 퉁소 소리에 한나라 은혜는 융성하고, 휘날리는 깃발에 변방은 옛 모습이다[笳簫漢恩繁, 旌旗邊色故]", "말의 땀이 얼어 서리가 되었다.[馬汗凍成霜.]"

耿湋【一作緯】경위【위로도 쓴다】

「許州書情寄韓張二舍人」云 : "謫宦軍城老更悲, 近來頻夢到丹墀. 乍燃乍滅心中火, 惟鑷惟多鬢上絲. 遶院綠苔聞雁處, 滿庭黃葉閉門時. 故人高步雲衢上, 肯念前程杳未期."

「贈朗公」云 : "來自西天竺, 持經奉紫薇. 年深梵語變, 行苦俗人歸. 月上安禪久, 苔深出院稀. 梁間有馴鴿, 不去爲無機."

「秋日」云 : "返照入閭巷, 憂來與誰語. 古道無人行, 秋風動禾黍."

「書情逢故人」云 : "因君知此事, 流恨已忘機. 客久多人識, 年高衆病歸. 連雲潮色遠, 度雪雁聲稀. 又說家林盡, 悽傷淚滿衣."

「贈張將軍」云 : "寥落邊城暮, 重門返照間. 鼓鼙經雨暗, 士馬過秋閑. 慣守臨邊郡, 曾營近海山. 關西舊業在, 夜夜夢中還."

「酬暢當」云 : "同遊漆沮後, 已是十年餘. 幾度曾相夢, 何時定得書. 月高城影盡, 霜重柳條疏. 且對樽中酒, 千般想未如."【「書情逢故人」以下四篇姚合取爲『極玄集』】①

湋, 寶應元年進士, 爲左拾遺. 詩有"家貧僮僕慢, 官罷友朋疏", 世多傳之.

① "四篇"據『紀事』補.

「허주서정기한장이사인許州書情寄韓張二舍人」에서 "군성軍城에 좌천된 몸 늙을수록 더 슬퍼, 요사이는 곧잘 단지(丹墀 : 궁궐)에 이르는 꿈을 꾼다. 타오르고 사라지는 마음속 불, 뽑을수록 많아지는 살쩍의 털. 원院을 두른 푸른 이끼는 기러기 소리를 듣는 곳, 뜰 가득 노란 잎은 문을 닫을 때이다. 친구는 구름 거리 위를 활보할 터, 앞길을 생각하고 싶어도 아득하여 기약할 수 없다[謫宦軍城老更悲, 近來頻夢到丹墀. 乍燃乍滅心中火, 惟鑷惟多鬢上絲. 遶院綠苔聞雁處, 滿庭黃葉閉門時. 故人高步雲衢上, 肯念前程杳未期]"라고 했다.

「증낭공贈朗公」에서 "서천축西天竺으로부터 와, 불경을 자미궁紫薇宮에 바친다. 세월이 오래돼 범어梵語가 변하고, 수행이 고통스러워 속인으로 돌아간다. 달이 뜰 때 선禪에 드는 시간 오래되고, 이끼가 무성해 사원을 나서는 일이 드물다. 들보 위에 깃든 비둘기 있어, 떠나지 않는 것은 기교機巧의 생각이 없어서다[來自西天竺, 持經奉紫薇. 年深梵語變, 行

苦俗人歸. 月上安禪久, 苔深出院稀. 梁間有馴鴿, 不去爲無機]"라고 했다.

「추일秋日」에서 "낙조가 마을을 비추니, 밀려오는 우환을 누구와 이야기할까. 옛길에는 아무도 없고, 가을바람이 벼 기장 이삭만 흔든다[返照入閭巷, 憂來與誰語. 古道無人行, 秋風動禾黍]"라고 했다.

「서정봉고인書情逢故人」에서 "그대를 통해 이 일을 알았으니, 흐르는 한에 이미 기(機 : 기교)를 잊었다. 나그네로 오래 살아 아는 사람 많고, 나이가 많아지자 병들만 찾아온다. 이어진 구름에 조수는 아득하고, 눈이 내리자 기러기 소리 드물다. 또다시 숲 끝 집에서는 서글퍼 눈물이 옷을 적신다고 한다[因君知此事, 流恨已忘機. 客久多人識, 年高衆病歸. 連雲潮色遠, 度雪雁聲稀. 又說家林盡, 悽傷淚滿衣]"라고 했다.

「증장장군贈張將軍」에서 "쓸쓸한 변방에 해가 지고, 겹겹의 문은 낙조에 안겼다. 북소리는 비 내린 뒤 무겁고, 군사와 말은 가을이 지나자 한가롭다. 변방의 군郡을 지키는 일은 익숙하고, 바다 가까운 산 지역을 경영하기도 했다. 관서關西에는 옛집이 남아 있어, 밤마다 꿈속에서 돌아온다[寥落邊城暮, 重門返照間. 鼓鼙經雨暗, 士馬過秋閒. 慣守臨邊郡, 曾營近海山. 關西舊業在, 夜夜夢中還]"라고 했다.

「수창당酬暢當」에서 "칠·저漆沮[21]에서 함께 어울린 뒤, 어느덧 십 년의 세월이 흘렀다. 꿈속에서 만난 것이 몇 번이던가, 언제 편지를 얻을 수 있을까. 달빛 드높아 성곽 그림자 사라지고, 무서리 내려 버들가지 성글다. 동이 속 술을 마주하며, 천만 번 생각해도 여의치가 않다[同遊漆沮後, 已是十年餘. 幾度曾相夢, 何時定得書. 月高城影盡, 霜重柳條疏. 且對樽中酒, 千般想未如]"라고 했다【「서정봉고인書情逢故人」 이하 4편은 요합이 『극현집』에 채록했다】.

---

21 칠조(漆沮) : 칠수(漆水)와 저수(沮水). 왕가의 발상지를 뜻한다. 두 물은 옹주(雍州)에서 발원한 것으로 상류와 하류의 구별만 있을 뿐인데, 일찍이 주나라의 창업왕인 태왕(太王)이 이 칠수·저수 가에 살면서 왕업을 일으킨 데에서 연유한다. 『시경』「대아」「면(綿)」 참고.

경위는 보응 원년(762)에 진사에 급제, 좌습유를 역임했다. 그의 시 가운데 "집안 가난하니 종들도 게으르고, 관직에서 물러나니 친구들도 소원하네[家貧僮僕慢, 官罷友朋疏]"라는 구절은 인구에 많이 회자된다.

① '네 편의 시'는 『당시기사』에 의거하여 보충했다.

盧綸노륜

「長安春望」云："東風吹雨過青山, 却望千門草色閒. 家在夢中何日到, 春來江上幾人還. 川原繚繞浮雲外, 宮闕參差落照間. 誰念爲儒多失意, 獨將衰鬢客秦關."

綸, 德宗時爲戶部郎中, 舅韋渠牟表其才, 召見禁中, 帝有所作, 輒爲賡和. 異日, 問渠牟, "盧綸李益何在." 答曰："綸從渾瑊在河中."驛召之, 會卒. 文宗尤愛其詩, 問宰相, "盧綸文章幾何, 亦有子否." 李德裕對："綸四子, 皆擢進士第, 在臺閣." 帝遣人悉索家笥, 得詩五百篇以聞.

「得嶺南故人書」云："瘴海寄雙魚, 中宵達我居. 兩行燈下淚, 一紙嶺南書. 地說炎蒸極, 人稱老病餘. 殷勤祝賈誼, 莫共酒杯疏."

「題興善寺後池」云："隔窗棲白鶴, 似與鏡湖鄰. 月照何年樹, 花逢幾度人. 岸沙青有路, 苔徑綠無塵. 願得容依止, 僧中老此身."

「送李端」云："故關衰草遍, 離別自堪悲. 路出寒雲外, 人歸暮雪時. 少孤爲客慣, 多難識君遲. 掩淚空相向, 風塵何所期."【「得嶺南故人」以下四篇,① 姚合取爲『極玄集』】

① "四篇"據『紀事』補.

「장안춘망長安春望」에서 "동풍이 비를 몰아 청산을 지난 뒤, 이내 풀빛 사이로 수많은 문들을 바라본다. 고향은 꿈속에 있는데 언제 찾을까, 봄이 찾은 강 위로 몇 사람이나 돌아올까. 원류는 구름 밖으로 멀리 이어지고, 궁궐은 낙조 속에 들쭉날쭉 서 있다. 누가 생각해줄까 실의에 빠진 선비가, 진관秦關에서 시든 백발의 나그네로 사는 것을[東風吹雨過青山, 却望千門草色閒. 家在夢中何日到, 春來江上幾人還. 川原繚繞浮雲外, 宮闕參差落照間. 誰念爲儒多失意, 獨將衰鬢客秦關]"이라고 했다.

노륜은 덕종시대에 호부낭중戶部郎中이 되었다. 삼촌 위거모韋渠牟가 그의 재능을 조정에 알려 금중(禁中 : 궁궐)에 불러들여 황제가 시를 지으면 이내 화답의 시를 지었다. 훗날 황제가 위거모에게 "노륜과 이익은 어디 있는가"라고 묻자, "노륜은 혼함渾瑊을 따라가 하중河中에 있습니다"라고 대답했다. 역驛을 통해 불렀는데 마침 생을 마친 뒤였다. 문종은 그의 시를 더욱 좋아해서 재상에게 묻기를 "노륜이 지은 글은 얼마나 되며 자식이 있는가"라고 하자, 이덕유李德裕가 대답하기를 "노륜은 네 아들이 있는데 모두 진사시에 급제했고, 현재 대각(臺閣 : 상서성尙書省)에 있습니다"라고 하니, 황제가 사람을 보내 그의 집안에 있는 책 상자를 모두 조사해 오백 편의 시를 찾아 세상에 알렸다.

「득영남고인서得嶺南故人書」에서 "장해瘴海에서 보낸 편지가, 한밤중에 내 집에 도착했다. 등불 아래 두 줄기 눈물은, 한 장의 영남嶺南 편지 때문이다. 그 지역은 매우 더운 곳이라고 하고, 사람은 늙고 병들었다 한다. 가만히 가의賈誼에게 바라노니, 술잔과 성기지 말지어다[瘴海寄雙魚, 中宵達我居. 兩行燈下淚, 一紙嶺南書. 地說炎蒸極, 人稱老病餘. 殷勤祝賈誼, 莫共酒杯疏]"라고 했다.

「제흥선사후지題興善寺後池」에서 "창 너머 백학이 깃드니, 경호鏡湖와 이웃한 듯하네. 달은 몇 년이나 나무를 비추고, 꽃은 몇 번이나 사람을 만났나. 언덕 위 모래는 푸르러 길이 있고, 이끼 낀 길은 푸를 뿐, 먼지가 없다. 부디 이곳에 몸을 맡겨, 승려들 속에서 늙고 싶네[隔窗棲白鶴, 似與鏡湖鄰. 月照何年樹, 花逢幾度人. 岸沙青有路, 苔徑綠無塵. 願得容依止, 僧中老此身]"라고 했다.

「송이단送李端」에서 "옛 관문은 시든 풀로 덮이고, 이별은 스스로 슬프기만 하다. 길은 찬 구름 밖으로 나 있고, 사람은 석양 눈 오는 때에 돌아온다. 어려서 혼자가 돼 나그네 삶 익숙하고, 어려운 일 많아 그대 만남이 늦었다. 눈물 가린 채 하염없이 바라보나니, 풍진 세상에 언제 다시 만날까[故關衰草遍, 離別自堪悲. 路出寒雲外, 人歸暮雪時. 少孤爲客慣, 多難識君遲. 掩淚空相向, 風塵何所期"라고 했다【「득영남고인」 이하 4편은 요합이 『극현집』에 채록했다】.

① '네 편의 시'는 『당시기사』에 의거하여 보충했다.

韓翃한굉

侯希逸鎭淄青, 翃爲從事. 罷府, 閒居十年. 李勉鎭夷門, 辟爲幕屬. 時已遲暮, 不得意, 多家居. 一日, 夜將半, 客叩門急, 賀曰: "員外除駕部郎中知制誥." 翃愕然曰: "誤矣." 客曰: "邸報, 制誥闕人, 中書兩進名, 不從, 又請之, 曰: '與韓翃.' 時有同姓名者, 爲江淮刺史. 又具二人同進, 御批曰: '春城無處不飛花, 寒食東風御柳斜. 日暮漢宮傳蠟燭, 青烟散入五侯家.' 又批曰: '與此韓翃.'" 客曰: "此員外詩邪." 翃曰: "是也. 是不誤." 時建中初也.

『南部新書』云: "升平公主宅卽席, 李端擅場. 送王相之幽鎭, 翃擅場. 送劉相巡江淮, 錢起擅場."

德宗西幸, 有神智驄·如意騮二馬, 謂之功臣. 一日, 有進瑞鞭者, 上曰: "朕有二駿, 今得此可爲三絕." 因吟翃「觀調馬」詩云: "鴛鴦赭白齒新齊, 晚日花間放碧蹄. 玉勒乍回初噴沫, 金鞭欲下不成嘶."

高仲武云: "韓員外意放經史, 興致繁富, 一篇一韻, 朝野珍之, 多士之選也. 至如'星河秋一雁, 砧杵夜千家.' 又, '客衣筒布細, 山舍荔枝繁.' 又, '疏簾看雪捲, 深戶映花關.' 方之前載, 則芙蓉出水, 未足多也. 其比興深於劉員外, 筋節減于皇甫冉也."

「題薦福寺衡岳禪師房」云,① “春城乞食還, 高論此中閒. 僧臘階前樹, 禪心江上山. 疏簾看雪捲, 深戶映花關. 晩送門人去, 鐘聲杳靄間.”

世傳翃有寵姬柳氏, 翃成名, 從辟淄・青, 置之都下. 數歲, 寄詩曰: “章臺柳, 章臺柳,② 顔色青青今在否. 縱使長條似舊垂, 也應攀折他人手.” 柳答曰: “楊柳枝, 芳菲節, 可恨年年增離別. 一葉隨風忽報秋, 縱使君來豈堪折!” 後果爲蕃將沙吒利所劫. 翃會入中書, 道逢之, 謂永訣矣. 是日, 臨淄太校置酒, 疑翃不樂, 具告之. 有虞候將許俊, 以義烈自許, 卽詐取得之, 以授韓. 希逸聞之曰: “似我往日所爲也, 俊復能之.” 翃後爲夷門幕府, 後生共目爲惡詩, 輕之.

① “寺”, 據『紀事』補.

② 第二個“章臺柳”, 據『全唐詩』補.

후희일侯希逸이 치청淄青을 맡아 다스리고 있을 때, 한굉이 종사從事로 있었는데 후희일이 물러나자 십 년 동안 아무 일없이 지냈다. 이면李勉이 이문夷門을 맡아 다스릴 때, 막료로 불렀으나 이미 나이가 들었고 뜻에도 맞지 않아 집에 있는 경우가 많았다. 어느 날 밤이 깊어갈 무렵, 손님이 문을 급히 두드리며 축하하기를 “원외員外께서는 가부낭중지제고駕部郎中知制誥에 임명되셨습니다”라고 하여, 한굉이 깜짝 놀라며 이르기를 “잘못된 것이다”라고 하자, 손님이 말하기를 “저보邸報에 의하면, 지제고知制誥가 궐석이 돼 중서中書에서 두 번 사람을 추천해 올렸으나 재가하지 않았고, 또다시 요청하자, ‘한굉을 임명하라’ 했는데, 당시 성명이 같은 사람이 강회자사江淮刺史로 있었습니다. 또다시 두 사람을 추천해서 올리자, 황제가 대답하기를 ‘봄 성에는 가는 곳마다 꽃잎 날리고, 한식 봄바람에 버들가지가 휘늘어졌다. 해가 지자 궁중에서 촛불을 하사하니, 푸른 연기가 오후五侯의 집에서 피어난다[春城無處不飛花, 寒食東風御柳斜. 日暮漢宮傳蠟燭, 青烟散入五侯家]’라고 하고, 또 대답하기를 ‘이것을 한굉에게 주어라’고 했습니다”라고 하며 손님이 또

"이것이 원외의 시입니까"라고 물으니, 한굉이 말하기를 "그렇다. 그렇다면 내가 맞다"라고 했다. 때는 건중(建中 : 780~783) 초기이다.

『남부신서南部新書』에서 이르기를 "승평공주升平公主 댁의 즉석卽席에서는 이단李端이 천장擅場[22]을 하고, 유주자사幽州刺史로 가는 왕王재상을 전송할 때는 한굉이 천장을 하고, 강회순찰사江淮巡察使 유劉재상을 전송할 때는 전기錢起가 천장을 했다"라고 했다.

덕종이 서쪽으로 행차할 때, 신지통神智驄과 여의류如意騮 두 필의 말이 있었는데 모두 공신功臣이라 불렸다. 어느 날 누가 서편瑞鞭을 진상하자, 덕종이 이르기를 "짐에게 두 필의 준마가 있는데, 이제 이것을 얻었으니 삼절三絶이라 할 만하다"라고 하고, 한굉의 「관조마觀調馬」를 읊기를 "원앙처럼 붉고 희며 치아도 가지런하여 새벽 꽃 사이에 푸른 말굽을 풀어놓는다. 옥 굴레를 잠시 돌리자 거품을 내뿜더니, 황금 채찍을 내리치려 하자 울지를 않는구나[鴛鴦赭白齒新齊, 曉日花間放碧蹄. 玉勒乍回初噴沫, 金鞭欲下不成嘶]"라고 했다.

고중무가 이르기를 "한원외는 경사經史에 뜻을 두고 흥취가 풍부하여, 한 편의 작품과 한 편의 운韻을 조야에서 진중하게 여겨, 많은 사람들이 선정했다. 예컨대, '가을 반짝이는 은하에 기러기 한 마리 날고, 한밤 다듬이 소리 수많은 집에서 들린다[星河秋一雁, 砧杵夜千家]', '나그네 옷은 바리내포(筒布) 가늘고, 산사山舍에는 여지荔枝가 무성하다[客衣筒布細, 山舍荔枝繁]', '성긴 주렴은 눈을 보려고 걷고, 깊은 문은 꽃이 비쳐서 닫는다[疏簾看雪捲, 深戶映花關]' 등은 이전 시인들에 견줬을 때 부용이 물 밖에 나오는 것도 여기에는 충분치 못하다. 그 비흥比興은 유원외(劉員外 : 유우석)보다 깊고, 근골과 마디는 황보염에 비해 적다"라고 했다.

「제천복사형악선사방題薦福寺衡岳禪師房」에서 "봄날 성 안에서 밥을 빌어 돌아와서는, 이곳에서 고상한 담론을 나눈다. 승려의 나이는 뜰

22 천장(擅場) : 시회에서 일등을 차지는 것이다.

앞 나무이고, 선禪의 마음은 강 위의 산이다. 성긴 주렴은 눈을 보려고 걷고, 깊은 문은 꽃이 비쳐서 닫는다. 석양에 문인門人을 보내고 나니, 자욱한 안개 사이로 종소리 울린다[春城乞食還, 高論此中閒. 僧臘階前樹, 禪心江上山. 疏簾看雪捲, 深戶映花關. 晚送門人去, 鐘聲杳靄間]"라고 했다.

전하는 이야기에 의하면, 한굉에게 사랑하는 여인 유씨柳氏가 있었는데, 한굉이 명성이 알려져 치청淄青으로 부름을 받아 갔을 때, 그녀를 도성에 두었다. 몇 해가 지난 뒤 시를 지어 보내기를 "장대章臺의 버드나무, 장대의 버드나무, 지금도 여전히 푸르른가. 긴 가지 예전처럼 드리운다 해도, 다른 사람 손에 꺾였으리라[章臺柳, 章臺柳, 顏色青青今在否. 縱使長條似舊垂, 也應攀折他人手]"라고 하니, 유씨가 화답의 시를 보내기를 "버드나뭇가지, 꽃 마디여, 해마다 이별의 한만 늘어나누나. 잎사귀 한 잎 바람결 따라 갑자기 가을을 알리니, 님이 온다 한들 어찌 꺾이랴[楊柳枝, 芳菲節, 可恨年年增離別. 一葉隨風忽報秋, 縱使君來豈堪折]"라고 했다. 하지만 나중에 결국 번장蕃將 사타리沙吒利에게 강탈을 당했다. 한굉이 마침 중서中書로 들어오다가 길에서 그녀를 만나 영결永訣을 고했다. 이날, 임치태교臨淄太校가 술자리를 마련했는데, 한굉이 즐거워하지 않는 모습을 보고 까닭을 묻자 사실을 이야기했다. 이때 의열義烈로 자처하는 우후장虞候將 허준許俊이 즉시 속임수를 써서 그녀를 취하여 한굉에 넘겨주었다. 후희일이 이 말을 듣고 이르기를 "내가 지난날 했던 것과 같다. 허준이 다시 이 일을 해냈구나"라고 했다. 한굉은 나중에 이문夷門의 막부가 되었는데, 후인들은 모두 그의 시를 악평하여 경시했다.

① '寺'는 『당시기사』에 의거하여 보충했다.

② 두 번째 '章臺柳'는 『전당시』에 의거하여 보충했다.

錢起전기

高仲武云:“員外詩體格清奇,① 理致清淡. 粵從登第, 挺冠詞林. 文宗右丞, 許以高格, 右丞沒後, 員外爲雄. 革齊·宋之浮游, 削梁·陳之靡曼, 迥然獨立, 莫之與京. 且如‘鳥道掛疏雨, 人家殘夕陽.’ 又, ‘牛羊上山小,② 烟火隔林深.’ 又, ‘長樂鐘聲花外盡, 龍池柳色雨中深.’ 皆特出意表, 標準古今. 又, ‘窮達戀明主, 耕桑亦近郊.’ 禮義克全, 忠孝兼著, 足以弘長名流, 爲後楷式.”

「送僧歸日本」云:“上國隨緣去, 東途若夢行. 浮天滄海遠, 去世法舟輕. 水月通禪觀, 魚龍聽梵聲. 惟憐慧燈影, 萬里眼中明.”

「送僧自吳遊蜀」云:“隨緣忽西去, 何日返東林. 世路無期別, 空門不住心. 人烟一飯少, 山雪獨行深. 天外猿聲夜, 誰聞清梵音.”

「送征雁」云:“秋空萬里靜, 嘹唳獨南征. 風急翻霜冷, 雲開見月驚. 塞長憐去翼, 影滅有餘聲. 悵望遙天外, 鄉愁滿目生.”

「裴迪書齋玩月」云:“夜來詩酒興, 月上謝公樓. 影閉重門靜, 寒生獨樹秋. 鵲驚隨葉散, 螢起入烟流. 今夕遙天末, 清暉幾處愁.”

「送彈琴李長史赴洪州」云:“抱琴爲傲吏, 孤棹復南行. 幾度秋江水, 皆添白雪聲. 佳期來客夢, 幽興緩王程. 佐牧無勞問, 心和政自平.”

【以上四章, 姚合取爲『極玄集』】

「贈闕下裴舍人」云:“二月黃鶯飛上林, 春城紫禁曉陰陰. 長樂鐘聲花外盡, 龍池柳色雨中深. 陽和不改窮途恨,③ 霄漢常懷捧日心. 獻賦十年猶未遇, 羞將白髮對華簪.”

「題玉山村叟壁」云:“谷口好泉石, 居人能陸沉. 牛羊上山小,④ 烟火隔林深. 一徑入溪色, 數家連竹陰. 藏虹辭晚雨, 驚隼落殘禽. 涉趣皆流目, 將歸必在林. 却思黃綬事, 辜負紫芝心.”

① “員外”“體”三字原脫, 據『中興間氣集』補.

② “小”, 原作“少”, 據『間氣集』改.

③ “改” 『間氣集』作“散.”

④ 同注②.

고중무가 이르기를 “전원외의 시는 체體와 격格이 맑고 기묘하며, 결과 운치가 맑고 담백하다. 과거에 급제하고 나서는 문단의 으뜸이 되었다. 문장의 종장인 왕우승(王右丞 : 왕유)은 고상한 품격이라 평가했고, 왕우승이 세상이 떠난 뒤에는 전원외가 으뜸이 되었다. 제 · 송의 부유浮游한 기풍을 혁파하고, 양 · 진의 미만靡曼한 기풍을 제거하여, 홀로 우뚝 서서 더불어 견줄 자가 없었다. 예컨대 ‘조도鳥道는 성긴 비에 걸치고, 인가는 석양에 희미하다[鳥道掛疏雨, 人家殘夕陽]’, ‘소와 염소는 산에 오르는 것이 적고, 안개는 숲 너머에 깊다[牛羊上山小, 烟火隔林深]’, ‘장락궁長樂宮의 종소리는 꽃 너머 사라지고, 용지龍池의 버들은 빗속에 진하다[長樂鐘聲花外盡, 龍池柳色雨中深]’ 등은 모두 일반인의 생각을 아주 벗어난 것으로, 고금의 표준이 된다. 또 ‘곤궁할 때나 현달할 때나 어진 군주를 사랑하여, 밭 갈고 뽕나무 일굴 때도 가까운 교외에 산다[窮達戀明主, 耕桑亦近郊]’는 예의가 온전하고 충효가 모두 드러나서, 포부가 크고 덕이 깊은 명사로서 후인의 모범이 될 만하다”라고 했다.

「송승귀일본送僧歸日本」에서는 “상국(上國 : 중국)을 인연 따라 떠나, 동쪽 길을 꿈처럼 간다. 하늘에 뜬 듯 푸른 바다 멀지만, 세상 떠나는 법주法舟는 가볍다. 물의 달은 선의 경지와 통하고, 물고기와 용은 염불소리 듣는다. 대견한 것은 지혜의 등불이, 만 리 눈 속에 밝은 것이다[上國隨緣去, 東途若夢行. 浮天滄海遠, 去世法舟輕. 水月通禪觀, 魚龍聽梵聲. 惟憐慧燈影, 萬里眼中明]”라고 했다.

「송승자오유촉送僧自吳遊蜀」에서 “인연 따라 갑자기 서쪽으로 가니, 언제 동림東林으로 돌아오는가. 세상에 기약할 수 없는 이별이고, 텅 빈 문에 집착하지 않는 마음이다. 사람들 속에서 한 끼 밥은 적고, 산 가득한 눈 속에서 홀로 멀리 길 떠난다. 하늘 너머 잔나비 우는 밤에, 누가 청정한 독경 소리를 들을까[隨緣忽西去, 何日返東林. 世路無期別, 空門不住心. 人烟一飯少, 山雪獨行深. 天外猿聲夜, 誰聞淸梵音]"라고 했다.

「송정안送征雁」에서 "고요에 휩싸인 가을하늘을, 끼룩끼룩 홀로 남쪽으로 간다. 바람 세차 번쩍이는 서리 차갑고, 구름 열려 달을 보고 놀란다. 변방이 멀어 펄럭이는 날개가 가엽고, 그림자 사라지며 소리만 남는다. 서글피 먼 하늘을 바라보니, 고향 시름 눈에 가득 밀려온다[秋空萬里靜, 嘹唳獨南征. 風急翻霜冷, 雲開見月驚. 塞長憐去翼, 影滅有餘聲. 悵望遙天外, 鄕愁滿目生]"라고 했다.

「배적서재완월裴迪書齋玩月」에서 "밤이 돼 시흥과 주흥이 이는데, 달이 사공루謝公樓 위로 올라온다. 그림자 닫힌 겹겹의 문은 조용하고, 한기가 감도는 홀로 선 나무는 가을이다. 까치는 놀라 낙엽 따라 사라지고, 반딧불 날아올라 안갯속을 흐른다. 오늘밤 저 하늘 끝, 청정한 달빛에 몇 곳이나 시름겨워할까[夜來詩酒興, 月上謝公樓. 影閉重門靜, 寒生獨樹秋. 鵲驚隨葉散, 螢起入烟流. 今夕遙天末, 淸暉幾處愁]"라고 했다.

「송탄금이장사부홍주送彈琴李長史赴洪州」에서 "거문고 안고 오만한 관리 되어, 돛단배 띄워 다시 남쪽으로 간다. 가을 강물 건넌 지 몇 번이었던가, 눈 내리는 소리까지 모두 더해졌다. 좋은 계절 나그네의 꿈에 다가오고, 그윽한 흥취에 왕을 위한 일정이 늦춰진다. 백성 다스리는 일 애써 묻지 말라, 마음이 평온하면 정치가 절로 평온하나니[抱琴爲傲吏, 孤棹復南行. 幾度秋江水, 皆添白雪聲. 佳期來客夢, 幽興緩王程. 佐牧無勞問, 心和政自平]"라고 했다.

【위 네 편은 요합이 『극현집』에 채록했다】

「증궐하배사인贈闕下裴舍人」에서 "이월 꾀꼬리 상림원을 날고, 봄날 자금성 아침에 안개가 자욱하다. 장락궁 종소리 화원 밖으로 사라지고, 용지 버들은 가랑비에 짙어간다. 화창한 봄날 막다른 길의 한 풀리지 않고, 드넓은 하늘에 임금 섬길 마음 언제나 품고 있다. 글을 올린 지 십 년 지나도록 기회 얻지 못하여 백발로 고관을 만나는 것이 부끄럽다[二月黃鶯飛上林, 春城紫禁曉陰陰. 長樂鐘聲花外盡, 龍池柳色雨中深. 陽和不改窮途恨, 霄漢常懷捧日心. 獻賦十年猶未遇, 羞將白髮對華簪]"라고 했다.

「제옥산촌수벽題玉山村叟壁」에서 "골짜기에 바위와 샘물 좋아, 아주 깊숙이 지낼 수 있겠다. 소와 염소는 산에 오르는 것이 적고, 안개는 숲 너머에 깊다. 한 가닥 길은 물속에 들고, 몇 채 집은 대밭 그늘에 이어졌다. 숨은 무지개 저녁 비를 마다하고, 놀란 새매 여린 새를 떨어트린다. 발길 닿는 곳 모두 눈에 익고, 돌아가도 숲 속에 있으리라. 문득 벼슬살이 생각하니, 자연인의 삶을 저버리고 있다[谷口好泉石, 居人能陸沉. 牛羊上山小, 烟火隔林深. 一徑入溪色, 數家連竹陰. 藏虹辭晩雨, 驚隼落殘禽. 涉趣皆流目, 將歸必在林. 却思黃綬事, 辜負紫芝心]"라고 했다.

① '員外', '體' 세 글자는 본래 없는데, 『중흥간기집』에 의거하여 보충했다.

② '小'는 본래 '少'로 되어 있었는데, 『중흥간기집』에 의거하여 고쳤다.

③ '改'는 『중흥간기집』에 '散'으로 되어 있다.

④ 주②번과 동일하다.

司空曙사공서

「酬張芬有赦後見贈」云: "紫鳳朝銜五色書, 陽春忽報網羅除. 已將心變寒灰後, 豈料光生腐草餘. 建水風烟收客淚, 杜陵花竹夢郊居. 勞君故有詩相贈, 欲報瓊瑤恨不如."

「經廢寶光寺」云: "黃葉前朝寺, 無僧寒殿開. 池晴龜出曝, 松暝鶴飛迴. 古砌碑橫草, 陰廊畫雜苔. 禪宮亦銷歇, 塵世轉堪哀."

「喜外弟盧綸見宿」云: "靜夜四無鄰, 荒居舊業貧. 雨中黃葉樹, 燈下白頭人. 以我獨沉久,① 愧君相見頻. 平生自有分, 況是蔡家親."

① "以", 原作"似", 據『全唐詩』改.

「수장분유사후견증酬張芬有赦後見贈」에서 "붉은 봉황은 아침에 오색 글씨를 머금어, 따스한 봄날 갑자기 해금되었음을 알린다. 마음은 이미 차가운 재로 변한 터, 어찌 썩은 풀에서 광채가 나기를 생각했으랴. 건수建水의 바람과 안개는 나그네 눈물 거두고, 두릉杜陵의 꽃과 대나무는 교외의 삶을 꿈꾼다. 그대가 시 지어 보낸 것이 고마워, 월등한 것으로 보답하고 싶어도 그렇게 못하는 것이 아쉽다[紫鳳朝銜五色書, 陽春忽報網羅除. 已將心變寒灰後, 豈料光生腐草餘. 建水風烟收客淚, 杜陵花竹夢郊居. 勞君故有詩相贈, 欲報瓊瑤恨不如]"라고 했다.

「경폐보광사經廢寶光寺」에서 "지난 왕조의 절에는 누런 잎이 지고, 승려도 없이 썰렁한 전각만 열렸다. 쾌청한 연못에서는 거북이 햇볕 쬐고, 울창한 소나무에서는 학이 배회한다. 옛 섬돌 비석은 풀들로 덮였고, 그늘 진 행랑 그림에는 이끼가 끼었다. 선궁禪宮도 퇴락해가니, 진세塵世가 갈수록 슬프다[黃葉前朝寺, 無僧寒殿開. 池晴龜出曝, 松暝鶴飛迴. 古砌碑橫草, 陰廊畫雜苔. 禪宮亦銷歇, 塵世轉堪哀]"라고 했다.

「희외제노륜견숙喜外弟盧綸見宿」에서 "고요한 밤 사방에는 이웃 하나 없고, 허름한 옛 별장은 가난하다. 빗속에 누런 잎 지는 나무, 등불 아래 백발의 노인. 홀로 오랫동안 침체된 내가, 그대를 자주 보는 것이 부끄럽다. 평생 자신의 분수가 있거니와, 더구나 채씨蔡氏 집안과 친함에랴[靜夜四無鄰, 荒居舊業貧. 雨中黃葉樹, 燈下白頭人. 以我獨沉久, 愧君相見頻. 平生自有分, 況是蔡家親]"라고 했다.

① '以'는 본래 '似'로 되어 있었는데, 『전당시』에 의거하여 고쳤다.

崔峒최동

「江上書懷」云 : "骨肉天涯別, 江山日落時. 淚流襟上血, 髮白鏡中絲. 胡越書難到, 存亡夢豈知. 登高回首罷, 形影自相隨."

「喜逢妻弟鄭損因送入京」詩云:"亂後自孤征, 相逢喜復驚. 爲經多載別, 欲問小時名. 對酒悲前事, 論文畏後生. 遙知盈卷軸, 紙貴在江城."

高仲武云:"峒詩文彩煥發, 意思雅淡. 如'清磬度山翠, 閒雲來竹房.' 又, '流水聲中視公事, 寒山影裏見人家.' 此亦披沙揀金, 時時見寶也."

峒登進士第, 爲拾遺, 入爲集賢學士, 後終州刺史, 或云終玄武令. 『文藝傳』云終右補闕. 峒「寄李明府」云:"訟堂寂寂對烟霞, 五柳門前集晩鴉. 流水聲中視公事, 寒山影裏見人家. 觀風共美新爲政, 計日還應更觸邪. 可惜陶潛無限興,① 不逢籬菊正開花."

① "興", 『紀事』作"酒."

「강상서회江上書懷」에서 "식구들과 하늘 멀리 헤어져, 강산에 해가 기운다. 눈물은 옷깃에 피로 지고, 거울 속 머리는 실로 희다. 호胡와 월越은 편지가 이르기 어려운 터, 생사를 꿈에서도 알 수 있으랴. 높은 곳에 올라 뒤돌아보고 나니, 몸과 그림자만 어울려 있다[骨肉天涯別, 江山日落時. 淚流襟上血, 髮白鏡中絲. 胡越書難到, 存亡夢豈知. 登高回首罷, 形影自相隨]"라고 했다.

「희봉처제정손인송입경喜逢妻弟鄭損因送入京」에서 "난리 뒤 홀로 길을 나서, 서로 만나 기쁘다가 다시 놀라네. 많은 해를 이별해서, 어릴 때 이름을 묻고 싶다. 술잔 들며 지난날을 슬퍼하고, 문장 논하며 후인이 두렵다. 짐작건대 글이 가득 쓰여서, 강성江城에 종이가 귀하리라[亂後自孤征, 相逢喜復驚. 爲經多載別, 欲問小時名. 對酒悲前事, 論文畏後生. 遙知盈卷軸, 紙貴在江城]"라고 했다.

고중무가 이르기를 "최동의 시는 문채가 빛나고, 생각이 담박하다. 예컨대 '맑은 풍경소리 푸른 산을 건너오고, 한적한 구름은 대나무 방으로 다가온다[清磬度山翠, 閒雲來竹房]', '흐르는 물소리 속에서 공무를 보고, 찬 산 그림자 안에서 인가를 본다[流水聲中視公事, 寒山影裏見人家]' 등은 모래를 헤치고 황금을 추리다 이따금 보물을 만난 격이다"라고 했다.

최동은 진사시에 급제한 뒤 습유拾遺가 되고, 궁내로 들어와 집현학사集賢學士가 되었으며, 나중에 주州의 자사로 생을 마쳤는데 혹자는 현무현령玄武縣令으로 생을 마쳤다고 한다. 『문예전文藝傳』에서는 우보궐右補闕로 생을 마쳤다고 했다.

최동이 「기이명부寄李明府」에서 "송사 여는 집은 적적하게 연하烟霞를 대하고, 버드나무 문 앞에는 석양 까마귀 모였다. 흐르는 물소리 속에서 공무를 보고, 찬 산 그림자 안에서 인가를 본다. 풍속을 살피며 모두들 새롭게 정사에 임한 것을 찬미하지만 나날을 헤아릴 때 다시 사악함과 부딪히게 되리라. 애석한 것은 도연명의 무한한 흥취가, 활짝 핀 울타리 국화를 만나지 못함이다[訟堂寂寂對烟霞, 五柳門前集晚鴉. 流水聲中視公事, 寒山影裏見人家. 觀風共美新爲政, 計日還應更觸邪. 可惜陶潛無限興, 不逢籬菊正開花]"라고 했다.

① '興'은 『당시기사』에 '酒'로 되어 있다.

李端이단

「贈郭駙馬」詩云:【郭令公子曖, 尚升平公主, 此詩席上成】"青春都尉最風流, 二十功成便拜侯. 金距鬥雞過上苑, 玉鞭騎馬出長楸. 薰香荀令偏憐少, 傅粉何郎不解愁. 日暮吹簫楊柳陌, 路人遙指鳳凰樓." 又云: "方塘似境草芊芊, 初月如鉤未上弦. 新開金埒看調馬, 舊賜銅山許鑄錢. 楊柳入樓吹玉笛, 芙蓉出水妬花鈿. 今朝都尉如相顧, 願脫長裾學少年."

蜀路有飛泉亭, 中詩板百餘篇. 後薛能佐李福於蜀, 道過此, 題云: "賈掾曾空去, 題詩豈易哉." 悉去諸板, 惟留端「巫山高」一篇而已.

端賦「巫山高」云: "巫山十二峰, 皆在碧虛中. 回合雲藏日, 霏微雨帶風. 猿聲寒過水, 樹色暮連空. 愁向高唐望, 清秋見楚宮."

「茂陵山行陪韋金部」云: "宿雨朝來歇, 空山天氣清. 盤雲雙鶴下, 隔水一蟬鳴. 古道黃花落, 平蕪赤草生. 茂陵雖有病, 猶得伴君行."

「蕪城懷古」云 : "風吹城上樹, 草沒邊城路. 城裏月明時, 精靈自來去."

「증곽부마贈郭駙馬」에서【곽영공(郭令公 : 곽자의郭子儀)의 아들 애曖가 승평공주升平公主에게 장가들었는데, 이 시는 연회석에서 지은 것이다】 "청춘의 도위都尉는 풍류가 넘쳐, 이십 세에 공을 이뤄 왕후에 임명되었네. 황금 발톱 싸움닭은 상원上苑을 지나고, 옥 채찍 타는 말은 장추(長楸 : 키 큰 개오동나무)를 나선다. 향 자욱한 순령荀令[23]은 홀로 소년을 사랑하고, 분 바른 하랑何郞[24]은 시름을 알지 못한다. 석양 버드나무 언덕에서 퉁소를 부니, 길 가는 사람들 멀리 봉황루鳳凰樓를 가리킨다[春都尉最風流, 二十功成便拜侯. 金距鬥雞過上苑, 玉鞭騎馬出長楸. 薰香荀令偏憐少, 傅粉何郞不解愁. 日暮吹簫楊柳陌, 路人遙指鳳凰樓]"라 했고, 또 "거울 같은 네모난 연못은 풀들이 무성하고, 갈고리 같은 초승달은 상현이 되지 못했다. 새로 만든 황금 담장에서 말 조련하는 것을 보고, 지난날 하사받은 동산에서 돈 주조를 허락했다. 버드나무 누대 안으로 들어와 옥 젓대를 불고, 부용은 물 밖으로 올라와 꽃 비녀를 질투한다. 오늘 도위가 돌봐 준다면, 긴 옷을 벗고 소년이 되었으면 하네[方塘似境草芊芊, 初月如鉤未上弦. 新開金埒看調馬, 舊賜銅山許鑄錢. 楊柳入樓吹玉笛, 芙蓉出水妬花鈿. 今朝都尉如相顧, 願脫長裾學少年]"라고 했다.

촉나라 가는 길에 비천정飛泉亭이 있는데, 그 안에는 백여 편의 시 편액이 있다. 훗날 설능薛能이 촉나라에서 이복李福을 보좌할 때 이곳을 지나며 쓰기를 "가씨賈氏 아전도 일찍이 그냥 지나쳤으니, 시를 쓰는

23 순령(荀令) : 진(晉)나라 때 상서령(尙書令)을 역임한 순욱(荀彧)을 가리킨다. 일찍이 아주 특이한 향을 구하여 항상 옷에 훈증시켜 입고 다녔으므로, 그가 한 번 다녀간 집에는 향기가 사흘 동안 가시지 않았다고 한다.

24 하랑(何郞) : 삼국시대 위나라 하안(何晏)을 가리킨다. 원래 미모를 타고난 데다 꾸미기까지 해서 당시 뛰어난 미남자로 일컬어졌다.

것이 어찌 쉬운 일이랴”라고 한 뒤, 시 편액들을 모두 제거하고 이단의 「무산고巫山高」 한 편만 남겨두었다.

이단이 지은 「무산고」에서 “무산 열두 봉우리, 모두 파란 하늘 속에 있다. 빙 둘러 모인 곳에 구름은 해를 감추고, 안개 희미한 곳에 비는 바람을 띠고 있다. 잔나비 소리 차갑게 물을 지나고, 나무 빛은 석양에 창공과 이어졌다. 시름겨워 고당高唐을 바라보니, 쾌청한 가을에 초나라 궁궐이 보인다[巫山十二峰, 皆在碧虛中. 回合雲藏日, 霏微雨帶風. 猿聲寒過水, 樹色暮連空. 愁向高唐望, 淸秋見楚宮]”라고 했다.

「무릉산행배위금부茂陵山行陪韋金部」에서 “줄곧 내리던 비 아침 되자 멈추며, 공산에 날씨가 쾌청하다. 둥근 구름 아래 한 쌍 학이 내리고, 물 건너에서 매미가 홀로 운다. 옛길에 누런 꽃 떨어지고, 거친 들판에 붉은 풀 자란다. 무릉茂陵이 흠이 있다고 해도, 그대와 함께 갈 수가 있다[宿雨朝來歇, 空山天氣淸. 盤雲雙鶴下, 隔水一蟬鳴. 古道黃花落, 平蕪赤草生. 茂陵雖有病, 猶得伴君行]”라고 했다.

「무성회고蕪城懷古」에서 “바람은 성 위 나무에 불고, 풀은 변방 성 길에 시들었다. 성 안 달이 밝을 무렵, 혼령이 스스로 오간다[風吹城上樹, 草沒邊城路. 城裏月明時, 精靈自來去]”라고 했다.

冷朝陽 냉조양

潞州節度薛嵩, 有青衣, 善彈阮咸琴, 手紋隱起如紅線, 因以名之. 一日, 辭去, 朝陽爲詞曰 : “采菱歌怨木蘭舟, 送客魂消百尺樓. 還似洛妃乘霧去, 碧天無際水東流.”

노주절도사潞州節度使 설숭薛嵩에게 여종이 있었는데, 완함금阮咸琴을 잘 탔으며 손에 붉은 실 같은 무늬가 살며시 보여서 이름을 홍선紅線이라 했다. 어느 날 그녀가 떠나겠다고 하자, 냉조양이 시를 짓기를 "마름 캐며 목란주木蘭舟에서 구슬픈 노래 불렀나니, 전송하는 백 척 누각에 넋이 사라진다. 안개 타고 사라진 낙비洛妃[25]와 닮아, 푸른 하늘 끝없고 강물 동쪽으로 흐른다[采菱歌怨木蘭舟, 送客魂消百尺樓. 還似洛妃乘霧去, 碧天無際水東流]"라고 했다.

竇叔向두숙향

叔向, 字遺直, 京兆人. 代宗時, 常袞爲相, 用爲左拾遺內供奉. 及貶, 亦出爲溧水令. 四子登第. 群以處士隱毗陵, 韋夏卿薦之朝, 德宗擢爲左拾遺, 代武元衡爲中丞, 薦呂溫羊士諤爲御史. 李吉甫以二人躁險, 持不下. 群怨吉甫, 伺吉甫陰事, 幾爲憲宗所誅. 群與兄常牟, 弟庠鞏, 皆爲郎, 工詞章, 爲『聯珠集』, 傳于時, 義取昆弟若五星然. 叔向「寒食賜恩火」云: "恩光及小臣, 華燭忽驚春. 電影隨中使, 星輝拂路人. 幸因榆柳暖, 一照草茅貧."「端午日恩賜百索」云: "仙官長命縷, 端午降殊私. 事盛蛟龍見, 恩深犬馬知. 餘生儻可續, 終冀答明時."

두숙향의 자는 유직遺直이며 경조京兆 사람이다. 대종 때 상곤常袞이 정승이었을 때, 그를 좌습유 내공봉內供奉으로 등용했고, 좌천되었을 때는 율수현령溧水縣令으로 나갔다. 네 아들이 모두 과거에 급제했다. 두군竇群은 처사로서 비릉毗陵에서 은거했는데, 위하경韋夏卿이 조정에 천거하여 덕종이 좌습유로 발탁하고, 무원형武元衡을 대신하여 중승中丞이 되었을 때는, 여온呂溫 양사악羊士諤을 추천하여 어사로 삼았다. 이길보李吉甫가 두 사람의 행동거지가 조급하고 험악하다 하여 견제하자,

---

25 낙비(洛妃) : 전설상의 여신인 낙수(洛水)의 복비(宓妃)를 가리킨다.

두군이 이길보에 앙심을 품고 뒷조사해서 헌종에게 죽임을 당하게 할 뻔했다. 두군은 형 두상모竇常牟, 아우 두상공竇庠鞏과 함께 모두 낭관이 되었고 문장에 뛰어나 『연주집聯珠集』을 만들어 세상에 전했는데, 형제가 다섯 개의 별과 같다는 의의를 취한 것이다. 두숙향이 「한식사은화寒食賜恩火」에서 "영광이 소신에게 미쳐, 화려한 촛불이 문득 봄을 놀라게 한다. 번개 그림자는 조정의 사신을 따르고, 별빛은 길 가는 사람을 스친다. 다행히 느릅나무 버드나무의 따스함으로 인하여 가난한 초가를 비추어준다[恩光及小臣, 華燭忽驚春. 電影隨中使, 星輝拂路人. 幸因榆柳暖, 一照草茅貧]"라고 했다. 「단오일은사백색端午日恩賜百索」에서 "선관仙官의 긴 수명의 실이, 단오절 사인私人에게 특별히 내린다. 일이 성대해 교룡蛟龍도 보고, 은혜가 깊어 견마犬馬도 안다. 남은 생이 계속 된다면, 태평한 시대에 보답하리라[仙官長命縷, 端午降殊私. 事盛蛟龍見, 恩深犬馬知. 餘生儻可續, 終冀答明時]"라고 했다.

竇常두상

常「之任武陵寒食日次松滋渡先寄劉員外禹錫」云,① "杏花榆莢曉風前, 雲際離離上峽船. 江轉數程淹驛騎, 楚曾三戶少人烟. 看春又遇清明節, 算老重經癸巳年. 幸得柱山當郡舍,② 在朝常詠卜居篇."

① "之" "禹錫", 據『全唐詩』補.

② "柱", 原作"桂", 據『全唐詩』及注改, 注稱"湘州柱山." 『紀事』作"佳."

두상이 「지임무릉한식일차송자도선기류원외우석之任武陵寒食日次松滋渡先寄劉員外禹錫」에서 "살구꽃 느릅나무 싹이 바람에 깨어나고, 구름자락이 협곡 오르는 배에 걸쳤다. 강물 노정 경유하느라 역의 기마는 머물러 있고, 초楚 땅은 삼호三戶뿐이어서 사람 자취 드물다. 봄을 보고 다시 청명절을 만나며, 늘그막에 다시 계사년癸巳年을 보낸다. 다행히 군청 있는 주산柱山을 얻었으니, 조정에서는 언제나 복거편卜居篇[26]을 읊었었다[杏花榆莢曉風前, 雲際離離上峽船. 江轉數程淹驛騎, 楚曾三戶少人烟. 看春又遇清明節, 算老重經癸巳年. 幸得柱山當郡舍, 在朝常詠卜居篇]"라고 했다.

① '之', '禹錫'은 『전당시』에 의거하여 보충했다.

② '柱'는 본래 '桂'로 되어 있었는데, 『전당시』 및 그 주에 의거하여 고쳤으며, 주에서 "상주湘州의 주산柱山이다"라고 했다. 『당시기사』에는 '佳'로 되어 있다.

竇鞏두공

「代鄰叟」云 : "年來七十罷耕桑, 就暖支羸强下床. 滿眼兒孫身外事, 閒梳白髮對殘陽."

「寄南遊弟兄」云 : "書來未報幾時還, 知在三湘五嶺間. 獨立衡門秋水闊, 寒鴉飛去日銜山."

「대인수代鄰叟」에서 "칠십이 돼 밭갈이 누에치기 그만두고, 따뜻한 곳 찾아 애써 평상을 내려온다. 눈앞의 손주들은 내 몸 밖의 일일 뿐, 한가로이 백발을 빗으며 지는 해를 본다[年來七十罷耕桑, 就暖支羸强下床. 滿眼兒孫身外事, 閒梳白髮對殘陽]"라고 했다.

「기남유제형寄南遊弟兄」에서 "보낸 편지에 답장 못했는데 언제나 돌아오는가, 삼상三湘과 오령五嶺 사이에 있는 줄 아네. 홀로 선 형문衡門에 가을물 드넓고, 서리 까마귀 날아가며 산이 해를 머금네[書來未報幾時還, 知在三湘五嶺間. 獨立衡門秋水闊, 寒鴉飛去日銜山]"라고 했다.

26 복거편(卜居篇) : 복거는 거주할 곳을 가려 정하는 것을 이르는 말로, 즉 새로 정한 거주지를 소재로 읊은 시를 가리킨다.

常建상건

“清晨入古寺, 初日照高林. 竹徑通幽處, 禪房花木深. 山光悅鳥性, 潭影空人心. 萬籟此都寂, 但餘鐘磬音.”【「題破山后禪院」】

歐陽永叔云 : “我嘗愛建‘竹徑通幽處, 禪房花木深.’ 欲效其語作一聯, 竟不可得, 始知造意者難爲工也.”

丹陽殷璠撰「河岳英靈集」, 首列建詩, 愛其“山光悅鳥性, 潭影空人心.”

殷璠云 : “高才而無貴位, 誠哉是言也. 曩劉楨死于文學, 左思終於記室, 鮑照卒於參軍, 今常建亦淪于一尉, 悲夫! 建詩似初發通莊, 却尋野徑, 百里之外, 方歸大道. 所以其旨遠, 其興僻, 佳句輒來, 惟論意表. 至如‘松際露明月, 清光猶爲君.’ 又, ‘山光悅鳥性, 潭影空人心.’ 此例數十句, 並可稱爲警策. 一篇盡善者, ‘戰餘落日黃, 軍敗鼓聲死. 今與山鬼鄰, 殘兵哭遼水.’ 思旣邈古, 詞又警絶. 潘岳雖云 : 能敘悲怨, 未見如此章句也.”

「弔王將軍墓」云 : “嫖姚北伐時, 深入强千里. 戰餘落日黃, 軍敗鼓聲死. 常聞漢飛將, 可奪單于壘. 今與山鬼鄰, 殘兵哭遼水.”

“맑은 새벽 옛 절을 찾으니, 막 돋은 해가 높은 숲을 비춘다. 대숲 길은 그윽한 곳으로 통하고, 선방은 꽃과 나무로 깊다. 산 빛은 새들을 기쁘게 하고, 호수 그림자는 사람 마음을 비우게 한다. 온갖 소리 여기서는 모두 사라지고, 종소리만 들린다[清晨入古寺, 初日照高林. 竹徑通幽處, 禪房花木深. 山光悅鳥性, 潭影空人心. 萬籟此都寂, 但餘鐘磬音]”라고 했다.【「제파산후선원題破山后禪院」】

구양영숙歐陽永叔이 이르기를 “내 일찍이 상건의 ‘대숲 길은 그윽한 곳으로 통하고, 선방은 꽃과 나무로 깊다[竹徑通幽處, 禪房花木深]’를 좋아해서, 그 시어를 본보기로 삼아 한 연을 짓고자 했으나 끝내 짓지 못했으니, 비로소 의경을 창조해내는 것이 쉽지 않다는 것을 알았다”라고 했다.

단양丹陽 은번殷璠이 『하악영령집河岳英靈集』을 지으면서, 가장 먼저 상건의 시를 나열하며 그의 "산 빛은 새들을 기쁘게 하고, 호수 그림자는 사람 마음을 비우게 한다"를 좋아했다.

은번殷璠이 이르기를 "뛰어난 재능을 갖추면 높은 지위에 오르지 못한다고 하는데 참으로 맞는 말이다. 지난날 유정은 문학으로 생을 마치고 좌사는 기실記室로 생을 마치고 포조는 참군參軍으로 생을 마쳤는데, 지금 상건도 위관尉官 자리에 머물렀으니 슬픈 일이다. 상건의 시는 처음에는 통쾌하고 장엄한 듯하지만, 이내 들길을 찾아 백 리 밖을 노닐다 비로소 큰 길로 돌아온다. 그래서 그 의미가 심원하고 흥취가 오롯하여, 좋은 시구가 갑자기 나타날 때는 오직 생각 밖을 논하고 있다. 예컨대 '소나무 끝에 밝은 달 드러나니, 청정한 빛은 그대를 위함이다[松際露明月, 淸光猶爲君]', '산 빛은 새들을 기쁘게 하고, 호수 그림자는 사람 마음을 비우게 한다" 등과 같은 수십 구절은 모두 놀랄 만한 구절이라 할 수 있다. 전 문장이 모두 훌륭한 것으로, '싸움 끝에 지는 해는 노랗고, 군사가 패하자 북소리는 죽는다. 지금 산 귀신과 이웃되어, 쇠잔한 병사들은 요수遼水에서 운다[戰餘落日黃, 軍敗鼓聲死. 今與山鬼鄰, 殘兵哭遼水]'는 구사가 예스럽고 심원하며 시어 또한 빼어나다. 반악이 슬픔과 애원을 잘 묘사했다. 하지만 이와 같은 작품은 보지 못했다"라고 했다.

「조왕장군묘弔王將軍墓」에서 "표요嫖姚[27]가 북쪽 오랑캐를 정벌할 때, 천 리 깊숙이 쳐들어갔다. 싸움 끝에 지는 해는 노랗고, 군사가 패하자 북소리는 죽는다. 언제나 듣는 말로 한나라 비장飛將이, 선우單于의 진지를 빼앗을 수 있다 했다. 지금 산 귀신과 이웃되어, 쇠잔한 병사들은 요수에서 운다[嫖姚北伐時, 深入强千里. 戰餘落日黃, 軍敗鼓聲死. 常聞漢飛將, 可奪單于壘. 今與山鬼鄰, 殘兵哭遼水]"라고 했다.

---

27 표요(嫖姚) : 전한 무제 때의 명장 곽거병(霍去病)을 가리킨다. 표요교위(嫖姚校尉) 때 많은 전공을 세웠다.

李約이약

汧公勉之子也. 爲兵部員外郎, 與主客員外郎張諗同官, 每單床靜言, 達旦不寐. 故約「贈韋徵君沈」①詩曰："我有心中事, 不向韋三說. 秋夜洛陽城, 明月照張八."

「觀祈雨」云："桑條無葉土生烟, 簫管迎龍水廟前. 朱門幾處耽歌舞, 猶恐春陰咽管絃!"

「從軍行」云："看圖閒教陣, 畫地靜論邊. 烏【一作鳥】壘天西戍, 鷹窠塞上川. 路長惟算月, 書遠每題年. 無復生還望, 翻思未別前." 又, "堠火起鵰城, 塵沙擁戰聲. 遊軍藏虜幟, 降騎說蕃情. 霜落滮池淺, 秋深太白明. 嫖姚方虎視, 不覺說添兵."

約雅度簡遠, 有山林之致. 在潤州得古鐵一片, 擊之淸越. 又養一猿, 名"山公." 月夜泛江, 登金山鼓琴, 猿必嘯和. 曾佐庶人李錡幕, 至金陵, 屢贊招隱寺標致. 一日, 庶人宴寺中, 明日謂曰："子嘗稱招隱標致, 昨日遊宴, 何殊州中." 約曰："某所賞者, 疏野耳. 若遠山將翠幕遮, 古松用彩物裹, 羶腥涴鹿跑泉, 音樂亂山鳥聲, 此則實不如在叔父大廳也." 性又嗜茶, 能自煎. 曰："茶須緩火炙, 活火煎." 活火, 炭有焰者. 曾奉使行陝州峽石縣東, 愛渠水淸流, 旬日忘發. 梁武造寺, 令蕭子雲飛白大書一"蕭"字. 約自江·淮竭產致歸洛中, 扁于小亭, 號曰蕭齋.

① "故約", 據『紀事』補.

견공汧公 이면李勉의 아들이다. 병부원외랑兵部員外郎이 돼 주객원외랑主客員外郎 장심張諗과 함께 재임했는데, 언제나 단상單床에서 조용히 이야기를 나누며 아침까지 이어갔다. 그래서 이약이 「증위징군심贈韋徵君沈」에서 "내 마음속 이야기를 위삼韋三에게는 말하지 않네. 가을밤 낙양성에서, 밝은 달이 장팔張八을 비추네[我有心中事, 不向韋三說. 秋夜洛陽城, 明月照張八]"라고 했다.

「관기우觀祈雨」에서 "뽕나무 가지 잎 없고 땅에서 연기 피어오르며, 퉁소는 수묘水廟 앞에서 용을 맞이한다. 붉은 문 어느 곳에서 가무를 즐기며, 봄날 흐린 날씨가 관현에 물을 먹일까 걱정하는가[桑條無葉土生烟, 簫管迎龍水廟前. 朱門幾處耽歌舞, 猶恐春陰咽管絃]"라고 했다.

「종군행從軍行」에서 "그림 보며 가만히 진 치는 법 가르치고, 땅을 그리며 조용히 변방을 논한다. 까마귀【烏로도 되어 있다】는 하늘 서쪽 수戍 자리에 집을 엮고, 매는 변방 천변에 집을 짓는다. 길이 멀어 달만 계산하고, 편지가 드물어 한 해에 한 번 쓴다. 다시 살아 돌아온다는 가망 없으니, 이별 이전을 다시 생각한다[看圖閒教陣, 畫地靜論邊. 烏【一作鳥】壘天西戍, 鷹窠塞上川. 路長惟算月, 書遠每題年. 無復生還望, 翻思未別前]"라고 하고, 또 "봉화가 조성鵰城에서 일자, 모래먼지가 전쟁 소리를 안는다. 유격군은 오랑캐의 깃발 감추고, 항복한 기마병은 오랑캐의 정세를 이야기한다. 서리는 얕은 표지滮池에 지고, 가을은 밝은 태백성太白城에 깊다. 표요嫖姚가 범의 눈으로 보며, 저도 모르게 병사를 늘려야 한다고 말한다[堠火起鵰城, 塵沙擁戰聲. 遊軍藏虜幟, 降騎說蕃情. 霜落滮池淺, 秋深太白明. 嫖姚方虎視, 不覺說添兵]"라고 했다.

이약은 전아하고 법도가 있으며 간소하고 심원하여 산림의 운치가 깃들어 있다. 윤주潤州에서 고철 한 조각을 얻었는데, 청아한 소리가 났다. 또 원숭이 한 마리를 길렀는데, 산공山公이라 불렀다. 달 밝은 밤 강물에 배를 띄우거나, 금산金山에 올라 거문고를 연주하면 원숭이가 반드시 휘파람으로 화답했다. 일찍이 서인庶人 이기李錡의 막부에서 보좌했는데, 금릉金陵에 이르러 여러 번 초은사招隱寺의 풍취를 찬양했다. 어느 날 서인이 절에서 연회를 베푼 뒤, 이튿날 "그대가 일찍이 초은사의 풍취를 찬양했는데, 어제의 연회는 성 안의 연회와 무엇이 달랐는가"라고 하니, 이약이 말하기를 "내가 감상한 것은 소탈한 야취野趣입니다. 예컨대 먼 산은 푸른 장막으로 가려주고 고송은 채색 비단으로 감싸주며 비린내는 녹포천鹿跑泉에 씻고 산새 소리가 음악이 돼 왁자지껄

하니, 이는 실로 숙부의 대청大廳에 있을 때와는 다릅니다”라고 했다. 그는 또 차를 즐겨서 잘 우려냈다. “차는 반드시 느슨한 불로 굽고, 살아 있는 불로 다려야 한다”고 했는데, 살아 있는 불이란 불꽃이 살아 있는 숯이다. 일찍이 사신의 명을 받들어 섬주陝州 협석현峽石縣 동쪽을 지나다가, 그곳의 맑은 물을 사랑해서 열흘 동안 길 떠나는 것을 잊기도 했다. 양무제梁武帝가 절을 만든 뒤 소자운蕭子雲에게 비백체飛白體[28]로 ‘蕭’ 자를 크게 쓰게 했는데, 이약이 강회江淮에서 산림을 모두 정리하여 낙중洛中에 돌아와 살며, 작은 정자의 편액을 소제蕭齋라고 했다.

① ‘故約’은 『당시기사』에 의거하여 보충했다.

陳通方진통방

通方, 登貞元進士第, 與王播同年. 播年五十六, 通方甚少, 因期集, 撫播背曰 : “王老奉贈一第.” 言其日暮途遠, 及第同贈官也. 播恨之. 後通方丁家難, 辛苦萬狀. 播捷三科, 爲正郎, 判鹽鐵. 通方窮悴求助, 不甚給之. 時李虛中爲副使, 通方以詩求爲汲引云 : “應念路傍憔悴翼, 昔年喬木幸同遷.” 播不得已, 薦爲江西院官.

진통방은 정원 연간에 진사시에 급제했는데, 왕파王播와 동기였다. 당시 왕파의 나이는 오십육 세였고 진통방은 아주 어렸는데, 정해진 날짜에 모였을 때, 왕파의 어깨를 어루만지며 “왕선생께 급제를 받들어 올립니다”라고 했다. ‘해는 저물고 길은 멀어 급제와 함께 관직을 드린다’라는 뜻이었다. 이 말을 들은 왕파가 매우 한스러워했다. 훗날 진통방이 집안에 곤란을 당해 갖은 고생을 했는데, 왕파는 세 번의 시

28 비백체(飛白體) : 팔서체(八書體)의 하나로 팔분(八分)과 비슷한데, 필세(筆勢)가 나는 듯하고 붓 자국이 비로 쓴 자리 같아 보이는 서체다. 후한 때 채옹이 만들었다 한다.

험에서 연속 급제하여 정랑正郎과 판염철判鹽鐵에 임명되었다. 곤궁하고 초췌한 진통방이 도움을 요청하자 그다지 도움을 주지 않았다. 당시 이허중李虛中이 부사副使였는데, 진통방이 시를 지어 이끌어 줄 것을 청하기를 "길가의 초췌한 날개를 돌봐줄지어다, 지난날 높은 나무에 함께 올랐으니[應念路傍憔悴翼, 昔年喬木幸同遷]"라고 하니, 왕파가 어쩔 수 없이 강서원관江西院官으로 추천했다.

楊炎양염

元載末年, 納薛瑤英爲姬, 處以金絲帳・却塵褥, 衣以龍綃衣. 載以瑤英體輕, 不勝重衣, 於異國求此服也. 惟賈至與炎雅與載善, 往往時見其歌舞. 至贈詩曰 : "舞怯銖衣重, 笑疑桃臉開. 方知漢成帝, 空築避風臺." 炎亦贈歌云 : "雪面淡眉天上女, 鳳簫鸞翅欲飛去. 玉山翹翠步無塵, 楚腰如柳不勝春."

炎, 字公南. 常袞長於除書, 炎善德音. 自開元後, 言制詔者稱常楊. 元載與炎同郡, 炎又元出也, 故擢炎禮部侍郎. 德宗時, 位宰相.

원재元載가 말년에 설요영薛瑤英을 첩으로 삼은 뒤, 금사장金絲帳과 각진요却塵褥에 머물게 하고 용초의龍綃衣를 입혔다. 원재가 설요영의 몸이 가벼워 무거운 옷을 감당할 수 없다고 여겨 다른 나라에서 이 옷을 구해온 것이다. 가지賈至와 양염은 평소 원재와 가까워서 이따금 그녀의 노래와 춤을 보곤 했다. 가지가 지어준 시에서 "춤을 출 때는 무거운 옷이 겁나고, 웃을 때는 복사꽃 뺨이 열릴까 조심한다. 비로소 한나라 성제成帝가 부질없이 피풍대避風臺[29]를 지은 까닭을 알겠다[舞怯銖衣重, 笑疑

29 피풍대(避風臺) : 한나라 성제가 조비연을 위해 지어준 누대이다. 바람이 세게 불어 조비연이 날아갈까 염려해서였다고 한다.

桃臉開. 方知漢成帝, 空築避風臺]"라고 했고, 양염 역시 노래를 지어 주기를 "눈 같은 얼굴 담백한 눈썹의 천상 여인이, 봉황 피리 난새의 날개로 날으려 한다. 옥산玉山의 나부끼는 비취는 걸어도 먼지 일지 않고, 버들가지 같은 초나라 여인의 허리는 봄을 이루 감내하지 못하누나[雪面淡眉天上女, 鳳簫鸞翅欲飛去. 玉山翹翠步無塵, 楚腰如柳不勝春]"라고 했다.

양염의 자는 공남公南이다. 상곤은 제서除書[30]에 뛰어나고 양염은 덕음(德音 : 조서)을 잘 써서 개원 이후 제조制詔에 대해 이야기할 때 '상양常楊'이라고 일컬었다. 원재는 양염과 같은 군郡 출신이며, 양염은 또 원재에 의해 알려졌으므로 양염을 예부시랑禮部侍郎에 발탁한 것이다. 덕종 때에는 재상을 역임했다.

裴度배도

公赴敵淮西, 題名華嶽廟之闕門. 大順中, 戶部侍郎司空圖以一絶紀之曰 : "嶽前大隊赴淮西, 從此中原息戰鼙. 石闕莫敎苔蘚上, 分明認取晉公題."

樂天求馬, 裴贈以馬, 因戲云 : "君若有心求逸足, 我還留意在名姝." 引妾換馬之事. 樂天答曰 : "安石風流無奈何, 欲將赤驥換青娥. 不辭便送東山去, 臨老何人與唱歌."

「中書卽事」云 : "有意效承平, 無功答聖明. 灰心緣忍事, 霜鬢爲論兵. 道直身還在, 恩深命轉輕. 鹽梅非擬議, 葵藿是平生. 白日長懸照, 蒼蠅謾發聲. 嵩陽舊田地, 終使謝歸耕."

공이 회서淮西로 적을 치러 갔을 때, 화악묘華岳廟의 궐문闕門에 이름

30 제서(除書) : 조정에서 벼슬을 제수할 때 임명된 관리의 명단과 그 내역을 적은 문안(文案).

을 적었다. 대순(大順 : 890~891) 연간에 호부시랑戶部侍郎 사공도가 절구시로 기념하기를 "화악 대군이 회서로 가고 나서, 이때부터 중원에는 전쟁이 멈췄다. 바위 궐문에 이끼가 끼지 않도록 하라, 진공(晉公 : 배도)의 글씨를 분명히 알 수 있도록[嶽前大隊赴淮西, 從此中原息戰鼙. 石闕莫教苔蘚上, 分明認取晉公題]"이라고 했다.

백거이가 말 한 필을 요청하자, 배도가 말을 내주며 농 삼아 읊기를 "그대가 빼어난 말을 구하는 데 뜻이 있다면, 나는 아리따운 여인에게 마음이 있네[君若有心求逸足, 我還留意在名姝]"라고 하여 첩을 말과 바꾼 고사를 인용했다. 백거이가 답하기를 "안석(安石 : 사안謝安)의 풍류는 어쩔 수 없어, 적토마를 아리따운 여인과 바꾸려하네. 동산東山에 보내지는 것은 마다 않겠지만 노년에 누구와 함께 노래 부를까[安石風流無奈何, 欲將赤驥換青娥. 不辭便送東山去, 臨老何人與唱歌]"라고 했다.

「중서즉사中書卽事」에서 "승평(承平 : 평화로운 시대)에 몸 바칠 마음은 있지만 성명(聖明 : 성상聖上)에 답할 공로가 없다. 마음이 재로 변한 건 인내 때문이고, 살쩍이 서리 된 건 전쟁을 논한 탓이다. 도가 올곧아 몸은 아직 있고, 은혜 깊은데 목숨은 갈수록 가볍구나. 염매鹽梅[31]는 논하고 싶은 것이 아니고, 규곽葵藿[32]이 삶의 전부다. 태양이 오랫동안 걸려 있는데, 창승蒼蠅은 하릴없이 소리만 지껄이는구나. 옛 숭양嵩陽의 농토로, 모두 그만두고 돌아가 밭갈이하고 싶다[有意效承平, 無功答聖明. 灰心緣忍事, 霜鬢爲論兵. 道直身還在, 恩深命轉輕. 鹽梅非擬議, 葵藿是平生. 白日長懸照, 蒼蠅謾發聲. 嵩陽舊田地, 終使謝歸耕]"라고 했다.

---

31 염매(鹽梅) : 소금과 식초로 간을 잘 맞춘다는 것으로 신하가 임금을 도와 훌륭한 정치를 펴게 한다는 의미이다. 『서경』「열명(說命)」하 참고.

32 규곽(葵藿) : 해바라기. 해바라기가 해를 따라 움직이는 데서, 아랫사람이 윗사람을 충심으로 따르는 것을 비유.

韓愈한유

"喚起窗全曙, 催歸日未西. 無心花裏鳥, 更與盡情啼." 乃二禽名也. 喚起, 聲如絡緯, 圓轉淸亮, 偏鳴於春曉, 江南謂之春喚. 催歸, 子規也.

元和十二年, 裴度宣慰淮西, 奏公行軍司馬, 有從軍洎途中諸篇. 其間「次潼關寄張十二使君」詩云: "荊山已去華山來, 日照潼關四扇開. 刺史莫辭迎候遠, 相公新破蔡州回." 又「次潼關上都統相公」云: "暫辭堂印執兵權, 儘管諸軍破賊年. 冠蓋相望催入相, 待將功德格皇天." 又「桃林夜賀晉公」云: "西來騎火照山紅, 夜宿桃林臘月中. 手把命珪兼相印, 一時重疊賞元功." 數篇皆有奧旨. 元濟平, 遷刑部侍郎.

十四年正月, 表乞燒棄佛骨. 疏入, 貶潮州刺史. 有「次藍關示侄孫湘」詩云: "一封朝奏九重天, 夕貶潮陽路八千. 欲爲聖明除弊事, 豈將衰朽計殘年. 雲橫秦嶺家何在, 雪擁藍關馬不前. 知汝遠來應有意, 好收吾骨瘴江邊." 是歲十月, 量移袁州刺史.「酬張韶州」詩云: "明詩遠逐事何如, 遇赦移官罪未除. 北望詎令隨塞雁, 南遷才免葬江魚. 將經貴郡須留客, 先惠高文謝起予. 暫欲繫舟韶石下, 上賓虞舜整冠裾."

又「留別張使君」云: "來往再逢梅柳新, 別離一醉綺羅春. 久欽江總文才妙, 自歎虞翻骨相屯. 鳴笛急吹催落日, 淸歌緩送感行人. 已知奏課當徵拜, 那復淹留詠白蘋."

"일어나라 부르니(喚起) 창은 훤히 밝고, 돌아가자 하는데(催歸) 날은 아직 기울지 않았네. 꽃 속의 무심한 새들이, 다시금 정을 다해 우짖누나[喚起窗全曙, 催歸日未西. 無心花裏鳥, 更與盡情啼]"라고 했는데, 바로 두 마리 새의 이름이다. 환기喚起는 소리가 베짱이와 같아서 맑고 고우며 봄날 새벽에만 우는데 강남에서는 춘환春喚이라 한다. 최귀催歸는 자규子規다.

원화 12년(815)에 회서淮西를 선위宣慰[33]할 때, 공을 행군사마行軍司馬로 추천했는데 「종군從軍」과 「도중途中」 등 여러 편을 남겼다. 그 가운데 「차동관기장십이사군次潼關寄張十二使君」에서 "형산을 지나자 화산이 오며, 해가 비친 동관潼關은 사방이 활짝 열렸다. 자사는 먼 곳까지 마중 나오는 것을 사양하지 말라, 상공께서는 채주蔡州를 격파하고 돌아오는 길이니[荊山已去華山來, 日照潼關四扇開. 刺史莫辭迎候遠, 相公新破蔡州回]" 라고 하고, 또 「차동관상도통상공次潼關上都統相公」에서 "당인堂印[34]을 잠시 사양하고 병권兵權을 잡은 것은, 적을 격파하는 제군諸軍을 관장하는 때이다. 사신이 이어지며 재상으로 들일 것을 재촉하여, 하늘에 닿을 공덕을 기다리네[暫辭堂印執兵權, 儘管諸軍破賊年. 冠蓋相望催入相, 待將功德格皇天]"라고 하고, 또 「도림야하진공桃林夜賀晉公」에서 "서쪽에서 온 기마의 불빛이 산을 붉게 비추며, 섣달 달 밝은 도림桃林에서 하루를 묵는다. 손에는 명규命珪[35]와 상인(相印 : 재상의 인장)을 들었으니, 큰 공로에 내린 상이 일시에 겹쳤네[西來騎火照山紅, 夜宿桃林臘月中. 手把命珪兼相印, 一時重疊賞元功]"라고 했는데, 이들 시에는 모두 깊은 뜻이 들어 있다. 원제元濟가 평정되자 형부시랑刑部侍郎으로 옮겼다.

원화 14년(817) 정월에 부처의 사리를 불태울 것을 요청하는 표表, 「논불골표論佛骨表」를 올렸는데, 글이 조정에 들어가고 나서, 조주자사潮州刺史로 좌천되었다. 「차남관시질손상次藍關示侄孫湘」에서 "아침에 구중궁궐에 상소를 올렸다가, 저녁에 팔천 리 조양潮陽으로 귀양을 갔다. 성주聖主를 위해 폐단을 없애려 했을 뿐, 노쇠한 몸이 남은 생을 계산했으랴. 구름이 진령秦嶺을 비꼈는데 내 집은 어디인가, 눈이 남관藍關을 막아 말이 나아가지 못한다. 네가 멀리서 온 것은 반드시 생각이 있을 터, 장기瘴氣 서린 강가에서 내 뼈를 거두려무나[一封朝奏九重天, 夕貶潮陽路

---

33 선위(宣慰) : 대신이 황제를 대신하여 한 지방을 시찰하면서 정령(政令)을 선양(宣揚)하여 백성들을 안무(安撫)하는 것을 말한다.

34 당인(堂印) : 재상이 정사당(政事堂)에서 사용하는 관인(官印)이다.

35 명규(命珪) : 제왕이 대신들에게 내려준 옥규(玉圭)이다.

八千. 欲爲聖明除弊事, 豈將衰朽計殘年. 雲橫秦嶺家何在, 雪擁藍關馬不前. 知汝遠來應有意, 好收吾骨瘴江邊]"라고 했다. 이해 10월에 원주자사袁州刺史로 양이量移[36]되었다. 「수장소주酬張韶州」에서 "태평시대에 멀리 내쫓기다니 웬일인가, 사면 받아 자리 옮겼어도 죄가 해소되지 않았네. 북쪽 바라볼 때 어찌 변방 기러기를 따르게야 하랴, 남쪽으로 옮겨 그나마 강 물고기에 장사지내는 것을 면했다. 귀군貴郡을 지날 테니 반드시 나그네를 붙잡아야 할 터, 먼저 귀한 글을 보내주어 고맙게도 날 일으켜주는구나. 잠시 소석韶石 아래에 배를 묶어두려 하니, 우순虞舜의 상객上客으로 여겨 의관을 정제할지어다[明詩遠逐事何如, 遇赦移官罪未除. 北望詎令隨塞雁, 南遷才免葬江魚. 將經貴郡須留客, 先惠高文謝起予. 暫欲繫舟韶石下, 上賓虞舜整冠裾]"라고 했다.

또 「유별장사군留別張使君」에서 "오가다 매화 버들이 새로 피는 때를 다시 만나, 이별의 자리에서 기라춘(綺羅春 : 술의 일종)에 한껏 취한다. 기묘한 강총江總[37]의 문재를 오랫동안 흠모하고, 아둔한 우번虞翻[38]의 골상骨相에 스스로 한탄했다. 다급한 젓대 소리 지는 해를 재촉하지만, 청아한 노래가 떠나는 이의 발길을 늦춘다. 고과에서 임명돼 갈 줄 이미 알았지만, 어찌하면 오래 붙잡고 백빈白蘋[39]을 노래할 수 있을까[來往再逢梅柳新, 別離一醉綺羅春. 久欽江總文才妙, 自歎虞翻骨相屯. 鳴笛急吹催落日, 淸歌緩送感行人. 已知奏課當徵拜, 那復淹留詠白蘋]"라고 했다.

---

36 양이(量移) : 귀양 간 사람의 정상을 참작하여 조금 나은 지방으로 옮겨 주는 것이다.

37 강총(江總) : 남북조 때 고성(考城) 사람으로 자는 총지(總持)이다. 6대조 강이(江夷)는 남조 송의 재상이었고, 강총 또한 시문으로 당대에 이름이 높았으며 벼슬도 재상에 이르렀다.

38 우번(虞翻) : 삼국시대 오나라 사람인데, 성품이 강직하여 손권(孫權)에게 자주 직간(直諫)을 하다가 그의 비위를 거슬러, 늙은 나이에 교주(交州)에 방기(放棄)되었다. 이때 찾아온 수많은 문도들에게 강학을 하고 저술에 힘쓰다가 칠십 세의 나이로 그곳에서 죽었다. 『삼국지』 권57 참고.

39 백빈(白蘋) : 『시경』 「소남(召南)」 「채빈(采蘋)」에서 인용된 것으로, 시의 제재를 지칭하거나 시를 짓는 뛰어난 능력을 비유하기도 한다.

張籍장적

籍「宿江上」詩云："楚驛南渡口, 夜深來客稀. 月明見潮上, 江靜覺鷗飛. 旅次今已遠, 此行殊未歸. 離家久無信, 又聽搗寒衣." 或云：劉長卿「餘干旅舍」云："搖落暮天迥, 丹楓霜葉稀. 孤城向水閉, 獨鳥背人飛. 渡口月初上, 鄰家漁未歸. 鄉心正欲絶, 何處搗寒衣!" 慨相類也.

籍, 字文昌, 和州人. 歷水部員外郎, 終主客郎中.

"蕃漢斷消息, 死生長別離."【句】"常於送人處, 憶得別家時."【句】"流光暫出還入地, 使我年少不須臾."【句】右張爲取作「主客圖」.

「送裴相公鎭太原」云："盛德雄名遠近知, 功高先乞守藩籬. 銜恩暫遣分龍節, 署敕還同在鳳池. 天子親臨樓上送, 朝官齊出道邊辭. 明年塞北諸蕃落, 應起生祠請立碑."

白樂天讀籍詩集云："張公何爲者, 業文三十春. 尤工樂府詞, 擧代少其倫." 姚合讀籍詩, 有詩云："妙絶江南曲, 凄涼怨女詩. 古風無敵手, 新語是人知."

장적張籍의 「숙강상宿江上」에서 "초나라 역 남쪽 포구에, 깊은 밤 찾아오는 객이 드물다. 달이 밝아 조수 밀려오는 것 보이고, 강이 조용해 갈매기 나는 것을 안다. 여관이 이미 멀리 있으니, 이 발길 자못 돌아가지 못하리라. 고향 떠나 오랫동안 소식 없는데, 또다시 겨울옷 다듬이 소리를 듣는다[楚驛南渡口, 夜深來客稀. 月明見潮上, 江靜覺鷗飛. 旅次今已遠, 此行殊未歸. 離家久無信, 又聽搗寒衣]"라고 했다. 혹자는 유장경이 「여간여사餘干旅舍」에서 "쓸쓸한 석양은 아득한데, 단풍에 서릿잎은 드물다. 성은 물을 향해 닫혔고, 새는 사람 등지고 날아간다. 포구에는 달이 솟아오르고, 이웃집에는 어부가 돌아오지 않았다. 고향 그리워 애가 끊는데, 어느 곳에서 겨울옷을 다듬이질하는가[搖落暮天迥, 丹楓霜葉稀. 孤城向水閉, 獨鳥背人飛. 渡口月初上, 鄰家漁未歸. 鄉心正欲絶, 何處搗寒衣!]"라고 한 시를 거론하며, 유사한 처지의 개탄이라 했다.

장적의 자는 문창文昌이고, 화주和州 사람이다. 수부원외랑水部員外郎을 역임하고, 주객낭중主客郎中으로 생을 마쳤다.

"번蕃과 한漢이 소식 끊겼으니, 죽는 이와 사는 이가 영원히 이별했네[蕃漢斷消息, 死生長別離]", "사람을 전송할 때면, 고향 떠났을 때가 떠오르네[常於送人處, 憶得別家時]", "흐르는 빛이 나타났다 이내 사라지니, 나의 젊은 날이 많지가 않겠네[流光暫出還入地, 使我年少不須臾]"라는 구절로 장위가 「주객도」를 그렸다.

「송배상공진태원送裴相公鎭太原」에서 "성대한 덕과 위대한 명성은 원근이 잘 알아, 공로가 큼에도 앞장서 변방 지킬 것을 자청했네. 은혜를 가슴에 안고 용의 부절 나누어 파견되었지만 칙서敕書의 서명은 봉황지에 있을 때나 다름없네. 천자께서 누각 위 전송의 자리에 친히 임하시고, 조정 대신은 일제히 길가에서 배웅하네. 해가 지나면 변방 북쪽의 많은 곳에, 생사당生祠堂을 짓고 송덕비 세울 것을 요청하리라[盛德雄名遠近知, 功高先乞守藩籬. 銜恩暫遣分龍節, 署敕還同在鳳池. 天子親臨樓上送, 朝官齊出道邊辭. 明年塞北諸蕃落, 應起生祠請立碑]"라고 했다.

백거이가 장적의 시집을 읽고 지은 시에서 "장공은 어떤 분인가, 문학에 힘쓴 지 삼십 년이네. 악부사樂府詞에 더욱 뛰어나, 세상에 견줄 자 흔치 않네[張公何爲者, 業文三十春. 尤工樂府詞, 擧代少其倫]"라고 하고, 요합이 장적의 시를 읽고 지은 시에서 "절묘한 강남곡江南曲, 서글픈 원녀怨女의 시. 고풍古風에는 적수가 없어, 새로운 시어를 사람들이 알고 있다[妙絶江南曲, 凄涼怨女詩. 古風無敵手, 新語是人知]"라고 했다.

李道昌 이도창

道昌, 唐大曆十三年爲蘇州觀察使. 一日, 郡城外虎邱山有鬼題詩二

首, 隱於石壁

之上, 云 : "青松多悲風, 蕭蕭聲且哀. 南山接幽隴, 幽隴空崔巍. 白日徒昭昭, 不照長夜臺. 雖知生者樂, 魂魄安能徊. 況復念所親, 慟哭心肝摧. 慟哭更何言, 哀哉復哀哉!" 又曰 : "神仙不可學, 形化空遊魂. 白日非我朝, 青松爲我門. 雖復隔幽顯, 猶知念子孫. 何以遣悲惋, 萬物歸其根. 寄語世上人, 莫厭臨芳樽. 莊生問枯骨, 王樂成虛言." 道昌異其事, 遂具奏聞, 准敕令致祭. 道昌爲其文曰 : "嗚呼! 萬古邱陵, 化無再出. 君若何人, 能閒詩筆. 何代而亡, 誰人子侄. 曾作何官, 是誰仙室. 寂寞夜臺, 悲乎白日. 不向紙上, 石中隱出. 桃源三月, 深草垂楊. 黃鶯百囀, 猿聲斷腸. 不題姓字, 寧辨賢良. 嗚呼哀哉! 歎昔先賢, 空傳經史, 終無再還. 青松嶺上, 嵯峨碧山. 大唐王業,① 已紀詩言. 痛復痛兮何處賓, 悲復悲兮萬古墳. 能作詩兮動天地, 聲悲怨兮淚沾巾. 感我皇兮列清酌, 願當生兮事明君." 祭後經數日, 再有詩一絶于石云 : "幽冥雖異路, 平昔忝攻文. 欲知潛昧處, 山北兩孤墳." 後於寺山之北, 果有二墳極高大, 荊榛叢茂, 詢諸耆老, 竟不知何姓氏, 至今猶存.

皮日休和云 : "念爾風雅魂, 幽咽能攻文. 空令傷魂鳥, 啼破山邊墳." 陸龜蒙和云 : "靈氣猶不死, 尚能成綺文. 如何孤窆裏, 猶自讀三墳."

① "王"原作"正", 據『紀事』改.

이도창은 당 대력 13년(778)에 소주관찰사蘇州觀察使가 되었다. 어느 날 군郡 성곽 밖 호구산虎邱山에 귀신이 지었다는 시가 석벽 위에 숨겨져 있었다. 내용은 이러했다. "푸른 소나무에 슬픈 바람이 일어, 쓸쓸하고 또 구슬프다. 남쪽 산은 깊숙한 언덕과 이어지고, 깊숙한 언덕은 하염없이 드높다. 태양은 한낱 밝기만 한 채, 장야대長夜臺를 비추지 않는다. 산 자의 즐거움을 잘 알지만, 혼백이 어떻게 되돌아오랴. 하물며 가까웠던 이를 떠올리면, 통곡에 애간장이 끊거늘. 통곡밖에 무슨 말을 더 하랴, 슬프고 또 슬프다![青松多悲風, 蕭蕭聲且哀. 南山接幽隴, 幽隴空崔巍.

白日徒昭昭, 不照長夜臺. 雖知生者樂, 魂魄安能徊. 況復念所親, 慟哭心肝摧. 慟哭更何言, 哀哉復哀哉]", "신선은 배울 것이 못 돼, 형체가 산화하여 넋만 떠돈다. 태양은 나의 아침이 아니고, 푸른 소나무만이 나의 문이다. 삶과 죽음이 가로막혔어도, 자손을 그리워할 줄은 안다. 어찌하면 슬픔과 원한을 떨쳐내고, 모두가 뿌리로 되돌아갈 수 있을까. 세상 사람들에게 말하노니, 맛 좋은 술잔 드는 것을 마다하지 말라. 장생莊生이 마른 뼈에게 물었나니, 왕의 즐거움은 공허한 말이었다.[神仙不可學, 形化空遊魂. 白日非我朝, 青松爲我門. 雖復隔幽顯, 猶知念子孫. 何以遣悲惋, 萬物歸其根. 寄語世上人, 莫厭臨芳樽. 莊生問枯骨, 王樂成虛言.]" 이도창이 이 이야기를 남다르게 생각하여 조정에 보고하자, 제사를 지내라는 칙령이 내려졌다. 이도창이 제문을 짓기를 "아! 만고의 무덤들은, 형체가 산화한 뒤 다시 나타나는 일이 없었네. 그대는 누구이기에, 시를 짓는단 말인가. 어느 시대에 떠났으며, 누구의 자손인가? 어떤 관직을 역임했으며, 누구의 선실仙室에 있는가? 적막한 야대夜臺에서, 한낮에 슬피 울며, 종이 위에 쓰지 않고, 바위 속에 숨어 있구나. 3월 도원桃源에, 풀은 무성하고 버들 드리웠다. 꾀꼬리 울어대고, 잔나비는 애간장 녹인다. 이름을 써놓지 않았으니, 누구인지 어찌 알겠는가. 아, 슬프구나! 지난 선현들은 경사經史에 부질없이 이름만 전할 뿐, 끝내 다시 되돌아오진 않았다. 푸른 소나무 고개 위로, 푸른 산이 드높다. 대당大唐의 왕업王業은, 이미 시로써 기록되었다. 애통하고 애통하구나 어느 곳 빈객인가, 슬프고 슬프구나 만고의 무덤이다. 시를 지어 천지를 흔들고, 비탄의 소리에 눈물이 수건을 적신다. 우리 황제를 감격시켜 맑은 술잔 진열하니, 부디 다시 태어날 때면 현명한 군주를 섬기길 바란다"라고 했다. 제사를 지내고 며칠이 지나, 다시 돌 위에 절구시 1수가 있었는데, "이승과 저승이 길이 다르지만, 평소 글을 다듬는 데 노력했다네. 숨어 있는 곳을 알려면, 산 북쪽 두 봉분이라네[幽冥雖異路, 平昔忝攻文. 欲知潛昧處, 山北兩孤墳]"라고 했다. 그 뒤에 사산 북쪽에 정말 큰 두 기의 봉분이 있었는데, 가시덤불로 뒤덮여 있었다. 마을의 원로들에게 물었으나 끝내 누구인지 몰랐으며 지금도 그대로 남아 있다.

피일휴가 화답하기를 "그대 풍아風雅의 넋이여, 저승의 목소리로 글을 지어대는구나. 공연히 슬픈 넋의 새로 하여금, 산비탈 무덤에서 울게 하는구나[念爾風雅魂, 幽咽能攻文. 空令傷魂鳥, 啼破山邊墳]"라고 하고, 육구몽陸龜蒙이 화답하기를 "신령의 기운이 아직도 죽지 않고, 비단결 글을 지어내는구나. 어찌하여 고단한 봉분 속에서, 아직도 「삼분三墳」을 읽고 있을까[靈氣猶不死, 尙能成綺文. 如何孤窆裏, 猶自讀三墳]"라고 했다.

① '王'은 본래 '正'으로 되어 있었는데, 『당시기사』에 의거하여 고쳤다.

陸暢 육창

暢, 字達夫, 吳郡人. 韋皋雅所厚禮. 天寶時, 李白爲「蜀道難」以斥嚴武, 暢更爲「蜀道易」以美皋.

又「經崔諫議林亭」云:"蟬噪入雲樹, 風開無主花."

初爲江西王仲舒從事, 拂衣去. 後遇雲陽公主下降, 百僚擧暢爲儐相, 詩皆頃刻而成.

「詠簾」曰:"勞將素手捲蝦鬚, 瓊室流光更綴珠. 玉漏報來過夜半, 可堪潘岳立踟躕."「詠竹帳」曰:"碧玉爲竿丁字成, 鴛鴦繡帶短長馨. 强遮天上花顔色, 不隔雲中笑語聲."

詔作催粧五言曰:"雲陽公主貴, 出嫁五侯家. 天母親調粉, 日兄憐賜花. 催鋪百子帳, 待障七香車. 借問粧成未, 東方欲曉霞." 內人以其吳音捷才, 以詩嘲之云:"十二層樓倚翠空, 鳳鸞相對立梧桐. 雙成走報監門衛, 莫使吳歈入漢宮."【或曰:宋若蘭姊妹作】陸酬曰:"粉面仙郎選尙朝, 偶逢秦女學吹簫. 雖敎翡翠聞王母, 不奈烏鳶噪鵲橋." 六宮大咍, 別賜宮錦楞伽甁·唾盂各一.

暢謁韋皋, 作「蜀道易」詩云 : "蜀道易, 易於履平地." 皋大喜. 皋薨, 朝廷欲繩其旣往之事, 復閱先進兵器, 上皆刻定秦二字. 不相與者因造成罪名.① 暢上疏理之曰 : "臣在蜀日, 見造所進兵器.

'定秦者, 匠名也.'" 由此得釋.

段成式曰 : "暢, 江東人. 語多差誤, 人以爲劇語. 初娶董溪女, 每旦婢進澡豆, 暢輒沃水服之. 或曰 : '君爲貴門女婿, 幾多樂事.' 陸暢曰 : '貴門苦禮法, 婢子食辣麮, 殆不可過.'"

① "因"原作"皆", 據『紀事』改.

육창의 자는 달부達夫이고, 오군吳郡 사람이다. 위고韋皐가 평소 그를 후대했다. 천보 시절에 이백李白이 「촉도난蜀道難」을 지어 엄무嚴武를 비판했는데, 육창이 다시 「촉도이蜀道易」를 지어 위고를 찬양했다.

또 「경최간의임정經崔諫議林亭」에서 "매미는 구름 잠긴 나무에서 울어대고, 바람은 주인 없는 꽃을 피운다[蟬噪入雲樹, 風開無主花]"라고 했다.

일찍이 강서江西 왕중서王仲舒의 종사從事로 있다가 옷자락을 펄럭이고 떠났다. 훗날 운양공주雲陽公主가 혼례를 치를 때, 백관들이 육창을 천거하여 빈상儐相으로 삼았는데, 시를 모두 짧은 순간에 완성했다.

「영렴詠簾」에서 "하얀 손으로 새우수염(주렴)을 애써 말아 올리니, 옥같은 방에 빛이 흐르고 다시 구슬을 꿰어 놓았네. 옥루玉漏에서 밤이 절반 지났다고 알려오니, 반악이 서서 서성일 만하네[勞將素手捲蝦鬚, 瓊室流光更綴珠. 玉漏報來過夜半, 可堪潘岳立踟躕]"라고 하고, 「영죽장詠竹帳」에서 "푸른 옥으로 장대 만들어 정자丁字를 이루니, 원앙의 수繡가 길고 짧은 향기를 띠고 있네. 천상의 꽃 같은 얼굴을 일부러 가렸지만 구름 속 웃음소리조차 막지는 못했네[碧玉爲竿丁字成, 鴛鴦繡帶短長馨. 强遮天上花顔色, 不隔雲中笑語聲]"라고 했다.

조칙을 받아 지은 오언시 「최장催粧」에서 "운양공주雲陽公主 귀한 분이, 오후五侯의 집안으로 시집가시네. 천모天母께서 직접 분을 고르고,

일형日兄께서는 사랑스럽게 꽃을 내리시네. 백자도百子圖[40] 펼칠 것을 재촉하고, 칠향거七香車[41] 가림막을 기다리네. 신부의 치장은 끝마치셨나, 동쪽에서 새벽 동이 트려하는데[雲陽公主貴, 出嫁五侯家. 天母親調粉, 日兄憐賜花. 催鋪百子帳, 待障七香車. 借問粧成未, 東方欲曉霞]"라고 했다. 내인(內人 : 궁내인)이 그의 오음吳音이 빠르고 기교만 넘친다는 이유로 시를 지어 조롱하기를 "십이 층 누대는 창공에 기대 있고, 오동 사이에 봉황과 난새가 마주해 서 있다. 쌍성雙成[42]이 달려와 문지기에게 보고하기를 오나라 노래가 한나라 궁 안으로 들어오게 하지 말라 한다[十二層樓倚翠空, 鳳鸞相對立梧桐. 雙成走報監門衛, 莫使吳歈入漢宮]"【혹자는 송나라 약난若蘭 자매가 지은 것이라 한다】라고 하자, 육창이 화답하기를 "분장한 선랑仙郎이 공주의 부군에 선발되었는데, 우연히 진秦나라 여인을 만나 퉁소를 배웠네. 비취(翡翠 : 새이름)로 하여금 서왕모에게 들려주게 했지만 까마귀 솔개가 까치 다리에서 조잘대는 것을 어찌할 수 없네[粉面仙郎選尙朝, 偶逢秦女學吹簫. 雖敎翡翠聞王母, 不奈烏鳶噪鵲橋]"라고 했다. 육궁(六宮 : 황후)이 크게 기뻐하여 특별히 궁금능가병宮錦楞伽瓶과 타우唾盂 하나씩을 하사했다.

육창이 위고를 뵙고 「촉도이」를 지어 "촉도蜀道가 쉬워, 평지를 밟는 것보다 쉽다네[蜀道易, 易於履平地]"라고 읊자, 위고가 크게 기뻐했다. 위고가 죽자, 조정에서 그의 지난 일을 계승하고자 하여 다시 지난날 올려진 병기들을 살펴보니, 병기마다 모두 '정진'(定秦 : 중원을 평정하다) 두 글자가 새겨져 있었다. 위고와 어울리지 않는 자들이 이 일로 인해 위

---

40 백자도(百子圖) : 백자영폭도(百子迎福圖), 백자희춘도(百子嬉春圖), 백자희춘도(百子戲春圖) 등으로 불린다. 전설에 의하면 주나라 문왕에게 구십구 명의 아이가 있었는데 뇌진자(雷震子)를 데려와 백 명을 채웠으며, 이 아이들을 '문왕백자(文王百子)'라고 했다 한다.

41 칠향거(七香車) : 각종 향목으로 만든 수레로 귀인이 타는 화려한 수레를 말한다.

42 쌍성(雙成) : 서왕모의 시녀인 동쌍성(董雙城)을 말한다. 서왕모가 한 무제의 궁중에서 연회를 베풀 때, 쌍성에게 운화(雲和)라는 피리 음악을 연주하게 했다 한다.

고에게 죄명을 덧씌우자, 육창이 상소를 올려 이해시키기를 "신이 촉에 있을 때 만들어 올린 병기들을 보았는데 '정진定秦'은 장인匠人의 이름이었습니다"라고 하여 죄명을 벗어나게 했다.

단성식段成式이 말하기를 "육창은 강동江東 사람이며, 말에 오류가 많아 사람들이 희극어(劇語)라고 했다. 처음에 동계董溪의 딸을 부인으로 맞이했는데, 매일 아침마다 여종이 조두澡豆[43]를 올리면 바로 물에 담갔다가 먹었다. 혹자가 묻기를 '그대는 귀한 집안의 사위인데, 얼마나 즐거운가'라고 하니, 육창이 이르기를 '귀한 집안은 예법이 고달프고, 여종이 매운 보릿가루 등을 먹여서 자못 지낼 수가 없다'라고 했다"라고 했다.

① '因'은 본래 '皆'로 되어 있었는데, 『당시기사』에 의거하여 고쳤다.

李翱이고

翱在潭州, 席上有舞「柘枝」者, 顔色憂悴, 殷堯藩侍御當筵贈詩曰: "姑蘇太守青娥女, 流落長沙舞柘枝. 滿座繡衣皆不識, 可憐紅臉淚雙垂." 翱詰其事, 乃故蘇臺韋中丞愛姬所生之女.①【夏卿之裔, 正卿之侄】曰: "妾以昆弟夭折, 委身樂部, 恥辱先人." 言訖涕咽, 情不能堪. 亞相爲之吁歎, 且曰: "我韋族姻舊." 速命更其舞衣, 飾以袿襦, 延與韓夫人相見.【夫人, 吏部侄女】② 顧其方語清楚, 宛有冠蓋風儀, 遂於賓榻中選士而嫁之. 舒元輿侍郎聞之, 自京馳詩曰: "湘江舞罷忽成悲, 便脫蠻靴出絳帷. 誰是蔡邕琴酒客, 魏公懷舊嫁文姬."

① "故"原作"姑", 據『紀事』改.

② 『紀事』作"吏部之子."

43 조두(澡豆): 녹두, 팥 따위를 갈아서 만든 가루비누이다.

이고가 담주潭州에 있을 때, 연회석에서 「자지柘枝」춤을 추는 여인이 있었는데, 얼굴에 수심이 가득하고 초췌했다. 시어侍御 은요번殷堯藩이 연회석에서 시를 지어주기를 "고소태수姑蘇太守의 푸른 눈썹의 여인이, 장사長沙에 유락해 자지춤을 추네. 좌상의 높으신 이들은 모두 모르지만, 붉은 뺨에 두 줄 눈물이 애처롭네[姑蘇太守青娥女, 流落長沙舞柘枝. 滿座繡衣皆不識, 可憐紅臉淚雙垂]"라고 했다. 이고가 그 까닭을 묻자, 그녀는 바로 지난날 소대蘇臺 위중승韋中丞이 사랑했던 여인이 낳은 딸이었다【위하경韋夏卿의 후예이며, 위정경韋正卿의 조카이다】. 그녀가 이르기를 "첩은 형제가 요절해서, 악부樂部에 몸을 맡겨 살며 선인을 욕되게 하고 있습니다"라고 하며 말을 마치자 눈물을 흘리는데 정상이 참 애처로웠다. 아상(亞相 : 어사대부)이 탄식하며 말하기를 "나는 위중승 집안의 인척이다"라고 하고, 속히 무의舞衣를 규유袿襦로 갈아입게 한 뒤, 주선해서 한부인韓夫人을 만나게 했다【부인은 이부吏部의 질녀侄女였다】. 살펴보니, 그녀의 목소리가 청초하여 대갓집 규수의 모습이 완연해서, 마침내 손님 가운데 괜찮은 사람을 선택해서 시집보냈다. 시랑侍郎 서원여舒元輿가 이 소식을 듣고 서울로부터 바로 시를 써서 보내기를 "상강湘江의 춤이 끝나자 갑자기 슬픔이 복받쳐, 이내 오랑캐의 신발을 벗고 붉은 휘장을 내려왔네. 누가 채옹의 금주琴酒를 즐겼던 손님인가, 위공(魏公 : 조조)이 옛 정을 생각하여 문희文姬를 시집보냈네[湘江舞罷忽成悲, 便脫蠻靴出絳帷. 誰是蔡邕琴酒客, 魏公懷舊嫁文姬]"[44]라고 했다.

① '故'는 본래 '姑'로 되어 있었는데, 『당시기사』에 의거하여 고쳤다.

② 『당시기사』에 '吏部之子'로 되어 있다.

---

44 채옹 …… 시집보냈네 : 채문희(蔡文姬)는 후한 채옹의 딸로 글과 음률에 능했다. 처음에 위중도(衛仲道)란 사람에게 시집갔는데, 그가 죽자 친정에 와 있다가 난리를 만나 흉노에게 포로로 잡혀갔다. 흉노에 십이 년 동안 있다가 조조의 주선으로 돌아와 동사(董祀)란 사람에게 개가했다. 『후한서』 「동사처전(董祀妻傳)」 참고.

孟郊 맹교

李翺薦孟郊于張建封云：“玆有平昌孟郊，正士也. 伏聞執事舊知之. 郊爲五言詩，自前漢李都尉蘇屬國及建安諸子，南朝二謝，郊能兼其體而有之.” 李觀薦郊于梁肅補闕書曰：“郊之五言詩，其有高處，在古無上，其有平處，下顧兩謝.” 韓愈送郊詩曰：“作詩三百首，杳默「咸池」音.” 彼三子皆知言也，豈欺天下之人哉! 效窮餓，不得安養其親，周天下無所遇，作詩曰：“食薺腸亦苦，强歌聲無歡. 出門卽有礙，誰謂天地寬!” 其窮也甚矣. 凡聖人奇士，自以所負，不苟合於世，是以雖見之，難得而知也. 見而不能知其賢，如弗見而已矣，知其賢而不能用，如弗知其賢而已矣，用而不能盡其才，如弗用而已矣，盡其才而容讒人之所間者，如弗盡才而已矣. 故見賢而能知，知而能用，用而能盡其才而不容讒人之所間者，天下一人而已矣.

郊「下第」詩曰：“棄置復棄置，情如刀劍傷.” 又「再下第」詩曰：“一夕九起嗟，夢知不到家. 兩度長安陌，空將淚見花.” 而後及第，有詩曰：“昔日齷齪不足嗟，今朝曠蕩思無涯. 靑春得意馬蹄疾，一日看盡長安花.” 一日之間，花卽看盡，何其速也. 果不達.

이고가 장건봉張建封에게 맹교를 추천하기를 “여기 평창平昌 맹교가 있으니, 정직한 선비입니다. 집사執事께서도 일찍이 알고 있다고 들었습니다. 맹교가 오언시를 짓는데, 전한의 이도위(李都尉 : 이릉), 소속국(蘇屬國 : 소무)과 건안의 제자諸子와 남조의 이사(二謝 : 사령운 · 사조)를 모두 겸유하고 있습니다”라고 했고, 이관李觀이 보궐補闕 양숙梁肅에게 맹교를 추천하기를 “맹교의 오언시는 고상한 곳에서는 이전에 따라갈 자가 없고, 일반적인 곳에서는 두 사씨謝氏를 아래로 쳐다봅니다”라고 했으며, 한유가 맹교를 전송하며 지은 시에서 “지은 시 삼백 수가 「함지咸池」[45]의 음을 잠재우네”라고 했다. 저들 세 사람은 모두 ‘말을 아는’ 사람들인데, 어떻게 세상 사람을 속이겠는가. 맹교가 곤궁하여 부모를 잘 봉양할 수 없고 세상을 주유했으나 알아주는 사람을 만나지 못하자, 시를 짓기를 "냉이를 먹으니 창자도 쓰고, 억지로 노래하니 소리가 기쁘지 않네. 문을 나서면 바로 장애가 나타나는데, 누가 세상이 넓다고 말하는가[食薺腸亦苦, 强歌聲無歡. 出門卽有礙, 誰謂天地寬]"라고 했으니, 대단히 곤궁했던 것이다. 무릇 성인과 뛰어난 선비는 가진 포부를 세상과 구차스럽게 맞추려 하지 않으므로 그들을 보아도 알아보기가 어렵다. 보고도 현명함을 알아채지 못한다면 보지 않음과 다름없고, 현명함을 알고도 등용하지 않는다면 현명함을 알아채지 못한 것과 다름없고, 등용하고도 재능을 맘껏 펼치게 하지 못한다면 등용하지 않음과 다름없으며, 재능을 맘껏 발휘하게 하고도 아첨꾼의 이간질을 용납한다면 재능을 맘껏 펼치지 못하게 함과 다름없다. 그래서 현자를 보고 알아차리고, 알아차려 등용하고, 등용하여 재능을 마음껏 펼치게 하면서, 아첨꾼의 이간질이 용납되게 하지 않게 한 것은 세상에 한 사람뿐이다.

맹교가 「하제下第」에서 "버림받고 또 버림받으니, 이 마음 칼로 도려낸 듯하네[棄置復棄置, 情如刀劍傷]"라고 하고, 또 「재하제再下第」에서 "하룻밤에 아홉 번 일어나 한숨을 쉬니, 꿈속에서도 집에 오지 않는 줄로 아네. 두 번의 장안 언덕에서, 하염없이 눈물로 꽃을 바라보네[一夕九起嗟, 夢知不到家. 兩度長安陌, 空將淚見花]"라고 했는데, 훗날 급제를 하고 나서 시를 짓기를 "지난날의 악착같음은 탄식거리가 못 되고, 오늘 툭 터진 가슴은 한없이 허허롭네. 득의에 찬 청춘에 말발굽 빨라서, 하루에 장안 꽃을 모두 구경하네[昔日齷齪不足嗟, 今朝曠蕩思無涯. 青春得意馬蹄疾, 一日看盡長安花]"라고 했다. 하루 만에 꽃을 다 봐버렸으니, 어찌 그

---

45 「함지(咸池)」: 고대 황제(黃帝)의 음악이다. 『장자(莊子)』 「지락(至樂)」에, 황제가 동정의 들판에서 이 음악을 연주하자, 새가 듣고 높이 날아가고 짐승들도 모두 달아났다는 이야기가 실려 있다.

토록 빠르단 말인가. 그는 정말 현달하지 못했다.

劉叉유차

劉叉, 節士也. 少放肆, 爲俠行,① 因酒殺人亡命. 會赦, 出, 更折節讀書, 能爲歌詩. 然恃故時所負, 不能俯仰貴人. 聞韓愈接天下士, 步謁之. 作「冰柱」「雪車」二詩, 出盧孟右. 樊宗師見, 爲獨拜. 後以爭語不能下賓客, 因持愈金數斤去, 曰: "此諛墓中人得耳, 不若與劉君爲壽." 愈不能止. 歸齊魯, 不知所終.

① "行"原作"酋", 據『紀事』改.

유차는 절의가 있는 선비이다. 젊었을 때 방탕하여 의협義俠질을 했는데, 술로 인해 사람을 살해하여 망명亡命했다. 나중에 풀려나서는 의협질을 단절하고 공부를 하여 시를 잘 지었다. 그러나 지난날의 포부를 자신하여 귀인貴人들에게 굽실거리지 않았다. 한유가 세상 학자들을 만난다는 말을 듣고 찾아갔으며, 「빙주冰柱」와 「설거雪車」 두 작품을 지었는데 노・맹(盧孟: 노동盧仝과 맹교孟郊) 위에 있었다. 번종사樊宗師가 그를 보고 홀로 절을 했다. 나중에 언쟁 중에 빈객들에게 뜻을 굽히지 않은 일로 인해 한유가 준 몇 근의 금을 갖고 떠나게 되었는데, 이르기를 "이것은 무덤 속 사람에게 아첨해서 얻은 것이니, 유군劉君에게 장수를 비는 것으로 사용하는 것만 못할 것입니다"라 하여 한유가 만류할 수 없었다. 제・노齊魯로 돌아간 뒤, 행적을 알 수 없었다.

① '行'은 본래 '酋'로 되어 있었는데, 『당시기사』에 의거하여 고쳤다.

楊巨源양거원

楊巨源以"三刀夢益州, 一箭取遼城"得名, 故樂天詩云: "早聞一箭取遼城, 相識雖新有故情. 清句三朝誰是敵, 白鬚四海半爲兄. 貧家薙草時時入, 瘦馬尋花處處行. 不用更教詩過好, 折君官職是空名." 巨源後拜省郎, 樂天復以詩賀云: "文昌新入有光輝, 紫界宮牆白粉闈. 曉日雞人傳漏箭, 春風侍女護朝衣. 雪飄歌曲高難和, 鶴拂烟霄老慣飛. 官職聲名俱入手, 近來詩客似君稀."

巨源, 字景山, 大中時, 爲河中少尹.

"何事慰朝夕, 不逾詩酒情. 山河空道路, 蕃漢共刀兵. 禮樂新朝市, 園林舊弟兄. 向風一點淚, 寒晩暮江平." 右張爲取作「主客圖」.

양거원은 "세 자루의 칼로 익주益州를 꿈꾸고, 한 발의 화살로는 요성遼城을 취했네[三刀夢益州, 一箭取遼城]"라는 것으로 명성을 얻었다. 그래서 백거이의 시에서 "한 발의 화살로 요성을 차지했다는 말을 일찍 들었으니, 서로 만남이 새롭지만 옛 정이 깃들어 있네. 청아한 구절은 세 조정에서 누가 적수가 되랴, 백발에 온 세상 절반이 형이라 부른다. 가난한 집은 풀을 베러 이따금 들어오고, 파리한 말은 꽃을 찾아 곳곳을 간다. 다시 시가 더 좋을 필요 없으니, 그대를 꺾어 관직을 갖게 하는 것은 공허한 명성일 뿐이다[早聞一箭取遼城, 相識雖新有故情. 清句三朝誰是敵, 白鬚四海半爲兄. 貧家薙草時時入, 瘦馬尋花處處行. 不用更教詩過好, 折君官職是空名]"라고 했다. 양거원이 나중에 성랑省郎에 임명되자, 백거이가 다시 시를 지어 축하하기를 "문창성文昌星이 새로 들어와 빛을 발하니, 자색 궁궐 담장에 백색 칠한 문이다. 새벽에 시간 보고하는 사람은 시각을 알리고, 봄바람에 시녀는 조회의 옷을 보호한다. 눈 휘날리는 노래는 고상해 화답하기 어렵고, 학은 노을 하늘 헤치며 노숙하게 날아간다. 관직과 명성이 모두 손아귀에 들어 있나니, 근래의 시객 가운데 그대만한 이 드물다[文昌新入有光輝, 紫界宮牆白粉闈. 曉日雞人傳漏箭, 春風侍女護朝衣. 雪飄歌曲高難和, 鶴拂烟霄老慣飛. 官職聲名俱入手, 近來詩客似君稀]"라고 했다.

양거원의 자는 경산景山이며 대중(大中 : 847~860) 연간에 하중소윤河中少尹이 되었다.

"무슨 일로 아침저녁을 위로할까, 시주詩酒의 정감보다 앞선 것이 없다. 산하는 길이 비었고, 변방과 중국은 전쟁을 함께 한다. 예악은 새로운 조정 저자에 있고, 원림園林은 옛 형제들에게 있다. 바람 향해 눈물 적시니, 쓸쓸한 저녁에 석양 강물 고요하다[何事慰朝夕, 不逾詩酒情. 山河空道路, 蕃漢共刀兵. 禮樂新朝市, 園林舊弟兄. 向風一點淚, 寒晩暮江平]"는 장위가 뽑아 「주객도」를 만들었다.

歐陽詹구양첨

歐陽詹, 字行周, 泉州人. 初見拔于常衮, 後見知于退之元賓, 終於四門助教. 李貽孫序其文曰 : "君之文周詳, 切於情, 故敘事重復, 宜其司當代文柄,① 以變風雅. 一命而卒, 天其絶乎." 子貫, 早死. 孫澥.「途中寄太原所思」詩曰 : "驅馬漸覺遠, 回頭長路塵. 高城已不見, 況復城中人. 去意自未甘, 居情諒猶辛. 萬里東北晉, 千里西南秦. 一履不出門, 一車無停輪. 流萍與匏繫, 早晩期相親." 或曰 : "詹遊太原, 悅一妓. 將別, 約至都相迎, 故有'早晩期相親'之句. 妓思之不已, 得疾且甚, 乃刃其髻藏之, 謂女弟曰 : '歐陽生至, 可以爲信.' 又作詩曰 : '自從別後減容光, 半是思郎半恨郎. 欲識舊來雲髻樣, 爲奴開取縷金箱.' 絶筆而逝. 及詹至, 如其言示之. 詹啟函, 一慟而卒. 孟簡賦詩哭之, 序云 : '穆玄道訪余, 常歎其事, 玄道頗惜之.'"

① "司當"原作"掌", 據『全唐文』補改.

구양첨은 자가 행주行周이며 천주泉州 사람이다. 상곤에게 처음 발탁되었고 나중에 한유와 원빈元賓과 이관李觀에게 인정받았으며 사문조교四門助敎로 생을 마쳤다. 이이손李貽孫이 쓴 그의 문집 서문에서 "그대의 문장은 두루 아우르고 자상하며 정이 듬뿍 들어 있다. 그래서 서사가 깊이 있으니, 당대의 문병文柄으로 풍아를 변모시켰다 할 만하다. 작은 관직 하나로 생을 마쳤으니, 하늘이 단절시킨 것인가"라고 했다. 아들 구양가歐陽賈는 일찍 죽었으며, 손자는 구양해歐陽澥이다. 「도중기태원서사途中寄太原所思」에서 "말을 달려 점차 멀어지며, 먼지 자욱한 긴 길을 되돌아본다. 높은 성도 보이지 않는데, 성 안 사람이야 말할 것이 있으랴. 떠난 마음은 절로 달갑지 않고, 삶의 정취는 참으로 시이다. 만 리 동북의 진晉나라, 천 리 서남의 진秦나라. 한 걸음은 문밖을 나서지 못하고, 한 수레는 바퀴를 멈추지 못한다. 부평초와 매달린 표주박만, 머지않아 서로 만나기를 기약한다[驅馬漸覺遠, 回頭長路塵. 高城已不見, 況復城中人. 去意自未甘, 居情諒猶辛. 萬里東北晉, 千里西南秦. 一履不出門, 一車無停輪. 流萍與匏繫, 早晩期相親]"라고 했다. 혹자가 이야기하기를 "구양첨이 태원太原을 유람할 때 기생을 만나 서로 좋아했는데, 이별할 즈음에 도성에서 만나기로 약속했으므로 '머지않아 서로 친하기를 기약한다[早晩期相親]'라는 글귀를 남긴 것이다. 그리움에 사무친 기생이 병을 얻게 되고 병이 악화되자, 쪽진 머리를 베어 보관해 둔 뒤, 여동생에게 이르기를 '구양생歐陽生이 도착하면 신표로 삼으라'라고 하고, 또 시를 짓기를 '헤어지고 나서 얼굴이 바랜 것은, 절반은 낭군 그리워서고 절반은 낭군이 한스러워서라오. 지난날 구름 같은 낭자의 모습 보고 싶거든, 저를 위해 황금 실 두른 상자를 열어 보시구려[自從別後減容光, 半是思郎半恨郎. 欲識舊來雲髻樣, 爲奴開取縷金箱]'라고 하고 붓을 놓은 채 죽었다. 구양첨이 찾아와 그의 말대로 보여주자, 구양첨은 함을 열어보고 통곡한 뒤 죽었다. 맹간孟簡이 시를 지어 애도하며 아울러 쓴 서문에서 '목현도穆玄道가 날 찾아오면 언제나 안타깝게 이야기하고 퍽 애석해했다'고 했다"라고 했다.

① '司當'은 본래 '掌'으로 되어 있었는데, 『전당문全唐文』에 의거하여 보충하고 고쳤다.

袁高원고

"禹貢通遠俗, 所圖在安人. 後王失其本, 職吏不敢陳. 亦有奸佞者, 因兹欲求神. 動生千金費, 日使萬姓貧. 我來顧渚源, 得與茶事親. 甿輟耕農來【疑是「耒」字】, 采采實苦辛. 一夫且當役, 盡室皆同臻. 捫葛上欹壁, 蓬頭入荒榛. 終朝不盈掬, 手足皆皴鱗. 悲嗟遍空山, 草木爲不春. 陰嶺芽未吐,① 使者牒已頻. 心爭造化力, 先從銀臺筠. 選納無晝夜, 搗聲昏繼晨. 衆工何枯槁, 俯視彌傷神. 皇帝尚巡狩, 東郊路多堙. 周回繞天涯, 所獻愈艱勤. 況値兵革困, 重兹困疲民. 未知供御餘, 誰合分此珍. 顧省忝邦守, 又慚復因循. 茫茫滄海間, 丹憤何由伸!" 右高所賦「茶山」詩也. 案唐制, 湖州造貢茶最多, 謂之"顧渚貢焙", 歲造一萬八千四百斤. 大曆後, 始有進奉. 建中二年, 高刺郡, 進三千六百串, 並此詩一章.② 刻石在貢焙. 故杜鴻漸與楊祭酒書云: "顧渚山中紫筍茶兩片,③ 此物但恨帝未得嘗, 實所歎息. 一片上太夫人, 一片充昆弟同歡." 開成三年, 以貢不如法, 停刺史裴充官.

① "芽"原作"牙", 據『紀事』改.

② "此詩"原作"詩此", 據『紀事』改.

③ "山中"原作"中山", 據『南部新書』改.

"우공禹貢이 먼 곳까지 소통한 것은, 백성을 편안하게 하는 데 뜻이 있었다. 후대의 왕이 그 본분을 잃어도, 직책 맡은 관리들은 감히 진언하지 못한다. 그 가운데에는 간사하고 말 잘하는 자가 있어, 이를 통해 뜻을 펼치려고도 했다. 곧잘 천 금의 비용을 발생시켜, 날마다 온 백성을 가난하게 했다. 내가 고저顧渚에 오고 나서 차와 친하게 되었다. 백성들은 농사를 멈추고【「뢰耒」가 아닐까 싶다】, 차를 채취하느라 참으로 힘들다. 한 사람 장정에 해당한 부역이거늘 온 집안이 모두 함께 동원된다. 칡넝쿨 붙잡고 낭떠러지 올라가고, 머리 헝클어뜨리고 거친 가시덤불로 들어간다. 하루 종일 한 움큼도 채우지 못했는데, 손과 발은 모두 갈라진다. 슬픔과 탄식이 온산에 가득하여, 초목에도 봄이 오지 못한다. 그늘진 고개에는 싹이 나지도 않았는데, 사자使者의 첩보牒報가 벌써 들락거린다. 마음으로는 조화造化와 힘을 다투어 먼저 은대銀臺의 바구니에 물량을 댄다. 밤낮없이 추리고 수납하며, 밤에서 새벽까지 절구질 이어진다. 뭇 일꾼들은 얼마나 메말랐나, 굽어보면 더욱 슬프다. 황제는 아직도 순수巡狩를 떠나시어, 동쪽 교외의 길이 막힐 때가 많다. 멀리 하늘 끝까지 아울러서 헌상하는데 더더욱 힘이 든다. 더구나 병사의 일까지 맡게 되면 백성의 피로는 더 겹친다. 조정에 진상하고 나서, 누구와 이 진귀한 것을 함께 나눌 수 있을까. 한 지역 다스리기에 부끄러운 줄을 뒤돌아보고, 또 현실에 안주하는 것이 부끄럽기도 하다. 드넓은 세상에서 어찌하면 마음속 울분을 털어낼 수 있을까![禹貢通遠俗, 所圖在安人. 後王失其本, 職吏不敢陳. 亦有奸佞者, 因茲欲求神. 動生千金費, 日使萬姓貧. 我來顧渚源, 得與茶事親. 甿輟耕農來【疑是「耒」字】, 采采實苦辛. 一夫且當役, 盡室皆同臻. 捫葛上欹壁, 蓬頭入荒榛. 終朝不盈掬, 手足皆皴鱗. 悲嗟遍空山, 草木爲不春. 陰嶺芽未吐, 使者牒已頻. 心爭造化力, 先從銀臺筠. 選納無晝夜, 搗聲昏繼晨. 衆工何枯槁, 俯視彌傷神. 皇帝尙巡狩, 東郊路多堙. 周回繞天涯, 所獻愈艱勤. 況値兵革困, 重茲困疲民. 未知供御餘, 誰合分此珍. 顧省忝邦守, 又慚復因循. 茫茫滄海間, 丹憤何由伸!]" 위 시는 원고가 지은 「다산茶山」이다. 당나라 제도에 의하면 호주湖州에서 공다貢茶를 가장 많이 제조하는데, 그 차를 '고저공배顧渚貢焙'라고 하며 해마다 만 팔천사백 근을 제조했다. 대력 이후에 처음 진상을 했다. 건중 2년(781)에 원고가 군의 자사로 가며 삼천육백 관을 진상하면서 이 시를 함께 올렸다. 시를 새긴 돌이 공배貢焙[46]에 있다. 그래서 두홍점杜鴻漸이 양제주楊祭酒에게 보낸 편지에서 "고저산顧渚山 안에 자순다紫筍茶 2편이 있는데, 이것을 황제께서 맛보실 수 없는 것이 참으로 안타깝습니다. 한 편片은 태부인太夫人께 올리고 한 편은 형제들과 함께 드십시오"라고 했다. 개성開成 3년(838)에 공다를 법대로 만들지 못했다는 이유로 자사刺史 배충裴充의 관직을 정지시켰다.

① '芽'는 본래 '牙'로 되어 있었는데, 『당시기사』에 의거하여 고쳤다.

② '此詩'는 본래 '詩此'로 되어 있었는데, 『당시기사』에 의거하여 고쳤다.

③ '山中'은 본래 '中山'으로 되어 있었는데, 『남부신서』에 의거하여 고쳤다.

閻濟美 염제미

濟美, 大曆九年春下第, 將出關, 獻座主張謂詩六韻, 曰: "蹇諤王臣直, 文明雅量全. 望爐金自躍, 應物鏡何偏. 南國幽沉盡, 東堂禮樂宣. 轉令遊藝士, 更惜至公年. 芳樹歡新景, 青雲泣暮天. 惟愁鳳池拜, 孤賤更誰憐." 謂覽之, 問失第之因, 具以實告. 謂深有遺才之歎, 乃曰: "所投六韻, 必展後效." 明年, 濟美自江東繼薦, 就試東都, 謂後主文. 雜文已過, 繼欲帖經, 濟美辭以不能. 謂曰: "禮闈故事, 亦許作詩續帖." 遂命「天津橋望洛城殘雪」題. 濟美曰: "新霽洛城端, 千家積雪寒. 未收清禁色, 偏向上陽殘." 旣而日勢已晚, 詩未就. 謂曰: "只據見在將來."① 一覽稱賞, 遂唱. 過盧景莊, 謂曰: "前足下試「蠟日祈天宗賦」, 以魯丘對衛賜, 則子貢也, 乃作駟字, 誤矣." 方悔之. 明日, 謂曰: "天寒急景, 諸君文卷不成, 未可以呈宰相, 請重錄送納."② 旣而索舊卷, 則駟字上朱點在焉, 易卷之意, 蓋有在也. 到闕, 謂揖濟美曰: "前日春間遺才, 所

46 공배(貢焙): 궁중에서 음용할 차를 만드는 곳이다.

投六韻, 不敢暫忘, 幸副素懷矣." 濟美紀其事曰 : "前朝公相, 許與定分, 一面不忘濟美哉!"③

① "只"據『紀事』補.

② "錄"據『紀事』補.

③ 此句『紀事』作"一面不忘, 美哉!"

염제미가 대력 9년(774) 봄에 과거에 낙제한 뒤, 관문을 나가기에 앞서 좌주座主 장위張謂에게 육운시를 바쳤다. "꿋꿋하게 왕의 신하는 올곧고, 문명文明에 아량雅量이 온전하다. 화로를 바라본 황금은 절로 빛을 발하거늘, 사물에 호응하는 거울은 어찌 편벽되는가. 남쪽 나라는 어둡고 침침하거늘, 동쪽 당堂은 예악이 펼치었다. 그러나 학예를 일삼는 사람으로 하여금, 지극히 공평한 시대가 아쉽도록 한다. 활짝 핀 나무는 새로운 풍경을 기뻐하거늘, 청운靑雲은 석양 하늘에서 눈물 흘린다. 봉황지에서 뵙는 것이 시름겹나니, 고단하고 미천한 자를 누가 다시 돌봐줄까.[蹇諤王臣直, 文明雅量全. 望爐金自躍, 應物鏡何偏. 南國幽沉盡, 東堂禮樂宣. 轉令遊藝士, 更惜至公年. 芳樹歡新景, 靑雲泣暮天. 惟愁鳳池拜, 孤賤更誰憐.]" 이 시를 본 장위가 낙제한 원인을 물어 사실대로 일러주자, 인재를 잃었다는 탄식을 하며 "전해준 육운시는 반드시 훗날 효험을 발휘할 것이다"라고 했다. 이듬해 염제미가 강동江東으로부터 계속 추천을 받아 동도東都에서 시험을 치르게 되었는데, 장위가 시험을 주관하게 되었다. 잡문雜文 시험을 본 뒤, 이어서 첩경帖經[47] 시험을 보게 하려 하자 염제미가 자신 없다고 사양하니, 장위가 "예조禮曹의 고사에서는 시를 지어서 첩帖을 잇는 것을 허락한다"라고 하고, 마침내 「천진경망낙성잔설天津橋望洛城殘雪」이라는 제목을 내주었다. 염제미가 시를 짓

47 첩경(帖經) : 당나라 과거의 경서(經書) 시험 중 하나. 경서의 문제가 되는 문구의 앞뒤에 종이를 바르고 1행 가운데 몇 자만 보인 후, 응시자에게 그 전문(全文)을 대답하게 하는 것이다.

기를 "낙성洛城 하늘이 막 개이자, 집집마다 쌓인 눈으로 춥다. 청금(淸禁 : 궁궐)의 색을 거두기도 전에, 떠오르는 태양을 향해 시든다[新霽洛城端, 千家積雪寒. 未收淸禁色, 偏向上陽殘]"라고 했다. 어느덧 해가 저물었는데, 시가 미처 완성되지 못했다. 장위가 "현재 지은 것까지만 갖고 오라"고 하여 보자마자 높이 평가하고 마침내 합격을 알렸다. 염제미가 노경盧景의 집을 찾아가자 장위가 이르기를 "지난날 족하께서 「납일기천종부蠟日祈天宗賦」로 시험을 치를 때 노구(魯丘 : 공자)를 위사(衛賜 : 위衛의 자사子賜)와 대비했으니, 그는 자공子貢이었던 것인데 '사駟' 자를 쓴 것은 오류입니다"라고 하자 비로소 후회했다. 이튿날 장위가 말하기를 "날씨가 춥고 시간이 빨리 흘러, 제군들의 답안이 미처 완성되지 않아 재상께 올릴 수 없었으니, 다시 적어서 보내주기 바란다"라고 했다. 그러고 나서 지난 시권試卷을 들춰보자 사駟자 위에 붉은 점이 있었으니, 시권을 바꾼다는 의미가 들어 있었던 것이다. 궁궐에 이르러 장위가 염제미에게 읍을 하며 말하기를 "지난봄에 버림당한 인재(遺才 : 염제미)가 보내준 육운시는 감히 잠시도 잊을 수 없으니, 부디 평소의 생각에 부응하길 바라오"라고 했다. 염제미가 그 일을 기록하기를 "지난 조정의 정승이 정해진 분량을 내주었으니, 한편으로 제미를 잊지 않았던 것이다!"라고 했다.

① '只'는 『당시기사』에 의거하여 보충했다.

② '錄'은 『당시기사』에 의거하여 보충했다.

③ 이 구절은 『당시기사』에 "한편으로 잊지 않았으니, 아름답구나![一面不忘, 美哉]"로 되어 있다.

裴交泰배교태

「長門怨」云 : "自閉長門經幾秋, 羅衣濕盡淚還流. 一種蛾眉明月夜,南宮歌吹北宮愁." 范攄曰: "近日擧場詩尤新, 章孝標「對月」云: '長安一夜千家月, 幾處笙歌幾處愁.' 有類乎裴交泰."

「장문원長門怨」에서 "장문長門을 걸어 잠근 채 몇 번의 가을을 보냈나, 비단옷 온통 젖고도 눈물이 다시 흐른다. 아미 같은 달이 밝은 밤에, 남궁南宮에서는 노래 부르고 북궁北宮에서는 시름겹다[自閉長門經幾秋, 羅衣濕盡淚還流. 一種蛾眉明月夜, 南宮歌吹北宮愁]"라고 했다. 범터范攄가 이르기를 "근래 과거장의 시가 더욱 신선한데, 장효표章孝標의 「대월對月」에서 '수천 집 장안의 달밤에, 몇 곳이나 생황 불며 노래하고 몇 곳이나 시름겨워할까[長安一夜千家月, 幾處笙歌幾處愁.]'라고 한 것은 배교태와 유사하다"라고 했다.

劉竈【『紀事』作"皂"】① 유조【『전당기사』에는 "조"로 되어 있다】

韋莊載竈「長門怨」云: "淚滴長門秋夜長, 愁心和雨到昭陽. 淚痕不學君恩斷, 拭却千行更萬行!"

① "竈", 『全唐詩』亦作"皂."

위장이 수록한 유조의 「장문원長門怨」에서 "눈물 지는 장문長門의 가을밤 길어, 시름이 비와 함께 소양궁昭陽宮에 이른다. 눈물은 임금의 은혜 끊어짐을 배우지 않아, 천 줄 만 줄을 닦아낸다![淚滴長門秋夜長, 愁心和雨到昭陽. 淚痕不學君恩斷, 拭却千行更萬行!]"라고 했다.

① '竈'는 『전당시』에도 '皂'로 되어 있다.

元稹원진

稹聞西蜀薛濤有詞辯, 及爲監察使蜀, 以御史推鞫, 難得見焉. 嚴司空潛知其意, 每遣薛往. 洎登翰林, 以詩寄曰: "錦江滑膩峨眉秀, 幻出文君與薛濤. 言語巧偷鸚鵡舌, 文章分得鳳凰毛. 紛紛詞客多停筆, 個個公侯欲夢刀. 別後相思隔烟火, 菖蒲花發五雲高." 後廉問浙東, 乃有劉采春自淮甸而來, 容華莫比. 元贈詩曰: "新糚巧樣畫雙蛾, 謾裹常州透額羅. 正面偷匀光滑笏, 緩行輕踏皺紋波. 言詞雅措風流足, 擧止低徊秀媚多. 更有惱人腸斷處, 選詞能唱望夫歌."「望夫歌」, 卽「羅嗊」之曲也. 元公在浙江七年, 因醉題東武亭, 其詩曰: "役役行人事, 紛紛碎簿書. 功夫兩衙盡, 留滯七年餘. 病痛梅天發, 親情海岸疏. 因循未歸得, 不是戀鱸魚." 盧侍郎簡求戲曰: "丞相雖不爲鱸魚, 爲好鏡湖春色耳." 謂采春也.

公先娶京兆韋氏, 字蕙藂. 韋逝, 爲詩悼之曰: "曾經滄海難爲水, 除却巫山不是雲."【出『本事詩』】

樂天在洛, 太和中, 稹拜左丞相, 自越過洛, 以二詩別樂天云: "君應怪我留連久, 我欲與君辭別難. 白頭徒侶漸稀少, 明日恐君無此歡." 又云: "自識君來三度別, 這回白盡老髭鬚. 戀君不去君須會, 知得後回相見無." 未幾, 死于鄂. 樂天哭之曰: "始以詩交, 終以詩訣, 絃筆相絶, 其今日乎!"

"屈指貞元舊朝士, 幾人同見太和春."【「感興」句】"兒歌楊柳葉, 妾拂石榴花."【句】"遠路事無限, 相逢惟一言. 月色照榮辱, 長安千萬門."【「逢白公」句】

원진이 서촉西蜀의 설도薛濤가 글솜씨가 있다는 소식을 듣고 감찰監察이 돼 촉으로 가서 어사로 추궁을 했지만 만나기가 어려웠다. 엄사공(嚴司空: 엄수嚴綬)이 그 뜻을 알아차리고 매번 설도를 보냈다. 원진이 한림翰林에 오른 뒤 시를 지어 보내기를 "금강錦江처럼 매끄럽고 아미峨眉처럼 빼어나게, 탁문군卓文君과 설도로 변환시켰다. 말씨는 앵무새의 혀를 교묘히 훔치고, 문장은 봉황의 털을 나누어 가졌다. 분분한 시인들은 다들 붓을 멈췄고, 많은 공후公侯들은 칼을 꿈꾸고자[48] 한다. 헤어진 뒤 그리움은 세상에 가로막혀, 창포꽃 피고 오색구름만 드높다[錦江滑膩峨眉秀, 幻出文君與薛濤. 言語巧偸鸚鵡舌, 文章分得鳳凰毛. 紛紛詞客多停筆, 個個公侯欲夢刀. 別後相思隔烟火, 菖蒲花發五雲高]"라고 했다. 나중에 절동浙東을 염문廉問할 때 유채춘劉采春이 회전淮甸에서 왔는데, 화려한 자태가 비할 데 없었다. 원진이 시를 지어 전하기를 "새로운 분장에 교묘한 형상은 한 쌍의 아미를 그리고, 상주常州의 이마에는 비치는 비단을 둘렀다. 정면에는 살며시 빛나는 홀笏을 꼽고, 느릿한 걸음걸이 물결 위를 가볍게 걷는 듯하다. 말은 고아하여 풍류가 넉넉하고, 몸가짐은 낮게 돌아 어여쁨이 넘친다. 더욱이 고혹스럽고 애간장 끊게 하는 것은, 사詞를 선정해 망부가望夫歌를 부르는 것이다[新粧巧樣畫雙蛾, 謾裹常州透額羅. 正面偸匀光滑笏, 緩行輕踏皺紋波. 言詞雅措風流足, 擧止低徊秀媚多. 更有惱人腸斷處, 選詞能唱望夫歌]"라고 했는데, 「망부가」는 바로 「나홍羅嗊」의 곡이다. 원공(元公: 원진)이 절강에 칠 년 동안 있었는데, 어느 날 동무정東武亭에서 술에 취해 시를 짓기를 "부산하게 일을 치르고, 정신없이 공문서에 휩싸인다. 공부는 두 관아에서 다하고, 칠여 년을 이곳에 체류했다. 병고는 매화 핀 하늘에서 생기고, 친척의 정은 바다 언덕에서 성글다. 현재에 얽매여 돌아가지 못한 것일 뿐, 노어鱸魚를 좋아해서가 아니다[役役行人事, 紛紛碎簿書. 功夫兩衙盡, 留滯七年餘. 病痛梅天發, 親情海岸疏. 因循未歸得, 不是戀鱸魚]"라고 했다. 시랑侍郎 노간구盧簡求가

48 칼을 꿈꾸고자 : 몽도(夢刀). 진(晉)나라 왕준(王濬)이 처음 칼 세 개가 서까래에 걸려 있는 꿈을 꾸고 다시 칼 하나가 더해지는 꿈을 꾸었는데, 삼도(三刀)는 주(州)를 뜻하고 더해진 것은 익(益)을 의미한다는 해몽에 따라 익주자사(益州刺史)에 부임했던 고사를 말한다. 『진서(晉書)』「왕준전(王濬傳)」 참고.

농담 삼아 이르기를 "승상이 노어 때문은 아니지만, 경호鏡湖의 봄빛을 좋아한 탓입니다"라고 했는데, 유채춘을 두고 말한 것이다.

공은 앞서 경조京兆 위씨韋氏에게 장가들었는데, 그녀의 자는 혜총蕙叢이다. 위씨가 세상을 떠나자 시를 지어 애도하기를 "일찍이 창해滄海를 경험하여 물이 되기 어렵고, 무산을 제외하니 구름이 아닐세[曾經滄海難爲水, 除却巫山不是雲]"라고 했다【『본사시本事詩』에 나온다】.

백거이가 낙洛에 있었던 태화太和 연간에 원진이 좌승상에 임명되었는데, 월越 지역으로부터 낙落 지역을 지나며 2수의 시로 백거이와 작별하기를 "그대는 내가 오랫동안 머물러 있음을 괴상히 여길 것이지만 나는 그대와의 이별이 어렵고자 하네. 백발의 무리들이 점차 줄어드니, 내일이면 그대에게 이런 기쁨이 없을까 싶네[君應怪我留連久, 我欲與君辭別難. 白頭徒侶漸稀少, 明日恐君無此歡]", "그대를 알고 나서 세 번 헤어졌으니, 이번에는 구레나룻과 수염이 모두 다 희어졌네. 그대가 좋아 떠나지 못함을 그대는 알고 있게나, 이다음에 다시 볼 수 있을지 모르겠네[自識君來三度別, 這回白盡老髭鬚. 戀君不去君須會, 知得後回相見無]"라고 했는데, 그 뒤 얼마 있지 않아 악鄂 지역에서 죽음을 맞았다. 백거이가 애도하기를 "처음에 시로 사귀고, 마지막도 시로 이별하여, 현絃과 필筆이 끊긴 것이, 바로 오늘인 것인가"라고 했다.

"정원 옛 조정의 인사들을 손꼽아보니, 몇 사람이나 태화太和의 봄을 보았던가[屈指貞元舊朝士, 幾人同見太和春]"【「감흥感興」 구절】, "아이는 버들잎을 노래하고, 첩은 석류꽃을 날린다[兒歌楊柳葉, 妾拂石榴花]"【구절】, "길이 멀어 일은 끝이 없는데, 서로 만나 말 한 마디 나눈다. 달빛이 영욕을 비추는, 장안의 수많은 문들.[遠路事無限, 相逢惟一言. 月色照榮辱, 長安千萬門.]"【「봉백공逢白公」의 구절】

白居易 백거이

張爲以居易爲廣大敎化主, 取其「讀史」詩云 : "含沙射人影, 雖病人不知. 巧言誣人罪, 至死人不疑. 掇蜂殺愛子, 掩鼻戮寵姬. 弘恭陷蕭望, 趙高謀李斯. 陰德旣必報, 陽禍豈虛施. 人事雖可罔, 天道終難欺. 明卽有刑辟, 陰卽有神祇. 苟免勿私喜, 鬼得而誅之."

又取"得意減別恨, 半酣還遠程"之句. 又"人吏留不得, 直入故山雲"之句. 又"長生不似無生理, 休向靑山學煉丹"之句. 又"白髮鑷不盡, 根在愁腸中"之句. 又「與薛濤」云 : "峨眉山勢接雲霓, 欲逐劉郞此路迷. 若似剡中容易到, 春風猶隔武陵溪."

樂天不爲贊皇公所喜, 每寄文章, 李緘之一篋, 未嘗開. 劉夢得或請之, 曰 : "見詞則回我心矣."

樂天未冠, 以文謁顧況, 況睹姓名, 熟視曰 : "長安米貴, 居大不易." 及披卷讀其「芳草」詩, 至"野火燒不盡, 春風吹又生", 歎曰 : "我謂斯文遂絶, 今復得子矣, 前言戱之耳."

樂天賦性曠達, 其詩曰 : "無事日月長, 不羈天地闊." 此曠達之詞也. 孟郊賦性褊狹, 其詩曰 : "出門卽有礙, 誰謂天地寬." 此褊狹之詞也. 然則天地又何嘗礙郊, 郊自礙耳.

樊素善歌, 小蠻善舞, 樂天賦詩有曰 : "櫻桃樊素口, 楊柳小蠻腰." 至於高年, 又賦詩曰 : "失盡白頭伴, 長成紅粉娃." 因爲「楊柳詞」以託意云 : "一樹春風萬萬枝, 嫩于金色軟於絲. 永豐東角荒園裏, 盡日無人屬阿誰." 及宣宗朝, 國樂唱是詞, 帝問永豐在何處, 左右具以對, 遂因命取永豐柳兩枝, 植於禁中. 白感上知, 又爲詩云 : "一樹衰殘委泥土, 雙枝移種植天庭. 定知此後天文裏, 柳宿光中添兩星." 洛下文士無不繼作. 韓常侍琮時爲留守, 亦有詩和云 : "折柳歌中得翠條, 遠移金殿種靑霄. 上陽宮女呑聲送, 不分先歸舞細腰." 盧貞和云 : "一樹依依在永豐, 兩枝飛去杳無蹤. 玉皇曾采人間曲, 應逐歌聲入九重." 示意也.

장위는 백거이를 광대교화주廣大教化主로 삼고 그의 「독사讀史」시 "모래를 머금어 사람 그림자에 쏘면, 병이 들어도 사람은 알지 못하고, 교묘하게 사람의 죄를 무고하면, 죽어도 사람은 의심하지 않는다. 철봉掇蜂[49]은 사랑하는 자식도 죽이고, 엄비掩鼻[50]는 총애하는 여인도 죽였다. 홍공弘恭은 소망蕭望을 모함하고,[51] 조고趙高는 이사李斯를 음모했다.[52] 보이지 않는 덕도 반드시 보답하는데, 드러난 재앙이야 어찌 공허하게 답하겠는가. 인간의 일은 속일 수 있어도, 하늘의 도는 끝내 속이기 어렵다. 드러나게는 바로 형벌의 내침이 있고, 보이지 않게는 신의 꾸지람이 내릴 것이다. 구차스럽게 모면한다 해도 조용히 기뻐하지 말라, 신이 찾아내 벌을 내릴 것이다[含沙射人影, 雖病人不知. 巧言誣人罪, 至死人不疑. 掇蜂殺愛子, 掩鼻戮寵姬. 弘恭陷蕭望, 趙高謀李斯. 陰德旣必報, 陽禍豈虛施. 人事雖可罔, 天道終難欺. 明卽有刑辟, 陰卽有神祇. 苟免勿私喜, 鬼得而誅之]"를 뽑았다.

또 "뜻을 얻으니 이별의 한이 줄어들고, 절반쯤 거나하자 다시 먼 길을 떠나네[得意減別恨, 半酣還遠程]", "관리가 만류하지 못하여 곧장 고향산 구름 속으로 들어가네[人吏留不得, 直入故山雲]", "장생長生은 무생無生

---

49 철봉(掇蜂) : 주나라 윤길보(尹吉甫)의 아들 백기(伯奇)는 지극한 효성으로 계모를 섬겼다. 어느 날 마음씨 나쁜 계모가 벌을 잡아 독침을 제거하고 옷 위에 묶어 두었는데, 백기는 그런 사실을 모르고 다가가서 벌을 잡으려고 했다. 계모가 갑자기 큰소리로 백기가 나를 끌고 가려 한다고 외치니, 윤길보가 그 광경을 보고 백기를 의심했고, 백기는 결국 그 일로 자살했다. 나중에 이 말은 혈육 간의 이간하는 말로 전용되었다. 『태평어람(太平御覽)』 권950 참고.

50 엄비(掩鼻) : 맹자에 "서자(西子 : 서시西施) 같은 미인도 오물을 뒤집어쓰고 있으면 사람들이 모두 코를 가리고[掩鼻] 지나갈 것이다"라고 한 데서 온 말로, 전하여 남에게 혐오받는 것을 의미한다. 『맹자』 「이루(離婁)」 하(下) 참고.

51 홍공(弘恭) …… 모함하고 : 한(漢)나라 원제(元帝)의 사부(師傅)였던 소망지(蕭望之)가 나라를 바로잡은 일이 많았으나 나중에 홍공(弘恭)과 석현(石顯)의 모함에 걸려 독약을 먹고 자결했다. 『한서』 권78 참고.

52 조고(趙高) …… 음모했다 : 진(秦)의 환관(宦官)인 조고가 진시황이 죽자 승상 이사(李斯)와 공모하여 조서(詔書)를 고쳐 장자 부소(扶蘇)를 죽이고 차자 호해(胡亥)를 이세(二世)로 삼은 뒤 자신 승상이 되었으며, 뒤이어 이사를 모함해서 죽이고 이세마저 시해했다.

의 이치와 같지 않으니, 청산으로 가 연단煉丹을 배우지 말라[長生不似無生理, 休向青山學煉丹]", "흰머리를 뽑아도 끝이 없음은, 뿌리가 시름의 가슴속에 박혀서다[白髮鑷不盡, 根在愁腸中]", 「여설도與薛濤」의 "아미峨眉의 산세는 구름들과 이어져, 유랑劉郎을 뒤쫓고 싶어도 그 길이 혼미하다. 설령 섬중剡中에 쉽게 도달한다 해도, 봄바람이 무릉계武陵溪를 가로막으리라[峨眉山勢接雲霓, 欲逐劉郎此路迷. 若似剡中容易到, 春風猶隔武陵溪]" 등을 뽑았다.

백거이는 찬황공(贊皇公 : 이덕유)으로부터 호평을 받지 못하여 매번 글을 부치면 상자 안에 넣어두고서 열어보지 않았다. 유몽득劉夢得이 어쩌다 물어보자, "그의 글을 보면 내 마음을 돌려놓기 때문이다"라고 했다.

백거이가 관례를 올리기 전에 글을 지어 고황顧況을 찾아뵙자, 고황이 그의 이름을 한참 보더니 "장안은 쌀값이 비싸, 큰 곳에 거처(居)하기가 쉽지(易) 않을 것이다"라고 했다. 그런데 책을 펼쳐 그의 「방초芳草」시를 읽다가 "들불은 태워도 다 사라지지 않아, 봄바람 불면 다시 돋는다[野火燒不盡, 春風吹又生]"에 이르러 찬탄하기를 "나는 학문의 맥이 마침내 단절되었다 했는데 이제 다시 그대를 만났으니, 앞서 한 말은 농담일 뿐일세"라고 했다.

백거이는 천성이 폭이 넓고 활달했는데, 그의 시에서 "해와 달이 긴 것에 관심 없고, 천지가 드넓은 것에 얽매이지 않는다[無事日月長, 不羈天地闊]"라고 했으니, 이는 폭이 넓고 활달한 글이다. 맹교는 천성이 편협했는데, 그의 시에서 "문을 나서면 바로 장애가 나타나는데, 누가 세상이 넓다고 말하는가[出門卽有礙, 誰謂天地寬]"라고 했으니, 이는 편협한 글이다. 그렇다면 하늘과 땅이 또 어찌 맹교를 가로막았겠는가. 맹교가 스스로 가로막혔을 뿐이다.

번소樊素는 노래를 잘 부르고 소만小蠻은 춤을 잘 췄는데, 백거이가 시를 짓기를 "앵도櫻桃는 번소의 입이고, 버들은 소만의 허리이다[櫻桃

樊素口, 楊柳小蠻腰]"라고 했다. 장성하자, 다시 시를 짓기를 "백발의 무리들은 다 잃고, 붉은 단장 여인들은 장성했다[失盡白頭伴, 長成紅粉娃]"라고 했다. 이어서 「양류사楊柳詞」를 지어 자신의 생각을 담기를 "봄바람에 수많은 가지들은, 황금빛보다 여리고 실보다 부드럽다. 영풍永豐의 동쪽 모서리 거친 정원에, 하루 내내 아무도 없으니 누구의 것인가[一樹春風萬萬枝, 嫩于金色軟於絲. 永豐東角荒園裏, 盡日無人屬阿誰]"라고 했다. 선종 때에 사람들이 「양류사」를 즐겨 부르자 황제가 영풍이 어느 곳에 있느냐고 물었다. 시신들이 내용을 설명하자, 영풍의 버드나무 두 가지를 가져와 금중禁中에 심으라고 했다. 백거이가 선종이 알아준 데에 감격하여 또다시 시를 짓기를 "쇠잔한 나무가 진흙 속에 시들었는데, 두 가지 옮겨져 천정天庭에 심어졌네. 분명 훗날 천문天文 속에서, 유수柳宿[53] 빛 속에 두 개의 별이 더하리라[一樹衰殘委泥土, 雙枝移種植天庭. 定知此後天文裏, 柳宿光中添兩星]"라고 했다. 이에 도성의 문사들 가운데 화답의 시를 짓지 않는 않은 사람이 없었다. 상시常侍 한종韓琮이 당시 유수留守였는데, 시를 지어 화답하기를 "「절류折柳」 노래 속에 푸른 가지를 얻어, 멀리 금전金殿으로 옮겨 푸른 하늘 아래 심어졌네. 상양궁上陽宮의 궁녀들이 소리를 전해와, 먼저 돌아간 춤추는 가는 허리와 구분하지 않는다고 하네[折柳歌中得翠條, 遠移金殿種青霄. 上陽宮女吞聲送, 不分先歸舞細腰]"라고 했고, 노정盧貞이 화답하기를 "늘어진 버드나무 영풍에 있었는데, 두 가지 날아서 자취 없이 사라졌네. 옥황상제 일찍이 인간의 곡을 채록했으니, 노랫소리 따라 구중궁궐로 들어가리라[一樹依依在永豐, 兩枝飛去杳無蹤. 玉皇曾采人間曲, 應逐歌聲入九重]"라고 했으니, 자신의 생각을 내보인 것이다.

53 유수(柳宿) : 류(柳)는 별이름으로 이십팔 수(宿) 중의 하나이다.

전당시화全唐詩話 권3卷三

牛僧孺우승유

樂天夢得有「除夜」詩, 僧孺和云:“惜歲歲今盡, 少年應不知. 凄凉數流輩, 歡喜見孫兒. 暗減一身力, 潛添滿鬢絲. 莫愁花笑老, 花自幾多時.”

元和三年, 宣政殿試賢良方正能直言極諫科, 一十人登科. 其後僧孺·李宗閔·王起·賈竦四人皆相次拜相. 先是白居易在翰林爲考校官, 後僧孺罷相, 出鎭揚州, 居易在洛中有詩送云①:“北闕至東京, 風光十六程. 坐移丞相閣, 春入廣陵城. 紅旆擁雙節, 白鬚無一莖. 萬人開路看, 百吏立班迎. 閫外君彌重, 樽前我亦榮. 何須身自得, 將相是門生.”

公始至京, 置琴書灞滻間, 先以所業謁韓文公皇甫員外. 二公披卷, 卷首有「說樂」二章,② 未閱其詞, 遽曰:“且以拍板爲什麼.” 對曰:“樂句.” 二公相顧大喜, 曰:“斯高文必矣.” 公因謀所居, 二公良久曰:“可于客戶坊稅一廟院.” 公如所敎. 二公復誨之曰:“某日可遊青龍寺, 薄暮而歸.”

二公其日聯鑣至彼, 因大書其門曰 : "韓愈皇甫湜同謁幾官先輩不遇." 翼日, 輦轂名士, 咸往觀焉, 奇章之名, 由是赫然矣. 或云 : "僧孺登第, 與同輩登政事堂, 宰相曰 : '掃廳奉候.'"

樂天求箏於維揚, 僧孺先有詩曰 : "但愁封寄去, 魔物或驚禪." 樂天云 : "會敎魔女弄, 不動是禪心." 樂天云 : "思黯自誇前後服鐘乳三千兩, 而歌舞之妓甚多, 乃謔予衰老, 故答「思黯」詩云 : '鍾乳三千兩, 金釵十二行. 妬他心似火, 欺我鬢如霜. 慰老資歌笑, 消愁仰酒漿. 眼看狂不得, 狂得且須狂.'" 奇章又有詩云 : "不是道公狂不得, 恨公逢我不敎狂."

① "送"據『紀事』補.

② "二",『紀事』作"一."

백낙천(백거이)과 유몽득(유우석)이 「제야除夜」를 지었는데, 우승유가 화답하기를 "아까운 한 해가 이제 다 지난 것을, 소년은 다 모르리라. 처량하게 세속의 무리들을 세어보고, 기쁘게 손자들을 바라본다. 몸에 힘은 남모르게 줄어들고, 살쩍 가득 흰 머리털만 조용히 늘어난다. 꽃이 늙은이 비웃는다 걱정하지 말라, 꽃도 얼마나 가겠는가[惜歲歲今盡, 少年應不知. 淒涼數流輩, 歡喜見孫兒. 暗減一身力, 潛添滿鬢絲. 莫愁花笑老, 花自幾多時]"라고 했다.

원화 3년(808)에 선정전宣政殿에서 현량방정능직언극간과賢良方正能直言極諫科를 치렀는데, 열 명이 급제했다. 그 뒤에 우승유・이종민李宗閔・왕기王起・가속賈餗 네 사람이 모두 차례로 재상에 임명되었다. 앞서 백거이가 한림翰林에서 고교관考校官으로 있었는데, 나중에 우승유가 재상을 그만두고 양주태수로 나가게 되었을 때 백거이가 낙중洛中에서 전송의 시를 짓기를 "북궐北闕에서 동경東京에 이르는 길은, 풍광이 16일 노정이다. 승상각丞相閣에서 이직되어, 봄날 광릉성廣陵城으로 들어간다. 붉은 깃발은 한 쌍 부절을 감싸고, 흰 수염은 한 오라기도 없다. 수많은 사람이 길을 열어 쳐다보고, 모든 아전들이 줄지어 서서 맞이한다. 곤(閫 : 중앙) 밖은 그대가 더욱 중요하니, 술잔 앞에서 나 또한 영광이다. 어찌 굳이 이 몸이 잘 될 필요가 있으랴, 장상將相이 제자들이거늘[北闕至東京, 風光十六程. 坐移丞相閣, 春入廣陵城. 紅旆擁雙節, 白鬚無一莖. 萬人開路看, 百吏立班迎. 閫外君彌重, 樽前我亦榮. 何須身自得, 將相是門生]"이라고 했다.

공이 처음 경성에 이르렀을 때, 회灞와 산滻 사이에 거문고와 책(공붓거리)을 마련해두고 지내며, 먼저 자신이 익혔던 것을 갖고서 한문공(韓文公 : 한유)과 황보원외랑(皇甫員外郎 : 황보식)을 배알했다. 두 분이 책을 펼칠 때 책머리에 「설악說樂」 2장이 있었는데, 그 내용을 보기 전에 갑자기 말하기를 "박자 맞추는 것으로 무엇을 하려는가"라고 하자, 대답하기를 "시구詩句를 즐겁게 하려는 것입니다"라고 하니, 두 분이 서로 쳐다보고 크게 기뻐하며 이르기를 "이것은 고상한 문장임이 분명하다"라고 했다. 이때 공이 거처할 곳을 찾자 두 분이 한참 있다가 말하기를 "객호방客戶坊에 묘원廟院을 하나 세 들일 만하다"라고 하니, 공이 그 말대로 했다. 두 공이 다시 이르기를 "아무개 날 청룡사青龍寺를 유람하고 저물녘에 돌아오자"라고 했다. 그날 두 분이 함께 그곳으로 가서 그 문에 크게 쓰기를 "한유와 황보식이 몇몇 선배 관리들을 함께 배알했지만 만나지 못했다"라고 했다. 이튿날, 연곡(輦轂 : 도성)의 명사들이 모두 찾아가 구경을 했으니, 우기장(牛奇章 : 우승유)의 명성이 이로 인해 크게 떨쳤다. 혹자가 이르기를 "우승유가 급제한 뒤 동료들과 정사당政事堂에 올랐는데 재상이 말하기를 '대청을 쓸고 후작의 일을 받들라'라고 했다"라고 했다.

백거이가 유양維揚에서 쟁(箏 : 악기의 하나)을 구할 때 우승유가 시를 짓기를 "우려스러운 것은 이것을 봉해 보낸 뒤, 마귀가 혹시나 선禪을 놀랠까 한다[但愁封寄去, 魔物或驚禪]"라고 하니, 백거이가 이르기를 "마녀로 하여금 장난을 치게 한다 해도, 선의 마음을 움직이게 하진 못할 것이다[會教魔女弄, 不動是禪心]"라고 했다. 백거이가 이르기를 "사암(思黯

: 우승유)이 전후에 걸쳐 삼천 냥의 종유鍾乳를 복용하고, 가무하는 기생이 아주 많은 것을 자랑하며 나의 노쇠함을 놀렸으므로 답하는 시에서 '종유는 삼천 냥이고, 황금비녀는 열두 줄이다. 저것을 질투하는 마음은 불과 같고, 날 속인 살쩍은 서리와 같다. 노년의 위로는 노래와 담소의 도움을 받고, 시름을 삭힘은 술과 장漿에 기댄다. 보기에는 미칠 수가 없으니, 미치려면 반드시 미쳐야 한다'[鍾乳三千兩, 金釵十二行. 妬他心似火, 欺我鬢如霜. 慰老資歌笑, 消愁仰酒漿. 眼看狂不得, 狂得且須狂]"라고 했다. 우승유도 시를 짓기를 "공이 미칠 수 없다는 말이 아니라, 공이 나를 만나 미치는 것을 가르쳐주지 않은 것이 한스럽다는 것이다[不是道公狂不得, 恨公逢我不教狂]"라고 했다.

① '送'은 『당시기사』에 의거하여 보충했다.

② '二'는 『당시기사』에 '一'로 되어 있다.

李紳이신

紳初以「古風」求知於呂溫, 溫見齊煦, 誦其「憫農」詩曰① : "春種一粒粟, 秋收萬顆子. 四海無閒田, 農夫猶餓死. 鋤禾日當午, 汗滴禾下土. 誰知盤中飧, 粒粒皆辛苦." 溫曰 : "此人必爲卿相." 果如其言.

紳, 字公垂, 中書令敬玄曾孫,② 號"短李." 穆宗召爲翰林學士, 與李德裕元稹同時, 號三俊. 武宗時爲相, 居位四年, 出鎭淮南, 卒.

「憶夜直金鑾奉詔承旨」詩云 : "月當銀漢玉繩低, 深聽簫韶碧落齊. 門壓紫垣高綺樹, 閣連靑瑣近丹梯. 墨宣外渥催飛詔, 草定新恩促換題. 明日獨歸花路近, 可憐人世隔雲泥."

① "其"據『紀事』補.

② "曾"據『紀事』補.

이신이 처음에 「고풍古風」을 갖고 여온呂溫을 찾아가자, 여온이 제후(齊煦)를 보고 이신의 「민농憫農」시를 외우기를 "봄에 한 톨의 곡식을 심으면, 가을에 만 톨의 열매를 거둔다. 세상에 노는 밭이 없거늘, 농부는 오히려 굶어 죽는다. 논에서 김을 매다 한낮이 되니, 땀이 벼 아래 흙을 적신다. 누가 밥상의 밥이, 한 알 한 알 다 신고의 소산임을 알라[春種一粒粟, 秋收萬顆子. 四海無閒田, 農夫猶餓死. 鋤禾日當午, 汗滴禾下土. 誰知盤中飧, 粒粒皆辛苦]"라고 하니, 여온이 말하기를 "이 사람은 반드시 경상卿相이 될 것이다"라고 했는데, 정말 그 말대로 되었다.

이신의 자는 공수公垂이고 중서령 이경현李敬玄의 증손이며 호는 '단리短李'이다. 목종穆宗이 불러 한림학사로 삼았는데 당시 이덕유·원진과 함께 '삼준三俊'이라 불렸다. 무종武宗 때 재상이 되어 사 년 동안 재임했으며 회남에 태수로 나갔다가 생을 마쳤다.

「억야직금란봉조승지憶夜直金鑾奉詔承旨」에서 이르기를 "달이 은하에 닿자 옥 밧줄 낮게 드리우고, 소소簫韶[1]를 조용히 들을 때 창공은 가지런하다. 문은 붉은 담장을 누르며 비단결 나무는 드높고, 각閣은 푸른 열쇠와 이어져 붉은 계단에 가깝다. 외지로 미치는 성은을 적으며 시급한 조서를 서두르고, 새로 내린 은혜를 초안 잡으며 제목 바꿀 것을 재촉한다. 내일 홀로 돌아가면 꽃길이 가까울 것이지만, 인간세상이 구름과 진흙 사이처럼 막혀 있는 것이 안타깝다[月當銀漢玉繩低, 深聽簫韶碧落齊. 門壓紫垣高綺樹, 閣連青瑣近丹梯. 墨宣外渥催飛詔, 草定新恩促換題. 明日獨歸花路近, 可憐人世隔雲泥]"라고 했다.

① '其'는 『당시기사』에 의거하여 보충했다.

② '曾'은 『당시기사』에 의거하여 보충했다.

1 소소(簫韶) : 순임금이 지었다는 음악이다.

劉禹錫유우석

長慶中, 元微之夢得韋楚客同會樂天舍, 論南朝興廢, 各賦「金陵懷古」詩. 劉滿引一杯, 飮已, 卽成曰 : "王濬樓船下益州, 金陵王氣黯然收. 千尋鐵鎖沉江底, 一片降幡出石頭. 人世幾回傷往事, 山形依舊枕寒流. 而今四海爲家日, 故壘蕭蕭蘆荻秋." 白公覽詩曰 : "四人探驪龍, 子先獲珠, 所餘鱗爪何用邪." 于是罷唱.

「元和十年自朗州召至京戲贈看花君子」云 : "紫陌紅塵拂面來, 無人不道看花回. 玄都觀裏桃千樹, 儘是劉郎去後栽."「再遊玄都觀絶句並序」云 : "余貞元二十一年, 爲屯田郎, 時此觀未有花. 是歲, 出牧連州, 尋貶朗州司馬.① 居十年, 召至京師, 人人皆言有道士手植仙桃, 滿觀如紅霞, 遂有前篇, 以志一時之事. 旋又出牧. 今十有四年, 復爲主客郎中, 重遊玄都, 蕩然無復一樹, 惟兔葵燕麥, 動搖春風耳. 因再題二十八字, 以俟後遊, 時太和二年三月也. 詩云 : '百畝中庭半是苔, 桃花淨盡菜花開. 種桃道士歸何處, 前度劉郎今又來.'"

禹錫嘗對賓友每吟張博士籍詩云 : "藥酒欲開期好客, 朝衣暫脫見閒身." 對花木則吟王右丞詩云 : "興闌啼鳥換, 坐久落花多." "白二十二好余「秋水詠」云 : '東屯滄海闊, 南瀼洞庭寬.' 余自知不及韋蘇州'春潮帶雨晩來急, 野渡無人舟自橫'." 嘗過洞庭, 雖爲一篇, 思杜員外落句云 : "年去年來洞庭上, 白蘋愁殺白頭人." "鄙夫之言, 有愧于杜公也." "楊茂卿校書過華山詩曰 : '河勢崑崙遠, 山形菡萏秋.' 此實爲佳句."

白樂天任杭州刺史, 攜數妓還洛陽, 後却還錢塘, 故禹錫戲答云 : "其那錢塘蘇小小, 憶君淚點石榴裙."

沈存中曰 : "禹錫「霓裳羽衣曲」云 : '三鄕陌上望仙山, 歸作「霓裳羽衣曲」.' 又王建詩云 : '聽風聽水作「霓裳」.' 樂天詩注云 : '開元中, 西涼府節度使楊敬述造.' 鄭愚「津陽門」詩注云 : '葉法善嘗引上入月宮, 聞仙樂, 及上歸, 但記其半, 遂於笛中寫之. 會西涼府都督楊敬述進「婆羅門曲」, 與其聲調相符, 遂以月中所聞爲散序, 用敬述所進爲其腔, 而名「霓裳羽衣曲」.' 說各不同. 今蒲州逍遙樓楣上有唐人橫書, 類梵字, 相傳是「霓裳」譜, 字訓不通, 莫知是非. 或謂今燕部有「獻仙音曲」, 乃其遺聲. 然「霓裳」本謂之道調法曲, 今「獻仙音」乃小石調耳, 未知孰是."

"山圍故國周遭在, 潮打空城寂寞回. 淮水東邊舊時月, 夜深還過女牆來." 樂天掉頭苦吟, 歎賞良久, 曰: "「石頭」詩云: '潮打空城寂寞回', 我知後之詩人, 不復措詞矣."【禹錫「金陵五題自序」云】

禹錫, 字夢得. 附叔文, 擢度支員外郎. 人不敢斥其名, 號二王劉柳. 憲宗立, 禹錫貶連州, 未至, 斥朗州司馬, 作「竹枝詞」. 武元衡初不爲宗元所喜, 自中丞下除右庶子. 及是執政, 禹錫久落魄, 乃作「問大鈞謫九年」等賦, 又序張九齡事爲詩, 欲感諷權要.② 久之, 召還, 宰相欲任南省郎, 乃作「玄都觀看花君子」詩. 當路不喜, 出爲播州, 易連州, 徙夔州. 由和州刺史入爲主客郎中, 復作「遊玄都觀」詩, 有"兎葵燕麥"之語, 聞者益薄其行. 俄分司東都, 裴度薦爲集賢學士. 度罷, 出刺蘇州, 徙汝同二州. 會昌朝, 檢校禮部尚書, 卒.

"故國思如此, 若爲天外心."【寄白公句】"湖上收宿雨."【句】"故人日已遠, 窗下塵滿琴. 坐對一樽酒, 恨多無力斟. 幕疏螢色迥, 露重月華深. 萬境與群籟, 此時情豈任."【「無題」】"禪思何妨在玉琴, 眞僧不見聽時心. 秋堂境寂夜將半, 雲去蒼梧湘水深."【「聽琴」】右張爲取作「主客圖」.

夢得曰: "柳八駁韓十八「平淮西碑」云: '左餐右粥', 何如我「平淮西雅」云: '仰父俯子.' 韓碑兼有帽子, 使我爲之, 便說用兵伐叛矣." 夢得曰: "韓碑柳雅, 余爲詩云: '城中晨雞喔喔鳴, 城中鼓角聲和平.' 美愬之入蔡城也, 須臾之間, 賊無覺者. 又落句云: '始於元和十二載, 重見天寶升平時.' 以見平淮之年."

① "尋", 據『紀事』補.

② "權要", 據『紀事』補.

장경長慶 821~824 연간에 원미지(元微之 : 원진) · 유몽득(유우석) · 위초객韋楚客이 백낙천의 집에 모여 남조南朝의 흥폐를 논하며 각각 「금릉회고金陵懷古」를 지었다. 유우석이 한 잔 술을 가득 기울인 뒤, 바로 쓰기를 "왕준王濬[2]의 누선樓船이 익주에 내려가니, 금릉의 왕기王氣가 어렴풋이 수합된다. 천 길 철 열쇠는 강 밑에 잠기고, 한 조각 항복 깃발은 석두성石頭城에 내걸린다. 사람이 얼마나 지난 일을 슬퍼할까, 산은 그대로 차가운 강물을 베고 있다. 지금 온 누리가 한 집안이 되는 때에, 옛 보루는 쓸쓸하게 갈대 춤추는 가을이다[王濬樓船下益州, 金陵王氣黯然收. 千尋鐵鎖沉江底, 一片降幡出石頭. 人世幾回傷往事, 山形依舊枕寒流. 而今四海爲家日, 故壘蕭蕭蘆荻秋]"라고 했다. 백거이가 이 시를 보고, "네 사람이 여룡驪龍[3]을 더듬는데 그대가 먼저 구슬을 가져버렸으니, 남은 비늘과 발톱을 어디에 쓰겠는가"라고 하며 이내 시 읊기를 끝냈다.

「원화십년자낭주소지경희증간화군자元和十年自朗州召至京戲贈看花君子」에서 "붉은 언덕 붉은 먼지가 얼굴을 스치니, 저마다 꽃을 보고 돌아온다고들 한다. 현도관玄都觀 안 천 그루 복숭아나무는, 모두 유랑劉郞이 떠난 뒤에 심은 것이다[紫陌紅塵拂面來, 無人不道看花回. 玄都觀裏桃千樹, 儘是劉郞去後栽]"라고 하고, 「재유현도관절구병서再遊玄都觀絶句並序」에서 "내가 정원 21년(805)에 둔전랑屯田郞이 되었는데 당시 현도관에는 꽃이 없었다. 이해에 연주連州목사로 나가고 이어서 낭주사마朗州司馬로 좌천되었다. 그로부터 십 년이 지나 부름을 받아 경사京師에 왔는데 사람들이 모두 도사道士가 손수 선도仙桃를 심었다고들 했다. 당시 현도관의 풍경은 완전히 붉은 노을과 같아서 마침내 전편前篇을 지어 한때의 일을 기록했다. 그리고 다시 목사로 나갔다. 지금 십사 년이 지나 다시 주객낭중이 돼 현도관을 다시 찾았는데, 나무는 한 그루도 없고 오직 토

---

2 왕준(王濬) : 삼국시대 말기 진(晋)나라 사람. 정동장군(征東將軍)으로 오나라 서울을 함락시키고 오나라 임금의 항복을 받아냈다.

3 여룡(驪龍) : 여의주를 품고 있다는 용이다.

규兎葵과 연맥燕麥만 봄바람에 흔들거릴 뿐이다. 그래서 다시 스물일곱 자를 써서 훗날의 유람을 기다리니, 때는 태화 2년(828) 3월이다. 시는 다음과 같다. '백 이랑 뜨락 안이 절반은 이끼이고, 복사꽃 깨끗이 사라진 곳에 나물꽃만 피었다. 복숭아 심은 도사는 어디로 갔나, 지난날 유랑劉郎이 지금 다시 찾아왔네[百畝中庭半是苔, 桃花淨盡菜花開. 種桃道士歸何處, 前度劉郎今又來]'"라고 했다.

유우석은 일찍이 객이나 친구를 만날 때면 언제나 박사博士 장적의 시를 읊어 "약주를 마련하려 함은 좋은 객을 기대함이요, 조정의 옷을 잠시 벗음은 한적한 몸을 보기 위해서다[藥酒欲開期好客, 朝衣暫脫見閒身]"라고 하고, 꽃과 나무를 마주할 때면 왕유의 시를 읊어 "흥취가 다하니 지저귀는 새가 바뀌고, 한참 앉아 있으니 지는 꽃이 많다[興闌啼鳥換, 坐久落花多]"라고 했다. "백이십이(白二十二 : 백거이)가 나의 「추수영秋水詠」의 '동쪽으로 드넓은 창해에 주둔하고, 남쪽으로 넉넉한 동정호에 흐른다[東屯滄海闊, 南瀼洞庭寬]'를 좋아하는데, 나는 위소주(韋蘇州 : 위응물)의 '봄날 조수는 비와 함께 석양에 세찬데, 들판 나루에는 사람 없이 배만 가로놓였네[春潮帶雨晚來急, 野渡無人舟自橫]'만 못한 것인 줄 안다"라고 했다. 일찍이 동정호를 찾아가 시 한 편을 지었으나 두원외(두보)의 끝 구절, "해마다 동정호 위에서, 흰 마름은 백발노인을 시름겹게 하누나[年去年來洞庭上, 白蘋愁殺白頭人]"를 떠올리며 "나의 시는 두공에게 부끄럽다"라고 했다. 또한 "교서校書 양무경楊茂卿이 화산을 들러 쓴 시에서 '강의 형세는 곤륜崑崙처럼 멀고, 산의 형세는 연꽃 봉오리 같은 가을이다[河勢崑崙遠, 山形菡萏秋]'라고 했는데, 이는 실로 좋은 구절이다"라고 했다.

백거이가 항주자사로 재임할 때 여러 명의 기생을 데리고 낙양으로 돌아왔다가, 나중에 다시 전당錢塘으로 돌려보냈으므로 유우석이 장난삼아 답하기를 "전당의 소소소蘇小小를 어찌할 건가, 그대 눈물 석류 치마에 적시는 모습이 떠오르는구나[其那錢塘蘇小小, 憶君淚點石榴裙]"라고 했다.

심존중沈存中이 말하기를 "유우석이 「예상우의곡霓裳羽衣曲」에서 '세고을 언덕 위에서 선산仙山을 바라보고, 돌아와 「예상우의곡」을 지었노라[三鄕陌上望仙山, 歸作「霓裳羽衣曲」]'라고 하고, 또 왕건王建의 시에서 '바람 소리 듣고 물소리 들으며 「예상」을 짓노라[聽風聽水作「霓裳」]'라고 했다. 그런데 백낙천의 시 주석에서 '개원 연간에 서경절도사西涼府節度使 양경술楊敬述이 짓다'라고 하고, 정우鄭愚의 「진양문津陽門」 주석에서 '섭법선葉法善이 일찍이 성상을 인도하여 월궁月宮으로 들어가 선악仙樂을 들었는데, 성상이 돌아갈 때 절반만 기록해서 마침내 젓대를 통해 묘사했다. 마침 서량부도독西涼府都督 양경술이 「바라문곡婆羅門曲」을 올렸는데 그 성조와 부합하여 마침내 월궁에서 들었던 것을 산서散序로 삼고, 경술이 올린 것을 강腔으로 삼아 「예상우의곡」이라 이름 붙였다'라고 하여, 설들이 각각 다르다. 지금 포주蒲州 소요루逍遙樓 문미(門楣 : 문 위에 가로댄 나무) 위에 당나라 때 사람이 가로로 쓴 글씨가 있는데 범어 문자와 유사하다. 전하는 말에 「예상곡」 악보라고 하는데 글자와 뜻이 통하지 않아 사실인지 알 수 없다. 혹자는, 지금 연부燕部에 「헌선음곡獻仙音曲」이 있는데 바로 예상곡의 유성遺聲이라고 한다. 하지만 「예상곡」은 본디 도조법곡道調法曲이라고 하는데, 지금 「헌선음」은 소석조小石調일 뿐이니, 누구의 말이 맞는지 알 수 없다"라고 했다.

"산은 고국을 두루 둘렀거늘, 조수는 텅 빈 성을 치고 아득히 돌아간다. 회수 동쪽의 지난날 달이, 한밤 다시 성가퀴를 찾아온다[山圍故國周遭在, 潮打空城寂寞回. 淮水東邊舊時月, 夜深還過女牆來]"를 백거이가 머리를 끄덕이고 골똘히 읊으며 한참을 감상하고 나서 이르기를 "「석두石頭」의 '조수는 텅 빈 성을 치고 아득히 돌아간다'는 후대의 시인들이 다시는 지을 수 없는 구절이라고 나는 생각한다"라고 했다【유우석의 「금릉오제목서金陵五題自序」에서 말한 것이다】.

유우석의 자는 몽득이며 왕숙문王叔文에게 기대어 탁지원외랑度支員外郎에 발탁되었다. 사람들이 감히 그의 이름을 배척하지 못하고, 이왕

유류(二王劉柳 : 왕숙문 · 왕비王伾 · 유우석 · 유종원)라고 불렀다. 헌종이 등극하며 유우석은 연주連州로 좌천되었고, 조정으로 돌아오지 못한 채 낭주사마朗州司馬로 배척되었는데, 이때 「죽지사竹枝詞」를 지었다. 무원형武元衡은 애초에 유종원에게 인정을 받지 못해 중승中丞에서 우서윤右庶尹으로 강등되었는데, 그가 권력을 잡자 유우석은 오랫동안 좌절 상태로 있으며 「문대균적구년問大鈞謫九年」 등의 부賦를 짓고, 또 장구령의 이야기를 시로 지어 요직에 있는 자들을 풍자하고자 했다. 오랜 시간이 흐른 뒤 중앙으로 불려왔는데, 재상이 남성랑南省郎에 임명하려 할 무렵에 「현도관간화군자玄都觀看花君子」를 지었다. 이때 권력 중심에 있던 이들이 불쾌해하여 반주播州자사로 내보냈으며 다시 연주자사로 바뀌고 또 기주夔州자사로 옮겼다. 화주和州자사에서 돌아와 주객낭중이 되었을 때 다시 「유현도관遊玄都觀」을 지었는데, '토규兎葵' · '연맥燕麥'이라는 표현이 들어 있어, 듣는 자들이 그의 행동을 더욱 가볍다고 여겼다. 그 뒤 동도東都를 분사分司하게 되었는데, 배도가 집현학사集賢學士로 추천했다. 배도가 자리에서 물러나자 소주자사로 나가게 되고 이어 여汝 · 동同 두 주의 자사로 옮겼다. 회창 연간에 검교예부상서檢校禮部尙書로 생을 마쳤다.

"고국이 이러하니, 마치 하늘 밖 마음이 된 듯하다(故國思如此, 若爲天外心)"【백거이에게 부친 구절】, "호수가 묵은 비를 거둔다(湖上收宿雨)"【구절】, "친구가 떠난 지 오래되니, 창 아래 먼지가 거문고에 가득하다. 앉아서 한 동이 술을 마주하지만 시름이 커 따를 힘조차 없다. 장막 성글어 반딧불 희미하고, 이슬 무거워 달빛이 짙다. 온 누리 광경과 소리가, 지금 내 마음을 어찌 할 건가(故人日已遠, 窗下塵滿琴. 坐對一樽酒, 恨多無力斟. 幕疏螢色逈, 露重月華深. 萬境與群籟, 此時情豈任)"【「무제」】, "선사禪思가 옥금玉琴에 있는 게 무슨 문제이랴, 참 승려는 들을 때의 마음을 보지 않는다. 가을 집 적막하고 밤은 깊은데, 구름은 창오산蒼梧山 깊은 상수湘水를 흐른다(禪思何妨在玉琴, 眞僧不見聽時心. 秋堂境寂夜將半, 雲去蒼梧

湘水深.]”【「청금聽琴」】 위 시들은 장위가 「주객도」에 집어넣었다.

유우석이 말하기를 “유팔(柳八 : 유종원)이 한십팔(韓十八 : 한유)의 「평회서비平淮西碑」 안의 ‘좌찬우죽左餐右粥’을 비판하며 ‘나의 「평회서아平淮西雅」의 ‘앙부부자仰父俯子’와 견주어 어떠한가’라고 했다. 한유의 「평회서비」에는 모자까지 함께 있는데, 내게 짓도록 한다면 병사를 사용해서 반란자를 정벌한 것을 썼을 것이다”라고 했다. 유우석이 말하기를 “한유의 「평회서비」와 유종원의 「평회서아」에 대해 내가 시를 짓기를 ‘성 안 새벽달은 꼬꼬꼬 울고, 성 안의 호각소리는 평화롭게 울리네[城中晨雞喔喔鳴, 城中鼓角聲和平]’라고 했으니, 이소李愬가 채성蔡城에 들어갈 때 적진에서 알아차린 자가 없음을 찬미한 것이다. 또 끝 구절에서 ‘원화 12년(817)에 시작하여, 천보의 승평升平 시절을 다시 보는구나[始於元和十二載, 重見天寶升平時]’라고 했는데 회淮를 평정한 해를 나타낸 것이다”라고 했다.

① ‘尋’은 『당시기사』에 의거하여 보충했다.

② ‘權要’는 『당시기사』에 의거하여 보충했다.

陳潤진윤

「送駱徵君」云 : “野人膺辟命, 溪上掩柴扉. 黃卷猶將去, 青山豈更歸. 馬留苔蘚跡, 人脫薜蘿衣. 他日相思處, 天邊望少微.”

潤, 大曆間人, 終坊州鄜城縣令, 樂天之外祖也.

“丈夫不感恩, 感恩寧有淚. 心頭感恩血, 一滴染天地.” 右張爲取作「主客圖」.

「송낙징군送駱徵君」에서 “야인野人이 임금의 부름에 응하여 시냇가 사립문이 닫혀 있다. 책은 그래도 가져가게나, 청산을 어찌 다시 돌아오겠나. 말은 이끼에 자취 남기고, 사람은 넝쿨 옷을 벗었다. 훗날 서로 그립거들랑, 하늘 끝 소미성少微星을 바라보게나[野人膺辟命, 溪上掩柴扉. 黃卷猶將去, 靑山豈更歸. 馬留苔蘚跡, 人脫薜蘿衣. 他日相思處, 天邊望少微]"라고 했다.

진윤陳潤은 대력 연간의 인물이며 방주坊州 부성현령鄜城縣令으로 생을 마쳤다. 백낙천의 외조부이다.

"장부는 은혜에 감격하지 않는데, 은혜에 감격해 어찌 눈물을 흘리랴만. 마음속 깊이 은혜에 감격해 끓는 피는, 한 방울이 온 세상을 적신다[丈夫不感恩, 感恩寧有淚. 心頭感恩血, 一滴染天地]"라고 했다. 위 시는 장위가 「주객도」에 집어넣었다.

賈島가도

島, 字浪仙, 【一作閬仙】 范陽人. 初爲浮圖, 名無本. 能詩, 獨變格入僻, 以矯豔于元白. 來洛陽, 韓愈教爲文. 去浮圖, 擧進士, 終晉州司戶. 島久不第, 吟「病蟬」之句, 以刺公卿. 或奏島與平曾等爲"十惡", 逐之. 詩曰:"病蟬飛不得, 向我掌中行. 折翼猶能薄, 酸吟尚極清. 露華凝在腹, 塵點誤侵睛. 黃雀並烏鳥, 俱懷害爾情."

大中末, 授遂州長江簿. 初之任, 居東川, 守者厚禮之, 島獻「感恩」詩曰:"匏革奏終非獨樂, 軍城未曉啟重門. 何時却入三臺貴, 此日空知八座尊. 羅綺舞間收雨點, 貔貅闈外捲雲根. 逐遷屬吏隨賓列, 撥棹扁舟不忘恩."

自長江遷普州司倉, 方干自鏡湖寄詩曰:"亂山重復疊, 何處訪先生. 豈料多才者, 空垂不第名. 閒曹猶得醉, 薄俸亦勝耕. 莫問吟詩苦, 年年芳草平." 島至老無子, 因啖牛肉得疾, 終於傳舍.

島詩有警句, 韓退之喜之. 其「渡桑乾」詩曰:"客舍并州已十霜,① 歸心日夜憶咸陽. 無端更渡桑乾水, 却望并州是故鄕."

又「赴長江道中」詩曰:"策杖馳山驛, 逢人問梓州. 長江何日到, 行客替生愁." 晉公度初立第於街西興化里, 鑿池種竹, 起臺榭. 島方下第, 或以爲執政惡之, 故不在選, 怨憤題詩曰:"破却千家作一池, 不栽桃李種薔薇. 薔薇花落秋風起, 荊棘滿庭君始知." 皆惡其不遜.

島爲僧時, 洛陽令不許僧午後出寺. 島有詩云:"不如牛與羊, 猶得日暮歸." 韓愈惜其才, 俾反俗應擧, 貽其詩曰:"孟郊死葬北邙山, 日月星辰頓覺閑. 天恐文章中斷絶, 再生賈島在人間." 由是振名.【或曰:非退之詩】

「題杜司戶亭子」云:"床頭枕是溪邊石, 井底泉通竹下池. 宿客未眠過夜半, 獨聞山雨到來時."

「題李欵幽居」云:"閑居少鄰並, 草徑入荒村. 鳥宿池中樹, 僧敲月下門. 過橋分野色, 移石動雲根. 暫去還來此, 幽期不負言."

「哭孟郊」云:"身死聲名在, 多應萬古傳. 寡妻無子息, 破宅帶林泉. 塚近登山道, 詩隨過海船. 故人相弔處, 斜日下寒天."

"夜半長安雨, 燈前越客吟."【「贈吳處士」句】"島嶼夏雲起, 汀洲芳草深."【句】"秋風吹渭水, 落葉滿長安."【句】"山鐘夜渡空江水, 汀月寒生古石樓."【句】"舊國別多日, 故人無少年."【句】

① "已"原作"三", 據『紀事』改.

가도의 자는 낭선浪仙이며【낭선閬仙이라고도 한다】 범양范陽 사람이다. 처음에는 승려였으며 이름은 무본無本이다. 시에 능했는데 홀로 시격을 변모시켜 한쪽으로 몰입해서 원진과 백거이의 교태와 요염을 바로잡으려 했다. 낙양에 왔을 때 한유가 문장을 가르쳤는데, 이때 승려를 그만두고 진사시에 급제하여 보주사호普州司戶로 생을 마쳤다. 가도가 오랫동안 급제하지 못하자 「병선病蟬」이라는 시를 지어 당시의 관리들을 풍자했는데, 어떤 사람이, 가도가 평증平曾 등과 함께 '십악十惡'

이라고 상주上奏하여 축출당했다. 시는 다음과 같다. "병든 매미가 날지 못하고, 내 손바닥 위로 날아온다. 끊어진 날개는 아직 엷고, 신산한 소리는 아주 맑다. 이슬 꽃은 배 위에 엉켜 있고, 먼지 점은 눈동자를 침범했다. 까치와 까마귀가, 모두 너를 해치려는 마음을 품고 있다.[病蟬飛不得, 向我掌中行. 折翼猶能薄, 酸吟尙極淸. 露華凝在腹, 塵點誤侵睛. 黃雀並烏鳥, 俱懷害爾情.]"

대중 말기에 수주遂州 장강부長江簿에 임명되었는데, 임지로 가며 동천東川에 이르렀을 때 그곳 수장이 후하게 대접하자, 「감은感恩」을 지어 올리기를 "음악 연주는 홀로 즐기자 함이 아니어서, 군성軍城은 새벽이 되기 전에 겹겹의 문을 열어놓았네. 언제 삼정승의 귀한 자리로 들어갈까, 이날 부질없이 팔좌(八座 : 상서尙書)의 존귀함만 감지하네. 비단옷 춤 사이에 빗방울 거두고, 비휴貔貅의 곤문閫門 밖에 운근(雲根 : 바위에 스민 구름)이 말려 오른다. 팽개쳐진 관리가 빈객의 열에 있어, 조각배 노 저으며 은혜를 잊지 못하네[匏革奏終非獨樂, 軍城未曉啓重門. 何時却入三臺貴, 此日空知八座尊. 羅綺舞間收雨點, 貔貅閫外捲雲根. 逐遷屬吏隨賓列, 撥棹扁舟不忘恩]"라고 했다.

장강長江에서 보주사창普州司倉으로 옮겼을 때, 방간方干이 경호鏡湖에서 보낸 시에서 "수많은 산들이 겹겹이 쌓였는데, 선생을 어느 곳에서 뵐 수 있을까. 어찌 재능 많은 분이, 급제 못한 명단만 남길 줄 예상했으랴. 한적한 아전이나마 취할 수 있고, 작은 봉급이나마 밭 가는 것보다는 나으리라. 시 읊기 고달픔을 묻지 말라, 풀들은 해마다 푸르나니[亂山重復疊, 何處訪先生. 豈料多才者, 空垂不第名. 閒曹猶得醉, 薄俸亦勝耕. 莫問吟詩苦, 年年芳草平]"라고 했다. 가도는 늙도록 자식이 없었으며 소고기를 먹다가 병을 얻어 여관에서 생을 마쳤다.

가도의 시에는 사람을 깜짝 놀라게 하는 구절(警句)이 있어서 한퇴지(韓退之 : 한유)가 좋아했다. 「도상건渡桑乾」에서 "병주幷州에서 객으로 지낸 지 어느덧 십 년, 돌아가고픈 마음에 밤낮으로 함양咸陽을 그린다.

하릴없이 상건수桑乾水를 다시 건너가, 병주를 바라보니 어느덧 고향이 됐다[客舍幷州已十霜, 歸心日夜憶咸陽. 無端更渡桑乾水, 却望幷州是故鄕]"라고 했다.

또 「부장강도중赴長江道中」에서 "지팡이 짚고 산 역참으로 가서, 사람을 만나 재주梓州 소식을 묻는다. 장강은 언제 도착할까, 길손이 대신 걱정을 한다[策杖馳山驛, 逢人問梓州. 長江何日到, 行客替生愁]"라고 했다. 진도晉度가 처음 장안 거리 서쪽 흥화리興化里에 집을 지으면서 연못을 파고 대나무를 심고 누대 등을 세웠다. 가도가 과거에서 낙방했을 때, 혹자가 권력을 가진 자가 미워하여 뽑히지 못한 것이라고 하자 원망과 분노로 시를 짓기를 "천 가구를 허물어 연못 하나를 만들고, 복숭아 오얏을 심지 않고 장미를 심는다. 장미꽃 지고 가을바람 일어, 가시덤불 마당 가득할 때 그대 비로소 알리라[破却千家作一池, 不栽桃李種薔薇. 薔薇花落秋風起, 荊棘滿庭君始知]"라고 하니, 모두들 그의 공손하지 못한 태도를 싫어했다.

가도가 승려였을 때, 낙양에서는 승려가 오후에 절을 나서는 것을 허락하지 않았는데, 가도가 시를 짓기를 "소나 염소가, 해 저물면 돌아오는 것만 못하구나[不如牛與羊, 猶得日暮歸]"라고 했다. 한유가 그의 재능을 아까워해 환속하여 과거에 응시할 것을 권유하며 시를 지어주기를 "맹교가 죽어 북망산에 장사지내면, 해와 달과 별이 한적하리라. 하늘은 문장이 중간에 끊길까 두려워하여, 다시 세상에 가도를 낳으셨네[孟郊死葬北邙山, 日月星辰頓覺閒. 天恐文章中斷絶, 再生賈島在人間]"라고 했고, 이로 인해 명성을 떨쳤다【혹자는 한퇴지의 시가 아니라고 한다】.

「제두사호정자題杜司戶亭子」에서 "평상머리 베개는 시냇가 돌이고, 샘 아래 흐르는 물은 대밭 연못과 통했다. 객은 한밤에 잠들지 못하고, 내리는 산비 소리를 홀로 듣는다[床頭枕是溪邊石, 井底泉通竹下池. 宿客未眠過夜半, 獨聞山雨到來時]"라고 했다.

「제이관유거題李款幽居」에서 "한적한 거처에 이웃들은 적고, 풀길은 거친 마을로 나 있다. 새는 연못 나무에서 졸고, 중은 달 아래 문을 두드린다. 다리를 지나자 들빛이 나뉘고, 돌을 옮기자 운근雲根이 움직인다. 잠시 떠났다 다시 찾아와, 조용히 한 약속을 저버리지 않는다[閒居少鄰並, 草徑入荒村. 鳥宿池中樹, 僧敲月下門. 過橋分野色, 移石動雲根. 暫去還來此, 幽期不負言]"라고 했다.

「곡맹교哭孟郊」에서 "몸은 죽어도 명성은 남아, 만고에 떳떳하게 전하리라. 홀로 된 아내는 자식이 없고, 무너진 집은 임천林泉과 함께 있다. 무덤은 산을 오르는 길 가까이 있고, 시는 바다를 건너는 배를 뒤따른다. 친구들이 위문하는 곳에서, 석양이 찬 하늘에 진다[身死聲名在, 多應萬古傳. 寡妻無子息, 破宅帶林泉. 塚近登山道, 詩隨過海船. 故人相弔處, 斜日下寒天]"라고 했다.

"한밤 장안에 비가 내리고, 등불 앞에서 월越나라 나그네가 읊조린다[夜半長安雨, 燈前越客吟]"【「증오처사贈吳處士」의 한 구절】, "섬에서는 여름 구름이 피어오르고, 강변에는 아름다운 풀들이 무성하다[島嶼夏雲起, 汀洲芳草深]"【구절】, "가을바람 위수에 부니, 낙엽이 장안에 가득하다[秋風吹渭水, 落葉滿長安]"【구절】, "산사의 종소리는 한밤 텅 빈 강물을 건너고, 물가의 달은 차갑게 옛 석루石樓 위로 솟는다[山鐘夜渡空江水, 汀月寒生古石樓]"【구절】, "고국과 이별의 시간이 오래돼, 친구들 가운데 소년은 없으리라.[舊國別多日, 故人無少年.]"【구절】

① '己'는 본래 '三'으로 되어 있었는데, 『당시기사』에 의거하여 고쳤다.

李正封이정봉

唐文宗好詩, 太和中, 賞牡丹. 上謂陳修己曰①: "今京邑人傳牡丹詩, 誰爲首." 修己對曰: "中書舍人李正封詩'天香夜染衣, 國色朝酣酒.'" 時楊妃侍, 上曰: "糚臺前宜飮以一紫金盞酒, 則正封之詩見矣."

退之正封從軍, 有「晚秋郾城聯句」詩. 正封云 : "從軍古雲樂, 談笑青油幕. 燈明夜觀棋, 月暗秋城柝." 遂爲警策.

正封, 字中護, 終監察御史.

① "陳", 『紀事』作"程."

당 문종이 시를 좋아했는데 태화 연간에 모란을 감상할 때 진수기陳修己에게 "지금 도성 내에 전하는 모란 시 가운데 누가 으뜸인가"라고 하니, 진수기가 대답하기를 "중서사인 이정봉李正封의 시, '천향天香은 한밤 옷을 물들이고, 국색國色은 아침술에 얼큰했네[天香夜染衣, 國色朝酣酒]'입니다"라고 했다. 당시 양귀비楊貴妃가 시봉하고 있었는데 문종이 말하기를 "화장대 앞에서 한 잔의 자금잔紫金盞 술을 마시면, 이정봉의 시가 보이겠다"라고 했다.

한퇴지가 이정봉의 종군從軍으로 있을 때 「만추언성연구晚秋郾城聯句」가 지어졌는데, 이정봉의 연구聯句에서 "종군은 예부터 즐겁다 해서, 청유靑油의 막사에서 담소를 나눈다. 한밤 바둑 구경에 등불은 밝고, 가을 성 목탁 소리에 달빛 어둡다[從軍古雲樂, 談笑青油幕. 燈明夜觀棋, 月暗秋城柝]"라고 한 것이 빼어난 작품으로 평가되었다.

이정봉의 자는 중호中護이며 감찰어사로 생을 마쳤다.

① '陳'은 『당시기사』에 '程'으로 되어 있다.

崔護최호

護, 字殷功. 貞元十二年登第, 終嶺南節度使. 沈存中云 : "唐人以詩主人物, 故雖小詩, 莫不極工而後已, 所謂旬鍛月煉者, 信非虛言. 小說護「題城南」詩, 其始曰 : '去年今日此門中, 人面桃花相映紅. 人面不知何處去, 桃花依舊笑春風.' 後以其意未全, 語未工, 改第三句曰 : '人面只今何處去.' 至今所傳有此兩本, 惟「本事詩」作'只今何處在.' 唐人作詩, 大率如此, 雖有兩今字, 不恤也, 取語意爲主耳. 後人以其有兩今字, 故多行前篇."【『筆談』】

최호의 자는 은공殷功이며 정원 12년(796)에 급제했고 영남절도사嶺南節度使로 생을 마쳤다. 심존중이 이르기를 "당나라 시인은 시로써 인물을 평가하므로, 짧은 시라 해도 완벽하게 다듬고서야 그만두니, 이른바 열흘마다 단련하고 매달 손본다는 것이 참으로 빈말이 아니다. 전하는 말에 의하면, 최호의 「제성남題城南」은 처음 내용은 '지난해 오늘 이 문 안에서, 사람 얼굴과 복사꽃이 서로 붉게 비추었다. 사람 얼굴은 어디로 간 것인가, 복사꽃만 여전히 봄바람에 웃는다[去年今日此門中, 人面桃花相映紅. 人面不知何處去, 桃花依舊笑春風]'였는데, 훗날 의미가 완전하지 못하고 시어가 빼어나지 못하다고 하여 세 번째 구절을 '사람 얼굴은 지금 어디로 갔는가[人面只今何處去]'로 고쳤다. 지금 전하는 책에 이 두 가지 내용이 있는데 오직 『본사시本事詩』만 '只今何處在'로 되어 있다. 당나라 시인이 시를 지을 때는 대체로 이러해서, 비록 두 개의 금今 자가 있다고 해도 문제 삼지 않고 말뜻만 취하는 것을 위주로 한다. 후인들은 두 개의 금今 자가 있다 하여 대부분 전편前篇의 것을 쓴다"라고 했다.【『몽계필담夢溪筆談』】

張又新장우신

又新, 字孔昭, 薦之子. 附逢吉, 罷貶汀州刺史. 又附李訓, 訓死, 復坐貶, 終左司郎中.

時號又新張三頭, 謂進士狀頭·宏詞敕頭·京兆解頭.

又新嘗作廣陵從事, 有佐酒妓, 每致情焉. 後二十年, 罷江南郡, 舟道廣陵, 適李紳鎭淮南, 又新方懼其讎已, 而又遇風, 漂沒二子. 紳憫然, 復書曰: "端溪不讓之詞, 愚罔懷怨, 荊浦沈淪之事, 鄙實憫然." 宴遇殊厚. 前所謂酒妓者猶在席, 又新以指染酒, 卽席爲詞曰: "雲雨分飛二十年, 當時求夢不曾眠. 今來頭白重相見, 還上襄王玳瑁筵."① 李卽命妓歌以送酒.

① "王"原作"陽", 據『紀事』改.

장우신의 자는 공소孔昭이며 장천張薦의 아들이다. 이봉길李逢吉과 가까이 지내다 정주汀州자사로 좌천되었고, 다시 이훈李訓과 가까웠는데 이훈이 죽자 또다시 좌천되었으며, 좌사낭중으로 생을 마쳤다.

당시 장우신을 장삼두張三頭라 불렀는데, 진사장두進士狀頭·굉사칙두宏詞敕頭·경조해두京兆解頭를 뜻하는 것이었다.

장우신이 일찍이 광릉종사廣陵從事로 있을 때, 술자리를 돕는 기생이 있었는데 언제나 정을 듬뿍 주었다. 그로부터 이십 년 뒤 강남군江南郡으로 좌천돼 배를 타고 광릉을 경유하게 되었는데, 마침 이신이 회남에 부임해 있었다. 장우신은 마음속으로 자신을 원수로 여길까 두려워했고, 또 풍랑을 만나서 두 아들을 잃었다. 이를 불쌍히 여긴 이신이 답장에서 "단계端溪에서 양보하지 않은 말에 대해 저는 원망을 품지 않고, 형포荊浦에서 물에 빠진 일은 실로 제가 불쌍하게 여기고 있습니다"라고 하고, 연회를 베풀어 후하게 대접했다. 그런데 앞서 술자리를 도왔던 기생이 아직도 연회석에 있어서 장우신이 손가락에 술을 묻혀 즉석에서 글을 짓기를 "운우雲雨가 나뉘어 날아간 지 이십 년, 당시에는 꿈에서도 찾으며 잠들지 못했다. 지금 백발이 돼 다시 만나, 양왕襄王의 대모玳瑁 잔치에 다시 올라왔구나[雲雨分飛二十年, 當時求夢不曾眠. 今來頭白重相見, 還上襄王玳瑁筵]"라고 했다. 이신이 즉시 기생에게 노래를 불러 술잔을 권하라고 했다.

① '王'은 본래 '陽'으로 되어 있었는데, 『당시기사』에 의거하여 고쳤다.

柳公權유공권

公權, 武宗朝在內庭. 上嘗怒一宮嬪久之, 旣而復召, 謂公權曰 : "朕怪此人, 若得學士一篇, 當釋然矣." 目御前蜀箋數十幅授之. 公權略不佇思而成一絶曰 : "不分前時忤主恩, 已甘寂寞守長門. 今朝却得君王顧, 重入椒房拭淚痕." 上大悅, 令宮人上前拜謝之.

文宗時, 充翰林學士, 從幸永安宮, 苑中駐驊, 謂公權曰 : "我有一喜事, 邊上衣賜, 久不及時, 今年二月給春衣訖." 公權前奉賀. 上曰 : "可賀我以詩." 宮人迫其口進, 公權應聲曰 : "去歲雖無戰, 今年未得歸. 皇恩何以報, 春日得春衣." 上悅, 激賞之.

文宗夏日與諸學士聯句, 曰 : "人皆苦炎熱, 我愛夏日長." 公權續曰 : "薰風自南來, 殿閣生微涼." 諸學士屬和, 帝獨諷公權兩句, 詞清意足, 不可多得. 乃令公權題於壁上, 字方圓五寸. 帝觀之, 歎曰 : "鍾王復生, 無以加矣."

公權, 字誠懸, 卒于太子太保.

유공권은 무종 때에 내정內庭에 있었다. 무종이 일찍이 한 궁녀에 대해 오랫동안 노여워하다 다시 불러놓고 유공권에게 이르기를 "짐이 이 사람을 괴이하게 여기는데, 만일 학사學士에게서 한 편의 글을 얻는다면 풀릴 것이다"라고 하고, 어전御前의 촉전(蜀箋 : 시전지詩箋紙의 일종) 수십 폭을 주도록 했다. 유공권이 잠시도 머뭇거리지 않고 절구 한 수를 짓기를 "지난날 성주聖主의 은혜를 거스른 것을 분간하지 않고, 이미 장문長門을 조용히 지키는 것을 달갑게 여기었네. 오늘 문득 군왕의 돌봄을 입어서, 다시 초방椒房으로 들어가 눈물 흔적을 닦네[不分前時忤主恩, 已甘寂寞守長門. 今朝却得君王顧, 重入椒房拭淚痕]"라고 하니, 무종이 크게 기뻐하여 그 궁녀로 하여금 앞으로 가서 감사의 절을 올리게 했다.

문종 때에 한림학사翰林學士가 돼 영안궁永安宮으로 행차하는 길을 뒤따르게 되었는데, 원苑 안에 자리를 잡은 문종이 유공권에게 이르기를 "내게 기쁜 일이 하나 있었는데, 변방에 의복 하사하는 것을 오랫동안 못하다가 올 2월에야 봄옷을 내주었다"라고 하니, 유공권이 앞으로 나와 하례를 올렸다. 문종이 말하기를 "내게 시로써 하례할 수 있겠는가"라고 하여 궁인宮人이 바로 입으로 지어 올리라고 재촉하자, 유공권이 바로 응하기를 "지난해 전쟁이 없었지만 올해 돌아가지 못했네. 황상의 은혜를 어떻게 보답할까, 봄날 봄옷을 얻었거늘[去歲雖無戰, 今年未得歸. 皇恩何以報, 春日得春衣]"이라고 하니, 문종이 기뻐하며 격찬했다.

문종이 여름에 학사들과 연구聯句를 지어 "사람들은 모두 찌는 더위를 힘들어하지만, 나는 여름 해가 긴 것을 사랑한다[人皆苦炎熱, 我愛夏日長]"라고 하자, 유공권이 잇기를 "훈풍이 남쪽으로부터 불어오니, 전각殿閣에 서늘한 기운이 감도네[薰風自南來, 殿閣生微涼]"라고 했다. 다른 학사들도 모두 화답했지만 문종은 유독 유공권의 두 구절이 시어가 맑고 의미가 풍족하여 흔히 얻을 수 있는 것이 아니라고 논평했다. 그리고 유공권에게 벽에 글을 쓰게 했는데, 글자가 사방 다섯 치였다. 문종이 보고 감탄하기를 "종왕(鍾王 : 종요鍾繇 · 왕희지)이 다시 태어난다고 해도 이보다 앞설 수 없다"라고 했다.

유공권의 자는 성현誠懸이며 태자태보太子太保로 생을 마쳤다.

陸鴻漸 육홍점

太子文學陸鴻漸, 名羽, 其先不知何許人. 竟陵龍蓋寺僧姓陸,① 於堤上得初生兒, 收育之, 遂以陸爲氏. 及長, 聰俊多聞, 學贍詞逸, 詼諧辯捷. 性嗜茶, 始創煎茶法, 至今鬻茶之家, 陶爲其像, 置於湯器之間, 云宜茶足利. 至太和中, 復州有一老僧, 云是陸僧弟子, 常諷其歌云 : "不羨黃金罍, 不羨白玉杯, 不羨朝入省, 不羨暮入臺. 惟羨西江水, 長向竟陵城下來."② 鴻漸又撰『茶經』三卷, 行於代. 今爲鴻漸形, 因目爲茶神, 有售則祭之, 無則以釜湯沃之.

① "竟"原作"景", 據『因話錄』改.

② "竟"原作"金", 據『因話錄』改.

태자문학太子文學 육홍점은 이름이 우羽이며 선대는 누구인지 모른다. 경릉竟陵 용개사龍蓋寺의 육씨陸氏 성을 가진 승려가 길가 언덕에서 막 태어난 아이를 거두어 길러서 마침내 육씨를 성씨로 삼은 것이다. 성장해서는 총명하고 들은 것이 많았고 학문이 넉넉하고 문장이 빼어나며 풍자와 재담이 뛰어났다. 천성이 차를 좋아하여 처음 전다법煎茶法을 만들어내서, 지금도 차를 파는 집에서는 질그릇으로 그의 상像을 만들어 탕기湯器 사이에 두고 '차가 이익을 만들어줄 것(宜茶足利)'이라고 한다. 태화 연간에 복주復州에 노승이 있었는데, 육씨 승려의 제자라고 하고 언제나 그의 노래를 부르기를 "황금 술독을 부러워하지 않고, 백옥 잔을 부러워하지 않고, 아침에 성省으로 들어가는 것을 부러워하지 않고, 저녁에 대臺로 들어가는 것을 부러워하지 않는다. 오직 서강西江의 물이, 한결같이 경릉성으로 흘러내리는 것을 부러워한다[不羨黃金罍, 不羨白玉杯, 不羨朝入省, 不羨暮入臺. 惟羨西江水, 長向竟陵城下來]"라고 했다. 육홍점은 또 『다경茶經』 3권을 지어 대대로 전해오고 있다. 지금 육홍점의 형상을 만들어 '다신茶神'이라 부르는데, 물건을 팔면 제사를 지내고 파는 것이 없을 때는 끓는 물로 씻는다.

① '竟'은 본래 '景'으로 되어 있었는데, 『인화록因話錄』에 의거하여 고쳤다.

② '竟'은 본래 '金'으로 되어 있었는데, 『인화록』에 의거하여 고쳤다.

章孝標장효표

孝標, 元和十三年下第, 時輩多爲詩以刺主司, 獨孝標爲「歸燕」詩留獻. 侍郎庾承宣得詩, 輾轉吟諷. 庾重典禮曹, 孝標來年登第. 詩云: "舊壘危巢泥已落, 今年故向社前歸. 連雲大廈無棲處, 更向誰家門戶飛."

孝標及第, 除正字, 東歸「題杭州樟亭驛」云: "樟亭驛上題詩客, 一半尋爲山下塵. 世事日隨流水去, 紅花還似白頭人." 初成落句云: "紅花直笑白頭人",① 改爲"還似", 且曰: "我將老成名, 似我芳豔, 詎能久乎." 及還鄉而逝. 或曰: "前有八元, 後有孝標, 皆桐廬人, 復同姓而皆不達."

李紳鎭揚州, 請孝標賦「春雪」詩, 命題於臺盤上. 孝標唯然, 索筆一揮云: "六出飛花處處飄, 黏窗拂砌上寒條. 朱門到晩難盈尺, 儘是三軍喜氣消."

「長安秋日」云: "田家無五行, 水旱卜蛙聲. 牛犢乘春放, 兒孫候暖耕. 池塘烟未起, 桑柘雨初晴. 歲晩香醪熟, 村村自送迎."【右二詩韋莊『又玄集』取之】

① "直"原作"眞", 據『紀事』改.

장효표가 원화 13년(818)에 과거에서 떨어졌을 때, 당시 시험에 참여한 이들 대부분이 시를 지어 주사主司를 풍자했지만 장효표만 홀로 「귀연歸燕」을 지어 올렸다. 시랑侍郎 유승선庾承宣이 시를 얻고 나서 여러 번 되뇌었다. 유승선이 다시 예조禮曹를 주관할 때, 장효표가 시험에 참여하여 급제했다. 그 시에서 "옛 성채 위태로운 집에 진흙이 이미 떨어져, 올해는 일부러 사일社日[4] 전에 돌아왔다. 구름처럼 이어진 큰 집들에는 깃들 곳이 없으니, 다시 누구네 집 문을 향해 날아갈까[舊壘危巢泥已落, 今年故向社前歸. 連雲大廈無棲處, 更向誰家門戶飛]"라고 했다.

4 사일(社日): 일 년 중 춘분(春分)과 추분(秋分)에서 가장 가까운 앞뒤의 무일(戊日)을 가리킨다.

장효표가 급제하여 정자正字에 임명된 뒤, 남쪽으로 돌아가며 지은 「제항주장정역題杭州樟亭驛」에서 "장정역에서 시를 쓰는 나그네, 인생의 절반은 산 아래 티끌이 되었다. 세상은 날마다 흐르는 물을 따라 가거늘, 붉은 꽃은 다시 백발의 늙은이를 닮았다[樟亭驛上題詩客, 一半尋爲山下塵. 世事日隨流水去, 紅花還似白頭人]"라고 했다. 애초에 지은 끝 구절은 "붉은 꽃이 곧장 백발의 늙은이를 웃는다[紅花直笑白頭人]"였는데, '환사還似'로 고치면서 이르기를 "내 늘그막에 명성을 얻었으니, 나처럼 꽃다운 시절이 어떻게 오래갈 수 있겠는가"라고 했다. 고향에 돌아와서 생을 마쳤다. 혹자가 이르기를 "앞에는 장팔원章八元이 있고 뒤에는 장효표가 있는데, 모두 동려桐廬 사람이고 또 성姓이 같은데, 모두 명성을 얻지 못했다"라고 했다.

이신이 양주揚州를 관장하고 있을 때 장효표에게 「춘설春雪」을 지어 대반臺盤 위에 써달라고 했다. 장효표가 그러겠다고 한 뒤 붓을 구해 쓰기를 "여섯 모 나는 꽃(눈)이 곳곳에 휘날리며, 창에 붙고 섬돌에 스치고 찬 가지에 오르기도 한다. 해질녘 주문朱門이 한 자를 채우기 어려운 건, 삼군三軍의 기쁜 기운이 모두 사라져서다[六出飛花處處飄, 黏窗拂砌上寒條. 朱門到晚難盈尺, 儘是三軍喜氣消]"라고 했다.

「장안추일長安秋日」에서 "농가에는 오행五行이 없어, 장마와 가뭄을 개구리 소리로 점친다. 송아지는 봄 되면 들녘에 내놓고, 아이들은 따뜻할 때를 기다려 밭갈이 한다. 연못에는 안개가 일지 않고, 뽕나무 밭에는 비가 막 개었다. 한 해가 질 때 막걸리가 익으면, 마을마다 보내고 맞이하리라[田家無五行, 水旱卜蛙聲. 牛犢乘春放, 兒孫候暖耕. 池塘烟未起, 桑柘雨初晴. 歲晚香醪熟, 村村自送迎]"라고 했다【위 두 작품은 위장이 『우현집』에 집어넣었다】.

① '直'은 본래 '眞'으로 되어 있었는데, 『당시기사』에 의거하여 고쳤다.

施肩吾시견오

肩吾, 洪州人. 元和十年登第, 以洪州西山羽化之地, 慕其眞風, 高蹈於此. 爲詩奇麗, 著「百韻山居」詩, 才情富贍. 如“荷翻紫蓋搖波面, 蒲映靑刀揷水湄.” 又“烟黏薜荔龍鬚軟, 雨壓芭蕉鳳翅垂.”

隋曲有「疏勒鹽」, 唐曲有「突厥鹽」「阿鵲鹽」. 或云 : “關中人謂好爲鹽, 故肩吾詩云 : ‘顚狂楚客歌成雪, 媚嫵吳娘笑是鹽.’ 蓋當時語也. 今杖鼓譜中尙有鹽杖聲.”

시견오는 홍주洪州 사람이다. 원화 10년(815)에 급제했지만 홍주 서산西山이 우화(羽化 : 신선)의 땅이라는 이유로 그 진면모를 사모하여 이곳에서 고상하게 지냈다. 시가 기묘하고 미려하며 「백운산거百韻山居」를 지었는데 재능과 감정이 넘친다. 예를 들면 “연꽃은 붉은 덮개를 번쩍이며 물결 위에 흔들리고, 마름은 푸른 칼을 비추며 물가에 꽂혔다[荷翻紫蓋搖波面, 蒲映靑刀揷水湄]”, “안개가 줄사철에 붙어 용의 수염 부드럽고, 비가 파초를 눌러 봉황 날개가 드리웠다[烟黏薜荔龍鬚軟, 雨壓芭蕉鳳翅垂]” 등이다.

수나라 곡에 「소륵염疏勒鹽」이 있고, 당나라 곡에 「돌궐염突厥鹽」·「아작염阿鵲鹽」이 있다. 혹자는 이르기를 “관중關中 사람들은 호好를 염鹽이라 한다. 그래서 시견오의 시에서 ‘미치광이 초나라 객은 노래가 눈을 이루고, 어여쁜 오나라 아가씨는 웃음이 곱다[顚狂楚客歌成雪, 媚嫵吳娘笑是鹽]’라고 한 것이니, 이는 당시의 말이었던 것이다. 지금 장고보杖鼓譜 안에 염장성鹽杖聲이 들어 있다”라고 했다.

孟簡 맹간

元和中, 簡將試, 詣日者卜之, 曰 : "近東門坐, 卽得之矣." 旣入, 卽坐西廊. 迫晩, 忽得疾, 鄰坐請與終篇, 見其姓, 卽東門也, 乃擢上第.

簡, 字幾道, 德州人. 元和中, 爲戶部侍郎, 以贓貶. 後以太子賓客分司卒. 尤工詩, 尙節義.

원화 806~820 연간에 맹간이 시험 보기에 앞서 점치는 사람을 찾아가 운세를 묻자 대답하기를 "동쪽 문 가까이 앉으면 바로 급제할 것이다"라고 했는데, 들어가서는 서쪽 회랑에 앉았다. 석양이 가까울 무렵 갑자기 병을 얻었는데 옆에 앉아 있던 사람이 글을 끝마칠 것을 요청했고, 그의 성을 보니 곧 동문東門이었다. 그래서 급제했다.

맹간의 자는 기도幾道이며 덕주德州 사람이다. 원화 연간에 호부시랑이 되었는데 뇌물사건으로 좌천되었다. 나중에 태자빈객분사太子賓客分司로 생을 마쳤다. 시에 아주 뛰어났으며 절의를 높였다.

張蕭遠① 장소원

「觀燈」云 : "十萬人家火燭光, 門門開處見紅粧. 歌鐘喧夜更漏暗, 羅綺滿街塵土香. 星宿別從天畔出, 蓮花不向水中芳. 寶釵驟馬多遺落, 依舊明朝在路傍."

蕭遠, 元和進士登第, 與舒元輿聲價俱美.【出「廣摭言」】

"秦雲寂寂僧還定, 盡日無人鹿繞床."【句】"日暮風吹官渡柳, 白鴉飛出石頭牆."②【「廢城」句】"雙雙白燕入祠堂."【「乳石洞玉女祠」句】 右張爲取作「主客圖」.

① "蕭"原作"肅", 據『全唐詩』及『紀事』改, 下同.

② "石頭牆", 原作"石牆頭", 據『紀事』改.

「관등觀燈」에서 "십만 집집마다 촛불이 빛나고, 문마다 열린 곳에 붉은 장식이 보인다. 노랫소리 밤새 이어지며 시간은 늦어가고, 비단옷 거리에 가득하여 먼지가 향기롭다. 별들은 하늘로부터 빛을 발하는데, 연꽃은 물을 향해 향기를 내뿜지 않는다. 말을 달리다 귀한 비녀가 떨어진 게 많아도, 내일 여전히 길가에 있으리라[十萬人家火燭光, 門門開處見紅糚. 歌鐘喧夜更漏暗, 羅綺滿街塵土香. 星宿別從天畔出, 蓮花不向水中芳. 寶釵驟馬多遺落, 依舊明朝在路傍]"라고 했다.

장소원은 원화 연간에 진사에 급제하여 서원여舒元輿와 함께 명성을 떨쳤다【「광척언廣摭言」에 나온 내용이다】.

"진秦나라 구름이 적적할 때 승려는 조용하여, 하루 내내 사람은 없고 사슴만 평상을 두른다[秦雲寂寂僧還定, 盡日無人鹿繞床]"【구절】, "석양에 바람은 관청 나루 버들에 불어오고, 흰 까마귀는 돌머리 담장으로 날아간다[日暮風吹官渡柳, 白鴉飛出石頭牆]"【「폐성廢城」의 한 구절】, "한 쌍의 흰 제비가 사당으로 들어온다.[雙雙白燕入祠堂.]"【「유석동옥녀사乳石洞玉女祠」의 한 구절】 위 구절들은 장위가 「주객도」에 집어넣었다.

① '蕭'는 본래 '肅'로 되어 있었는데, 『전당시』와 『당시기사』에 의거하여 고쳤으며, 이하 동일하다.

② '石頭牆'은 본래 '石牆頭'로 되어 있었는데, 『당시기사』에 의거하여 고쳤다.

許康佐허강좌

元稹「酬許五康佐」詩云: "猿啼三峽雨, 蟬報兩京秋. 珠玉慚新贈, 芝蘭忝舊遊. 他年問狂客, 須向老農求."

康佐以中書舍人爲翰林侍講學士, 與王起皆爲文宗寵禮. 帝讀「春秋」, 至閽弑吳子餘祭, 問, "閽何人耶." 康佐以中官方强, 不敢對. 帝嬉笑. 後問李訓, 訓曰 : "國君不近刑人, 以爲輕死之道." 帝曰 : "朕近刑人多矣, 得不慮哉!" 訓曰 : "列聖知而不能遠, 惡而不能去, 陛下念之, 宗廟福也." 於是內謀剪除矣. 康佐終禮部尚書.

원진의 「수허오강좌酬許五康佐」에서 "삼협三峽 비에 잔나비 울고, 두 서울의 가을을 매미가 알린다. 주옥珠玉의 글 앞에 새로 준 것이 부끄럽고, 지란芝蘭 같은 모습에 옛 동료가 욕된다. 훗날 광객狂客이 누구냐고 묻거든, 반드시 늙은 농부를 찾아갈지어다[猿啼三峽雨, 蟬報兩京秋. 珠玉慚新贈, 芝蘭忝舊遊. 他年問狂客, 須向老農求]"라고 했다.

허강좌는 중서사인으로 한림시강학사翰林侍講學士가 되어 왕기와 함께 문종의 총애와 예우를 받았다. 문종이 『춘추』를 읽다가 환간이 오자吳子와 여제餘祭를 시해한 부분에 이르러 묻기를 "환간이 누구인가"라고 하자, 허강좌가 궁 안 관원들의 힘이 막강한 이유로 감히 대답하지 못하니, 문종이 허허 웃었다. 나중에 이훈에게 묻자, 이훈이 말하기를 "임금이 형刑을 맡은 사람을 가까이 하지 않는 것은 죽음을 가벼이 여기기 때문입니다"라고 하여, 문종이 말하기를 "짐이 형을 맡은 사람을 가까이하는 경우가 많은데, 염려스럽지 않은가"라고 하니, 이훈이 말하기를 "역대의 성왕들께서는 알고도 멀리하지 못하고 싫어하고도 버리지 못했는데 폐하께서 이를 염려하시니 종묘의 복입니다"라고 했다. 이에 궁 안의 모반자를 모두 제거했다. 허강좌는 예부상서로 생을 마쳤다.

張南史장남사

「陸滕宅秋雨中探韻」云 : "同人永日自相將, 深竹閒園偶辟疆. 已被秋風敎憶鱠, 更聞寒雨勸飛觴. 歸心莫問三江水, 旅服徒沾九月霜. 醉裏欲尋騎馬路, 蕭條幾處有垂楊."

南史, 字季直, 幽州人. 以試參軍, 避亂居揚州. 再召, 未赴而卒.

「육등댁추우중탐운陸滕宅秋雨中探韻」에서 "무리들과 하루 종일 서로 어울려, 대나무 울창한 한적한 정원을 우연히 찾았다. 벌써 가을바람에 물고기 회 생각나고, 다시 차가운 빗소리 들으며 술잔을 바쁘게 주고받는다. 돌아가고픈 마음은 삼강三江의 물을 묻지 말라, 나그네 옷에는 9월 서리만 적셨다. 취하여 말 타는 길을 찾고자 하니, 어느 곳에 쓸쓸히 버드나무 드리웠나[同人永日自相將, 深竹閒園偶辟疆. 已被秋風教憶鱠, 更聞寒雨勸飛觴. 歸心莫問三江水, 旅服徒沾九月霜. 醉裏欲尋騎馬路, 蕭條幾處有垂楊]"라고 했다.

장남사는 자가 계직季直이며 유주幽州 사람이다. 시참군試參軍으로 있다가 난을 피해 양주揚州에서 지냈으며 다시 부름을 받았으나 미처 나아가지 못하고 생을 마쳤다.

徐凝서응

范攄言, "樂天爲杭州刺史, 令訪牡丹, 獨開元寺僧惠澄近于京師得之, 植於庭. 時春景方深, 惠澄設油幕覆其上. 會凝自富春來, 未識白, 先題詩曰 : '此花南地知難種, 慚愧僧閒用意栽. 海燕解憐頻睥睨, 胡蜂未識更徘徊. 虛生芍藥徒勞妒, 羞殺玫瑰不敢開. 惟有數苞紅萼在, 含芳直待舍人來.' 白尋到寺看花, 乃命徐同醉而歸. 時張祜榜舟而至, 二生各希首薦, 白曰 : '二君論文, 若廉藺之鬥鼠穴, 勝負在此一戰也.' 遂試「長劍倚天外」賦 · 「餘霞散成綺」詩. 試訖解送, 凝爲元, 祜次耳. 祜曰 : '祜詩有'地勢遙尊嶽, 河流側讓關', 又「題金山寺」詩曰 : '樹影中流見, 鐘聲雨岸聞.' 雖綦毋潛云 : '塔影掛青漢, 鐘聲和白雲.' 此句未爲佳也.' 凝曰 : '美則美矣, 爭如老夫'今古長如白練飛, 一條界破青山色." 凝遂擅場. 祜歎曰 : '榮辱糾紛, 亦何常也!' 遂行歌而邁, 凝亦鼓枻而歸, 自是二生不隨鄉賦矣. 白又以祜宮詞四句皆數對, 未足奇也. 後杜牧守秋浦, 與祜爲詩酒友, 酷吟祜宮詞, 以白有非祜之論, 常不平之, 乃爲詩以高之曰 : '睫在眼前人不見, 道於身外更何求. 誰人得似張公子, 千首詩輕萬戶侯.' 又曰 : '如何故國三千里, 虛唱歌詞滿六宮.' 杜盛言其美者, 欲以苟異于白, 而曲成于張也. 故牧又著論言, '近有元白者, 喜爲淫言媟語, 鼓扇浮囂. 吾恨方在下位, 未能以法治之.' 斯亦敷佐於祜耳."

潘若沖「郡閣雅談」云 : "凝官至侍郎, 多吟絶句, 曾吟「廬山瀑布」, 膾炙人口. 又題處州縉雲山, 黃帝上升之所鼎湖, 蓋黃帝鑄鼎處也, 有池在山頂. 詩云 : '黃帝旌旗去不回, 空餘片石碧崔嵬. 有時風捲鼎湖浪, 散作晴天雨點來.' 自後無敢題者."

凝「送馬向遊蜀」云 : "遊子去咸京, 巴山萬里程. 白雲連鳥道, 青壁遞猿聲. 雨露經泥阪, 烟花帶錦城. 工文人共許, 應記蜀中行."

"青山舊路在, 白首醉還鄉."【「別白公」句】"試到第三橋, 便入千頃花."【句】

「宿冽上人房」云 : "浮生不定若蓬飄, 林下眞僧偶見招. 覺後始知身是夢, 更聞寒雨滴芭蕉."

범터가 말하기를 "백거이가 항주자사였을 때 모란을 찾게 했는데, 개원사開元寺의 승려 혜증惠澄만 경사京師 가까이에서 얻어와 정원에 심었다. 마침 봄의 너무 햇살이 따갑자 혜증은 유막油幕을 설치하여 그 위를 덮었다. 그때 부춘富春으로부터 온 서응이 백거이를 알아보지 못하고 먼저 시를 짓기를 '이 꽃은 남쪽 땅에 어려운 줄 아는데, 부끄럽게도 승려가 제멋대로 심었구나. 바다제비는 애처로워 곧잘 쳐다보고, 큰 벌은 잘 알지 못하고 배회한다. 하릴없이 자란 작약은 질투만 하고, 부끄러운 해당화는 감히 피지 못한다. 오직 몇 포기 붉은 꽃술이 있어, 향기 머금은 채 사인舍人 오기를 기다린다[此花南地知難種, 慚愧僧閒用意栽. 海燕解憐頻睥睨, 胡蜂未識更徘徊. 虛生芍藥徒勞妒, 羞殺玫瑰不敢開. 惟有數苞紅萼在, 含芳直待舍人來]'라고 했다. 백거이가 뒤이어 절을 찾아 꽃을 구경하고 서응과 함께 술에 취하여 돌아왔다. 당시 장호張祜가 배를 저어 와서 두 사람이 각기 수천(首薦 : 일등) 추천을 기대했다. 백거이가 '두 군君의 논문論文은 염린(廉藺 : 염파廉頗 · 인상여藺相如)의 투서혈(鬥鼠穴)[5]과 유사하니, 승부가 이 일전에 달렸다'라고 하고, 「장검의천외부長劍倚天外賦」와 「여하산성기시餘霞散成綺詩」로 시험을 보았다. 시험을 마치고 결과가 알려졌는데, 서응이 일등이고 장호가 다음이었다. 장호가 말하기를 '저의 시에 "땅의 형세 멀어 오악보다 높고, 강물줄기 기울어 함곡관函谷關에 양보하네[地勢遙尊嶽, 河流側讓關]"가 있고, 또 「제금산사題金山寺」에 "나무 그림자 물 가운데 보이고, 종소리 양 언덕에 들린다[樹影中流見, 鐘聲兩岸聞]"가 있습니다. 기모잠綦毋潛이 "탑 그림자 푸른 은하에 걸리고, 종소리 흰 구름과 어울렸네[塔影掛青漢, 鐘聲和白雲]"라고 했지만, 이 구절은 아름다운 것이 못 됩니다'라고 하자, 서응이 말하기를 '아름답기는 하지만, 저의 "지금과 옛날이 장구한 것은 흰 명주가 나는 것 같고, 한 가닥 경계는 청산의 빛을 깨뜨린다[今古長如白練飛, 一條界破青山色]"와 견주어 어떻습니까'라고 하여, 마침내 서응이 이겼다. 장호가 탄식하기를 '영욕榮辱은 들쭉날쭉한데, 어찌 영원하겠는가'라고 하고 마침내 노래를 부르며 떠나자, 서응 또한 뱃전을 두드리며 돌아갔고 이후 두 사람은 향시鄕試에 응하지 않았다. 백거이는 또 장호의 궁사宮詞가 네 구절이 모두 숫자로 대對를 이룬 것에 대해 기특하게 여기지

---

5 투서혈[鬥鼠穴] : 좁은 굴에서 일전을 벌임. 조나라 혜문왕(惠文王) 29년에 진(秦)나라가 한나라를 공격했다. 한나라는 조나라의 서쪽 근방에 위치한 나라였고, 게다가 진나라 군사들이 조나라의 알여(閼與) 지방을 포위하고 있었다. 조나라 혜문왕이 군신들에게 계책을 묻자, 염파와 악승도(樂乘都)는 "길이 멀고 험하고 협소하니, 구제하기 힘듭니다"라고 했지만 조사(趙奢)는 "길이 험하고 협소한 것은 비유하자면 두 마리 쥐가 굴에서 싸우는 것과 같으니 용기 있는 사람이 승리할 것입니다"라고 했다는 고사가 전한다.

않았다. 나중에 두목杜牧이 추포秋浦태수로 있을 때 장호와 시주詩酒를 나누는 벗으로 지냈는데, 장호의 궁사를 대단히 좋아하여 백거이가 장호를 비판한 논평에 대해 항시 불평했다. 그래서 시를 지어 높이기를 '눈썹은 눈앞에 있어도 사람들이 보지 못하거늘, 도를 문밖에서 어찌 다시 구하랴. 누가 장공자張公子와 같을 수 있으랴, 천 수의 시는 만호萬戶의 제후도 가볍게 여긴다[睫在眼前人不見, 道於身外更何求. 誰人得似張公子, 千首詩輕萬戶侯]'라고 하고, 또 '고국 삼천 리를 어찌할까, 공허한 노래 가락만 육궁六宮에 가득하다[如何故國三千里, 虛唱歌詞滿六宮]'라고 했다. 두목이 그를 대단히 찬미한 것은 백거이와 굳이 다르게 하여 장호를 완곡하게 완성시켜주고 싶어서였다. 그래서 두목은 다시 논평을 써서 '원진과 백거이와 가까운 사람은 음탕한 말과 깔보는 언어로 부화하고 선동하는 것을 좋아한다. 나는 지금 낮은 지위에 있어서 법으로써 다스릴 수 없는 것이 한스럽다'라고 했는데, 이 역시 장호를 도우려는 것이었다"라고 했다.

반약충潘若沖이 『군각아담郡閣雅談』에서 "서응은 관직이 시랑侍郎에 이르렀으며 절구를 많이 지었는데, 일찍이 지은 「여산폭포廬山瀑布」는 인구에 회자되었다. 또 처주處州 진운산縉雲山에 있는, 황제黃帝가 하늘로 올라갔다는 정호鼎湖에서 시를 지었는데, 이곳은 황제가 솥을 주조했던 곳으로 연못이 산 정상에 있다. 그 시에서 '황제의 깃발은 떠나서 돌아오지 않고, 공허하게 남은 바위만 푸르게 드높다. 이따금 바람이 정호의 물결을 휘감아, 맑은 하늘에 비를 뿌리곤 한다[黃帝旌旗去不回, 空餘片石碧崔嵬. 有時風捲鼎湖浪, 散作晴天雨點來]'라고 했는데, 그 뒤에 감히 시를 짓는 자가 없었다"라고 했다.

서응이 「송마향유촉送馬向遊蜀」에서 "유랑자가 함경咸京을 떠나니, 파산巴山 만 리 길이다. 흰 구름은 조도鳥道와 이어지고, 푸른 절벽에서는 잔나비 소리가 바뀐다. 비 이슬은 이판泥阪을 지나고, 안개꽃은 금성錦城을 둘렀다. 문장에 뛰어남은 모두가 인정하니, 촉의 여정을 기록으로 남기리라[遊子去咸京, 巴山萬里程. 白雲連鳥道, 青壁遞猿聲. 雨露經泥阪, 烟花帶錦城. 工文人共許, 應記蜀中行]"라고 했다.

"청산에 옛길이 그대로 있어, 백발에 취하여 고향으로 돌아간다[青山舊路在, 白首醉還鄉]"【「별백공別白公」의 한 구절】, "시험 삼아 세 번째 다리에 이르러, 바로 천 이랑 꽃 속으로 들어간다.[試到第三橋, 便入千頃花.]"【구절】

「숙열상인방宿冽上人房」에서 "부생浮生은 정착하지 못하고 쑥대처럼 휘도는데, 숲 속 참 스님이 우연히 부르시네. 잠에서 깨고 나서야 이 몸이 꿈인 줄 알고, 찬 비가 파초에 떨어지는 소리를 다시 듣는다[浮生不定若蓬飄, 林下眞僧偶見招. 覺後始知身是夢, 更聞寒雨滴芭蕉]"라고 했다.

令狐楚영호초

楚自翰林學士拜相, 子綯,① 自湖州召入翰林爲學士, 間歲拜相. 渭南尉趙嘏獻詩曰: "鶚在卿雲冰在壺, 代天才業奉洪謨. 榮同伊陟傳朱戶, 秀比王商入畫圖. 昨夜星辰回劍履, 前年風月滿江湖. 不知機務時多暇, 猶許詩家屬和無."

① "綯"原作"淘", 據『紀事』改.

영호초는 한림학사에서 시작해 재상에 임명되었으며, 아들은 영호도令狐綯이다. 호주湖州에서 부름을 받아 한림으로 들어와 학사가 되었고, 이듬해 재상에 임명되었다. 위남위渭南尉 조호趙嘏가 지은 헌시에서 "물수리는 경운(卿雲: 상서로운 구름)에 있고 얼음은 물병에 있거늘, 하늘을 대신한 재능과 사업으로 국가의 계책을 맡으셨네. 영화는 이척伊陟[6]

6 이척(伊陟): 은나라 이윤(伊尹)의 아들로서 태무(太戊) 때의 현상(賢相)이다.

과 같아 주호朱戶에 전해지고, 빼어남은 왕상王商[7]에 견주어 공신도功臣圖에 들어가네. 어젯밤 별은 검리(劍履 : 칼과 신발) 뒤로 돌아오고, 지난해 바람과 달은 강호에 가득하네. 업무를 보다가 여가가 나시면, 시인들과 어울려 시를 주고받으시는가[鶚在卿雲冰在壺, 代天才業奉湥謨. 榮同伊陟傳朱戶, 秀比王商入畫圖. 昨夜星辰回劍履, 前年風月滿江湖. 不知機務時多暇, 猶許詩家屬和無]"라고 했다.

① '綯'는 본래 '淘'로 되어 있었는데, 『당시기사』에 의거하여 고쳤다.

張仲素장중소

「春閨怨」云① : "桂魄初生秋露微, 輕羅已薄未更衣. 銀箏夜久殷勤弄, 心怯空房不忍歸."

「送春詞」云 : "日日人空老, 年年春更歸. 相歡在樽酒, 不用惜花飛."

「閨人思」云 : "愁見遊空百丈絲, 春風惹斷更傷離. 閒花落遍蒼苔地, 盡日無人誰得知"

仲素, 字繪之, 建封之子. 憲宗以仲素段文昌爲翰林學士, 韋貫之曰 : "學士所以備顧問, 不宜專取詞藝." 罷之. 後終中書舍人.

①「春閨怨」雲四字, 據『紀事』補.

「춘규원春閨怨」에서, "계수나무 넋(달)이 솟자 가을 이슬 희미하고, 가벼운 비단 엷어도 옷을 갈아입지 못한다. 은빛 아쟁을 밤늦도록 넌지시 타며, 마음속으로 빈 방이 겁나 차마 돌아가지 못한다[桂魄初生秋露

7 왕상(王商) : 한(漢)나라 성제(成帝) 때의 승상이다. 흉노의 선우(單于)가 입조할 때 황제가 백호전(白虎殿)에서 맞았는데, 백호전은 미앙궁(未央宮) 안에 있었다. 당시 미앙궁에 앉아 있는 승상 왕상을 본 선우가 그에게 나아가 배알하고, 그의 훤칠한 용모에 위축되어 주춤거리며 뒤로 물러났다고 한다. 『한서』「왕상전(王商傳)」 참고.

微, 輕羅已薄未更衣. 銀箏夜久殷勤弄, 心怯空房不忍歸"라고 했다.

「송춘사送春詞」에서 "날마다 사람은 하염없이 늙고, 해마다 봄은 다시 찾아온다. 기쁨을 나누는 술 앞에서는, 꽃이 날아가는 것을 아까워할 것이 없다[日日人空老, 年年春更歸. 相歡在樽酒, 不用惜花飛]"라고 했다.

「규인사閨人思」에서 "허공을 나는 백 길 실오라기를 시름겨워 보며, 봄바람이 끊어지고 나서도 이별을 다시 슬퍼한다. 한적한 꽃이 푸른 이끼 땅 위에 두루 져도, 하루 내내 사람이 없는데 누가 알아주랴[愁見遊空百丈絲, 春風惹斷更傷離. 閒花落遍蒼苔地, 盡日無人誰得知]"라고 했다.

장중소의 자는 회지繪之이며 장건봉張建封의 아들이다. 헌종이 장중소와 단림창段文昌을 한림학사로 삼았지만 위관지韋貫之가 "학사란 고문顧問에 대비하려는 것이어서 오직 문장과 시에 뛰어난 사람만 취해서는 안 됩니다"라고 하여 파직되었다. 나중에 중서사인으로 생을 마쳤다.

① '「春閨怨」云' 네 글자는 『당시기사』에 의거하여 보충했다.

郎士元낭사원

「送張南史」云: "雨餘深巷靜, 獨酌送殘春.① 車馬雖嫌僻, 鶯花不棄貧. 蟲聲黏戶網, 鼠跡印床塵. 借問山陽會, 如今有幾人."

士元, 字君胄, 中山人. 寶應中, 選畿縣官, 詔試中書, 補渭南尉, 歷拾遺・郢州刺史.

高仲武云: "士元員外, 河岳英奇, 人倫秀異. 自家邢國,② 遂擁大名. 右丞已後, 與錢郎更長. 自丞相以下, 出使作牧, 二公無詩祖餞, 時論鄙之. 兩公詞體大約欲同, 就中郎公稍更閒雅, 近於康樂. 如'荒城背流水, 遠雁入寒林.' 又'去鳥不知倦, 遠帆生暮愁.' 又'蕭條夜靜邊風吹, 獨倚營門望秋月.' 可齊衡古人, 掩映時輩. 又'暮蟬不可聽, 落葉豈堪聞.' 古人謂謝朓工於發端, 比之於今, 有慚沮矣.”

「送彭將軍」云 : “雙旌漢飛將, 萬里獨橫戈. 春色臨關盡, 黃雲出塞多. 鼓鼙悲寂寞, 烽火隔長河. 莫斷陰山路, 天驕已請和.”

① “酌”原作“釣”, 據『紀事』改.

② “邢國”原作“刑國”, 據『中興間氣集』校文改.

「송장남사送張南史」에서 “비온 뒤 조용한 집에서, 홀로 잔 기울이며 남은 봄을 보낸다. 수레와 말은 외진 곳 싫어하지만 꾀꼬리와 꽃은 빈자를 버리지 않는다. 벌레 소리는 문 거미줄에 붙고, 쥐 발자국은 평상 먼지에 찍혔다. 묻노니 산양山陽의 모임에, 지금 몇 사람이나 있는가[雨餘深巷靜, 獨酌送殘春. 車馬雖嫌僻, 鶯花不棄貧. 蟲聲黏戶網, 鼠跡印床塵. 借問山陽會, 如今有幾人]”라고 했다.

낭사원의 자는 군주君胄이며 중산中山 사람이다. 보응 연간에 경기현관京畿縣官에 선임되고, 조칙을 받아 중서성에서 시험을 본 뒤, 위남위渭南尉로 보임되고 습유拾遺를 거쳐 영주郢州자사에 임명되었다.

고중무가 이르기를 “원외 낭사원은 하악河岳의 영특하고 기묘함을 가졌으며 뭇사람들보다 뛰어나다. 형국邢國에 살게 되면서 마침내 큰 명성을 얻었다. 왕우승(왕유) 이후에 전랑(錢郎 : 전기錢起)과 더불어 우열을 다퉜다. 승상 이하로 사신을 나가거나 목사牧使가 되어 나갈 때, 두 사람이 전송의 시를 남기지 않아 당시 비판이 일었다. 두 사람은 문체가 대략 같은 듯하지만 그중에서도 낭공郎公은 약간 여유롭고 전아하여 사강락(사령운)에 가깝다. 예컨대 ‘황성荒城은 유수流水를 등지고, 먼 기러기는 찬 숲으로 들어간다[荒城背流水, 遠雁入寒林]’, ‘떠나가는 새는 지칠 줄 모르고, 먼 돛대는 석양에 시름을 자아낸다[去鳥不知倦, 遠帆生暮愁]’, ‘쓸쓸히 밤은 깊고 변방 바람이 일 때, 홀로 영문營門에 기대어 가을 달 바라본다[蕭條夜靜邊風吹, 獨倚營門望秋月]’ 등은 옛사람과 어깨를 나란히 하고 당시의 시인들을 압도할 만하다. 또 ‘석양 매미 소리도 들을 수 없는데, 지는 잎 소리를 어찌 들을 수 있으라[暮蟬不可聽, 落葉豈堪聞]'라고 했다. 옛사람들은 사조가 첫 부분에 뛰어나다고 했는데 지금 견주어보면 부끄러울 뿐이다"라고 했다.

「송팽장군送彭將軍」에서 "쌍 깃발 날리는 한漢나라의 비장飛將이, 만리 길에 홀로 창을 가로들었다. 봄은 관문에 다가오길 다했고, 노란 구름은 변방을 벗어나는 것이 많다. 북소리는 적막 속에 슬프고, 봉화는 긴 강물에 막혔다. 음산陰山의 길을 끊지 말라, 천교天驕가 이미 평화를 요청했으니[雙旌漢飛將, 萬里獨橫戈. 春色臨關盡, 黃雲出塞多. 鼓鼙悲寂寞, 烽火隔長河. 莫斷陰山路, 天驕已請和]"라고 했다.

① '酌'은 본래 '釣'로 되어 있었는데, 『당시기사』에 의거하여 고쳤다.

② '邢國'은 본래 '刑國'으로 되어 있었는데, 『중흥간기집』에 의거하여 교정하고 고쳤다.

于良史 우량사

「春山夜月」云:"春來多勝事, 賞玩夜忘歸. 掬水月在手, 弄花香滿衣. 興來無遠近, 欲去惜芳菲. 南望鐘鳴處, 樓臺深翠微."

「冬日寄李贊府」云:"地際朝陽滿, 天邊宿霧收. 風兼殘雪起, 河帶斷冰流. 北闕馳心極, 南圖尚旅遊. 登臨思不已, 何處得消憂."

「閒居寄薛據」云:"隱几讀黃老, 閒齋耳目清. 僻居人事少, 多病道心生. 雨洗山林濕, 鴉鳴池館晴. 晚來因廢卷, 行藥至西城."

高仲武云:"良史詩清雅, 工於形似. 如'風兼殘雪起, 河帶斷冰流', 吟之未終, 皎然在目."①

① "皎"原作"較", 據『紀事』改.

「춘산야월春山夜月」에서 "봄이 오자 기쁜 일이 많아, 감상하느라 밤이 돼도 돌아갈 줄 모른다. 한 움큼 물을 뜨니 달이 손 위에 있고, 꽃을 농하니 향기가 옷에 가득하다. 흥취가 여기저기 일어, 떠나고 싶어도 아름다운 꽃들이 아깝다. 남쪽, 종이 울리는 곳을 바라보니, 누대가 푸르름 속에 감싸였다[春來多勝事, 賞玩夜忘歸. 掬水月在手, 弄花香滿衣. 興來無遠近, 欲去惜芳菲. 南望鐘鳴處, 樓臺深翠微]"라고 했다.

「동일기이찬부冬日寄李贊府」에서 "땅 끝에 아침 해 가득하고, 하늘가에 묵은 안개 걷힌다. 바람은 잔설殘雪과 함께 일고, 강물은 유빙斷冰을 띄우고 흐른다. 북쪽 궁궐을 향하는 마음 그지없는데, 남도(南圖 : 붕새)는 아직도 유람하고 있다. 높은 곳 올라가 하염없는 생각에 잠기니, 어느 곳에서 시름을 덜 수 있을까[地際朝陽滿, 天邊宿霧收. 風兼殘雪起, 河帶斷冰流. 北闕馳心極, 南圖尙旅遊. 登臨思不已, 何處得消憂]"라고 했다.

「한거기설거閒居寄薛據」에서 "의자에 기대어 황로黃老를 읽노라니, 한적한 재실에 귀와 눈이 맑다. 외진 곳에 살아 할 일이 적고, 병이 많아 도심道心이 생긴다. 비에 씻겨 산림이 젖고, 까마귀 울어 지관池館이 맑다. 저녁이 되자 책을 덮고, 약을 찾으러 서성西城으로 간다[隱几讀黃老, 閒齋耳目淸. 僻居人事少, 多病道心生. 雨洗山林濕, 鴉鳴池館晴. 晚來因廢卷, 行藥至西城]"라고 했다.

고중무가 이르기를 "우량사의 시는 맑고 전아하며 사물을 본뜨는 데 뛰어나다. '바람은 잔설과 함께 일고, 강물은 유빙을 띄우고 흐른다' 같은 구절은 미처 읊기도 전에 광경이 눈앞에 선하다"라고 했다.

① '皎'는 본래 '較'로 되어 있었는데, 『당시기사』에 의거하여 고쳤다.

舒元輿서원여

太和九年, 誅王涯等, 仇士良愈專恣. 文宗惡之, 雖登臨遊幸, 未嘗爲樂, 或瞠目獨語, 左右莫敢進問. 因題詩曰 : "輦路生春草, 上林花滿枝. 憑高何限意, 無復侍臣知." 一日, 看牡丹, 或吟曰 : "析者如語, 含者如咽, 俯者如愁, 仰者如悅." 吟罷, 方省元輿詞, 不覺歎息, 泣下沾衣.

태화 9년(835)에 왕애王涯 등을 제거하자 구사량仇士良이 더욱 전횡을 일삼았다. 이를 싫어한 문종이 높은 곳에 오르거나 유람을 가서도 일찍이 즐겁지 않았으며, 때로는 한곳을 주시하며 홀로 이야기하곤 했는데, 당시 좌우에서 감히 다가와 묻지 못했다. 이때 시를 짓기를 "연로輦路에는 봄풀 자라고, 상림上林에는 가지마다 꽃이 가득하다. 높은 곳에 올라 한량없는 마음을, 다시는 아는 신하가 없구나[輦路生春草, 上林花滿枝. 憑高何限意, 無復侍臣知]"라고 했다. 하루는 모란을 구경하는데 누군가 읊기를 "끊어진 것은 말을 한 듯하고, 머금은 것은 목매인 듯하며, 구부린 것은 시름이 있는 듯하고, 우러러보는 것은 기쁜 듯하다[拆者如語, 含者如咽, 俯者如愁, 仰者如悅]"라고 했다. 읊기를 마치자, 비로소 서원여의 글임을 알아차리고 자신도 모르게 탄식을 하며 눈물로 옷을 적셨다.

李賀이하

杜牧之序其文集云: "賀, 字長吉, 元和中, 韓吏部亦頗道其歌詩. 雲烟綿聯, 不足爲其態也, 水之迢迢, 不足爲其情也, 春之盎盎, 不足爲其和也, 秋之明潔, 不足爲其格也, 風檣陣馬, 不足爲其勇也, 瓦棺篆鼎, 不足爲其古也, 時花美女, 不足爲其色也, 荒國陊殿, 梗莽邱隴, 不足爲其恨怨悲愁也, 鯨呿鼇擲, 牛鬼蛇神, 不足爲其虛荒幻誕也. 蓋『騷』之苗裔,① 理雖不及, 詞或過之. 『騷』有感怨刺懟, 言及君臣理亂, 時有以激發人意. 而賀所爲, 得無有是. 賀能采尋前事, 所以深歎恨今古未嘗經道者. 如「金銅仙人辭漢歌」「補梁庾肩吾宮體謠」, 求取情狀, 離絶遠去筆墨畦徑間, 亦殊不能知之. 賀生二十七年死矣, 世皆曰: 使賀且未死, 少加以理, 奴僕命『騷』可也."

① "苗", 據『紀事』補.

두목은 이하의 문집에 쓴 서문에서 "이하의 자는 장길長吉이며 원화 연간에 한이부(韓吏部 : 한유)도 그의 시를 높이 평가했다. 구름 안개 펼쳐진 풍경은 그 앞에 자태가 될 수 없으며, 멀리 흐르는 물은 그 앞에 정감이 될 수 없으며, 넘치는 봄은 그 앞에 온화함이 될 수 없으며, 밝고 깨끗한 가을은 그 앞에 격조가 될 수 없으며, 바람 앞의 삿대와 진陣 속의 말은 그 앞에 용맹이 될 수 없으며, 와관瓦棺과 전정篆鼎은 그 앞에 옛것이 될 수 없으며, 계절에 핀 꽃과 아름다운 여인은 그 앞에 색色이 될 수 없으며, 황폐한 국가의 궁전과 가시덤불 언덕은 그 앞에 원한과 슬픔과 시름이 될 수 없으며, 고래의 울부짖음과 자라의 뛰어오름과 소귀신과 뱀신은 그 앞에 허황됨과 환상이 될 수 없다. 그는 『이소離騷』의 후예로서 내용(理)은 미치지 못한다 해도 시어는 그보다 앞서기도 한다. 『이소』에는 원망과 풍자가 있어서 군신의 치란治亂을 이야기할 때 이따금 사람을 격동시키거나 분발시키곤 하는데, 이하의 글에 이것이 없겠는가. 이하는 능히 이전의 이야기를 찾아냈기에 고금에 일찍이 말하지 않았던 것을 깊이 탄식하고 한스러워 했던 것이다. 「금동선인사한가金銅仙人辭漢歌」나 「보량유견오궁체요補梁庾肩吾宮體謠」 같은 작품은, 그 정상情狀을 들춰보면 필묵의 흔적을 아주 멀리 벗어났는데도 그것을 알아차릴 수가 없다. 이하는 태어난 지 이십칠 년 만에 죽었다. 세상에서는 만일 이하가 죽지 않고 조금이라도 내용을 심화시켰다면 『이소』라고 명명해도 됐을 것이라고 했다"라고 했다.

① '苗'는 『당시기사』에 의거하여 보충했다.

柳宗元유종원

「雪」詩云: "千山鳥飛絶, 萬徑人蹤滅. 孤舟蓑笠翁, 獨釣寒江雪." 視鄭谷「亂飄僧舍」之句, 不侔矣, 東坡居士云.

子厚死三年, 愚溪無復曩時矣. 劉夢得聞之, 賦三絶云: "溪水悠悠春自來, 草堂無主燕飛回. 隔簾惟見中庭草, 一樹榴花依舊開." "草聖數行留壞壁, 木奴千樹屬鄰家. 惟見里門通德榜, 殘陽寂寞出樵車." "柳門竹巷依依在, 野草青苔日日多. 縱有鄰人解吹笛, 山陽舊侶更誰過."

「설雪」에서 "산에는 새들의 날갯짓 끊어지고, 길에는 사람 자취 사라졌다. 배 한 척 삿갓에 도롱이 입은 어부만, 차가운 강 눈 위에서 홀로 낚시 드리웠다[千山鳥飛絶, 萬徑人蹤滅. 孤舟蓑笠翁, 獨釣寒江雪]"라고 했는데, 정곡鄭谷의 「난표승사亂飄僧舍」와는 다르다고 동파거사東坡居士가 말했다.

자후(子厚: 유종원)가 죽은 지 삼 년이 지나자 그가 살던 우계愚溪는 지난날의 모습이 아니었다. 유몽득(유우석)이 이 이야기를 듣고 3수의 절구시를 지었다. "유유히 흐르는 시냇물에 봄이 저절로 찾아오고, 주인 없는 초당에는 제비만 날아온다. 주렴 너머 뜰 위에 풀만 보이고, 한 그루 석류꽃은 예전대로 핀다[溪水悠悠春自來, 草堂無主燕飛回. 隔簾惟見中庭草, 一樹榴花依舊開]", "초성(草聖: 명필)의 몇 줄 글씨 해진 담장에 남아 있고, 천 그루 목노(木奴: 감귤)는 이웃집에 넘어갔다. 보이는 것이라곤 마을 문 통덕방通德榜에, 시든 빛 적막한 곳에 나무꾼 수레만 나선다[草聖數行留壞壁, 木奴千樹屬鄰家. 惟見里門通德榜, 殘陽寂寞出樵車]", "버들 문 대나무 골목은 여전히 남아 있고, 들풀과 푸른 이끼는 날마다 자란다. 젓대 불 줄 아는 이웃이 있다고 해도, 산양山陽의 옛 벗을 누가 다시 찾을까.[柳門竹巷依依在, 野草青苔日日多. 縱有鄰人解吹笛, 山陽舊侶更誰過.]"

邵眞소진

「尋人偶題」云："日昃不復午, 落花難歸樹. 人生能幾何, 莫厭相逢遇."

眞爲李寶臣成德軍掌書記, 寶臣死, 其子惟岳與田悅李正己拒命. 眞諫之, 惟嶽寤, 使眞作奏, 復爲將吏所沮. 德宗詔張孝忠朱滔合兵討惟嶽, 大敗其衆. 惟嶽召眞議歸順, 悅遣扈岌來責惟嶽, 且欲斬眞. 惟嶽懼, 斬眞以謝焉. 其後, 王武俊表其忠, 贈戶部尙書.

「심인우제尋人偶題」에서 "해 기울면 다시 한낮이 될 수 없고, 지는 꽃은 나무로 돌려놓기 어렵다. 인생이 얼마나 되랴, 서로 만남을 싫어하지 말지어다[日昃不復午, 落花難歸樹. 人生能幾何, 莫厭相逢遇]"라고 했다.

소진邵眞이 이보신李寶臣의 성덕군成德軍을 위해 서기를 맡고 있었는데, 이보신이 죽자 그의 아들 이유악李惟岳이 전열田悅·이정기李正己와 함께 반란을 일으켰다. 소진이 이를 간언하자 이유악이 잘못을 깨치고 소진으로 하여금 임금에게 올릴 글을 짓게 했지만 장수와 관리들로부터 다시 저지를 당했다. 덕종이 장효충張孝忠·주도朱滔에게 명하여 병사를 합쳐 이유악을 토벌하게 하여 크게 무너뜨렸다. 이유악이 소진을 불러 귀순歸順을 논하자, 전열이 호급扈岌을 보내 이유악을 꾸짖고 소진을 죽이려 했다. 이를 두려워한 이유악이 소진을 죽여서 사례를 표했다. 그 후에 왕무준王武俊이 그의 충성스러움을 표창하여 호부상서戶部尙書에 추증했다.

李宣遠이선원

宣遠, 貞元進士登第,「并州路作」云："秋日并州路, 黃楡落照間. 孤城吹角罷, 數騎射鵰還. 帳幕遙臨水, 牛羊自下山. 征人正垂淚, 烽火起雲間."

이선원은 정원 시기에 진사시에 급제했다. 「병주로작幷州路作」에서 “가을 병주 길, 낙조 아래 누런 누릅나무. 외진 성에는 뿔피리 소리 멈추고, 몇몇 기마는 수리 사냥하고 돌아온다. 장막은 멀리 물가에 있고, 소와 양은 산에서 내려온다. 정부(征夫 : 먼 길을 떠나는 사람)는 눈물 흘리는데, 봉화가 구름 사이에서 피어오른다[秋日幷州路, 黃榆落照間. 孤城吹角罷, 數騎射鵰還. 帳幕遙臨水, 牛羊自下山. 征人正垂淚, 烽火起雲間]” 라고 했다.

王建왕건

“千牛仗下放朝初, 玉案傍邊立起居. 每日請來金鳳紙, 殿頭無事不教書.” “延英引對碧衣郎, 江硯宣毫各別床. 天子下簾親考試, 宮人手裏過茶湯.” “少年天子愛邊功, 親到凌烟畫閣中. 爲見勳臣寫圖本, 長教殿裏作屏風.” “新調白馬怕鞭聲, 供奉騎來繞殿行. 爲報諸王侵早起, 隔門催進打球名.” “羅衫葉葉繡重重, 金鳳銀鵝各一叢. 每遍舞頭分兩向, 太平萬歲字當中.” “魚藻宮中鎖翠娥, 先皇行處不曾過. 如今池底休鋪錦, 菱角雞頭積漸多.” “射生宮女宿紅粧, 請得新弓各自張. 臨上馬時齊賜酒, 男兒跪拜謝君王.” “宮人早起笑相呼, 不識階前掃地夫. 乞與金錢爭借問, 外頭還似此間無.” “日高殿裏有香烟, 萬歲聲來動九天. 妃子院中初降誕, 內人爭乞洗兒錢.” “銀燭秋光冷畫屏, 輕羅小扇撲流螢. 天階夜色涼如水, 臥看牽牛織女星.” “樹頭樹底覓殘紅, 一片西飛一片東. 自是桃花貪結子, 錯教人恨五更風.” “淚盡羅巾夢不成, 夜深前殿按歌聲. 紅顏未老恩先斷, 斜倚熏籠坐到明.” “鴛鴦瓦上瞥然聲, 晝寢宮娥夢裏驚. 元是吾皇金彈子, 海棠花下打流鶯.”

建初爲渭南尉, 値王樞密者, 盡宗人之分, 然彼我不均, 復懷輕謗之色. 忽過飮, 語及漢桓靈信任中官起黨錮興廢之事,① 樞密深憾其譏. 乃曰："我弟所作宮詞，天下皆誦於口，禁掖深邃，何以知之." 建不能對. 後爲詩以贈之，乃脫其禍. 建詩曰："先朝行坐鎭相隨，今上春宮見長時. 脫下御衣偏得著，進來龍馬每教騎. 常承密旨還家少，獨對邊情出殿遲. 不是當家頻向說，九重爭遣外人知."

① 此句據『紀事』補.

"천우(千牛 : 호위병)의 의장이 조정에 나열할 때, 옥안玉案 옆에는 기거주起居注가 서 있다. 매일 금봉지(金鳳紙 : 중요한 관문서 용지)를 요청하여, 전각에서 교서가 내려오지 않을 때가 없다[千牛仗下放朝初, 玉案傍邊立起居. 每日請來金鳳紙, 殿頭無事不教書]", "연영전延英殿에서 푸른 옷의 시험생을 인대引對[8]할 때, 강주江州 벼루와 선주宣州 붓으로 각자 책상을 차지한다. 천자가 주렴 내리고 친히 시험을 보며, 궁인宮人이 손에 차를 들고 지나간다[延英引對碧衣郎, 江硯宣毫各別床. 天子下簾親考試, 宮人手裏過茶湯]", "소년 천자께서 변방의 공로를 높이 사, 친히 능연각凌烟閣에 이르셨다. 훈신勳臣을 보고자 종이에 그리게 하고, 궁전의 병풍으로 만들라고 하신다[少年天子愛邊功, 親到凌烟畫閣中. 爲見勳臣寫圖本, 長教殿裏作屛風]", "새로 안장 채운 백마는 채찍 소리 두려워하며, 공봉(供奉 : 황제를 가까이서 모시는 신하)이 올라타고 궁전을 돈다. 제왕諸王들께 이른 아침에 일어날 것을 알리고자, 문 너머에서 타구(打球 : 격구擊毬)의 명단 올릴 것을 재촉한다[新調白馬怕鞭聲, 供奉騎來繞殿行. 爲報諸王侵早起, 隔門催進打球名]", "비단 적삼 한 잎마다 겹겹의 수를 놓아, 황금 봉황 은빛 거위가 각기 한 무리이다. 언제나 춤 머리를 둘로 나누고, 태평만세 글자를 한가운데 둔다[羅衫葉葉繡重重, 金鳳銀鵝各一叢. 每遍舞頭分兩向, 太平萬歲字當中]", "어조궁魚藻宮에 아리따운 여인 갇히고, 선황先皇이 다닌 곳에는 일찍이 지나가지 않는다. 지금 연못 아래에 비단을 펼치지 말라, 능각(菱

8 인대(引對) : 황제 앞에 나아가 물음에 답하는 것이다.

角 : 마름과 계두雞頭)과 가시연이 점차 쌓이나니[魚藻宮中鎖翠娥, 先皇行處不曾過. 如今池底休鋪錦, 菱角雞頭積漸多]", "사생射生과 궁녀가 홍장紅粧을 차리고, 새 활을 얻어 각각 시위를 당긴다. 말에 오르실 때 모두에게 술을 하사하니, 남아가 꿇어앉아 군왕께 감사의 절을 올린다[射生宮女宿紅粧, 請得新弓各自張. 臨上馬時齊賜酒, 男兒跪拜謝君王]", "궁녀가 일찍 일어나 웃으며 부르다가, 섬돌 앞에 청소하는 사람인 줄 미처 몰랐다. 돈을 전해주며 앞다퉈 묻기를 바깥이 이곳과 비교해 어떠냐고 한다[宮人早起笑相呼, 不識階前掃地夫. 乞與金錢爭借問, 外頭還似此間無]", "햇살 높은 궁전에 향기가 일고, 만세 소리가 구천九天을 움직인다. 황태자가 황비원에서 막 탄생하자, 내인內人들이 앞다퉈 세아전洗兒錢[9]을 구한다[日高殿裏有香烟, 萬歲聲來動九天. 妃子院中初降誕, 內人爭乞洗兒錢]", "가을 은빛 촛불에 그림 병풍 차갑고, 엷은 비단 작은 부채로 반딧불을 친다. 한밤 궁궐 섬돌은 물처럼 싸늘한데, 견우와 직녀성을 누워 바라본다[銀燭秋光冷畫屏, 輕羅小扇撲流螢. 天階夜色涼如水, 臥看牽牛織女星]", "나무 위 나무 아래 시든 꽃을 찾으니, 한 잎은 서쪽으로 날고 한 잎은 동쪽으로 날아간다. 이제는 복사꽃에서 열매를 탐할 수 있거늘, 멋모르고 오경의 바람을 한스럽게 한다[樹頭樹底覓殘紅, 一片西飛一片東. 自是桃花貪結子, 錯教人恨五更風]", "눈물 마른 비단 수건에 꿈도 이루지 못하고, 밤 깊은 궁전에서 노랫소리 살핀다. 홍안紅顔이 늙기도 전에 은혜 먼저 끊어져서, 훈롱(熏籠 : 향 상자)에 기대어 날 새도록 앉아 있다[淚盡羅巾夢不成, 夜深前殿按歌聲. 紅顔未老恩先斷, 斜倚熏籠坐到明]", "원앙 기와에서 갑자기 소리가 나자, 낮잠 자던 궁녀들이 꿈속에서 놀란다. 본디 우리 황상의 황금 탄알이, 해당화 아래 꾀꼬리를 놀라게 한 것이다.[鴛鴦瓦上瞥然聲, 晝寢宮娥夢裏驚. 元是吾皇金彈子, 海棠花下打流鶯.]"

왕건이 처음 위남위渭南尉가 되었을 때 왕추밀王樞密이란 사람을 만났

---

9 세아전(洗兒錢) : 아이가 태어난 지 삼 일 혹은 보름 후에 몸을 씻기는데 이때 주는 돈이다.

는데, 친척들의 몫을 모두 챙기는 바람에 피아가 균등하지 않아 다들 경시와 비방의 빛을 보였다. 어느 날 왕건이 술을 과하게 마시고 한나라 환제桓帝와 영제靈帝가 내시들을 신임하여 당고黨錮를 일으키며 폐단을 낳았던 사건을 비판하자, 왕추밀이 심히 유감으로 여기며 말하기를 "내 아우가 지은 궁사宮詞는 세상 사람들이 모두 외우고 있는데, 깊은 궁 안에서 어떻게 알 수 있겠는가"라고 하자, 왕건이 대답하지 못했다. 나중에 시를 지어 그에게 주고서야 재앙에서 벗어났다. 왕건의 시는 다음과 같다. "선조先朝께서 움직이거나 멈추실 때 모두 수행했는데, 지금 성상은 춘궁春宮에서 오랫동안 뵙는다. 벗어놓은 어의御衣를 홀로 입고, 진상한 용마龍馬를 매번 타게 하신다. 언제나 밀지密旨를 받드느라 집에 돌아가는 날이 적고, 홀로 변방의 정세를 논하느라 궁전에 나오는 것이 늦다. 담당자에게 자주 말하는 것이 아니라, 구중궁궐에서 외인外人들을 파견해 아는 것이다.[先朝行坐鎭相隨, 今上春宮見長時. 脫下御衣偏得著, 進來龍馬每教騎. 常承密旨還家少, 獨對邊情出殿遲. 不是當家頻向說, 九重爭遣外人知.]"

① 이 구절은 『당시기사』에 의거하여 보충했다.

朱灣①주만

高仲武云:"朱灣率履眞素, 放情江湖, 郡國交辟, 潛耀不起, 有唐高人也. 詩體幽遠, 興致洪深, 因詞寫意, 窮理盡性, 于詠物尤工, 如'受氣何曾異, 開花獨自遲.' 所謂哀而不傷, 「國風」之深者也."

灣爲李勉永平從事. 灣「秋夜宴王郎中宅賦得露中菊」云:"衆芳春競發, 寒菊露偏滋. 受氣何曾異, 開花獨自遲. 晚成猶有分, 欲采未過時. 忍棄東籬下, 看隨秋草衰."

「長安喜雪」云:"千門萬戶雪花浮, 點點無聲落瓦溝. 全似玉塵消更積, 半成冰片結還流. 光含曉色清天苑, 輕逐微風繞御樓. 平地已沾盈尺潤, 年豐須荷富人侯."

① "朱灣", 原作"李灣", 注"『紀事』作'朱灣.'" 『間氣集』與『紀事』同, 據改. 正文同.

고중무가 이르기를 "주만은 솔직하고 진실하며, 강호에서 지냈는데 군郡과 나라에서 불렀으나 자취를 숨긴 채 나아가지 않았으니, 당나라의 고상한 인물이다. 시체가 그윽하며 깊고 흥치興致가 크고 넓다. 시어를 통해 생각을 묘사하고 사물을 궁구하여 본성을 극진히 드러내는데, 영물詠物에 특히 뛰어나다. 예컨대 '기氣 받음이 어찌 차이가 있으랴, 꽃 피움이 홀로 더딜 뿐이다[受氣何曾異, 開花獨自遲]'는 이른바 슬퍼하되 상처 입지 않는 것으로, 「국풍國風」의 심오함이 담긴 것이다"라고 했다.

주만은 이면李勉의 영평종사永平從事였다. 주만이 「추야연왕랑중댁부득로중국秋夜宴王郎中宅賦得露中菊」에서 "뭇 꽃들은 봄날에 앞다퉈 피는데, 찬 국화는 홀로 이슬에 흠뻑 젖었다. 기를 받음이 어찌 차이가 있으랴, 꽃 피움이 홀로 더딜 뿐이다. 늦은 계절 피는 것에도 분수가 있으니, 채취하려거든 때를 넘기지 말라. 동쪽 울타리 아래 차마 버려져, 가을 풀 시든 대로 바라본다[衆芳春競發, 寒菊露偏滋. 受氣何曾異, 開花獨自遲. 晚成猶有分, 欲采未過時. 忍棄東籬下, 看隨秋草衰]"라고 했다.

「장안희설長安喜雪」에서 "수많은 집들이 눈꽃에 뒤덮여, 한 점 한 점 소리 없이 기와 골에 떨어진다. 온전히 옥 티끌이 녹았다 다시 쌓인 것 같고, 절반은 얼음 조각 되어 뭉쳤다 다시 흐른다. 빛은 새벽빛 머금어 천자의 정원을 맑게 하고, 가볍게 미풍을 따라 궁궐 누대를 두른다. 평지를 이미 한 자 남짓 적셨으니, 풍년 들면 반드시 부인후富人侯[10]에게

10 부인후(富人侯) : 부민후(富民侯). 『후한서』 「선비전(鮮卑傳)」에 "무제가 깨닫고는 병역을 중단하고 승상을 부인후에 책봉했다[武帝旣而覺悟, 乃息兵罷役, 封丞相爲富人侯]"라는 구절이 있다.

감사해야 하리라[千門萬戶雪花浮, 點點無聲落瓦溝. 全似玉塵消更積, 半成冰片結還流. 光含曉色淸天苑, 輕逐微風繞御樓. 平地已沾盈尺潤, 年豐須荷富人侯]"라고 했다.

① '朱灣'은 본래 '李灣'으로 되어 있었는데, 주에서 "『당시기사』에 '朱灣'으로 되어 있다"라고 했다. 『중흥간기집』과 『당시기사』가 동일하므로 그에 의거하여 고쳤다. 정문正文은 동일하다.

蘇鬱소욱

「鸚鵡詞」云 : "莫把金籠閉鸚鵡, 個個分明解人語. 忽然更向君前語, 三十六宮愁幾許."

「和戎」詩云 : "關月夜懸靑塚鏡, 塞雲秋薄漢宮羅. 君王莫信和親策, 生得胡雛轉更多."

鬱, 貞元元和間詩人.

"十二樓藏玉堞中, 鳳凰雙宿碧芙蓉. 流霞淺酌誰同醉, 今夜笙歌第幾重."【「步虛詞」】"吟倚雨殘樹, 月收山下村."

「앵무사鸚鵡詞」에서 "황금 새장에 앵무새를 가둬두지 말라, 그것들은 분명하게 사람 말을 할 줄 안다. 갑자기 그대 향해 말하기를 삼십육궁宮(일 년)의 시름은 얼마인가 한다[莫把金籠閉鸚鵡, 個個分明解人語. 忽然更向君前語, 三十六宮愁幾許]"라고 했다.

「화융和戎」에서 "한밤의 관문 달은 청총靑塚[11]의 거울로 달려 있고, 가을 변방 구름에 한궁漢宮의 비단은 얇다. 군왕은 화친책을 믿지 말라, 생포한 오랑캐가 갈수록 많나니[關月夜懸靑塚鏡, 塞雲秋薄漢宮羅. 君王莫

11 청총(靑塚) : 한 원제(漢元帝)의 궁녀(宮女)인 왕소군(王昭君)의 묘(墓)를 가리킨다.

信和親策, 生得胡雛轉更多]"라고 했다.

소욱은 정원・원화 연간의 시인이다.

"12루는 옥첩玉堞 안에 감춰져 있고, 봉황은 짝지어 푸른 부용에 묵고 있다. 유하주流霞酒의 따른 잔을 누구와 함께 취할까, 오늘밤 생황 노래는 몇 곡이나 쌓일까.[十二樓藏玉堞中, 鳳凰雙宿碧芙蓉. 流霞淺酌誰同醉, 今夜笙歌第幾重.]"【「보허사步虛詞」】"빗물 어린 나무에 기대어 읊조리는데, 산 아래 마을을 달빛이 안았다.[吟倚雨殘樹, 月收山下村.]"

韋丹위단

丹, 字文明,① 京兆人. 幼孤, 從外祖顏眞卿. 元和中, 帥江西, 功第一.

丹與東林靈澈上人爲忘形之契, 丹嘗爲「思歸」絶句以寄澈云 : "王事紛紛無暇日, 浮生冉冉只如雲. 已爲平子歸休計, 五老岩前必共聞." 澈奉酬詩曰 : "年老身閒無外事, 麻衣草坐亦容身. 相逢盡道休官去, 林下何曾見一人."

① "文"原作"公", 據『新唐書』「韋丹傳」改.

위단의 자는 문명文明이며 경조京兆 사람이다. 어려서 고아가 돼 외조부 안진경을 의지했다. 원화 연간에 강서군江西軍의 장수로 나서 일등공을 세웠다.

위단이 동림東林 영철상인靈澈上人과 망형忘形의 교류를 했는데, 위단이 일찍이 절구 「사귀思歸」를 지어 영철상인에게 보내기를 "왕의 일에 쫓겨 쉬는 날이 없으니, 부생은 구름처럼 흘러갈 뿐이다. 평자平子[12]의

12 평자(平子) : 후한 때 오경에 능통하고 육예에도 익숙했던 장형(張衡)의 자이다. 정부의 요직을 버리고 외직으로 나가 하간왕(河間王)의 신하로 있으면서, 천하가 혼란해지는 것을 보고 네 가지 근심을 읊은 「사수시(四愁詩)」를 지어 자신의 답답한 심회를 토로했다.

돌아가서 쉬겠다는 계획을, 오로암五老岩 앞에서 반드시 함께 들으리라[王事紛紛無暇日, 浮生冉冉只如雲. 已爲平子歸休計, 五老岩前必共聞]"라고 하자, 영철상인이 화답의 시를 보내오기를 "나이 늙고 몸 한가해 다른 일 없으니, 삼베옷과 풀 자리도 한 몸 들일 수 있으리라. 만나면 관직 버리고 돌아가겠다고들 하지만, 산림에서 한 사람이라도 본 적이 있던가[年老身閒無外事, 麻衣草坐亦容身. 相逢盡道休官去, 林下何曾見一人]"라고 했다.

① '文'은 본래 '公'으로 되어 있었는데, 『신당서』「위단전」에 의거하여 고쳤다.

王播왕파

王播少孤貧, 嘗客揚州惠照寺木蘭院, 隨僧齋飧. 僧厭怠, 乃齋罷而後擊鐘. 後二紀, 播自重位出鎭是邦, 因訪舊遊, 向之題者, 皆以碧紗幕其詩. 播繼以二絶句曰 : "三十年前此院遊, 木蘭花發院新修. 如今再到經行處, 樹老無花僧白頭." 又"上堂已了各西東, 慚愧闍黎飯後鍾. 三十年來塵撲面, 而今始得碧紗籠."【出『摭言』】

왕파가 어려서 고아가 되고 또 가난하여 양주揚州 혜조사惠照寺 목란원木蘭院에 머물며, 승려를 따라 재齋를 지내고 밥을 먹었다. 승려가 게으름을 문제 삼자 재를 마치고 나서 종을 쳤다. 그로부터 세월이 흘러서 왕파가 고위직에 있다가 외직에 임명돼 이곳을 다스리게 되었고 지난날 노닐었던 곳을 찾아가니 당시 써 놓았던 글들이 모두 푸른 깁으로 덮여 있었다. 왕파가 그 시에 2수의 절구시를 잇기를 "삼십 년 전 이 원院을 유람할 때, 목란화가 피고 원은 막 수리되었었다. 지금 다시 지난날 노닐던 곳을 찾으니, 나무는 늙어 꽃이 없고 승려는 백발이 되었다[三十年前此院遊, 木蘭花發院新修. 如今再到經行處, 樹老無花僧白頭]", "당堂에 오르자 각각 동과 서로 나뉘며, 밥을 먹고 나서 종을 치는 것이 도려

闍黎[13]에게 부끄러웠다. 삼십 년 동안 온갖 먼지를 맞았고, 이제 비로소 푸른 깁 농籠을 얻었다[上堂已了各西東, 慚愧闍黎飯後鍾. 三十年來塵撲面, 而今始得碧紗籠]"라고 했다【『척언摭言』에 나온다】.

周匡物주광물

匡物, 字幾本, 潭州人. 元和十一年, 李逢吉下進士及第, 時以歌詩著名. 家貧, 徒步應擧, 至錢塘, 乏僦船之資, 久不得濟, 乃題詩公館云: "萬里茫茫天塹遙, 秦皇底事不安橋. 錢塘江口無錢過, 又阻西陵兩信潮." 郡牧見之, 乃罪津吏.

주광물의 자는 기본幾本이며 담주潭州 사람이다. 원화 11년(816)에 이봉길李逢吉 아래에서 진사에 급제했고, 당시 시로 이름을 떨쳤다. 집안이 가난하여 도보로 과거 응시 길에 올랐는데, 전당錢塘에 이르러 배를 탈 품삯이 없어서 오랫동안 물을 건너지 못했다. 그래서 공관公館에 시를 짓기를 "만 리 길 아득하여 천참天塹은 먼데, 진황秦皇은 무슨 일로 다리를 세우지 않았나. 전당강 나루에서 건널 돈이 없는데, 또다시 서릉西陵의 이틀날이 지나고 있다[萬里茫茫天塹遙, 秦皇底事不安橋. 錢塘江口無錢過, 又阻西陵兩信潮]"라고 하니, 군郡의 목사가 이 시를 보고 나루터를 관리하는 아전에게 벌을 내렸다.

13 도려(闍黎) : 도리(闍梨). 중에게 덕행을 가르치는 스승이다.

劉言史 유언사

皮日休「劉棗强碑文」云:“歌詩之風, 蕩來久矣. 大抵喪于南朝, 壞于陳叔寶. 然今之業是者, 苟不能求古于建安, 卽江左矣, 苟不能求麗于江左, 卽南朝矣. 或過爲豔傷麗病者, 卽南朝之罪人也. 我唐來有是業者, 言出天地外, 思出鬼神表, 讀之則神馳八極, 測之則心懷四溟, 磊磊落落眞非世間語者,① 有李太白.② 百歲有是業者, 雕金篆玉, 牢奇籠怪, 百鍛爲字, 千煉成句, 雖不追躅太白, 亦後來之佳作也. 其與李賀同時, 有劉棗强焉. 先生姓劉氏, 名言史, 不詳其鄕里. 所有歌詩千首, 其美麗恢贍, 自賀外, 世莫得比. 王武俊之節制鎭冀也, 先生造之. 武俊雄健, 頗好詞藝, 一見先生, 遂加異敬. 將置之賓位, 先生辭免. 武俊善騎射, 載先生以貳乘, 逞其藝於野. 武俊先騎, 驚雙鴨起于蒲稗間, 武俊控弦, 不再發, 雙鴨聯斃於地. 武俊歡甚, 命先生曰:‘某之技如是, 先生之詞如是, 可謂文武之會矣.何不一言以賛耶.’ 先生由是馬上草「射鴨歌」以示武俊, 議者以爲禰正平「鸚鵡賦」之類也. 武俊益重先生, 由是奏請官先生, 詔授棗强令, 先生辭疾不就. 世重之, 曰:‘劉棗强, 亦如范萊蕪之類焉.’ 故相國隴西公夷簡之節度漢南也, 少與先生遊, 且思相見, 命別將以襄之髹器千事賂武俊, 以請先生, 武俊許之, 先生由是爲漢南相府賓冠. 隴西公日與之爲飮宴, 具獻酬之儀, 歌詩大播於當時. 隴西公從事或曰③:‘以某下走之才, 誠不足污辱重地. 劉棗强至, 衆必以公賓劉於幕吏之上,④ 何抑之如是.’ 公曰:‘愚非惜幕間一足地, 不容劉也, 然視其狀有不稱者, 諸公視某與劉, 分豈有間然哉,⑤ 反爲之惜其壽耳.’ 後不得已, 問先生所欲爲, 先生曰:‘司功掾甚閒, 或可承闕.’ 相國由是掾之. 雖居官曹, 宴見與從事儀等. 後從事又曰:‘劉棗强縱不容在賓署, 承乏於掾曹, 詘矣. 奚不疏整其秩.’ 相國不得已而表奏焉. 詔下之日, 先生不恙而卒. 相國哀之慟曰:‘果然止掾曹, 殺我愛客.’⑥ 葬之有加等. 墳去襄陽郭五里, 曰柳子關. 後先生數十歲, 日休始以鄙文稱於襄陽. 襄陽邑人劉求,⑦ 高士也. 嘗述先生之道業, 嘗詠先生之歌詩, 且歎曰:‘襄之人只知有浩然墓, 不知有先生墓, 恐百歲之後, 湮滅而無聞, 與荊棘凡骨溷, 吾子之文, 吾當刊焉.’ 日休曰⑧:‘存旣摭實, 錄之何愧.’ 嗚呼! 先生之官卑, 不稱其德, 宜加私諡. 然棗强之號, 世已美矣, 故不加焉, 是爲劉棗强碑.”

① “者”原作“也”, 據『紀事』改.

② “有”原作“自”, 據『紀事』改.

③ 原作“爲隴西公從事”, “爲”衍, 據『紀事』刪.

④ “衆”原作“重”, 據『紀事』改.

⑤ “然哉”原作“哉然”, 據『紀事』改.

⑥ “殺”原作“然”, 據『皮子文藪』改.

⑦ “劉求”, 『紀事』作“劉永.”

⑧ “曰”原作“幸”, 據『文藪』改.

피일휴의 「유조강비문劉棗强碑文」에서 “시의 기풍이 무너진 지 오래였다. 대체로 남조에서 손상되고, 진숙보(陳叔寶: 진의 후주後主)에게서 무너졌다. 그러나 오늘날 이를 전공하는 이들이 건안에서 옛것을 구할 수 없으면 강좌江左에서 구하고, 강좌에서 미려美麗함을 구할 수 없으면 남조에서 구한다. 그 가운데 지나쳐 염미艶美의 문제를 안고 있는 이들은 바로 남조의 죄인이다. 우리 당에서 이에 전념한 사람 가운데 말이 천지 밖에 벗어나고 생각이 귀신 밖에 벗어나, 읽으면 정신이 팔극八極을 내달리고 헤아리면 마음이 사해를 품어서, 훤칠하고 빼어나 참으로 세상의 말이 아닌 사람으로 이태백李太白이 있다. 일생을 여기에 전념한 사람 가운데 황금을 새기고 옥을 다듬으며 기묘하고 괴이한 것을 가두고, 백 번 단련하여 글자를 만들고 천 번 연마하여 구절을 지은 경우는 비록 태백에게는 다가가지 못한다 해도 또한 후대의 가작佳作이다. 그중 이하와 같은 시대를 산 사람 가운데 유조강劉棗强이 있다. 선생의 성은 유씨劉氏이고 이름은 언사言史이며 그 출생지는 상세하지 않다.

남긴 천 수의 시는 미려하고 넓고 풍족함에 있어서 이하를 제외하곤 세상에 견줄 자가 없다. 왕무준이 기주冀州절도사로 있을 때 선생이 찾아갔는데, 웅건한 왕무준은 문예를 퍽 좋아해서 선생을 보자마자 남다른 존경을 표했다. 빈객의 지위로 모시려 하자 선생이 사양했다. 왕무준은 말 타기와 활쏘기를 잘해서 선생을 두 번째 수레에 타게 하고서 교외에서 그 무예를 펼쳤다. 왕무준이 앞서 말을 달리며 한 쌍의 기러기를 부들과 쭉정이 밭 위에서 날아가게 한 뒤, 첫 번째 시위를 당기고 나서 두 번째 화살을 당기기도 전에 한 쌍의 기러기가 함께 땅에 떨어져 죽었다. 왕무준이 매우 기뻐하여 선생에게 말하기를 '저의 기술이 이러하고 선생의 문예가 이러하니, 문무가 함께 모였다할 만합니다. 어찌 찬양의 말 한 마디를 남기지 않을 수 있겠습니까'라고 하니, 선생이 말 위에서 「사압가射鴨歌」를 지어 왕무준에게 보이자 논자들은 예정평(禰正平 : 예형禰衡)의 「앵무부鸚鵡賦」와 같다고들 했다. 왕무준이 선생을 더욱 존중해 조정에 상주하여 선생에게 관직을 내릴 것을 요청하자, 조칙을 내려 조강령棗强令에 제수되었으나 선생은 병을 이유로 사양하고 나가지 않았다. 세상에서는 선생을 존중하여 '유조강은 범래무(范萊蕪 : 범단范丹)와 같은 분이다'라고 했다. 고故 상국相國 농서공隴西公 이간夷簡이 한남漢南절도사로 부임했는데, 어려서 선생과 함께 지내기도 해서 보고 싶은 마음에 별장別將에게 명하여 양양襄陽의 휴기(髹器 : 칠기) 천 개를 왕무준에게 주고 선생을 요청하자 왕무준이 허락했고, 이로 말미암아 선생은 한남상부漢南相府의 빈관賓冠이 되었다. 농서공은 날마다 선생과 연회를 베풀며 헌수獻酬의 의식을 갖추었는데, 이때 지은 시와 노래가 당대에 크게 퍼졌다. 농서공의 종사從事 가운데 한 사람이 이르기를, '저희의 부족한 재능으로 참으로 중한 지위를 더럽히고 욕되게 할 수 없습니다. 유조강이 오실 때, 사람들이 공께서 반드시 유조강을 막부의 상위에 모실 것이라고들 했는데, 어찌 이처럼 억누르십니까'라고 하니, 농서공이 말하기를 '내가 막부의 자리 하나가 아까워서 유조강을 수용하지 않은 것이 아니다. 하지만 그의 형상을 보면 알맞지 않는 것이 있다. 여러 공들이 보기에 나와 유조강이 분수에 있어 어찌 차이가 있겠는가. 도리어 그 수명이 아까울 뿐이다'라고 했다. 나중에 어쩔 수 없어 선생에게 하고 싶은 것을 묻자, 선생이 말하기를 '사공司功의 관리가 매우 한적하니, 그 빈자리를 받들 수 있겠습니까'라고 하여 상공이 사공의 아전으로 임명했다. 비록 사공의 아전으로 있었지만 연회에서 만날 때에는 종사의 의전과 동등하게 했다. 훗날 종사관이 또다시 말하기를 '유조강이 비록 빈서賓署에 있진 못하지만 연조掾曹에서 머무는 것은 비굴한 것이니, 어찌 그의 직위를 조정하여 넓혀주지 않습니까'라고 하니, 상공이 어쩔 수 없이 조정에 표문表文을 올렸다. 조칙이 내린 날 선생은 별 탈 없이 생을 마쳤다. 상공이 애통해하며 이르기를 '정말 연조掾曹에 멈추게 해서 나의 사랑하는 객을 죽였구나'라고 하고, 장사를 치를 때 직급을 추가했다. 무덤은 양양 성곽으로부터 오 리쯤에 있는데 유자관柳子關이라고 하는 곳이다. 그로부터 수십 년 후에 피일휴가 처음 누추한 문장으로 양양에서 평가를 받았다. 양양읍에 사는 유구劉求는 고상한 학자인데 일찍이 선생의 도업道業을 서술하고, 또 선생의 시와 노래를 읊으며 탄식하기를 '양양 사람들은 맹호연孟浩然의 묘만 있는 줄 알고 선생의 묘가 있는 줄 모르니, 백 년이 지난 뒤 사라져서 가시덤불과 뭇 뼈들과 뒤섞일까 두려우니, 우리 선생(피일휴)의 글을 내 마땅히 새기겠다'라고 하여, 피일휴가 말하기를 '사실에 근거하여 쓴 것인데 수록한들 무엇이 부끄럽겠는가'라고 했다. 아! 선생의 관직은 낮아 그 덕에 알맞지 않으니 사시私謚를 가함이 마땅하지만 조강棗强이라는 호가 이미 아름다운 호칭이 되어 있으므로 첨가하지 않는다. 이것으로 유조강의 비문을 삼는다"라고 했다.

① '者'는 본래 '也'로 되어 있었는데, 『당시기사』에 의거하여 고쳤다.

② '有'는 본래 '自'로 되어 있었는데, 『당시기사』에 의거하여 고쳤다.

③ 본래 '爲隴西公從事'로 되어 있었는데, '爲'는 부연된 것이므로 『당시기사』에 의거

하여 삭제했다.

④ '衆'은 본래 '重'으로 되어 있었는데, 『당시기사』에 의거하여 고쳤다.

⑤ '然哉'는 본래 '哉然'으로 되어 있었는데, 『당시기사』에 의거하여 고쳤다.

⑥ '殺'은 본래 '然'으로 되어 있었는데, 『피자문수皮子文藪』에 의거하여 고쳤다.

⑦ '劉求'는 『당시기사』에 '劉永'으로 되어 있다.

⑧ '日'은 본래 '幸'으로 되어 있었는데, 『피자문수』에 의거하여 고쳤다.

劉猛유맹

"月生十五前, 日望光彩圓. 月生十五後, 日畏光彩瘦. 不見夜光色, 一樽成暗酒. 匣中龍背鏡, 光短不照空. 不惜補明月, 慚無此良工."【「月生」句】"自念數年間, 兩手中藏鉤. 於心且無恨, 他日爲我羞. 古老傳童歌, 連淫亦兵象. 夜夢戈甲鳴, 苦不願年長."【「苦雨」句】"朝梳一把白, 夜淚千滴雨. 可恥垂拱時, 老作在家女."【「晩」句①】

元微之「酬劉猛見送」詩, 如云: "神劍士不蝕, 異布火不燒." 其推重如此.

① "晩", 『紀事』作"曉."

"달이 생기기 십오 일 전에는, 날마다 광채가 둥글기를 바라고. 달이 생긴 지 십오 일 후에는, 날마다 광채가 시들까 우려한다. 밤빛을 보지 못하면, 술동이 하나가 어두운 술이 된다. 갑匣 속 등에 용을 새긴 거울은, 빛이 짧아 허공을 비추지 못한다. 밝은 달을 보완하는 것은 아깝지 않지만 이런 훌륭한 장인이 없는 것이 부끄럽다[月生十五前, 日望光彩圓. 月生十五後, 日畏光彩瘦. 不見夜光色, 一樽成暗酒. 匣中龍背鏡, 光短不照空. 不惜補明月, 慚無此良工]"【「월생月生」의 구절】, "생각해보면 몇 년 동안, 두 손에 갈고리 하나를 감추었다. 마음에 여한은 없지만 훗날 나의 부끄러움이 되리라. 옛 노인네는 동요를 전하니, 연이어 음산한 것이 병기의 형상이다. 밤에 창과 갑옷이 우는 꿈을 꾸었으니, 오랜 나날 이어지지 못한 것이 괴롭다[自念數年間, 兩手中藏鉤. 於心且無恨, 他日爲我羞. 古老傳童歌, 連涇亦兵象. 夜夢戈甲鳴, 苦不願年長]"【「고우苦雨」의 구절】, "아침 빗질에 한 움큼 백발, 밤 눈물은 수많은 빗방울. 팔짱 드리우고 있을 때, 언제나 집안 여인네 꼴인 것이 부끄럽다.[朝梳一把白, 夜淚千滴雨. 可恥垂拱時, 老作在家女.]"【「만晩」의 구절】

원미지(원진)의 「수유맹견송酬劉猛見送」에서 "신검神劍은 흙도 썩게 하지 못하고, 특이한 포布는 불도 태우지 못하네[神劍土不蝕, 異布火不燒]"라고 했으니, 이처럼 존중을 받았던 것이다.

① '晩'은 『당시기사』에 '曉'로 되어 있다.

李餘이여

"長安東門別, 立馬生白髮."【句】"霽後軒蓋繁, 南山瑞烟發."【句】"嘗聞車馬繁, 土薄憂水聲."【句】

餘, 登長慶二年進士第,① 蜀人也. 張籍「送餘歸蜀」詩云 : "十年人詠好詩章, 今日成名出擧場. 歸去惟將新誥牒, 後來爭取舊衣裳. 山橋曉上蕉花暗, 水店晴看芋葉光. 鄕里親情相見日, 一時攜酒上高堂."

又賈島「送李餘往湖南」云 : "昔去候溫涼, 秋山滿蜀鄕. 今來從辟命, 春物變涔陽. 岳石掛海雪, 野楓堆渚檣. 若尋吾祖宅, 寂寞在瀟湘."

① "二", 『紀事』作"三."

"장안 동문에서 이별할 때, 말 세워두고 백발이 생겼다[長安東門別, 立馬生白髮]"【구절】, "비 개인 뒤 수레들 번잡하고, 남산에서는 상서로운 기운 피어오른다[霽後軒蓋繁, 南山瑞烟發]"【구절】, "일찍이 거마가 번잡하단 말 들었는데, 땅이 엷어 물소리를 걱정한다.[嘗聞車馬繁, 土薄憂水

聲.]"【구절】

이여는 장경 2년(822) 진사시에 급제했으며 촉 사람이다. 장적의 「송여귀촉送餘歸蜀」에서 "십 년 동안 사람들 좋은 시를 읊었는데, 오늘 명성을 이뤄 과거장에 나섰네. 돌아갈 때는 새 고첩誥牒만 갖고 갈 것이지만 훗날이 되면 옛 의상을 앞다퉈 취하려 하리라. 산골 다리 새벽에는 파초꽃 어둡고, 물가 객점에서는 토란잎 빛을 보리라. 고향에서 부모님 뵈는 날, 술잔 들고 고당高堂에 오르리라[十年人詠好詩章, 今日成名出擧場. 歸去惟將新誥牒, 後來爭取舊衣裳. 山橋曉上蕉花暗, 水店晴看芋葉光. 鄕里親情相見日, 一時擕酒上高堂]"라고 했다.

가도의 「송이여왕호남送李餘往湖南」에서는 "지난날 안부 여쭈러 떠날 때는, 가을 산이 촉 땅에 가득했다. 지금 조정의 부름 받아 올 때, 봄이 잠양涔陽을 변모시켰다. 솟은 바위에 바닷가 눈이 걸려 있고, 들녘 단풍이 물가 돛에 쌓였다. 우리 선조 유적을 찾으려거든, 적막한 소상瀟湘을 찾을지어다[昔去候溫涼, 秋山滿蜀鄕. 今來從辟命, 春物變涔陽. 岳石掛海雪, 野楓堆渚檣. 若尋吾祖宅, 寂寞在瀟湘]"라고 했다.

① '二'는 『당시기사』에 '三'으로 되어 있다.

李涉이섭

「題鶴林寺僧室」云:"終日昏昏醉夢間, 忽聞春盡强登山. 因過竹院逢僧話, 又得浮生半日閒."

「晩泊潤州聞角」云:"孤城吹角水茫茫, 曲引邊聲怨思長. 驚起暮天沙上雁, 海門斜去兩三行."

"但將鐘鼓悅私慶, 肯以犬羊爲國羞."【句】"尼父未適魯, 屢屢倦迷津.① 徒懷敎化心, 紆鬱不能伸. 一遇知己言, 萬方始喧喧. 至今百王則, 孰不挹其源."【「懷古」】②

① “屢屢”, 原作“僂僂”, 據『紀事』改.

② “懷古”原作“句”, 據『紀事』改.

「제학림사승실題鶴林寺僧室」에서 “하루 내내 꿈에 취해 있다가, 갑자기 봄이 갔다고 하여 애써 산을 올랐다. 죽원竹院을 찾아가 스님과 이야기 나누니, 부평초 삶이 반나절 여유를 다시 얻었다[終日昏昏醉夢間, 忽聞春盡强登山. 因過竹院逢僧話, 又得浮生半日閒]”라고 했다.

「만박윤주문각晩泊潤州聞角」에서 “외로운 성 풍각 소리에 강물 아득히 흐르는데, 변방의 곡조에 원망이 깊다. 모래밭 기러기를 석양 하늘에 일으켜, 바다 위 두세 줄로 날아가게 한다[孤城吹角水茫茫, 曲引邊聲怨思長. 驚起暮天沙上雁, 海門斜去兩三行]”라고 했다.

“종소리 북소리로 나의 경사를 즐길 뿐, 견양(犬羊 : 죄수 따위)으로 국가에 수치 끼칠 게 있으랴[但將鐘鼓悅私慶, 肯以犬羊爲國羞]”라고 하고【구절】, “니부(尼父 : 공자)가 노나라로 가지 못하며, 누누이 혼미한 나루에서 머뭇거렸다. 그저 교화만 생각할 뿐이지만 답답한 마음을 활짝 펴진 못했다. 지기의 말을 한 번 듣고 나서, 온 누리가 비로소 떠들썩하다. 지금 모든 왕이 본보기로 삼는데, 누가 그 근원을 붙들지 않으랴[尼父未適魯, 屢屢倦迷津. 徒懷敎化心, 紆鬱不能伸. 一遇知己言, 萬方始喧喧. 至今百王則, 孰不挹其源]”라고 했다.【「회고懷古」】

① ‘屢屢’는 본래 ‘僂僂’로 되어 있었는데, 『당시기사』에 의거하여 고쳤다.

② ‘懷古’는 본래 ‘句’로 되어 있었는데, 『당시기사』에 의거하여 고쳤다.

劉昭禹유소우

昭禹, 字休明, 婺州人也. 少師林寬, 爲詩刻苦.「風雪」詩云 : “句向夜深得, 心從天外歸.” 嘗與人論詩曰 : “五言如四十個賢人, 著一字如屠沽不得. 覓句者, 若掘得玉合子底, 必有蓋, 但精心求之, 必獲其寶." 在湖南累爲宰,① 後署天策府學士, 嚴州刺史, 卒於桂州幕中. 有詩三百首.

① "宰", 『紀事』作"宰字."

유소우는 자가 휴명休明이며 무주婺州 사람이다. 어려서 임관林寬을 스승으로 모셨으며 시 공부에 각고의 노력을 기울였다. 「풍설風雪」에서 "시구는 밤 깊을 때 얻고, 마음은 하늘 밖에서 돌아온다[句向夜深得, 心從天外歸]"라고 했다.

일찍이 어떤 사람과 시에 대해 논하기를 "오언시는 사십 명의 현인과 같으니 한 글자도 백정과 같아서는 안 된다. 글귀를 찾는 것은, 옥으로 만든 합 밑을 파면 반드시 덮개가 있는데 정성을 다해 찾으면 반드시 보물을 얻을 것이다"라고 했다. 호남湖南에서 여러 번 장長을 역임하고 나중에 천책부학사天策府學士와 엄주嚴州자사를 역임한 뒤 계주막부桂州幕府로 생을 마쳤다. 삼백 수의 시가 있다.

① '宰'는 『당시기사』에 '宰字'로 되어 있다.

孫昌胤손창윤

「和司空曙劉眘虛九日送人」云: "京邑歎離群, 江樓喜遇君. 開筵當九日, 泛菊外浮雲. 朗詠山川霽, 酣歌物色曛. 君看酒中意, 未肯喪斯文."

柳子厚「與韋中立書」云: "古者重冠禮, 將以責成人之道, 是聖人所尤用心者也. 數百年來, 人不復行. 近有孫昌胤者, 獨發憤行之. 旣成禮, 明日造朝, 到外廷, 薦笏言於卿士曰①: '某子冠畢.' 應之者咸憮然. 京兆尹鄭叔則怫然曳笏却立曰: '何預我邪.' 廷中皆大笑. 天下不以非鄭尹而怪孫子, 何哉, 獨爲所不爲也."

昌胤, 登天寶進士第.

① "曰", 據『紀事』補.

「화사공서유신허구일송인和司空曙劉昚虛九日送人」에서 "경성에서 사람들과 헤어져 아쉬웠는데, 강루江樓에서 그대를 만나 기쁘구나. 잔치 차린 날이 9월 9일, 국화를 뜬구름에 띄워 보내노라. 낭랑하게 읊으니 산천이 맑게 개고, 주흥에 노래 부르니 사물이 빛나는구나. 술에 담긴 그대의 마음을 살피니, 사문(斯文 : 문인, 문화)을 잃지 않으려 하네[京邑歎離群, 江樓喜遇君. 開筵當九日, 泛菊外浮雲. 朗詠山川霽, 酣歌物色曛. 君看酒中意, 未肯喪斯文]"라고 했다.

유자후(유종원)이 「여위중립서與韋中立書」에서 "옛날에 관례冠禮를 중시한 것은 그것으로써 성인成人의 도를 요구하려고 했던 것입니다. 이것은 성인들이 특히 마음을 썼던 일이나 수백 년 동안 사람들이 실행하지 않았습니다. 그러다가 요즈음 손창윤이란 분이 분연히 관례를 실행하고 있습니다. 그는 관례를 치른 뒤, 다음날 조정에 나가, 외정外廷에서 홀笏을 들어 올리고는 고관들에게 이르기를, '저의 자식이 관례를 행했습니다'라고 말했으나 응대하던 사람들이 모두 멍하니 있었습니다. 경조윤 정숙칙鄭叔則이 화를 내며 홀을 끌어당기고 앞으로 나서서 이르기를 '그것이 우리와 무슨 상관인가'라고 하자, 외정에 있는 사람들이 모두 크게 웃었습니다. 세상에서는 정숙칙을 비난하지 않고 손창윤을 이상하게 여겼는데 왜이겠습니까. 홀로 다른 사람들이 하지 않은 일을 했기 때문입니다"라고 했다.

손창윤은 천보 때 진사시에 급제했다.

① '曰'은 『당시기사』에 의거하여 보충했다.

嚴休復엄휴복

「揚州唐昌觀玉蕊花圻有仙人遊悵然成二絶」云："終日齋心禱玉宸, 魂消目斷未逢眞. 不如滿樹瓊瑤蕊, 笑對藏花洞裏人." 又, "羽車潛下玉龜山, 塵世何由睹蕣顏.① 唯有無情枝上雪, 好風吹綴綠雲鬟."

元和中, 見一女子, 從以二女冠, 三小僕, 直造花所. 佇立良久, 命小童折花數枝, 謂黃冠者曰："曩有玉峰之期, 自是可以行矣." 行百步許, 遂不復見. 休復有詩, 元微之和云："弄玉潛歸玉樹時, 不敎青鳥出花枝. 的應未有諸人覺, 只恐嚴郎卜得知." 樂天詩云："嬴女偷乘鳳下時, 洞中潛歇弄花枝. 不緣啼鳥春饒舌, 青瑣仙郎可得知."

① "蕣"原作"舜", 據『全唐詩』改.

「양주당창관옥예화탁유선인유창연성이절揚州唐昌觀玉蕊花圻有仙人遊悵然成二絶」에서 "하루 내내 마음 가다듬고 옥신(玉宸 : 상제)의 궁전에게 기도하며, 넋이 사라지고 눈앞이 침침해도 진원眞元을 만나지 못했다. 차라리 나무 가득한 옥 같은 꽃이, 장화동藏花洞 사람을 웃으며 대하는 것만 못하구나[終日齋心禱玉宸, 魂消目斷未逢眞. 不如滿樹瓊瑤蕊, 笑對藏花洞裏人]"라고 하고, 또 "우거羽車가 소리 없이 옥귀산玉龜山에 내려왔지만 속세에서 어떻게 순안(蕣顏 : 아름다운 얼굴)을 볼 수 있으랴. 오직 무정한 가지 위 눈만이, 바람 불어와 푸른 구름 머리채를 엮어내었다[羽車潛下玉龜山, 塵世何由睹蕣顏. 唯有無情枝上雪, 好風吹綴綠雲鬟]"라고 했다.

원화 연간에 어떤 여인이 두 사람의 여관女冠과 세 명의 어린 종을 데리고 꽃이 피는 곳으로 향했다. 한참을 서 있다가 어린 종에게 꽃을 몇 가지 꺾어오게 한 뒤, 황관黃冠을 쓴 사람에게 이르기를 "지난번 옥봉玉峰의 약속이 있었는데 이곳에서 실행할 만하다"라고 하고 백여 보를 걸어갔는데, 그대로 사라져 보이지 않았다. 엄휴복이 이에 대해 시를 지었는데, 원진이 화답하기를 "옥을 농하며 살며시 옥수玉樹로 돌아갈 때, 푸른 새로 하여금 꽃가지 위로 나오지 못하게 했다. 분명 사람들은 알아채지 못하겠지만, 엄랑嚴郎이 알아차릴까 두렵다[弄玉潛歸玉樹時, 不敎青鳥出花枝. 的應未有諸人覺, 只恐嚴郎卜得知]"라고 하고, 백낙천의 시에서는 "영녀嬴女가 몰래 봉황을 타고 내려올 때, 골짜기에서 꽃가지 갖고 노는 일이 살며시 멈추었다. 봄날 새들의 지저귐 아니어도, 청쇄青瑣의 선랑仙郎은 알 수 있으리라[嬴女偸乘鳳下時, 洞中潛歇弄花枝. 不緣啼鳥春饒舌, 青瑣仙郎可得知]"라고 했다.

① '彝'은 본래 '舜'으로 되어 있었는데, 『전당시』에 의거하여 고쳤다.

朱慶餘주경여

慶餘遇水部郎中張籍知音, 索慶餘新舊篇, 擇留二十六章, 置之懷袖而推贊之. 時人以籍重名, 皆繕錄諷詠, 遂登科. 慶餘作「閨意」一篇以獻曰 : "洞房昨夜停紅燭, 待曉堂前拜舅姑. 粧罷低聲問夫婿, 畫眉深淺入時無." 籍酬之曰 : "越女新粧出鏡心, 自知明豔更沉吟. 齊紈未足時人貴, 一曲菱歌敵萬金." 由是朱之詩名, 流於海內矣.

又「題王侯廢宅」云 : "古巷戟門誰舊宅, 早曾聞說屬官家. 更無新燕來巢屋, 惟有閒人去看花. 空廏欲摧塵滿櫪, 小池初涸草侵沙. 繁華事歇皆如此, 立馬踟躕到日斜."

張籍「送慶餘歸越」云 : "東鄰歸路遠, 幾日到鄉中. 有寺山皆遍, 無家水不通. 湖聲蓮葉雨, 野氣稻苗風. 州縣知名久, 爭邀與客同."

주경여가 자신을 알아준 수부낭중水部郎中 장적을 만나, 그동안 지은 시들을 요청했다. 장적이 26장章을 택하여 품속에 넣어두고서 호평했다. 당시 장적의 명성이 대단했으므로 모두 베껴서 읊었고, 그로 인해 마침내 과거에 급제했다. 주경여가 「규의閨意」 1편을 지어 올리기를

"어젯밤 동방洞房의 붉은 촛불이 꺼진 뒤, 새벽녘 되면 당에 나아가 시부모께 인사 올리려 한다. 화장을 하고서 낮은 소리로 남편에게 묻기를 눈썹 그림의 색조가 시의에 맞느냐고 한다[洞房昨夜停紅燭, 待曉堂前拜舅姑. 粧罷低聲問夫婿, 畫眉深淺入時無]"라고 하자, 장적이 화답하기를 "월녀越女가 새롭게 단장해 거울 앞에 나선 뒤, 스스로 어여쁜 줄 알고 다시금 읊조린다. 제나라 비단은 당시에 귀한 것이 못 되고, 한 곡조 연캐는 노래가 만 금에 값한다[越女新粧出鏡心, 自知明豔更沉吟. 齊紈未足時人貴, 一曲菱歌敵萬金]"라고 했다. 이를 통해 주경여의 시인으로서의 명성이 세상에 두루 퍼졌다.

또 「제왕후폐택題王侯廢宅」에서 "옛 마을 창살문은 누구네 고택인가, 일찍이 관직 가진 이의 집안이라 들었다. 다시는 제비가 찾아와 집 짓는 일 없고, 한적한 사람만 찾아와 꽃구경 한다. 무너지려는 빈 마구간은 먼지만 말구유에 가득하고, 작은 연못은 물이 말라 풀이 모래를 덮쳤다. 번화함이 시드는 것은 모두 이와 같나니, 말을 멈춘 채 해가 질 때까지 서성인다[古巷戟門誰舊宅, 早曾聞說屬官家. 更無新燕來巢屋, 惟有閒人去看花. 空廐欲摧塵滿櫪, 小池初涸草侵沙. 繁華事歇皆如此, 立馬踟躕到日斜]"라고 했다.

장적이 「송경여귀월送慶餘歸越」에서 "동쪽 이웃 돌아갈 길 먼데, 언제 고향에 올 수 있을까. 절이 있어 산은 두루 갈 수 있지만 집이 없으면 물길은 통하지 않는다. 호수에는 연잎에 지는 빗소리 들리고, 들녘에는 벼 이삭 바람이 분다. 주와 현마다 명성 알려진 지 오래여서, 앞다퉈 객을 맞는 것처럼 맞을 것이다[東鄰歸路遠, 幾日到鄉中. 有寺山皆遍, 無家水不通. 湖聲蓮葉雨, 野氣稻苗風. 州縣知名久, 爭邀與客同]"라고 했다.

楊虞卿양우경

「過小妓英英墓」云："凌晨騎馬出皇都, 聞說埋花在路隅. 別我已爲泉下土, 思君猶似掌中珠.

四弦品柱聲初絶, 三尺孤墳草已枯. 蘭質蕙心何所在, 焉知過者是狂夫." 樂天夢得皆有和章. 樂天云："人間有夢何曾入, 泉下無家豈是歸. 墳上少啼留取淚, 明年寒食更沾衣." 夢得云："但見好花皆易落, 從來尤物不長生. 鸞臺夜直衣衾冷, 雲雨無因入禁城."

虞卿, 字師皋, 虢州人. 佞柔善諧麗. 宗閔僧孺相穆宗, 引爲右司郎中. 宗閔倚之, 時號黨魁. 爲京兆尹, 以罪貶虔州司戶參軍, 死.

「과소기영영묘過小妓英英墓」에서 "이른 새벽 말을 타고 황도皇都를 나서, 외진 길가에 꽃이 묻혔다는 말을 들었다. 나와 헤어져 구천에 흙이 되었지만, 그대를 생각하면 아직도 손 위의 구슬 같다. 네 줄 현에 안주雁柱 매만지며 소리 막 멈췄고, 삼 척 쓸쓸한 무덤은 풀이 벌써 말랐다. 난초 바탕의 혜초 마음은 어느 곳에 있는가, 찾아간 자가 광부狂夫임을 어찌 알겠는가[凌晨騎馬出皇都, 聞說埋花在路隅. 別我已爲泉下土, 思君猶似掌中珠. 四弦品柱聲初絶, 三尺孤墳草已枯. 蘭質蕙心何所在, 焉知過者是狂夫]"라고 했는데, 백거이와 유우석이 모두 화답의 글을 남겼다. 백거이는 "인간의 꿈속에 어찌 찾아든 것인가, 구천에는 집이 없는데 어찌 돌아감이겠는가. 무덤에서 조금만 울어 눈물을 남겨둘지어다, 내년 한식이 되면 다시 옷을 적셔야 하리니[人間有夢何曾入, 泉下無家豈是歸. 墳上少啼留取淚, 明年寒食更沾衣]"라고 하고, 유우석은 "좋은 꽃은 쉬이 진다는 사실을 알아야 하는 터, 허물이 있는 사물은 오래 살지 못한다. 난대鸞臺에서 숙직할 때 옷과 이불이 차가워, 운우雲雨가 금성禁城 안으로 들어올 수 없으리라[但見好花皆易落, 從來尤物不長生. 鸞臺夜直衣衾冷, 雲雨無因入禁城]"라고 했다.

양우경의 자는 사고師皐이며 괵주虢州 사람이다. 부드럽고 해학이 넘쳤다. 이종민과 우승유가 목종 시절 정승이었을 때 추천을 받아 우사낭중右司郎中이 되었다. 이종민이 그를 의지하여 당시에 당黨의 괴수라고 불렸다. 경조윤이 되었지만 죄를 범해 건주사호참군虔州司戶參軍으로 좌천되었고 그곳에서 죽었다.

楊汝士양여사

唐名族重京官而輕外任, 汝士「建節後詩」云 : “拋却弓刀上砌臺, 上方臺榭窣雲開. 山僧見我衣裳窄, 知道新從戰地來.” 又云 : “而今老大騎官馬, 羞向關西道姓楊.” 寶曆中, 楊於陵僕射入覲, 其子嗣復率兩榜門生迎於潼關, 宴新昌里第. 僕射與所執坐正寢, 嗣復領諸生翼兩序. 元白俱在, 賦詩席上. 汝士詩後成, 元白覽之失色. 詩曰 : “隔座應須賜御屏, 盡將仙翰入高冥. 文章舊價留鸞掖, 桃李新陰在鯉庭. 再歲生徒陳賀宴, 一時良史盡傳馨. 當年疏廣雖雲盛, 詎有茲筵醉綠醽.” 其日, 大醉歸, 謂其子弟曰 : “吾今日壓倒元白.”【時爲刑侍】

裴令公居守東洛, 夜宴半酣, 公索句, 元白有得色.① 時公爲破題, 次至汝士, 曰 : “昔日蘭亭無豔質, 此時金谷有高人.” 白知不能加, 遽裂之曰 : “笙歌鼎沸, 勿作冷淡生活.” 元顧白曰② : “樂天所謂能全其有名者也.”

① “得”原作“德”, 據『紀事』改.

② “白”, 據『紀事』補.

당의 명족名族들은 도읍 내의 관직을 중시하고 지방의 임무를 경시했다. 그래서 양여사가 「건절후建節後」에서 “활과 칼을 버리고 체대砌臺에 오르니, 상방上方의 누정에 갑자기 구름이 활짝 열렸다. 산승은 비좁은 나의 옷자락을 보고, 전선에서 막 돌아온 것을 알고 있다[拋却弓刀上

砌臺, 上方臺榭窣雲開. 山僧見我衣裳窄, 知道新從戰地來]"라고 하고, 또 "지금 나이 들어 관마官馬를 타며, 관서關西를 향해 양씨楊氏가 말하는 것이 부끄럽다[而今老大騎官馬, 羞向關西道姓楊]"라고 했다.

보력(寶曆 : 825~827) 연간에 복야僕射 양어릉楊於陵이 근친覲親하러 올 때, 그의 아들 양사복楊嗣復이 양방兩榜의 제자들을 데리고 동관潼關에 영접을 나오고서 신창리新昌里 집에서 연회를 베풀었다. 양복야가 동료들과 정침正寢에 앉자 양사복이 제생들을 이끌고 양쪽으로 줄지어 앉았다. 이때 원진·백거이도 참여해 그 자리에서 시를 지었다. 양여사는 시를 나중에 완성했는데, 원진·백거이가 그 내용을 보고 실색을 했다. 그 시에서 "자리에는 하사받은 어병御屛이 필요하고, 신선의 글을 모두 고명高冥에 들게 해야 하리라. 문장은 옛 값대로 난액(鸞掖 : 문하성門下省)에 남겨두고, 도리桃李는 새 그늘이 이정(鯉庭 : 공리孔鯉의 뜰)에 있다. 두 해의 생도가 하례 연회에 나열돼 있고, 한 시대 명사들이 향기를 모두 전한다. 지난날 소광疏廣[14]이 융성했다하지만 어찌 녹령(醁醽 : 술)에 취한 이 잔치만 하랴[隔座應須賜御屛, 盡將仙翰入高冥. 文章舊價留鸞掖, 桃李新陰在鯉庭. 再歲生徒陳賀宴, 一時良史盡傳馨. 當年疏廣雖云盛, 詎有茲筵醉醁醽]"라고 했다. 그날 대취하여 돌아와 자제들에게 이르기를 "내가 오늘 원진·백거이를 압도했다"라고 했다【당시 형부시랑이었다】.

배령공(裴令公 : 배도)이 동락東洛태수로 있을 때, 저녁 연회에서 술이 거나할 때 배령공이 시를 청하자, 원진·백거이가 좋아하는 빛을 보였다. 당시 배령공이 파제破題[15]를 했는데, 차례가 양여사에 이르렀을 때, "지난날 난정蘭亭에는 고운 자질이 없었는데, 지금 금곡원金谷園엔 고상한 사람이 있다[昔日蘭亭無豔質, 此時金谷有高人]"라고 하자, 백거이가 더

14 소광(疏廣) : 한나라 선제(宣帝) 때 사람으로 황태자의 태부(太傅)로 있었다. 재직한 지 오 년이 지났을 무렵, 관직과 명성이 높아졌는데도 떠나지 않으면 후회할 일이 생긴다고 하여 소부(少傅)로 있던 조카 소수(疏受)와 함께 고향으로 내려갔다. 『한서』 권71 참고.

15 파제(破題) : 맨 처음 시의 발단을 여는 것이다.

이상 덧붙일 말이 없는 걸 알고 갑자기 종이를 찢으며 이르기를 "음악이 무르익어 넘치는데, 냉담한 짓은 하지 맙시다"라고 하니, 원진이 백거이를 돌아보며 이르기를, "낙천樂天은 이른바 그 명성을 온전히 하는 사람이다"라고 했다.

① '得'은 본래 '德'으로 되어 있었는데, 『당시기사』에 의거하여 고쳤다.

② '白'은 『당시기사』에 의거하여 보충했다.

張志和장지화

「漁父歌」云:"西塞山前白鷺飛, 桃花流水鱖魚肥. 青箬笠, 綠蓑衣, 斜風細雨不須歸." 又云:"釣臺漁父褐爲裘, 兩兩三三舴艋舟. 能縱棹, 慣乘流, 長江白浪不曾憂." 又云:"雪溪灣裏釣魚翁,① 舴艋爲家西復東. 江上雪, 浦邊風, 笑著荷衣不歎窮." 又云:"松江蟹舍主人歡, 菰飯蓴羹亦共飡. 楓葉落, 荻花乾, 醉宿漁舟不覺寒." 又云:"青草湖中月正圓, 巴陵漁父棹歌連. 釣車子, 掘頭船, 樂在風波不用仙."

① "雪"原作"雪", 據『紀事』改.

「어부가漁父歌」에서 "서새산西塞山 앞을 백로가 날아가고, 복사꽃 흐르는 물에 쏘가리가 살지다. 푸른 대나무 삿갓을 쓰고, 푸른 도롱이 옷 입은 채, 가랑비 부는 바람에 돌아갈 일 없으리라[西塞山前白鷺飛, 桃花流水鱖魚肥. 青箬笠, 綠蓑衣, 斜風細雨不須歸]"라고 하고, 또 "조대釣臺의 어부는 갈옷을 갖옷으로 삼고, 두서너 척 배들이 짝지어 있다. 노를 젓고 익숙하게 물길을 타며, 장강의 흰 파도도 걱정하지 않는다[釣臺漁父褐爲裘, 兩兩三三舴艋舟. 能縱棹, 慣乘流, 長江白浪不曾憂]"라고 하고, 또 "삽계霅溪 굽이에 어부가, 고깃배 집을 삼아 여기저기 오간다. 강 위의 눈, 포구의 바람, 연꽃 옷을 편하게 입고 곤궁을 한탄하지 않는다[霅溪灣裏釣魚翁,

舴艋爲家西復東. 江上雪, 浦邊風, 笑著荷衣不歎窮]"라고 하고, 또 "송강松江의 게딱지 집 주인이 좋아하여, 부추 밥 순채국을 함께 나눠 먹는다. 단풍잎 지고, 갈대꽃 메마른데, 술 취해 고깃배에서 자도 추운 줄을 모른다[松江蟹舍主人歡, 菰飯蓴羹亦共飡. 楓葉落, 荻花乾, 醉宿漁舟不覺寒]"라고 하고, 또 "청초호靑草湖에 달이 둥글자, 파릉巴陵의 어부들 뱃노래 이어진다. 조거자釣車子,[16] 굴두선掘頭船,[17] 물 위에 즐거움 있어 신선이 필요치 않다[靑草湖中月正圓, 巴陵漁父棹歌連. 釣車子, 掘頭船, 樂在風波不用仙]"라고 했다.

① '霅'은 본래 '雪'로 되어 있었는데, 『당시기사』에 의거하여 고쳤다.

嚴維엄유

維, 字正文, 越州人. 與劉長卿善. 長卿「對酒寄維」云. "陋巷喜陽和, 衰顔對酒歌. 懶從華髮亂, 閒住白雲多. 郡簡容垂釣, 家貧學弄梭. 門前七里瀨, 早晩子陵過." 維答云 : "蘇耽佐郡時, 近出白雲司. 藥補淸羸疾, 窗吟絶妙詞. 柳塘春水漫, 花塢夕陽遲. 欲識懷君意, 朝朝訪檝師."

【時劉爲睦州司馬】

엄유는 자가 정문正文이며 월주越州 사람이다. 유장경과 친했다. 유장경이 「대주기유對酒寄維」에서 "좁은 집에 따스한 햇빛이 반갑고, 노쇠한 얼굴 술을 두고 노래 부른다. 게을러 희끗한 머리 흐트러진 대로 두고, 한적해 흰 구름이 자욱이 깔렸다. 군郡이 간소해 낚시 드리운 일 허

16 조거자(釣車子) : 일종의 낚시 도구. 위에 낚시 줄을 감는 바퀴가 있어 멀리 던질 수 있고, 또한 빠르게 거두어들일 수 있다.

17 굴두선(掘頭船) : 선두(船頭)와 선미(船尾)가 확실히 구분되지 않는, 일종의 간소하고 누추한 작은 배이다.

용하고, 집안이 가난해 베틀질을 배웠다. 문 앞에 흐르는 칠리탄七里瀨, 조만간 자릉子陵이 찾아가리라[陋巷喜陽和, 衰顔對酒歌. 懶從華髮亂, 閒住白雲多. 郡簡容垂釣, 家貧學弄梭. 門前七里瀨, 早晚子陵過]"라고 하자, 엄유가 답하기를 "소탐蘇耽이 군郡을 보자 할 때, 백운사白雲司[18]를 가까이 지나갔다. 약은 청빈으로 걸린 병을 보호하고, 창문에서는 절묘한 사詞를 읊는다. 버드나무 연못은 봄물이 넘치고, 꽃이 핀 언덕에는 석양이 진다. 그대를 그리는 마음 알려면, 매일 사공을 찾아가게나[蘇耽佐郡時, 近出白雲司. 藥補淸羸疾, 窗吟絶妙詞. 柳塘春水漫, 花塢夕陽遲. 欲識懷君意, 朝朝訪楫師]"라고 했다【당시 유장경은 목주사마睦州司馬였다】.

李播이파

播以郎中典蘄州, 有李生攜詩謁之, 播曰 : "此吾未第時行卷也." 李曰 : "頃於京師書肆百錢得此, 遊江淮間二十餘年. 欲幸見惠." 播遂與之, 因問何往, 曰 : "江陵謁表丈盧尙書." 播曰 : "公又錯也, 盧是某親表丈." 李慚悚失次, 進曰 : "誠若郎中之言, 與荊南表丈一時乞取." 再拜而出.

이파가 낭중郎中으로서 기주蘄州를 맡아 다스릴 때, 이생李生이라는 사람이 시를 갖고 찾아왔다. 이파가 그것을 보고 "이것은 내가 급제하기 이전의 행권行卷[19]이다"라고 하니, 이생이 "지난날 경사京師의 책방에서 백 전百錢을 주고 구했으며, 그동안 강회江淮 사이를 이십여 년 동

18 백운사(白雲司) : 형부(刑部)의 별칭이다. 전하는 말에 의하면 황제(黃帝)가 명관(命官)과 추관(秋官)을 일러 백운(白雲)이라 했다고 한다. 참고로 백거이의 시에 "청광을 홀로 점유하지 말라, 백운사를 마주하고 있으니[淸光莫獨占, 亦對白雲司]"라는 구절이 있다. 『백낙천시집』「화유낭중망종남산추설(和劉郎中望終南山秋雪)」 참고.

19 행권(行卷) : 과거에 응시하는 사람이 응시 전에 지은 시문을 두루마리에 써서 조정의 주요 인사들에게 보내 인정받는 것을 말한다.

안 유랑했으니, 이를 제게 주시기 바랍니다"라고 했다. 이파가 그에게 준 뒤 어디를 가느냐고 묻자, "강릉江陵으로 가 외백숙外伯叔 노상서盧尙書를 뵈려 합니다"라고 하여 이파가 "공은 또다시 잘못을 범하고 있다. 노상서는 나의 친외숙이다"라고 하니, (거짓이 드러난) 이생이 부끄러운 나머지 몸 둘 바를 모르고 있다가 앞으로 나와 말하기를 "정말 낭중의 말씀대로라면 형남荊南의 친외숙의 이름도 함께 빌려 주십시오"라고 하고, 절을 올리고서 떠났다.

李德裕이덕유

元和十一年, 歲在丙申, 李逢吉下三十三人皆取寒素. 時有詩曰: "元和天子丙申年, 三十三人同得仙. 袍似爛銀文似錦, 相將白日上青天." 德裕頗爲寒素開路, 及謫官南去, 或有詩曰: "八百孤寒齊下淚, 一時回首望崖州."【出『摭言』】

원화 11년(816) 병신丙申에 이봉길李逢吉 이하 삼십삼 인이 모두 한미한 출신으로 급제했다. 당시 지어진 시에서 "원화 천자天子 병신년에 삼십삼 인이 함께 신선 되었네. 도포는 빛나는 은빛 같고 무늬는 비단 같으며, 서로 태양 되어 푸른 하늘을 오르네[元和天子丙申年, 三十三人同得仙. 袍似爛銀文似錦, 相將白日上青天]"라고 했다. 이덕유가 한미한 출신들을 위해 길을 많이 열어주었는데, 그가 좌천되어 남쪽으로 가자 어떤 사람이 시를 짓기를 "팔백의 고단하고 한미한 이들이 모두 눈물을 흘리며, 일시에 머리를 돌려 애주崖州를 바라본다[八百孤寒齊下淚, 一時回首望崖州]"라고 했다【『광척언』에 나온다】.

鄭還古 정환고

還古閒居東都, 將入京赴選, 柳當將軍者餞之. 酒酣, 以一詩贈柳氏之妓曰 : "冶豔出神仙, 清聲勝管絃. 詞輕白紵曲, 歌遏碧雲天. 未擬生裴秀, 何如乞鄭玄. 不堪金谷水, 橫過墜樓前." 柳喜甚, 曰 : "專俟榮命, 以此爲賀." 未幾, 還古除國子博士. 柳見除目, 卽遣入京. 及嘉祥驛, 而還古物故, 乃放妓他適. 『逸史』載, 還古初娶柳氏女, 嘉會之初, 夢娶房氏. 後柳卒, 再娶東都李氏, 屬房直溫爲東洛少尹, 李之舅也, 昏禮皆房主之, 始知舊夢之前定也.

還古, 登元和進士第.

정환고가 동도東都에서 한적하게 지내다가 과거를 보기 위해 경성으로 가려할 때, 유당柳當 장군將軍이라는 사람이 전송했다. 술이 거나할 때 시 한 수를 지어 유씨라는 기생에게 주기를 "곱기는 신선을 벗어나고, 맑은 소리는 관현보다 앞선다. 시는 배저곡白紵曲보다 경쾌하고, 노래는 푸른 구름 하늘을 가로막는다. 비수裴秀[20]를 낳고 싶지 않다면, 정현鄭玄에게 비는 게 어떠한가. 금곡金谷의 물로, 가로질러 누각 앞에 떨어지게 하는 것을 이루 감내할 수 없구나(冶豔出神仙, 清聲勝管絃. 詞輕白紵曲, 歌遏碧雲天. 未擬生裴秀, 何如乞鄭玄. 不堪金谷水, 橫過墜樓前"라고 하자, 유씨가 매우 기뻐하여, "오직 영광의 소식을 기다리며 이것으로 하례의 말씀을 드립니다"라고 했다. 얼마 되지 않아 정환고가 국자박사國子博士에 임명되자, 유씨가 임명장을 보았고 즉시 서울로 들여보내졌다. 그런데 가상역嘉祥驛에 이를 즈음 정환고는 세상을 떠났고, 기생은

20 비수(裴秀) : 위(魏)의 모사이자 장수. 하후무(夏侯楙)의 심복으로 제갈량의 일차 정벌 때 등장하며, 사마소(司馬昭)의 신임을 얻어 제갈탄의 반란 진압에 수행했다. 사마소의 후계자로 사마염(司馬炎)을 천거하고 사마염이 진왕에 오르자 가충(賈充)과 함께 조환(曹奐)으로부터 왕좌를 찬탈했다.

다른 곳으로 보내지게 되었다. 『일사逸史』에 의하면, 정환고는 처음 유씨 여인에게 장가를 들었는데, 혼례를 치를 즈음에 방씨房氏에게 장가드는 꿈을 꾸었다. 나중에 유씨가 세상을 떠나자 동도의 이씨李氏에게 다시 장가들었는데, 방직온房直溫의 도움을 받아 동락東洛 소윤少尹이 되었으니, 그는 이씨의 외삼촌이었다. 그리고 혼례는 모두 방직온이 주도했으니, 비로소 지난날 꿈이 그 전조였음을 알았다고 했다.

정환고는 원화 때 진사시에 급제했다.

裴休배휴

「贈黃蘗山僧希運」詩曰："自從大士傳心印, 額上圓珠七尺身. 掛錫十年栖蜀水, 浮杯今日渡江濱.① 一千龍象隨高步, 萬里香華結勝因. 擬欲事師爲弟子, 不知將法付何人." 休, 會昌中官於鍾陵, 請運至郡, 以所解一篇示之. 師不顧, 曰："若形於紙墨, 何有吾宗." 休問其故, 曰："上乘之印, 惟是一心, 更無別法. 心體一空, 萬緣俱寂, 如大日輪升於虛空, 其中照耀, 靜無纖埃. 證之者無新舊・無淺深, 說之者不立義解, 不開戶牖, 直下便是, 動念卽乖." 其後, 休錄之, 爲『傳心法要』云.

休, 字公美, 孟州人. 大中六年爲相, 能文章, 爲人蘊藉, 進止雍閒. 宣宗曰："休眞儒者."

① "江", 『紀事』作"漳."

「증황벽산승희운贈黃蘗山僧希運」에서 "대사大士를 따라 심인心印을 전수했으니, 이마 위에 둥근 구슬 박힌 칠 척의 몸이시네. 십 년을 주석柱錫 걸어놓고 촉수蜀水에 깃들다가, 오늘 잔을 띄워 강빈江濱을 건넌다. 천 마리 용 형상은 고상한 발걸음 뒤따르고, 만 리 향기로운 꽃은 좋은 인연을 맺는다. 스승으로 모시며 제자 되고 싶은데, 법을 누구에게 전하시려는지요[自從大士傳心印, 額上圓珠七尺身. 掛錫十年棲蜀水, 浮杯今日渡江濱. 一千龍象隨高步, 萬里香華結勝因. 擬欲事師爲弟子, 不知將法付何人]"라고 했다. 배휴가 회창 연간에 종릉鍾陵에서 벼슬살이할 때 희운 선사를 군郡 내로 초청하여 알고 있는 한 편의 문장을 보이자, 선사가 쳐다보지도 않고, "만일 지묵紙墨으로 표현한다면 우리의 종법이 무슨 필요가 있겠는가"라고 하여, 배휴가 그 까닭을 물으니 대답하기를 "상승上乘의 인印은 오직 한마음이며, 더 이상 별도의 법은 없다. 마음과 육체는 모두 공空이어서 모든 연緣도 모두 적적하니, 마치 태양이 허공에 둥실 떴을 때 그 가운데 빛은 고요하여 한 점 티끌도 없는 것과 같다. 이를 증명하는 것은 신新과 구舊를 벗어나고 천淺과 심深도 없으며, 이를 해설하는 자는 의미의 해석을 내세우지 않고 문호도 열지 않으니, '바로 그것'이 그것이며 생각이 동하면 바로 어긋난다"라고 했다. 훗날 배휴가 이 말을 기록하여 『전심법요傳心法要』를 만들었다.

배휴는 자가 공미公美이며 맹주孟州 사람이다. 대중 6년(852)에 정승이 되었고 문장에 능했으며 사람됨이 포근하여 행동거지가 여유로웠다. 선종은 "배휴는 참 선비이다"라고 했다.

① '江'은 『당시기사』에 '漳'으로 되어 있다.

薛宜僚설의료

宜僚以左庶子充新羅冊贈使, 至青州, 悅一妓段東美, 賦詩曰 : "阿母桃花方似錦, 王孫草色正如烟. 不須更向滄溟望, 惆悵歡情又一年." 到外國, 謂判官苗甲曰 : "東美何故頻見夢中." 數日而卒. 櫬至青, 段奠之, 一慟而卒.

설의료가 좌서자左庶子에서 신라책증사新羅冊贈使로 임명돼 청주靑州

에 도착했는데, 단동미段東美라는 기생을 좋아해서 시를 짓기를 "서왕모의 복사꽃은 비단 같고, 왕손王孫의 풀빛은 안개와 같다. 다시 푸른 바다를 바라볼 필요가 없으리니, 환희의 정 어느덧 일 년이나 흐른 것이 서글프구나[阿母桃花方似錦, 王孫草色正如烟. 不須更向滄溟望, 惆悵歡情又一年]"라고 했다. 외국에 도착하여 판관判官 묘갑苗甲에게 말하기를 "단동미가 왜 자꾸 꿈속에서 보이는가"라고 하고 며칠 뒤 죽었다. 관이 청주에 이르자 단동미가 술잔을 올리고 통곡한 뒤 죽었다.

九老會 胡杲구로회 호고

九老會賦詩云:"閒居同會在三春, 大抵愚年最出群. 霜鬢不嫌杯酒興, 白頭仍愛玉爐薰. 徘徊玩柳心猶健, 老大看花意却勤. 鑿落滿斟拚酩酊, 香囊高掛任氤氳. 搜神得句題紅紙, 望景長吟對白雲. 今日交情何不替, 齊年同事聖明君."【杲, 年八十九, 前懷州司馬①】

① "前", 據『紀事』補.

「구로회부九老會賦」에서, "삼춘三春에 한적한 이들 함께 모일 때, 내 나이가 가장 앞섰네. 서리 살쩍은 술잔의 흥취를 아랑곳하지 않고, 흰 머리는 옥 화로의 따스함을 사랑하네. 서성이며 버들을 감상하니 마음 아직 건장하고, 늙어서 꽃을 구경하니 정신이 갑자기 진지해지네. 잔에 술 가득 부어 맘껏 취하고, 향주머니 높이 걸어 마음껏 맡네. 신神을 뒤적여 시구를 얻어 붉은 종이에 쓰고, 풍광 바라보고 길게 읊조리며 흰 구름 마주한다. 오늘 교류의 정이 어찌 시들지 않으랴만, 비슷한 나이에 성스러운 임금을 함께 모실 뿐이다[閒居同會在三春, 大抵愚年最出群. 霜鬢不嫌杯酒興, 白頭仍愛玉爐薰. 徘徊玩柳心猶健, 老大看花意却勤. 鑿落滿斟拚酩酊, 香囊高掛任氤氳. 搜神得句題紅紙, 望景長吟對白雲. 今日交情何不替, 齊

年同事聖明君]"라고 했다【호고는 나이가 팔십구 세로서 전 회주사마前懷州司馬였다】.

① '前'은 『당시기사』에 의거하여 보충했다.

吉皎길교

"休官罷任已閒居, 林苑園亭興有餘. 對酒最宜花藻發, 邀歡不厭柳條初. 低腰醉舞垂緋袖, 擊筑謳歌任褐裾.① 寧用管絃來合雜, 自親松竹且清虛. 飛觥酒到須先酌, 賦詠詩成不住書. 借問商山賢四皓, 不知此後更何如."【皎, 衛尉卿致仕, 年八十八】

① "築"原作"箸", 據『紀事』改.

"관직에서 물러나 한적하게 지내다가, 숲 속 정자에서 흥취가 넘친다. 술잔을 들 때는 마름꽃 핀 것이 가장 알맞고, 기쁨을 맞을 때는 버들가지 막 자란 것이 싫지 않다. 허리 낮춰 취한 춤에 비단 소매 드리우고, 축筑 두드리고 노래 부를 때 베옷 자락 맡겨둔다. 어찌 관현악을 섞을 필요 있으랴, 맑고 밝은 소나무 저절로 가깝거늘. 술잔 돌려 앞에 이르면 앞서 마실 일이요, 읊어서 시가 지어지면 멈춤 없이 써야 하리라. 묻노니 상산商山의 어진 사호四皓시여, 이다음에는 다시 어떠하겠소이까.[休官罷任已閒居, 林苑園亭興有餘. 對酒最宜花藻發, 邀歡不厭柳條初. 低腰醉舞垂緋袖, 擊筑謳歌任褐裾. 寧用管絃來合雜, 自親松竹且清虛. 飛觥酒到須先酌, 賦詠詩成不住書. 借問商山賢四皓, 不知此後更何如.]"【길교는 위위경衛尉卿으로 치사致仕했으며 나이는 팔십팔 세였다】

① '築'은 본래 '箸'로 되어 있었는데, 『당시기사』에 의거하여 고쳤다.

劉眞유진

“垂絲今日幸同筵, 朱紫居身是大年. 賞景尙知心未退, 吟詩猶覺力完全. 閒庭飮酒當三月, 在席揮毫象七賢. 山茗煮時秋霧碧, 玉杯斟處彩霞鮮. 臨階花笑如歌妓, 傍竹松聲當管絃. 雖未學窮生死訣, 人間豈不是神仙.”【眞, 前磁州刺史, 年八十七】

“백발에 오늘 다행히 한 자리에 모였고, 붉은 집에 거처하는 몸은 노년이다. 풍경 감상하며 마음은 퇴락하지 않은 줄 알고, 시를 읊으며 힘이 완전함을 느낀다. 한적한 정원에서 술을 마시는 때는 3월이요, 자리에서 붓을 드는 것은 죽림의 칠현이다. 산 차를 다릴 때 가을 이슬 푸르고, 옥잔에 따를 때 채색 무지개 신선하다. 섬돌 앞 꽃은 노래하는 기생처럼 웃고, 대나무 옆 소나무는 악기처럼 연주한다. 생사의 비결을 다 배우지는 못했지만 인간세상이 어찌 신선의 세계가 아닐쏘냐.[垂絲今日幸同筵, 朱紫居身是大年. 賞景尙知心未退, 吟詩猶覺力完全. 閒庭飮酒當三月, 在席揮毫象七賢. 山茗煮時秋霧碧, 玉杯斟處彩霞鮮. 臨階花笑如歌妓, 傍竹松聲當管絃. 雖未學窮生死訣, 人間豈不是神仙.]”【유진은 전 자주磁州자사이며 나이는 팔십칠 세였다】

鄭據정거

“東洛幽閒日暮春, 邀歡多是白頭賓. 官班朱紫多相似, 年紀高低次第匀. 聯句每言松竹意, 停杯多說古今人. 更無外事來心肺, 空有清虛入思神. 醉舞兩回迎勸酒, 狂歌一曲會閑身.① 今朝何事偏情重, 同作明時列任臣.”【據, 前龍武軍長史, 年八十五】

① “閑”, 『紀事』作“娛.”

"늦은 봄 고즈넉한 동락東洛에서, 서로 만나 기쁨을 나눈 이들은 모두 백발객이다. 관官의 반열로 주색 자색은 대부분 비슷하고, 나이의 높낮이는 순서를 따랐다. 시구를 이을 때는 송죽松竹의 의미를 이야기하고, 술잔을 멈출 때는 고금의 인물들을 논한다. 다시금 마음에 와 닿을 세상일은 없고, 공연히 청허함만 정신 속에 들어 있다. 두 번을 취해 춤추며 권하는 술잔을 맞이하고, 한껏 부르는 노래는 몸을 한적하게 만든다. 오늘 무슨 일로 정이 깊은가, 함께 현명한 군주 모신 신하라서이네.[東洛幽閒日暮春, 邀歡多是白頭賓. 官班朱紫多相似, 年紀高低次第勻. 聯句每言松竹意, 停杯多說古今人. 更無外事來心肺, 空有淸虛入思神. 醉舞兩回迎勸酒, 狂歌一曲會閑身. 今朝何事偏情重, 同作明時列任臣.]"【정거는 전 용무군장사前龍武軍長史이며 나이는 팔십오 세였다】

① '閑'은 『당시기사』에 '娛'로 되어 있다.

盧眞노진

"三春已盡洛陽宮, 天氣初晴景象中. 千朶嫩桃迎曉日, 萬株垂柳逐和風. 非論官位皆相似, 及至年高亦共同. 對酒歌聲猶覺妙, 玩花詩思豈能窮. 先時共作三朝貴, 今日猶逢七老翁. 但願酴醿常滿酌, 烟霞萬里會能通."【眞, 前侍御史內供奉官, 年八十三】

"낙양 궁궐에 삼춘三春은 다 가고, 풍경 속에서 하늘은 맑게 개었다. 천 그루 여린 복사꽃은 새벽 해를 맞고, 만 그루 드리운 버들은 따스한 바람에 춤춘다. 직위가 비슷함을 논하려 한 것이 아니나, 나이 들면 또한 함께 어울릴 뿐이다. 술잔 들며 부르는 노래 오묘함 느끼나니, 꽃을 감상하며 떠오르는 시상이 어찌 끝이 있으랴. 지난날 함께 세 조정의 귀인이 되었는데, 오늘 일곱 분의 노옹老翁이 다시 만났구나. 바라는 건 언제나 술잔 가득 술을 부어, 만 리 연하烟霞 속에 마음 주고받는 것이다.[三春已盡洛陽宮, 天氣初晴景象中. 千朵嫩桃迎曉日, 萬株垂柳逐和風. 非論官位皆相似, 及至年高亦共同. 對酒歌聲猶覺妙, 玩花詩思豈能窮. 先時共作三朝貴, 今日猶逢七老翁. 但願醾醽常滿酌, 烟霞萬里會能通.]"【노진은 전 시어사내공봉관前侍御史內供奉官이며 나이는 팔십삼 세였다】

張渾장혼

"幽亭春盡共爲歡, 印綬居身是大官. 遁跡豈勞登遠岫, 垂絲何必坐溪磻. 詩聯六韻猶應易, 酒飲三杯未覺難. 每況襟懷同宴會, 共將心事比波瀾. 風吹野柳懸羅帶, 日照庭花落綺紈. 此席不須鋪錦帳, 斯筵堪作畫圖看."【渾, 前永州刺史, 年七十七】

"봄이 다한 정자에서 함께 기쁨 나눈 이들은, 고관이셨던 분들이다. 자취 감췄는데 어찌 힘들게 높은 봉우리에 오르며, 백발에 어찌 굳이 시냇가 바위에 앉을쏘냐. 육운시를 짓는 것이 오히려 쉽고, 석 잔 술 마시는 것도 어려움을 느끼지 못한다. 매번 회포를 풀어 연회를 맞이하고, 함께 마음속 일을 파란波瀾에 견준다. 바람이 들녘 버드나무에 불어 비단 띠를 걸어두고, 해가 정원 꽃을 비춰 고운 깁을 떨어뜨린다. 이 자리에 비단 장막을 펼칠 것은 없지만 그림으로 잘 그려볼 만하겠다.[幽亭春盡共爲歡, 印綬居身是大官. 遁跡豈勞登遠岫, 垂絲何必坐溪磻. 詩聯六韻猶應易, 酒飲三杯未覺難. 每況襟懷同宴會, 共將心事比波瀾. 風吹野柳懸羅帶, 日照庭花落綺紈. 此席不須鋪錦帳, 斯筵堪作畫圖看.]"【장혼은 전 영주永州자사이며 나이는 칠십칠 세였다】

白居易 백거이

“七人五百八十四, 拖紫紆朱垂白鬚. 囊裏無金莫嗟歎, 樽中有酒且歡娛. 吟成六韻神還壯, 飮到三杯氣尚粗. 嵬峨狂歌敎婢拍, 婆娑醉舞遣孫扶. 天年高邁二疏傅, 人數多於四皓圖. 除却三山五天竺, 人間此會且應無.”【居易, 刑部尙書致仕, 年七十四】

樂天退居洛中, 作尙齒九老之會, 其序曰 : “胡吉劉鄭盧張等六賢, 皆多年壽, 餘亦次焉. 於東都弊居履道坊, 爲尙齒之會. 七老相顧, 旣醉且歡. 靜而思之, 此會稀有, 因各賦七言六韻詩一章以記之, 或傳諸好事者, 時會昌五年三月二十四日.” 樂天云 : “其年夏, 又有二老年貌絶倫, 同歸故鄕, 亦來斯會, 續命書姓名年齒, 寫其形貌, 附於圖右, 與前七老, 題爲九老圖. 仍以一絶贈之云 : ‘雪作鬚眉雲作衣, 遼東華表暮雙歸. 當時一鶴猶稀有, 何況今逢兩令威.’”【洛中遺老李元爽, 年一百三十六, 禪僧如滿, 年九十五歲】又云 : “時秘書狄兼謨・河南尹盧貞, 以年未及七十, 雖與會而不及列.”

“일곱 사람 오백팔십사 세가, 알록달록 치장하며 흰 수염 드리웠다. 주머니에 돈이 없다고 아쉬워 말라, 술동이에 술이 있어 마음껏 즐기리라. 육운시를 읊으니 정신 아직 건장하고, 석 잔 술을 마시니 기운 아직 거칠구나. 드높은 노랫소리는 종에게 박자 맞추게 하고, 구부정하게 취해 추는 춤 손자더러 부축하게 한다. 연세는 두 분의 소부疏傅[21] 보다 높으시고, 사람 수는 사호四皓의 그림보다 많다. 삼산三山의 다섯 천축天竺을 제외하면, 인간 세상에 이런 모임은 없으리라.[七人五百八十四, 拖紫紆朱垂白鬚. 囊裏無金莫嗟歎, 樽中有酒且歡娛. 吟成六韻神還壯, 飮到三杯氣尙粗. 嵬峨狂歌敎婢拍, 婆娑醉舞遣孫扶. 天年高邁二疏傅, 人數多於四皓

21 소부(疏傅) : 한(漢)이때 태자(太子)의 사부(師傅)로 있었던 소광(疏廣)이다.

圖. 除却三山五天竺, 人間此會且應無.]"【백거이는 형부상서로 치사致仕했고, 나이는 칠십사 세였다】

백거이가 관직에서 물러나 낙중洛中에서 살면서 상치구로회尙齒九老會를 만들었는데, 그 서문에서 "호고, 길교, 유진, 정거, 노진, 장혼 여섯 현자는 모두 연세가 많으시고 나는 그다음이다. 내가 사는 동도의 이도방履道坊에서 상치尙齒의 모임을 가졌는데, 일곱 노인이 서로 어울려 술에 취하고 기쁨을 나눴다. 가만히 생각해 보니, 이 모임은 드문 것이어서 각기 칠언 육운시 1장章을 지어 이를 책에 기록하여 호사가에게 전하니, 때는 회창 5년(845) 3월 24일이다"라고 했다. 백거이가 말하기를 "그해 여름에 연세가 많으신 두 분의 노인이 함께 고향으로 돌아와 이 모임에 참여했는데, 성명과 나이를 이어서 쓰고 그 형상을 그려 그림 오른쪽에 붙여서, 앞의 일곱 노인과 함께 '구로도九老圖'라고 제題했다. 아울러 절구 1수를 짓기를 '눈은 수염과 눈썹을 만들고 구름은 옷을 만들어, 요동의 화표華表[22]에서 노년에 쌍을 지어 돌아왔다. 당시에 한 마리 학도 드문 일인데, 이제 두 사람의 영위令威[23]를 만났음에랴[雪作鬚眉雲作衣, 遼東華表暮雙歸. 當時一鶴猶稀有, 何況今逢兩令威]'라고 했다"라고 했다【낙중의 유로遺老인 이원상李元爽은 백삼 세였고, 선승인 여만如滿은 구십오 세였다】. 또 이르기를 "당시 비서秘書 적겸모狄兼謨와 하남윤河南尹 노정盧貞은 칠십 세가 못 돼, 모임에 참여는 했지만 열 안에는 들지 못했다"라고 했다.

22 화표(華表) : 요동 출신인 정영위(丁令威)가 선도(仙道)를 터득한 뒤 천 년 만에 학으로 변해 고향으로 돌아와서 화표주(華表柱)에 앉아 있다가 탄식하며 날아갔다는 전설이 전한다.

23 두 사람의 영위(令威) : 이원상(李元爽)과 여만(如滿)을 가리킨다. 옛날 요동(遼東)의 정령위(丁令威)란 사람이 영허산(靈虛山)에 들어가 도(道)를 닦았는데 나중에 학(鶴)으로 화(化)하여 고향의 화표주(華表柱)에 날아와 앉았다는 고사에서 인용한 것이다.

전당시화全唐詩話 권4卷四

項斯항사

斯, 字子遷, 江東人. 始未爲聞人, 因以卷謁楊敬之, 楊苦愛之, 贈詩云:"幾度見詩詩盡好, 及觀標格過於詩. 平生不解藏人善, 到處逢人說項斯." 未幾, 詩達長安, 明年擢上第.

「蒼梧雲氣」詩云:"何年畫作愁, 漠漠便難收. 數點山能遠, 平鋪水不流. 濕連湘竹暮, 濃蓋舜墳秋. 亦有思鄕客, 看來盡白頭."

항사는 자가 자천子遷이며 강동 사람이다. 애초에는 그다지 이름이 알려지지 않았으나 행권을 갖고 양경지楊敬之를 찾아가자, 양경지가 대단히 사랑하여 시를 지어 주기를 "몇 번이나 시를 봐도 시가 다 좋았는데, 얼굴을 보자 시보다도 훌륭하다. 평생 남 칭찬할 줄 몰랐는데, 가는 곳마다 사람들 만나면 항사를 이야기한다(幾度見詩詩盡好, 及觀標格過於

詩. 平生不解藏人善, 到處逢人說項斯]"라고 했다. 얼마 있지 않아 시가 장안에 퍼졌고, 이듬해 급제했다.

「창오운기蒼梧雲氣」에서 "언제 수심을 그렸나, 아득하여 거두어들이기 어렵다. 몇 점 산은 멀리 잘 있고, 편편한 물은 흐르지 않는다. 상강湘江의 저문 대숲은 젖어서 이어지고, 순임금의 가을 무덤은 짙게 덮였다. 고향 그리는 객이 또 있어, 바라보니 온통 백발이다[何年畫作愁, 漠漠便難收. 數點山能遠, 平鋪水不流. 濕連湘竹暮, 濃蓋舜墳秋. 亦有思鄉客, 看來盡白頭]"라고 했다.

滕邁등매

湖州崔芻言郎中, 初爲越副戎. 宴席中有周德華者, 劉采春女, 善歌「楊柳枝詞」, 所唱七八篇, 皆名流之詠. 滕邁郎中一首云: "三條陌上拂金羈, 萬里橋邊映酒旗. 此日令人腸欲斷, 不堪將入笛中吹."

雲溪子曰: "杜牧舍人云: '巫娥廟裏低含雨, 宋玉堂前斜帶風.' 滕郎中又云: '陶令門前罥接羅〈籬〉, 亞夫營裏拂旌旗.' 但不言楊柳二字, 最爲妙也. 是以姚合郎中吟「道旁亭子」詩云: '南陌遊人回首去, 東林過者杖藜歸.' 不稱亭而意見矣."

邁, 登元和進士第.

호주湖州 최추언崔芻言 낭중이 처음 월주부융越州副戎이 되었을 때, 연회석에 주덕화周德華라는 여인이 있었는데, 유채춘劉采春의 딸로 「양류지사楊柳枝詞」를 잘 불렀다. 그녀가 부른 7, 8편은 모두 명사들의 시였다. 등매 낭중이 지은 시에서 "삼조맥三條陌에 황금 굴레를 휘날리고, 만리교萬里橋 변에 주가酒家 깃발이 펄럭인다. 이날은 애간장을 끊게 하여 젓대 속에 담아 부르게 할 수가 없다[三條陌上拂金羈, 萬里橋邊映酒旗. 此日令

人腸欲斷, 不堪將入笛中吹]"라고 했다.

운계자(雲溪子 : 범터)가 말하기를 "두목 사인舍人이, '무아巫娥의 사당은 나직이 비를 머금고, 송옥宋玉의 당 앞은 바람을 가로 걸쳤다[巫娥廟裏低含雨, 宋玉堂前斜帶風]'라고 하고, 또 등매 낭중이, '도령(陶令 : 도연명)의 문 앞에 울타리 이어지고, 주아부周亞夫[1]의 군영에 깃발이 펄럭인다[陶令門前罥接䍦〈籬〉, 亞夫營裏拂旌旗]'[2]라고 했는데, '양류楊柳' 두 글자를 이야기하지 않은 것이 가장 오묘하다. 그래서 요합 낭중이 읊은 「도방정자道旁亭子」에서 '남쪽 언덕 유람객이 뒤돌아보며 가고, 동쪽 숲 과객이 청여장靑藜杖을 짚고 돌아온다[南陌遊人回首去, 東林過者杖藜歸]'라고 했는데, '정亭' 자를 거론하지 않았어도 의미가 드러난다"라고 했다.

등매는 원화 때 진사시에 급제했다.

裴思謙배사겸

思謙及第後, 作紅箋名紙十數, 詣平康里, 因宿於里中. 詰旦, 賦詩曰 : "銀缸斜背解鳴璫, 小語偷聲賀【一作喚】玉郎. 從此不知蘭麝貴, 夜來新染桂枝香."

思謙, 開成三年登進士第.

배사겸이 급제한 뒤 홍전명지紅箋名紙 수십 장을 만들어 평강리平康里로 가서 마을 안에서 하루를 묵었다. 이튿날 새벽에 시를 짓기를 "은등잔 옆으로 등지고 옥 귀고리 풀고는, 작은 소리로 살며시 옥랑玉郞을 축하한다. 이로부터 난향과 사향 귀한 줄 모르고, 밤새 계화 향기에 흠

1 주아부(周亞夫) : 한 문제(文帝) 때의 명장이다. 일찍이 세류(細柳)에 군영을 운영하면서 엄격한 군령을 확립해 문제로부터 '진장군(眞將軍)'이라는 평가를 받았다.

2 이신(李紳), 「류(柳)」.

백 짖는다[銀缸斜背解鳴璫, 小語偸聲賀【一作喚】玉郎. 從此不知蘭麝貴, 夜來新染桂枝香]"라고 했다.

배사겸은 개성 3년(838)에 진사시에 급제했다.

廖有方 요유방

有方, 元和十年失意遊蜀, 至寶雞西界, 窆旅逝者, 書版記之曰: "余元和乙未歲落第, 西征適此, 聞呻吟之聲, 潛聽而微惙也. 問其疾苦住止, 對曰: '辛勤數擧, 未遇知音.' 盼睞叩頭, 久而復語, 惟以殘骸相託, 餘不能言. 俄而逝. 余乃鬻所乘馬於村豪, 備棺瘞之, 恨不知其姓字. 臨岐凄斷, 復爲詩曰: '嗟君沒世委空囊, 幾度勞心翰墨場. 半面爲君申一慟, 不知何處是家鄕.'" 明年, 李逢吉擢有方及第, 唐之義士也. 交州人, 柳子厚以序送之.

요유방이 원화 10년(815)에 시름 속에 촉을 유람하다가 보계寶雞 서쪽에 이르러, 객지에서 죽은 사람을 묻어주며 서판書版에 쓰기를 "내가 원화 을미년(815)에 과거에서 낙제하여 서쪽으로 가다가, 이곳에서 신음하는 소리가 들려 다가가서 들어보고 서글픈 마음이 들었다. 그의 고통과 거주지 등을 묻자, 대답하기를 '노력해서 여러 차례 과거시험을 보았으나 알아주는 사람을 만나지 못했다'라고 하며 두리번거리고 머리를 떨군 채 한참 있다가 말을 이어갔는데, 앙상한 뼈만 겨우 남아서 나머지 이야기를 다 하지 못하고 이내 세상을 떠났다. 내가 마을 부호에게 타던 말을 팔아 관을 마련해 묻어주었으니, 그의 성명을 모르는 것이 안타깝다. 이별에 앞서 처량한 마음에 다시 시를 짓기를 '아 그대 세상 떠났어도 빈 주머니만 남겼으니, 몇 번이나 과거장에서 노심초사했나. 반면半面만 그대를 위해 애도를 표하노니, 어느 곳이 그대의 고향이란 말인가[嗟君沒世委空囊, 幾度勞心翰墨場. 半面爲君申一慟, 不知何處是家鄕]"라고 했다. 이듬해 이봉길李逢吉이 발탁하여 급제했으니, 당나라의 의사義士이다. 교주交州 사람이며, 유종원이 전송의 글을 남겼다.

姚合 요합

張籍寄合詩云 : "病來辭赤縣, 案上有丹經. 爲客燒茶竈, 敎兒掃竹亭. 詩成添舊卷, 酒盡臥空甁. 闕下今遺佚, 誰占隱士星."

「武功縣閒居」云 : "縣去京城遠, 爲官與隱齊. 馬隨山鹿放, 雞雜野禽棲. 連舍惟藤架, 侵階是藥畦. 更師嵇叔夜, 不擬作書題."

又云 : "簿書多不會, 薄俸亦難消. 醉臥慵開眼, 閒行懶繫腰. 移花兼蝶至, 買石得雲饒. 且自心中樂, 從他笑寂寥."

方干「哭姚監」云 : "入室幾人成弟子, 爲儒是處哭先生."

장적이 요합에게 보낸 시에서 "병들어 적현赤縣을 떠나니, 책상에는 단경(丹經 : 도가의 서적)만 있다. 객을 위해 다조茶竈에 불을 지피고, 아이더러 죽정竹亭을 쓸게 한다. 시 지으면 옛 책에 첨가하고, 술이 닳으면 빈 병에 눕는다. 조정이 지금 버려두고 있는데, 누가 은사隱士의 별을 점칠까[病來辭赤縣, 案上有丹經. 爲客燒茶竈, 敎兒掃竹亭. 詩成添舊卷, 酒盡臥空甁. 闕下今遺佚, 誰占隱士星]"라고 했다.

「무공현한거武功縣閒居」에서 "현이 경성과 멀리 떨어져, 관리 생활이 은자와 다름없다. 말은 산록山鹿을 따라 뛰놀고, 닭은 산새와 섞여 지낸다. 집과 연결된 것은 등나무 줄기뿐이고, 계단까지 덮친 것은 약초밭이다. 다시금 혜숙야(嵇叔夜 : 혜강)를 스승 삼아, 글조차 짓고 싶지 않다[縣去京城遠, 爲官與隱齊. 馬隨山鹿放, 雞雜野禽棲. 連舍惟藤架, 侵階是藥畦. 更

師嵇叔夜, 不擬作書題]"라고 했다.

또 이르기를 "공문서는 모르는 게 많고, 박봉 또한 지내기 어렵다. 취해서 누워 게슴츠레 눈을 뜨고, 한가로이 걸으며 애써 허리띠를 묶는다. 꽃을 옮겨 심자 나비도 함께 오고, 돌을 사오자 구름조차 넉넉히 얻었다. 마음이 절로 즐거워, 적막함에 그대로 웃음 짓는다[簿書多不會, 薄俸亦難消. 醉臥慵開眼, 閒行懶繫腰. 移花兼蝶至, 買石得雲饒. 且自心中樂, 從他笑寂寥]"라고 했다.

방간方干의 「곡요감哭姚監」에서 "몇 사람이나 입실入室 제자가 되었는가, 유자儒者들은 모두 선생을 애도한다[入室幾人成弟子, 爲儒是處哭先生]"라고 했다.

宋雍송옹

范攄云: "宋雍初無令譽, 及嬰瞽疾, 其詩名始彰. 盧員外綸作擬僧之詩, 僧清江作七夕之詠, 劉隨州有眼作無眼之句, 宋雍無眼作有眼之詩, 詩流以爲四背, 或云四倒, 然詞意悉爲佳致. 盧公詩云: '願得遠公知姓字, 焚香洗鉢過餘生.' 清江詩曰: '惟愁更漏促, 離別在明朝.' 劉隨州曰: '細雨濕衣看不見, 閒花落地聽無聲.' 雍詩曰: '黃鳥不堪愁裏聽, 綠楊宜向雨中看.'"

범터가 말하기를 "송옹은 애초에 특별한 명성이 없었으나 눈이 멀고 나서 시인의 명성이 비로소 알려졌다. 원외 노륜이 지은 「의승擬僧」과, 승려 청강淸江이 지은 「칠석七夕」, 유수주劉隨州의 「유안작무안有眼作無眼」, 송옹의 「무안작유안無眼作有眼」을 시인들이 '사배'(四背: 네 가지 배치)라고 하거나 또는 '사도四倒'라고 한다. 하지만 시의 내용은 모두 뛰어나다. 노공盧公의 시에서 '원컨대 원공遠公을 만나 이름을 알아주어,

향을 사르고 발缽을 씻으며 여생을 보내고 싶다[願得遠公知姓字, 焚香洗缽過餘生]'[3]라고 하고, 청강의 시에서 '물시계 재촉하는 소리를 걱정함은, 이별이 내일 아침에 있어서다[惟愁更漏促, 離別在明朝]'[4]라고 하고, 유수주는 '가랑비 옷에 젖어도 보이지 않고, 여느 꽃은 땅에 떨어져도 들리지 않는다[細雨濕衣看不見, 閒花落地聽無聲]'[5]라고 하고, 송옹은 '꾀꼬리는 시름 속에 들을 수가 없고, 푸른 버들은 비내림 속에 보는 것이 딱 좋다[黃鳥不堪愁裏聽, 綠楊宜向雨中看]'[6]라고 했다"라고 했다.

段文昌 단문창

文昌父鍔, 爲江陵令.① 文昌長自渚宮,② 客遊成都, 韋南康與奏, 釋褐爲賓從. 後劉闢逐佐外邑, 高崇文收蜀, 召復舊職, 指其椅曰："此猶不足與君坐." 文昌遽請歸闕, 至興元西鵠鳴驛, 有異僧能前識, 謂文昌曰："去日旣逢梅蕊綻, 來時應見杏花開." 至京屢升擢, 自相位拜劍南節度, 西至鵠鳴, 僧已物故, 杏花方盛.

文昌鎭蜀, 有「題武擔寺西臺」詩云："秋天如鏡空, 樓閣盡玲瓏. 水暗餘霞外, 山明落照中. 鳥行看漸遠, 松韻聽難窮. 今日登臨意, 多歡笑語同."

① "令", 汲古閣本『紀事』作"尉."

② "長", 據『紀事』補.

단문창의 아버지는 단악段鍔이며 강릉령江陵令이었다. 단문창은 저궁

3 「야투풍덕사알해상인(夜投豐德寺謁海上人)」.

4 「칠석(七夕)」.

5 「별엄사원(別嚴士元)」.

6 「춘일(春日)」.

渚宮에서 자랐는데 객지 성도에서 유랑하고 있을 때 위남강(韋南康 : 위고)가 추천하여 평민을 벗어나 빈종賓從이 되었다. 나중에 유벽劉闢에 의해 축출을 당해 외읍外邑에서 보좌를 하고 있었는데 고숭문高崇文이 촉을 수복하면서 원래의 관직으로 복원시키고, 그의 의자를 가리키며 "여기에 그대를 앉히기에는 오히려 부족합니다"라고 했다. 단문창이 갑자기 조정에 돌아갈 것을 요청해 길을 떠나던 중, 흥원興元 서쪽 곡명역鵠鳴驛에 이르자 앞일을 내다보는 승려가 단문창에게 이르기를 "떠날 때는 매화꽃 터진 것을 보는데, 올 때는 살구꽃 피는 것을 보리라"고 했다. 서울에 도착해 여러 번 승진, 발탁되었고, 정승의 자리에서 검남절도사劍南節度使에 임명되었는데, 서쪽 곡명역에 이르렀을 때 승려는 벌써 세상을 떠나고 살구꽃이 활짝 피어 있었다.

단문창이 촉을 맡아 다스릴 때 지은 「제무담사서대題武擔寺西臺」에서 "가을 하늘 거울처럼 텅 비고, 누각은 한없이 영롱하다. 물은 노을 밖에 어둡고, 산은 낙조 속에 밝다. 줄지은 새는 볼수록 멀어지고, 소나무 운율은 들을수록 끝이 없다. 오늘 이곳에 오르는 뜻은, 넘치는 기쁨에 웃으며 이야기하는 것과 같다(秋天如鏡空, 樓閣盡玲瓏. 水暗餘霞外, 山明落照中. 鳥行看漸遠, 松韻聽難窮. 今日登臨意, 多歡笑語同)"라고 했다.

① '尙'은 급고각본 『당시기사』에 '尉'로 되어 있다.

② '長'은 『당시기사』에 의거하여 보충했다.

劉郇伯 유순백

郇伯與范鄴郎中爲詩友. 范曾得一句云 : "歲盡天涯雨", 久而莫屬. 郇伯曰 : "何不曰 : '人生分外愁.'" 范甚賞之.【出『北夢瑣言』】

유순백은 범찬范鄴 낭중과 시우詩友이다. 범찬이 일찍이 "하늘 끝 비

내릴 때 한 해가 간다[歲盡天涯雨]"라는 구절을 짓고 나서 오랫동안 대구를 잇지 못했는데, 유순백이 "'분수 밖에 걱정 속에 사람이 산다'라고 하지 않는가"라고 하자, 범찬이 대단히 호평했다【『북몽쇄언北夢瑣言』에 보인다】.

陳彦博진언박

「恩賜魏文貞公諸孫舊第以導直臣」云:"阿衡隨逝水, 池館主他人. 天意能酬德, 雲孫喜庇身. 生前由直道, 沒後振芳塵. 雨露新恩日, 芝蘭故里春. 勳庸流十代, 光彩映諸鄰. 共喜升平際, 從茲得諫臣."

白居易爲翰林學士, 奏云:"今日奏宣令撰李師道請收贖魏徵宅, 還其子孫, 甚合朕心, 允其來奏. 臣伏以魏徵太宗宰相, 盡心輔佐, 以致太平, 在其子孫, 宜加優恤. 事關激勸, 合出朝廷, 師道何人, 輒掠此美. 伏願明敕有司, 特以官錢收贖, 使還後嗣, 以勸忠臣, 則事出皇恩, 美歸聖德." 憲宗深然之. 其後有司以爲詩題試進士.

「은사위문정공제손구제이도직신恩賜魏文貞公諸孫舊第以導直臣」에서 "아형(阿衡 : 대신)이 흐르는 물 따라 떠난 뒤, 연못과 집은 다른 사람이 주인 되었다. 하늘의 뜻은 덕 있는 이에게 보답하고, 후손은 제 몸 보호 받는 것을 기뻐한다. 생전에 정직한 길을 따라, 세상 떠나도 향기를 떨친다. 우로雨露 같은 은혜를 새로 받는 날, 고향은 지란芝蘭의 봄날이다. 공로는 십대를 흐르고, 광채는 이웃에 빛난다. 평화로운 시절에, 간언하는 신하를 얻음을 모두 기뻐한다[阿衡隨逝水, 池館主他人. 天意能酬德, 雲孫喜庇身. 生前由直道, 沒後振芳塵. 雨露新恩日, 芝蘭故里春. 勳庸流十代, 光彩映諸鄰. 共喜升平際, 從茲得諫臣]"라고 했다.

백거이가 한림학사였을 때 상주上奏하기를 "오늘 상주에 대해 내리신 조칙에서 '이사도李師道가 "위징魏徵의 고택을 사들여 자손에게 돌려주겠습니다"라고 한 것은 짐의 마음에 매우 부합하니 상주한 대로 하라'라고 하셨습니다. 신이 삼가 생각하옵건대, 위징은 태종 때의 재상으로 정성을 다해 보좌하여 태평을 이룩했으니 그의 자손은 의당 우대해야 합니다. 격려와 권면에 관한 그런 일은 마땅히 조정으로부터 나와야 하는데, 이사도가 누구이기에 갑자기 이런 미덕을 빼앗는단 말입니까. 삼가 바라옵건대 유사(有司 : 담당관)에 분명한 칙서를 내려 특별히 관의 돈으로 사들여서 충신을 권장한다면 황상의 은혜로부터 일이 시작되고 그 미덕이 성상에게 돌아갈 것입니다"라고 하자 헌종이 깊이 수긍했다. 그 뒤에 유사가 진사시의 시제로 삼았다.

郭良驥곽양기

「自蘇州至望亭驛有作」云 : "南浦菰蒲繞白蘋, 東吳黎庶逐黃巾. 野棠自發空流水, 江燕初歸不見人. 遠岫依依如送客, 平田渺渺獨傷春. 淮中回首長洲苑, 烽火年年報虜塵." 觀詩所載, 疑李錡叛時事也.

「자소주지망정역유작自蘇州至望亭驛有作」에서 "남쪽 포구에는 향초며 부들이 흰 마름을 두르고, 동오東吳의 뭇사람들 황건黃巾을 뒤따른다. 들에는 해당화 스스로 피고 물은 하염없이 흐르며, 강 제비 막 돌아오는데 사람은 보이지 않는다. 먼 산은 아쉬운 듯 객을 전송하고, 넓은 밭은 아득히 봄을 슬퍼한다. 회중淮中에서 장주원長洲苑을 뒤돌아보니, 봉화는 해마다 오랑캐 자취를 알린다(南浦菰蒲繞白蘋, 東吳黎庶逐黃巾. 野棠自發空流水, 江燕初歸不見人. 遠岫依依如送客, 平田渺渺獨傷春. 淮中回首長洲苑, 烽火年年報虜塵)"라고 했는데, 시의 내용을 살펴보면 이기李錡가 반란을 일으킨 때인 듯하다.

崔嘏최하

施肩吾與之同年, 不睦. 嘏舊失一目, 以珠代之. 施嘲之曰:"二十九人及第, 五十七眼看花." 元和十五年也.

시견오施肩吾와 같은 해에 급제했으나 친하지는 않았다. 최하가 이전에 한쪽 눈을 실명해 구슬을 대신 넣었는데, 시견오가 조롱하기를 "이십구 인 급제자 중에서, 오십칠 개의 눈만 꽃을 보았다"라고 했으니 때는 원화 15년(820)이다.

唐球당구

球有詩名, 如「臨池洗硯」云:"恰似有龍深處臥, 被人驚起黑雲生." 又有"漸寒沙上路, 欲暖水邊村", 亦佳句也.

球居蜀之味江山, 方外之士也. 爲詩撚稿爲圓, 納之大瓢中. 後臥病, 投瓢于江曰:"斯文苟不沈沒, 得者方知吾苦心爾." 至新渠, 有識者曰: "唐山人瓢也." 接得之, 十纔二三. 其「題鄭處士隱居」云:"不信最清曠, 及來愁已空. 數點石泉雨, 一溪霜葉風. 業在有山處, 道成無事中. 酌盡一樽酒, 老夫顔亦紅."「贈行如上人」云:"不知名利苦, 念佛老岷峨. 衲補雲千片, 香焚篆一窠. 戀山人事少, 憐客道心多. 日日齋鐘罷, 高懸濾水羅."「題青城觀」云:"數里緣山不厭難, 爲尋眞訣問黃冠. 苔鋪翠點山橋滑, 松織香梢古道寒. 晝傍綠畦薅嫩玉, 夜開紅竈撚新丹. 孤鐘已斷泉聲在, 風動瑤花月滿壇."

당구는 시인의 명성을 갖고 있었으니, 예를 들면 「임지세연臨池洗硯」에서 "흡사 용이 깊은 곳에 누워 있다가 사람에게 놀라 검은 구름이 생긴 것과 같다[恰似有龍深處臥, 被人驚起黑雲生]"라고 하고, 또 "모래 위 길은 점차 차갑고, 물가 마을은 따스해지려 한다[漸寒沙上路, 欲暖水邊村]"라고 한 것은 좋은 시구이다.

당구는 촉의 미강산味江山에 거주한 방외方外의 선비이다. 시를 쓴 종이를 둥글게 말아 큰 바가지 속에 넣어두었다. 나중에 병이 들어 몸져눕게 되자, 바가지를 강물에 띄우며 "이 글이 정말 물속에 가라앉지 않는다면 주운 사람이 나의 고심을 알 것이다"라고 했다. 바가지가 신거新渠에 이르자 알아본 사람이 "당산인唐山人의 바가지다"라고 하고 건져 올렸는데 10분의 2, 3만 겨우 남아 있었다. 「제정처사은거題鄭處士隱居」에서 "가장 청정하고 트였다는 말 믿지 않았지만 오고 나니 시름이 벌써 사라졌다. 돌샘에 몇 점 비 내리고, 단풍잎에 시내 바람 분다. 별장은 산 있는 곳에 있고, 도는 무사함 속에 이룬다. 한 동이 술을 마시고 나니, 노부의 얼굴 또한 붉다[不信最清曠, 及來愁已空. 數點石泉雨, 一溪霜葉風. 業在有山處, 道成無事中. 酌盡一樽酒, 老夫顏亦紅]"라고 하고, 「증행여상인贈行如上人」에서 "명예와 이익의 고통을 모른 채, 염불하며 민산岷峨에서 늙는다. 장삼은 구름 천 조각으로 깁고, 향은 전서 뭉치로 피어오른다. 산을 좋아해 인사人事가 적고, 객을 사랑해 도심道心이 많다. 날마다 재齋의 종을 마치고 나면, 여수濾水의 비단을 높이 건다[不知名利苦, 念佛老岷峨. 衲補雲千片, 香焚篆一窠. 戀山人事少, 憐客道心多. 日日齋鐘罷, 高懸濾水羅]"라고 하고, 「제청성관題青城觀」에서 "몇 리 산길 어려움을 마다 않고, 진리를 찾기 위해 황관(黃冠 : 도사)에게 묻는다. 푸른 이끼 깔린 산길 다리 미끄럽고, 솔향기 엉킨 가지에 옛길이 차다. 한낮에는 푸른 밭 가까워 새싹을 다듬고, 밤에는 붉은 부엌 열고 새 단약을 굽는다. 종소리 끊기고 샘물 소리만 들리는데, 바람이 꽃을 흔들고 달빛이 단상에 가득하다[數里緣山不厭難, 爲尋眞訣問黃冠. 苔鋪翠點山橋滑, 松織香梢古道寒. 晝傍綠畦薅嫩玉, 夜開紅竈撚新丹. 孤鐘已斷泉聲在, 風動瑤花月滿壇]"라고 했다.

白敏中 백민중

敏中詩云："一詔皇城四海頒，醜戎無數束身還. 戍樓吹笛人休戰，牧野嘶風馬自閒. 河水九盤收數曲，天山千里鎖諸關. 西邊北塞今無事，爲報東南夷與蠻."「魏扶」詩云："蕭關新復舊山川，古戍秦原景象鮮. 戎虜乞降歸惠化，皇威漸被懾腥膻. 穹廬遠戍烟塵滅，神武光揚竹帛傳. 左衽盡知歌帝澤，從茲不更備三關."「崔鉉」詩云："邊陲萬里注恩波，宇宙群方洽凱歌. 右地名王爭解辮，① 遠方戎壘盡投戈. 烟塵永息三秋戍，瑞氣遙清九折河. 共遇聖明千載運，更觀俗阜與民和."

王起長慶中再主文柄，意欲以第一人處敏中，恨其與賀拔惎爲友. 惎有文而落魄，因密令親知述意，俾與惎絶. 敏中忻然曰："如所教." 旣而惎造門，左右紿以敏中他適，惎遲留不言而去. 俄頃，敏中躍出見惎，於是悉以實告. 乃曰："一第何門不致，奈輕負至交." 相與歡醉. 或語於起，起曰："我比只得敏中，今當更取惎矣." 遂以第一人處惎，而敏中居三焉.

① "辮"，據『紀事』補.

백민중의 시[7]에서 "황성皇城의 조칙이 사해에 반포되면, 무수한 흉노가 근신하여 돌아온다. 수루戍樓의 젓대 소리에 전쟁은 멈추고, 목야牧野에서 휘파람 부는 말은 절로 한가롭다. 아홉 굽이 황하는 몇 곡조를 거두고, 천 리 천산天山은 모든 관문이 잠겼다. 서북쪽 변방이 지금 무사함을, 동이東夷와 남만南蠻에게 알려야겠다[一詔皇城四海頒, 醜戎無數束身還. 戍樓吹笛人休戰, 牧野嘶風馬自閒. 河水九盤收數曲, 天山千里鎖諸關. 西邊北塞今無事, 爲報東南夷與蠻]"라고 하고, 위부魏扶의 시[8]에서 "소관蕭關[9] 등

7 「하수복진원제주(賀收復秦原諸州)」.

8 「하백민중성덕화평치자휴운세종공취합영성명정상(賀白敏中聖德和平致玆休運歲終功就合詠盛明呈上)」.

9 소관(蕭關) : 중국의 대표적인 네 관문 가운데 하나로, 변방 요새지이다.

의 옛 산천을 다시 수복하여 옛 수자리 진秦나라 터의 풍경이 새롭다. 흉노가 항복하여 사랑의 교화에 귀의하고, 황상의 위엄이 점점 미쳐 전쟁을 겁낸다. 궁려穹廬[10]의 먼 수자리 연기가 사라져, 신무神武의 광채가 죽백(竹帛 : 역사)에 전하리라. 옷깃을 왼쪽으로 여밈[11]은 모두 황제의 은혜 탓이라 노래하니, 이제부턴 삼관三關[12]을 방비할 일이 없으리라[蕭關新復舊山川, 古戍秦原景象鮮. 戎虜乞降歸惠化, 皇威漸被慴腥膻. 穹廬遠戍烟塵滅, 神武光揚竹帛傳. 左衽盡知歌帝澤, 從玆不更備三關]"라고 하고, 최현崔鉉의 시[13]에서 "만 리 변방이 성은의 물결을 타, 온 누리가 개선가를 부른다. 우지(右地 : 서방)의 명왕名王들이 앞다퉈 땋은 머리를 풀고, 먼 지역 흉노 진지에서는 모두 창을 버렸다. 가을 수자리에는 연기 모두 사라지고, 아홉 번 꺾이는 황하에는 멀리 서기가 서렸다. 성스럽고 밝은 천년의 운을 함께 만나, 넉넉하고 온화한 백성의 풍습을 다시 본다[邊陲萬里注恩波, 宇宙群方洽凱歌. 右地名王爭解辮, 遠方戎壘盡投戈. 烟塵永息三秋戍, 瑞氣遙淸九折河. 共遇聖明千載運, 更觀俗阜與民和]"라고 했다.

왕기가 장경 연간에 재차 문병文柄[14]을 잡을 때 백민중을 일등으로 뽑고 싶었으나 하발기賀拔惎와 가까운 것을 아쉬워했다. 하발기는 문재는 있지만 실의에 빠져 있었는데, 왕기가 친지를 통해 조용히 의사를 전해 하발기와 단절하도록 하자, 백민중이 반기며 "그렇게 하겠다"고 했다. 이윽고 하발기가 찾아왔을 때 주위 사람들이 백민중이 다른 곳으로 갔다고 속이자 그는 잠시 머뭇거리다 말없이 떠났다. 얼마 뒤 백

10 궁려(穹廬) : 반원형 천막집으로 몽고 등 유목민들이 주거하는 곳이다.

11 옷깃을 왼쪽으로 여밈 : 오랑캐가 되는 것을 의미한다. 『논어』「헌문(憲問)」에 "관중(管仲)이 없었다면 우리는 머리를 풀고 옷깃을 왼쪽으로 했을 것이다"라고 했는데, 주자(朱子)의 주에 "머리를 풀고 옷깃을 왼쪽으로 하는 것은 오랑캐의 풍속이다"라고 했다.

12 삼관(三關) : 눈 · 귀 · 입을 말한다. 『회남자(淮南子)』「주술훈(主術訓)」에 "보는 것, 듣는 것, 말하는 것을 삼가지 않으면 신기(神氣)가 흩어지니, 삼관은 조심하지 않을 수 없다"라는 말이 있다.

13 「진선종수복하황(進宣宗收復河湟)」.

14 문병(文柄) : 문사(文士)를 선발할 수 있는 권한이다.

민중이 뛰쳐나와 하발기를 보고 사실대로 이야기하며 "과거급제야 어느 집안인들 이루지 못하겠는가. 하지만 어찌 가까운 친구를 가볍게 저버릴 수 있겠는가"라고 반갑게 이야기를 나누며 취하도록 술을 마셨다. 혹자가 왕기에게 이를 이야기하자, 왕기가 말하기를 "나는 민중만 얻고 싶었는데 이제 하발기까지 취해야겠다"라고 하고 마침내 하발기에게 일등을 주고 백민중에게 삼등을 주었다.

① '辮'은 『당시기사』에 의거하여 보충했다.

魏扶위부

扶, 登太和四年進士第. 大中初, 知禮闈, 入貢院, 題詩云 : "梧桐葉落滿庭陰, 鎖閉朱門試院深. 曾是當年辛苦地, 不將今日負初心."

榜出, 無名子削爲五言詩以譏之.

위부는 태화 4년(830)에 진사시에 급제했다. 대중 초에 예위(禮闈 : 예부)를 담당하고 있을 때 공원貢院에 들어가 시를 짓기를 "오동잎 진 정원은 음산함이 넘치고, 자물쇠 잠긴 주문朱門의 시원試院은 정적이 흐른다. 일찍이 갖은 고생을 했던 곳, 오늘 그때의 초심을 저버리지 말아야겠다"라고 했는데, 방榜이 발표되자 어느 무명인이 이 시를 첨삭해 오언시로 만들어 비난했다.

馬植마식

同華解最利. 元和中, 令狐楚鎮三峰. 時及秋賦, 榜云特加試五場, 莫有至者, 惟盧弘正請試. 已試兩場, 馬植方下解狀. 植將家子, 從事竊笑.

楚曰："此未可知." 既而試「登山采珠賦」.① 略曰："文豹且異於驪龍, 探斯疏矣, 白石又殊於老蚌, 剖莫得之." 公大服其精, 遂奪解元. 後弘正自丞郎將判鹺, 俄爲植所據, 復以手劄戲植曰："昔日華元, 已遭毒手, 今來鹺務, 又中老拳." 植罷安南都護, 及除黔南, 殊不得意. 維舟峽中古寺, 寺前有長堤, 夜月明甚, 見白衣緩步堤上, 吟曰："截竹爲筒作笛吹, 鳳凰池上鳳凰飛. 勞君更向黔南去, 即是陶鎔萬類時." 邀問, 則失之矣. 後自黔南召入爲大理, 遷弄部, 判鹽鐵, 拜相.

植, 字存之, 爲李德裕所抑, 頗怨望. 宣宗立, 白敏中當國, 凡德裕所不善, 悉不次[15]用之, 故植遂相.

① "既"原作"已", 據『唐摭言』改.

동주同州와 화주華州의 발해發解[16]가 가장 편리했다. 원화 연간에 영호초가 삼봉三峰을 맡아 다스리고 있을 무렵이다. 마침 가을에 부賦 시험이 있었는데 방榜에 '특별히 5장場(시詩 · 가歌 · 문文 · 부 · 첩경帖經)의 시험을 본다'라고 했다. 그런데 다른 사람은 하나도 참가하지 않고 오직 노홍정盧弘正만 시험을 청했다. 2장을 치를 무렵, 마식에게 비로소 해장解狀[17]이 내려졌다. 당시 마식은 집안 식구를 데리고 와서 종사관들이 킥킥거렸고 영호초도 '알 수 없는 일이다'라고 했다. 이윽고 「등산채주부登山采珠賦」 시험을 치렀는데 그 대략은 이러하다. "문표(文豹 : 표범)는 또 여룡(驪龍 : 흑룡)과 달라서 더듬어보면 공허하고, 백석白石도 노방(老蚌 : 조개)과 달라서 쪼개도 얻을 수 없다." 영호공이 그 정밀함에 크게 탄복하여, 마침내 해원解元[18]을 빼앗았다. 나중에 노홍정이 승낭丞郎에서 판염철判鹽鐵에 임명될 상황이었는데 얼마 뒤 마식이 차지해버렸다. 이에

15 불차(不次) : 일반적인 단계를 뛰어넘어 벼슬을 주는 것.

16 발해(發解) : 과거의 초시에 합격하는 것.

17 해장(解狀) : 국자감(國子監)에서 시행하는 시험의 합격자에게 내려주는 합격통지서.

18 해원(解元) : 당나라 때 향시(鄕試)에 급제한 사람.

노홍정이 편지를 써 마식을 희롱하기를 "지난날 화주에서의 해원이 이미 독수毒手를 만났는데 오늘 판염철의 업무도 또다시 노숙한 주먹을 얻어맞았다"라고 했다. 마식이 안남도호安南都護에서 파직돼 검남절도사黔南節度使로 갈 때 의기가 사뭇 침체돼 있었다. 배를 타고 협중峽中의 옛 절을 찾아가는데, 절 앞 긴 둑 위에 흰 옷을 걸친 사람이 밝은 달 아래에서 서서히 길을 걸으며 읊조리기를 "대나무 꺾어 만든 통을 젓대로 만들어 부니, 봉황지鳳凰池 위에 봉황이 날아가누나. 그대 다시 검남을 향해 떠나가니, 온갖 것을 만들어 낼 때로구나[截竹爲筒作笛吹, 鳳凰池上鳳凰飛. 勞君更向黔南去, 卽是陶鎔萬類時]"라고 했다. 찾아가 물어보려 했으나 자취를 찾을 수 없었다. 나중에 검남절도사에서 조정의 부름을 받고 들어와 대리大理가 되었고 다시 형부로 옮기고 판염철이 된 뒤 재상에 임명됐다.

마식은 자가 존지存之이며 이덕유로부터 억눌림을 당해 많이 원망을 했다. 선종이 즉위하여 백민중이 권력을 장악하면서 이덕유가 탐탁찮게 여겼던 인물들은 모두 승진 절차 없이 기용함으로써 마식이 마침내 재상이 되었다.

① '旣'는 본래 '已'로 되어 있었는데, 『당척언唐摭言』에 의거하여 고쳤다.

崔鉉최현

魏公鉉, 元略之子也. 爲兒時, 隨父訪韓晉公滉,① 滉指架上鷹令詠焉. 吟曰: "天邊心膽架頭身, 欲擬飛騰未有因. 萬里碧霄終一去, 不知誰是解絛人." 滉曰: "此兒可謂前程萬里也." 寶曆三年登第, 久居廊廟, 三擁節麾. 宣宗嘗謂侍臣曰: "崔鉉眞貴人, 裴休眞措大." 初, 李石鎭江陵, 辟爲戎倅. 一旦告去. 旣入京華, 俄升翰苑. 造朝凡三歲, 石未離荊渚. 崔旣秉鈞衡, 石馳箋賀之, 曰: "早拜光塵, 叨承眷與, 深蒙異分, 屢接淸言, 幸曾辱於厚恩, 俯見循於末契. 去載分麾南楚, 拜節西秦, 思賢方詠於嘉魚, 棲止實慚於威鳳. 賓筵初啟, 曾陪樽俎之歡, 將幕未移, 已在陶鎔之下. 光生鄰部,② 喜溢轅門. 豈惟九土獲安, 斯亦一方多幸." 乃掌記李騭之詞也.

鉉, 字台碩. 相武宗, 與李德裕不協, 罷. 復相宣宗, 除揚州大都督府長史, 封魏國公. 宣宗於太液亭上賦詩宴餞, 有"七載秉鈞調四序"之句, 識者莫不榮之.

① "晉"原作"宣", 據『新唐書』「韓滉傳」改.

② "部"原作"蔀", 據汲古閣本『紀事』改.

위공魏公 최현은 최원략崔元略의 아들이다. 어렸을 때 아버지를 따라 진공晉公 한황韓滉을 방문했는데, 한황이 시렁 위의 매를 가리키며 시를 지어보라고 하자, "하늘 끝 간담 가진 시렁 위의 몸이, 날아오르고 싶어도 밑받침이 없구나. 만 리 푸른 하늘을 끝내 날아가야 하지만 누가 묶인 실을 풀어줄까[天邊心膽架頭身, 欲擬飛騰未有因. 萬里碧霄終一去, 不知誰是解絛人]"라고 하자, 한황이 "이 아이는 앞길이 만 리다"라고 했다. 보력 3년(827)에 급제하여 오랫동안 낭묘(廊廟 : 조정)에 머물다가 세 번 절도사를 역임했다. 선종이 일찍이 시신에게 이르기를 "최현은 참으로 귀인이고 배휴裴休는 참으로 조대(措大 : 청빈한 선비)이다"라고 했다. 애초에 이석李石이 강릉을 다스릴 때 초빙하여 융쉬戎倅에 임명했는데 갑자기 그의 곁을 떠났고, 서울에 들어온 지 얼마 되지 않아 한원翰苑에 올랐다. 조정에 나아간 지 삼 년째 되었을 때 이석은 아직 형저荊渚를 떠나지 못했다. 최현이 균형(鈞衡 : 권력)을 잡자 이석이 서둘러 축하의 편지를 보내기를 "일찍이 빛나는 모습을 뵙고 외람되게 돌봐주심을 입었으며, 남다른 나눠주심을 깊이 입고 청정한 말씀을 여러 번 접했으며, 다행스럽게도 일찍이 후한 은혜를 입고 삼가 끝자리에 따르게 되었습니다. 지난해 남초南楚를 나누어 지휘할 때 서진西秦절도사로 임명되었는데, 현자를 그리며 바야흐로 가어嘉魚[19]를 노래했거니와, 깃든 삶이 위봉威鳳[20]에 실로 부끄럽습니다. 빈객의 잔치가 처음 열릴 때 일찍이 준조樽俎의 기쁨을 모시었고, 장수의 군막이 옮겨지기 전에 이미 훌륭한 가르침을 받았습니다. 영광이 이웃 부部에서 발하고 기쁨이 원문轅門에 넘쳤습니다. 어찌 구주九州만 안녕을 얻겠습니까. 한 지역에도 큰 다행입니다"라고 했으니, 이는 장기掌記 이등李騭이 지은 글이었다.

최현은 자가 태석台碩이며 무종을 도왔으나 이덕유와 마음이 맞지 않아 파직되었다. 다시 선종을 도와 양주대도독부장사揚州大都督府長史에 임명되고 위국공魏國公에 책봉되었다. 선종이 태액정太液亭에서 시를 짓고 전송연을 베풀 때, "칠 년 동안 균형을 잡고 네 계절을 조화롭게 했네[七載秉鈞調四序]"라는 구절을 남겨 식자들이 모두 영광스러워했다.

① '晉'은 본래 '宣'으로 되어 있었는데, 『신당서』「한황전韓滉傳」에 의거하여 고쳤다.

② '部'는 본래 '蔀'로 되어 있었는데, 급고각본 『당시기사』에 의거하여 고쳤다.

裴夷直배이직

夷直, 字禮卿. 文宗時爲右拾遺. 張克勤以五品官推與其甥, 夷直時爲禮部員外郎, 劾曰:"是開後日賣爵之端." 詔聽, 遂著於令. 爲中書舍人. 武宗立, 視冊牒不肯書, 出刺杭州, 斥驩州司戶參軍. 宣宗初, 復拜江華等州刺史, 終散騎常侍.

夷直「戲唐仁烈」詩云:"自知年紀偏應少, 先把屠蘇不讓春. 倘更數年逢此日, 還應惆悵羨他人."

---

19 가어(嘉魚):『시경』「소아」「백화지십(白華之什)」「남유가어(南有嘉魚)」 4장에 "남녘에는 좋은 고기들이 득실득실 팔딱이네. 군자에게 술이 있어 좋은 손님 맞아 잔치하고 즐기네[南有嘉魚, 烝然罩罩. 君子有酒, 嘉賓式燕以樂]"에서 유래한 말로, 현자와 함께 즐기는 것을 의미한다.

20 위봉(威鳳): 의젓한 풍모를 갖춘 봉황. 품격 있는 인물에 대한 비유로 쓰이기도 한다.

배이직은 자가 예경禮卿이며 문종 때 우습유右拾遺가 되었다. 장극근張克勤이 배이직의 생질을 오품관五品官에 추천했는데, 당시 배이직은 예부원외랑禮部員外郎이었다. 이로 인하여 "이는 훗날 관직을 매매하는 단초를 제공할 것이다"라는 탄핵을 받았고, 조칙에서 이를 받아들여 마침내 조령詔令에 기재됐으며 중서사인으로 옮겼다. 무종이 등극하여 책첩冊牒에 쓰려 하지 않는 것을 보고 항주자사로 내보냈고 환주사호참군驩州司戶參軍으로 좌천되었다. 선종 초에 다시 강화江華 등의 주자사州刺史로 임명되었고 산기상시散騎常侍로 생을 마쳤다.

배이직이 「희당인열戲唐仁烈」에서 "살날이 많지 않음을 홀로 알기에, 먼저 도소주屠蘇酒를 들어봄을 양보하지 않는다. 만일 몇 년 동안 이날을 만난다면, 서글픈 마음으로 다른 사람을 부러워하리라[自知年紀偏應少, 先把屠蘇不讓春. 倘更數年逢此日, 還應惆悵羨他人]"라고 했다.

楊敬之양경지

敬之, 字茂孝. 文宗命爲祭酒兼太常少卿, 是日, 二子戎載登科, 時號楊家三喜. 敬之「華山賦」最爲韓愈李德裕所稱, 士林一時傳佈.

"霜樹烏棲夜, 空街雀報明."【句】. "碧山相倚暮, 歸雁一行斜."【句】

양경지는 자가 무효茂孝이다. 문종이 제주겸태상소경祭酒兼太常少卿에 임명했는데, 이날 두 아들 양융楊戎과 양재楊載가 급제하여 당시에 양가삼희楊家三喜라고 불렀다. 양경지의 「화산부華山賦」는 한유와 이덕유로부터 높은 평가를 받아, 당시 사림士林에 널리 전해졌다.

"서리 나무에 까마귀가 한밤에 깃들고, 텅 빈 거리에 참새가 새벽을 알린다[霜樹烏棲夜, 空街雀報明]"【구절】, "푸른 산이 서로 기대 저무는데, 돌아가는 기러기 줄 지어 날아간다.[碧山相倚暮, 歸雁一行斜.]"【구절】

喩鳧유부

鳧, 毗陵人, 開成進士也. 卒于烏程令.

"顔凋明鏡覺, 思苦白雲知."【句】 "滄洲迷釣隱, 紫閣負僧期."【句】 "酬難塵鬢皓, 坐久壁燈青."【句】 "滄洲未歸跡, 華髮受恩心."【句】

유부는 비릉毗陵 사람이며 개성 연간의 진사이고, 오정령烏程令으로 생을 마쳤다.

"얼굴 야윈 것은 밝은 거울이 알아차리고, 생각이 고달픈 것은 흰 구름이 안다[顔凋明鏡覺, 思苦白雲知]"【구절】, "창주滄洲에서 낚시하며 사는 은자를 혼미하게 하고, 자각紫閣에서 승려의 약속을 저버린다[滄洲迷釣隱, 紫閣負僧期]"【구절】, "화답하기 어려워 속세의 머리는 희고, 오랫동안 앉아 있으니 담벼락의 등불이 푸르다[酬難塵鬢皓, 坐久壁燈靑]"【구절】, "창주에 돌아가지 못하는 자취이고, 백발에 성은을 받은 마음이다.[滄洲未歸跡, 華髮受恩心.]"【구절】

楊衡양형

初隱廬山, 有盜其文登第者, 衡因詣闕, 亦登第. 見其人, 盛怒曰 : "'一一鶴聲飛上天'在否." 答曰 : "此句知兄最惜, 不敢偷." 衡笑曰 : "猶可恕也."

"隨雲步入青牛谷, 青牛道士留我宿. 可憐夜久月明中, 惟有壇邊一枝竹."【「宿青牛谷」】

"都無看花意, 偶到樹邊來. 可憐枝上色, 一一爲愁開."【「題花樹」】

「哭李象」云 : "白雞黃犬不將去, 寂寞空餘葬時路. 草死花開更幾年, 後人知是何人墓. 憶君思君獨不眠, 夜寒月照青楓樹."

애초에 여산廬山에서 은거했는데, 그의 글을 훔쳐 급제한 자가 있어서 양형도 그로 인해 조정에 나아가 역시 급제했다. 글을 훔친 사람을 보고 아주 화를 내며 "학 소리 하나하나 하늘로 날아올라가다[一一鶴聲飛上天]가 있는가"라고 하니, "그 구절은 형께서 가장 아끼시는 것임을 알고 감히 훔치지 못했습니다"라고 하자, 양형이 웃으며 "용서할 만하다"라고 했다.

"구름 따라 청우곡靑牛谷으로 들어가니, 청우 도사가 날 맞아 하루를 묵게 한다. 애틋하게 밤은 흐르고 달이 밝는데, 단壇 옆에 대나무 한 그루가 서있다.[隨雲步入靑牛谷, 靑牛道士留我宿. 可憐夜久月明中, 惟有壇邊一枝竹.]"【「숙청우곡宿靑牛谷」】

"꽃구경할 마음은 전혀 없이, 우연히 나무 옆으로 왔다. 서글픈 가지 위의 꽃은, 하나하나 시름 위에 피었다.[都無看花意, 偶到樹邊來. 可憐枝上色, 一一爲愁開.]"【「제화수題花樹」】

「곡이상哭李象」에서 "흰 닭과 누런 개는 데리고 가지 않고, 적막하게 장례 때 길만 남아 있다. 풀 죽고 꽃 피며 몇 년이 흐르고 나면, 후인들이 누구의 묘인 줄 알기나 할까. 그대 그리고 그대 생각하며 홀로 잠 못 이루는데, 차가운 밤 달이 푸른 단풍나무를 비춘다[白雞黃犬不將去, 寂寞空餘葬時路. 草死花開更幾年, 後人知是何人墓. 憶君思君獨不眠, 夜寒月照靑楓樹]"라고 했다.

王彦威왕언위

長安舊俗, 以不曆臺省出領廉車節鎭者, 率呼爲粗官, 大率重內而輕外. 今東京皇城乾元門, 舊宣武軍鼓角樓也. 節度使王彦威有詩刻石在其上, 曰: "天兵十萬勇如貔, 正是酬恩報國時. 汴水波瀾喧鼓角, 隋堤楊柳拂旌旗. 前驅紅旆關西將, 坐間靑娥趙國姬. 寄語長安舊冠蓋,① 粗官到底是男兒." 彦威自太常博士出辟使府, 至玆鎭, 故有是句. 後梁氏建國, 其石不知所在. 薛能亦有「謝寄茶」詩云 : "粗官寄與眞拋却, 賴有詩情合得嘗." 弘文館舊不置學士, 文宗特置一員, 以待彦威. 爲戶部侍郎, 邊兵訴所賜不時, 縑皆敝惡, 貶衛尉卿. 俄爲忠武節度, 徙宣武, 卒.

① "語"原作"與", 據『紀事』改.

장안의 옛 풍습에서 대성(臺省 : 상서성尙書省)을 거치지 않고 관찰사 절도사 등으로 나가는 사람을 조관粗官이라 부르는데, 이는 내직을 중시하고 외직을 경시하는 뜻이 담겨 있다. 지금 동경東京 황성皇城의 건원문乾元門은 옛 선무군宣武軍의 고각루鼓角樓이다. 절도사 왕언위가 지은 시를 새긴 돌이 그 위에 있는데, 다음과 같다. "비휴(貔貅 : 맹수의 하나) 같은 십만의 천병天兵, 성은에 감사하며 국가에 보답할 때이다. 변수汴水의 물결에 고각鼓角 소리 요란하고, 수제隋堤의 버들에 깃발이 나부낀다. 붉은 깃발 관서關西장군이 앞서 나가고, 청아靑娥의 조국희趙國姬가 한가롭게 앉아 있다. 장안의 옛 관개(冠蓋 : 고관)에게 말하노니, 조관이 결국 남아男兒이다.[天兵十萬勇如貔, 正是酬恩報國時. 汴水波瀾喧鼓角, 隋堤楊柳拂旌旗. 前驅紅旆關西將, 坐間靑娥趙國姬. 寄語長安舊冠蓋, 粗官到底是男兒.]" 왕언위가 태상박사太常博士에서 사부(使府 : 막부)로 나가서 이 진鎭에 이르렀으므로 이런 시를 남긴 것이다. 나중에 양씨梁氏가 건국을 하면서 그 돌의 소재를 알 수 없게 되었다. 설능薛能 또한 「사기다謝寄茶」에서 "조관의 기여寄與를 정말 내팽개쳤지만 시정詩情이 있으므로 음미할 만하다[粗官寄與眞拋却, 賴有詩情合得嘗]"라고 했다. 홍문관은 원래 학사를 두지 않았으나 문종이 특별히 관원 자리 하나를 마련하여 왕언위를 대접했다. 호부시랑이 되었을 때 변방의 병사가, 하사가 제때 이루어지지 않고 받은 비단이 모두 품질이 나쁘다고 호소한 일로 인해 위위경衛尉卿으로 좌천되었다. 얼마 뒤 충무절도사忠武節度使가 되고, 선무절도사宣武節度使로 자리를 옮긴 뒤 생을 마쳤다.

① '語'는 본래 '與'로 되어 있었는데, 『당시기사』에 의거하여 고쳤다.

繁知一번지일

樂天除蘇州刺史, 自峽沿流赴郡. 時秭歸縣繁知一聞居易將過巫山, 先于神女祠粉壁大書之, 曰: "忠州刺史今才子, 行到巫山必有詩. 爲報高唐神女道, 速排雲雨待淸詞." 居易睹之悵然, 邀知一至, 曰: "歷陽劉郞中禹錫三年理白帝, 欲作一詩而不能. 罷郡經過, 悉去千餘詩, 但留四詩而已. 沈佺期詩曰: '巫山高不極, 合沓狀奇新. 暗谷疑風雨, 幽崖若鬼神. 月明三峽曙, 潮滿九江春. 爲問陽臺客, 應知入夢人.' 王無競詩曰: '神女向高唐, 巫山下夕陽. 徘徊作行雨, 婉孌夢荊王. 電影江前落, 雷聲峽外長. 朝雲無處所, 臺館曉蒼蒼.' 皇甫冉詩曰: '巫峽見巴東, 迢迢出半空. 雲藏神女館, 雨到楚王宮. 朝暮泉聲落, 寒暄樹色同. 淸猿不可聽, 偏在九秋中.' 李端詩曰: '巫山十二峰, 皆在碧虛中. 迴合雲藏日, 霏微雨帶風. 猿聲寒度水, 樹色暮連空. 悲向高唐去, 千秋見楚宮.'" 居易吟四篇, 與繁生同濟, 卒不賦詩.

백거이가 소주자사에 임명을 받아 무협으로부터 물길을 따라 소주로 가는 중이었다. 당시 자귀현秭歸縣의 번지일이 백거이가 장차 무산을 지나간다는 이야기를 듣고 신여사神女祠 분벽粉壁에 크게 쓰기를 "충주忠州자사는 지금 재능 있는 분이셔서, 무산에 이르면 반드시 시를 남기리라. 고당高唐 신녀께 보고하노니, 속히 운우雲雨를 밀치고 청사淸詞를 기다리라[忠州刺史今才子, 行到巫山必有詩. 爲報高唐神女道, 速排雲雨待淸詞]"라고 했다. 백거이가 이를 보고 서글퍼하며 번지일을 초청하여 다음과 같이 일렀다. "역양歷陽의 낭중 유우석이 삼 년 동안 백제성白帝城을 다스릴 때 시 한 수를 짓고 싶었지만 실행에 옮기지 못했고, 군직을 그만두고 이곳을 지날 때 천여 수의 시를 모두 버리고 다음 네 편만 남겼다. 심전기 : '무산은 높이가 끝이 없어, 아득히 신기함을 드러낸다. 어두운 골짜기는 비바람인가 싶고, 깊숙한 낭떠러지는 귀신을 닮았다. 달은 새벽 삼협三峽에 밝고, 조수는 봄날 구강九江에 가득하다. 묻노니 양대객陽臺客은, 응당 꿈속에 들어오는 사람을 알리라.[巫山高不極, 合沓狀奇新. 暗谷疑風雨, 幽崖若鬼神. 月明三峽曙, 潮滿九江春. 爲問陽臺客, 應知入夢人.]' 왕무경王無競 : '신녀는 고당高唐[21]을 향하고, 무산은 석양을 내려간다. 배회하며 구름비를 만들고, 다소곳이 형왕荊王을 꿈꾼다. 번갯불은 강 앞에 떨어지고, 우레 소리는 협곡 너머 멀다. 아침 구름 머문 곳 없고, 대관臺館에 새벽만 푸르다.[神女向高唐, 巫山下夕陽. 徘徊作行雨, 婉孌夢荊王. 電影江前落, 雷聲峽外長. 朝雲無處所, 臺館曉蒼蒼.]' 황보염 : '무협에서 파동巴東을 보니, 멀리 반공에 솟았다. 구름은 신녀관에 감춰져 있고, 비는 초왕궁에 이르렀다. 아침저녁 샘물 소리 떨어지고, 추우나 더우나 나무 빛이 같다. 해맑은 원숭이 소리 듣지 못하고, 홀로 구추九秋의 한가운데 있다.[巫峽見巴東, 迢迢出半空. 雲藏神女館, 雨到楚王宮. 朝暮泉聲落, 寒暄樹色同. 淸猿不可聽, 偏在九秋中.]' 이단 : '무산 십이 봉이, 모두 푸른 허공 속에 있다. 뒤돌아 뭉친 구름은 해를 감추고, 흐릿한 비는 바람을 띠고 있다. 원숭이 소리는 차갑게 물을 건너고, 나무 색은 석양에 허공과 이어졌다. 서글프게 고당을 향해 가며, 천추의 초궁을 본다.[巫山十二峰, 皆在碧虛中. 迴合雲藏日, 霏微雨帶風. 猿聲寒度水, 樹色暮連空. 悲向高唐去, 千秋見楚宮.]'" 백거이가 네 편의 시를 읊고 번지일과 함께 물을 건넜지만 끝내 시를 짓지 않았다.

21 고당(高唐) : 전국시대 초나라의 누대(樓臺) 이름으로, 운몽택(雲夢澤) 안에 있다. 초나라 양왕(襄王)이 이곳에서 놀다가 꿈속에서 무산의 선녀(仙女)를 만나 놀았다고 한다.

雍裕之옹유지

"野酌亂無巡, 送君兼送春. 明年春色至, 莫作未歸人."【「春晦送客」】

裕之, 貞元後詩人也.

"시골 술잔은 마구 주고받는 터, 그대를 보내며 봄도 함께 보내노라. 내년에 봄이 오거들랑, 돌아오지 못하는 사람이 되지는 말라.[野酌亂無巡, 送君兼送春. 明年春色至, 莫作未歸人.]"【「춘회송객春晦送客」】

옹유지는 정원 이후의 시인이다.

張祜장호

「題金山寺」云: "一宿金山頂, 微茫水國分. 僧歸夜船月, 龍出曉堂雲. 樹影中流見, 鐘聲兩岸聞. 因悲在朝市, 終日醉醺醺."

「入潼關」云: "都城三百里, 雄險此回環. 地勢遙尊嶽, 河流側讓關. 秦皇曾虎視, 漢祖昔龍顔. 何處梟凶輩, 干戈自不閑."

"故國三千里, 深宮二十年. 一聲河滿子, 雙淚落君前." "自倚能歌曲, 先皇掌上憐. 新聲何處唱, 腸斷李延年." 二章, 祜所作宮詞也. 傳入宮禁, 武宗疾篤, 目孟才人曰: "我卽不諱, 爾何爲哉." 才人指笙囊泣曰: "請以此就縊." 上惻然. 復曰: "妾嘗藝歌, 請對上歌一曲, 以泄其憤." 上許. 乃歌一聲「河滿子」, 氣亟立殞. 上令醫候之, 曰: "脈尚溫而腸已絶." 帝崩, 柩重不可擧. 或曰: "非俟才人乎." 爰命其櫬, 櫬至乃擧. 祜爲「孟才人」歎, 序曰: "才人以誠死, 上以誠命, 雖古之義激, 無以過也. 歌曰: '偶因歌態詠嬌嚬, 傳唱宮中十二春. 却爲一聲河滿子, 下泉須弔舊才人.'"

「寧哥來」云: "日映宮城霧半開, 太眞簾下畏人猜. 黃翻綽指向西樹, 不信寧哥回馬來."

「感王將軍柘枝妓歿」云:“寂寞春風舊柘枝, 舞人休唱曲休吹. 鴛鴦鈿帶抛何處, 孔雀羅衫付阿誰. 畫鼓不聞招節拍, 錦靴空想挫腰肢. 今來坐上偏惆悵, 曾是堂前教徹時.”

祜長慶中深爲令狐楚所知, 楚鎭天平, 自草薦表, 令以詩三百篇隨狀表進. 祜至京, 屬元稹在內庭, 上問之, 稹曰:“祜雕蟲小巧, 壯夫不爲, 或獎激之, 恐變陛下風敎.” 上頷之. 由是失意東歸, 有“孟浩然身更不疑”之句.

「제금산사題金山寺」에서 “금산金山 머리에서 하루를 묵으니, 멀리 수국水國이 나누어져 있다. 스님 돌아가는 한밤 배에 달이 밝고, 용이 나온 새벽 당堂에 구름 자욱하다. 나무 그림자 물 위에 보이고, 종소리는 양 언덕에서 들린다. 도성 저잣거리에 있는 것이 서글퍼, 온종일 술에 얼큰히 취해 있다[一宿金山頂, 微茫水國分. 僧歸夜船月, 龍出曉堂雲. 樹影中流見, 鐘聲兩岸聞. 因悲在朝市, 終日醉醺醺]”라고 했다.

「입동관入潼關」에서 “도성은 삼백 리, 웅장하고 험난함이 빙 둘렀다. 지세는 멀리 산악보다 드높고, 강물은 기울여 동관潼關에 양보한다. 진시황이 일찍이 범의 눈으로 보았고, 한 고조는 지난날 용의 얼굴로 대했다. 어느 곳에 흉악한 무리들이 있는가, 방패와 창은 스스로 한가롭지 않다[都城三百里, 雄險此回環. 地勢遙尊嶽, 河流側讓關. 秦皇曾虎視, 漢祖昔龍顔. 何處梟凶輩, 干戈自不閒]”라고 했다.

“고국은 삼천 리, 깊은 궁궐에서 이십 년이다. 「하만자河滿子」 소리에, 두 눈의 눈물이 임 앞에 떨어진다[故國三千里, 深宮二十年. 一聲河滿子, 雙淚落君前]”, “스스로 노래 잘 부르는 것에 기대어, 선황先皇이 손바닥 위에서 어여뻐했다. 새로운 목소리를 어느 곳에서 뽐내, 이언년李延年의 애간장을 끊게 할까.[自倚能歌曲, 先皇掌上憐. 新聲何處唱, 腸斷李延年.]” 두 편은 장호가 지은 궁사宮詞이다. 이것이 궁중에 전해졌고, 무종이 병이 위독할 때 맹재인孟才人을 보고 “내가 곧 떠나면 너는 어찌하겠느냐”라고 하니, 재인이 생낭笙囊을 가리키며 울기를 "이것으로 목을 매겠습니다"라고 하자, 무종이 측은해했다. 그리고 다시 말을 잇기를 "신첩이 일찍이 노래를 익혔으니, 성상 앞에서 한 곡조를 불러 그 울분을 씻고자 합니다"라고 하자 무종이 허락했다. 이에 「하만자」를 불렀는데, 기운을 너무 강하게 내뿜어 이내 쓰러졌다. 무종이 의원에게 살펴보라고 하자 이르기를 "맥은 아직 따뜻한데, 내장이 이미 끊어졌습니다"라고 했다. 황제가 붕어할 때 관이 무거워 들 수가 없었다. 혹자가 "재인을 기다리는 것이 아닐까?"라고 하여, 그녀의 츤(櫬 : 널)을 가져오라 명했고, 츤이 이르자 관이 들렸다. 장호가 「맹재인」을 지어 탄식하고 함께 쓴 시의 서문에서 "재인은 정성을 바치다 죽었고 성상은 정성으로 운명하셨으니, 옛 의격(義激 : 의리에 격분한 인물)이라 해도 이보다 나을 수 없을 것이다. 노래하기를 '우연히 노래하며 어여쁜 보조개를 뽐내고 나서, 궁 안에 십이춘十二春으로 전해져 불리었다. 문득 「하만자」 곡조로 인하여 구천에 내려가면 옛 재인을 위로하시리라[偶因歌態詠嬌嚬, 傳唱宮中十二春. 却爲一聲河滿子, 下泉須弔舊才人]'라고 했다."

「영가래寧哥來」에서 "해 비친 궁성에 안개가 절반쯤 열리고, 태진(太眞 : 양귀비)은 주렴 안에서 사람들의 시기가 두렵다. 황번작黃翻綽[22]이 서쪽으로 향한 나무를 가리켜도, 영가寧哥[23]가 말을 돌려 되돌아오는 것을 믿지 않는다[日映宮城霧半開, 太眞簾下畏人猜. 黃翻綽指向西樹, 不信寧哥回馬來]"라고 했다.

「감왕장군자지기몰感王將軍柘枝妓歿」에서 "적막한 봄바람에 옛 산뽕나뭇가지, 춤추는 사람은 노래 부르지 않고 곡조도 불지 않는다. 원앙의 가느다란 띠는 어느 곳에 버려지고, 공작의 비단 적삼은 누구에게 주었나. 그림북(畵鼓)에서는 초치의 박자 소리 들리지 않고, 비단 신발

---

22 황번작(黃翻綽) : 당나라 때 당숭(唐崇)과 함께 교방(敎坊)의 저명한 배우로 일컬어진 인물이다.

23 영가(寧哥) : 당 예종(睿宗)의 장자인 이헌(李憲)으로 당 현종(唐玄)이 애칭으로 불렀다.

은 꺾인 허리만 부질없이 생각한다. 지금 찾아온 자리에서 홀로 슬픈 것은, 일찍이 당 앞에서 정성들여 가르쳐서이다[寂寞春風舊柘枝, 舞人休唱曲休吹. 鴛鴦鈿帶拋何處, 孔雀羅衫付阿誰. 畫鼓不聞招節拍, 錦靴空想挫腰肢. 今來坐上偏惆悵, 曾是堂前教徹時]"라고 했다.

장호는 장경 연간에 영호초에게 크게 신임을 받았다. 영호초가 천평天平을 맡아 다스릴 때 직접 추천의 장표狀表를 지은 뒤 장호로 하여금 시 삼백 편을 장표와 함께 올리도록 했다. 장호가 경사京師에 온 뒤 원진을 따라 내정內庭에 있었는데, 성상이 그에 대해 묻자, 원진이 이르기를 "장호는 보잘것없는 재능을 가졌지만 장부는 아니니, 혹시라도 그를 장려하고 격려한다면 폐하의 기풍과 가르침을 변형시킬까 두렵습니다"라고 하자 성상이 머리를 끄덕거렸다. 이 일로 인해 실의하여 동쪽으로 돌아가면서 "맹호연의 몸을 다시는 의심하지 않는다[孟浩然身更不疑]"라는 구절을 남겼다.

李商隱이상은

楊大年云 : 義山詩, 陳恕酷愛一絶云,① '珠箔輕明覆玉墀, 披香新殿鬥腰肢. 不須看盡魚龍戲, 終遣君王怒偃師.' 歎曰 : '古人措詞寓意, 如此深妙, 令人感慨不已.'" 大年又曰 : "鄧帥錢若水, 擧「賈生」兩句云,② '可憐半夜虛前席, 不問蒼生問鬼神.' 錢云 : '措意如此, 後人何以企及.'" 鹿門先生唐彥謙爲詩纂, 慕玉溪, 得其淸峭感愴, 蓋其一體也, 然警絶之句亦多有.

義山少遊, 投宿逆旅, 主人會客, 召與坐, 不知其爲義山也. 酒酣, 席客賦「木蘭花」詩, 義山後就, 曰 : '洞庭波冷曉侵雲, 日日征帆送遠人. 幾度木蘭舟上望, 不知元是此花身.' 坐客覽之大驚, 詢之, 乃義山也.【洪邁「萬首唐詩絶句」以「木蘭花」詩屬之陸龜蒙】

① 以上三句『紀事』作"楊大年出義山詩示陳恕, 酷愛一絶云", 指楊大年酷愛一絶, 下文"歎曰"亦楊語, 故稱"大年又曰." 本書改作"陳恕酷愛一絶", 則當爲陳恕"歎曰", 與『紀事』不合, 當從『紀事』.

② "生"原作"誼", 據『全唐詩』改.

양대년楊大年이 말하기를 "진서陳恕가 이의산(李義山 : 이상은)의 시 가운데 다음 절구시 '주박珠箔이 가볍게 옥섬돌 덮으며, 새로운 피향전披香殿에 춤들을 뽐낸다. 어룡희魚龍戲[24]를 다 보지는 말라, 결국 군왕에게 보내져 언사偃師에게 노하리라(珠箔輕明覆玉墀, 披香新殿鬥腰肢. 不須看盡魚龍戲, 終遣君王怒偃師)'[25]를 대단히 좋아하여 탄식하기를 '옛사람의 시어의 구사와 담아낸 뜻이 이처럼 깊고 오묘하여 사람을 감동해 마지않게 한다'라고 했다."[26] 양대년이 또 말하기를 "등鄧의 장수 전약수錢若水가 「가생賈生」의 두 구절 '가련쿠나 한밤 텅 빈 자리에서, 창생을 묻지 않고 귀신을 묻는구나(可憐半夜虛前席, 不問蒼生問鬼神)'를 추천하면서 이르기를 '의미의 구사가 이러하다면 후인들이 어떻게 따라가겠는가'라고 했다"라고 했다. 녹문선생鹿門先生 당언겸唐彦謙이 시총집을 편찬할 때 옥계(玉溪 : 이상은)을 사모하여 그의 맑고 높고 서글픔이 담긴 것을 가려 뽑았는데, 이상은 시의 한 풍격이다. 하지만 깜짝 놀라게 할 만큼 빼어난 구절도 많다.

이의산이 젊었을 때 유람을 떠나 여관에 투숙했는데, 주인이 객들과 회합을 가지며 이의산도 함께 불렀으나 그가 이의산인 줄은 몰랐다.

---

24 어룡희(魚龍戲) : 궁궐에서 행하던 백희(百戲) 가운데 하나로, 물고기가 변하여 용이 되는 것을 형상화한 놀이이다.

25 언사(偃師)에게 노하리라 : 주나라 목왕(穆王)이 고국으로 돌아오는 중에 명장 언사(偃師)를 소개받았는데 그는 인형을 만드는 솜씨가 뛰어났다. 그가 만든 인형이 꼭 사람처럼 생기고 사람처럼 행동해서 목왕 앞에서 춤을 추다가 목왕의 궁녀들에게 추파까지 던졌다. 화가 난 목왕이 저 무례한 인형의 목을 치라고 하자, 놀란 언사가 인형의 목을 뽑고, 팔다리를 뽑고, 내장까지 끄집어내 보여주었다는 고사가 전한다.

26 「궁기(宮妓)」.

술이 얼큰히 취했을 때 참여한 객이 「목란화木蘭花」를 짓자, 이의산이 나중에 나와 짓기를 "차가운 동정洞庭에 새벽 구름 밀려오고, 날마다 떠나는 돛단배에 사람을 떠나보낸다. 배 위에서 목란 바라본 것이 몇 번이었나, 원래 이 꽃의 화신이지 않았나[洞庭波冷曉侵雲, 日日征帆送遠人. 幾度木蘭舟上望, 不知元是此花身]"라고 했다. 좌객들이 크게 놀라 물어보니 바로 이의산이었다【홍매洪邁의 『만수당시절구萬首唐詩絶句』에서는 「목란화」를 육구몽의 작품에 넣었다】.

① 이상의 세 구절은 『당시기사』에 '양대년이 이의산의 시를 진서에게 보여주었는데, 절구 한 수를 대단히 좋아하며 이르기를[楊大年出義山詩示陳恕, 酷愛一絶云]'로 되어 있어 양대년이 절구 한 수를 대단히 좋아했다는 것으로 해석하게 되고, 다음에 나오는 '탄식하기를[歎曰]'도 양대년의 말이므로 '양대년이 또 다음과 같이 말했다[大年又曰]'라고 한 것이다. 본서는 '진서가 절구 한 수를 대단히 좋아했다[陳恕酷愛一絶]'로 고쳤는데 이는 진서가 '탄식하며 말한 것'이 되어 『당시기사』와 부합하지 않으므로 마땅히 『당시기사』를 따라야 한다.

② '生'은 본래 '誼'로 되어 있었는데, 『전당시』에 의거하여 고쳤다.

劉得仁유득인

「題邵公禪院」云:"無事門多掩, 陰階竹掃苔. 勁風吹雪聚, 渴鳥啄冰開. 樹向寒山得, 人從瀑布來. 終朝天目老, 攜錫逐雲回."

「悲老宮人」云:"白髮宮娃不解悲, 滿頭猶自插花枝. 曾緣玉貌君王愛, 准擬人看似舊時."

得仁, 貴主之子. 自開成至大中三朝, 昆弟皆歷貴仕, 而得仁苦於詩, 出入擧場三十年, 卒無成. 嘗自述曰:"外家雖是帝, 當路且無親." 又云:"外族帝王是, 中朝親故稀. 翻令浮議者, 不許九霄飛." 旣終, 詩人競爲詩弔之.

"吟苦曉燈暗, 露深秋草疏. 舊山多夢到, 流水送愁餘."【句】"風定一池星."【句】

「宿宣義里池亭」云: "暮色繞柯亭,① 南山幽竹青. 夜深斜舫月, 風定一池星. 島嶼無人跡, 菰蒲有鶴翎. 此中休便得, 何必泛滄溟."

「長信宮」云: "簟涼秋氣初, 長信恨何如. 拂黛月生指, 解鬟雲滿梳. 一從悲畫扇, 幾度泣前魚. 坐聽南宮樂, 清風搖翠裾."

① "柯"原作"桐", 據汲古閣本『紀事』及『全唐詩』改.

「제소공선원題邵公禪院」에서 "일이 없어 문은 많이 닫혀 있고, 그늘진 계단에 대나무가 이끼를 쓴다. 세찬 바람은 눈을 불어 모으고, 목마른 새는 얼음을 쪼아 깬다. 나무는 차가운 산을 향해 얻고, 사람은 폭포를 따라 온다. 아침이 끝날 무렵 천목산天目山 노인이, 주장자를 끌고 구름 따라 돌아온다[無事門多掩, 陰階竹掃苔. 勁風吹雪聚, 渴鳥啄冰開. 樹向寒山得, 人從瀑布來. 終朝天目老, 攜錫逐雲回]"라고 했다.

「비노궁인悲老宮人」에서 "백발의 궁녀는 슬픔도 모르고, 머리 가득 꽃가지를 꽂았다. 일찍이 옥 같은 얼굴로 임금의 사랑을 받아, 아직도 남들이 옛날처럼 볼 것이라 생각한다[白髮宮娃不解悲, 滿頭猶自插花枝. 曾緣玉貌君王愛, 准擬人看似舊時]"라고 했다.

유득인은 귀주(貴主: 공주)의 아들이다. 개성(開成: 836~840)에서 대중에 이르는 세 조정에서 형제들이 모두 높은 관직을 역임했지만, 유득인은 시작에 고심하며 과거장에 삼십 년을 출입했으나 끝내 뜻을 이루지 못했다. 일찍이 술회하기를 "외가가 황제 집안이지만 정권 안에 친한 사람이 없다[外家雖是帝, 當路且無親]"라고 하고, 또 이르기를 "외족이 제왕의 집안이지만 조정에는 친한 사람이 드물다오. 도리어 공허한 이야기 퍼뜨리는 자가 생겨, 하늘 높이 나는 것을 허락하지 않는다오[外族帝王是, 中朝親故稀. 翻令浮議者, 不許九霄飛]"라고 했다. 세상을 마치자 시인들이 앞다퉈 애도의 시를 지었다.

"고심하며 읊조릴 때 새벽 등불 가물대고, 이슬 자욱한 곳 가을 풀이 성글다. 옛 산하는 꿈속에서만 많이 찾아갈 뿐, 흐르는 물만 시름을 보낸다[吟苦曉燈暗, 露深秋草疏. 舊山多夢到, 流水送愁餘]"【구절】, "바람은 연못 위 별빛에 잠잠하다.[風定一池星.]"【구절】

「숙선의리지정宿宣義里池亭」에서 "석양은 가정柯亭을 두르고, 남산에 그윽한 대나무는 푸르다. 밤은 가로 놓인 배 달빛에 깊고, 바람은 연못 위 별빛에 잠잠하다. 섬에는 사람 자취 없고, 부들에는 학의 깃이 남아 있다. 이곳에서 휴식을 얻을 수 있는 터, 굳이 푸른 물결에 배를 띄우랴[暮色繞柯亭, 南山幽竹青. 夜深斜舫月, 風定一池星. 島嶼無人跡, 菰蒲有鶴翎. 此中休便得, 何必泛滄溟]"라고 했다.

「장신궁長信宮」에서 "초가을 돗자리 싸늘할 때, 장신궁의 한은 어떠할까. 눈썹을 그릴 때 달이 손가락에서 나오고, 쪽진 머리 풀 때 구름이 빗에 가득하다. 화선畫扇으로 슬픔 가리고 나서, 몇 번이나 먼저 잡은 물고기[27]에 눈물 흘렸나. 남궁南宮의 음악을 가만히 듣노라니, 맑은 바람이 푸른 소매를 흔든다[簟涼秋氣初, 長信恨何如. 拂黛月生指, 解鬟雲滿梳. 一從悲畫扇, 幾度泣前魚. 坐聽南宮樂, 清風搖翠裾]"라고 했다.

① '柯'는 본래 '桐'으로 되어 있었는데, 급고각본 『당시기사』와 『전당시』에 의거하여 고쳤다.

27 먼저 잡은 물고기 : 총애나 지지를 잃고 버림받은 사람, 또는 버림받을 사람을 비유하는 말. 전국시대 위(魏)나라 왕이 용양군(龍陽君)과 함께 낚시를 했는데, 용양군이 한 마리 두 마리 물고기를 낚아 올리던 중, 열 마리째 이르러 갑자기 눈물을 주르륵 흘렸다. 왕이 "왜 그러느냐?"라고 묻자, 한참을 흐느끼던 용왕군이 "제가 처음 물고기를 낚아 올렸을 때는 무척 기뻤습니다. 그런데 갈수록 큰 물고기가 잡히자 처음 잡았던 물고기는 거들떠보기가 싫었습니다. 현재 저의 곁에는 많은 시종과 미인들이 늘어서 있습니다만 언젠가는 처음에 잡았던 물고기의 신세가 될 날이 오리라는 것을 생각하니 눈물이 절로 흐른 것입니다"라고 한 고사에서 인용한 것이다.

王智興왕지흥

智興爲徐州節度, 一日, 從事於使院會飮賦詩, 智興召護軍俱至, 從事屛去翰墨. 智興曰:"適聞作詩, 何獨見智興而罷." 復以箋陳席上, 小吏亦置箋于智興前. 於是引毫立成曰:"三十年前老健兒, 剛被郎官遣作詩. 江南花柳從君詠, 塞北烟塵獨我知." 四座驚嗟. 監軍謂張祜曰:"如此盛事, 豈得無言." 祜乃獻詩曰:"十年受命鎭方隅, 孝節忠規兩有餘. 誰信將壇嘉政外, 李陵章句右軍書."

左右曰:"書生諂辭耳." 智興叱曰:"有人道我惡, 汝輩又肯否. 張生海內名士, 篇什豈易得. 天下人聞, 且以爲王智興樂善矣."

왕지흥이 서주절도사徐州節度使였을 때다. 어느 날 종사관從事官이 사원使院에 모여 시를 지을 때 이곳을 찾은 왕지흥이 호군護軍들을 모두 부르자, 종사관이 한묵(翰墨: 지필묵)을 물리쳤다. 그러자 왕지흥이 "마침 시를 짓는다는 말을 들었는데, 어찌 왕지흥을 보고 그만두는가"라고 하여, 다시 지필묵을 자리에 펼쳤고 아전이 왕지흥 앞에도 지필묵을 펼쳐두었다. 왕지흥이 붓을 들어 바로 짓기를 "삼십 년 전의 늙은 건아健兒가, 낭관郎官에게 억지로 끌려와 시를 짓는다. 강남의 화류花柳는 그대들 따라 노래하지만 북쪽 변방의 세계는 나만 홀로 아노라[三十年前老健兒, 剛被郎官遣作詩. 江南花柳從君詠, 塞北烟塵獨我知]"라고 하니, 사람들이 모두 놀라며 찬탄했다. 감군監軍이 장호에게 이르기를 "이와 같이 성대한 잔치에 어찌 한 말씀이 없을 수 있겠습니까"라고 하자, 장호가 시를 지어 올리기를 "십 년을 명을 받아 한 지역 다스리니, 효심과 충성에 모두 여유가 있으시네. 누가 장수의 단壇과 훌륭한 정치 외에, 이릉의 문장과 우군(右軍: 왕희지)의 글씨 솜씨를 믿을까[十年受命鎭方隅, 孝節忠規兩有餘. 誰信將壇嘉政外, 李陵章句右軍書]"라고 하여, 좌우에서 "서생의 아첨 섞인 말일 뿐이다"라고 하자, 왕지흥이 꾸짖기를 "누가 나를 나쁘다고 하면 그대들이 수긍하겠는가. 장생은 천하의 명사인데 어찌 쉽게 글을 얻을 수 있겠는가. 세상 사람들이 이 말을 들으면 왕지홍이 선善을 즐긴다 할 것이다"라고 했다.

馬戴마대

「送客南遊」云:"擬卜何山隱, 高秋指岳陽. 葦乾雲夢色, 橘熟洞庭香. 疏雨殘虹影, 回雲背雁行. 靈均如可問, 一爲哭清湘."

許棠久困名場, 咸通末, 戴佐大同軍幕, 棠往謁之, 一見如舊相識. 留連數月, 但詩酒而已, 未嘗問所欲. 一旦, 大會賓友, 命使者以棠家書授之. 棠驚愕, 莫知其來. 啟緘, 卽知戴潛遣一介恤其家矣.

戴與姚合善, 合有詩云:"天府鹿鳴客, 幽山秋未歸. 吾知方甚善, 衆說以爲非. 隔石聞泉細, 和風見鶴飛. 新詩此處得, 清峭比應稀." 又有「送戴下第客遊」詩云:"昨夜送君處, 亦是九衢中. 此日殷勤別, 前時寂寞同. 鳥啼寒食雨, 花落暮春風. 向晚離人別, 筵收樽未空." 戴酬姚合中字韻詩云:"路歧人不見, 尚得記心中.① 日憶瀟湘渚, 春生蘭桂叢. 鳥啼花半落, 客散爵方空. 所贈誠難答, 泠然一榻風."

① "路歧人不見"原作"歧路非人見", "記"原作"起", 都據『全唐詩』改.

「송객남유送客南遊」에서 "어느 산에 은거할지 점지하며, 하늘 높은 가을에 악양岳陽을 가리킨다. 갈대 마른 운몽(雲夢 : 운몽택)의 풍경, 귤 익은 동정호의 향기. 성긴 비에 무지개 그림자 희미하고, 돌아가는 구름에 기러기 등지고 난다. 영균(靈均 : 굴원)에 애도 표할 수 있다면, 맑은 상수에 통곡하리라[擬卜何山隱, 高秋指岳陽. 葦乾雲夢色, 橘熟洞庭香. 疏雨殘虹影, 回雲背雁行. 靈均如可問, 一爲哭清湘]"라고 했다.

허당許棠이 오랫동안 과거에 곤란을 겪고 있었는데, 함통(咸通 : 860~

873) 말엽에 마대가 대동군막大同軍幕의 보좌로 있을 때 허당이 찾아가 뵙자, 마치 옛 친구처럼 반겼다. 여러 달을 함께 지내며 시와 술만 즐길 뿐, 일찍이 원하는 바를 묻지 않았다. 하루는 빈객들과 벗들이 많이 모인 자리에서 시자에게 명하여 허당에게 집안에서 보내온 편지를 전해 주게 했다. 허당이 깜짝 놀라며 그 연유를 알 수 없었는데, 내용을 열어 보고서 마대가 몰래 심부름꾼을 보내 자기 집안을 돌봐주었음을 알게 되었다.

마대는 요합과 잘 지냈는데 요합이 지은 시에서 "천부(天府 : 궁궐)의 녹명객鹿鳴客[28]이, 그윽한 산을 가을에 돌아가지 못한다. 나는 매우 훌륭한 줄 알고 있는데, 사람들은 아니라고들 한다. 바위 너머 졸졸졸 샘물 소리 들리고, 바람과 함께 날아가는 학을 본다. 새로운 시를 이곳에서 얻으니, 맑고 빼어남에서 견줄 자 드물리라[天府鹿鳴客, 幽山秋未歸. 吾知方甚善, 衆說以爲非. 隔石聞泉細, 和風見鶴飛. 新詩此處得, 淸峭比應稀]"라고 하고, 또 「송대하제객유送戴下第客遊」에서 "어젯밤 그대를 보냈던 곳도, 아홉 갈래 거리 한가운데다. 이날 은근한 이별은, 지난날 적막한 때와 같다. 새는 한식 비에 지저귀고, 꽃은 저문 봄바람에 진다. 석양에 사람을 보내고 나서, 다 비우지 못한 술병을 거둔다[昨夜送君處, 亦是九衢中. 此日殷勤別, 前時寂寞同. 鳥啼寒食雨, 花落暮春風. 向晚離人別, 筵收樽未空]"라고 했다. 마대가 요합의 '중中' 자 운韻에 화답한 시에서 "갈래 길에서 사람이 보이지 않아도, 마음속으로는 여전히 기억하고 있다. 날마다 소상瀟湘의 모래톱을 떠올리나니, 봄날 난초와 계화가 무더기로 나 있으리라. 꽃이 절반 떨어지는 곳에서 새 지저귀고, 술잔이 절반 빌 때에 객이 흩어진다. 보내준 것에 참으로 답하기 어려워, 탁자에 서늘한 바람이 인다[路歧人不見, 尙得記心中. 日憶瀟湘渚, 春生蘭桂叢. 鳥啼花半落, 客散爵方空. 所贈誠難答, 泠然一榻風]"라고 했다.

28 녹명객(鹿鳴客) : 황제를 모시는 신하라는 의미이다. 녹명은 『시경』 「소아」의 편명으로 임금이 신하를 위해 연회를 베풀며 연주하던 노래이다.

① '路歧人不見'은 본래 '歧路非人見'으로 되어 있고, '記'는 본래 '起'로 되어 있었는데, 모두 『전당시』에 의거하여 고쳤다.

鄭顥정호

顥, 宰相絪之孫. 登甲科, 以起居郎尚主, 有器識, 宣宗時, 恩寵無比. 夢中嘗得句云: "石門霧露白, 玉殿莓苔青." 續成長韻. 此一聯, 杜甫集中詩也. 大中十年, 顥放榜後, 謁假覲省於洛, 生徒餞長樂驛, 俄有紀於屋壁云: "三十驊騮一哄塵, 來時不鎖杏園春.① 楊花滿地如飛雪, 應有偷遊曲水人."

舊史云: "顥, 絪之子, 尚宣宗女萬壽公主. 因壽昌節上壽回, 夢一宮殿, 與十數人納凉聯句. 既悟, 省石門之句十字, 怪其不祥. 不數日, 宣宗弓劍上仙, 方悟其事. 乃續爲十韻云: '間歲流虹節, 歸軒出禁扃. 奔波流畏景②, 蕭灑夢殊庭. 境象非曾到, 崇嚴昔未經. 日斜烏斂翼, 風動鶴梳翎. 異苑人爭集, 凉臺筆不停. 石門霧露白, 玉殿莓苔青. 若匪災先兆, 何緣思入冥. 御爐虛仗馬, 華蓋負云亭. 白日成千古, 金縢閟九齡. 小臣哀絶筆, 湖上泣青萍.'【御爐或作丹墀】未幾, 顥亦卒."

① "園"原作"花", 據『紀事』改.

② "畏"原作"長", 據『紀事』改.

정호는 재상 정인鄭絪의 손자이다. 갑과甲科에 급제하여 기거랑起居郎 신분으로 공주에게 장가들었으며, 도량과 지식을 갖추어 선종 때 남다른 총애를 받았다. 꿈속에서 일찍이 "석문石門에 안개와 이슬이 희고, 옥전玉殿에 이끼가 푸르다[石門霧露白, 玉殿莓苔青]"라는 시구를 얻은 뒤 이어서 장편의 시를 완성했다. 이 1연은 두보 시집 안에 있는 내용이다. 대중 10년(856)에 정호가 과거급제자로 발표된 뒤, 휴가를 요청하여 낙洛으로 근친覲親을 떠나게 되었는데, 생도들이 장락역長樂驛에서 전송연을 마련했다. 얼마 뒤 담벼락에 시 한 수가 쓰여 있기를 "삼십 마리 화류마驊騮馬가 함께 먼지를 뿜어내니, 올 때에는 행원杏園의 봄이 갇혀 있지 않았다. 땅에 가득한 버들꽃 눈이 내리는 듯하니, 살며시 곡수曲水 유람 나서는 사람이 있으리라[三十驊騮一哄塵, 來時不鎖杏園春. 楊花滿地如飛雪, 應有偸遊曲水人]"라고 했다.

구사舊史에 의하면 "정호는 정인의 손자로서 선종의 딸인 만수공주萬壽公主에게 장가들었다. 수창절壽昌節[29]에 상수(上壽 : 헌수獻壽)를 마치고 돌아와서 꿈을 꾸었는데, 어느 궁전에서 십여 명과 함께 낙양을 제목으로 연구聯句를 짓는 것이었다. 꿈에서 깨어난 뒤, '성석문省石門' 구절 열 자가 상서롭지 못한 것을 이상해 했다. 며칠이 지나지 않아 선종이 승하를 한 뒤에야 비로소 그 내용을 알게 되었다. 그래서 이 시를 기조로 10운韻으로 만들기를 '요사이 유홍절流虹節, 황제 생일 마치고, 돌아가는 수레 궁궐 문을 나섰다. 세찬 물결처럼 두려운 시간은 흐르고, 살아 있듯 남다른 정원을 꿈꿨다. 풍경이 일찍이 와보지 않은 곳이고, 숭고하고 엄숙함이 지난날 겪지 못한 것이다. 해가 기울며 까마귀 날개를 접고, 바람이 일자 학이 깃을 다듬는다. 특이한 궁원에 사람들이 서둘러 모이고, 시원한 누대에 붓이 멈추지 않는다. 석문에 안개와 이슬이 희고, 옥전에 이끼가 푸르다. 만일 재난의 앞선 조짐이 아니라면, 어찌하여 생각이 어둠의 세계로 들어간 것인가. 어로(御爐 : 궁중 화로)는 의장의 말을 공허하게 하고, 화개華蓋[30]는 운정云亭[31]을 등졌다. 태양은 지난 역사 되었고, 금등金縢에는 구령九齡이 저장되었다.[32] 소신이 슬프게

---

29 수창절(壽昌節) : 당 선종의 생일을 가리킨다.

30 화개(華蓋) : 고관들이 타는 수레 위에 받치는 일산(日傘)이다.

31 운정(云亭) : 운운산(云云山)과 정정산(亭亭山)의 병칭. 고대 제왕의 봉선(封禪)이 치러졌던 곳이다.

32 금등(金縢)은 쇠사슬로 묶어 봉함한 것으로, 무왕이 병들어 위독했을 때 주공이 자신으로 무왕의 죽음을 대신하게 해달라고 기도한 축책(祝冊)이다. 구령은 구십 세를 뜻하며

붓을 내려놓으며, 호수에서 푸른 부들 향해 눈물 흘린다[間歲流虹節, 歸軒出禁扃. 奔波流畏景, 蕭灑夢殊庭. 境象非曾到, 崇嚴昔未經. 日斜烏斂翼, 風動鶴梳翎. 異苑人爭集, 凉臺筆不停. 石門霧露白, 玉殿莓苔青. 若匪災先兆, 何緣思入冥. 御爐虛仗馬, 華蓋負云亭. 白日成千古, 金縢閟九齡. 小臣哀絶筆, 湖上泣青蕪]'라고 했다【어로御爐는 단지丹墀로 쓰여 있기도 하다】. 얼마 있지 않아 정호도 생을 마쳤다"라고 했다.

① '園'은 본래 '花'로 되어 있었는데, 『당시기사』에 의거하여 고쳤다.

② '畏'는 본래 '長'으로 되어 있었는데, 『당시기사』에 의거하여 고쳤다.

李群玉이군옥

群玉好吹笙, 善『急就章』, 喜食鵝, 及授校書郎東歸, 盧肇送詩云: "妙吹應諧鳳, 工書定得鵝."

「杜丞相悰筵中贈美人」云: "裙拖六幅瀟湘水, 鬢聳巫山一朵雲. 貌態祇應天上有, 歌聲豈合世間聞. 胸前瑞雪燈斜照, 眼底桃花酒半醺. 不是相如憐賦客, 肯敎容易見文君."

群玉解天祿之任, 而歸涔陽, 經二妃廟, 題云: "小孤洲北浦雲邊, 二女明粧共儼然. 野廟向江春寂寂, 古碑無字草芊芊. 風回日暮吹芳芷, 月落山深哭杜鵑. 猶似含嚬望巡狩, 九疑凝黛隔湘川." 又曰: "黃陵廟前春已空, 子規啼血滴松風. 不知精爽落何處, 疑是行雲秋色中." 群玉疑春空遂至秋色, 欲易之. 恍若有物, 告以二年之兆. 時潯陽太守段成式志其事. 二年後, 果死於洪井. 段以詩哭之曰: "曾話黃陵事, 今爲白日

'구령지몽(九齡之夢)'이라고도 한다. 주나라 문왕이 아들인 무왕에게 "네가 무슨 꿈을 꾸었느냐"고 물으니, "꿈에 천제(天帝)께서 제게 이빨 아홉 개를 주셨습니다"라고 하자, 문왕이 "옛날에 나이를 령(齡)이라고 했는데 이빨 또한 령이다. 나는 일백이고 너는 구십이니, 내가 너에게 삼을 주겠노라"라고 했는데, 정말 문왕은 구십칠 세에 죽고, 무왕은 구십삼 세에 죽었다. 『예기』「문왕세자(文王世子)」 참고.

催. 老無男女累, 誰哭到泉臺."

群玉, 字文山, 澧州人. 裴休觀察湖南, 厚延至之, 及爲相, 以詩論薦, 授校書郎.

이군옥은 생황을 잘 불고 『급취장急就章』에 능했으며, 거위 음식을 좋아했다. 교서랑에 임명돼 동쪽으로 돌아갈 때, 노조盧肇가 전송하며 지은 시에서 "오묘한 생황은 봉황과 어울리고, 뛰어난 글씨는 거위를 얻으리라[妙吹應諧鳳, 工書定得鵝]"라고 했다.

「두승상종연중증미인杜丞相悰筵中贈美人」에서 "치마에는 여섯 폭 소상瀟湘 물결이 찰랑대고, 머리에는 무산의 한 송이 구름이 우뚝 솟았다. 자태는 천상에만 있을 터이고, 노래는 어찌 세상에서 들을 수 있으랴. 가슴 앞 상서로운 눈에는 등불이 가로 비치고, 눈앞 복사꽃은 술이 반쯤 흥건하다. 사마상여가 부객賦客을 좋아한 것이 아니면, 어찌 쉽사리 탁문군을 보게 하랴[裙拖六幅瀟湘水, 鬢聳巫山一朵雲. 貌態祇應天上有, 歌聲豈合世間聞. 胸前瑞雪燈斜照, 眼底桃花酒半醺. 不是相如憐賦客, 肯教容易見文君]"라고 했다.

이군옥이 천록天祿[33]의 임무를 마치고 잠양涔陽으로 돌아갈 때, 이비二妃[34]의 묘를 지나가게 되었는데 시를 짓기를 "작고 외떨어진 모래섬 북쪽 포구 구름 옆에, 두 여인의 밝은 모습이 모두 엄숙하다. 들녘 사당이 강을 향한 봄은 적적하고, 옛 비석은 글자 없이 풀만 무성하다. 석양에 바람 휘돌아 풀에 불어오고, 깊은 산 달이 지며 두견이 운다. 아직도 다소곳이 순수巡狩[35]를 바라본 듯하니, 상수湘水 너머 구의九疑[36]에서 단장하고 있는 듯하다[小孤洲北浦雲邊, 二女明粧共儼然. 野廟向江春寂寂, 古碑

33 천록(天祿) : 천록각(天祿閣). 궁 안에 설치한 장서각이다.
34 이비(二妃) : 요의 두 딸이자 순의 두 부인인 아황(娥皇)과 여영(女英)이다.
35 순수(巡狩) : 천자가 제후의 나라를 순찰하며 정사를 살피는 것이다.
36 구의(九疑) : 산 이름. 순이 남순(南巡)하다 죽자 이 산에 묻혔다. 『사기』「오제본기」 참고.

無字草芊芊. 風回日暮吹芳芷, 月落山深哭杜鵑. 猶似含嚬望巡狩, 九疑凝黛隔湘川]"라고 하고, 또 이르기를 "황릉묘黃陵廟 앞에 봄은 이미 공허하고, 자규子規의 피눈물은 솔바람에 떨어진다. 정상(精爽 : 정령)은 어느 곳에 머무를까, 아마도 떠도는 가을 구름 속이리라[黃陵廟前春已空, 子規啼血滴松風. 不知精爽落何處, 疑是行雲秋色中]"라고 했다. 이군옥이 봄의 공허함(春空)이 마침내 가을에 이르게 될까 의심하여 이를 바꾸고자 했으니, 마치 황홀하게 어떤 사물이 나타나 이 년 후의 조짐을 일러준 듯했다. 당시 심양태수潯陽太守 단성식段成式이 그 내용을 기록했는데, 이 년 후에 그는 정말 홍정洪井에서 죽었다. 단성식이 시를 지어 애도하기를 "일찍이 황릉의 고사를 이야기하더니, 오늘 시간의 재촉을 받았구려. 남녀노소 따로 없이, 누구의 통곡이 구천에까지 이를까[曾話黃陵事, 今爲白日催. 老無男女累, 誰哭到泉臺]"라고 했다.

이군옥는 자가 문산文山이며 예주澧州 사람이다. 배휴가 호남관찰사로 있을 때 그를 후하게 맞이했고, 재상이 되었을 때는 시로 그의 천거를 논하여 교서랑에 제수되게 하였다.

溫庭筠 온정균

庭筠才思豔麗, 工於小賦. 每入試, 押官韻作賦, 凡八叉手而八韻成, 時號溫八叉. 多爲鄰鋪假手, 日救數人. 而士行玷缺, 縉紳薄之. 李義山謂曰 : "近得一聯句云 : '遠比召公,① 三十六年宰輔.' 未得偶句." 溫曰 : "何不云'近同郭令, 二十四考中書.'" 宣宗嘗賦詩, 上句有"金步搖", 未能對. 遣求進士對之, 庭筠乃以"玉條脫"續, 宣宗賞焉. 又藥名有"白頭翁", 溫以"蒼耳子"爲對, 他皆類此. 宣皇愛唱「菩薩蠻」詞, 丞相令狐綯假其新撰密進之,② 戒令勿泄, 而遽言於人, 由是疏之. 溫亦有言云 : "中書堂內坐將軍." 譏相國無學也. 宣皇好微行, 遇於逆旅, 溫不識龍顔, 傲然而詰之曰："公非長史·司馬之流." 帝曰："非也." 又曰："得非六參·簿尉之類." 帝曰："非也." 謫爲方城尉. 其制詞曰："孔門以德行爲先, 文章爲末. 爾旣德行無取, 文章何以稱焉. 徒負不羈之才, 罕有適時之用." 竟流落而死. 杜悰自西川除淮海, 庭筠詣韋曲杜氏林亭, 留詩云："卓氏壚前金線柳, 隋家堤畔錦帆風. 貪爲兩地行霖雨, 不見池蓮照水紅." 邠公聞之, 遺絹千匹. 曾于江淮爲親表辱之, 由是改名.

① "召"原作"趙", 據『北夢瑣言』改.

② "新"原作"脩", 據『瑣言』改.

온정균은 재능과 사고가 염려艷麗하여 소부小賦에 뛰어났다. 시험장에서 관운官韻에 맞춰 부를 지을 때, 여덟 번 깍지 끼는 사이에 팔운八韻을 짓는다 해서 '온팔차溫八叉'라 불렸다. 당시 옆에 앉아 있던 사람들이 많이들 빌려 써서 하루에 몇 사람을 구제하기도 했다. 하지만 행동거지에 결점이 있어서 관료들이 무시했다. 이상은이 이르기를 "근래에 '멀리 소공召公에 견줘, 삼십육 년의 재상이다[遠比召公, 三十六年宰輔]'라는 연구聯句를 얻었는데, 대구를 찾지 못했다"라고 하자, 온정균이 이르기를 "'근래 곽령郭令과 같이, 스물네 번 중서中書에 점지되었다[近同郭令, 二十四考中書]'라고 하지 않는가"라고 했다. 선종이 일찍이 시를 지으며 상구上句에 '금보요金步搖'를 짓고 대구를 찾지 못해서 진사를 구해 대구를 짓게 하도록 하자, 온정균이 '옥조탈玉條脫'로 뒤를 이으니 선종이 칭찬했다. 또 약명藥名에 '백두옹白頭翁'이 있는데 온정균이 '창이자蒼耳子'로 대구를 만들었으니, 여타의 것도 모두 이와 유사하다. 선종이 「보살만사菩薩蠻詞」를 애창하여, 승상 영호도令狐綯가 온정균이 새로 지은 것을 빌려 몰래 진상을 하고 사실을 누설하지 말도록 했으나 사람들에게 사실을 말해버려 서로 소원해졌다. 온정균 역시 "중서당 안에 장군이 앉았네[中書堂內坐將軍]"라고 표현하여 영호 상국相國이 학식이 없음을 비꼬았다. 선종이 미행微行을 좋아하여 여관에서 온정균을 만났는데, 온정균이 용안龍顔을 알아차리지 못하고 거만스럽게 묻기를 "공은 장사長史나 사마司馬 따위가 아닌가"라고 하니, 선종이 "아니다"라고 하니, 다시 이르기를 "육참六參이나 부위簿尉가 아니겠는가"라고 하여 선종이 "아니다"라고 했다. 이 일로 인해 그는 방성위方城尉로 좌천되었다. 그 제사制詞[37]에서 "공문(孔門 : 공자)의 문하에서는 덕행을 우선으로 하고 문장을 말단으로 삼는다. 그대는 덕행이 취할 것이 없는데, 문장이 어찌 일컬을 만하겠는가. 한낱 못난 재능만 갖고 있으니, 시대에 알맞을 인물이 될 확률이 적다"라고 했다. 결국 떠돌다가 생을 마쳤다. 두종杜悰이 서천西川에서 회해淮海로 임명될 때, 온정균이 위곡韋曲 두씨의 임정林亭으로 찾아가 시를 남기기를 "탁씨卓氏의 화로 앞에 황금 실 버드나무, 수가隋家의 둑 위에 비단 돛대 바람. 두 곳에 장맛비 내리기만 탐하여, 연못 연꽃이 붉게 비치는 것을 보지 못하는구나[卓氏壚前金線柳, 隋家堤畔錦帆風. 貪爲兩地行霖雨, 不見池蓮照水紅]"라고 했다. 빈공(邠公 : 두종)이 이 이야기를 듣고 비단 천 필을 보냈다. 일찍이 강회江淮에서 친척에 의해 모욕을 당했는데, 이 일로 인해 이름을 바꿨다.

① '召'는 본래 '趙'로 되어 있었는데, 『북몽쇄언』에 의거하여 고쳤다.

② '新'은 본래 '脩'로 되어 있었는데, 『북몽쇄언』에 의거하여 고쳤다.

王起왕기

「和周侍郎見寄」云 : "貢院離來二十霜, 誰知更忝主文場. 楊葉縱能穿舊的, 桂枝猶自愛新香. 九重每憶同仙禁, 六義初吟得夜光. 莫道相知不相見, 蓮峰之下欲徵黃."

起, 字擧之. 元和末, 爲中書舍人. 穆宗時, 錢徽坐貢擧失實貶, 詔起

37 제사(制詞) : 관리를 임・면할 때 그 내용을 적은 글이다.

覆核. 起建言以所試送宰相閱可否, 然後付有司. 議者謂起失職. 李訓爲相, 起門生也, 引與共政. 文宗尚文好古學, 時鄭覃以經術進, 起以賅博顯. 武宗時, 自東都召爲尚書, 判太常卿. 帝患選士不得才, 特命起典貢擧, 凡四擧, 士皆知名者, 人服其鑒.

慈恩寺題名云 : "進士題名, 自神龍之後, 過關宴後, 率皆期集於慈恩塔下題名. 故貞元中, 劉太眞侍郎, 試「慈恩寺望杏園花發」詩. 會昌三年, 贊皇公爲上相, 其年十一月十九日, 敕諫議大夫陳商守本官權知貢擧. 後因奏對不稱旨, 十二月十七日, 宰臣遂奏依前命左僕射兼太常卿王起主文. 二十二日, 中書覆奏, '奉宣旨, 不欲令及第進士呼有司爲座主, 趨附其門, 兼題名局席等條疏進來者. 伏以國家設文學之科, 求貞正之士,① 所宜行崇風俗, 義本君親, 然後升於朝廷, 必爲國器. 豈可懷賞拔之私惠, 忘教化之根源, 自謂門生, 遂成膠固. 所以時風浸壞, 臣節何施. 樹黨背公, 靡不由此. 臣等商量, 今日已後, 進士及第, 任一度參見有司, 向後不得聚集參謁, 有司宅置宴. 其曲江大會, 朝官及題名局席, 並望勒停. 緣初獲美名, 實皆少儁, 旣遇春節, 難阻良遊, 三五人自爲宴樂, 並無所禁, 惟不得聚集同年進士, 廣爲宴會. 仍委御史臺察訪聞奏. 謹具如前.' 奉敕'宜依.' 於是向之題名, 各盡削去." 蓋贊皇公不由科第, 故設法以排之. 洎公失意, 悉復舊態.

① "貞"原作"眞", 據『紀事』改.

「화주시랑견기和周侍郎見寄」에서 "공원貢院을 떠난 지 이십 성상, 다시 과거장을 주관할 줄 누가 알았으랴. 버들잎이 옛 과녁을 뚫을 수 있지만 계수 나뭇가지는 새로운 향기를 사랑한다. 구중궁궐 선금(仙禁 : 궁) 에서 함께 할 때가 언제나 생각나고, 육의六義[38]가 야광夜光을 얻은 것을 처음 읊는다. 아는 사이 서로 만나지 못한다 말하지 말라, 연봉蓮峰 아

38 육의(六義) : 『시경』의 여섯 가지 체재인 풍(風) · 아(雅) · 송(頌) · 부(賦) · 비(比) · 흥(興)을 가리키는데, 여기서는 시에 대한 일반적인 의미의 활용으로 보인다.

래 조서 내려 부르려 하니[貢院離來二十霜, 誰知更忝主文場. 楊葉縱能穿舊的, 桂枝猶自愛新香. 九重每憶同仙禁, 六義初吟得夜光. 莫道相知不相見, 蓮峰之下欲徵黃]"[39]라고 했다.

왕기는 자가 거지擧之이며 원화 말에 중서사인이 되었다. 목종 때 전휘錢徽가 공거貢擧에서 사실을 벗어난 일로 좌천이 될 때, 왕기에게 복핵覆核[40]하도록 명했다. 그러자 왕기가 시험 내용을 재상에게 보내, 가부를 확인하고 나서 유사有司에게 보낼 것을 건의했고, 이를 본 논자들은 왕기가 실직할 것이라고 했지만 당시 그의 문생인 이훈이 정승이어서 그를 이끌어주며 정사를 함께 했다. 문종은 문文을 숭상하고 고학古學을 좋아했는데, 당시 정담鄭覃은 경술經術로 진출하고 왕기는 해박함으로 명성을 나타냈다. 무종 때 동도東都에서 부름을 받아 상서尙書가 되고, 판태상경判太常卿을 역임했다. 진사 선발이 인재를 제대로 뽑지 못한다고 무종이 걱정하여 특별히 왕기에게 공거를 주관하도록 명했는데, 네 차례의 공거에서 뽑힌 진사들이 모두 저명한 사람들이어서 사람들이 그의 감식안에 탄복했다.

「자은사제명慈恩寺題名」에서 "진사의 제명題名[41]은 신룡(神龍 : 705~706) 이후 궁궐에서 연회를 마치고 나서 자은사탑 아래 모두 모여 제명을 했다. 그래서 정원 연간에 시랑侍郎 유태진劉太眞이 「자은사망행원화발시慈恩寺望杏園花發詩」를 시제로 삼았다. 회창 3년(843)에 찬황공(贊皇公 : 이덕유)이 상상上相이 되었는데 그해 11월 19일에 강의대부諫議大夫 진상수陳商守에게 본관本官의 자격으로 임시로 공거를 주관하게 했다. 나중에 주대奏對[42]가 황제의 뜻에 맞지 않아, 12월 17일 재신宰臣들이 마침내 이

39 징황(徵黃) : 지방관을 조정으로 소환하는 것이다. 한(漢)나라 때 황패(黃霸)가 영천태수(潁川太守)로 있을 때 치적이 월등해서 관내후(關內侯)에 책봉되고 조정으로 돌아와 태자태부(太子太傅)가 된 데서 유래했다.

40 복핵(覆核) : 재차 조사하여 사실을 확인하는 것이다.

41 제명(題名) : 과거에 급제한 사람의 이름을 게시한 것이다.

42 주대(奏對) : 황제의 물음에 대한 신하의 대답이다.

전대로 좌복야겸대상경左僕射兼太常卿 왕기에게 주관토록 할 것을 상주했다. 22일 중서中書가 복주覆奏[43]하기를 '내리신 명을 받들어, 급제한 진사가 유사有司를 좌주座主라고 부르며 그의 주변에 가까이하는 것과 제명題名과 국석(局席 : 연석宴席) 등의 보고된 소疏에 대해 검토하여 아뢥니다. 국가에서 문학의 과科를 설치하여 곧고 바른 인사를 구한다면 마땅히 행동은 풍속을 드높이고 의리는 군친君親을 가까이해야만 조정에 올라와 반드시 국가의 그릇이 될 것입니다. 하지만 상을 내려 선발해준 사적인 은혜를 품고 교화의 근본을 잊은 채 스스로 문생이라고 하며 결국 고착된 폐단을 만들어서야 되겠습니까. 그래서 시대의 풍습이 갈수록 무너지는데 신하로서의 절의가 어떻게 펼쳐지겠습니까. 당파를 세우고 공공을 배격하는 것이 모두 여기에서 연유합니다. 신 등이 헤아려보건대, 오늘 이후로 진사에 급제한 자들은 한 번만 담당자를 찾게 하고 이후로는 함께 모여 참알參謁[44]하거나 담당자의 집에서 연회를 여는 일을 못하게 하고 곡강대회曲江大會[45]에서 조정의 관원과 과거 급제자가 연회를 여는 것도 모두 중지시키소서. 처음 높은 명성을 얻은 이들은 사실 모두 젊고 재능이 넘치는 이들이어서 봄철을 만나 즐거운 놀이를 갖는 것을 막기는 어려운 터여서 3~5인이 각자 연회를 여는 것은 금지할 것이 없을 것입니다. 그러나 같은 해 급제한 진사들이 무리로 모여 널리 연회를 베풀지는 못하도록 하고 아울러 어사대御史臺의 찰방이 그 정황을 살펴 보고하도록 하소서. 삼가 이상과 같이 구비하여 아뢥니다'라고 하니 내린 조칙에서 '그렇게 하라'라고 했다. 이에 이전의 제명題名이 모두 삭제되었다"라고 했다. 찬황공이 과거시험을

43 복주(覆奏) : 보내온 공문을 검토하여 임금에게 아뢰는 것이다.

44 참알(參謁) : 매년 6월과 12월에 관원의 성적을 고시하여 포폄(褒貶)을 할 때, 각 관청의 관원이 그 책임자를 찾아뵙는 것이다.

45 곡강대회(曲江大會) : 매년 2월 진사시에 합격한 사람들이 곡강변에서 열었던 잔치이다. 이때 '대상식(大相識)' · '소상식(小相識)' · '문희(聞喜)' · '앵도(櫻桃)' · '목단(牡丹)' · '월등타구(月燈打球)' 등의 연회가 거행된다. 『구당서』 「덕종기(德宗紀)」 참고.

통하지 않았으므로 법을 만들어 배격한 것이다. 공이 실각을 당하면서 원래의 모습이 모두 복원됐다.

① '貞'은 본래 '眞'으로 되어 있었는데, 『당시기사』에 의거하여 고쳤다.

丁稜① 정릉

"公心獨立副天心, 三轄春闈冠古今. 蘭署門生皆入室, 蓮峰太守別知音." 同時人皆有繼和.②

① 原注"原缺", 刪.

② 此詩原誤列入蒯希逸名下, 今據『紀事』及『全唐詩』改. 詩共八句, 漏去下四句, "同升翰苑時名重, 遍曆朝端主意深. 新有受恩江海客, 坐聽朝夕繼爲霖." 題爲「和主司王起」.

"공평한 마음은 홀로 천심天心에 부흥하여 세 번 춘위(春闈 : 예부시禮部試)를 관할하며 고금의 으뜸이었네. 난서(蘭署 : 비서성)의 문생들이 모두 방안에 들고, 연봉태수蓮峰太守는 특별한 지음知音이었네.[公心獨立副天心, 三轄春闈冠古今. 蘭署門生皆入室, 蓮峰太守別知音.]" 이 시에 대해 동시대 시인들이 모두 화답의 시를 지었다.

① 원주原注의 '본래 누락되어 있다[原缺]'란 말이 삭제되었다.

② 이 시는 본래 괴희일蒯希逸의 이름 밑에 있었는데, 지금 『당시기사』와 『전당시』에 의거하여 고쳤다. 시는 모두 8구이니, 누락된 다음 4구는 '同升翰苑時名重, 遍曆朝端主意深. 新有受恩江海客, 坐聽朝夕繼爲霖'이며, 「주사主司 왕기에게 화답하다[和主司王起]」라고 쓰여 있다.

姚鵠【原缺】요곡【원래 누락】

蒯希逸괴희일

希逸, 字大隱. 希逸詩, "蟾蜍醉裏破, 蛺蝶夢中殘." 牛相在揚州嘗稱之.

괴희일은 자가 대은大隱이다. 괴희일의 시에 "두꺼비는 취기 속에서 깨지고, 나비는 꿈속에서 쇠잔하다[蟾蜍醉裏破, 蛺蝶夢中殘]"라고 했는데, 정승 우승유가 양주에 있을 때 일찍이 칭찬했다.

黃頗황파

頗爲失第後久方第. 『摭言』曰: "黃頗以洪奧文章, 蹉跎者一十三載, 劉纂以平漫子弟, 汨沒者二十一年, 溫岐濫竄於白衣,① 羅隱負冤於丹桂.② 由斯言之, 可謂命能通性, 豈曰性能通命者歟."③

韓愈自潮州量移宜春郡, 頗學愈爲文, 亦振大名. 頗嘗觀盧肇爲碑版, 則唾之而去. 頗, 宜春人, 與肇同鄕, 頗富而肇貧, 同日遵路赴擧, 郡牧餞頗離亭, 肇駐蹇十里以俟. 明年, 肇以第一名還袁, 因競渡卽席賦詩云: "向道是龍剛不信, 果然奪得錦標歸."

頗字無頗.

① "汨沒者"以下十四字據『紀事』補.

② "羅隱負冤於丹桂"原作"而折丹桂", 據『紀事』改.

③ "歟", 據『紀事』補.

황파는 과거에 실패하고 나서 한참 후에야 급제했다. 『척언摭言』에서 "황파는 넓고 깊이 있는 문장으로 헤맨 것이 십삼 년이고, 유찬劉纂은 평탄하고 거침없는 자제子弟로 골몰한 것이 이십일 년이고, 온기溫岐는 백의白衣로 지나치게 축출을 당했고, 나은은 단계丹桂에서 억울함을 등지고 살았다. 이러한 예로 본다면 운명이 본성을 통한다고 말할 수는 있어도, 어찌 본성이 운명을 통한다고 말할 수 있겠는가"라고 했다.

한유가 조주에서 의춘군宜春郡으로 양이量移[46]했는데, 황파가 한유에게 문장을 배워 큰 명성을 떨쳤다. 황파는 일찍이 노조盧肇가 비판碑版을 만든 것을 보고서 침을 뱉고 떠났었다. 황파는 의춘 사람이며 노조와 동향同鄕이었지만, 황파는 부유하고 노조는 가난하여 같은 날 과거길에 오를 때, 군郡 목사가 황파는 이정離亭까지 전송했으나 노조는 십리를 걸어가서 기다렸다. 이듬해 노조는 일등으로 원袁에 돌아왔는데, 경도競渡[47] 때 즉석에서 시를 짓기를 "지난날 이 용을 애써 믿을 수 없다고 말했지만 정말로 금표錦標를 탈취하여 돌아가네[向道是龍剛不信, 果然奪得錦標歸]"라고 했다.

황파는 자가 무파無頗이다.

① '汨沒者' 이하 열네 글자는 『당시기사』에 의거하여 보충했다.

② '羅隱負冤於丹桂'는 본래 '而折丹桂'로 되어 있었는데, 『당시기사』에 의거하여 고쳤다.

③ '歟'는 『당시기사』에 의거하여 보충했다.

鄭畋정전

馬嵬, 太眞縊所, 題詩者多悽感. 鄭畋爲鳳翔從事日, 題云 : "玄宗回馬楊妃死, 雲雨雖亡日月新. 終是聖朝天子事, 景陽宮井又何人." 觀者以爲有宰輔之器.

懿宗朝, 韋保衡路巖忌宰相劉瞻, 誣以罪, 黜爲荊州節度. 畋爲制詞云 : "早以文學, 疊中殊科, 風稜甚高, 恭謹無玷." 又云 : "安數畝之居, 仍非己有, 却四方之賄, 惟恐人知." 韋路大怒, 貶畋爲梧州刺史, 責劉驩州

46 양이(量移) : 귀양 간 사람의 정상을 참작하여 조금 나은 지방으로 옮겨주는 것.

47 경도(競渡) : 배를 저어 빨리 건너기를 겨루는 놀이.

司戶, 命舍人李庚爲詞, 深文痛詆, 必欲加害. 屬懿宗厭代, 僖宗立, 蕭倣輔政, 擧瞻自代, 召歸朝廷. 至湖南, 庚典是郡, 出迎江次牌亭, 致酒. 瞻唱「竹枝詞」, 送庚酒, 命庚酬和. 庚曰 : "不閑音律." 瞻曰 : "君應只解爲制詞也." 是夕, 庚飮鴆而卒.

畋, 字臺文, 相僖宗昭宗. 爲人仁恕, 姿采如峙玉.

마외馬嵬는 양귀비가 목을 맨 곳으로, 시를 지은 이들이 대부분 처량한 감회를 남겼다. 정전이 봉상종사鳳翔從事가 되었을 때 시를 짓기를 "현종이 말을 돌릴 때 양귀비 죽었으니, 운우雲雨가 사라져도 해와 달은 새롭다. 결국 성조聖朝의 천자의 일일 터, 경양궁景陽宮 샘물에 누가 또 있는가[玄宗回馬楊妃死, 雲雨雖亡日月新. 終是聖朝天子事, 景陽宮井又何人]"라고 하니, 시를 본 사람들이 재상의 그릇을 가졌다고 했다.

의종懿宗 때에 위보형韋保衡과 노암路巖이 재상 유첨劉瞻을 시기하여 죄가 있다고 무고해 형주절도사로 좌천시켰다. 정전이 지은 제사制詞에서 "일찍이 문학으로 과거에 연이어 급제하고, 기풍이 매우 고상하며, 공손하고 삼가하여 흠이 없다"라고 하고, 또 이르기를 "몇 이랑의 거처를 편안하게 여기지만 여전히 자신의 소유가 아니고, 사방의 뇌물을 물리치며 남들이 알까 두려워한다"라고 하니, 위보형과 노암이 크게 노하여 정전을 오주梧州자사로 좌천시키고, 유첨을 환주사호驩州司戶로 견책하고, 사인舍人 이경李庚에게 제사制詞를 짓도록 해 심각한 문장으로 통렬히 비난하여 반드시 해를 가하고자 했다. 의종이 서거하고 희종僖宗이 등극하자 소방蕭倣이 정치를 보좌하면서 유첨을 자신의 대임으로 천거하여 조정으로 불러들였다. 유첨이 호남湖南에 이르니 이 군을 맡아 다스리고 있던 이경이 강차패정江次牌亭까지 마중 나와 술을 대접했다. 유첨이 「죽지사竹枝詞」를 부른 뒤 이경에게 술을 권하며 화답하라고 하자, 이경이 "음률을 익히지 못했습니다"라고 했다. 유첨이 "그대는 단지 제사만 지을 줄 아는구나"라고 했는데, 이날 밤 이경에

짐주(鴆酒 : 독주)를 마시고 죽었다.

정전은 자가 대문臺文이며 희종·소종 때 정승을 역임했다. 사람됨이 인자하고 배려가 많았으며 자태가 치옥峙玉 같았다.

李彙征 이휘정

彙征客遊閩越, 至循州, 冒雨求宿. 或指韋氏莊居, 韋氏杖履迎賓, 年八十餘, 自稱曰 : 野人韋思明. 每與李生談論, 或詩或史, 淹留累夕, 彙征善談而不能屈也. 論數十家之作, 次第至李涉詩, 主人酷稱善. 彙征遂吟曰 : "遠別秦城萬里遊, 亂山高下出商州. 關門不鎖寒溪水, 一夜潺湲送客愁." "華表千年一鶴歸, 丹砂爲頂雪爲衣. 泠泠仙語人聽盡, 却向五雲翻翅飛." 思明復吟二篇曰 : "因韓爲趙兩遊秦, 十月冰霜渡孟津. 縱使雞鳴見關吏, 不知余也是何人." 又曰 : "滕王閣上唱伊州, 二十年前向此遊. 半是半非君莫問, 西山長在水長流." 李生重詠「贈豪客」詩,① 韋叟愀然變色曰 : "老身弱齡不肖, 浪遊江湖, 交結奸徒, 爲不平事. 後遇李涉博士, 蒙簡一詩, 因而跧跡. 李公待愚, 擬陸士衡之薦戴若思, 中心藏焉. 遂隱羅浮, 經於一紀. 李旣云亡, 不復再遊秦楚. 追惋今昔, 或潸然. 乃持觴而酹, 反袂而歌云 : '春雨瀟瀟江上村, 綠林豪客夜知聞. 相逢不用相迴避, 世上如今半是君.'" 乾符己亥歲,② 范攄客於雲川, 值彙征, 細述其事, 云於韋叟之居, 覩李博士手翰云. 彙征後登進士第. 按李涉嘗過九江, 至皖口, 遇盜, 問何人, 從者曰 : "李博士也." 其豪首曰 : "若是李涉博士, 不用剽奪, 久聞詩名, 願題一篇足矣." 涉贈一絶云云.

① "李生"以下八字據『雲溪友議』補.

② "己亥"原作"辛丑", 據中華本『紀事』改.

이휘정이 민閩·월越을 유람하다 순주循州에 이르러 비를 맞으며 유숙할 곳을 찾았다. 어떤 사람이 위씨韋氏의 별장을 일러주어 찾아가자 위씨가 직접 나와 손님으로 맞았는데 그는 나이가 팔십여 세였고 자칭 야인野人 위사명韋思明이라고 했다. 어린 이휘정과 시나 역사를 주제로 이야기를 나누며 여러 날을 함께 지냈는데, 이휘정이 이야기를 잘해 굴복시킬 수가 없었다. 수십 인의 작품을 논하다가 이섭李涉의 시에 이르게 되자 주인이 대단히 훌륭하다고 칭했다. 이휘정이 마침내 읊기를 "멀리 진성秦城을 떠나 만 리를 유람하며, 산들을 오르내리며 상주商州을 나선다. 관문關門은 차가운 시냇물을 가두지 못하여 한밤 잔잔히 나그네의 시름을 떠나보낸다[遠別秦城萬里遊, 亂山高下出商州. 關門不鎖寒溪水, 一夜潺湲送客愁]", "천 년 만에 화표華表[48]에 학이 돌아와, 붉은 빛 이마로 삼고 눈으로 옷을 삼았다. 분명한 신선의 말을 사람들이 듣고 나자, 오색구름 향해 나래 펼쳐 날아간다[華表千年一鶴歸, 丹砂爲頂雪爲衣. 泠泠仙語人聽盡, 却向五雲翻翅飛]"라고 하니, 위사명이 다시 2편을 읊기를 "한韓나라로 인해 조趙나라를 위해 두 번 진秦나라를 유랑하며, 10월 얼음 서리에 맹진孟津을 건넌다. 닭 울음소리로 관문지기를 보았지만 나는 또 누구이던가[因韓爲趙兩遊秦, 十月冰霜渡孟津. 縱使雞鳴見關吏, 不知余也是何人]", "등왕각滕王閣에서 이주伊州을 노래하노니, 이십 년 전에 이곳을 유람했었다. 절반은 옳고 절반은 그르다고 그대는 묻지 말라, 서산西山은 그대로 있고 물은 영원히 흐른다[滕王閣上唱伊州, 二十年前向此遊. 半是半非君莫問, 西山長在水長流]"라고 했다. 이생이 다시 「증호객贈豪客」을 읊자, 위씨 노인이 서글프게 얼굴색을 변하며 말하기를 "늙은이는 어린 나이에 착하지 못하여 강호를 유람하다가 간악한 무리들과 사귀어 바르지 못한 일들을 했다. 나중에 이섭李涉 박사를 만났는데 그가 나의 시 한 수를 추려서 평가해주었고, 이로 인해 자취를 감추고 살았다. 이공

48 화표(華表) : 화표주(華表柱). 무덤이나 성문 앞에 세워둔 표지판이다. 요동(遼東) 출신 정령위(丁令威)가 영허산(靈虛山)에서 도술을 배운 뒤, 죽어서 학이 돼 고향인 요동으로 날아와 성문의 화표주에 내려앉았다는 이야기가 전한다. 『수신후기(搜神後記)』 참고.

李公이 날 대하기를 육사형(陸士衡, 陸機)이 대약사戴若思을 천거하듯 해서 마음속에 간직했다. 마침내 나부산羅浮山에 은거하여 일기一紀, 십이 년을 보냈는데, 이공이 세상을 떠났다고 하여 다시는 진秦·초楚를 유람하지 않았다. 지난날을 떠올리면 눈물이 나기도 한다. 이에 추모의 술잔을 들어 땅에 붓고 옷깃을 여미며 노래하기를 '봄비에 쓸쓸한 강마을, 푸른 숲을 호객豪客이 한밤에 알아차린다. 만나거든 서로 피할 일 없을지니, 지금 세상에 절반은 그대와 같은 이들이다[春雨瀟瀟江上村, 綠林豪客夜知聞. 相逢不用相迴避, 世上如今半是君]'라고 했다"라고 했다. 건부乾符 기해년(879)에 범터가 운천雲川을 유람하다 이휘정을 만나 그 이야기를 상세히 하자, 이휘정이 위씨노인의 집에서 이박사李博士가 손수 쓴 편지를 보았다고 했다. 이휘정은 훗날 진사시에 급제했다. 기록을 살펴보면, 이섭이 일찍이 구강九江을 지나다가 환구皖口에 이르러 도적을 만났는데, 누구냐고 물어, 시자가 "이박사다"라고 하니, 도적 우두머리가 "이섭 박사라면 탈취해서는 안 된다. 오랫동안 시인의 명성을 들었으니, 한 편만 지어주면 족하다"라고 하여, 이섭이 절구 한 수를 지어주었다고 한다.

① '李生' 이하 여덟 글자는 『운계우의』에 의거하여 보충했다.

② '己亥'는 본래 '辛丑'으로 되어 있었는데, 중화본中華本 『당시기사』에 의거하여 고쳤다.

劉威유위

「遊東湖處士園林」詩云: "偶向東湖更向東, 數聲雞犬翠微中. 遙知楊柳是門處, 似隔芙蓉無路通. 樵客出來山帶雨, 漁舟過去水生風. 物情多與閒相稱, 所恨求安計不同."

威, 會昌時詩人也.

「유동호처사원림遊東湖處士園林」에서 "우연히 동호東湖를 가다 다시 동쪽으로 가니, 희미한 빛 너머에서 닭소리 개소리 들려온다. 버드나무 늘어진 곳은 문임을 짐작하고, 부용에 막혀 통하는 길이 없는 듯도 싶다. 초객樵客이 나오자 산은 비를 띄고, 고깃배 지나자 물에서 바람이 인다. 정취가 한가함과 잘 어울리나, 편안함을 구하는 계책이 같지 않은 것이 아쉽다[偶向東湖更向東, 數聲雞犬翠微中. 遙知楊柳是門處, 似隔芙蓉無路通. 樵客出來山帶雨, 漁舟過去水生風. 物情多與閒相稱, 所恨求安計不同]"라고 했다.

유위는 회창 때의 시인이다.

崔郊최교

郊寓居漢上, 有婢端麗, 善音律. 旣貧,① 鬻婢于連帥, 給錢四十一萬, 寵眄彌深. 郊思慕無已. 其婢因寒食來從事家, 値郊立於柳陰, 馬上漣泣, 誓若山河. 崔生贈之以詩曰: "公子王孫逐後塵, 綠珠垂淚滴羅巾. 侯門一入深如海, 從此蕭郞是路人." 或有嫉郊者, 寫詩於座. 公睹詩, 令召崔生, 左右莫之測也. 及見郊, 握手曰: "'侯門一入深如海, 從此蕭郞是路人.' 便是公作耶." 遂命婢同歸. 至於幃幌奩匣, 悉爲增飾之.

① "有婢端麗"三句, 『雲溪友議』作"與姑婢通. 其婢端麗, 善音律. 姑貧", 是.

최교가 한상漢上에 우거寓居할 때 단아하고 고운 계집종이 있었는데, 음률을 잘 알았다. 가난한 최교가 연수(連帥 : 절도사)에게 계집종을 팔자 사십일만 전을 값으로 쳐주었는데, 총애하는 마음이 더욱 깊어진 최교는 그녀가 그리워 잊지 못했다. 그 계집종이 한식寒食 때 종사從事의 집을 찾아오다가 버드나무 그늘에 서 있는 최교를 만나, 말 위에서 눈물을 흘리며 산하山河와 같이 변함없을 것이라 다짐을 했다. 최교가 시를 지어주기를 "공자公子와 왕손王孫이 뒤를 좇으니, 푸른 구슬처럼 떨어지는 눈물이 비단 수건을 적신다. 제후의 문에 한 번 들면 바다처럼 깊나니, 이제부터 소랑蕭郎은 길가 사람일 뿐이다[公子王孫逐後塵, 綠珠垂淚滴羅巾. 侯門一入深如海, 從此蕭郎是路人]"라고 했다. 어떤 사람이 최교를 질투하여 그 시를 써서 자리에서 써보이자 절도사가 시를 보고 최교를 불러오도록 하니, 주변에서는 그 이유를 헤아릴 수 없었다. 최교를 보자 손을 붙잡으며 "'제후의 문에 한 번 들면 바다처럼 깊나니, 이제부터 소랑蕭郎은 길가 사람일 뿐이다'는 공이 지은 것인가"라고 하고, 마침내 계집종에게 함께 돌아가도록 했고, 휘장이며 염갑(奩匣 : 향합), 비첩 따위까지 모두 꾸며주었다.

① '有婢端麗' 외 세 구절은 『운계우의』에 '與姑婢通. 其婢端麗, 善音律. 姑貧'으로 되어 있으니, 이것이 맞다.

來鵬내붕

「淸明日與友人遊玉粒塘莊」詩云 : "幾宿春山逐陸郎, 淸明時節好烟光. 歸穿細荇船頭滑, 醉踏殘花屐齒香. 風急嶺雲翻迥野, 雨餘田水落方塘. 不堪吟罷東回首, 滿耳蛙聲正夕陽."

「寒食山館書情」云 : "獨把一杯山館中, 每經時節恨飄蓬. 侵階草色連朝雨, 滿地梨花昨夜風. 蜀魄哭來春寂寞, 楚魂吟後月朦朧.① 分明記得還家夢, 徐孺宅前湖水東."

「鄂渚除夜書懷」云 : "鸚鵡洲頭夜泊船, 此時形影共悽然. 難歸故國干戈後, 欲告何人雨雪天. 筯撥冷灰書悶字, 枕陪寒席帶愁眠. 自嗟落魄無成事, 明日春風又一年."

① "魂"原作"囚", 據汲古閣本『紀事』及『全唐詩』改.

「청명일여우인유옥립당장清明日與友人遊玉粒塘莊」에서 “몇 번을 봄 산에 묵으며 육랑陸郎을 찾았던가, 청명 시절에 풍광이 좋다. 여린 마름을 헤치고 돌아가며 뱃머리 미끄러지고, 시든 꽃을 취하여 밟으니 신발 끝이 향기롭다. 바람 세찬 산마루 구름은 먼 들녘에 번쩍이고, 비 온 뒤 농토의 물은 모난 연못에 흘러든다. 읊조리고 나서 동쪽으로 머리 돌리니, 귀에 가득한 개구리 소리에 석양이 진다[幾宿春山逐陸郎, 淸明時節好烟光. 歸穿細荇船頭滑, 醉踏殘花屐齒香. 風急嶺雲翻逈野, 雨餘田水落方塘. 不堪吟罷東回首, 滿耳蛙聲正夕陽]”라고 했다.

「한식산관서정寒食山館書情」에서 “홀로 산관山館에서 술잔을 들고, 한 철을 보낼 때마다 나그네 삶이 서럽다. 연이어 내린 비에 풀은 계단을 덮치고, 어젯밤 바람에 배꽃이 땅에 가득하다. 촉백(蜀魄 : 두견새)이 곡하며 봄은 적막하고, 초혼(楚魂 : 굴원)을 읊고 나니 달이 몽롱하다. 집에 돌아가는 꿈을 분명히 기억하나니, 서유徐孺의 집 앞 호수 동쪽 마을이다[獨把一杯山館中, 每經時節恨飄蓬. 侵階草色連朝雨, 滿地梨花昨夜風. 蜀魄哭來春寂寞, 楚魂吟後月朦朧. 分明記得還家夢, 徐孺宅前湖水東]”라고 했다.

「악저제야서회鄂渚除夜書懷」에서 “앵무주鸚鵡洲 머리에 한밤 배를 정박하며, 지금 몸과 그림자는 모두 쓸쓸하다. 전란에 고국 돌아가기는 어렵고, 눈비 내리는 날씨에 누구에게 고하고자 하나. 젓가락으로 찬 재를 저으며 고민의 글을 쓰고, 베개는 차가운 자리와 함께하며 시름의 잠을 청한다. 실의에 빠져 이루어 놓은 것이 없음을 자탄하노니, 내일이면 봄바람이 또다시 한 해를 맞으리라[鸚鵡洲頭夜泊船, 此時形影共悽然. 難歸故國干戈後, 欲告何人雨雪天. 筯撥冷灰書悶字, 枕陪寒席帶愁眠. 自嗟落魄無成事, 明日春風又一年]”라고 했다.

① ‘魂’은 본래 ‘囚’로 되어 있었는데, 급고각본 『당시기사』와 『전당시』에 의거하여 고쳤다.

杜牧두목

牧爲御史, 分務洛陽. 時李司徒愿罷鎭閒居, 聲妓豪侈, 洛中名士咸謁之. 李高會朝客, 以杜持憲, 不敢邀致. 杜遣座客達意, 願與斯會, 李不得已邀之. 杜獨坐南行, 瞪目注視, 引滿三卮, 問李云: "聞有紫雲者孰是." 李指之. 杜凝睇良久, 曰: "名不虛得, 宜以見惠." 李俯而笑, 諸妓亦回首破顔. 杜又自飮二爵, 朗吟而起曰: "華堂今日綺筵開, 誰喚分司御史來. 忽發狂言驚滿座, 兩行紅粉一時回." 氣意閒逸, 旁若無人. 牧不拘細行, 故詩有"十年一覺揚州夢, 贏得靑樓薄倖名." 吳武陵以「阿房宮賦」薦于崔郾, 遂登第. 郾東都放榜, 西都過堂, 牧詩曰: "東都放榜未花開, 三十三人走馬回. 秦地少年多釀酒, 卽將春色入關來."

"靑山隱隱水遙遙, 秋盡江南草未凋. 二十四橋明月夜, 玉人何處學吹簫." 【「寄揚州韓綽判官」】

두목이 어사였을 때 낙양에서 공무를 수행했다. 당시 사도司徒 이원李愿이 관직을 그만두고 한적하게 지낼 때 많은 기생들을 거느리고 있어서, 낙양의 명사들이 모두 그를 찾아갔다. 이원이 조정의 객들과 거창한 모임을 가졌지만, 두목은 법 집행권을 갖고 있어서 감히 초청하지 못했다. 두목이 좌객座客을 보내 이 모임에 참여하고 싶다는 뜻을 전하자, 이원이 어쩔 수 없이 그를 초청했다. 두목이 홀로 남쪽 열에 앉아 부릅뜬 눈으로 주시하며 세 잔의 술을 가득 따라 마신 뒤, 이원에게 묻기를 "자운紫雲이라는 자의 이름을 들었는데 누구인가"라고 하니, 이원이 그를 가리켰다. 두목이 한참을 주시하고 나서 "이름을 공허하게 얻은 것이 아니구나. 내게 은혜를 베풀었으면 한다"라고 하자, 이원이 고개를 숙이며 웃었고, 기생들도 모두 뒤돌아보며 크게 웃었다. 두목이 또다시 두 잔의 술을 스스로 따라 마시고, 낭랑한 목소리로 읊고 일어나기를 "오늘 화려한 집에서 열린 귀한 잔치에, 누가 공무를 맡고 있는 어사를 불렀는가. 갑자기 광언狂言을 발하여 좌중을 놀라게 하니, 두 줄의 홍분紅粉이 일시에 돌아보는구나[華堂今日綺筵開, 誰喚分司御史來. 忽發狂言驚滿座, 兩行紅粉一時回]"라고 하며 여유가 넘쳐 주변에 아무도 없는 듯했다. 두목은 행동에 구애받지 않았으므로 그 시에 "십 년에 한 번 양주揚州의 꿈에서 깨어나, 청루青樓에 작은 이름 하나 얻었네[十年一覺揚州夢, 贏得青樓薄倖名]"라고 했다. 오무릉吳武陵이 「아방궁부阿房宮賦」를 최언崔郾에게 추천하여 마침내 급제했다. 최언이 동도東都에서 방방放榜[49]을 하고, 서도西都에서 과당過堂[50]을 했는데, 두목이 그 시에서 "동도의 방방 때는 꽃이 피지 않아, 삼십삼 인이 말을 달려 돌아왔다. 진秦나라 땅의 소년들은 대부분 술을 빚어, 바로 봄을 데리고 관關 안으로 들어왔다[東都放榜未花開, 三十三人走馬回. 秦地少年多釀酒, 即將春色入關來]"라고 했다.

"청산은 은은하고 물은 아득한데, 가을 다한 강남은 풀이 시들지 않았다. 이십사교二十四橋 달 밝은 밤에, 옥인玉人은 어느 곳에서 퉁소를 배우는가.[青山隱隱水遙遙, 秋盡江南草未凋. 二十四橋明月夜, 玉人何處學吹簫.]"【「기양주한작판관寄揚州韓綽判官」】

許渾허혼

「金陵懷古」云 : "玉樹歌殘王氣終, 景陽兵合戍樓空. 松楸遠近千官塚, 禾黍高低六代宮. 石燕拂雲晴亦雨, 江豚吹浪夜還風. 英雄一去豪華盡, 唯有青山似洛中."

「登故洛陽城」云 : "禾黍離離半野蒿, 昔人城此豈知勞. 水聲東去市朝變, 山勢北來宮殿高. 鴉噪暮雲歸古堞, 雁迷寒雨下空壕. 可憐緱嶺

49 방방(放榜) : 과거급제자에게 급제 증서를 주는 것.
50 과당(過堂) : 소송 당사자가 공당(公堂)에서 심사를 받는 것.

登仙子, 猶自吹笙醉碧桃."

又「初春雨中舟次和橫江裴使君見迎李趙二秀才同來因書四韻」"芳草渡頭微雨時, 萬株楊柳拂波垂. 蒲根水暖雁初下, 梅逕香寒蜂未知. 詞客倚風吹暗淡, 使君回馬濕旌旗. 江南仲蔚多情調, 悵望春陰幾首詩."

渾, 潤州人, 字用晦, 圉師之後. 大中三年, 任監察御史, 以疾乞東歸, 終郢睦二州刺史.

"水聲東去市朝變, 山勢北來宮殿高."【句】"何郎翠鳳雙飛去, 三十六宮聞玉簫."【句】"經年未葬家人散, 昨日因齋故吏來."【句】"垂釣有深意, 望山多遠情."【句】

「금릉회고金陵懷古」에서 "옥수玉樹의 노래 시들자 왕기王氣도 끝나고, 경양景陽의 병사 합치자 수루戍樓가 비었다. 여기저기 소나무 계오동나무는 수많은 관리의 무덤이고, 높고 낮은 벼와 기장은 6대의 궁궐이다. 석연石燕이 구름 스치며 맑아도 비가 내리고, 강돈(江豚 : 돌고래)이 물결 출렁이며 밤에도 바람이 분다. 영웅이 떠나자 화려함도 사라져, 오직 청산만 낙중洛中과 유사하다[玉樹歌殘王氣終, 景陽兵合戍樓空. 松楸遠近千官塚, 禾黍高低六代宮. 石燕拂雲晴亦雨, 江豚吹浪夜還風. 英雄一去豪華盡, 唯有青山似洛中]"라고 했다.

「등고낙양성登故洛陽城」에서 "늘어진 벼와 기장 들녘에 절반은 쑥대이니, 옛사람이 이곳에 성 쌓을 때 어찌 힘든 줄 알았으랴. 물소리 동쪽으로 흐르며 조야朝野는 변하고, 산세가 북쪽으로 오며 궁전이 드높다. 석양 구름에 우짖는 까마귀 옛 성곽 뒤로 돌아가고, 차가운 비에 혼미한 기러기는 텅 빈 해자로 내려온다. 가련한 구령緱嶺[51]의 승천한 신선만, 스스로 생황 불며 벽도碧桃에 취했다[禾黍離離半野蒿, 昔人城此豈知勞.

51 구령(緱嶺) : 구씨산(緱氏山). 일반적으로 도를 닦아 신선이 된 곳을 가리킨다.

水聲東去市朝變, 山勢北來宮殿高. 鴉噪暮雲歸古堞, 雁迷寒雨下空壕. 可憐緱嶺登仙子, 猶自吹笙醉碧桃]"라고 했다.

또 「초춘우중주차화횡강배사군견영이조이수재동래인서사운初春雨中舟次和橫江裴使君見迎李趙二秀才同來因書四韻」에서 "풀빛 고운 나루터에 가랑비 내릴 때, 수만 버들은 물결을 스치며 드리웠다. 부들 뿌리 물 따뜻한 곳에 기러기 막 내리고, 매화 길은 향기 차가워 벌이 알지 못한다. 사객詞客은 조용히 불어오는 바람에 기대고, 사군使君은 깃발 젖은 말을 되돌린다. 강남의 중위仲蔚는 정취가 많으니, 서글프게 봄 그늘 바라보며 몇 수의 시를 지었나[芳草渡頭微雨時, 萬株楊柳拂波垂. 蒲根水暖雁初下, 梅逕香寒蜂未知. 詞客倚風吹暗淡, 使君回馬濕旌旗. 江南仲蔚多情調, 悵望春陰幾首詩]"라고 했다.

허혼은 윤주潤州 사람이고 자는 용회用晦이며 허어사許圉師의 후예이다. 대중 3년(849)에 감찰어사에 임명되었고 병을 이유로 동쪽으로 돌아갔으며 영주郢州과 목주睦州 두 곳의 자사로 생을 마감했다.

"물소리 동쪽으로 흐르며 조야는 변하고, 산세가 북쪽으로 오며 궁전은 드높다[水聲東去市朝變, 山勢北來宮殿高]"【구절】, "하랑何郎의 푸른 봉황이 짝지어 날아가며, 삼십육 궁 옥 젓대 소리를 듣는다[何郎翠鳳雙飛去, 三十六宮聞玉簫]"【구절】, "한 해 지나도록 장사 못 지낸 채 식구들 흩어지고, 어제 재齋 지낸 일로 옛 관리가 찾아온다[經年未葬家人散, 昨日因齋故吏來]"【구절】, "낚싯대 드리운 곳에 깊은 뜻 들어 있고, 산 바라보는 것에 심원한 정이 담겼다.[垂釣有深意, 望山多遠情.]"【구절】

雍陶옹도

「詠雙白鷺」云 : "雙鷺應憐水滿池, 風飄不動頂絲垂. 立當青草人先見, 行傍白蓮魚未知. 一足獨拳寒雨裏, 數聲相叫早秋時. 林塘得爾須增價, 況與詩家物色宜."

陶, 蜀川人也.① 上第後, 稍薄親黨. 其舅雲安劉敬之, 罷擧歸三峽, 責陶不寄書, 曰:"山近衡陽雖少雁, 水連巴蜀豈無魚."② 陶得詩愧赧,③ 乃有狐首之思. 後爲簡州牧, 自比謝宣城柳吳興, 賓至則折之, 閽者亦怠, 投贄者稀得見. 有馮道明下第, 請謁, 云與員外故舊. 閽者以道明言啟之. 及引進, 陶詢曰:"與公昧平生, 何云相識." 道明云:"誦員外之詩, 仰員外之德, 詩集中日得相見, 何隔平生也, 遂吟曰:'立當青草人先見, 行傍白蓮魚未知.' 又曰:'江聲秋入寺, 雨氣夜侵樓.' 又曰:'閉門客到常疑病, 滿院花開不似貧.'" 陶聞吟, 欣狎, 待道明如曩昔之友. 君子以雍君矜誇而好媚, 馮子匪藝而求知.

陶, 字國鈞. 大中八年, 自國子毛詩博士出刺簡州.

「天津橋春望」云:"津橋春水浸紅霞, 烟柳風絲拂岸斜. 翠輦不來宮殿閉, 金鶯銜出上陽花."

① "人也"原脫, 據『雲溪友議』補.

② "蜀"原作"字", 據『友議』改.

③ "愧"原作"悸", 據『友議』改.

「영쌍백로詠雙白鷺」에서 "한 쌍의 백로는 물 가득한 연못을 사랑하여, 세찬 바람에도 움직이지 않고 이마 드리운다. 푸른 풀 향해 서 있을 때 사람이 먼저 보고, 백련 옆을 지날 때 물고기 알아차리지 못한다. 차가운 빗속에서 한 발로 혼자 서 있고, 이른 가을에 소리 내어 서로 부른다. 숲 연못이 너로 인해 가치가 더할 터, 더구나 시인과 정경이 잘 어울림에라[雙鷺應憐水滿池, 風飄不動頂絲垂. 立當青草人先見, 行旁白蓮魚未知. 一足獨拳寒雨裏, 數聲相叫早秋時. 林塘得爾須增價, 況與詩家物色宜]"라고 했다.

옹도는 촉천蜀川 사람이며, 급제하고 나서 친척들을 조금 멀리 했다. 그의 외구外舅 운안雲安 유경지劉敬之가 과거에 낙제하여 삼협으로 돌아갈 때 옹도가 편지를 보내지 않은 것을 꾸짖으며 "산이 형양衡陽에 가까워 기러기가 많지 않지만 물이 파촉巴蜀과 연결되는데 어찌 물고기가 없을쏘냐[山近衡陽雖少雁, 水連巴蜀豈無魚]"라고 했다. 옹도가 이 시를 받고 부끄러워하며 고향을 그리게 되었다. 나중에 간주簡州목사가 되었는데, 스스로를 사선성(謝宣城 : 사조)과 유오흥(柳吳興 : 유운柳惲)에 견주어 객이 찾아오면 거절하고, 문지기 또한 게을러서 폐백(예의)을 갖춰 찾아오는 자가 보기 드물었다. 풍도명馮道明이라는 사람이 과거에 낙제하여 뵙기를 요청하며 원외랑員外郎의 친구라고 하자, 문지기가 풍도명의 말로 옹도의 마음을 열었다. 인도하여 그가 앞으로 나오자 옹도가 묻기를 "공과는 평생 모르고 지냈는데 어찌하여 서로 안다고 말한 것인가"라고 하니, 풍도명이 이르기를 "원외員外의 시를 외우고 원외의 덕을 추앙하며, 시집에서 날마다 만나는데 어찌하여 평생 만나지 못한 것이라고 하십니까. '푸른 풀 향해 서있을 때 사람이 먼저 보고, 백련 옆을 지날 때 물고기 알아차리지 못한다', '강물 소리 가을에 절로 찾아들고, 비 기운은 한밤에 누각에 쳐들어온다[江聲秋入寺, 雨氣夜侵樓]', '문을 걸어 잠그니 객이 찾아와 병이 들었나 의심하고, 마당 가득 꽃이 피니 가난한 집안 같지 않네[閉門客到常疑病, 滿院花開不似貧]'라고 하셨습니다"라고 했다. 옹도는 그가 읊은 시를 듣고 매우 가깝게 여겨, 이전부터 사귄 친구처럼 대했다. 군자君子는, 옹군雍君은 자랑하고픈 마음에 아첨을 좋아하고, 풍자馮子는 재능을 갖추지 못한 채 알아주기를 구한 것이라고 평했다.

옹도는 자가 국균國鈞이며, 대중 8년(854)에 국자모시박사國子毛詩博士에서 간주簡州자사로 나갔다.

「천진교춘망天津橋春望」에서 "천진교 봄물은 붉은 노을에 젖고, 안개 버들 바람 실가지는 언덕에 스친다. 취련翠輦은 오지 않고 궁전은 닫혔거늘, 황금 꾀꼬리 상양궁上陽宮의 꽃을 물고 나간다[津橋春水浸紅霞, 烟柳風絲拂岸斜. 翠輦不來宮殿閉, 金鶯銜出上陽花]"라고 했다.

① '人也'는 본래 없는데, 『운계우의』에 의거하여 보충했다.

② '蜀'은 본래 '字'로 되어 있었는데, 『운계우의』에 의거하여 고쳤다.

③ '愧'는 본래 '悸'로 되어 있었는데, 『운계우의』에 의거하여 고쳤다.

李遠이원

「失鶴」詩云："秋風吹却九皐禽，一片閒雲萬里心．碧落有情應悵望，青天無路可追尋．來時白雲翎猶短，去日丹砂頂漸深．華表柱頭留語後，更無消息到如今．"「贈寫御容李長史」云："玉座塵消硯水清，龍髯不動彩毫輕．初分龍準山河秀，乍點重瞳日月明．宮女捲簾皆暗認，侍臣開殿盡遙驚．三朝供奉無人敵，始覺僧繇浪得名．"

遠，字求古．大中時爲建州刺史．

「실학失鶴」에서 "가을바람 구고산九皐山의 새[52]를 밀어 올려, 한적한 구름에 만 리를 날아갈 모양이다. 벽락碧落은 정이 들어 서글프게 바라보나, 청천青天은 찾을 길이 없으리라. 올 때는 흰 눈 같은 날개가 짧았거늘, 떠날 때는 붉은빛 이마가 진해졌다. 화표주華表柱 머리에 말을 남기고 나서, 지금껏 아무런 소식이 없구나[秋風吹却九皐禽，一片閒雲萬里心．碧落有情應悵望，青天無路可追尋．來時白雲翎猶短，去日丹砂頂漸深．華表柱頭留語後，更無消息到如今]"라고 했다. 「증사어용이장사贈寫御容李長史」에서 "옥좌에 먼지 사라지고 벼루 물은 맑거늘, 용 수염 움직이지 않고 비단 털끝 가볍다. 처음 용준(龍準 : 코)을 분간할 때 산하山河처럼 빼어나고, 잠시 중동(重瞳 : 눈동자)을 점 찍을 때 해와 달로 밝다. 궁녀는 주렴 걷으며 모두 알아차리고, 시신은 궁전을 열며 멀리서도 깜짝 놀란다. 세

52 구고산(九皐山)의 새 : 『시경』「소아」「학명(鶴鳴)」의 "학이 구고의 늪에서 우니, 그 소리가 하늘에 들린다"에서 인용된 것으로, 은거하는 군자의 덕이 멀리까지 알려지는 것을 비유.

조정을 모시며 대적할 사람 없으니, 비로소 승요(僧繇 : 장승요張僧繇)[53]가 헛되이 명성 얻었음을 알게 된다[王座塵消硯水清, 龍髯不動彩毫輕. 初分龍準山河秀, 乍點重瞳日月明. 宮女捲簾皆暗認, 侍臣開殿盡遙驚. 三朝供奉無人敵, 始覺僧繇浪得名]"라고 했다.

이원은 자가 구고求古이며 대중 때에 건주建州자사였다.

趙嘏조하

「長安秋望」云 : "雲物凄凉拂曙流, 漢家宮闕動高秋. 殘星幾點雁橫塞, 長笛一聲人倚樓. 紫艷半開籬菊靜, 紅衣落盡渚蓮愁. 鱸魚正美不歸去, 空戴南冠學楚囚."

嘏曾有詩曰 : "早晚粗酬身事了, 水邊歸去一閒人." 果卒于渭南尉. 嘏嘗家於浙西, 有美姬, 惑之, 洎計偕. 會中元鶴林之遊, 浙帥窺其姬, 遂奄有之. 明年, 嘏及第, 因以一絶箴之, 曰 : "寂寞堂前日又曛, 陽臺去作不歸雲. 當時聞說沙吒利, 今日青蛾屬使君." 浙帥不自安, 遣一介歸之. 嘏方出關, 逢于橫水驛, 姬抱嘏慟哭而卒, 葬於橫水之陽.

嘏, 字承祐.①

"一千里色中秋月, 十萬軍聲半夜潮."【「錢塘」】

① "祐"原作"祜", 據『紀事』及『全唐詩』改.

「장안추망長安秋望」에서 "구름은 쓸쓸히 새벽을 스치며 흐르고, 한나라 궁궐에 가을 하늘 드높다. 희미한 몇 점 별 아래 기러기는 변방을 가로 날고, 긴 젓대 소리 들으며 사람은 수루戍樓에 기대어 섰다. 붉은 자

53 승요(僧繇) : 장승요(張僧繇). 양나라의 화가. 고개지(顧愷之) · 육탐미(陸探微) 이후, 오도현(吳道玄) 이전의 이삼백 년 동안 가장 명성이 높았다. 인물화 · 고사화 · 종교화 · 초상화 · 풍속화를 잘 그렸다.

태 반쯤 열고서 울타리 국화는 조용하고, 붉은 옷 다 떨어뜨린 채 물 위 연꽃은 시름겹다. 노어鱸魚회 마침 맛 좋은데 돌아가지 못하고, 부질없이 남관南冠을 쓰고 초수楚囚[54]나 배우고 있다[雲物凄凉拂曙流, 漢家宮闕動高秋. 殘星幾點雁橫塞, 長笛一聲人倚樓. 紫艶半開籬菊靜, 紅衣落盡渚蓮愁. 鱸魚正美不歸去, 空戴南冠學楚囚]"라고 했다.

조하가 일찍이 시를 짓기를 "조만간 내 할 일 그럭저럭 마치고 나서, 물가로 돌아가 한적한 사람 되리라[早晩粗酬身事了, 水邊歸去一閒人]"라고 했는데, 정말로 위남위渭南尉에서 생을 마쳤다. 조하가 일찍이 절서浙西에서 살 때 아리따운 여인에게 현혹돼 둘이 함께 살기로 계획까지 세웠다. 그런데 중원(中元 : 7월 15일)에 학림사鶴林寺로 놀이를 나갔을 때, 절수(浙帥 : 절서浙西절도사)가 그 여인을 몰래 탐내 결국 빼앗아 버렸다. 이듬해 조하가 과거에 급제한 뒤 절구시를 짓기를 "적막한 당堂 앞에 황혼이 지거늘, 양대陽臺를 떠난 뒤 돌아오지 않는 구름이 되었다. 당시에 사타리沙吒利[55]란 말 들었는데, 오늘 청아(靑蛾 : 미희)는 사군(使君 : 지방관)에게 안겼구나[寂寞堂前日又曛, 陽臺去作不歸雲. 當時聞說沙吒利, 今日靑蛾屬使君]"라고 하여 상황을 환기시키자, 절수가 불안하여 심부름꾼을 통해 그녀를 돌려보냈다. 조하가 막 관문을 나서 횡수역橫水驛이란 곳에서 그녀를 만났는데, 그녀는 조하를 안고 통곡하다 죽었고, 조하는 횡수의 양지에 그녀를 묻어주었다.

조하는 자가 승우承祐이다.

"천 리를 비추는 건 중추의 달이요, 십만 군사의 함성은 한밤의 조수이다."【「전당錢塘」】

① '祐'는 본래 '祜'로 되어 있었는데, 『당시기사』와 『전당시』에 의거하여 고쳤다.

---

54 남관(南冠) …… 초수(楚囚) : 남관초수(南冠楚囚). 춘추시대 초나라 사람인 종의(鍾儀)가 진(晉)나라에서 포로 생활을 할 때 고국을 그리는 마음으로 초나라의 관을 썼다는 고사에 인용된 것으로, 고향을 떠난 나그네라는 뜻으로 널리 인용됨.

55 사타리(沙吒利) : 타인의 처첩이나 민간의 부녀자를 멋대로 강탈하여 소유하는 권력자를 가리킴.

韋承貽위승이

承貽, 字貽之. 咸通八年登第.「省試夜潛紀長句於都堂西南隅」云 : "褒衣博帶滿塵埃, 獨向都堂納卷回. 蓬巷幾時聞吉語, 棘籬何日免重來. 三條燭盡鐘初動, 九轉丹成鼎未開. 殘月漸低人擾擾, 不知誰是謫仙才." 又云 : "白蓮千朵照廊明, 一片承平雅頌聲. 更報第三條燭盡, 南宮風月寫難成."

위승이는 자가 이지貽之이며 함통 8년(867)에 급제했다.「성시야잠기장구어도당서남우省試夜潛紀長句於都堂西南隅」에서 "넓은 소매 굵은 허리띠에 먼지 가득한 채, 홀로 도당都堂에 시권試券을 드리고 돌아온다. 누추한 집에서 언제 좋은 소식을 들으며, 가시울타리에 다시 찾아오는 것을 언제 면할까. 세 자루 촛불 다 타자 종소리 처음 울리거늘, 아홉 번 구운 단사丹沙가 완성되어도 솥이 열리지 않았다. 쇠잔한 달 넘어가며 사람들 소란스러운데, 누가 적선謫仙의 인재란 말인가[褒衣博帶滿塵埃, 獨向都堂納卷回. 蓬巷幾時聞吉語, 棘籬何日免重來. 三條燭盡鐘初動, 九轉丹成鼎未開. 殘月漸低人擾擾, 不知誰是謫仙才]"라고 하고, 또 이르기를 "천 송이 백련은 회랑을 훤히 비추고, 한 곡조 평화를 노래하는 아송雅頌의 소리가 들린다. 세 번째 촛불이 다 탔다고 알려오거늘, 남쪽 궁궐의 풍광을 써 내기가 어렵구나[白蓮千朵照廊明, 一片承平雅頌聲. 更報第三條燭盡, 南宮風月寫難成]"라고 했다.

段成式단성식

成式紀云 : "武宗癸亥三年夏, 余與張君希復善繼同官秘書, 鄭君符夢復連職仙署. 會暇日遊大興善寺, 因問『兩京新記』及『遊目記』,① 多所遺略. 乃約一旬尋兩街寺, 以街東興善爲首, 二記所不具, 則別錄之. 遊及慈恩, 初知官將併寺, 僧衆草草, 乃泛問一二上人及記塔下畫跡, 遊於此遂絕. 後三年, 余職於京洛, 及刺安成, 至大中七年歸京, 在外一甲周, 所留書籍, 揃壞居半, 於故簡中睹與二亡友遊寺, 瀝血淚交. 當時造適樂事, 邈不可追, 復方刊整, 纔足續穿蠹, 然十亡五六矣.

靖恭坊大興善寺東廊之南, 素和尙院, 庭有紫桐四株, 素之手植. 元和中, 卿相多遊此院. 桐至夏有汗, 汙人衣如輠脂, 不可浣. 昭國東門鄭相嘗與丞郎數人避暑, 惡其汗, 謂素曰:"弟子爲和尙伐此木, 各植一松也." 及暮, 素戲祝曰:"木, 我種汝二十餘年, 汝以汗爲人所惡, 來歲若復有汗, 我必薪汝." 自是無汗. 寶曆末, 余見說已十五六年無汗矣. 素公不出院, 轉『法華經』三萬七千部, 夜常有貉子聽經. 齋時, 烏鵲就掌取食. 長慶初, 庭前牡丹一朶合歡, 有僧玄幽題此院詩, 警句云:"三萬蓮經三十春, 半生不踏院門塵."

長樂坊安國寺紅樓, 睿宗在藩時舞榭. 東禪院亦曰木塔院, 院門西北廊五壁, 吳道子弟子釋思道畫釋梵八部, 不施彩色, 尙有典刑.

常樂坊趙景公寺, 隋開皇三年置, 本曰弘善寺, 十八年改焉. 南中三門裏東壁上, 吳道玄白畫地獄變, 筆力勁怒, 變狀陰怪, 睹之不覺毛戴, 吳畫中得意處. 三階院西廊下, 范長壽畫西方變, 及十六觀寶池, 尤妙絕, 諦視之, 覺水入浮壁. 院門上白畫樹石, 頗似閻立德. 余攜立德行天祠粉本驗之. 西中三門裏門南, 吳生畫龍及刷天王鬚, 筆跡如鐵. 有執爐天女, 竊眸欲語.

辭:「吳畫聯句」:"慘淡十堵內, 吳生縱狂跡. 風雲將逼人, 鬼神如脫壁.【柯】其中龍最怪, 張甲方汗栗. 黑夜窸窣時, 安知不霹靂.【繼】此際忽仙子, 獵獵衣舃奕. 妙瞬乍疑生, 參差奪人魄.【夢】往往乘猛虎, 衝梁聳奇石. 蒼峭束高泉, 角睞警欹側.【柯】冥獄不可視, 毛戴腋流液.② 苟能水成河,③ 那更沈火宅.【昇上人】④"

通政坊寶應寺. 韓斡, 藍田人. 少時常爲酒家送酒. 王右丞兄弟未遇,每貰酒漫遊, 湝嘗徵債於王家, 戲畫地爲人馬. 右丞精思丹青, 奇其意趣, 乃歲與錢二萬, 令學畫十餘年. 今寺中釋梵天女, 悉齊公妓小小等寫眞也. 寺有韓湝畵下生幀彌勒,⑤ 衣紫袈裟. 右邊仰面菩薩及二獅子尤入神. 又有舊鐵石及齊公所喪一歲子, 漆之如羅睺羅, 每盆供日出之. 寺中彌勒殿, 齊公寢堂也. 東廊北面, 楊岫之畫鬼神, 齊公嫌其筆跡不工, 故止一堵.

平康坊菩薩寺, 佛殿東西障日及諸柱上圖畫, 是東廊跡, 舊鄭法士畫. 開元中, 因屋壞, 移入大佛殿內槽北壁. 食堂前東壁上, 吳道玄畫智度論, 色偈・變偈是吳自題, 筆跡遒勁, 如磔鬼神毛髮. 次堵畫禮佛仙人, 天衣飛揚, 滿壁風動. 佛殿內槽後壁, 吳道玄畫消災經事, 樹石古險. 元和中, 上欲令移之, 慮其摧壞, 乃下詔擇畫手寫進. 佛殿內槽東壁, 維摩變, 舍利弗角膝而轉睞.⑥ 元和末, 俗講僧文漵裝之, 筆跡盡矣. 故興元鄭公尚書題北壁僧院詩曰："但慮綵色汚, 無虞臂胛肥." 賓寺碑陰, 雕飾奇巧, 相傳鄭法士所起樣也. 初, 會覺上人以施利起宅十餘畝, 工畢, 釀酒百石, 列瓶甕於兩廡下, 引吳道玄觀之, 因謂曰："檀越爲我畫, 以是賞之." 吳生嗜酒, 且利其多, 忻然而許. 余以蹤跡似不及景公寺畫中三門內東門塑神, 善繼云："是吳生弟子王耐兒之手也."

翊善坊保壽寺, 本高力士宅, 天寶九載, 舍爲寺. 初鑄鐘成, 力士設齋慶之, 擧朝畢至, 一擊百千. 有規其意, 連擊二十杵. 經藏閣規創危巧, 二塔火珠, 受十餘斛. 河陽從事李涿, 性好奇古, 與僧智增善, 嘗俱至此寺, 觀庫中舊物. 忽於破甕中得物如被, 幅裂汚坌, 觸而塵起. 涿徐視之, 乃畫也. 乃以州縣圖三及縑三十獲之, 令家人裝治之, 大十餘幅. 訪於常侍柳公權, 方知張萱所畫「石橋圖」也. 玄宗賜力士, 因留寺中, 後爲鬻畫人宗牧言於左軍, 尋有小使領軍卒數十人至宅, 宣敕取之, 卽日進入. 先帝好古, 見之大悅, 命張於雲韶院.⑦ 寺有先天菩薩幀,⑧ 本起成都妙積寺. 開元初, 有尼魏八師者, 常念大悲咒. 雙流縣百姓劉乙名意兒, 年十一, 自欲事魏尼, 尼遣之不去, 常奧室立禪. 嘗白魏云：先天菩薩見身此地, 遂篩灰於庭.⑨ 一夕, 有巨跡數尺,⑩ 輪理成就. 因謁畫工, 隨意設色, 悉不如意. 有僧楊法成, 自言能畫, 意兒常合掌仰祝, 然後指授之. 以近十稔, 工方就. 後塑先天菩薩. 凡二百四十首, 首如塔勢, 分臂如意蔓, 其榜子有一百四十日鳥樹, 一鳳四翅, 水肚樹. 所題深怪, 不可祥悉. 畫樣凡十五卷. 柳七師者, 崔寧之甥, 分三卷往上都流行. 時魏奉古爲長史, 進之. 後因四月八日賜高力士. 今成都者, 是其次本.

崇仁坊資聖寺, 淨土院門外, 相傳吳生一夕秉燭醉畫, 就中戟手, 視之惡駭. 院門裏盧楞伽畫. 盧常學吳勢, 吳亦授以手訣, 乃畫總持三門寺, 方半, 吳大賞之. 謂人曰:"楞枷不得心訣, 用思太苦, 其能久乎." 畫畢而卒. 中門窗間, 吳畫高僧, 韋述贊, 李嚴書. 中三門外兩面上層, 不知何人畫, 人物頗類閻令. 寺西廊北隅, 楊坦畫, 近塔天女, 明睇將瞬. 團塔院北堂, 有鐵觀音, 長三丈餘. 觀音院兩廊四十二賢聖, 韓幹畫, 元中書載贊. 東廊北頭散馬, 不意見者, 如將嘶蹀. 聖僧中龍樹商那和修,⑪ 絶妙. 團塔上菩薩, 李眞畫. 四面花鳥邊鸞畫. 藥師菩薩頂上, 茂葵尤佳. 塔中藏千部「妙法蓮華經」.

成式, 字柯古, 文昌之子. 博學强記, 多奇篇秘籍. 常於私第鑿池, 得片鐵, 命周尺量之,⑫ 笑而不言. 寘之密室, 時窺之, 則有金書小字, 報十二時也, 其博物類此. 終太常少卿.

『酉陽雜俎』云: 一夕, 余坐客以遞送聯句爲煩, 乃命工取細斑竹, 以白金錔首, 如茶挾, 次遞聯名之. 余在城時, 常與客聯句, 初無虛日, 小酌求押, 或窮韻相角, 或押惡韻, 或煎茗一碗, 爲八韻詩, 謂之雜聯. 若志於不朽, 則汰揀穩韻, 無所得輒已, 謂之苦聯. 聯共押平聲好韻不僻者, 出於竹簡, 謂之韻牒. 出城悉攜行, 坐客句挾韻牒之語, 必爲好事者所傳矣. 因說故相牛公揚州賞秀才蒯希逸詩云:"蟾蜍醉裏破, 蛺蝶夢中殘." 每坐吟之. 余因請坐客各吟近日爲詩者佳句. 有吟賈島"舊國別多日, 故人無少年." 馬戴"猿啼洞庭樹, 人在木蘭舟." 又"骨消金鏃在." 有吟僧無可"河來當塞斷, 【一曰盡】 山【一曰岸】遠與沙平." 又"開門落葉深." 有吟張祜"河流側讓關."【一曰山】 又"泉聲到池盡." 有吟僧靈準詩"晴看漢水廣, 秋覺峴山高." 有吟朱景玄"塞鴻先秋去, 邊草入夏生."⑬ 余吟上都僧元礎"寺隔殘潮去." 又"採藥過泉聲", 又"林塘秋半宿, 風雨夜深來." 余識蜀中客龐季子, 每云："寒雲生易滿, 秋草長難高."

① "新"原作"雜", 據『酉陽雜俎』改.

② "戴"原作"載", 據『雜俎』改.

③ "河"原作"剎", 據『雜俎』改.

④ "昇上人"原脫, 據『全唐詩』補.

⑤ "幀"原脫, 據『雜俎』補.

⑥ "膝"原脫, 據『紀事』補.

⑦ "雲"『雜俎』作廬, 疑誤.

⑧ "有"上原有"見", 幀原作眞, 據『雜俎』刪改.

⑨ "遂"原脫, 據『雜俎』補.

⑩ "巨跡"原作"跡巨", 據『紀事』改.

⑪ "修"原作"循", 據『紀事』改.

⑫ "周尺"原作"尺周", 據『紀事』改.

⑬ "朱景玄"原作"米景元", 據『紀事』改.

단성식이 말했다. "무종 계해癸亥 3년(843)에 내가 장희복張希復 선계(善繼 : 장희복의 자字)군과 함께 비서성에서 근무할 때 정부鄭符 몽복(夢復 : 정부의 자)군이 선서(仙署 : 도교 사원)에 연이어 재직했다. 마침 휴가를 얻은 날에 대흥선사大興善寺를 유람하며 『양경신기兩京新記』와 『유목기遊目記』에 대해 물었는데 유실되거나 소략된 부분이 많았다. 그래서 열흘 정도 두 거리의 절을 찾아보자고 약속하며 거리의 동쪽 대흥선사를 우선으로 삼았는데 앞의 두 책에서 싣지 않은 것은 별도로 기록했다. 자은사를 유람하면서 비로소 관청이 머지않아 절을 병합하려 한다는 사실을 알게 되었고, 승려들은 경황이 없었다. 그들에게 한두 사람 승려에 대해 묻고 탑 아래의 그림 유적을 적었으니 유람은 여기에서 끝이 났다. 그로부터 삼 년 뒤 내가 서울에 재직하다 안성安成자사로 나간 뒤 대중 7년(853)에 다시 서울로 돌아오기까지 외직에 있던 기간이 일갑주(一甲周 : 십 년)였다. 소장했던 서적은 절반이 사라졌고, 묵은 편지더미 속에서 세상을 떠난 두 친구와 절을 유람했던 내용을 보며 피눈물을 흘렸다. 당시의 유람했던 일들은 아득하여 추적할 수 없는데, 다시 이를 정리, 간행함에 있어 겨우 다듬기만 했을 뿐 열의 대여섯은 잃어버렸다.

정공방靖恭坊 대흥선사 동랑東廊 남쪽에 소화상素和尙의 원院이 있는데 앞뜰의 네 그루 붉은 오동은 소화상이 손수 심은 것이다. 원화 연간에 많은 경상卿相들이 이 원을 유람했다. 오동은 여름이 되면 땀을 흘리는데 사람의 옷을 기름처럼 더럽혀서 세탁할 수가 없다.

소국昭國 동문東門의 정상(鄭相 : 정정공鄭貞公)이 몇몇 승랑丞郞과 함께 피서를 왔다가 오동나무의 땀을 싫어하여 소화상에게 "제자가 화상을 위해 이 나무를 베고 소나무 한 그루씩을 각기 심겠습니다"라고 하니 저물녘에 소화상이 장난삼아 오동나무에게 축원하기를 "오동나무야, 내가 너를 심은 지 이십여 년이 흘렀는데 네가 흘린 땀이 사람들로부터 미움을 당하고 있으니 만일 내년에 또 땀을 흘린다면 내 반드시 널 땔감으로 쓰리라"라고 하자, 이후에 다시 땀을 흘리지 않았다. 보력 말에 나는 이미 십오륙 년에 걸쳐 그 오동나무가 땀을 흘리지 않았다는 말을 들었다. 소공(素公 : 소화상)이 사원을 나가지 않은 채 『법화경法華經』을 삼만 칠천 번이나 읽었는데, 밤이면 담비가 독경소리를 들었다. 재齋를 지낼 때면 까마귀와 까치가 손바닥 위로 날아와 먹이를 먹었다. 장경 초에 뜰 앞에 모란 한 송이가 활짝 피어서 승려 현유玄幽가 이 원院을 주제로 시를 썼는데, 그 경구警句에서 '삼십 년 동안 법화경을 삼만 번 읽으며, 반생 동안 사원 문의 티끌도 밟지 않았다(三萬蓮經三十春, 半生不踏院門塵)'라고 했다."

장낙방長樂坊 안국사安國寺의 홍루紅樓는 예종이 번저(藩邸 : 사가)에 있을 때의 무사(舞榭 : 연회장)이다. 동쪽 선원禪院은 목탑원木塔院이라고도 하는데, 목탑원 문 서북쪽 해랑 다섯 개의 벽에 오도자(吳道子 : 오도현吳道玄)의 제자인 승려 사도思道가 그린 8부部의 석범(釋梵 : 제석帝釋 · 범천梵天) 그림이 있다. 채색을 가하지는 않았지만 여전히 그 전형典刑이 남아 있다.

상낙방常樂坊 조경공사趙景公寺는 수나라 개황開皇 3년(583)에 건립된 것인데, 원래는 홍선사弘善寺였고 개황 18년(598)에 이름을 바꾼 것이다. 남쪽 중앙 세 개의 문 안 동쪽 벽에 오도현이 백화(白畫 : 백묘白描)로 그린 지옥변상도地獄變狀圖가 있는데 필력이 굳건하면서 노기가 스며있고 변상變狀의 모습이 음흉하고 기괴하여, 바라보노라면 나도 모르게 모골이 송연해지니 오도현의 그림 가운데 명작이다. 삼계원三階院 서낭西廊 아래에는 범장수范長壽가 그린 서방변상西方變相과 십육관보지十六觀寶池가 있는데, 더욱 절묘하여 자세히 들여다보면 물이 벽 안으로 스며들어 떠있는 듯한 느낌을 받는다. 원문院門 위에 백화白畫로 그린 나무와 돌은 염립덕閻立德의 작품과 매우 흡사하여 내가 염립덕이 그린 행천사行天祠의 그림을 갖고 비교 · 증명했다. 서쪽 중앙 세 개의 문 안 안쪽 문 남쪽에는 오생(吳生 : 오도자)이 용을 그리고 사천왕 수염을 묘사했는데 필세가 철과 같으며, 화로를 들고 있는 천녀天女는 살며시 치켜 뜬 눈이 말을 하려는 듯하다.

사辭 : 「오화련구吳畫聯句」 : "참담한 담장 안에, 오생은 광기의 자취를 멋대로 부렸다. 바람과 구름은 사람을 압박하려들고, 귀신은 벽을 벗어나려는 듯하다[慘淡十堵內, 吳生縱狂跡. 風雲將逼人, 鬼神如脫壁]"【가柯】, "그 가운데 용은 가장 기괴하여, 갑옷을 펼쳐 전율의 땀을 흘린다. 까만 밤 불안이 엄습할 때, 어찌 뇌성병력 치지 않으리라 장담하랴[其中龍最怪, 張甲方汗栗. 黑夜窸窣時, 安知不霹靂]"【계繼】, "지금 갑자기 신선의, 사뿐한 옷자락과 신발이 빛을 발한다. 순간 잠시 의심이 돌며, 허둥지둥 사람의 넋을 빼앗아 버린다[此際忽仙子, 獵獵衣瀉奕. 妙瞬乍疑生, 參差奪人魄]"【몽夢】, "이따금 사나운 호랑이를 타고, 돌다리 부딪히고 기묘한 바위가 솟구친다. 푸른 산꼭대기에 높은 샘물을 묶고, 흘겨보며 한쪽에 치우친 것을 일깨운다[往往乘猛虎, 衝梁聳奇石. 蒼峭束高泉, 角睞警欹側]"【가柯】, "음침한 지옥은 볼 수가 없는데, 모골이 송연하여 겨드랑이에 땀이 난다. 참으로 물이 강을 이룬다 해도, 어찌 다시 불집을 잠기게 하랴.[冥獄不可視, 毛戴腋流液. 苟能水成河, 那更沈火宅.]"【승상인昇上人】

통정방通政坊 보화사寶應寺. 한간韓幹은 남전藍田 사람인데 어릴 때 술 파는 집에서 술 배달을 했다. 왕우승(왕유) 형제가 그를 만나기 전에 술을 외상으로 사서 마음껏 놀곤 했는데, 한간이 일찍이 왕우승의 집을에 술빚을 청구하러 갔다가 장난삼아 땅 위에 사람과 말 그림을 그렸다. 그림에 정통한 왕우승이 그의 솜씨를 기특하게 여겨 해마다 이만 전을 주며 십여 년 동안 그림을 배우도록 했다. 지금 절 안의 석범釋梵과 천녀天女는 모두 제공(齊公 : 위원충魏元忠)의 기생 소소小小 등의 실제 모습이다. 절에는 한간이 그린 미륵하생정彌勒下生幀이 있는데 붉은 색의 가사袈裟이다. 우변의, 머리를 들고 있는 보살과 두 마리 사자는 더더욱 입신의 경지에 들었다. 또 옛 철석鐵石과 제공齊公이 잃은 한 살 먹은 아이가 있는데 나후라(羅睺羅 : 석가모니의 아들)처럼 칠을 했다. 우란분공盂蘭盆供[56] 때면 내어놓는다. 절 안의 미륵전은 제공의 침당寢堂이다. 동랑東廊 북면에는 양수지楊岫之가 그린 귀신도가 있는데 제공이 솜씨가 별로 뛰어나지 못하다고 문제 삼아 한쪽 벽에만 그렸다.

평강방平康坊 보살사菩薩寺의 불전佛殿 동서 양면의 장일障日과 기둥 위의 그림들은 동낭東廊의 유적으로서 옛날 정법사鄭法士가 그린 것이다. 개원 연간에 지붕이 무너짐에 따라 대불전大佛殿 안쪽의 북쪽 벽으로

56 우란분공(盂蘭盆供) : 보름날 행하던 행사의 하나. 조상의 넋에 공양을 하고 아울러 부처 · 중 · 중생에게 공양하여 부모의 깊은 은혜에 감사를 표하는 것이다. 우란분재(盂蘭盆齋)라고도 한다.

옮겨놓았다. 식당 앞 동쪽 벽에는 오도현이 그린 지도론智度論이 있는데 색게色偈와 변게變偈는 오도현이 직접 쓴 것으로서 필치가 굳건한 것이 마치 귀신의 모발을 쪼개 놓은 듯하다. 다음 벽의 그림은 예불하는 신선인데 천의天衣가 휘날리며 벽 가득 바람이 인다. 불전 내조內槽 바깥벽에는 오도현이 그린 소재경消災經의 고사가 있는데 나무와 바위가 고졸하고 험준하다. 원화 연간에 성상이 옮기게 하려다가 손상될까 염려하여 화공을 잘 선정해 그려 올리라는 조서를 내렸다. 불전 내조 동쪽 벽에는 유마변상維摩變相이 있는데 사리불舍利弗이 무릎을 세우고 돌아보고 있다.

원화 말에 속강승俗講僧 문숙文淑이 장식을 했는데 필치가 극진하다. 그래서 흥원興元 정상서(鄭尙書 : 정여경鄭餘慶)공이 「제북벽승원題北壁僧院」에서 "채색綵色이 더럽혀질까 염려될 뿐, 팔뚝과 어깨가 살찐 것은 걱정할 것이 없다[但慮綵色汚, 無虞臂胛肥]"라고 했다. 사원에 이를 기록한 비음碑陰이 있어 조각과 장식이 특이한데 정법사가 만든 양식이라고 전해온다. 애초에 회각상인會覺上人이 시주 받은 자금으로 십여 무畝의 건축물을 건립한 뒤 백석의 술을 빚어 그 술병을 양 무廡 아래에 나열해두고 오도현을 데리고 와 살펴보게 한 뒤 이르기를 "제게 그림을 시주해주신다면 이를 상으로 드리겠습니다"라고 하니, 본디 술을 좋아하는 오도현이 많은 양의 술을 보고 흔쾌히 허락했다. 내가, 그림의 내용이 경공사景公寺 그림 가운데 삼문三門 안 동문의 소신塑神만 못한 것 같다고 하자, 선계善繼가 이르기를 "그것은 오도현의 제자 왕내아王耐兒의 솜씨입니다"라고 했다.

익선방翊善坊 보수사保壽寺는 본래 고력사의 집이었는데 천보 9년(750)에 희사하여 절로 삼았다. 처음 주조한 종이 완성될 때 고력사가 재를 열어 축하했는데 조정의 모든 관원들이 참여했고 종을 수백 번 쳤다. 종을 치는 규칙은 스무 번을 연달아 치는 것이다. 경장각經藏閣의 규모는 높고 맵시가 있었는데 두 탑의 화주(火珠 : 유리구슬)는 십여 곡斛을 수

용할 정도였다. 하양종사河陽從事 이탁李涿이 예스럽고 기묘한 것을 좋아했다. 승려 지증智增과 친하여 일찍이 이 절에 함께 와서 창고 안의 옛 물건을 살펴보다가 깨진 옹기 속에서 이불 같은 물체를 발견했는데 폭이 찢어지고 더러워서 닿기만 하면 먼지가 일었다. 이탁이 자세히 살펴보니 그림이었다. 그래서 주현도州縣圖 세 장과 비단 삼십 필을 주고 얻어와 집안사람에게 다시 수리하게 하니 크기가 십여 폭이었다. 이것을 들고 상시常侍 유공권을 찾아가 비로소 이 그림이 장훤張萱이 그린 석교도石橋圖라는 사실을 알게 되었다. 현종이 이를 고력사에게 하사했고, 그대로 절에 남겨졌다. 나중에 그림 장사를 하는 종목宗牧이 좌군左軍에게 이야기하자, 소사小使가 군졸 수십 명을 데리고 집으로 찾아와 칙명이라 하고는 가져가서 그날로 진상했다. 옛것을 좋아하는 선제先帝가 보자마자 크게 기뻐하고 운소원雲韶院에 펼쳐놓을 것을 명했다. 절에 선천보살정先天菩薩幀이 있었는데 본디 성도成都 묘적사妙積寺에서 만든 것이었다. 개원 초에 위팔사魏八師라는 비구니가 있었는데 항상 대비주大悲咒를 외웠다. 쌍유현雙流縣 백성 가운데 성이 유을劉乙이고 이름이 의아意兒라는 사람이 있었는데 열한 살 때 위팔사 비구니를 섬기고자 하여 비구니가 내보내도 떠나지 않고 언제나 방안에서 입선立禪을 했다. 일찍이 위팔사에게 아뢰기를 "선천보살이 이 땅에 현신한 것입니다"이라고 하고 마침내 마당에서 재를 체질하였다. 어느 날 몇 자나 되는 큰 발자국이 바퀴 모양으로 찍혀 있었다. 그래서 화공을 찾아가 그려보도록 했으나 모두 마음에 들지 않았다. 양법성楊法成이라는 승려가 있었는데 스스로 그림을 잘 그린다고 했다. 의아意兒가 합장을 하고 우러러 축원하고 나서야 그림을 가르쳐 주었다. 백일 가까운 시간이 흐른 뒤에야 비로소 공정이 완성되었다. 나중에 선천보살을 조소彫塑했는데 모두 이백사십 수首였다. 머리모양은 탑과 같고 팔은 덩굴처럼 나뉘었다. 그 옆에는 백사십의 일조수日鳥樹와 깃이 네 개인 봉황과 수두수水肚樹가 있었다. 글의 내용이 심오하고 기괴하여 자세히 알

수가 없다. 그림은 모두 십오 권이다. 류칠사柳七師는 최녕崔寧의 생질인데 삼 권을 분리하여 상도上都에 유행시켰다. 당시 장사長史였던 위봉고魏奉古가 이를 진상했다. 나중에 사월 초파일에 고력사에게 하사했다. 지금 성도에 있는 것은 부본副本이다.

숭인방崇仁坊 자성사資聖寺의 정토원淨土院 문밖에 오도현이 밤새 촛불을 켜고 술에 취해 그린 거라는 그림이 전해오는데, 그 가운데 창을 들고 있는 사람의 인상이 매우 사납다. 원문院門 안 그림은 노릉가盧楞伽가 그렸다. 노릉가는 언제나 오도현의 이미지를 배웠고 오도현 역시 자신의 비법을 전수해서, 총지삼문사總持三門寺의 그림을 그려 절반쯤 완성했을 때 오도현이 크게 찬탄했다. 오도현이 사람들에게 “노릉가가 마음의 비법을 터득하지 못하고 너무 고심에만 빠져 있으니 오래갈 수 있겠는가”라고 했는데 그림을 다 그리고 나서 죽었다. 중문中門 창 사이에는 오도현이 고승을 그리고 위술韋述이 찬을 하고 이엄李嚴이 글씨를 썼다. 가운데 삼문 밖 양면 상층上層에는 작자불명의 그림이 있는데 인물의 구도가 염령閻令의 화풍을 많이 닮았다. 사원 서랑西廊 북쪽 모서리에는 양탄楊坦의 그림이 있는데 근탑천녀近塔天女의 해맑은 눈매가 깜박거릴 것만 같다. 단탑원團塔院 북당北堂에는 철관음鐵觀音이 있는데 키가 삼 장 남짓이다. 관음원觀音院 양 랑廊의 사십이현성상四十二賢聖像은 한간韓幹이 그리고 중서中書 원재元載가 찬했다. 동랑東廊 북쪽 첫 부분에 있는 그림 속 말들은 갑자기 보면 이내 부르짖으며 뛰어오를 듯하다. 성승聖僧 가운데 용수龍樹와 상나화상商那和修이 절묘하다. 단탑 위의 보살은 이진李眞이 그리고 사면의 화조는 변난邊鸞이 그렸는데 약사보살藥師菩薩 이마의 접시꽃과 해바라기가 아주 아름답다. 탑 안에는 천 부의 『묘법연화경妙法蓮華經』이 복장돼 있다.

단성식은 자가 가고柯古이며 단문창段文昌의 아들이다. 학문이 넓고 많은 것을 기억했으며 기서奇書와 비적秘籍 들이 많았다. 사저에서 연못을 파다 철 조각을 발견하면 주척周尺으로 길이를 재게 한 뒤 빙긋이 웃었다. 밀실에 안치해두고 이따금 들여다보면 황금으로 쓴 작은 글자가 보였는데 십이시를 알리는 것이었으니, 그의 박물안博物眼이 대체로 이러했다. 태상소경太常少卿으로 생을 마쳤다.

『유양잡조酉陽雜俎』에서 말했다. 어느 날 밤 나의 좌객이 연구聯句를 체송(遞送 : 체전遞傳)하는 것을 번거롭게 여겨 장인에게 명하여 세반죽細斑竹을 구해서 백금으로 머리를 감싸 다협(茶挾 : 차집게)처럼 만들게 하고 이를 '차체련次遞聯'이라 명명했다. 내가 성城 안에 있을 때 언제나 객들과 연구를 지으며 그냥 보내는 날이 없었다. 간략히 술잔을 나누고 압운押韻을 구할 때, 난처한 운으로 겨루기도 하고 고약한 운을 고르기도 하고 어느 때는 차 한 사발을 끓일 때 팔운시八韻詩를 짓기도 했으니 이를 '잡련雜聯'이라 한다. 만일 명작을 짓기로 했을 때는 온당한 운을 추리되 소득이 없으면 그만 두었으니 이를 '고련苦聯'이라 한다. 평성平聲 가운데 어렵지 않고 좋은 운만 연이어 압운해서 죽간에 나오게 하는데 이를 '운첩韻牒'이라 한다. 성을 나올 때 모두 갖고 나왔는데 좌객의 시구 가운데 운첩에 끼어 있는 구절은 반드시 호사가에 의해 전해질 것이다. 옛날 재상 우공(牛公 : 우승유)이 양주에서 수재秀才 괴희일의 시 "두꺼비는 취중에 깨지고, 나비는 꿈속에 쇠잔하다"를 호평하여 매번 모인 자리에서 읊었다. 그래서 내가 좌객들에게 요즘 시인들의 좋은 구절을 각기 읊어보라고 청하자, 가도의 "고국을 떠난 지 오래돼, 친구들 가운데 소년은 없네[舊國別多日, 故人無少年]", 마대馬戴의 "원숭이는 동정호 나무에서 울어대고, 사람들 목란배 위에 있네[猿啼洞庭樹, 人在木蘭舟]", "뼈가 녹아도 쇠 화살촉은 남으리라[骨消金鏃在]", 승려 무가無可의 "황하 흘러오다 변방에서 끊어지고【진盡으로도 돼 있다】, 산은【안岸으로도 돼 있다】 저 멀리 백사장과 평형을 이루었다[河來當塞斷【一曰盡】, 山【一曰岸】遠與沙平]", "문을 여니 낙엽이 깊다[開門落葉深]"를 읊기도 하고, 장호의 "황화는 기울어 동관潼關【산山으로도 돼있다】에 양보한다[河流側讓關【一曰山】]", "샘물 소리 연못에 이르러 사라진다[泉聲到池盡]"를 읊기도 하고, 승려 영준靈準의 "맑은 날 한수가 드넓음을 보고, 가을에 현산이 드높은 것을 느낀다[晴看漢水廣, 秋覺峴山高]"를 읊기도 하고, 주경현朱景玄의 "변방 기러기는 가을에 앞서 떠나고, 변방 풀은 여름 들어서야 자란다[塞鴻先秋去, 邊草入夏生]"를 읊기도 했다. 나는 상도上都 승려 원초元礎의 "절에 막혀 힘없는 조수가 밀려간다[寺隔殘潮去]", "약을 캐려고 샘물 소리를 찾는다[採藥過泉聲]", "숲 속 연못은 가을 한가운데서 졸고, 바람과 비는 밤 깊을 때 불어온다[林塘秋半宿, 風雨夜深來]"를 읊었다. 내가 촉중蜀中의 객客인 방계자龐季子를 아는데, 언제나 "찬 구름은 생기면 가득차기 쉬운데, 가을 풀은 자라도 키 크기 어렵다[寒雲生易滿, 秋草長難高]"를 읊었다.

① '新'은 본래 '雜'으로 되어 있었는데, 『유양잡조酉陽雜俎』에 의거하여 고쳤다.

② '戴'는 본래 '截'로 되어 있었는데, 『유양잡조』에 의거하여 고쳤다.

③ '河'는 본래 '剎'로 되어 있었는데, 『유양잡조』에 의거하여 고쳤다.

④ '昇上人'은 본래 없는데, 『전당시』에 의거하여 보충했다.

⑤ '幀'은 본래 없는데, 『유양잡조』에 의거하여 보충했다.

⑥ '膝'은 본래 없는데, 『당시기사』에 의거하여 보충했다.

⑦ '雲'은 『유양잡조』에 '廬'로 되어 있었는데, 오기誤記인 듯싶다.

⑧ '有' 앞에는 본래 '見'이 있고, '幀'은 본래 '眞'으로 되어 있었는데, 『유양잡조』에 의거하여 삭제하고 고쳤다.

⑨ '邃'는 본래 누락되어 있었는데, 『유양잡조』에 의거하여 보충했다.

⑩ '巨跡'은 본래 '跡巨'로 되어 있었는데, 『당시기사』에 의거하여 고쳤다.

⑪ '修'는 본래 '循'으로 되어 있었는데, 『당시기사』에 의거하여 고쳤다.

⑫ '周尺'은 본래 '尺周'로 되어 있었는데, 『당시기사』에 의거하여 고쳤다.

⑬ '朱景玄'은 본래 '米景元'으로 되어 있었는데, 『당시기사』에 의거하여 고쳤다.

韋蟾위섬

蟾廉問鄂州, 罷, 賓僚祖餞, 蟾曾書『文選』句云 : "悲莫悲兮生別離, 登山臨水送將歸." 以牋授賓從, 請續其句. 逡巡, 有妓泫然起曰 : "某不才, 不敢染翰, 欲口占兩句." 韋大驚異, 令隨念, 云 : "武昌無限新栽柳, 不見楊花撲面飛." 坐客無不嘉歎. 韋令唱作「楊柳枝詞」.

蟾, 字隱桂, 下杜人. 大中七年進士登第, 初爲徐商掌書記, 終尙書左丞. 「贈商山僧」云 : "商嶺東西路欲分, 兩間茅屋一溪雲. 師言耳重知師意, 人是人非不欲聞."

위섬이 악주鄂州의 염문廉問을 마치고 돌아갈 때 빈료賓僚들이 전송을 했는데, 『문선文選』의 구절인 "슬픔은 생이별보다 더 슬픈 것이 없으니, 산에 오르고 물에 임하여 돌아가는 이를 전송하네[悲莫悲兮生別離, 登山臨水送將歸]"를 쓴 뒤 종이와 붓을 참여한 빈객과 수행인들에게 주며 이 구절을 이어지을 것을 청했다. 잠시 뒤 어느 기생이 눈물을 흘리며 일어나 말하기를 "저는 재능이 없어 감히 붓을 적시지 못하고 입으로 두 구절을 읊으려 합니다"라고 하여 위섬이 크게 놀라며 원하는 대로 하라고 하자, 이르기를 "무창武昌에 새로 심은 버들이 무한하여, 양화楊花가 얼굴을 치며 날아드는 것을 보지 못한다[武昌無限新栽柳, 不見楊花撲面飛]"라고 하니 좌객이 모두 가상해하고 감탄했다. 위섬이 그녀에게 「양류지사楊柳枝詞」를 노래 부르게 했다.

위섬은 자가 은계隱桂이며 하두下杜 사람이다. 대중 7년(853)에 진사시에 급제하여, 처음에는 서상徐商의 장서기掌書記가 되었다가 상서좌승尙書左丞으로 관직을 마쳤다.

「증상산승贈商山僧」에서 "상령商嶺 동서로 길이 나누어지려는 곳에, 두 칸 초가집에 한줄기 시내의 구름이 있다. 귀가 무거워야 한다는 스승의 말씀에서 스승의 뜻을 알아, 사람들 시시비비는 듣고 싶지 않다[商嶺東

西路欲分, 兩間茅屋一溪雲. 師言耳重知師意, 人是人非不欲聞]"라고 했다.

李敬方 이경방

「天台閒望」云 : "天台十二旬, 一片雨中春. 林果垂秋盡, 山苗半夏新. 陽烏曉展翅, 陰魄夜飛輪. 坐冀無雲物, 分明見北辰."

「勸酒」云 : "不向花前醉, 花應解笑人. 只憂連夜雨, 又過一年春."

「汴河直進船」云 : "汴水通淮利最多, 生人爲害亦相和. 東南四十三州地, 取盡脂膏是此河."

敬方, 字中虔, 登長慶進士第. 太和中, 爲歙州刺史. 大中時, 顧陶集『唐詩類選』云"李歙州敬方, 才力周備, 興比之間, 獨與前輩相近. 家集三百首, 簡擇律韻八篇而已. 雖前後敻絶, 或畏多言, 而典刑具存, 非敢避棄."

「천태한망天台閒望」에서 "천태산 십이 순旬은, 한 가닥 빗속의 봄이라네. 숲 속 과일은 가을 끝날 때 드리우고, 산의 새싹은 여름 절반 돼서야 새롭네. 양오(陽烏 : 태양)는 새벽에 날개를 펴고, 음백(陰魄 : 달)은 한밤중에 휘돌아다니네. 앉아서 구름 없기를 바라며, 분명하게 북신北辰을 보고자 하네.[天台十二旬, 一片雨中春. 林果垂秋盡, 山苗半夏新. 陽烏曉展翅, 陰魄夜飛輪. 坐冀無雲物, 分明見北辰.]"

「권주勸酒」에서 "꽃 앞에서 취하지 말라, 꽃이 사람을 비웃으리라. 다만 밤새 내리는 비에, 또다시 한 해 봄이 지나가버릴까 걱정이다[不向花前醉, 花應解笑人. 只憂連夜雨, 又過一年春]"라고 했다.

「변하직진선汴河直進船」에서 "변수가 회수와 통하며 이익이 가장 많아서, 사람에게 해를 끼치는 일도 서로 화목하게 하네. 동남 사십삼 주州 땅에서, 기름 같은 이익을 모두 취하도록 하는 것이 이 강이라네[汴水

通淮利最多, 生人爲害亦相和. 東南四十三州地, 取盡脂膏是此河]"라고 했다.

이경방은 자가 중건中虔이며 장경 때 진사시에 급제했다. 태화 연간에 흡주歙州자사였다. 대중 연간에 고도가 『당시류선』을 지으며 이르기를 "흡주 이경방은 재능과 역량을 두루 갖추어 흥비興比에 있어서 홀로 이전의 문인들과 근사했다. 집안에 삼백 수의 시를 모아놓았는데 율시 여덟 편만 간추려 뽑았다. 비록 전후의 빼어난 작품에 대하여 혹자는 말이 많은 것(多言)이 두렵다고 하지만 전형典刑이 모두 남아 있어서 감히 회피하거나 버려둘 것이 아니다"라고 했다.

李郢이영

「奉陪裴相公重陽日遊安樂池亭」云: "絳霄輕靄翊三台, 嵇阮情懷管樂才. 蓮沼昔爲王儉府, 菊籬今作孟嘉杯. 寧知北闕元勳在【漢賜蕭何等北闕大第】, 却引東山舊客來. 自笑吐茵還酩酊, 日斜空從綿衣回."

「贈羽林將軍」云: "虯鬚憔悴羽林郞, 曾入甘泉侍武皇. 鵰沒夜雲知御苑, 馬隨仙仗識天香. 五湖歸去孤舟月, 六國平來兩鬢霜. 惟有桓伊江上笛, 臥吹三弄送殘陽."

郢, 字楚望, 大中進士, 終於御史.

杜牧之「湖南正初招郢」云: "行樂及時時已晚, 對酒當歌歌不成. 千里暮雲重疊翠. 一溪寒水淺深清. 高人以飮爲忙事, 浮世除詩盡強名. 看著白蘋芽欲吐, 雪舟相訪勝閑行."

「봉배배상공중양일유안악지정奉陪裴相公重陽日遊安樂池亭」에서 "붉은 하늘 가벼운 안개는 삼태三台를 돕나니, 혜강과 완적의 가슴에 관중과 악정자樂正子의 재능을 갖고 있다네. 연꽃 연못은 지난날 왕검王儉의 부府였거늘, 국화 울타리는 지금 맹가孟嘉의 술잔이 되었네. 북궐北闕의 원훈元勳이 존재함을 어찌 알랴【한나라는 소하 등에게 북궐의 큰집을 하사했다】, 문득 동산의 옛 객을 끌고 왔네. 수레 깔개에 토하고[57] 다시 술 마시는 걸 스스로 웃으며, 해질녘 부질없이 금의綿衣를 따라 돌아온다[絳霄輕靄翊三台, 嵇阮情懷管樂才. 蓮沼昔爲王儉府, 菊籬今作孟嘉杯. 寧知北闕元勳在, 漢賜蕭何等北闕大第. 却引東山舊客來. 自笑吐茵還酩酊, 日斜空從綿衣回]"라고 했다.

「증우림장군贈羽林將軍」에서 "말아 올린 수염의 초췌한 우림낭羽林郎이, 일찍이 감천궁甘泉宮에 들어가 무황(武皇 : 한 무제)을 모시었다. 독수리 밤 구름에 사라져 어원御苑인 줄 알고, 말이 신선의 행장을 뒤따라 천향天香을 감지하네. 달빛 아래 돛단배 타고 오호五湖로 돌아가고, 서릿발 살쩍에 육국六國은 평온하다. 오직 강물 위 환이桓伊[58]의 피리 소리만, 누워서 삼롱三弄[59]을 불며 저무는 석양을 보낸다[虯鬚憔悴羽林郎, 曾入甘泉侍武皇. 鵰沒夜雲知御苑, 馬隨仙仗識天香. 五湖歸去孤舟月, 六國平來兩鬢霜. 惟有桓伊江上笛, 臥吹三弄送殘陽]"라고 했다.

이영은 자가 초망楚望이며 대중 연간의 진사시에 급제하고 어사로 관직을 마쳤다.

두목의 「호남정초초영湖南正初招郢」에서 "때맞춰 즐겨야 하거늘 때는 이미 늦었고, 술잔 들고 노래해야 하거늘 노래가 지어지지 않았다. 천리 저문 구름은 겹겹이 쌓여 푸르고, 한 줄기 시내 차가운 물은 얕으나 깊으나 맑다. 고상한 사람은 술 마시는 것을 바쁜 일로 여기거니와, 부세浮世에 시가 아니면 모두가 억지 이름일 뿐이다. 흰 마름 싹이 막 터지려는 모습을 보니, 눈 내리는 밤배를 타고 찾는 것이 한가로이 길 걷는 것보다 나으리라[行樂及時時已晩, 對酒當歌歌不成. 千里暮雲重疊翠. 一溪

57 수레 깔개에 토하고 : 토인(吐茵). 한나라 정승 병길(丙吉)의 어리(馭吏 : 마부)가 술을 좋아했는데, 어느 날 술에 취해 정승의 수레 깔개[車茵]를 더럽혔다는 고사에서 유래.

58 환이(桓伊) : 동진의 저명한 음악가로 피리와 아쟁, 노래에 모두 능했다.

59 삼롱(三弄) : 매화삼롱(梅花三弄). 환이(桓伊)가 작곡한, 찬 서리에도 굴하지 않는 매화를 예찬한 적곡(笛曲).

寒水淺深清. 高人以飮爲忙事, 浮世除詩盡强名. 看著白蘋芽欲吐, 雪舟相訪勝閒行]"라고 했다.

李洞이동

「上崇賢曹郎中」云:"閒坊宅枕穿宮水, 聽水分衾盡蜀僧. 藥杵聲中搗殘夢, 茶鐺影裏煮孤燈. 刑曹樹映千年井, 華嶽樓開萬里冰. 詩句變風官漸緊, 夜濤春盡海邊藤."

洞, 唐諸王孫也, 嘗遊西川, 慕賈浪仙爲詩, 鑄銅像其儀, 事之如神. 洞爲「終南山詩」二十韻, 句有"殘陽高照蜀, 敗葉遠浮涇." 復曰:"劚竹烟嵐凍, 偷湫雨雹腥. 遠平丹鳳闕, 冷射五侯廳."「贈司空侍郎」云:"馬饑餐落葉, 鶴病曬殘陽." 又曰:"卷箔淸溪月, 敲松紫閣書." 又「送僧」云:"越講迎騎象, 蕃齋懺射鵰."「上高僕射」曰:"征南破虜漢功臣, 提劍歸來萬里身. 閒倚凌烟金柱看, 形容消瘦老於眞." 復曰:"藥杵聲中搗殘夢, 茶鐺影裏煮孤燈."「送人歸東南」云:"島嶼分諸國, 星河共一天." 時人但誚其僻澀, 而不能貴其奇峭, 惟吳子華深知之. 子華才力浩大, 八面受敵, 以韻著稱, 遊刃頗攻『騷』『雅』. 嘗以百篇示洞. 洞曰:"大兄所示百篇中, 有一聯絶唱,「西昌新亭」曰:'暖漾魚遺子, 晴遊鹿引麛.'" 子華不怨所鄙, 而喜所許.

洞三榜, 裴公第二榜,「策夜簾前獻詩」云:"公道此時如不得, 昭陵慟哭一生休." 尋卒蜀中. 裴公無子, 人謂屈洞所致, 裴公, 贄也.

洞慕賈島, 鑄其像頂戴, 常念賈島佛.

「送僧遊南海」云:"春往海南邊, 秋聞半路蟬. 鯨呑洗鉢水, 犀觸點燈船. 島嶼分諸國, 星河共一天. 長空却歸日, 松偃舊房前."

「상숭현조랑중上崇賢曹郎中」에서 "한적한 곳집은 궁을 뚫고 흐른 물을 베개 삼고, 물소리 들으며 이불을 나누어 덮은 이들은 모두 촉나라 승려들이다. 약절구 소리에 쇠잔한 꿈을 찧고, 차 솥 그림자에 외로운 등불을 삶는다. 형조刑曹의 나무는 천 년의 샘물을 비추고, 화악華嶽의 누대는 만 리의 얼음을 열어젖힌다. 시의 기풍이 변하며 관청은 점차 긴박하나니, 밤 파도가 바닷가 등나무를 절구질한다[閒坊宅枕穿宮水, 聽水分衾盡蜀僧. 藥杵聲中搗殘夢, 茶鐺影裏煮孤燈. 刑曹樹映千年井, 華嶽樓開萬里冰. 詩句變風官漸緊, 夜濤舂盡海邊藤]"라고 했다.

이동은 당나라 제왕諸王의 후손이다. 일찍이 서천西川을 유람하다가 가랑선(賈浪仙 : 가도)의 시를 사모하여 그의 상을 구리로 주조하고 신처럼 섬겼다. 이동은 「종남산終南山」 이십운二十韻을 지었는데, 그중에서 "태양은 촉나라를 높게 비추고, 떨어진 잎은 멀리 경수 위에 떠있네[殘陽高照蜀, 敗葉遠浮涇]"라고 하고, 또 "대나무 쪼갠 안개와 남기는 얼고, 연못 침투한 비와 우박은 비리다. 저 멀리 단봉丹鳳의 궁궐 펼쳐 있고, 냉기가 오후五侯의 대청을 쏜다[劚竹烟嵐凍, 偸湫雨雹腥. 遠平丹鳳闕, 冷射五侯廳]"라고 했다. 「증사공시랑贈司空侍郎」에서는 "말이 굶주려 떨어진 잎사귀를 먹고, 학이 병들어 저무는 햇살을 쬔다[馬饑餐落葉, 鶴病曬殘陽]"라고 하고, 또 "청계(淸溪 : 마을 이름)의 달에 주렴을 걷고, 자각(紫閣 : 봉우리 이름)의 글에 소나무 두드린다[卷箔淸溪月, 敲松紫閣書]"라고 하고, 또 「송승送僧」에서 "월강越講에서는 코끼리 타는 걸 맞이하고, 번재蕃齋에서는 독수리 쏜 것을 참회한다[越講迎騎象, 蕃齋懺射鵰]"라고 했다. 「상고복야上高僕射」에서는 "남쪽 정벌하고 오랑캐 격파한 한나라의 공신, 칼 들고 만 리 길 오간 몸이다. 한적하게 능연각凌烟閣에 기대어 황금 기둥을 보니, 초췌한 모습이 실물보다 노쇠했다[征南破虜漢功臣, 提劍歸來萬里身. 閒倚凌烟金柱看, 形容消瘦老於眞]"라고 했다. 그리고 또 "약절구 소리에 쇠잔한 꿈을 찧고, 차 솥 그림자에 외로운 등불을 삶는다[藥杵聲中搗殘夢, 茶鐺影裏煮孤燈]"라고 했다. 「송인귀동남送人歸東南」에서는 "도서島嶼는 여러 나라로 나뉘고, 별과 은하수는 한 하늘에 있네[島嶼分諸國, 星河

共一天]"라고 했다. 당시 사람들은 그가 한쪽에 치우치고 난삽한 것만 비난하고 기묘하고 특출난 것은 귀하게 여길 줄 몰랐는데 오직 오자화吳子華만 그를 깊이 알아주었다. 오자화는 재능과 역량이 넓고 커서 사방에서 공격을 받아도 운율로써 명성을 떨쳤고 휘두르는 칼날이 『이소』와 『풍아』를 공격할 정도였다. 일찍이 백 편을 이동에게 보이자 이동이 이르기를 "대형께서 보여주신 백 편에는 1연의 절창絶唱만 있으니 「서창신정西昌新亭」에서 '따스한 물살에서 물고기는 새끼를 남겨두고, 맑은 날 유람에서 사슴은 새끼를 이끈다[暖漾魚遺子, 晴遊鹿引麛]'입니다"라고 했으나 오자화는 그의 비판을 원망하지 않고 오히려 평가해준 것을 기뻐했다.

이동이 세 번째 과거를 볼 때 배공裴公이 두 번째 과거를 봤다. 이동이 「책야렴전헌策夜簾前獻」에서 "공이 이때 만일 얻지 못한다면, 소릉昭陵에서 통곡하며 일생이 끝나리라[公道此時如不得, 昭陵慟哭一生休]"라고 했는데, 머지않아 촉중蜀中에서 생을 마쳤다. 배공은 자식이 없었는데 사람들은 이동에게 굽힘을 당했기 때문이라고 했다. 배공의 이름은 지贄이다.

이동은 가도를 사모하여 그의 형상을 주조해 머리에 이고 다니면서 언제나 가도불賈島佛을 되뇌었다.

「송승유남해送僧遊南海」에서 "봄에는 바다 남쪽으로 가고, 가을에는 길에서 매미 소리를 듣는다. 고래는 탁발 씻는 물을 머금고, 코뿔소는 등불 켠 배에 부딪친다. 섬은 여러 나라로 나뉘는데, 별과 은하는 하늘에 함께 있다. 먼 하늘 문득 돌아가는 날에, 소나무가 옛 방 앞에 기울어져 있다[春往海南邊, 秋聞半路蟬. 鯨呑洗鉢水, 犀觸點燈船. 島嶼分諸國, 星河共一天. 長空却歸日, 松偃舊房前]"라고 했다.

長孫翱장손고

長孫翱・朱慶餘各有「宮詞」. 翱詞曰 : "一道甘泉接禦溝, 上皇行處不曾秋. 誰言水是無情物, 也到宮前咽不流." 朱詞曰① : "寂寂花時閉院門, 美人相對泣瓊軒. 含情欲說宮中事, 鸚鵡前頭不敢言."

① "詞", 據『紀事』補.

장손고와 주경여朱慶餘는 각기 「궁사」를 남겼다. 장손고의 궁사에서는 "한길 맛좋은 샘물은 어구禦溝와 인접하고, 상황上皇이 다닌 곳에는 일찍이 가을이 들지 않았다. 누가 물이 무정물이라 말하는가, 궁 앞에 이르면 울며 흐르지 않거늘[一道甘泉接禦溝, 上皇行處不曾秋. 誰言水是無情物, 也到宮前咽不流]"이라고 하고, 주경여의 궁사에서는 "적적하게 꽃이 필 때 원문院門은 닫혀 있고, 미인은 마주보며 경헌瓊軒에서 눈물 흘린다. 정을 안고 궁중의 일을 말하고 싶지만 앵무새 앞에서 감히 말을 못한다[寂寂花時閉院門, 美人相對泣瓊軒. 含情欲說宮中事, 鸚鵡前頭不敢言]"라고 했다.

① '詞'는 『당시기사』에 의거하여 보충했다.

崔櫓①최로

「華清宮詩」云 : "銀河漾漾月輝輝, 樓礙星邊織女機. 橫玉叫雲清似水, 滿空霜逐一聲飛."

"門橫金鎖悄無人, 落日秋聲渭水濱. 紅葉下山寒寂寂, 濕雲如夢雨如塵."

「岸梅」云 : "含情含怨一枝枝, 斜壓漁家短短籬. 惹袖尚餘香半日, 向人如訴雨多時. 初開偏稱琱梁畫, 未落先愁玉笛吹. 行客見來無去意, 解帆烟浦爲題詩."

① "櫓"原作"魯", 據『紀事』和『全唐詩』改.

「화청궁華淸宮」에서 "은하는 넘실넘실 달빛 빛나고, 누대는 별빛 옆 직녀의 베틀을 가렸다. 구름 향해 부는 옥피리 소리는 물처럼 맑고, 창공 가득한 서리가 소리를 뒤쫓아 날아간다[銀河漾漾月輝輝, 樓礙星邊織女機. 橫玉叫雲淸似水, 滿空霜逐一聲飛]"라고 했다.

"황금 열쇠 걸어 잠긴 문에 홀로 시름겨운데, 위수에 해가 지며 가을 소리 들린다. 붉은 잎 지는 산은 추위에 적적한데, 젖은 구름 꿈과 같고 비는 먼지와 같다[門橫金鎖悄無人, 落日秋聲渭水濱. 紅葉下山寒寂寂, 濕雲如夢雨如塵]"라고 했다.

「안매岸梅」에서 "정을 안고 원망 안은 가지들, 어가漁家를 가로 누른 짧은 울타리. 소매 휘젓자 아직도 향이 절반 남아서, 비 많이 내릴 때 사람 향해 호소하는 듯하다. 처음 꽃필 때는 들보에 새겨진 그림이라 일컫더니, 지기도 전에 먼저 옥적玉笛이 불까 걱정한다. 나그네가 보고 나서 떠날 마음 없어, 돛을 내리고 안개 낀 포구에서 시를 쓴다[含情含怨一枝枝, 斜壓漁家短短籬. 惹袖尙餘香半日, 向人如訴雨多時. 初開偏稱琱梁畫, 未落先愁玉笛吹. 行客見來無去意, 解帆烟浦爲題詩]"라고 했다.

① '櫓'는 본래 '魯'로 되어 있었는데, 『당시기사』와 『전당시』에 의거하여 고쳤다.

高蟾고섬

鄭谷贈詩云："張生故國三千里, 知者惟應杜紫微. 君有君恩秋後葉, 可能更羨謝玄暉." 蓋蟾有「宮詞」云："君恩秋後葉, 日日向人疏."

蟾「初落第詩」云："天上碧桃和露種, 日邊紅杏倚雲栽. 芙蓉生在秋江上, 莫向春風怨未開." 胡曾亦有「下第詩」云："翰苑何時休嫁女, 文昌早晩罷生兒. 上林新桂年年發, 不許平人折一枝." 時謂蟾無躁競心, 後登第, 乾符中爲中丞.

정곡鄭谷이 보낸 시에서 "장생張生의 고국 삼천 리를, 아는 사람은 오직 두자미(杜紫微 : 두목)이리라. 그대에게는 임금의 은혜가 가을 뒤 잎이라는 것이 있으니, 다시금 사현휘謝玄暉를 부러워할 만하리[張生故國三千里, 知者惟應杜紫微. 君有君恩秋後葉, 可能更羨謝玄暉]"라고 했는데, 고섬의 「궁사」에서 "임금의 은혜는 가을 뒤의 잎이어서, 날마다 사람을 향해 성글다[君恩秋後葉, 日日向人疏]"라는 구절이 있어서다.

고섬의 「초낙제初落第」에서 "천상의 벽도碧桃는 이슬과 함께 심고, 태양의 홍행紅杏은 구름에 기대어 심는다. 부용은 가을 강물에 자라났으니, 봄바람 향해 피지 못하는 것을 원망하지 말라[天上碧桃和露種, 日邊紅杏倚雲栽. 芙蓉生在秋江上, 莫向春風怨未開]"라고 하고, 호증胡曾 역시 「하제下第」를 남겼는데, "한원翰苑은 언제 딸 시집보내는 것을 그만둘까, 문창文昌은 조만간 아이 낳는 것을 그만두리라. 상림上林의 새 계수나무는 해마다 피지만, 평범한 사람이 가지 꺾는 것을 허락하지 않는다[翰苑何時休嫁女, 文昌早晚罷生兒. 上林新桂年年發, 不許平人折一枝]"라고 했는데, 당시 고섬은 조급하거나 경쟁하려는 마음이 없다고 평했으며 나중에 급제를 하고 건부(乾符 : 874~879) 연간에 중승中丞이 되었다.

전당시화全唐詩話 권5卷五

于武陵우무릉

「孤雲」詩云 : "南北各萬里, 有雲心更閒. 因風離海上, 伴月到人間. 洛浦少高樹, 長安無舊山. 徘徊不可住, 漠漠又東還."

「客中」云 : "楚人歌竹枝, 遊子淚沾衣. 異國久爲客, 寒宵頻夢歸. 一封書未返, 千樹葉皆飛. 南渡洞庭水, 更應消息稀."

「고운孤雲」에서 "남쪽과 북쪽은 만 리 길, 구름 있어 마음은 더욱 한적하다. 바람 따라 바닷가를 떠나, 달과 짝지어 인간 세상에 온다. 낙포洛浦에는 키 큰 나무가 적고, 장안에는 옛 산이 없다. 멈추지 못하고 배회하다, 아득히 동쪽으로 다시 돌아간다[南北各萬里, 有雲心更閒. 因風離海上, 伴月到人間. 洛浦少高樹, 長安無舊山. 徘徊不可住, 漠漠又東還]"라고 했다.

「객중客中」에서 "초나라 사람이 「죽지竹枝」를 불러, 나그네는 눈물로 옷을 적신다. 이국에서 오랫동안 객이 되어, 차가운 밤 고향 돌아가는 꿈을 자주 꾼다. 한 통의 편지도 돌아오지 못한 채, 수많은 나뭇잎만 모두 날아간다. 남쪽 동정호를 건너면, 소식은 더욱더 멀어지리라[楚人歌竹枝, 遊子淚沾衣. 異國久爲客, 寒宵頻夢歸. 一封書未返, 千樹葉皆飛. 南渡洞庭水, 更應消息稀]"라고 했다.

李頻이빈

「過四皓廟」云 : "東西南北人, 高跡自相親. 天下已歸漢, 山中猶避秦. 龍樓曾作客, 鶴氅不爲臣. 獨有千年後, 青青廟木春."

「과사호묘過四皓廟」에서 "동서남북에서 모인 이들, 고상한 자취로 서로 가까이 지냈다. 천하가 이미 한나라로 귀의했지만 산속에서 아직도 진나라를 피했다. 용루(龍樓 : 황궁)에서 일찍이 나그네 되고, 학창의鶴氅衣 입고 신하 되지 않았다. 홀로 천 년 뒤에, 사당의 나무는 봄날 푸르기만 하다[東西南北人, 高跡自相親. 天下已歸漢, 山中猶避秦. 龍樓曾作客, 鶴氅不爲臣. 獨有千年後, 青青廟木春]"라고 했다.

劉魯風유로풍

魯風江南投謁所知, 頗爲典客所阻, 因賦一絶曰 : "萬卷書生劉魯風, 烟波萬里謁文翁. 無錢乞與韓知客, 名紙毛生不肯通."

自貞元後, 唐文甚振, 以文學科第爲一時之榮. 及其弊也, 士子豪氣罵吻, 遊諸侯門, 諸侯望而畏之. 如劉魯風·姚嵓傑·柳棠·胡曾之徒, 其文皆不足取. 餘故載之者, 以見學時諸侯爭取譽於文士, 此蓋外重內輕之牙蘖. 如李益者, 一時文宗, 猶曰 : "感恩知有地, 不上望京樓." 其後如李山甫輩, 以一名一第之失, 至挾方鎭, 劫宰輔, 則又有甚焉者矣. 一篇一韻, 初若虛文, 而治亂之萌係焉. 余以是知其不可忽也.

유로풍이 강남에서 지인을 찾아갔지만 전객시典客寺의 관리로부터 저지를 당하자 절구를 짓기를 "만권萬卷서생 유로풍이, 만 리 안개 헤치고 문옹文翁을 배알하려 했다. 돈이 없어 한韓씨 지인에게 빌리려 하지만 명함이 마모돼 읽을 수가 없다[萬卷書生劉魯風, 烟波萬里謁文翁. 無錢乞與韓知客, 名紙毛生不肯通]"라고 했다.

정원 이후 당의 문학이 매우 융성하여 문학으로 과거에 급제하는 것을 당대의 영화로 여겼다. 그러나 폐해가 발생하였으니, 문사들이 호기豪氣로 비판을 일삼아, 그들이 제후諸侯의 집을 찾아가면 제후들이 바라만 보고도 두려워했다. 예컨대, 유로풍·요암걸姚嵓傑·유상柳棠·호증胡曾 등은 그 문장이 모두 취할 만하지 못했다. 그럼에도 내가 개재하는 것은 당시 제후들이 앞다퉈 문사들로부터 호평을 끄집어내려던 행태를 보여주려는 것이니, 이러한 행위는 외면을 중시하고 내용은 경시하는 조짐이었던 것이다. 이익 같은 사람은 한 시대의 문종文宗임에도, 오히려 "은혜에 감사할 곳이 있는 줄 알아, 망경루望京樓에 오르지 않네[感恩知有地, 不上望京樓]"라고 했다. 그 후에 이산보李山甫 같은 무리들이 이름 하나에 급제 하나라는 잘못된 행태로 방진方鎭을 끌어대고, 재보宰輔를 겁주기까지 한 것은 더욱더 심한 경우이다. 문장 한 편 시 한 편이 별게 아닌 듯싶지만 치란治亂의 단서가 걸려 있다. 그래서 소홀히 해서는 안 된다는 것을 나는 알고 있다.

褚載저재

「雲」詩云：“盡日看雲首不回, 無心都大似無才. 可憐光彩一片玉, 萬里青天何處來”

「賀趙觀文重試及第」云：“一枝仙桂兩回春, 始覺文章可致身. 已把色絲要上第, 又將彩筆冠群倫. 龍泉再淬方知利, 火浣重燒轉更新. 今日街頭看御榜, 大能榮耀苦心人.”

陸威爲郎官, 載以文投獻, 數字犯其家諱, 威因矍然. 載尋以箋致謝, 曰：“曹興之圖畫雖精, 終慚誤筆, 殷浩之矜持太過, 翻達空函.”

載, 字厚之, 登乾寧進士第.

「운雲」에서 “하루 내내 머리 돌리지 않고 구름을 바라보니, 무심하게 크기만 한 것이 아무 재능이 없는 듯하다. 사랑스러운 한 조각 옥 같은 광채로, 만 리 푸른 하늘 어느 곳에서 온 것인가[盡日看雲首不回, 無心都大似無才. 可憐光彩一片玉, 萬里青天何處來]”라고 했다.

「하조관문중시급제賀趙觀文重試及第」에서 “한 가지 선계仙桂가 두 번의 봄 겪으며, 문장이 일생을 바칠 만한 일임을 깨닫는다. 이미 색사色絲[1]로 상등 급제를 요했고, 또 빛나는 필체는 뭇 사람들의 우두머리가 되리라. 용천검龍泉劍 다시 담금질해 비로소 날카로운 줄 알고, 화완포火浣布[2] 거듭 태우자 갈수록 새롭다. 오늘 거리에 발표한 방榜을 보니, 고심어린 사람을 대단히 영광스럽게 했다[一枝仙桂兩回春, 始覺文章可致身. 已把色絲要上第, 又將彩筆冠群倫. 龍泉再淬方知利, 火浣重燒轉更新. 今日街頭看

1 색사(色絲)：‘색(色)’과 ‘사(絲)’를 조합하면 ‘절(絶)’이라는 글자가 되는데, 「조아비(曹娥碑)」 뒷면에 후한의 채옹이 ‘황견유부외손제구(黃絹幼婦外孫齏臼)’라고 쓴 것을 조조의 참모 양수(楊修)가 풀이하면서 “황견은 오색실[色絲]이니 이를 합치면 ‘절(絶)’이 되고 유부는 ‘소녀(小女)’이니 이를 합치면 ‘묘(妙)’가 됩니다”라는 식으로 분석하여, ‘절묘호사(絶妙好辭)’라고 해설했던 고사에서 유래한 것이다. 『세설신어(世說新語)』 「첩어(捷悟)」 참고.

2 화완포(火浣布)：불에 타지 않는 직물로, 석면포(石綿布)를 가리킨다.

御榜, 大能榮耀苦心人]"라고 했다.

육위陸威가 낭관이었을 때 저재가 글을 지어 바쳤는데, 몇몇 글자가 그의 가휘(家諱 : 선조의 이름)를 범하여 육위가 깜짝 놀랐다. 저재가 바로 편지로 사죄하기를 "조흥曹興의 그림이 정묘하긴 해도, 결국 그르친 필치가 부끄럽고, 은호殷浩[3]의 긍지가 너무 지나쳐, 도리어 빈 편지만 전달했습니다[曹興之圖畫雖精, 終慚誤筆, 殷浩之矜持太過, 翻達空函]"라고 했다.

저재는 자가 후지厚之이며 건녕(乾寧 : 894~898) 때 진사시에 급제했다.

汪遵왕준

遵幼爲吏, 許棠應二十餘擧, 遵猶在胥徒. 善爲絶句詩, 而深晦縝密. 一旦辭役就貢, 會棠送客至灞滻間, 遇遵於途, 訊曰 : "何事至京." 遵曰. "就貢." 棠怒曰 : "小吏無禮." 後遵成名五年, 棠始登第.

"秦築長城比鐵牢, 蕃戎不敢過臨洮. 雖然萬里連雲際, 爭及堯階三尺高." 遵「長城」詩也, 得名於時.

遵, 宣城人, 登咸通七年進士第, 許棠其鄕人也.

"平泉花木好高樹, 嵩少縱橫滿目前. 惆悵人間不平事, 今朝身在海南邊." 遵「題李太尉平泉莊」詩也.

왕준은 어려서부터 아전이었는데, 허당許棠이 과거에 이십여 차례 응시할 때까지 여전히 서도(胥徒 : 서리胥吏)였다. 절구시를 잘 지었는데, 깊고 치밀했다. 어느 날 사역使役을 그만두고 공사貢士 시험을 보게 되

3 은호(殷浩) : 晉나라 사람으로 식견이 뛰어나서 어려서부터 명성이 자자했다. 특히 『주역』과 『노자』에 밝아 청담(淸談)의 으뜸이 되었다. 『진서(晉書)』「은호열전(殷浩列傳)」 참고.

었는데, 마침 허당이 객을 전송하려고 패灞와 산滻 주변에 왔다가 길에서 왕준을 만났다. "무슨 일로 경사京師에 왔는가"라고 하자, 왕준이 "공사 시험을 보러가는 길이오"라고 하니, 허당이 노하며 말하기를 "소리小吏가 무례하구나"라고 했다. 나중에 왕준이 명성을 이룬 지 오 년 만에 허당은 비로소 급제했다.

"진秦나라가 만리장성을 쌓아 강철 우리에 견주자, 변방 오랑캐들이 감히 임조臨洮를 지나지 못했다. 비록 구름처럼 만 리를 이었지만 삼 척 높이의 요임금 계단에 미치랴[秦築長城比鐵牢, 蕃戎不敢過臨洮. 雖然萬里連雲際, 爭及堯階三尺高]"는 왕준의 「장성長城」이며, 당시에 명성을 얻게 된 작품이다.

왕준은 선성宣城 사람이며 함통 7년(866)에 진사시에 급제했고 허당도 같은 고향 사람이다.

"평천장平泉莊의 화목은 키 큰 나무보다 좋아, 드높은 숭산嵩山 소실산少室山이 눈앞에 선하다. 인간사 공평하지 못함을 서글퍼하며, 오늘 이 몸은 바다 남쪽에 있다[平泉花木好高樹, 嵩少縱橫滿目前. 惆悵人間不平事, 今朝身在海南邊]"는 왕준의 「제이태위평천장題李太尉平泉莊」이다.

盧渥노악

渥, 字子章, 軒冕之盛, 近傳無比, 伯仲四人, 鹹居顯列. 乾符初, 毋憂服闕, 渥自前中書舍人拜陝府觀察使, 弟沼, 前長安令, 除給事中, 弟沅, 自前集賢校理除左拾遺, 弟治,① 自畿尉遷監察御史. 詔書畢至, 士族榮之. 及赴任陝郊, 自居守分司朝臣已下, 爭設祖筵, 洛城爲之一空, 都人聳觀, 亙數十里. 渥「題嘉祥驛」詩曰: "交親榮餞洛城空, 秉鉞戎裝上將同. 星使自天丹詔下, 雕鞍照地數程中. 馬嘶靜谷聲偏響, 旆映晴山色更紅. 別後定知人易老, 滿街棠樹有遺風."

渥在擧場, 甚有時稱. 曾於滻水逆旅, 遇宣宗微行, 意其貴人, 斂身避之. 帝呼與相見, 乃自稱進士盧渥. 帝請詩卷, 袖之而去. 他日, 對宰臣語及渥, 令主司擢第. 宰臣問渥與主上有何階緣. 渥具陳其由, 時亦不以爲忝.

① "治"原作"沼", 據『紀事』改.

노악은 자가 자장子章이며 관직의 융성이 당대에 견줄 자가 없었고 형제 네 사람이 모두 높은 반열에 올랐다. 건부 초에 모친의 삼년상을 마친 뒤, 노악은 전중서사인前中書舍人에서 섬부관찰사陝府觀察使에 임명되고, 아우 노소盧沼는 전장안령前長安令에서 급사중에 임명되고, 아우 노완盧沅은 전집현교리前集賢校理에서 좌습유에 임명되고, 아우 노치盧治는 기위畿尉에서 감찰어사로 자리를 옮겼다. 황제의 조서가 연이어 이르자 당시의 사족士族들이 매우 영광스러워했다. 섬부로 부임하러 갈 때, 각 사司에 재직하고 있던 동료들이 앞다퉈 전별연을 베풂으로써 낙양이 텅 비고 이를 구경하는 인파가 수십 리에 이어졌다. 노악의 「제가상역題嘉祥驛」에서 "교류한 지인들이 전별연 베푸느라 낙양이 텅 비니, 도끼 든 무관의 복장이 상장上將과 같구나. 성사星使는 황궁으로부터 조칙을 갖고 내려오고, 장식한 안장으로 대지를 비추며 노정을 걷는다. 조용한 골짜기에 말 울음소리 홀로 메아리치고, 깃발이 산을 비추자 산빛이 더욱 붉다. 헤어지고 나면 쉽게 늙는다는 사실을 알지니, 거리 가득한 팥배나무에 유풍이 담겨 있으리라[交親榮餞洛城空, 秉鉞戎裝上將同. 星使自天丹詔下, 雕鞍照地數程中. 馬嘶靜谷聲偏響, 旆映晴山色更紅. 別後定知人易老, 滿街棠樹有遺風]"라고 했다.

노악의 과거장 이야기는 당시에 많은 호평이 있었다. 일찍이 산수滻水의 여관에서 선종의 미행微行을 만났는데, 노악은 그가 귀인일 것이라 여겨 몸을 추슬러 피했다. 선종이 그를 부르자, 스스로 진사 노악이라고 했다. 선종은 그에게 지은 시를 요청하여 소매에 넣고 떠났다. 훗날, 재신宰臣들을 만나 이야기할 때 선종은 노악에 대해 언급하고, 주사主司로 하여금 과거에 발탁시키도록 했다. 재신이 노악에게 주상主上과 무슨 인연이 있느냐고 묻자 노악이 그 연유를 상세히 진술했고, 당시 사람들도 이를 수치스러운 일로 여기지 않았다.

① '治'는 본래 '沼'로 되어 있었는데, 『당시기사』에 의거하여 고쳤다.

滕倪등예

滕倪苦心爲新詩, 嘉聲早播. 遠之吉州, 謁宗人太守郎中邁. 邁每吟其句云: "白髮不能容相國, 也同閒客滿頭生." 又題「鷺鷥障子」云: "映水有深意, 見人無懼心." 邁曰: "魏文惜陳思之學, 潘岳褒正叔之文, 貴集一家之盛如此."

倪逼秋試, 捧笈告遊, 留詩爲別. 滕君得之,① 悵然曰: "是必不祥." 倪至秋, 卒于商於館舍, 聞者莫不傷焉. 倪詩曰: "秋初江上別旌旗, 故國無家淚欲垂. 千里未知投足處, 前程便是聽猿時. 誤攻文字身空老, 却返樵漁計已遲. 羽翼凋零飛不得, 丹霄無路接差池."

① "滕君得之"四字據『雲溪友議』補.

등예는 고심하여 새로운 시를 지어 훌륭한 명성이 일찍 널리 알려졌다. 멀리 길주吉州로 가, 종인宗人 태수낭중太守郎中 등매를 알현했는데, 등매가 매번 그의 시, "백발에 상국相國으로부터 용납을 받지 못하여, 흰 머리 가득한 한적한 나그네와 다름없다[白髮不能容相國, 也同閒客滿頭生]"를 읊고, 또 「노자장자鷺鷥障子」의 "물에 비치면 깊은 생각 들어 있고, 사람을 보면 두려운 마음이 없다[映水有深意, 見人無懼心]"를 읊었다. 등매가 말하기를 "위 문제(조비)는 진사(陳思: 조식)의 학문을 아까워하고, 반악은 정숙(正叔: 반니)의 문장을 표창했으니, 일가의 성대함을 모으는 것을 중시하는 것이 이러하다"라고 했다.

등예가 가을 시험이 다가오자 책 보따리를 꾸려 떠나는 것을 알리며, 이별의 시를 남겼다. 등매가 시를 받아보고 슬퍼하며 이르기를 "이는 반드시 상서롭지 못하다"라고 했는데, 등예가 가을이 돼 상오관사商於館舍에서 생을 마쳤으니, 소식을 들은 자들이 모두 슬퍼했다. 등예의 시는 다음과 같다. "초가을 강가에는 이별의 깃발 나부끼고, 고국에는 집이 없어 눈물이 흐르려 한다. 천 리 길에 발 들여놓을 곳을 알지 못하고, 앞으로 가야 할 길은 잔나비 울음소리 들을 때이다. 잘못 공부하여 몸만 공연히 늙고, 다시 고기잡이 땔나무꾼으로 돌아가고 싶지만 이미 늦었다. 날개가 시들어 날아갈 수 없고, 붉은 하늘 길이 없어 허둥대고 있다[秋初江上別旌旗, 故國無家淚欲垂. 千里未知投足處, 前程便是聽猿時. 誤攻文字身空老, 却返樵漁計已遲. 羽翼凋零飛不得, 丹霄無路接差池]"라고 했다.

① '滕君得之' 네 글자는 『운계우의』에 의거하여 보충했다.

費冠卿비관경

冠卿, 字子軍, 池州人. 久居京師, 「感懷」詩云 : "煢獨不爲苦, 求名始辛酸. 上國無交親, 請謁多少難. 九月風到面, 羞汗成冰片. 求名俟公道, 名與公道遠. 力盡得一名, 他喜我且輕. 家書十年絶, 歸去知誰榮. 馬嘶渭橋柳, 特地起愁聲." 登元和二年第, 母卒, 旣葬而歸, 歎曰 : "干祿, 養親耳, 得祿而親喪, 何以祿爲!" 遂隱池州九華山. 長慶中, 殿院李行修擧其孝節, 拜右拾遺. 制曰 : "前進士費冠卿, 嘗預計偕, 以文中第, 祿不及於榮養, 恨每積於永懷. 遂乃屛身丘園, 絶跡仕進, 守其至性,① 十有五年, 峻節無雙, 淸飆自遠. 夫旌孝行, 擧逸人, 所以厚風俗而敦名敎也. 宜承高獎, 以儆薄夫. 擢參近侍之榮, 載佇移忠之效." 冠卿竟不應命.

杜荀鶴有詩吊其墓曰 : "凡吊先生者, 多傷荊棘間. 不知三尺墓, 高却九華山. 天地有何外, 子孫無亦閒. 當時若徵起, 未必得身還."

冠卿以拾遺召不起, 賦詩云 : "君親同是先王道, 何如骨肉一處老. 也知臣子合佐時, 自古榮華誰可保."

① "至"原作"志", 據『紀事』改.

비관경은 자가 자군子軍이며 지주池州 사람이다. 오랫동안 경사京師에 거주했는데, 「감회感懷」에서 "외롭게 지내는 것이 힘들지 않았는데, 이름을 구하려고 나서야 신산하다. 상국上國에는 친한 이가 없어, 배알을 요청하는 것이 이래저래 어렵다. 구월 바람이 얼굴을 스치니, 부끄러운 땀방울이 얼음 조각 되었다. 명성을 구하려 공도公道를 기다렸지만 명성은 공도와 멀어지기만 한다. 힘이 다 빠질 때 이름 하나 얻어, 그는 기뻐하지만 나는 경시할 뿐이다. 집과 편지가 십 년 동안 끊어졌거늘, 돌아간들 누가 영화를 알아줄까. 말은 위교渭橋 버드나무 아래서 울며, 특별히 수심 어린 소리를 들려준다[煢獨不爲苦, 求名始辛酸. 上國無交親, 請謁多少難. 九月風到面, 羞汗成冰片. 求名俟公道, 名與公道遠. 力盡得一名, 他喜我且輕. 家書十年絶, 歸去知誰榮. 馬嘶渭橋柳, 特地起愁聲]"라고 했다. 원화 2년(807)에 급제했는데, 어머니가 세상을 뜨자 장사를 지낸 뒤 돌아와 탄식하기를 "녹을 구하는 일은 모친을 봉양하기 위함인데, 녹을 얻자 모친이 세상을 떠났으니, 어찌 녹 받는 일을 할 수 있으랴"라고 하고, 마침내 지주池州 구화산九華山에 은거했다. 장경 연간에 전원殿院 이행수李行修가 그의 효심과 절의를 추천하여 우습유에 임명하고 이에 대한 제사制詞에서 "전진사前進士 비관경은 일찍이 세운 계획에 맞춰 문장으로 과거에 급제했지만 녹이 부모님 봉양에 미치지 못하여 한이 가슴속에 늘 쌓였다. 그래서 마침내 산림에 몸을 숨긴 채 벼슬길을 사양하고 본성을 지키기를 십오 년 동안 했으니, 빼어난 절의는 상대가 없으며 맑은 품위는 저절로 멀리 알려졌다. 무릇 효도를 실행한 사람에게 정려旌閭를 내리고 빼어난 인물을 천거하는 것은 풍속을 도탑게 하고 가르침을 돈독히 하기 위함이다. 마땅히 높은 관직을 받게 하여 야박한 사람들을 경계해야 한다. 황제를 가까이 모시는 영광의 자리에 발탁하여 효심을 충성으로 옮기는 공로를 지켜봐야 한다"라고 했지만 비관경은 끝내 부름에 응하지 않았다.

두순학杜荀鶴이 그의 묘에 애도의 시를 짓기를 "무릇 선생을 위문한 이들은, 다들 가시덤불 사이에서 산 삶을 슬퍼하지만. 삼 척의 구름이, 구화산 높이 자리한 줄 잘 모른다. 하늘과 땅이 있는데 왜 도외시하는가, 자손은 없어도 그대로 한적하다. 당시 부름을 받아 나갔다면, 반드시 몸이 못 돌아왔으리라[凡吊先生者, 多傷荊棘間. 不知三尺墓, 高却九華山. 天地有何外, 子孫無亦閒. 當時若徵起, 未必得身還]"라고 했다.

비관경은 우습유의 임명에 응하지 않고 지은 시에서 "임금과 어버이는 모두 선왕先王의 도인데, 어찌하여 골육들이 한곳에서 늙겠는가. 신하들이 함께 보좌할 때에도, 그 영화를 누가 보장했던가[君親同是先王道, 何如骨肉一處老. 也知臣子合佐時, 自古榮華誰可保]"라고 했다.

① '至'는 본래 '志'로 되어 있었는데, 『당시기사』에 의거하여 고쳤다.

李廓이곽

廓, 李程之子也. 登元和進士第. 大中中, 拜武寧節度使, 不能治軍. 補闕鄭魯言, "新麥未登, 徐必亂." 既而軍亂, 果逐廓. 按舊史, 廓有詩名, 大中末, 累官至潁州刺史, 再爲觀察使. 子晝, 亦登進士第.

廓「落第」詩云: "榜前潛拭淚, 衆裏自嫌身. 氣味如中酒, 情懷似別人. 暖風張樂席, 晴日看花塵. 盡是添愁處, 深居乞過春."

이곽은 이정李程의 아들이다. 원화 연간에 진사시에 급제했다. 대중 연간에 무녕절도사武寧節度使에 임명되었으나 군사를 잘 다스리지 못했다. 보궐補闕 정로鄭魯가 "새 보리가 익기 전에 서주徐州에 반드시 군란이 일 것이다"라고 했는데, 얼마 있지 않아 군란이 일어나 정말로 이곽을 축출했다. 옛 사적을 살펴보면, 이곽은 시인의 명성을 갖고 있으며 대중 말엽에 여러 관직을 역임한 뒤 영주자사潁州刺史에 이르고, 다시 관찰사가 되었다. 아들 이주李晝도 진사시에 급제했다.

이곽은 「낙제落第」에서 "방榜 앞에서 조용히 눈물을 닦고, 무리 속에서 스스로 몸을 혐오한다. 기분은 술에 취해 있는 듯하고, 감정은 이별한 사람 같다. 따스한 바람은 즐거운 자리에 널리 퍼지고, 쾌청한 날에 꽃들의 자취를 바라본다. 모두 시름만 더하는 곳이어서, 깊숙한 곳에서 봄이 지나가기만 빈다[榜前潛拭淚, 衆裏自嫌身. 氣味如中酒, 情懷似別人. 暖風張樂席, 晴日看花塵. 盡是添愁處, 深居乞過春]"라고 했다.

薛能설능

能, 字大拙, 汾州人. 會昌六年進士. 大中八年, 書判入等, 補盩厔尉, 辟太原陝虢河陽從事. 李福鎭滑州, 表觀察判官. 歷侍御史都官・刑部員外郎. 福徙西川, 取爲節度副使. 咸通中, 攝嘉州刺史. 歸朝, 遷主客度支刑部郎中. 俄刺同州. 京兆尹濕璋貶, 命權知尹事. 出領感化節度, 入授工部尚書. 復節度除州, 徙忠武. 廣明元年, 徐兵赴溵水, 經許, 能以前帥徐軍吏懷恩, 館之州內. 許軍懼徐人見襲, 大將周岌因衆怒逐能, 自稱留後. 能全家遇害.

「獻僕射相公」云 : "淸如冰玉重如山, 百辟嚴趨禮絶攀. 強虜外聞應破膽, 平人相見盡開顔. 朝廷有道青春好, 門館無私白日閒. 致却垂衣更何事, 幾多詩句詠關關."

能「題集後」曰 : "詩源何代失澄淸, 處處狂波汙後生. 常感道孤吟有淚, 却緣風壞語無情. 難甘惡少欺韓信, 枉被諸侯殺禰衡. 縱到緱山也無益, 四方聯絡盡蛙聲."

"青春背我堂堂去, 白髮催人故故生." 此能詩也. 然無子美大雅之度.

「秋夜旅舍寓懷」云 : "庭鎖荒蕪獨夜吟, 西風吹動故人心. 三秋木落半年客, 滿地月明何處砧. 漁唱亂沿汀鷺合, 雁聲寒咽隴雲深. 平生只有松堪對, 露浥霜欺不受侵."

설능은 자가 대졸大拙이며 분주汾州 사람이다. 회창 6년(846) 진사시에 급제했다. 대중 8년(854)에 서판書判이 등급에 들어 주질위盩厔尉에 보임되고, 태원太原・섬괵陝虢・하양河陽의 종사從事로 임명되었다. 이복李福이 활주滑州를 다스릴 때, 추천의 글을 올려 관찰판관觀察判官에 임명됐다. 시어사도관侍御史都官과 형부원외랑刑部員外郎을 역임했다. 이복이 서천西川으로 옮길 때 그를 절도부사節度副使로 삼았다. 함통 연간에는 가주嘉州자사를 섭정하고, 조정에 돌아와서는 주객도지主客度支 형부낭중刑部郎中으로 자리를 옮겼다. 그리고 얼마 뒤 동주同州자사가 되었으며, 경조윤 온장溫璋이 좌천을 당할 때에는 명령을 받아 경조윤의 일을 임시로 맡았다. 외직으로 나가 감화感化절도사가 되고, 조정으로 돌아와 공부상서工部尙書가 됐다. 다시 서주徐州절도사가 되고, 나중에 충무忠武로 옮겼다. 광명廣明 원년(880)에 서주의 병사가 은수溵水를 향해 가며 허주許州를 경유했는데, 설능이 이전에 거느렸던 서군徐軍 아전의 옛 은혜를 생각하여 주州 안에 머무르게 했다. 그런데 허주 군軍은 서주 사람들이 엄습할까 두려워하여, 대장 주급周岌이 뭇 사람들의 분노에 따라 설능을 축출했는데, 설능은 스스로 유후留後[4]라 칭했다. 그리하여 설능은 온 집안이 피해를 당했다.

「헌복야상공獻僕射相公」에서 "맑기는 얼음빛 옥 같고 무겁기는 산과 같아서, 모든 제후들이 엄숙히 나아가며 예절이 분명하다. 강한 오랑

[4] 유후(留後) : 관직명. 관찰사 등이 유고 시에 그 직책을 대임한다.

캐가 밖에서 들으면 간담이 터질 것이지만 여느 사람들과 만나면 얼굴을 활짝 편다. 조정은 도道가 있어 푸른 봄이 좋고, 문관門館은 사심이 없어 하루가 한적하다. 수의(垂衣 : 태평성대)를 버린 것은 무슨 이유인가, 얼마나 많은 시들을 읊으려는가[淸如冰玉重如山, 百辟嚴趨禮絶攀. 强虜外聞應破膽, 平人相見盡開顔. 朝廷有道靑春好, 門館無私白日閒. 致却垂衣更何事, 幾多詩句詠關關]"라고 했다.

설능은 「제집후題集後」에서 "시의 근원이 어느 시대에 청정함을 잃었나, 곳곳의 광폭한 물결이 후생들을 더럽힌다. 언제나 도가 외롭다는 생각에 읊조리며 눈물 흘리고, 이내 시풍이 무너졌다는 이유로 말에 아무런 정도 없다. 나쁜 소년들이 한신韓信을 속인 것을 달가워하기 어렵고, 제후에 의해 예형禰衡[5]이 잘못 살해되었다. 후산緱山에 이른다 해도 아무 보탬이 없으리니, 사방에서 개구리 소리만 끝없이 들리리라[詩源何代失澄淸, 處處狂波汙後生. 常感道孤吟有淚, 却緣風壞語無情. 難甘惡少欺韓信, 枉被諸侯殺禰衡. 縱到緱山也無益, 四方聯絡盡蛙聲]"라고 했다.

"청춘은 날 등지고 당당히 떠나고, 백발은 삶을 재촉하며 꾸역꾸역 자란다.[靑春背我堂堂去, 白髮催人故故生.]" 이것은 설능의 시이다. 하지만 두자미杜子美의 대아大雅의 기풍은 없다.

「추야여사우회秋夜旅舍寓懷」에서 "뜰 앞은 거친 풀로 갇히고 한밤에 홀로 읊조리는데, 서쪽 바람이 불어와 고인(故人 : 친구)의 마음을 흔든다. 삼추三秋에 잎이 진 반년의 나그네여, 땅 가득 달이 밝은데 어느 곳에서 다듬이질 하나. 어부의 노래 어우러진 곳에 물가와 백로는 하나 되었고, 기러기 소리 차갑게 울리며 언덕에 구름이 자욱하다. 일생 동안 마주할 만한 소나무가 있어, 이슬에 젖고 서리가 속여도 침략을 받

---

5 예형(禰衡) : 후한 평원(平原) 사람으로, 자는 정평(正平)이다. 타고난 재능이 뛰어났으나 지나치게 강직하고 오만해서 조조와 유표(劉表) 휘하의 강하태수(江夏太守) 황조(黃祖)에게 보내졌다가 끝내 황조의 손에 죽임을 당했다. 『후한서』 「예형열전(禰衡列傳)」 참고.

지 않는다[庭鎖荒蕪獨夜吟, 西風吹動故人心. 三秋木落半年客, 滿地月明何處砧. 漁唱亂沿汀鷺合, 雁聲寒咽隴雲深. 平生只有松堪對, 露浥霜欺不受侵]"라고 했다.

曹鄴조업

鄴, 字業之, 大中進士也. 唐末, 以祠部郎中知洋州.

「老圃堂」詩云: "邵平瓜地接吾廬, 穀雨乾時手自鋤. 昨日春風欺不在, 就牀吹落讀殘書."

조업은 자가 업지業之이며 대중 연간의 진사이다. 당 말엽에 사부낭중祠部郎中에서 양주洋州자사로 임명되었다.

「노포당老圃堂」에서 "소평邵平의 오이 심은 땅이 나의 집과 가까워, 곡우穀雨 비 마를 때 손수 호미질을 한다. 어제 봄바람이 속이고 오지 않아, 침상에 쓰러져 해진 책을 읽는다[邵平瓜地接吾廬, 穀雨乾時手自鋤. 昨日春風欺不在, 就牀吹落讀殘書]"라고 했다.

聶夷中섭이중

夷中有「公子行」云: "種花滿西園, 花發青樓道. 花下一禾生, 去之爲惡草." 又「詠田家」詩云: "父耕原上田, 子劚山下荒. 六月禾未秀, 官家已修倉." 又云: "二月賣新絲, 五月糶新穀. 醫得眼前瘡, 剜却心頭肉. 我願君王心, 化作光明燭. 不照綺羅筵, 只照逃亡屋!" 所謂言近意遠, 合三百篇之旨也. 咸通十二年, 高湜知擧, 榜內孤寒者夷中・公乘億・許棠. 夷中尤貧苦, 精古詩.

夷中, 字坦之. 咸通中爲華陰尉.

섭이중이 「공자행公子行」에서 "심은 꽃이 서원西園에 가득하여 청루靑樓 길에 활짝 피었다. 꽃 아래 벼 한 포기 자라면, 악초惡草라고 이내 뽑아버린다[種花滿西園, 花發靑樓道. 花下一禾生, 去之爲惡草]"라고 하고, 「영전가詠田家」에서 "아비는 언덕 위 밭을 갈고, 아들은 산 아래 황무지를 일군다. 6월 벼 이삭이 패지도 않았는데, 관가에서는 이미 창고를 수리해 놓았다[父耕原上田, 子劚山下荒. 六月禾未秀, 官家已修倉]"라고 하고, 또 "2월에는 새로 나온 실을 팔고, 5월에는 새로 수확한 곡식을 판다. 눈앞의 종기는 치유했지만 마음속 살은 도려내었다. 바라노니 군왕께선 광명의 촛불을 만드셔서, 비단옷 잔치를 비추지 말고, 힘들어 도망간 집들만 비춰주소서[二月賣新絲, 五月糶新穀. 醫得眼前瘡, 剜却心頭肉. 我願君王心, 化作光明燭. 不照綺羅筵, 只照逃亡屋]"라고 했으니, 이른바 말은 간단하지만 의미가 깊어 시경의 본지에 부합하였다. 함통 12년(871)에 고식高湜이 과거를 주관할 때, 합격자의 방榜 안에 고독하고 한미한 사람은 섭이중·공승억公乘億·허당이었다. 섭이중은 더욱더 가난하고 고단했는데, 고시古詩에 뛰어났다.

섭이중은 자가 탄지坦之이며 함통 연간에 화음위華陰尉가 되었다.

張林장림

林擢進士第, 官至御史. 爲詩小巧, 多采景於園林.「亭沼」云: "菱葉乍翻人采後, 荇荷初沒舸行時." 亦佳句也.

林言毁佛寺, 時御史有蘇監察者, 檢天下廢寺, 見銀佛一尺以下者, 多袖而歸, 時號蘇捏佛. 溫庭筠遽曰: "好對'蜜陀僧.'"

장림은 진사시에 급제한 뒤 관직이 어사에 이르렀다. 시에 작은 기교가 있었는데, 대부분 원림園林에서 풍경을 채택했다. 「정소亭沼」의 "마름잎 채취하자 잠시 번뜩이고, 연꽃은 배가 지날 때 처음 잠긴다[菱葉乍翻人采後, 芰荷初沒舸行時]"는 좋은 구절이다.

장림이 사원을 훼철할 것을 주장했는데, 당시 어사 가운데 소감찰蘇監察이라는 사람이 천하의 폐사廢寺들을 점검하여 한 자 이하의 은불상만 보면 대부분 자기 짐에 넣어 돌아왔으므로 당시 소날불蘇捏佛이라 불렸고, 온정균溫庭筠은 "'밀타승蜜陀僧'[6]을 대하기 좋네"라고 했다.

崔塗최도

「春夕旅懷」云 : "水流花謝兩無情, 送盡東風過楚城. 蝴蝶夢中家萬里, 杜鵑枝上月三更. 故園書動經年絶, 華發春惟滿鏡生. 自是不歸歸便得, 五湖烟景有誰爭."

「蜀城春」云 : "天涯憔悴身, 一望一沾巾. 在處有芳草, 滿城無故人. 懷才皆得路, 失計自傷春. 清鏡不堪照, 鬢毛愁更新."

塗, 字禮山, 光啟進士也.

「춘석려회春夕旅懷」에서 "물 흐르고 꽃이 져도 모두 무정하여, 동풍을 다 보낸 채 초성楚城을 지나간다. 나비 꿈속에서 고향은 만 리 밖에 있고, 두견새 가지 위의 달은 삼경이다. 고향 편지는 곧잘 한 해 넘게 끊기고, 흰 머리는 봄날 거울 가득 자랐다. 아직 돌아가지 못해도 돌아갈 때를 얻는다면, 오호五湖의 풍경을 누가 다투고 있을까[水流花謝兩無情, 送盡東風過楚城. 蝴蝶夢中家萬里, 杜鵑枝上月三更. 故園書動經年絶, 華發春

6 밀타승(蜜陀僧) : 광물성 가루약인데, 여기서는 소감찰에 대한 비유어로 쓰였다.

惟滿鏡生. 自是不歸歸便得, 五湖烟景有誰爭]"라고 했다.

「촉성춘蜀城春」에서 "하늘 끝 초췌한 몸, 한 번 바라볼 때마다 한줄기 눈물을 적신다. 곳곳마다 풀들이 무성한데, 성 안에는 아는 친구가 없다. 재능 가진 이들 모두 길을 찾았는데, 계획 잃고 홀로 봄을 슬퍼한다. 맑은 거울을 쳐다볼 수 없어, 살쩍 털만 시름에 다시 새록새록 자란다[天涯憔悴身, 一望一沾巾. 在處有芳草, 滿城無故人. 懷才皆得路, 失計自傷春. 淸鏡不堪照, 鬢毛愁更新]"라고 했다.

최도는 자가 예산禮山이며 광계(光啓 : 885~887) 연간의 진사이다.

章碣장갈

「焚書坑」詩云 : "竹帛烟銷帝業虛, 關河空鎖祖龍居. 阬灰未冷山東亂, 劉項原來不讀書."

碣, 孝標之子. 登乾符進士第.

「분서갱焚書坑」에서 "죽백竹帛이 연기에 사라지며 황제의 사업은 물거품 되고, 관하關河는 공연히 조령(祖龍 : 진시황)의 거처를 걸어 잠갔다. 묻고 태운 재 씻기도 전에 산동山東이 혼란에 빠졌으니, 유비와 항우는 본디 글을 잊지 않았다[竹帛烟銷帝業虛, 關河空鎖祖龍居. 阬灰未冷山東亂, 劉項原來不讀書]"라고 했다.

장갈은 장효표章孝標의 아들이며 건부 연간에 진사시에 급제했다.

方干방간

「越州使院竹」云 : "莫見凌雲飄粉籜, 須知礙石作盤根. 細看枝上蟬吟處, 猶是筍時蟲蝕痕. 月送綠陰斜上砌, 露凝寒色濕遮門. 列仙終日逍遙地, 烏雀潛來不敢喧."

"世人如不容, 我自縱天慵. 落葉憑風掃, 香粳倩水舂. 花朝連郭霧, 雪夜隔湖鍾. 身在能無事, 頭宜白此峰."

干爲詩如, "鶴盤遠勢投孤嶼, 蟬曳殘聲過別枝." 齊梁以來, 未有之句也. 又「貽天目中峰客」, 有"枯井夜聞鄰果落, 廢巢寒見別禽來"之句.

「월주사원죽越州使院竹」에서 "구름 높이 솟아 향기 휘날리는 잎을 보지 말고, 바위 막아선 채 뿌리 잡은 것을 반드시 알지어다. 가지 위 매미 소리 나는 곳을 세심히 살피면, 죽순이었을 때 벌레 먹은 흔적이 남아 있으리라. 달이 보낸 녹음은 비끼어 섬돌 위로 올라오고, 이슬 맺힌 차가운 빛은 젖어서 문을 가린다. 열선列仙들이 하루 내내 머무는 곳이라, 참새며 새들이 조용히 와서 감히 재잘대지 못한다[莫見凌雲飄粉籜, 須知礙石作盤根. 細看枝上蟬吟處, 猶是筍時蟲蝕痕. 月送綠陰斜上砌, 露凝寒色濕遮門. 列仙終日逍遙地, 烏雀潛來不敢喧]"라고 했다.

"세상이 만일 받아주지 않는다면, 나 스스로 타고난 게으름을 마음껏 피우리라. 낙엽은 바람에 기대어 쓸고, 향기로운 벼는 물을 빌려 방아 찧는다. 꽃 피는 아침에 성곽 안개 이어지고, 눈 내린 밤에 호수 넘어 종소리 들린다. 이 몸이 아무 일만 없다면, 머리에 백발이 가득해도 좋으리라.[世人如不容, 我自縱天慵. 落葉憑風掃, 香粳倩水舂. 花朝連郭霧, 雪夜隔湖鍾. 身在能無事, 頭宜白此峰.]"

방간方干이 지은 시 가운데, "학이 멀리 원을 그리며 외딴 섬에 내리고, 매미가 쇠잔한 소리 늘어뜨리고 이별의 가지를 지나간다[鶴盤遠勢投孤嶼, 蟬曳殘聲過別枝]"는 제와 양 시대 이래로 보지 못한 구절이다. 또 「이천목중봉객貽天目中峰客」에 "한밤 마른 샘에서 이웃집 과일 떨어지는 소리 듣고, 차가운 날 망가진 새집에서 떠난 새가 찾아오는 것을 본다[枯井夜聞鄰果落, 廢巢寒見別禽來]"라는 구절이 있다.

衛準 위준

"莫言閒話是閒話, 往往事從閒話來." 又"何必剃頭爲弟子, 無家便是出家人."

準, 大曆五年登進士第.

"한가한 말은 한가한 말일 뿐이라고 말하지 말라, 이따금 일들이 한가한 말로부터 생긴다[莫言閒話是閒話, 往往事從閒話來]"라고 하고, 또 "어찌 반드시 머리를 깎아야만 불제자이랴, 집 없는 것이 바로 출가인이다[何必剃頭爲弟子, 無家便是出家人]"라고 했다. 위준은 대력 5년(770)에 진사시에 급제했다.

司空圖 사공도

愚幼嘗自負, 既久而愈覺缺然. 然得于春早, 則有"草嫩侵沙長, 冰輕著雨消." 又"人家寒食月, 花影午時天." 又"雨微吟思足, 花落夢無聊." 得于山中, 則有"坡暖冬生筍, 松涼夏健人." 又"川明虹照雨, 樹密鳥銜人." 得于江南, 則有"戍鼓和潮暗, 船燈照島幽." 又"曲塘春盡雨, 方響夜深船." 又"夜短猿悲減, 風和鵲喜靈." 得于塞下, 則有"馬色經寒慘, 鵰聲帶晚飢." 得于喪亂, 則有"驊騮思故第, 鸚鵡失佳人." "鯨鯢人海涸, 魑魅棘林幽." 得于道宮, 則有"棊聲花院閉, 幡影石壇高." 得于夏景, 則有"池涼清鶴夢, 林靜肅僧儀." 得于佛寺, 則有"松日明金像, 山風響木魚." 又"解吟僧亦俗, 愛舞鶴終卑." 得于郊園, 則有"遠坡春早慘, 猶有水禽飛." 得于樂府, 則有"晚粧留拜月, 春睡更生香." 得于寂寥, 則有"孤螢出荒池, 落葉穿破屋." 得于愜適, 則有"客來當意愜, 花發遇歌成." 雖庶幾不濱于淺涸, 亦未廢作者之譏訶也. 又七言云,① "逃難人多分隙地, 放生鹿大出寒林." 又"得劍乍如添健僕, 亡書久似憶良朋." 又"孤嶼池痕春漲滿, 小欄花韻午晴初." 又"故國春歸未有涯, 小欄高檻別人家. 五更惆悵廻孤枕, 猶自殘燈照落花." 又"甲子今重數, 生涯只自憐. 殷勤元旿日,② 歌午又明年." 皆不拘一概也. 蓋絶句之作, 本于詣極, 此外, 千變萬狀, 不知所以神而自神也, 豈容易哉! 今足下之詩, 時輩同有難及, 倘復以全美爲上, 卽知味外旨矣.【案: 表聖論詩之末, 今足下之詩云云, 則此條當是與友人論詩之書札, 但不知足下謂誰. 竊意原書首行, 必具姓名, 詩話誤刪之耳】③

與王駕評詩云: "末技之工, 雖蒙譽於賢哲, 未足自信, 必俟推於其類, 而後神躍而色揚. 今之贄藝者, 反是, 若卽醫而靳其病也, 惟恐彼之善察, 藥之我攻耳. 是以率人以謾, 莫能自振, 痛哉! 且伎之尤者, 莫若工於文章, 其能不死於詩者, 比他伎尤寡, 豈可容易較量哉. 今王生五言所得, 長於思與境偕, 乃詩家之所尚者, 則前所謂必推於其類, 豈止神躍色揚哉!"

王禹偁『五代史闕文』云: "圖, 字表聖, 自言蒲州人, 有俊才. 咸通中, 登進士第. 雅好爲文, 躁於進取, 頗自矜伐, 端士鄙之. 從事使府, 洎登朝, 驟歷清顯. 巢賊之亂, 車駕播遷. 圖有先人舊業在中條山, 極林泉之美, 圖自禮部員外郎避地焉, 日以詩酒自娛. 屬天下板蕩, 士人多往依之, 互相推奬, 由是聲名籍甚. 昭宗反正, 以戶部侍郞召至京師. 圖旣負才慢世, 謂己當爲宰輔, 時人惡之, 稍抑其銳. 圖憤憤, 謝病復歸中條. 與人書疏, 不名官位, 但稱知非子, 又稱耐辱居士. 其所居在禎貽谿之上, 結茅屋, 命曰: 休休亭. 嘗自爲亭記云云.【已上『梁史』舊文】" 謹按: "圖, 河中虞鄕人, 少有文釆, 未爲鄕里所稱. 會王凝自尙書郎出爲絳州刺史, 圖以文謁之, 大爲凝知. 入知制誥, 遷中書舍人, 知貢擧, 擢圖上第. 頃之, 凝出爲宣州觀察使, 辟圖爲從事. 旣渡江, 御史府奏圖監察, 下詔追之. 圖感凝知己之恩, 不忍輕離幕府, 滿百日不赴闕, 爲台司所劾, 遂以本官分司. 久之, 召拜禮部員外郎, 俄知制誥. 故集中有文曰:

'戀恩稽命, 黜繫洛師, 於今十年, 方忝綸閣.' 此豈躁於進取者邪. 舊史不詳, 一至於是. 圖見唐政多僻, 知天下必亂, 卽棄官歸中條山. 尋以中書舍人召, 拜禮部·戶部侍郞, 皆不起. 及昭宗播遷華下, 圖以密邇乘輿, 卽時奔問, 復歸還山. 故其詩曰:'多病形容五十三, 誰憐借笏趁朝參.' 此豈有意於相位邪. 河中節度使王重榮請圖撰碑, 得絹數千匹, 圖置於虞鄕市中, 恣鄕人所取, 一日而盡. 是時, 盜賊充斥, 獨不入王官谷. 河中士人, 依圖避難, 獲免者甚衆. 昭宗東遷, 又以兵部侍郞召至洛下, 爲柳璨所沮, 一謝而退. 梁祖受禪, 以禮部尙書召, 辭以老病. 卒時年八十餘. 又按梁室大臣, 乃至有如敬翔·李振·杜曉·楊涉等, 皆唐朝舊族, 本以忠義立身, 重侯累將, 三百餘年. 一旦委質朱梁, 其甚者, 贊成弑逆. 惟圖以清直避世, 終身不仕梁祖, 故『梁史』拾圖小瑕以泯大節者, 良有以夫! 題休休亭之楹曰:'咄, 喏! 休休休, 莫莫莫! 伎倆雖多性靈惡, 賴是長教閒處著. 休休休, 莫莫莫! 一局棋, 一爐藥, 天意時情可料度. 白日偏催快活人, 黃金難買堪騎鶴. 若曰爾何能, 答云耐辱莫.' 柳璨爲相, 臣僚多被放逐, 圖爲監察御史, 尤加畏愼. 昭宗郊禮畢, 上章懇乞致仕, 曰:'察臣本意, 非爲官榮, 可驗衰羸, 庶全名節.' 上特賜歸山, 其詔略曰:'旣養高以傲世, 類移山以釣名. 心惟樂於漱流, 仕非顓於食祿. 匪夷匪惠, 特忘反正之朝, 載省載思, 當徇遯棲之志. 宜放歸中條山.' 詔詞, 乃璨之文也. 時多以四皓二疏譽之. 惟僧虛中云:'道裝汀鶴識, 春醉野人扶.' 言其操履檢身, 非傲世者也. 又云:'有時看御札, 特地掛朝衣.' 言其尊戴存誠, 非要君也."

「華下」云:"日炙旱雲裂, 迸爲千道血. 天地沸一鑊, 竟自烹妖孽. 堯湯遇災數, 災數還中輟. 何事奸與邪, 古來難撲滅."

「僧舍貽友人」云:"笑破人間事, 吾徒莫自欺. 解吟僧亦俗, 愛舞鶴終卑. 竹上題幽夢, 溪邊約敵棋. 舊山歸有阻, 不是故遲遲."

「下方」云:"昏旦松軒下, 怡然對一瓢. 雨微吟思足, 花落夢無聊. 細事當棋遣, 衰容喜鏡饒. 溪僧有深趣, 書至又相邀."

① "又", 據『紀事』補.

② "昨"原作"日", 據『司空表聖文集』改.

③ 按上段見「與李生論詩書」.

저는 어려서 일찍이 자부심을 가졌지만 시간이 흐를수록 더욱 부족함을 느꼈습니다. 하지만 이른 봄에 얻은 시 구절 가운데 "풀이 여려도 모래를 뚫고 자라고, 얼음이 가벼워 비를 맞자 녹는다[草嫩侵沙長, 冰輕著雨消]"가 있고, 또 "인가人家에 한식의 달이 뜨고, 꽃 그림자 드리운 정오의 하늘이다[人家寒食月, 花影午時天]"가 있고, 또 "비가 가늘어지며 시읊기에 족하고, 꽃이 지니 꿈도 무료하다[雨微吟思足, 花落夢無聊]"가 있습니다. 산속에서 지은 시로는 "언덕이 따스해 겨울에도 죽순이 자라고, 소나무 시원하여 여름에도 사람을 건장하게 한다[坡暖冬生筍, 松涼夏健人]"가 있고, 또 "강물 맑은데 무지개가 비에 비치고, 나무가 빽빽해 새가 사람과 부딪힌다[川明虹照雨, 樹密鳥衝人]"가 있습니다. 강남에서 지은 것으로는 "수자리의 북소리는 조수와 함께 어둡고, 고깃배 등불은 섬을 비추며 그윽하다[戍鼓和潮暗, 船燈照島幽]"가 있고, 또 "구부러진 연못에 봄비 다 내리고, 바야흐로 깊은 밤에 배 젓는 소리 들린다[曲塘春盡雨, 方響夜深船]"가 있고, "밤이 짧아 잔나비의 슬픔도 줄어들고, 바람이 따스하여 까치의 기쁜 소식이 신령하다[夜短猿悲減, 風和鵲喜靈]"가 있습니다. 변방에서 지은 것으로는 "말의 형상은 추위를 겪으며 참담하고, 독수리 소리는 석양과 함께 굶주린다[馬色經寒慘, 鵰聲帶晚飢]"가 있으며, 난리 속에서 지은 것으로는 "화류驊騮는 고향을 생각하고, 앵무새는 좋은 사람을 잃었다[驊騮思故第, 鸚鵡失佳人]", "고래의 사람 바다(人海) 메마르고, 도깨비 가시 숲이 으슥하다[鯨鯢人海涸, 魑魅棘林幽]"가 있습니다. 도궁道宮에서 지은 것으로는 "바둑 소리에 화원은 닫혀 있고, 깃발 그림자에 돌계단은 높다[棋聲花院閉, 幡影石壇高]"가 있으며, 여름 풍경에서 얻은 것으로는 "연못 시원하여 학의 꿈 맑고, 숲 고요하여 승려의 거동이 엄숙하다[池涼清鶴夢, 林靜肅僧儀]"가 있습니다. 사원에서 지은 것으로는 "소나무 태양에 황금 불상이 밝고, 산바람에 목어 소리 메아리친다[松日明金像, 山風響木魚]"가 있고, 또 "시를 읊는 승려는 역시 속되고, 춤을 좋아하는 학은 결국 천하다[解吟僧亦俗, 愛舞鶴終卑]"가 있습니다. 교외 동산에서 지은 것으로는 "먼 언덕은 봄날 가뭄에 참혹해도, 여전히 물새가 날아든다[遠坡春旱慘, 猶有水禽飛]"가 있으며, 악부樂府에서 얻은 것으로는 "석양에 단장을 하고 기다렸다 달에 절을 하고, 봄날 잠에서 다시 향기가 난다[晩粧留拜月, 春睡更生香]"가 있습니다. 적막할 때 지은 것으로는 "한 마리 반딧불은 거친 연못에서 날고, 지는 잎은 망가진 지붕을 뚫는다[孤螢出荒池, 落葉穿破屋]"가 있으며, 마음이 흡족하여 지은 것으로는 "객이 찾아오면 마음이 흡족할 테고, 꽃이 피면 노래가 지어지리라[客來當意愜, 花發遇歌成]"가 있으나, 보잘것없고 메마른 것에 가깝지는 않다 해도 역시 작가들의 비난을 면하진 못할 것입니다. 또 칠언시에서 "난리에 도망간 사람들은 대부분 틈이 난 곳에서 나뉘고, 방생한 사슴은 자라서 찬 숲을 벗어난다[逃難人多分隙地, 放生鹿大出寒林]"라고 했고, 또 "검을 얻으면 순간 건장한 종을 더 얻는 것 같고, 책을 잃으면 오랫동안 좋은 벗을 그리는 것과 같다[得劍乍如添健僕, 亡書久似憶良朋]"라고 했고, 또 "외딴 섬 연못은 봄날 물이 넘실대고, 작은 난간 꽃의 운치는 한낮 맑은 때이다[孤嶼池痕春張滿, 小欄花韻午晴初]"라고 했고, 또 "봄날 고향 돌아가는 일이 언제인지 모른 채, 낮거나 높은 난간의 인가를 떠난다. 오경에 서글퍼 베갯머리 뒤척이거늘, 아직도 가물거리는 등불이 지는 꽃을 비추고 있다[故國春歸未有涯, 小欄高檻別人家. 五更惆悵迴孤枕, 猶自殘燈照落花]"라고 했고, 또 "지금 갑자를 다시 세니, 인생이 절로 서글프다. 생각하면 어제만 같거늘, 오야午夜에 노래하면 또다시 한 해가 지나리라[甲子今重數, 生涯只自憐. 殷勤元昨日, 歌午又明年]"라고 했으니, 모두 한 가지에 구애받지 않은 것입니다. 대개 절구 작품은 극진한 조예에 근본을 두고 있으며, 그 밖에 가진 변화와 수많은 형상이 신묘하려 하지 않아도 저절로 신묘해지는 것이 어찌 용이하겠습니까. 지금 족하足下의 시는 동시대 무리들이 미치기 어려운데 만일 다시 완전한 미(全美)를 최고의 기준으로 삼으신다면 바로 맛 너머의 맛을 아실 것입니다【안어案語 : 사공표성(司空表聖 : 사공도)이 시를 논한 이 글의 마지막에서 '지금 족하의 시' 운운했다면 이 글은 친구와 시를 논하며 쓴 편지일 것이며, 족하는 누굴 가리키는지 알 수 없다. 조심스럽게 유추한다면 원서의 첫머리에 반드시 성명이 있었을 터인데 이 시화에서 잘못 삭제되었을 것이다】.

왕가王駕에게 보낸 시 논평에서 "말단의 솜씨로 비록 현철賢哲로부터 호평을 받았으나 자신할 수는 없으며, 반드시 동료들에게 추대를 받아야만 신이 나고 얼굴이 펴질 것입니다. 지금 문예를 전공하는 이들은 이와 상반되어 마치 의원을 찾아가 그 병을 아끼는 것과 같아서, 오직 상대방이 잘 찾아내고 약이 나를 공격할까 두려워합니다. 이 때문에 사람을 자만으로 이끌어서 스스로 진작하지 못하니 애통합니다. 또 기능 가운데 으뜸인 것으로 문장에 뛰어난 것보다 더 좋은 것이 없는데, 그 가운데 시에 완전한 능력을 발휘해 낼 수 있는 사람이 다른 능력을 가진 사람에 비하여 더더욱 적으니, 어찌 쉽게 비교하고 측량할 수 있겠습니까. 지금 왕생王生이 오언五言에서 터득한 것은 생각이 외경과 하나가 되는 것에 뛰어나다는 것입니다. 이것은 시가詩家에서 높이 사는 것으로서 앞서 말한 것처럼 반드시 그 동료에게 추대를 받는 것이니 어찌 신이 나고 얼굴이 펴지는 것에만 그치겠습니까"라고 했다.

왕우칭王禹偁의 『오대사궐문五代史闕文』에서 이르기를 "사공도는 자가 표성表聖이고 스스로 포주蒲州 사람이라 했으며 빼어난 재능을 가졌다. 함통 연간에 진사시에 급제했다. 평소 글짓기를 좋아했는데, 세상에 나가 이름 취하기를 서두르고 자신을 퍽 내세우곤 하여 단정한 인사들이 그를 비하했다. 사부使府의 종사從事로 있다가 조정에 나아가 갑자기 청환淸宦과 현직顯職을 역임했다. 소적(巢賊 : 황소黃巢)의 난을 당해

어가가 파천播遷했을 때, 사공도는 중조산中條山에 산수가 극히 아름다운 선인의 옛 별장이 있어 예부원외랑禮部員外郎의 신분으로 그곳에 피신하여 시와 술을 즐기며 나날을 보냈다. 마침 천하가 혼란스러워, 식자들이 대부분 그를 찾아가 의지하며 서로 추대함으로써 명성이 아주 자자해졌다. 소종이 반정反正한 뒤 그를 호부시랑戶部侍郎으로 임명하여 경사京師로 불러들였다. 사공도가 재능에 자부심을 갖고 세상을 거만하게 대하며 자신이 당연히 재상이 될 것이라고 했다가, 사람들이 싫어하자 그 예기가 약간 수그러들었다. 사공도는 불만을 품고 병이라 핑계를 댄 뒤 다시 중조산으로 돌아갔다. 다른 사람에게 보내는 편지에서도 관직명을 쓰지 않고 다만 '지비자知非子'나 '내욕거사耐辱居士'라고 썼다. 그의 거처는 정이계禎貽谿 위에 있었는데, 초가를 지어 '휴휴정休休亭'이라 명명했다. 일찍이 직접 「휴휴정기休休亭記」를 썼다고 했다" 라고 했다【이상은 『양사梁史』의 옛글이다】. 삼가 고찰하건대(按語), "사공도는 하중河中 우향虞鄕 사람이며 어려서부터 글 솜씨가 뛰어났으나 향리鄕里로부터 평가받지는 못했다. 마침 왕응王凝이 상서랑尙書郎에서 강주絳州자사로 나가 있었는데, 사공도가 글을 갖고 찾아가서 그로부터 크게 인정을 받았다. 왕응이 조정으로 들어와 지제고가 되고 중서사인으로 옮기며 공거貢擧를 주관할 때, 사공도를 상등으로 발탁했다. 얼마 뒤 왕응이 선주관찰사宣州觀察使로 나갈 때는 사공도를 불러 종사로 삼았다. 강을 건넌 뒤 어사부御史府에서 사공도를 감찰監察에 임명해 줄 것을 상주하자 그렇게 하라는 조칙이 내려졌다. 사공도는 왕응이 자신을 알아준 은혜에 감격하여 차마 그의 막부를 떠나지 못하고 백일이 되도록 조정으로 나아가지 않았는데, 대사臺司의 탄핵을 받아 마침내 본관本官으로 분사分司[7]하게 되었다. 한참 뒤에 부름을 받아 예부원외랑禮部員外郎에 임명되고, 다시 지제고가 되었다. 그래서 문집 안의 글

7 분사(分司) : 당송(唐宋) 제도의 하나. 중앙의 관리 부도(陪都) 즉 낙양(洛陽)에서 임무를 집행하는 것이다.

에서 '은혜를 잊지 못하다가 왕명을 지체하여 낙사洛師에 내쫓겨 지낸 지 이제 십 년이 되니 비로소 사륜각絲綸閣[8]에 부끄럽네[戀恩稽命, 黜縶洛師, 於今十年, 方忝綸閣]'라고 했으니, 이것이 어찌 세상에 나가 이름 취하는 것을 서두른 것이겠는가. 옛 사서史書의 상세하지 못함이 어찌 이 정도에까지 이른단 말인가. 사공도는 당의 정치가 많이 치우친 것을 보고 천하가 반드시 혼란스러울 것을 예감하여 즉시 관직을 버리고 중조산으로 돌아갔다. 그 뒤, 중서사인으로 부르고 예부禮部·호부시랑戶部侍郞에 임명되었으나 모두 나가지 않았다. 소종이 화하(華下 : 화주華州)로 파천할 때 사공도는 황제를 가까이 모셨던 사람으로서 즉시 찾아가 안부를 살핀 뒤 다시 산으로 돌아왔다. 그래서 그 시에서 '병 많은 몰골의 오십삼 년, 누가 홀을 빌려 조정의 반열에 나아가는 것을 불쌍히 여겨줄까[多病形容五十三, 誰憐借笏趁朝參]'라고 했으니, 이것이 어찌 재상의 지위에 관심이 있었던 것이겠는가. 하중절도사河中節度使 왕중영王重榮으로부터 비문을 지어달라는 요청을 받고 비단 수천 필을 얻었는데, 사공도는 우향虞鄕의 저잣거리에 이것을 펼쳐두고 고을 사람들이 마음대로 가져가게 하여 하루 만에 다 없어졌다. 당시 도적들이 들끓었지만 유독 왕관곡王官谷에는 들지 않았다. 하중河中의 식자들 중에서 사공도에 의지해 난의 피해를 모면한 이들이 아주 많았다. 소종이 동쪽으로 파천한 뒤 다시 그를 병부시랑兵部侍郞으로 불러 낙하洛下에 이르게 했지만 유찬柳璨에게 저지를 당하여 사례를 표하고 물러났다. 양태조梁太祖가 등극하여 예부상서로 그를 불렀지만 늙고 병이 들었다며 사양했다. 세상을 떠날 때 나이는 팔십여 세였다. 또 고찰해보면, 양나라 황실의 대신들 가운데 경상敬翔·이진李振·두효杜曉·양섭楊涉 같은 이들은 모두 당 왕조의 구족으로서 본디 충성과 의리로 입신했고 높은 후작과 많은 장수를 배출하며 삼백여 년의 전통을 이어왔는데도 하루아

8 사륜각(絲綸閣) : 조정의 조령(詔令)을 기초하는 부서.

침에 주량(朱梁 : 후량後梁)에 몸을 바치고, 심지어 시해와 역모를 도와 완성시키기도 했다. 하지만 사공도는 청정과 정직으로 세상을 피하여 일생 동안 양태조에게 벼슬을 하지 않았다. 그래서 『양사梁史』에서, 사공도의 작은 흠을 잡아 큰 줄기를 매몰시킨 것은 참으로 그 이유가 있는 것이다. 휴휴정休休亭의 기둥에 쓴 글에서 '쳇, 허! 그만두어라, 말아라! 기량이 많지만 본성과 정신이 험악하거늘, 이곳에 힘입어 오랫동안 한적하게 지내리라. 그만두어라, 말아라! 바둑 한 판과 약 화로 하나로 하늘의 뜻과 당시의 정상을 헤아릴 만하다. 해는 쾌활하게 사는 사람을 재촉하지만 황금으로는 올라탈 만한 학을 사기 어렵다. 그대는 무엇에 능하냐고 묻는다면, 욕심을 참아 없애는 것이라고 답하리라[咄, 喏! 休休休, 莫莫莫! 伎倆雖多性靈惡, 賴是長教閒處著. 休休休, 莫莫莫! 一局棋, 一爐藥, 天意時情可料度. 白日偏催快活人, 黃金難買堪騎鶴. 若曰爾何能, 答云耐辱莫]'라고 했다. 유찬이 재상이 되었을 때 신료들 대부분이 축출을 당했는데 감찰어사가 된 사공도는 더더욱 경외와 신중을 보였다. 소종이 교례郊禮를 마치자, 글을 올려 치사致仕를 간절하게 요청하기를 '신의 본뜻을 살펴보면 관직의 영화를 위하지 않으며, 노쇠하고 파리함을 증명하면 명성과 절의를 거의 온전히 할 것입니다'라고 하니, 성상이 특별히 산림으로 귀향하게 했다. 이때 내린 조칙의 대략은 다음과 같다. '이미 고상함을 길러 세상을 오만하게 대한 이들은, 대부분 산으로 옮겨 명성을 낚았다. 마음은 오직 시냇물에 씻는 것을 즐기고, 벼슬살이는 녹을 얻는 데 온전한 뜻이 있지 않았다. 백이伯夷도 아니고 유하혜柳下惠도 아닌데, 특별히 반정反正의 조정을 잊었지만 살피고 또 생각하여, 은거의 삶을 살려는 뜻을 따르겠다. 중조산으로 돌아가 쉬도록 하라.' 조칙의 글은 유찬이 지은 것이다. 당시 많은 이들이 사호(四皓 : 상산사호商山四皓), 이소(二疏 : 소광疏廣 · 소수疏受)라고 찬양했다. 승려 허중虛中이, '도인의 옷자락은 물가의 학이 알고, 봄날 취한 몸을 시골 사람이 부축하네[道裝汀鶴識, 春醉野人扶]'라고 했는데 그의 행동거지와 몸 추스름이 세상을 오만하게 대하는 자가 아님을 말한 것이며, 또 '이따금 어찰御札을 보며, 특별히 조의朝衣를 걸어둔다[有時看御札, 特地掛朝衣]'라고 했는데, 임금에 대한 존경에 정성이 담겨서 결코 임금에게 뭘 요구하려 한 것이 아님을 말한 것이다."

「화하華下」에서 "햇볕 뜨거워 가뭄 구름이 찢기며, 수많은 곳의 피가 된다. 하늘과 땅이 솥처럼 들끓어, 결국 요괴의 재앙을 삶으리라. 요임금 탕임금이 재앙의 운을 만났을 때, 재앙의 운은 중간에서 멈추었다. 어찌하여 간악하고 사악한 무리들을, 예로부터 박멸하기 어려웠던가[日炙旱雲裂, 迸爲千道血. 天地沸一鑊, 竟自烹妖孽. 堯湯遇災數, 災數還中輟. 何事奸與邪, 古來難撲滅]"라고 했다.

「승사이우인僧舍貽友人」에서 "인간사를 비웃지만, 우리는 스스로 속일 수가 없다. 시를 읊는 승려는 또한 속되고, 춤을 좋아하는 학은 결국 천하다. 대나무 위에 그윽한 꿈을 쓰고, 시냇가에서 바둑을 약속한다. 옛 산을 돌아가려도 길이 막혔을 뿐, 일부러 발걸음이 더딘 것이 아니다[笑破人間事, 吾徒莫自欺. 解吟僧亦俗, 愛舞鶴終卑. 竹上題幽夢, 溪邊約敵棋. 舊山歸有阻, 不是故遲遲]"라고 했다.

「하방下方」에서 "아침저녁 소나무 정자 앞에서, 뿌듯하게 표주박 하나를 대한다. 가랑비에 시 읊기 충분하지만 꽃이 져 꿈이 무료하다. 하찮은 일들은 바둑 두며 떨쳐버리고, 노쇠한 얼굴은 거울 앞에 넉넉하다. 시내에 사는 승려는 깊은 생각을 가져, 편지가 이르면 또다시 맞이하리라[昏旦松軒下, 怡然對一瓢. 雨微吟思足, 花落夢無聊. 細事當棋遣, 衰容喜鏡饒. 溪僧有深趣, 書至又相邀]"라고 했다.

① '又'는 『당시기사』에 의거하여 보충했다.

② '昨'은 본래 '日'로 되어 있었는데, 『사공표성문집司空表聖文集』에 의거하여 고쳤다.

③ 위의 글은 「여이생론시서與李生論詩書」에 보인다.

秦韜玉 진도옥

「貧女」云: "蓬門未識綺羅香, 擬托良媒益自傷. 誰愛風流高格調, 共憐時世儉梳粧. 敢將十指誇纖巧, 不把雙眉鬥短長. 每恨年年壓金線, 爲他人作嫁衣裳."

韜玉, 字仲明, 京兆人. 父爲左軍將. 韜玉出入田令孜之門, 又與劉曄·李嵓士·姜垍·蔡鋌之徒交遊中貴, 各將兩軍書尺, 僥求巍科, 時謂對軍解頭. 僖宗幸蜀, 韜玉以工部侍郎爲令孜神策判官. 小歸公主文, 韜玉准勒及第, 仍編入榜中. 韜玉以書謝新人, 呼同年曰: "三條燭下, 雖阻文闈, 數仞牆邊, 幸同恩地."

「빈녀貧女」에서 "쑥대문은 비단의 향기를 알지 못하여 좋은 중매에게 의탁한 것이 더더욱 슬프다. 누구는 높은 격조의 풍류를 사랑하지만 세상의 검소한 차림은 모두 가엾어 한다. 감히 열 손가락으로 섬세한 기교를 자랑하랴, 두 눈썹이 길고 짧은 것을 다투지 못한다. 해마다 황금 실을 눌러가며, 시집가는 여인의 옷 만들어주는 것이 한스럽다[蓬門未識綺羅香, 擬托良媒益自傷. 誰愛風流高格調, 共憐時世儉梳粧. 敢將十指誇纖巧, 不把雙眉鬥短長. 每恨年年壓金線, 爲他人作嫁衣裳]"라고 했다.

진도옥은 자가 중명仲明이며 경조京兆 사람이다. 아버지는 좌장군左軍將이었다. 진도옥이 전령자田令孜의 집을 출입하고, 또 유엽劉曄·이암사李嵓士·강계姜垍·채정蔡鋌 등과 함께 조정의 고관들과 교유하며 각자 양군兩軍의 편지를 들고 가 과거에서 높은 등급을 요구해서, 당시에 '대군해두對軍解頭'라 불렸다. 희종이 촉으로 행차할 때, 진도옥이 공부시랑工部侍郎으로서 전령자의 신책판관神策判官이 되었다. 소귀공小歸公이 문장을 주관할 때, 진도옥은 칙명에 의하여 급제했고 아울러 방榜 안에 들었다. 진도옥이 편지로 신인新人들에게 사례를 표하고, 동기들을 부르며 이르기를 "세 자루 촛불 아래에서, 누가 문위(文闈: 과거시험장)

를 막았는가. 몇 길 담장 가에서, 다행히 은혜 받는 자리를 함께했다[三條燭下, 雖阻文闈, 數仞牆邊, 幸同恩地]"라고 했다.

高駢고변

駢鎭蜀日, 以南詔侵暴, 築羅城四十里, 朝廷雖加恩賞, 亦疑其固護. 或一日, 聞奏樂聲響, 知有改移, 乃題風箏寄意曰: "夜靜絃聲響碧空, 宮商信任往來風. 依稀似曲才堪聽, 又被移將別調中." 旬日報到, 移鎭渚宮.

又「二妃廟」云: "帝舜南巡去不還, 二妃幽怨水雲間. 當時珠淚知多少, 直到如今竹尙斑."

「步虛詞」云: "淸溪道士人不識, 上天下天鶴一只. 洞門深鎖碧窗寒, 滴露硏硃點『周易』."

「聞河中王鐸加都統」云: "煉汞燒鉛四十年, 至今猶在藥爐前. 不知子晉緣何事, 只學吹簫便得仙." 其驕傲不平如此.

고변이 촉을 맡아 다스릴 때 남조南詔가 침략하자 사십 리에 걸친 성을 축조했는데, 조정에서 상을 내리긴 했지만 동시에 자신을 견고하게 보호하려는 것이라고 의심했다. 어느 날 음악 소리를 듣고 자리가 바뀔 것이라는 것을 짐작하고, 그는 풍쟁風箏에 대해 읊으며 자신의 생각을 담기를 "고요한 밤 현의 소리가 창공에 울리며, 궁음宮音과 상음商音이 바람 따라 오간다. 곡조를 연주한 듯해서 들을 만한데, 또다시 별도의 곡으로 옮겨간다[夜靜絃聲響碧空, 宮商信任往來風. 依稀似曲才堪聽, 又被移將別調中]"라고 했는데, 열흘 뒤 임명장이 도착해 저궁渚宮으로 자리를 옮겼다.

또 「이비묘二妃廟」에서 "순임금이 남쪽을 순행한 뒤 돌아오지 않아, 이비二妃의 한은 물과 구름 속에 사무쳤다. 당시 구슬 같은 눈물을 얼마나 흘렸나, 지금도 대나무에 눈물방울 아롱졌다[帝舜南巡去不還, 二妃幽怨水雲間. 當時珠淚知多少, 直到如今竹尙斑]"라고 했다.

「보허사步虛詞」에서 "청계淸溪의 도사道士를 사람들은 모르나니, 하늘을 오르내리는 한 마리 학뿐이다. 골짜기 문 깊게 잠기고 푸른 창문 차가운데, 이슬에 적신 붉은 주사로 『주역』을 점찍는다[淸溪道士人不識, 上天下天鶴一只. 洞門深鎖碧窗寒, 滴露硏硃點『周易』]"라고 했다.

「문하중왕탁가도통聞河中王鐸加都統」에서 "수은을 단련하고 납을 구운 사십 년, 지금도 아직 약 화로 앞에 있다. 왕자진王子晉은 무슨 일로, 퉁소만 배워 이내 신선이 되었던가[煉汞燒鉛四十年, 至今猶在藥爐前. 不知子晉緣何事, 只學吹簫便得仙]"라고 했으니, 그의 교만과 오만과 불평이 이러했다.

翁承贊옹승찬

承贊, 乾寧進士也. 唐語云 : "槐花黃, 擧子忙." 承贊有詩云 : "雨中粧點望中黃, 勾引蟬聲送夕陽. 憶得當年隨計吏, 馬蹄終日爲君忙."

옹승찬은 건녕 연간의 진사이다. 당대의 말에 "홰나무꽃은 누렇고, 거자擧子는 바쁘다[槐花黃, 擧子忙]"라고 했는데, 옹승찬이 시를 짓기를 "빗속에 글 다듬는 것이 누렇게 보이는데, 매미 소리 끌어와 석양을 보낸다. 당시 감독관을 따라, 종일 말발굽이 그대를 위해 바빴음이 떠오른다[雨中粧點望中黃, 勾引蟬聲送夕陽. 憶得當年隨計吏, 馬蹄終日爲君忙]"라고 했다.

皮日休피일휴

日休賦「龜」詩嘲歸氏子曰："硬骨殘形知幾秋, 屍骸終是不風流. 頑皮死後鑽須遍, 都爲平生不出頭." 歸氏子以姓嘲日休云："八片尖斜砌作毬, 火中燖了水中揉. 一團閒氣如常在, 惹踢招拳卒未休."

피일휴가 「귀龜」를 지어 귀씨歸氏을 조롱하기를 "앙상한 뼈 쇠잔한 몰골은 얼마의 세월이 흘렀나, 시체 같은 몸은 결국 풍류가 없다. 못난 가죽은 죽고 나서 두루 뚫릴 터, 결국 일생을 드러내지 못하리라[硬骨殘形知幾秋, 屍骸終是不風流. 頑皮死後鑽須遍, 都爲平生不出頭]"라고 하자, 귀씨가 성姓을 갖고 피일휴를 조롱하기를 "여덟 조각 가로 겹쳐 공으로 만들어, 불 속에 달구고 물속에 주무른다. 한 뭉치 한적한 기운이 언제나 존재한다면, 발로 채이고 주먹으로 맞아 끝내 쉬지 못하리라[八片尖斜砌作毬, 火中燖了水中揉. 一團閒氣如常在, 惹踢招拳卒未休]"라고 했다.

盧延讓①노연양

延讓吟詩, 多著尋常容易語, 如「送周太保赴浙西」云："臂鷹健卒懸氈帽, 騎馬佳人捲畫衫." 又「寄友人」云："每過私第邀看鶴, 長著公裳送上驢." 然于數篇見意尤妙, 有「松寺」云,② "山寺取涼當夏夜, 共僧蹲坐石階前. 兩三條電欲爲雨, 七八個星猶在天. 衣汗稍停床上扇, 茶香時發澗中泉. 通宵聽論「蓮華」義, 不藉松窗一覺眠." 又「苦吟」云："莫話詩中事, 詩中難更無. 吟安一個字, 撚斷數莖鬚. 險覓天應悶, 狂搜海亦枯. 不同文賦易, 爲著者之乎."

① "讓"原作"遜", 據『紀事』改.

② "有"原作"育", 據『紀事』改.

노연양은 시를 읊을 때, 대부분 일상의 용이한 말들을 사용했다. 예컨대 「송주태보부절서送周太保赴浙西」의 "팔에 매를 둔 건장한 병사는 털모자를 매달고, 말을 탄 가인佳人은 그림 적삼을 걷는다[臂鷹健卒懸氈帽, 騎馬佳人捲畫衫]", 「기우인寄友人」의 "매번 사저를 지날 때마다 학을 맞이해 만나고, 언제나 공상(公裳 : 공복)을 입고 나귀 오르는 이를 전송한다[每過私第邀看鶴, 長著公裳送上驢]" 등이다. 하지만 다른 여러 시에서 보이는 내용은 더더욱 오묘하니, 「송사松寺」에서 "산사에서 서늘한 바람 쏘이며 맞이한 여름밤에, 승려들과 함께 돌계단 앞에 웅크리고 앉았다. 두세 가닥 번개는 비를 내리려 하고, 일고여덟 별은 아직도 하늘에 있다. 옷의 땀은 평상 위 부채질에 점차 멈추고, 차 향기는 시내 속 샘물에 이따금 풍긴다. 밤새 『연화경蓮華經』의 뜻을 듣고 논하며, 소나무 창을 빌려 잠을 청하지 않는다[山寺取涼當夏夜, 共僧蹲坐石階前. 兩三條電欲爲雨, 七八個星猶在天. 衣汗稍停床上扇, 茶香時發澗中泉. 通宵聽論『蓮華』義, 不藉松窗一覺眠]"라고 하고, 또 「고음苦吟」에서 "시 이야기를 하지 말라, 시 앞에 더 이상 어려움은 없다. 한 글자를 읊고 나면, 몇 올 수염을 꼬아 없앤다. 심각한 고심에 하늘도 민망히 여길 테고, 미치광이 수색에 바다도 애가 탄다. 짓기 쉬운 산문은, 저자라고 내세우는 것과 다르다[莫話詩中事, 詩中難更無. 吟安一個字, 撚斷數莖鬚. 險覓天應悶, 狂搜海亦枯. 不同文賦易, 爲著者之乎]"라고 했다.

① '讓'은 본래 '遜'으로 되어 있었는데, 『당시기사』에 의거하여 고쳤다.

② '有'는 본래 '肓'으로 되어 있었는데, 『당시기사』에 의거하여 고쳤다.

裴說배설

唐擧子先投所業於公卿之門, 謂之行卷. 說只行五言十九首,① 至來年秋試, 復行舊卷. 人有譏之者, 說曰 : "只此十九首苦吟, 尚未有人見知, 何暇別行卷哉."② 識者以爲知言. 天復六年, 登甲第. 其詩以苦吟難得爲工, 且拘格律. 嘗有詩曰:"苦吟僧入定, 得句將成功." 又「贈僧貫休」云:"總無方是法, 難得始爲詩." 又云:"是事精皆易, 唯詩會却難." 遭亂, 故官不達.

「洛中作」云:"莫怪苦吟遲, 詩成鬢亦絲. 鬢絲猶可染, 詩病却難醫. 山暝雲橫處, 星沉月側時. 冥搜不易得, 一句至公知."

「棋」云:"十九條平路, 言平又嶮巇. 人心無算處, 國手有輸時. 勢迥流星遠, 聲乾下雹遲. 臨軒纔一局, 寒日又西垂."

① "十九首", 『南部新書』作"詩一卷."

② "暇"原作"假", 據『新書』改.

당대의 거자擧子는 자신이 공부한 것을 유력한 관리들에게 먼저 전했는데, 이를 '행권行卷'이라 한다. 그런데 배설은 오언시 19수만 전하고, 그다음 해 가을 시험에서도 다시 묵은 행권을 사용했다. 이를 비난하는 사람이 있자, 배설이 말하기를 "이 19수의 고달프게 지은 시도 아직 사람들이 잘 모르는데, 어느 결에 별도의 행권을 마련하겠는가"라고 하니, 식자들이 맞는 말이라고 했다. 천복天復 6년(906)에 갑제(甲第 : 진사급제)에 올랐다. 그의 시는 고음난득苦吟難得을 우수한 것으로 여기고 격률格律도 잘 맞췄다. 일찍이 지은 시에서 "고달프게 읊을 때 승려는 정定에 들고, 구절을 얻을 때 장수는 공을 이룬다[苦吟僧入定, 得句將成功]"라고 하고, 또 「증승관휴贈僧貫休」에서 "무無를 총합한 것이 비로소 법이고, 얻기 어려운 것이 비로소 시이다[總無方是法, 難得始爲詩]"라고 했으며, 또 이르기를 "이 일은 정밀해도 모두 쉽지만, 오직 시는 이해하기가 참 어렵다[是事精皆易, 唯詩會却難]"라고 했다. 난을 당하여 관직이 오르지 못했다.

「낙중작洛中作」에서 "고달픈 읊조리기가 지체된다고 이상해하지 말라, 시가 완성되면 살쩍 또한 하얗다. 하얀 살쩍은 물들일 수 있어도,

시 병은 치료하기 어렵다. 구름 비낀 곳에 산은 어둡고, 달이 기울 때 별빛이 잠긴다. 쉽게 얻지 못할 곳에서 찾아낸, 한 구절을 지공(至公 : 시험관)만이 안다[莫怪苦吟遲, 詩成鬢亦絲. 鬢絲猶可染, 詩病却難醫. 山暝雲橫處, 星沉月側時. 冥搜不易得, 一句至公知]"라고 했다.

「기棋」에서 "열아홉 줄 평평한 길, 평평하다지만 험준하다. 계산이 없는 곳에, 국수國手도 지는 때가 있다. 형세가 아득할 때 유성은 멀리 흐르고, 소리가 마르면 우박이 더디 내린다. 정자에서 겨우 한판을 마쳤거늘, 찬 해가 서쪽으로 기운다[十九條平路, 言平又嶮巇. 人心無算處, 國手有輸時. 勢迥流星遠, 聲乾下雹遲. 臨軒纔一局, 寒日又西垂]"라고 했다.

① '十九首'는 『남부신서』에 '詩一卷'으로 되어 있다.

② '暇'는 '假'로 되어 있었는데, 『남부신서』에 의거하여 고쳤다.

張爲 장위

爲, 唐末江南詩人, 與周樸齊名. 如"到處即閉戶, 逢君方展眉", 最有詩稱.

杜光庭載毛仙翁事, 名于, 字鴻漸. 元和間, 劉禹錫・李紳・白樂天輩皆贈詩. 至大中戊寅, 五十餘年矣. 是歲, 張爲薄遊長沙, 不汲汲隨計, 獲女奴於岳麓下, 惑之, 歲餘成羸疾. 仙翁一見曰 : "子妖氣邪光, 浹遍肌骨, 苟不相値, 殞於旦夕也." 以丹一粒授爲, 於香爐焚之, 鬱烈之氣, 聞百步, 魅妾一號而斃, 乃木偶人也. 又呑以丹砂如黍者三, 疾遂瘳. 爲作詩別之曰 : "羸形感神爽, 削骨生豐肌. 蘭炷飄靈烟, 妖怪立誅夷. 重睹日月光, 何報父母慈. 黃河濁滾滾, 別淚流澌澌. 黃河清有時, 別淚無收期." 爲後入釣臺山, 訪道而去.

장위는 당 말기 강남江南의 시인으로, 주박周樸과 명성을 나란히 했다. "이르는 곳마다 문을 닫았는데, 그대를 만나고서야 눈썹을 편다[到處卽閉戶, 逢君方展眉]"가 가장 많은 평가를 받는다.

두광정杜光庭이 모선옹毛仙翁과 관련된 사항을 기재했는데, 그의 이름은 우于이고 자는 홍점鴻漸이다. 원화 연간에 유우석 · 이신 · 백거이 등이 모두 시를 지어 보냈다. 대중 무인년(858)은 오십여 세가 되는 해였다. 이해에 장위가 잠시 장사長沙를 유람했는데, 특별한 계획 없이 다니다가 악록岳麓 아래에서 계집종을 하나 만났고 그녀에게 현혹돼 한 해 남짓 병이 들었다. 모선옹이 그를 보고 이르기를 "요사한 기운과 사악한 빛이 그대의 살과 뼈에 두루 파고들었으니, 정말 날 만나지 못했다면 머지않아 죽었을 것이다"라고 하고, 단약 한 알을 장위에게 주었다. 향로에 이를 태우자 자욱한 기운이 백 보 너머까지 풍겨 매첩(魅妾 : 여자 귀신)이 소리를 지르며 죽었으니, 그녀는 바로 나무로 만든 인형이었다. 그다음 다시 기장만 한 세 알의 단사丹砂를 먹자 병이 바로 치유되었다. 장위가 시를 지어 작별하기를 "파리한 형상이 상쾌한 정신에 감응하고, 메마른 뼈에 풍성한 살이 돋는다. 난주(蘭炷 : 선향線香)에 신령한 연기가 피어오르자, 요괴가 곧장 죽임을 당했다. 해와 달의 빛을 다시 보았으니, 어찌하면 부모 사랑에 보답할까. 황하는 탁하게 흐르고, 이별의 눈물은 줄줄 흐른다. 황하는 맑을 때가 있으련만, 이별의 눈물은 거둘 기약이 없다[羸形感神爽, 削骨生豐肌. 蘭炷飄靈烟, 妖怪立誅夷. 重睹日月光, 何報父母慈. 黃河濁滾滾, 別淚流澌澌. 黃河淸有時, 別淚無收期]"라고 했다. 장위는 나중에 조대산釣臺山으로 도를 찾기 위해 들어갔다.

韓偓한악

「苑中」云 : "上苑離宮處處迷, 相風高與露盤齊. 金階鑄出狻猊立, 玉柱雕成翡翠棲. 外使調鷹初得按, 【五方外案使, 以鷹隼初調習,① 始能擒獲, 謂之得案】中官過馬不教嘶.【上乘馬必中官鞚以進, 謂之過馬. 既乘之, 而後蹀躞嘶鳴】笙歌錦繡雲霄裏, 獨許詞臣醉似泥."

「醉著」云:"萬里淸江萬里天, 一村桑柘一村烟. 漁翁醉著無人喚, 過午醒來雪滿船."

「即事」云:"書牆暗記移花日, 洗瓮先知醞酒期. 須信閒人有忙事, 早來衝雨覓漁師."

『香奩集』, 和魯公之詞也. 惟其豔麗, 故貴後嫁其名於偓. 凝平生著述, 分爲「演論」「遊藝」「孝悌」「疑獄」「香奩」「籯金」六集. 自爲「遊藝集序」云:"予有「香奩」「籯金」集, 不行于世." 凝在政府, 避議論, 諱其名, 又欲後人知, 故「遊藝集序」實之, 此凝之意也. 沈存中云.

① "習" 據『紀事』補.

「원중苑中」에서 "상원上苑의 이궁離宮은 곳곳이 미로이며, 상풍조相風鳥[9]는 높이가 승노반承露盤과 같다. 황금계단에는 주조한 사자가 서 있고, 옥기둥에는 조각한 비취새가 깃들어 있다. 외안사外案使가 길들인 매가 처음 득안得按을 하고【오방외안사五方外案使가 매를 처음 길들이는데, 처음 새를 잡아오는 것을 '득안'이라 한다】, 중관中官이 과마過馬를 할 때는 소리 내지 못하게 한다【성상이 말을 탈 때는 중관이 반드시 재갈을 물려 올리는데, 이를 과마라고 하고, 타고 나서는 발을 디디며 소리를 낸다】. 구름 하늘에 노래와 음악이 울려 퍼질 때, 사신詞臣만 떡이 되도록 취하는 것을 허락한다[上苑離宮處處迷, 相風高與露盤齊. 金階鑄出狻猊立, 玉柱雕成翡翠棲. 外使調鷹初得按, 【五方外案使, 以鷹隼初調習, 始能擒獲, 謂之得案】中官過馬不教嘶.【上乘馬必中官鞚以進, 謂之過馬. 既乘之, 而後蹀躞嘶鳴】笙歌錦繡雲霄裏, 獨許詞臣醉似泥]"라고 했다.

「취착醉著」에서 "만 리 맑은 강 만 리 하늘에, 한 마을은 뽕나무 있고

9 상풍조(相風鳥): 구리로 만든 새 모양의 풍향계.

한 마을은 연기 피어오른다. 어부는 취하여 부르는 사람이 없고, 한낮이 지나 깨어보자 눈이 배에 가득하다[萬里淸江萬里天, 一村桑柘一村烟. 漁翁醉著無人喚, 過午醒來雪滿船]"라고 했다.

「즉사卽事」에서 "담장에 적어 꽃 옮긴 날을 기억하고, 항아리 씻으며 술 익는 기간을 미리 안다. 한가한 사람에게도 바쁜 일이 있음을 믿을지어다, 일찍이 비를 뚫고 어부를 찾았다[書牆暗記移花日, 洗甕先知醞酒期. 須信閒人有忙事, 早來衝雨覓漁師]"라고 했다.

『향렴집香奩集』은 화로공(和魯公 : 화응和凝)의 사詞이다. 곱고 아름다운 탓에 높은 지위에 오르고 나서 그 이름을 한악에게 양도했다. 화응의 평생 저술은 「연론演論」·「유예遊藝」·「효제孝悌」·「의옥疑獄」·「향렴香奩」·「영금籯金」 6집으로 나뉘는데, 스스로 지은 「유예집서遊藝集序」에서 "내게 「향렴」·「영금」이 있지만 세상에 알려지지 않았다"라고 했다. 화응이 정부에 있을 때 논의를 피하고 그 이름을 휘諱했는데, 후인들에게 사실을 알리고 싶어서 「유예집서」에서 이를 밝힌 것이니, 이는 화응의 뜻이다. 이는 심존중이 『몽계필담』에서 말한 것이다.

① '習'은 『당시기사』에 의거하여 보충했다.

曹松조송

李肇『國史補』云 : "曲江大會, 比爲下第擧人, 邇來漸侈靡, 皆爲上列所占, 向之下第擧人, 不復預矣. 所以逼大會, 則先牒教坊請奏, 上禦紫雲樓垂簾觀焉. 時或擬作樂, 則爲之移日. 故曹松詩云 : '追遊若遇三淸樂, 行從應妨一日春.' 敕下後, 人置皮袋, 例以圖障·酒器·錢絹實其中, 逢花卽飮. 故張籍詩云 : '無人不借花園宿, 到處皆携酒器行.' 其皮袋, 狀元·錄事同點檢, 闕一則罰金. 曲江之宴, 行市羅列, 闤闠爲之半空. 公卿家率以是日揀選東床, 車馬闐塞, 莫可殫述."

松「及第敕下宴中獻座主杜侍郎」詩云："得召丘牆淚却頻,① 若無公道也無因. 門前送敕朱衣吏, 席上銜杯碧落人. 半夜笙歌教洗月, 平明桃杏放燒春. 南山雖有歸溪路, 爭那酬恩未殺身."

「春日長安書事」云："浩浩看花晨, 六街揚遠塵. 城中一丈日, 誰是晏眠人. 御柳舞著水, 野鶯啼破春. 徒云還楚客, 猶是惜離秦."

「晨起」云："曉色教不睡, 垂簾清氣中. 林殘數枝月, 髮冷一梳風. 並鳥聞鍾語, 攲荷隔霧空. 莫徒營白日, 道路本無窮."

松有詩云："憑君莫話封侯事, 一將功成萬骨枯." 可謂諳世故矣.

① "頻"原作"傾", 據『紀事』改.

이조의 『국사보』에서 "곡강曲江의 대회大會는 낙제한 거인擧人들을 위한 것인데, 근래에 점차 화려해져서 모두 높은 지위에 있는 사람들이 점유하여 지난날처럼 낙제한 거인들이 더는 참여하지 않는다. 이 때문에 대회가 가까워지면 먼저 교방敎坊에 연락하여 황제를 청하는 글을 올리게 하고, 황제는 자운루紫雲樓에 주렴을 드리운 채 관람한다. 어쩌다 음악을 연주하게 되면 날짜를 연장하기도 한다. 그래서 조송의 시에서 '유람에 뒤따를 때 삼청악三淸樂을 만나면, 응당 하루의 봄을 방해받으리라[追遊若遇三淸樂, 行從應妨一日春]'라고 했다. 칙서가 내리고 나면 사람들은 피대皮袋를 설치하여, 으레 도장圖障과 주기酒器와 전견錢絹을 그 속에 채우고 꽃을 만나면 즉시 마신다. 그래서 장적의 시에서 '화원을 빌려 유숙하지 않는 이 없고, 곳곳에서 술그릇을 갖고 간다[無人不借花園宿, 到處皆携酒器行]'라고 했다. 피대는 장원狀元과 녹사錄事[10]가 함께 점검을 해서, 한 사람이라도 빠지면 모두 벌금을 물렸다. 곡강 연회에는 시장이 즐비하게 서서, 이 때문에 저잣거리가 텅 비었다. 유력한 집안에서는 대부분 이날 동상(東床 : 사위)을 간택하기 위해 수레들을 보내

10 녹사(錄事) : 문하성(門下省)에 속한 관리로 문서 등의 총괄 임무를 관장한다.

길이 꽉 찼으니, 이에 대해서는 이루 다 기술할 수 없다"라고 했다.

조송의 「급제칙하연중헌좌주두시랑及第敕下宴中獻座主杜侍郎」에서 "부름 받은 담장에서 눈물 주르륵 흐르나니, 만일 공도公道가 없었다면 이런 일이 없으리라. 문 앞에서는 붉은 옷 관원이 칙서를 보내오고, 잔치에서는 뜻을 얻은 사람이 술잔을 들이킨다. 한밤중 음악과 노래는 달을 깨끗이 씻기고, 이른 아침 복사꽃 살구꽃은 봄빛에 타오르게 한다. 남산에 돌아갈 시내 길 있지만 은혜에 보답하려고 죽지 못하는 몸을 어찌하라[得召丘牆淚却頻, 若無公道也無因. 門前送敕朱衣吏, 席上銜杯碧落人. 半夜笙歌教洗月, 平明桃杏放燒春. 南山雖有歸溪路, 爭那酬恩未殺身]"라고 했다.

「춘일장안서사春日長安書事」에서 "맘껏 꽃을 구경하는 새벽에, 여섯 가닥 거리에 먼지가 인다. 성안에는 한 발 길이 해가 떴거늘, 누가 아직도 잠자고 있는가. 어원御苑의 버들은 물과 함께 춤을 추고, 들녘 꾀꼬리는 봄을 깨뜨리며 지저귄다. 초나라로 돌아가는 객이라 말할 뿐, 아직도 진秦을 떠나는 것을 애석해 한다[浩浩看花晨, 六街揚遠塵. 城中一丈日, 誰是晏眠人. 御柳舞著水, 野鶯啼破春. 徒云還楚客, 猶是惜離秦]"라고 했다.

「신기晨起」에서 "새벽빛이 잠들지 못하게 하여 청정한 기운 속에서 주렴을 드리운다. 몇 가지 달에 숲은 쇠잔하고, 빗에 스치는 바람에 머리가 차갑다. 새와 함께 종소리를 듣고, 연꽃에 기대니 안개 낀 허공이 가로막혔다. 그저 세월을 경영하지 말라, 길은 본디 끝이 없나니[曉色教不睡, 垂簾清氣中. 林殘數枝月, 髮冷一梳風. 並鳥聞鍾語, 欹荷隔霧空. 莫徒營白日, 道路本無窮]"라고 했다.

조송이 지은 시에서 "그대여 제후에 책봉되는 일 말하지 말라, 공을 이루고 나면 온 뼈마디가 메마르나니[憑君莫話封侯事, 一將功成萬骨枯]"라고 했으니, 세상사를 안다고 말할 만하다.

① '頻'은 본래 '傾'으로 되어 있었는데, 『당시기사』에 의거하여 고쳤다.

杜荀鶴두순학

荀鶴有詩名, 號九華山人. 大順初擢第, 授翰林學士·主客員外郎, 知制誥. 序其文爲『唐風集』. 或曰:“荀鶴, 牧之微子也. 牧之會昌末自齊安移守秋浦, 時年四十四, 所謂‘使君四十四, 兩佩左銅魚’者也. 時妾有妊, 出嫁長林鄉正杜筠, 而生荀鶴.” 擢第年四十六矣.

「溪興」云:“山雨溪風卷釣絲, 瓦甌篷底獨斟時. 醉來睡著無人喚, 流下前溪也不知.”

「春宮怨」云:“早被嬋娟誤, 欲粧臨鏡慵. 承恩不在貌, 教妾若爲容. 風暖鳥聲碎, 日高花影重. 年年越溪女, 相憶采芙蓉.”

두순학은 시인의 명성을 갖고 있으며 구화산인九華山人이라 부른다. 대순 초에 급제하여 한림학사·주객원외랑主客員外郎에 임명되고 지제고를 역임했다. 그의 글을 모아 『당풍집唐風集』이라고 했다. 혹자가 이르기를 “두순학은 두목지(杜牧之 : 두목)의 숨겨놓은 아들이다. 두목지가 회창 말에 제안齊安에서 추포秋浦태수로 이임할 때, 당시 나이가 사십사 세였으니, 이른바 ‘사군使君이 사십사 세 때, 좌동어左銅魚[11]를 두 번 찼네[使君四十四, 兩佩左銅魚]’라고 한때이다. 당시 임신 중이었던 첩이 장림향정長林鄉正 두균杜筠에게 출가하여 두순학을 낳은 것이다”라고 했다. 급제했을 때의 나이는 사십육 세이다.

「계흥溪興」에서 “산비 시내바람에 낚시를 거둬들이고, 거룻배에서 술 단지 붙들고 홀로 마신다. 술이 깨도 부르는 사람 없고, 흐르는 앞 시내도 알지 못한다[山雨溪風卷釣絲, 瓦甌篷底獨斟時. 醉來睡著無人喚, 流下前溪也不知]”라고 했다.

「춘궁원春宮怨」에서 “일찍이 곱다고 잘못 알려져, 화장하려다 거울

11 좌동어(左銅魚) : 구리로 만든 물고기 형태 부절(符節)의 왼쪽 반쪽이다. 오른쪽 반쪽은 군 저장고에 보관하여, 군수가 임명되면 두 쪽을 맞춰 사실을 확인한다.

앞에서 축 늘어진다. 성은을 받드는 것은 외모에 있지 않거늘, 신첩에게 어찌하여 꾸미라고 하는가. 바람 따스하니 새소리 부서지고, 해 높이 뜨자 꽃 그림자 무겁다. 해마다 월계越溪의 여인은, 부용 캐는 일을 그리워한다[早被嬋娟誤, 欲粧臨鏡慵. 承恩不在貌, 教妾若爲容. 風暖鳥聲碎, 日高花影重. 年年越溪女, 相憶采芙蓉]"라고 했다.

鄭綮정계

『古今詩話』曰:"相國綮善詩, 有題「老僧」詩云:'日照西山雪, 老僧門未開. 凍瓶黏柱礎, 宿火陷爐灰. 童子病歸去, 鹿麑寒入來.' 常云:'此詩屬對, 可以衡秤', 言輕重不偏也. 或曰:'相國近爲新詩否.' 對曰:'詩思在灞橋風雪中驢子背上. 此何以得之.' 蓋言平生苦心也."

綮刺綮廬江, 將去, 別郡人云:"惟有兩行公廨淚, 一時灑向渡頭風." 其滑稽類此.

『고금시화古今詩話』에서 이르기를 "상국相國 정계는 시를 잘 짓는데, 「노승老僧」에서 '해가 서산 눈을 비추거늘, 노승은 문을 열지 않았다. 언 병은 주춧돌에 붙어 있고, 묵은 불은 화로 재 속에 묻혀 있다. 동자는 병들어 돌아갔는데, 사슴만 추워서 들어온다[日照西山雪, 老僧門未開. 凍瓶黏柱礎, 宿火陷爐灰. 童子病歸去, 鹿麑寒入來]'라고 했다. 이 시는 속대屬對로 균형을 이루었다고 평가받는데, 경중이 치우치지 않았다는 말이다. 혹자가 '상국께서는 근래에 시를 지으셨습니까?'라고 하자, '시상은 파교灞橋 눈보라 속 나귀 등 위에 있는데, 이를 어떻게 얻겠는가'라고 대답했으니 평생 고심했음을 말한 것이다"라고 했다.

정계가 여강廬江자사로 있다가 떠날 때, 군郡 사람들과 작별하며 "오직 두 줄기 공해(公廨: 집무소)의 눈물만이, 부둣가 바람 향해 일시에 씻긴다[惟有兩行公廨淚, 一時灑向渡頭風]”라고 했으니, 그의 익살이 이러했다.

錢珝전후

珝, 字瑞文, 吏部尙書徽之子. 善文辭, 宰相王溥薦知制誥,① 進中書舍人. 溥得罪, 珝貶撫州司馬.

“永巷頻聞小苑遊, 舊恩如淚亦難收. 君前願報新顔色, 團扇須防白露秋.”

① “溥”, 『紀事』作“摶.” 下同.

전후는 자가 서문瑞文이며 이부상서吏部尙書 전미錢徽의 아들이다. 글을 잘 지어 재상 왕부王溥가 지제고에 추천했고 중서사인으로 승진했다. 왕부가 죄를 범하자, 전후는 무주사마撫州司馬로 좌천되었다.

“긴 골목에서 곧잘 소원小苑의 놀이를 들었으니, 지난 은혜에 흐르는 눈물을 거둬들이기 어렵구나. 님 앞에 새로운 모습으로 보답하길 바라나, 둥근 부채로 흰 머리털을 가려야 하리라.[永巷頻聞小苑遊, 舊恩如淚亦難收. 君前願報新顔色, 團扇須防白露秋.]”

① ‘溥’는 『당시기사』에 ‘摶’으로 되어 있으며, 이하 동일하다.

嚴惲엄운

皮日休「傷嚴子重序」云 : “余爲童在鄕校時, 簡上抄杜舍人牧之集, 見有與進士嚴惲詩. 後至吳, 一日, 有客曰嚴某, 餘志其名久矣, 遽懷文見造, 於是樂甚. 觀其所爲文, 工於七字, 往往有清便柔媚, 時可軼駿於常軌. 其佳者曰 : ‘春光冉冉歸何處, 更向花前把一杯. 盡日問花花不語, 爲誰零落爲誰開.’ 余羨之, 諷誦未嘗怠. 生擧進士, 亦十餘計偕, 余方冤之, 謂終有得於時也. 未幾, 歸吳興. 後兩期, 咸通十年也. 霅人至云 : 生以疾亡於所居矣. 噫! 生徒以詞聞於士大夫, 竟不名而逝, 豈止此而堙沒耶. 江湖間多美材, 士君子茍樂退而有文者, 死無不爲時惜, 可勝言耶. 於是哭而爲之詩. 魯望, 生之友也, 當爲我同作詩." 皮詩云 : "十哭都門榜上塵, 蓋棺終是五湖人. 生前有敵唯丹桂, 沒後無家祗白蘋. 箬下斬新醒處月, 江南依舊詠來春. 知君精爽應無盡, 必在酆都頌帝晨." 【項梁成「酆都宮頌」曰 : "紂絶標帝晨."】

피일휴의 「상엄자중서傷嚴子重序」에서 "내가 어려서 향교鄕校에 있을 때, 사인舍人 두목지의 시집을 베껴 쓰다가 진사 엄운嚴惲에게 보낸 시를 보았다. 나중에 오吳에 갔는데, 하루는 엄 아무개라는 객이 찾아왔으니, 나는 오래전부터 그의 이름을 알고 있었다. 그가 갑자기 갖고 있던 글을 보여주어서 매우 기뻤다. 그는 칠언시에 뛰어났는데, 이따금 맑고 부드럽고 고운 면을 보이며 일상의 궤에서 벗어나곤 했다. 그 가운데 가작은, '봄은 뉘엿뉘엿 어느 곳으로 돌아가는가, 다시 꽃을 향해 술잔을 든다. 하루 내내 꽃에게 물어도 말이 없으니, 누굴 위해 지고 누굴 위해 피는가(春光冉冉歸何處, 更向花前把一杯. 盡日問花花不語, 爲誰零落爲誰開)'이다. 나는 이 작품을 흠모하여 언제나 잊지 않고 읊었다. 엄생嚴生은 거진사(擧進士 : 진사시 응시) 자격이 되고 십여 차례 계해計偕[12]에 포함되기도 했는데, 내가 안타까워하며 결국 세상에 뜻을 펼칠 것이라고 했다. 얼마 되지 않아 오흥吳興으로 돌아갔다. 그로부터 두 해가 지난 함통 10년(869)이었다. 삽霅에 사는 사람이 와서 엄생이 병으로 거주지에서 죽었다고 했다. 아! 엄생은 한낱 글만 사대부에게 알려지고 끝내 이름을 드날리지 못한 채 떠났으니, 어찌 여기에만 머무른 채 사라진 것인가. 강호에는 훌륭한 인재가 많은데, 정말 물러난 삶을 즐기며 글

12 계해(計偕) : 일 년에 한 번씩 지방에서 회계 문서를 중앙에 보고하는데, 그때 지방에서 추천한 인재들을 함께 중앙으로 보내는 것을 말한다.

을 짓는 사군자들 가운데 죽어서 당시 사람들로부터 애석하다는 평을 들었던 이들을 이루 다 말할 수 있겠는가. 이에 곡哭을 하고 시를 짓는다. 노망魯望은 엄생의 친구이니 나를 위하여 함께 시를 지을지어다"라고 했다. 피일휴의 시에서 "도문都門의 방榜 위 먼지에 열 번이나 곡을 하고, 관으로 덮인 것은 결국 오호五湖 사람이다. 생전의 적은 오직 붉은 계수나무이고, 죽은 뒤에는 집이 없어 흰 마름뿐이다. 조릿대 아래 깨어 있는 달이 참신하고, 강남은 노래하던 봄이 여전하다. 그대의 정령은 사라지지 않았을 터, 반드시 풍도(酆都 : 저승)에서 제신(帝晨 : 도교의 신)을 송축하리라[十哭都門榜上塵, 蓋棺終是五湖人. 生前有敵唯丹桂, 沒後無家祗白蘋. 箬下斬新醒處月, 江南依舊詠來春. 知君精爽應無盡, 必在酆都頌帝晨]"라고 했다【항량성項梁成의 「풍도궁송酆都宮頌」에서 "주왕紂王이 절명하여 제신에게 손 흔들다[紂絶摽帝晨]"라고 했다】.

王渙왕환

大順中, 王渙自左史拜考功員外, 同年李德鄰自右史拜小戎, 趙光胤自補衮拜小儀, 王極自小戎拜小勳. 渙首唱長句, 感恩上裴公曰 : "青衿七十榜三年, 建禮含香次第遷. 珠影下連星錯落, 桂花曾對月嬋娟. 玉經磨琢多成器, 劍拔沈埋更倚天. 應念銜恩最深者, 春來爲壽拜樽前." 裴公答曰 : "謬持文柄得時賢, 粉署清華次第遷. 昔歲策名皆健筆, 今朝稱職並同年. 各懷器業寧推讓, 俱上青霄肯後先. 何事老夫猶賦詠, 欲將酬和永流傳."

渙, 字羣吉, 大順二年, 侍郎裴贄下登第. 德鄰·極·光胤皆同年也.

"七夕瓊筵往事陳, 蓼花蓮蒂共傷神. 蜀王殿裏三更月, 不見驪山私語人."

"夢裏分明入漢宮, 覺來燈背錦屏空. 紫臺月落關山曉, 腸斷君恩信畫工."

대순 연간에 왕환이 좌사左史에서 고공원외랑考功員外郎으로 임명될 때, 동년배 이덕린李德鄰은 우사右史에서 소융小戎에 임명되고, 조광윤趙光胤은 보곤補袞에서 소의小儀에 임명되고, 왕극王極은 소융小戎에서 소훈小勳에 임명되었다. 왕환이 가장 먼저 은혜에 감사해하며 배공(裴公 : 배찬裴贊)에게 올린 장구長句에서 "칠십 년 청금(靑衿 : 유생儒生) 생활에다 급제한 지 삼 년 만에, 건례(建禮 : 상서랑尙書郎)와 함향含香[13]에 차례대로 자리를 옮겼다. 구슬 그림자는 아래로 아롱진 별들과 연결되고, 계화꽃은 일찍이 고운 달빛을 마주했다. 옥은 조탁과 연마를 거쳐 대부분 그릇을 완성하고, 칼은 묻힌 곳에서 뽑아져 다시 하늘을 의지한다. 응당 은혜가 가장 깊은 이를 생각해야 할 터, 봄날 헌수를 위해 술잔 앞에 절을 올린다[靑衿七十榜三年, 建禮含香次第遷. 珠影下連星錯落, 桂花曾對月嬋娟. 玉經磨琢多成器, 劍拔沈埋更倚天. 應念銜恩最深者, 春來爲壽拜樽前]"라고 하자, 배공이 답하기를 "잘못 문병(文柄 : 문관 선발권)을 잡아 당대의 현자들을 만나, 분서(粉署 : 상서성)와 청직淸職 화직華職에 차례대로 옮겨가네. 지난날 책문의 명성은 모두 건장한 솜씨였고, 오늘 임명받은 직책은 모두 동년同年들이네. 각자 포부와 사업을 가졌는데 어찌 양보할 일이랴, 모두 푸른 하늘로 올랐는데 선후를 다투랴. 늙은이가 어찌 시 짓는 일 일삼으랴만, 수창의 뜻을 영원히 전하고 싶을 뿐이다[謬持文柄得時賢, 粉署淸華次第遷. 昔歲策名皆健筆, 今朝稱職並同年. 各懷器業寧推讓, 俱上靑霄肯後先. 何事老夫猶賦詠, 欲將酬和永流傳]"라고 했다.

왕환의 자字는 군길羣吉이며 대순 2년(891)에 시랑侍郎 배찬 밑에서 급제했고, 이덕린·왕극·조광윤과도 모두 동년배였다.

"칠월칠석 화사한 잔치는 지난 일로 묻고, 여뀌꽃 연꽃 꼭지에 함께 슬퍼한다. 촉왕의 궁전 삼경 달에, 여산驪山에서 사담 나눈 사람들이 보이지 않는다.[七夕瓊筵往事陳, 蓼花蓮蒂共傷神. 蜀王殿裏三更月, 不見驪山私語人.]"[14]

13 함향(含香) : 옛날 상서성의 낭관이 상주할 때 구취를 없애기 위해 입에 계설향(鷄舌香)을 머금었던 것을 가리킨다.

"꿈속에서는 분명 한궁漢宮으로 들어갔는데, 깨어보니 등불 뒤로 비단 병풍만 휑하다. 자대紫臺의 달이 진 관산關山의 새벽, 화공畫工만 믿은 임금의 은혜에 애가 끊는다.[夢裏分明入漢宮, 覺來燈背錦屛空. 紫臺月落關山曉, 腸斷君恩信畫工.]"[15]

張曙장서

張曙·崔昭緯中和初同擧, 相與詣日者問命. 曙時自負才名籍甚, 以爲將來狀元. 崔亦分居其下. 日者殊不顧曙, 第目崔曰:"將來萬全高第." 曙有慍色. 日者曰:"郎君亦及第, 然須待崔拜相, 當此時過堂." 既而曙果不終場, 昭緯首冠. 曙以篇什別之云:"千里江山陪驥尾, 五更風水失龍鱗. 昨夜浣花溪上雨, 綠楊芳草爲何人." 後七年, 昭緯爲相, 曙方登第, 果於昭緯下過堂. 杜荀鶴, 同年生也, 酬曙詩云:"天上書名天下傳, 引來齊到玉皇前. 大仙錄後頭無雪, 至藥成來竈絶烟. 笑躡紫雲金作闕, 夢抛塵世鐵爲船. 九華山叟驚凡骨, 同到蓬萊豈偶然."

장서·최소위崔昭緯가 중화中和 초에 과거에 함께 응시할 때, 점쟁이를 찾아가 운명을 물었다. 장서는 당시 재능과 명성이 뛰어나서 장차 장원이 될 거라고 했고, 최소위 또한 그다음을 차지할 것이라 여겨졌다. 그런데 점쟁이는 장서는 전혀 돌아보지 않고 최소위만 쳐다보며 말하기를 "머지않아 우수한 성적으로 급제하는데 전혀 문제가 없을 것이다"라고 하자, 장서가 화를 냈다. 점쟁이가 말하기를 "낭군도 급제야 하겠지만, 반드시 최소위가 재상에 임명될 때 비로소 과당過堂[16]을

14 「초창(惆悵)」 12수 가운데 1수.

15 「초창」 12수 가운데 1수.

16 과당(過堂) : 진사시에 급제한 뒤 시험주관자가 급제자를 대동해 도당(都堂)으로 가서

할 것이다"라고 했다. 그런데 정말 장서는 결국 장場을 못 마치고 최소위만 일등을 차지했다. 장서가 떠나며 시를 짓기를 "천 리 강산이 천리마의 꼬리를 뒤따랐거늘, 오경의 풍수에 용의 비늘을 잃었다. 어젯밤 완화계浣花溪의 비에, 푸른 버들 화사한 풀은 누구를 위함이었던가[千里江山陪驥尾, 五更風水失龍鱗. 昨夜浣花溪上雨, 綠楊芳草爲何人]"라고 했다. 그로부터 칠 년 뒤에 최소위가 정승이 되자, 장서가 비로소 급제를 하여 정말 최소위 아래에서 과당을 했다. 두순학이 동년배인데 장서에게 수창한 시에서 "천상의 이름이 천하에 전해진 뒤, 함께 이끌려서 옥황玉皇 앞에 왔네. 대선大仙에 기록된 뒤 머리에 눈발(백발)이 없고, 묘약이 만들어진 뒤 부엌에는 연기가 끊어졌다. 황금 궁전의 자운계紫雲階를 웃으며 밟으면서, 속세에서 쇠로 배 만든 일은 꿈속에서 버렸다. 구화산의 늙은이 범상한 몰골들을 놀래키며, 함께 봉래(蓬萊 : 선궁)에 온 것이 어찌 우연이랴[天上書名天下傳, 引來齊到玉皇前. 大仙錄後頭無雪, 至藥成來竈絶烟. 笑躡紫雲金作闕, 夢抛塵世鐵爲船. 九華山叟驚凡骨, 同到蓬萊豈偶然]"라고 했다.

翁綬옹수

「詠酒」云 : "逃暑迎春復送秋, 無非綠蟻滿杯浮. 百年莫惜千回醉, 一盞能消萬古愁. 幾爲芳菲眠細草, 曾因雨雪上高樓. 平生名利關身者, 不識狂歌到白頭."

綬, 登咸通進士第.

「영주詠酒」에서 "더위를 벗어나 봄을 맞고 다시 가을을 보낼 때, 온

재상을 알현한 것을 말한다.

통 술잔 가득 술이 넘친다. 백 년에 천 번 취하는 것을 아까워하지 말라, 한 잔이면 만고의 시름을 삭이나니. 향기로운 풀 위에 몇 번을 누웠던가, 비나 눈 내릴 때 누대에도 올랐었다. 평생 이 몸과 관련된 명예와 이익을, 아무것도 모른 채 맘껏 노래 부르며 노년까지 왔다[逃暑迎春復送秋, 無非綠蟻滿杯浮. 百年莫惜千回醉, 一盞能消萬古愁. 幾爲芳菲眠細草, 曾因雨雪上高樓. 平生名利關身者, 不識狂歌到白頭]"라고 했다. 옹수는 함통 연간에 진사시에 급제했다.

袁皓원호

皓, 宜春人. 咸通進士, 龍紀集賢殿圖書使, 自稱碧池處士. 初登第, 過岳陽, 悅妓蘂珠, 以詩寄嚴使君曰: "得意東歸過岳陽, 桂枝香惹蕊珠香. 也知暮雨生巫峽, 爭奈朝雲屬楚王. 萬恨只憑期尅手, 寸心惟繫別離腸. 南亭宴罷笙歌散, 回首烟波路渺茫." 嚴君以妓贈之.

원호는 의춘宜春 사람이며 함통 연간에 진사가 되고, 용기(龍紀 : 889) 때 집현전 도서사圖書使가 되었으며 자칭 '벽지처사碧池處士'라 했다. 처음 급제하고 나서 악양에 들렀다가, 예주蘂珠라는 기생에게 마음을 빼앗겨, 엄사군嚴使君에게 시를 지어 보내기를 "뜻을 얻어 동쪽으로 돌아가는 길에 악양에 들렀다가, 계수나무 향기가 예주蘂珠 향기를 일으켰네. 석양비가 무협에서 내린 것을 알지만, 아침 구름이 초왕에게 속한 것을 어찌하랴. 수많은 한은 기극期尅[17]의 손에만 기대고, 한 치 마음은 오직 이별의 정에만 묶여 있으니. 남쪽 정자의 잔치 끝나자 노래도 사라지고, 안개 자욱한 물결 위로 아득한 길을 돌아본다[得意東歸過岳陽,

17 기극(期尅) : 극기(克期). 기한을 엄격하게 규정하는 것.

桂枝香惹藥珠香. 也知暮雨生巫峽, 爭奈朝雲屬楚王. 萬恨只憑期剋手, 寸心惟繫別離腸. 南亭宴罷笙歌散, 回首烟波路渺茫]"라고 하니, 엄사군이 기생을 내주었다.

李濤이도

李濤, 長沙人也. 篇詠甚著. 如"水聲長在耳, 山色不離門." 又"掃地樹留影, 拂牀琴有聲." 又"落日長安道, 秋槐滿地花." 膾炙人口. 溫飛卿任太學博士, 主秋試, 濤與衛丹·張郃等詩賦, 皆榜於都堂.

이도는 장사長沙 사람이며 지은 시가 매우 많이 알려졌다. "물소리는 오랫동안 귀 속에 들어 있고, 산색은 문을 떠나지 않는다[水聲長在耳, 山色不離門]", "땅을 쓰니 나무가 그림자 남기고, 평상을 스치니 거문고가 소리를 낸다[掃地樹留影, 拂牀琴有聲]", "해 진 장안의 길에, 가을 홰나무는 땅에 가득 꽃을 피웠다[落日長安道, 秋槐滿地花]" 등이 인구에 회자되었다. 온비경溫飛卿이 태학박사太學博士가 되어 가을 시험을 주관할 때, 이도는 위단衛丹·장합張郃 등과 시부詩賦에 참가해 모두 도당(都堂 : 상서성)에 이름을 올렸다.

王祝왕축

會昌時, 有題三鄉者曰 : "余本若耶溪東, 與同志者二三, 紉蘭佩蕙, 每貪幽閒之境, 玩花光於松月之亭, 竟晝綿宵, 往往忘倦, 洎乎初笄, 至於五換星霜矣. 自後不得已, 從良人西入函關, 寓居晋昌里第. 其居迥絶囂塵, 花木叢翠, 東西鄰二佛宮, 皆上國勝遊之最. 伺其閒寂, 因瀏覽焉, 亦不辜一時之風月也. 不意良人已矣, 邈然無依. 帝里芳春, 吊影東邁, 涉滻水, 曆渭川, 背終南, 陟太華, 經虢畧, 抵陜郊, 挹嘉祥之清流, 面女几之蒼翠. 凡經過之所, 皆曩昔讌笑之地. 銜冤興歎, 擧目魂銷. 雖殘骸尚存, 而精爽都失, 假使潘岳復生, 無以悼其幽思也. 遂命筆聊題, 終不能滌其懷抱, 絶筆慟哭而東, 時會昌壬戌歲仲春十九日." 詩曰 : "昔逐良人西入關, 良人身殁妾空還. 謝娘衛女不相待, 爲雨爲雲歸舊山." 和者十人. 祝和「三鄉」詩云 : "女几山前嵐氣低, 佳人留恨此中題. 不知雲雨歸何處, 空使王孫見欲迷."

祝字不耀, 名家子, 唐末爲給事中.

회창 연간에 삼향(三鄉 : 지명)에 글을 쓴 사람이 있었으니, "나는 본디 약야계若耶溪 동쪽에 산다. 두세 명의 동지들과 함께 난초와 혜초를 차고 매번 그윽한 곳을 찾아, 소나무 달빛 정자에서 꽃피는 광경을 완상하고 낮이 지나 밤을 이어가면서도 싫증이 나지 않았다. 그러한 삶이 계례笄禮[18]를 거행할 때까지 다섯 성상이 흘렀다. 그 후로 부득이하게 양인(良人 : 남편)을 따라 서쪽 함곡관으로 들어가 진창리晉昌里라는 마을에서 우거寓居했다. 그곳은 속세와 멀리 떨어져서 꽃과 나무가 무성하고 동쪽과 서쪽 두 곳에 절이 있었으니, 모두 상국(上國 : 도성都城)에서 가장 빼어난 풍경이었다. 한적한 때가 되면 유람을 하곤 했으니 한때의 풍월을 놓치지 않았던 것이다. 그런데 뜻밖에도 양인이 세상을 떠나면서 전혀 의지할 곳이 없게 됐다. 황제의 고을에 봄이 찾아오면 그림자를 위로 삼아 동쪽으로 가서, 산수滻水를 건너고 위천渭川을 지나 종남산을 등지고 태화산太華山에 올랐으며, 괵虢의 경계를 경유하여 섬陜의 교외에 다다라서 가상(嘉祥 : 지명)의 맑은 물을 떠 마시고 여궤산女几山의 푸른빛을 마주했다. 이들 경유지는 모두 지난날 놀며 즐겼던 곳이다.

18 계례(笄禮) : 십오 세가 된 여자가 치르는 성인 의식이다.

가슴에 한을 품고 탄식을 자아내며 눈을 들어 바라보노라면 순간 넋이 사라졌다. 쇠잔한 몸은 아직 남아 있지만 넋은 모두 사라졌다. 설령 반악이 다시 태어난다 해도 가슴속 애환을 위로해줄 수는 없을 것이다. 마침내 붓을 들어 애오라지 글을 쓰지만 끝내 회포를 다 씻어내지 못하고, 붓을 놓은 채 통곡하며 동쪽으로 돌아가니, 때는 회창 임술년(842) 2월 중춘仲春 19일이었다"라고 했다. 그 시에서 "지난날 양인을 따라 서쪽 함곡관으로 들어갔다가, 양인은 떠나고 나만 공허하게 돌아왔네. 사謝씨 낭군과 위衛씨 여인이 기다려주지 않아, 비가 되고 구름이 되어 옛 산으로 돌아가네[昔逐良人西入關, 良人身歿妾空還. 謝娘衛女不相待, 爲雨爲雲歸舊山]"라고 했다. 이 시에 화답한 사람이 열 명이었다. 왕축이 삼향에 화답한 시에서 "여궤산女几山 아래 남기嵐氣가 낮게 흐르는데, 가인이 이곳에 한을 실은 글을 남겼네. 구름과 비는 어느 곳으로 돌아간 것인가, 부질없이 왕손王孫의 마음을 혼미하게 하네[女几山前嵐氣低, 佳人留恨此中題. 不知雲雨歸何處, 空使王孫見欲迷]"라고 했다.

왕축의 자는 불요不耀이고 명문가의 아들이며 당 말기에 급사중이 되었다.

韋莊위장

「長安清明」云: "早是傷春夢雨天, 可堪芳草更芊芊. 內宮初賜清明火, 上相閒分白打錢. 紫陌亂嘶紅叱撥, 綠楊高映畫鞦韆. 遊人記得承平事, 暗喜風光似昔年."

「感懷」詩云: "長年方悟少年非, 人道新詩勝舊詩. 十畝野塘留客釣, 一軒春雨對僧棋. 花間醉任黃鶯語, 亭上吟從白鷺窺. 大道不將爐冶去, 有心重築太平基." 或謂此詩包括生成, 果爲台輔.

莊, 字端己, 杜陵人, 見素之後. 曾祖少微, 宣宗中書舍人. 莊疏曠不拘小節，李詢爲西川宣諭和協使，辟爲判官．以中原多故，潛欲依王建，建辟爲掌書記．尋召爲起居舍人，表留之．後相建爲僞平章事．

「장안청명長安淸明」에서 "일찍이 떠나는 봄 슬퍼하며 비 내리는 하늘을 꿈꿨거늘, 다시 자란 풀이 풋풋하구나. 내궁內宮에는 처음 청명화淸明火[19]를 하사하고, 대신에게는 여유로 백타전白打錢[20]을 나눠준다. 붉은 언덕에는 말 울음소리 요란하고, 푸른 버들 높이 그네가 오르내린다. 유람객은 평화로운 때를 떠올려, 지난날의 풍광을 조용히 기뻐한다[早是傷春夢雨天，可堪芳草更芊芊．內宮初賜淸明火，上相閒分白打錢．紫陌亂嘶紅叱撥，綠楊高映畫鞦韆．遊人記得承平事，暗喜風光似昔年]"라고 했다.

「감회感懷」에서 "장년이 돼서야 소년시절 잘못을 깨달아, 사람들이 새 시가 묵은 시보다 좋다고들 한다. 십 무畝의 들녘 연못은 낚시꾼을 머물게 하고, 봄비 정자에서는 스님과 바둑을 둔다. 꽃 속에서 취하여 꾀꼬리 지저귀는 대로 두고, 정자 위에서 시 읊으며 백로를 바라본다. 대도大道는 대장간으로 갈 수 없는 터, 다시 평화의 터전을 쌓는 데만 마음을 둔다[長年方悟少年非，人道新詩勝舊詩．十畝野塘留客釣，一軒春雨對僧棋．花間醉任黃鶯語，亭上吟從白鷺窺．大道不將爐冶去，有心重築太平基]"라고 했다. 혹자는 이 시가 생성生成의 의미를 안고 있다고 했는데, 정말 그 말대로 위장은 훗날 태보台輔가 되었다.

위장은 자가 단기端己이고 두릉杜陵 사람이며 두견소杜見素의 후예이다. 증조 두소미杜少微는 선종 때의 중서사인이다. 위장은 가슴이 탁 트여 작은 것에 얽매이지 않았는데, 이순李詢이 서천선유화협사西川宣諭和

19 청명화(淸明火) : 임금이 청명절에 신하들에게 하사하는 불이다. 『주례(周禮)』 「하관(夏官)」 「사관(司爟)」에 "불에 관한 정사를 관장한다[掌行火之政令]"는 문장이 있는데, 그 주석에 "청명에 느릅나무와 버드나무로 불을 일으켜서 근신과 척리(戚里) 등에게 상으로 나누어 주었으므로 청명화(淸明火)라고 한다"라는 내용이 보인다.

20 백타전(白打錢) : 백타는 고대의 축국(蹴踘 : 제기차기)놀이. 제기차기에서 이긴 사람에게 주는 돈이다.

協使였을 때 불러 판관判官으로 삼았다. 중원에 변고가 많아 조용히 왕건에게 의지하고자 하자, 왕건이 불러 장서기掌書記로 삼았다. 뒤이어 조정에서 불러 기거사인起居舍人으로 임명했지만 표문表文을 올려 그곳에 머물렀다. 나중에 왕건을 도와 위평장사僞平章事가 되었다.

吳融오융

"漁陽烽火照函關, 玉輦忽忽下此山. 一曲「霓裳」聽不盡, 至今猶恨水潺潺."

融, 字子華, 越州人. 昭宗時爲翰林學士.

"어양漁陽의 봉화가 함곡관을 비출 때, 옥련玉輦이 총총히 이 산을 내려갔다. 「예상곡霓裳曲」 한 곡조를 다 듣지 못하여 아직도 잔잔히 흐르는 물을 한탄한다.[漁陽烽火照函關, 玉輦忽忽下此山. 一曲「霓裳」聽不盡, 至今猶恨水潺潺.]"

오융는 자가 자화子華이며 월주越州 사람이다. 소종 때 한림학사가 되었다.

公乘億공승억

億, 字壽仙, 魏人, 與李山甫皆爲魏博樂彦禎幕府.

億以詞賦著名. 咸通十三年, 別家十餘年矣. 嘗大病, 鄉人傳以死, 其妻自河北迎喪. 會億送客, 馬上見婦人粗縗, 類其妻也, 睇睨不已, 妻亦如之. 詰之, 則是也. 相持而哭, 路人異之. 後旬日登第, 億嘗有詩云: "十上十年皆落第, 一家一半已成塵", 可知其屈矣.

공승억은 자가 수선壽仙이고 위주魏州 사람이며, 이산보李山甫와 함께 위박절도사魏博節度使 악언정樂彦禎의 막료가 되었다.

공승억은 사부詞賦로 저명했다. 함통 13년(872)은 그가 집을 떠난 지 십여 년이 되는 해이다. 고향 사람들이 그가 일찍이 큰 병에 걸려 죽었다고 해서 그의 아내가 하북河北으로부터 상喪을 맞이하러 왔다. 마침 공승억이 객을 전송하는 즈음에 말 위에서 상복을 입고 있는 부인을 보았는데, 아내와 많이 닮아서 쉼 없이 눈물이 났고 아내도 마찬가지였다. 누구냐고 물어보니 바로 부인이었고, 서로 붙들고 통곡하니 길 가는 사람들이 이상하게 여겼다. 그로부터 열흘 뒤에 급제를 했다. 공승억이 일찍이 지은 시에서 "십 년 동안 열 번 시험에서 모두 낙제를 하여 집안 절반은 이미 먼지가 되었네[十上十年皆落第, 一家一半已成塵]"라고 했으니, 그의 좌절을 알 만하다.

羅鄴나업

「牡丹」云: "落盡春紅始見花, 花時比屋事豪奢. 買栽池館恐無地, 看到子孫能幾家. 門倚長衢攢繡轭, 幄籠輕日護香霞. 歌鐘到此爭憔賞, 豈信流年鬢有華."

「賞春」云: "芳草和烟暖更青, 閒門要路一時生. 年年點檢人間事, 惟有春風不世情."

鄴, 餘杭人. 父則, 爲鹽鐵小吏, 有二子, 俱以文學干進, 鄴尤長七言詩.

「모란牡丹」에서 "봄꽃이 다 진 뒤에야 꽃이 피고, 꽃이 피면 집집마다 화사하다. 사서 지관池館에 심고 싶지만 땅이 없을까 싶고, 자손까지 본 경우는 몇 집이나 될까. 긴 거리에 기대선 문은 수놓은 멍에를 뚫어놓았고, 가벼운 햇살에 두른 장막은 향기로운 노을을 감싸 안았다. 노랫소리 종소리를 이곳에서 앞다투어 구경하니, 흐르는 세월에 살쩍이 하얗게 변한 것을 어찌 믿으라[落盡春紅始見花, 花時比屋事豪奢. 買栽池館恐無地, 看到子孫能幾家. 門倚長衢攢繡轂, 幄籠輕日護香霞. 歌鐘到此爭權賞, 豈信流年鬢有華]"라고 했다.

「상춘賞春」에서 "풀들은 안개와 어울려 따스할수록 푸르고, 한적한 집이나 중요한 곳이나 일시에 자랐다. 해마다 인간의 삶을 살펴보지만, 오직 춘풍은 세정에 얽매이지 않는다[芳草和烟暖更青, 閒門要路一時生. 年年點檢人間事, 惟有春風不世情]"라고 했다.

나업은 여항餘杭 사람이다. 부친 나칙羅則은 염철鹽鐵을 관리하는 소리小吏였다. 슬하에 두 아들을 두었는데, 모두 문학으로 관직에 나아갔고 그중 나업은 칠언시에 더욱 뛰어났다.

羅隱나은

隱, 字昭諫, 餘杭人. 隱池之梅根浦, 自號江東生, 爲唐相鄭畋·李蔚所知. 畋女覽隱詩, 諷不已. 畋疑有慕才意. 隱貌寢陋, 女一日簾下窺之, ① 自此絶不詠其詩. 廣明中, 池守竇潏營墅居之. 光啟中, 錢鏐辟爲從事·節度判官副使, 梁祖以諫議召, 不行. 開平中, 魏博羅紹威推爲叔父, 表授給事中. 年八十餘, 終餘杭, 有子塞翁.②

鍾陵妓雲英, 隱舊見之. 一日, 譏隱猶未第, 隱嘲之曰: "鍾陵醉別十餘春, 重見雲英掌上身. 我未成名君未嫁, 可能俱是不如人."

「牡丹」云: "似共東君別有因, 絳羅高卷不勝春. 若教解語應傾國, 任是無情也動人. 芍藥與君爲近侍, 芙蓉何處避芳塵. 可憐韓令功成後, 辜負穠華過此身."

「蜂」云: "不論平地與山尖, 無限風光盡被沾. 采得百花成蜜後, 不知辛苦爲誰甜."

① "下", 據『紀事』補.

② "蹇翁"原作"塞翁", 據汲古閣本『紀事』改.

나은의 자는 소간昭諫이며 여항 사람이다. 지주池州의 매근포梅根浦에 은거하며 스스로 '강동생江東生'이라 불렀는데, 당의 정승 정전鄭畋과 이울李蔚에게 인정을 받았다. 정전의 딸이 나은의 시를 보고 읊어마지 않자, 정전은 그녀가 나은의 재능을 사모하는 마음이 있지 않나 생각했다. 나은은 얼굴이 썩 잘나지 못했는데, 어느 날 정전의 딸이 주렴을 통해 그를 엿보고 나선 절대로 그의 시를 읊지 않았다. 광명 시기에 지주태수 두휼竇潏이 별장을 마련해 그가 머물도록 했다. 광계 연간에 전류錢鏐가 그를 불러 종사와 절도판관부사節度判官副使로 삼았고, 양태조梁太祖가 간의대부諫議大夫로 불렀으나 가지 않았다. 개평(開平 : 907~910) 연간에 위박절도사 나소위羅紹威가 추대하여 숙부로 삼고 표를 올려 급사중에 임명했다. 팔십여 세를 살았고 여항에서 생을 마쳤으며 아들로 나건옹羅蹇翁이 있다.

종릉鍾陵 기생 운영雲英은 일찍이 나은이 만났던 사람이다. 어느 날 그녀가 왜 아직도 급제하지 못했느냐고 비난하자, 나은이 농 삼아 이르기를 "종릉에서 술 취해 이별한 지 십여 년에, 손바닥 위에 둘 운영을 다시 만났네. 내 명성 이루지 못하고 그대 시집가지 못했으니, 둘 다 사람답지 못한 것이리라[鍾陵醉別十餘春, 重見雲英掌上身. 我未成名君未嫁, 可能俱是不如人]"라고 했다.

「모란」에서는 "동군東君과의 이별은 원인이 있을 터, 붉은 비단 높이 거두며 봄을 가누지 못한다. 말할 줄 알았다면 경국지색이 됐을 터, 무정한 채 있어도 사람 마음 움직인다. 작약은 그대와 함께 임금 가까이서 모시는데, 부용은 어디서 화려한 속세를 피하는가. 가련쿠나 한령(韓令 : 한홍韓弘)은 공을 이룬 뒤에, 농염한 꽃을 저버리고 이 몸을 찾았노라[似共東君別有因, 絳羅高卷不勝春. 若教解語應傾國, 任是無情也動人. 芍藥與

君爲近侍, 芙蓉何處避芳塵. 可憐韓令功成後, 辜負穠華過此身]”라고 했다.

「봉蜂」에서는 “평지거나 뾰족한 산이거나, 무한한 풍광이 모두 점령당했다. 온갖 꽃을 채집해 꿀을 만들고 나서는, 그 고생 누구에게 달콤함을 전하려 함이었나[不論平地與山尖, 無限風光盡被沾. 采得百花成蜜後, 不知辛苦爲誰甛]”라고 했다.

① ‘下’는 『당시기사』에 의거하여 보충했다.

② ‘蹇翁’은 본래 ‘塞翁’으로 되어 있었는데, 급고각본 『당시기사』에 의거하여 고쳤다.

許棠허당

棠「洞庭」詩, 有“四顧疑無地, 中流忽有山”之句. 人以題扇.「過洞庭」云:“驚波常不定, 半日鬢堪斑. 四顧疑無地, 中流忽有山. 鳥飛應畏墮, 帆遠却如閒. 漁父時相引, 行歌浩渺間.”

허당이 「동정洞庭」에서 “사방을 돌아봐도 땅이 없는 듯한데, 물 가운데 갑자기 산이 나타난다[四顧疑無地, 中流忽有山]”라는 구절이 있는데, 사람들이 선면扇面의 제목으로 삼았다. 「과동정過洞庭」에서 “놀란 파도는 언제나 잠잠하지 않으니, 반나절에 귀밑머리 하얗게 변할 만하다. 사방을 돌아봐도 땅이 없는듯한데, 물 가운데 갑자기 산이 나타난다. 새가 날면 떨어질까 두려워할 테고, 멀리 떠 있는 돛은 여유로운 듯하다. 어부들 이따금 서로 어울려, 드넓은 물을 두고 노래 부른다[驚波常不定, 半日鬢堪斑. 四顧疑無地, 中流忽有山. 鳥飛應畏墮, 帆遠却如閒. 漁父時相引, 行歌浩渺間]”라고 했다.

張蠙장빈

「送友人赴涇州幕」云：“杏園沉飮散，榮別就佳招．日月相期盡，山川獨去遙．府樓明蜀雪，關磧轉胡鵰．縱有烟塵動，應隨上策消．”

蠙，字象文，唐末登第，尉櫟陽．避亂入蜀，王蜀時，① 爲金堂令．王衍與徐后遊大慈寺，見壁間題云：“牆頭細雨垂纖草，水面回風聚落花．”問寺僧，僧以蠙對．乃賜霞光牋，令寫詩以進．蠙進二百首，衍善之，召爲知制誥．宋光嗣以蠙輕忽傲物，遂止．卒於官．蠙生穎秀，幼有「單于臺詩」曰：“白日地中出，黃河天外來．”爲世所稱．

① “王蜀”原作“蜀王”，據『紀事』改．

「송우인부경주막送友人赴涇州幕」에서 “행원杏園에서 실컷 마시고 헤어지니, 영광스러운 이별은 좋은 부름에 나아가기 위해서다. 해와 달은 서로의 기약이 다했고, 산천을 홀로 아득히 떠난다. 부루府樓에는 촉 땅의 눈이 밝고, 관문 벌판에는 호胡 땅의 수리가 노닌다. 전쟁의 먼지가 인다고 해도, 응당 뛰어난 책략에 의해 사라지리라[杏園沉飮散, 榮別就佳招. 日月相期盡, 山川獨去遙. 府樓明蜀雪, 關磧轉胡鵰. 縱有烟塵動, 應隨上策消]”라고 했다.

장빈은 자가 상문象文이며 당 말엽에 급제하고 역양위櫟陽尉를 역임했다. 난을 피해 촉으로 들어갔고 왕촉王蜀 때 금당령金堂令이 되었다. 왕연王衍이 서후徐后와 함께 태자사大慈寺를 노닐다가 벽에 쓰인 “담장 위 가랑비에 여린 풀 드리우고, 물 위 회오리바람에 지는 꽃이 모였다[牆頭細雨垂纖草, 水面回風聚落花]”라는 구절을 보고 절 승려에게 작자가 누구냐고 물으니, 승려가 장빈이라고 대답했다. 이에 하광전霞光牋이라는 시전지詩箋紙를 하사하여 시를 써서 올리도록 했다. 장빈이 이백 수를 올리자 왕연이 칭찬하고 지제고로 불렀지만 송광사宋光嗣가 장빈은 경솔하고 오만하다고 하여 마침내 중지되었다. 관직에서 생을 마쳤다.

장빈은 뛰어난 자질을 갖고 태어났으니, 어려서 지은 「선우대單于臺」에서 "태양은 땅 속에서 나오고, 황하는 하늘 밖에서 흘러온다[白日地中出, 黃河天外來]"라고 한 구절이 세상에 널리 알려졌다.

① '王蜀'은 본래 '蜀王'으로 되어 있었는데, 『당시기사』에 의거하여 고쳤다.

鄭谷 정곡

谷, 字守愚,① 袁州人, 故永州刺史之子. 幼年, 司空圖與刺史同院, 見而奇之, 曰: "曾吟得丈丈詩否." 曰: "吟得." "莫有病否." 曰: "丈丈「曲江晚望」斷篇云: '村南斜日閒回首, 一對鴛鴦落渡頭.' 即深意矣." 司空歎息撫背曰: "當爲一代風騷主." 乾寧中, 爲都官郎中, 卒於家. 谷自敘云: "故許昌薛尚書能, 爲都官郎中. 後數年, 建州李員外自憲府內彈, 拜都官員外. 皆一時騷雅宗師, 都官之曹, 振盛於此. 余早受知, 今忝此官, 復是正秩, 何以相繼前賢耶."

"濃淡芳春滿蜀鄉,② 半隨風雨斷人腸.③ 浣花溪上堪惆悵, 子美無情爲發揚." 谷「蜀中海棠詩」也.

"相看臨遠水, 獨自上孤舟."【句】"潮平無別浦, 木落見他山."【句】"情多最恨花無語, 愁破方知酒有權."【句】"關東多事日, 天末未歸心."【句】"捲卷斜陽裏, 看山落木中."【句】"雨浙尋山徧, 孤舟帶鶴歸."【句】"長安一夜殘春雨, 右省三年老拾遺."【句】"班趨黃道急, 殿揖紫宸深."【句】

「題杭州樟亭」云: "故國江天外, 登臨落照間. 潮平無別浦, 木落見他山. 沙鳥晴飛遠, 漁人夜唱閒. 歲窮歸未得, 心逐片帆還."

「感興」云: "禾黍不陽豔, 競栽桃李春. 翻令力耕者, 半作賣花人."

「十日菊」云: "節去蜂愁蝶不知, 曉庭還繞折殘枝. 自緣今日人心薄, 未必秋香一夜衰."

「偶題」云: "一卷疏蕪一百篇, 名成未敢便忘筌. 何如海日生殘夜, 一句能令萬古傳."

① "守"原作"若", 據『新唐書』「藝文志」改.

② "芳"原作"方", 據『全唐詩』改.

③ "人"原作"鶩", 據『全唐詩』改.

정곡은 자가 수우守愚이고 원주袁州 사람이며 고故 영주永州자사 정사鄭史의 아들이다. 정곡이 어릴 때 사공도가 영주자사와 동원(同院: 동창)이었는데, 정곡을 보고 기특해하며 묻기를 "일찍이 장장(丈丈: 사공도)의 시를 읊어보았는가"라고 하니 "읊어보았습니다"라고 했다. "문제는 없었는가"라고 하니, "「곡강만망曲江晩望」에서 '해질 무렵 한가롭게 마을 남쪽을 뒤돌아보니, 한 쌍의 원앙이 나룻가에 내려앉네[村南斜日閒回首, 一對鴛鴦落渡頭]'라고 한 것에는 깊은 뜻이 담겨 있습니다"라고 하자, 사공도가 감탄하고 얼굴을 어루만지며 "마땅히 한 시대의 풍소風騷의 주인이 될 것이다"라고 했다. 건녕 연간에 도관랑중都官郎中이 되고 자기 집에서 생을 마쳤다. 정곡이 스스로 서술한 글에서 "고故 허창許昌 설능薛能 상서尙書가 도관랑중都官郎中이 되고, 그로부터 몇 년 뒤 건주建州 이원외(李員外: 이빈李頻)가 헌부憲府로부터 탄핵을 받아 도관원외都官員外에 임명되었다. 모두 한 시대의 소아騷雅의 종사宗師들로, 도관都官이라는 관청이 여기에서 성대한 명성을 떨쳤다. 내 일찍이 돌봐주심의 은혜를 입었는데, 이제 이 관직을 임명받고 또 이 관직이 정질(正秩: 정규 관직)이기까지 하니, 어떻게 해야 이전의 현자를 계승할 수 있을까"라고 했다.

"연분홍 봄꽃은 촉향蜀鄕에 가득하여 절반은 비바람 따라가 애간장을 끊는다. 완화계浣花溪에서 시름겹게 할 만한데, 자미(子美: 두보)는 발양發揚할 마음이 없었다[濃淡芳春滿蜀鄕, 半隨風雨斷人腸. 浣花溪上堪惆悵, 子美無情爲發揚]"는 정곡의 「촉중해당蜀中海棠」이다.

"마주보며 흐르는 물을 굽어보고, 홀로 외딴 배에 오른다[相看臨遠水,

獨自上孤舟]"【구절】, "물결 평평하여 이별의 포구 없고, 나뭇잎 져 다른 산이 보인다[潮平無別浦, 木落見他山]"【구절】, "정이 많아 꽃이 말 없는 것이 가장 아쉽고, 시름 깨질 때 비로소 술이 권한 가졌음을 안다[情多最恨花無語, 愁破方知酒有權]"【구절】, "관동關東에 일 많았던 나날들, 하늘 끝에 돌아가지 못하는 마음[關東多事日, 天末未歸心]"【구절】, "석양 아래서 책을 덮고, 잎 진 곳에서 산을 본다[捲卷斜陽裏, 看山落木中]"【구절】, "양절兩浙에서 산들을 두루 찾아보고, 외딴 배에 학을 태우고 돌아온다[兩浙尋山徧, 孤舟帶鶴歸]"【구절】, "장안 하룻밤에 봄비 시드는데, 우성(右省 : 중서성)에서 삼 년 동안 습유로 늙는다[長安一夜殘春雨, 右省三年老拾遺]"【구절】, "반열에서 황도黃道로 급히 걸어가고, 전殿에서 자신(紫宸 : 황제의 거처)에 머리 숙여 읍한다.[班趨黃道急, 殿揖紫宸深.]"【구절】

「제항주장정題杭州樟亭」에서 "고국은 강 하늘 너머에 있나니, 낙조 아래서 이 정자에 오른다. 물결 평평하여 이별의 포구 없고, 나뭇잎 져 다른 산이 보인다. 백사장 새는 맑은 하늘 멀리 날아가고, 어부는 한밤에 한적하게 노래 부른다. 한 해가 다해도 돌아가지 못하고, 마음만 한 조각 돛대 좇아 돌아간다[故國江天外, 登臨落照間. 潮平無別浦, 木落見他山. 沙鳥晴飛遠, 漁人夜唱閒. 歲窮歸未得, 心逐片帆還]"라고 했다.

「감흥感興」에서 "벼와 기장은 곱지도 않은데, 봄날 복사꽃 오얏꽃과 다투어 심는다. 도리어 힘써 밭가는 자로 하여금, 절반은 꽃을 파는 사람이 되게 한다[禾黍不陽豔, 競栽桃李春. 翻令力耕者, 半作賣花人]"라고 했다.

「십일국十日菊」에서 "계절이 지나면 벌은 걱정해도 나비는 잘 몰라, 새벽 앞뜰에 꺾인 쇠잔한 가지 위에서 펄럭인다. 오늘은 인심이 박한 것일 뿐, 가을 향기가 하룻밤에 쇠퇴한 것은 아니리라[節去蜂愁蝶不知, 曉庭還繞折殘枝. 自緣今日人心薄, 未必秋香一夜衰]"라고 했다.

「우제偶題」에서 "한 권의 어설픈 백 편의 시, 명성을 이뤄도 감히 본 모습을 잊을 수는 없다. 어찌하면 '가물거리는 밤에 태양을 바다에 뜨게 한다'는 한 구절을 만고에 전하게 할 수 있을까[一卷疏蕪一百篇, 名成未敢便忘筌. 何如海日生殘夜, 一句能令萬古傳]"라고 했다.

① '守'는 본래 '若'으로 되어 있었는데, 『신당서』 「예문지」에 의거하여 고쳤다.

② '芳'은 본래 '方'으로 되어 있었는데, 『전당시』에 의거하여 고쳤다.

③ '人'은 본래 '鶯'으로 되어 있었는데, 『전당시』에 의거하여 고쳤다.

溫憲 온헌

溫憲, 員外庭筠子也. 僖昭之間, 就試於有司, 値鄭相延昌掌邦貢, 以其父文多刺時, 復傲毁朝士, 抑而不錄. 旣不第, 遂題一絶於崇慶寺壁. 後滎陽公登大用, 因國忌行香, 見之, 憫然動容. 暮歸宅, 已除趙崇知擧, 即召之, 謂曰: "某頃主文衡, 以溫憲庭筠之子, 深怒絶之. 今日見一絶, 令人惻然, 幸勿遺也." 於是成名. 詩曰: "十口溝隍待一身, 半年千里絶音塵. 鬢毛如雪心如死, 猶作長安下第人."

온헌은 원외랑 온정균의 아들이다. 희소(僖昭: 875~889) 연간에 유사有司에게 나아가 시험을 볼 때, 마침 공사貢士 시험을 관장하고 있던 정승 정연창鄭延昌을 만났는데, 온헌의 아버지의 글이 대부분 시대를 풍자하고, 또 조정의 관리들을 비웃고 헐뜯었다고 하여 억누르고 거두지 않았다. 온헌은 급제를 못하자, 마침내 숭경사崇慶寺의 벽에 절구시 한 수를 남겨 놓았다. 나중에 형양공(滎陽公: 정연창)이 권력의 중심에 서면서 국기일國忌日에 행향(行香: 예불의식)을 할 때, 이 작품을 보고 안타깝게 생각했다. 저녁에 집에 돌아올 무렵에 벌써 조숭趙崇을 지거知擧에 임명하고 즉시 불러서 이르기를 "내가 지난번 문형(文衡: 시험관)을 주관할 때, 온헌이 온정균의 아들이라고 하여 매우 화가 나서 단절했는데, 오늘 한 수의 절구시를 보니 마음이 서글프다. 부디 저버리지 말기 바란다"

라고 했고, 이로 인해 명성이 알려지게 되었다. 그 시에서 "외진 골짜기 열 식구가 이 한 몸 기대거늘, 반년 동안 천 리 소식이 닿지 않았다. 머리는 눈처럼 하얗고 마음은 죽은 듯하여 아직도 장안의 낙방한 사람 꼴이다[十口溝隍待一身, 半年千里絶音塵. 鬢毛如雪心如死, 猶作長安下第人]" 라고 했다.

李昌符이창부

「秋晚歸故居」云:"馬省曾行處, 連嘶渡晚河. 忽驚鄉樹出, 漸識路人多. 細徑穿禾黍, 頹垣壓薜蘿. 乍歸猶似客, 鄰叟亦相過."

「傷春」云:"酒醒鄉關遠, 迢迢聽漏終. 曙分林影外, 春盡雨聲中. 鳥思江村路, 花殘野岸風. 十年成底事, 羸馬倦西東."

昌符, 字嵓夢, 登咸通四年進士第, 曆尚書郎.

『北夢瑣言』云:"咸通中, 前進士李昌符有詩名, 久不登第, 常歲卷軸, 怠於裝修. 因出一奇, 乃作婢僕詩五十首, 於公卿間行之. 其間有詩云:'春娘愛上酒家樓, 不怕歸遲總不憂. 報道那家娘子臥, 且留教住待梳頭.' 又云:'不論秋菊與春花, 個個能噇空肚茶. 無事莫敎頻入庫, 沒名閒物要些些.' 諸篇皆中婢僕之諱, 浹旬京城盛傳, 是年登第. 與夫挑杖虛靴, 事雖不同, 用奇即無異也."

「추만귀고거秋晚歸故居」에서 "말은 일찍이 다녔던 기억을 더듬어서, 연이어 소리 내며 만추의 강을 건넌다. 고향 나무가 나타난 것에 갑자기 놀라고, 점차 낯익은 길에 사람들이 많다. 작은 길은 벼와 기장 사이를 뚫고, 무너진 담장은 넝쿨을 눌렀다. 잠시 돌아가는 것이 아직도 나그네 같아서, 이웃집 노인네도 찾아온다[馬省曾行處, 連嘶渡晚河. 忽驚鄉樹出, 漸識路人多. 細徑穿禾黍, 頹垣壓薜蘿. 乍歸猶似客, 鄰叟亦相過]"라고 했다.

「상춘傷春」에서 “술에서 깨자 고향은 멀고, 저 멀리 물시계 끝나가는 소리를 듣는다. 새벽은 숲 그림자 밖에서 나뉘고, 봄은 빗소리에 끝나간다. 새는 강촌 길을 생각하고, 꽃은 들녘 언덕 바람에 시든다. 십 년 동안 무슨 일 이루었나, 파리한 말만 동쪽으로 서쪽으로 힘들다[酒醒鄕關遠, 迢迢聽漏終. 曙分林影外, 春盡雨聲中. 鳥思江村路, 花殘野岸風. 十年成底事, 羸馬倦西東]”라고 했다.

이창부는 자가 암몽嵓夢이며, 함통 4년(863) 진사시에 급제하여 상서랑尙書郎을 역임했다.

『북몽쇄언』에서 “함통 연간에 전 진사 이창부가 시인의 명성을 뽐냈으나 오랫동안 급제하지 못하여, 해마다 지은 시 두루마리가 꾸며지지 못한 채로 있었다. 그래서 기책奇策을 하나 생각해 내, 노비와 관련된 시 50수를 지어서 사대부들 사이에 유행시켰다. 그 가운데 한 시에서 ‘봄날 낭자(春娘)는 술집 누대를 오르기 좋아하여, 늦게 돌아가는 것도 두려워하지 않으며 아무런 걱정이 없다. 누구네 집 낭자가 누워있다고 알려오면, 우선 머리 빗을 때까지 기다리라 한다[春娘愛上酒家樓, 不怕歸遲總不憂. 報道那家娘子臥, 且留敎住待梳頭]’라고 하고, 또 ‘가을 국화든 봄꽃이든 모두 빈속에 차를 마실 줄 안다. 일 없이 자주 창고 속에 들여놓게 하지 말라, 보잘것없는 물품이라도 쓸모가 있나니[不論秋菊與春花, 個個能噇空肚茶. 無事莫敎頻入庫, 沒名閒物要些些]’라고 했다. 이 시들은 모두 노비의 내면을 적나라하게 드러내서 열흘 만에 경성에 크게 유포되었고 그는 이해에 급제했다. 지팡이를 짚고 허공을 나는 신발과는 내용이 다르지만, 기책을 사용한 것은 다름이 없다”라고 했다.

李山甫이산보

咸通中, 數擧進士, 被黜. 依魏博樂彦禎幕府.① 因樂禍, 且怨中朝大臣，導彦禎子從訓伏兵殺王鐸，劫其家．嘗有詩云："勸君莫用誇頭角，夢裏輸贏總未眞."譏執政也．巢寇之亂，翰林待詔王遨者，北遊在鄴，山甫遇於道觀，謂曰："幽蘭綠水，可得聞乎."遨應命奏之．曲終潸然，曰："憶在咸通，玉亭秋夜，供奉至尊，不意流離至此也."山甫賦詩曰："幽蘭綠水耿清音，歎息先生枉用心．世上幾時曾好古，人前何必獨沾襟."句未成，山甫亦自黯然，悲其不遇也．一本云："情知此事少知音，自是先生枉用心．世上幾時曾好古，人前何必更沾襟．致身不似笙簧巧，悅耳寧如鄭衛淫．三尺枯桐七條線，子期師曠兩沉沉."

「貧女」云："平生不識綺羅裳，閒把荊簪益自傷．鏡裏只應諳素貌，人間多是重紅粧．當年未嫁還憂老，終日求媒即道狂．兩意定知無說處，暗垂珠淚滴蠶筐."

國初高英秀者，與贊寧爲詩友，② 辯捷滑稽，嘗譏古人詩病云："山甫「覽漢史」'王莽弄來曾半破，曹公將去便平沉.'是破船詩．李羣玉「詠鷓鴣」'方穿詰曲崎嶇路，又聽鉤輈格磔聲.'是梵語詩．羅隱曰：'雲中雞犬劉安過，月裏笙歌煬帝歸.'是見鬼詩．杜荀鶴，'今日偶題題似著，不知題後更誰題.'此衛子詩也，不然安有四蹄."

① "博"原作"府"，據『紀事』改．

② "寧"原脫，"詩"原作"師"，據『紀事』補改．

함통 연간에 여러 번 진사시에 급제했으나 축출당했고, 위박魏博 악언정樂彦禎의 막부에 의지해 지냈다. 악언정이 화를 당하고, 또 조정의 대신들을 원망하여, 악언정의 아들 악종훈樂從訓을 인도해 병사를 매복시켜 왕탁王鐸을 살해하고 그의 집안을 위협했다. 일찍이 지은 시에서 "그대여 두각頭角을 자랑하지 말게나, 꿈속에서 이기고 지는 것은 모두 진실이 아니나니[勸君莫用誇頭角, 夢裏輸贏總未眞]"라고 했는데, 집권자들을 비난한 것이다. 황소의 난 때, 한림대조翰林待詔 왕오王遨가 북쪽을 유람하며 업鄴에 있을 때에 이산보가 그를 도관道觀에서 만나 "「유란녹수

幽蘭綠水」(樂曲名)를 들을 수 있겠는가"라고 하자, 왕오가 명에 응하여 곡을 연주했다. 곡이 끝나자 이산보가 눈물을 흘리며 말하기를 "지난 함통 연간에 가을 밤 옥정玉亭에서 지존을 모셨었는데, 유리되어 여기까지 이를 줄은 미처 몰랐다"라고 했다. 이산보가 시를 짓기를 "「유란녹수」 해맑은 음에, 선생이 잘못 마음 쓰심을 탄식한다. 살면서 얼마나 옛것을 좋아했던가, 사람 앞에서 어찌 홀로 눈물 흘리는가[幽蘭綠水耿淸音, 歎息先生枉用心. 世上幾時曾好古, 人前何必獨沾襟]"라고 했다. 시가 채 완성되기 전에 이산보 또한 스스로 암울해서 그 불우함을 슬퍼했다. 다른 책에서는 "이 일 알아줄 이 적을 줄 짐작하고 있나니, 선생께서는 잘못 마음 쓰고 계신 것이다. 살면서 얼마나 옛것을 좋아했던가, 사람 앞에서 어찌 홀로 눈물 흘리는가. 벼슬살이 기교 넘치는 생황笙簧만 못하지만, 귀를 기쁘게 하는 것이 어찌 정위鄭衛의 음탕한 음악만 할까. 삼척의 마른 오동과 일곱 가닥 실에, 종자기鍾子期와 사광師曠이 모두 침울하다[情知此事少知音, 自是先生枉用心. 世上幾時曾好古, 人前何必更沾襟. 致身不似笙簧巧, 悅耳寧如鄭衛淫. 三尺枯桐七條線, 子期師曠兩沉沉]"라고 했다.

「빈녀貧女」에서는 "평생 비단옷 치마를 모른 채, 가만히 가시 비녀 들고 더욱 슬픔에 잠긴다. 거울은 맨 얼굴 그대로를 알고 있을 뿐인데, 세상은 다들 진한 단장을 중시한다. 당년에 시집 못 가 나이 들까 걱정하고, 하루 종일 중매쟁이는 헛소리만 해댄다. 둘의 마음은 말 없는 곳에서 잘 알아, 구슬 같은 눈물이 조용히 누에 광주리를 적신다[平生不識綺羅裳, 閒把荊簪益自傷. 鏡裏只應諳素貌, 人間多是重紅粧. 當年未嫁還憂老, 終日求媒卽道狂. 兩意定知無說處, 暗垂珠淚滴蠶筐]"라고 했다.

국초에 고영수高英秀라는 사람이 찬영(贊寧 : 승려)과 시우詩友였는데, 언변이 뛰어나고 익살스러워 일찍이 고인의 시병詩病을 비난하기를 "이산보의 「남한사覽漢史」에서 '왕망王莽이 농락하여 절반이 파괴되고, 조공(曹公 : 조조)이 끌고 가며 완전히 잠겼다[王莽弄來曾半破, 曹公將去便平沉]'는 파선破船의 시이며, 이군옥李羣玉의 「영자고詠鷓鴣」에서 '바야흐로

구불구불한 길을 뚫고, 또 끌채의 삐그덕 소리를 듣는다[方穿詰曲崎嶇路, 又聽鉤輈格磔聲]'는 범어梵語의 시이며, 나은의 '구름 속 닭과 개를 유안劉安[21]이 찾아가고, 달 속 노래 속에 수양제가 돌아간다[雲中雞犬劉安過, 月裏笙歌煬帝歸]'는 귀신을 본(見鬼) 시이며, 두순학의 '오늘 우연히 쓴 시는 드러날 것 같은데, 이 시를 쓰고 나면 누가 다시 쓸까[今日偶題題似著, 不知題後更誰題]'는 위자衛子[22]시이니, 그렇지 않다면 어찌 네 발굽이 있겠는가"라고 했다.

① '博'은 본래 '府'로 되어 있었는데, 『당시기사』에 의거하여 고쳤다.

② '寧'은 본래 누락되었고 '詩'는 본래 '師'로 되어 있었는데, 『당시기사』에 의거하여 보충하고 고쳤다.

鍾離權종리권

邢州開元寺有唐鍾離權處士二詩, 其一云: "得道高僧不易逢, 幾時歸去願相從. 自言住處連滄海, 別是蓬萊第一峰." 其二云: "莫厭追歡笑語頻, 尋思離亂可傷神. 閒來屈指從頭數, 得見淸平有幾人."

형주邢州 개원사開元寺에 당 종리권鍾離權 처사의 시가 2수 전하는데, 그 1수에서 "도 터득한 고승을 만나기 쉽지 않으니, 언제 돌아가 모실 수 있으랴. 스스로 머문 곳 푸른 바다와 이어져서, 봉래산 첫 번째 봉우리라고 이야기한다[得道高僧不易逢, 幾時歸去願相從 自言住處連滄海, 別是蓬萊第一峰]"라고 하고, 2수에서 "기쁜 일 떠올리며 담소 나누는 걸 싫어하지 말라, 이별과 혼란을 떠올리면 정신만 해친다. 가만히 손꼽으

21 유안(劉安) : 한 고조(漢高祖)의 손자로 회남왕(淮南王)에 책봉되었으며, 『회남자(淮南子)』의 저자이다.

22 위자(衛子) : 마위(馬胃), 마위승(馬胃蠅). 기생충의 일종이다.

며 처음부터 세어볼 때, 태평 시절을 만났던 이가 몇 사람이나 있었던가[莫厭追歡笑語頻, 尋思離亂可傷神. 閒來屈指從頭數, 得見淸平有幾人]"라고 했다.

張道古장도고

昭宗時, 拾遺張道古貢「五危二亂表」, 黜居於蜀. 後聞駕走西岐, 又遷東洛, 皆契五危之事, 悉歸二亂之源. 因吟一章上蜀主, 詩曰: "封章才達冕旒前, 黜詔俄離玉座端. 二亂豈由明主用, 五危終被佞臣彈. 西巡鳳府非爲固, 東播鑾輿卒未安. 諫疏至今如尙在, 誰能更與讀來看."

道古, 臨淄人. 景福中進士, 釋褐爲著作郎, 遷右拾遺. 播遷之後, 方鎭阻兵, 道古上「危亂疏」云: "只今劉備·孫權, 已生於世矣." 謫施州司戶參軍. 後入蜀, 王氏聞而憾之. 乃變姓名, 賣卜導江靑城市中. 建開國, 召爲武部郞中, 至玉壘關, 謂所親曰: "我唐室諫臣, 終不能拳跽與雞犬同食, 雖召必再貶. 於死之日, 葬我于關東不毛之地, 題曰: '唐佐輔補闕張道古墓.'" 後遇害, 妻亦繼亡, 蜀主憫之, 俾祔葬焉. 鄭雲叟在華聞之, 有詩哭之曰: "曾陳章疏忤昭皇, 撲落西南事可傷. 豈使諫臣終屈辱, 直疑天道惡忠良. 生前賣卜居三蜀, 死後馳名遍大唐. 誰是後來修史者, 言君力死正頹綱."

소종 때 습유 장도고가 「오위이란표五危二亂表」를 올린 일로 인하여 촉으로 축출당했다. 나중에 어가가 서쪽 기岐로 피신하고, 또 동쪽 낙양으로 파천해서, 모두 오위五危의 내용과 부합이 되고, 결국 이란二亂의 원인에 귀결되었다. 이 일로 인해 한 편의 시를 지어 촉주(蜀主: 왕건)에게 올렸는데, 그 시에서 "면류관 앞에 글을 올리자마자, 축출의 조칙으로 옥좌 곁을 떠났네. 두 가지 난리가 어찌 현명한 군주의 등용에 연유함이랴, 다섯 가지 위기는 끝내 아첨하는 신하들의 탄핵을 받았다. 서쪽으로 간 봉부鳳府는 견고한 것이 아니고, 동쪽으로 난여鑾輿가 파천했으나 결국 편안하지 않다. 간언의 상소가 아직까지 남아 있는데, 누가 다시 꺼내어 읽을까[封章才達冕旒前, 黜詔俄離玉座端. 二亂豈由明主用, 五危終被佞臣彈. 西巡鳳府非爲固, 東播鑾輿卒未安. 諫疏至今如尙在, 誰能更與讀來看]"라고 했다.

장도고는 임치臨淄 사람이다. 경복(景福 : 892~893) 연간에 진사시에 급제하여 평민을 탈피, 저작랑이 되고 우습유로 자리를 옮겼다. 어가의 파천 이후, 방진方鎭이 병권을 쥐고 순응하지 않자, 장도고는 「위란소危亂疏」를 올려, "지금 유비와 손권이 이미 세상에 태어났다"라고 하여 시주사호참군施州司戶參軍으로 좌천되었다. 나중에 촉으로 들어가자, 왕건이 듣고 유감을 표했다. 그래서 이름을 바꾸어 저잣거리에서 점치는 일을 했다. 왕건이 개국을 하여 그를 무부낭중武部郎中으로 부르자, 옥루관玉壘關에 이르러 지인에게 이르기를 "나는 당나라 황실의 간언하는 신하로서 끝내 몸을 굽혀 닭이나 개들과 함께 먹을 수는 없으니, 부른다고 해도 반드시 다시 좌천될 것이다. 내가 죽으면 관동關東 불모지에 안장을 하고 '당좌보보궐장도고묘唐佐輔補闕張道古墓'라고 써 달라"라고 했다. 훗날 화를 당하자 아내 역시 뒤이어 세상을 떠나니, 촉주가 불쌍하게 여겨 부장祔葬하도록 했다. 정운수鄭雲叟가 화華에서 이 소식을 듣고 시를 지어 애도하기를 "일찍이 올린 상소가 소황(昭皇 : 소종)을 거슬러 서남쪽에 유락한 일은 참 슬프다. 어찌 간언하는 신하가 굴욕을 당한단 말인가, 하늘이 충신을 싫어하는 것인지 의심이 든다. 살아서는 점쟁이 하며 삼촉三蜀에 살았지만 죽어서는 명성이 대당大唐에 두루 퍼졌다. 훗날 역사를 기록하는 어느 누가, 군이 목숨을 바쳐 무너진 기강을 바로잡았다고 이야기할까[曾陳章疏忤昭皇, 撲落西南事可傷. 豈使諫臣終屈辱, 直疑天道惡忠良. 生前賣卜居三蜀, 死後馳名遍大唐. 誰是後來修史者, 言君力死正頹綱]"라고 했다.

胡曾호증

王衍五年, 宴飮無度, 衍自唱韓琮「柳枝詞」曰 : "梁苑隋堤事已空, 萬條猶舞舊春風. 何須思想千年事, 惟見楊花入漢宮." 內侍宋光溥詠曾詩曰 : "吳王恃霸棄雄才, 貪向姑蘇醉綠醅. 不覺錢塘江上月, 一宵西送越兵來." 衍怒罷宴. 曾有「詠史詩」百篇行于世.

왕연(王衍 : 후촉 899~926) 5년(913)에 절제 없이 연회가 벌어졌는데, 왕연이 스스로 한종韓琮의 「유지사柳枝詞」를 부르기를 "양나라 궁전 수나라 둑은 이미 지난 일 되었지만 만 가닥 가지들은 아직도 지난 봄바람에 춤을 춘다. 어찌 천 년의 일을 떠올릴 필요 있으랴, 오직 양화楊花가 한궁漢宮에 들어오는 것만 볼 뿐이다[梁苑隋堤事已空, 萬條猶舞舊春風. 何須思想千年事, 惟見楊花入漢宮]"라고 하자, 내시 송광부宋光溥가 호증胡曾의 시를 읊기를 "오왕이 패권을 믿고 영웅들을 버린 채, 탐욕 위해 고소姑蘇에 가서 술에 취했다. 전당강에 달이 뜨며 한밤 서쪽에서 월나라 병사가 올 줄 몰랐다[吳王恃霸棄雄才, 貪向姑蘇醉綠醅. 不覺錢塘江上月, 一宵西送越兵來]"라고 하니, 왕연이 노하여 연회를 파했다. 호증이 일찍이 지은 「영사시詠史詩」 백 편이 세상에 전한다.

伍唐珪오당규

「寒食日獻郡守」云 : "入門堪笑復堪憐, 三徑苔荒一釣船. 慚愧四鄰教斷火, 不知廚裏久無烟."

唐珪, 唐末進士也.

「한식일헌군수寒食日獻郡守」에서 "문에 들어가 웃다가 다시금 구슬프니, 삼경三徑은 이끼로 거칠고 낚시 배 한 척 외롭다. 온 마을 불을 끄도록 한 것이 부끄러운 건, 부엌에 연기 없는 지 오래였음을 몰라서다[入門堪笑復堪憐, 三徑苔荒一釣船. 慚愧四鄰教斷火, 不知廚裏久無烟]"라고 했다.

오당규는 당 말기의 진사이다.

전당시화全唐詩話 권6卷六

韓定辭한정사

定辭爲鎭州王鎔書記, 聘燕帥劉仁恭, 舍於賓館, 命幕客馬彧延接. 馬有詩贈韓云 : "燧林芳草綿綿思, 盡日相攜陟麗譙. 別後嶕嶢山上望, 羡君時復見王喬." 彧詩淸秀, 然意在試其學問. 韓于座酬之曰 : "崇霞臺上神仙客, 學辨癡龍藝最多. 盛德好將銀筆述, 麗詞堪與雪兒歌." 座賓靡不欽訝. 然亦疑銀筆之僻也. 他日, 彧持燕帥之命, 答聘常山, 亦命定辭接於公館. 彧從容問韓以"雪兒""銀管"之事. 韓曰 : "昔梁元帝爲湘東王時, 好學著書, 常紀忠臣義士及文章之美者. 筆有三品, 或以金銀雕飾, 或以斑竹爲管. 忠孝全者用金管書之, 德行淸粹者用銀筆書之, 文章贍麗者以斑竹書之, 故湘東之譽, 振於江表. 雪兒者, 李密之愛姬, 能歌舞. 每見賓僚文章, 有奇麗入意者, 卽付雪兒叶音律以歌之." 又問"癡龍"出自何處, 定辭曰 : "洛下有洞穴, 曾有人誤墮於穴中, 因行數里, 漸見明曠, 見有宮殿人物, 凡九處. 又見有大羊, 羊髯有珠, 人取而食之, 不知何所. 後出以問張華, 華曰:'此地仙九館也, 大羊者, 名曰癡龍耳.'" 定辭復問彧嶲嵍山當在何處, 彧曰:"此隋郡之故事, 何謙光而下問." 由是兩相悅服, 結交而去.

한정사가 진주鎭州 왕용王鎔의 서기였을 때이다. 연주燕州의 장수 유인공劉仁恭을 초빙하여 빈관賓館에 머무르게 할 때, 막객幕客 마욱馬彧을 영접하게 했다. 마욱이 시를 지어 한정사에게 주기를 "수림燧林[1]의 방초芳草를 면면이 그리며, 하루 내내 서로 이끌어 여초루麗譙樓[2]에 올랐네. 헤어진 뒤 권무산嶲嵍山 위에서 바라보며, 그대 다시 왕교王喬[3] 만나는 것을 부러워하네[燧林芳草綿綿思, 盡日相攜陟麗譙. 別後嶲嵍山上望, 羨君時復見王喬]"라고 했다. 마욱의 시가 청수淸秀하지만, 사실 의도는 그의 학문을 시험해보자는 데 있었다. 한정사가 좌중에서 수답하기를 "숭하대崇霞臺[4] 위 신선 객은, 치룡癡龍을 논변하는 재능이 가장 뛰어나다. 성대한 덕은 은필銀筆로 기술하기 좋고, 미려한 시는 설아雪兒에게 노래하게 할 만하다[崇霞臺上神仙客, 學辨癡龍藝最多. 盛德好將銀筆述, 麗詞堪與雪兒歌]"라고 하자, 좌객들이 모두 감탄했다. 하지만 또한 '은필'의 치우친 표현에 대해 의문을 표시했다. 훗날 마욱이 연주 장수의 명령을 갖고 상산常山을 답방하자, 역시 한정사에게 공관公館에서 그를 영접하게 했다. 마욱이 자연스레 한정사에게 '설아'와 '은관銀管'의 내용을 묻자, 한정사가 말하기를 "옛날 양 원제元帝가 상동왕湘東王이었을 때, 배우기

1 수림(燧林) : 『습유기(拾遺記)』 「연소왕(燕昭王)」에 "서왕모와 연 소왕(燕昭王)과 수림(燧林)에서 노닐며 염제(炎帝)가 불을 만들어낸 기술을 이야기했다는 말이 전한다.

2 여초루(麗譙樓) : 장안에 있는 정자로, 위나라 무제(조조)가 세웠다.

3 왕교(王喬) : 왕자교(王子喬). 주 영왕(周靈王)의 태자이다. 태자 때 왕에게 직간을 했다가 서인으로 강등됐다. 피리를 잘 불어 봉황새 소리를 냈으며 도사 부구공(浮丘公)을 만나 흰 학을 타고 산 위에서 살았다 한다. 『열선전(列仙傳)』 「왕자교」 참고.

4 숭하대(崇霞臺) : 연나라의 누대 이름으로 일찍이 연 소왕이 이곳에 올랐다는 기록이 『태평광기(太平廣記)』 「여선(女仙)」에 보인다.

를 좋아하고 글을 저술하며 언제나 충신과 의사義士, 문장이 뛰어난 사람들을 기록했다. 그에게 세 종류의 붓이 있었는데, 금과 은으로 장식하기도 하고 반죽斑竹을 붓대로 삼기도 했다. 충성과 효도가 온전한 사람은 황금 자루의 붓으로 쓰고 덕행이 맑고 순수한 사람은 은빛 자루의 붓으로 쓰고 문장이 미려한 사람은 반죽으로 썼다. 그리하여 상동왕의 명예가 강표(江表 : 장강 이남)에 널리 떨쳤다. 설아는 이밀李密이 사랑하던 여인으로, 가무에 능했다. 빈객의 문장 가운데 기묘하고 미려하여 마음에 드는 것이 있으면 바로 설아에게 보내 음률에 맞춰 노래 부르도록 했다"라고 했다. 또다시 '치룡'은 어디에서 나온 것이냐고 묻자, 한정사가 말하기를 "낙양에 동굴이 있는데, 일찍이 어떤 사람이 잘못 동굴 속으로 떨어져서 몇 리를 걷고 나서야 점차 환해졌는데 궁궐과 인물을 본 것이 모두 아홉 곳이었다. 또 큰 양이 보였는데, 양의 수염에 구슬이 있어서 사람들이 따서 먹기도 했지만 그곳이 어디에 있는지는 몰랐다. 나중에 동굴을 나와 장화에게 묻자, '그곳은 선구관仙九館이며, 큰 양은 치룡이라 부른다'라고 했다 한다"라고 했다. 한정사가 마욱에게 권무산은 어느 곳에 있느냐고 묻자, 마욱이 말하기를 "이는 수군隋郡의 고사인데, 어찌 겸손하게 물으시는 겁니까"라고 했다. 이 일로 인해 두 사람은 서로 좋아하여 친구가 되기로 하고 헤어졌다.

同谷子동곡자

昭宗播岐, 何后用事, 有同穀子者, 詠「五子之歌」, 何後潛令秦王誅之, 事未行而奔去. 詩曰 : "邦惟固本自安寧, 臨下長須馭朽驚. 何事十旬遊不反, 禍胎從此召殷兵." "酒色聲禽號四荒, 那堪峻宇又雕牆. 靜思今古爲君者, 未或因茲不滅亡." "惟彼陶唐有冀方, 少年都不解思量. 如今算得當年事, 首爲盤遊亂紀綱." "明明我祖萬邦君, 典則貽將示子孫.

惆悵太康荒墜後, 覆宗絶祀滅其門." "仇讎萬姓遂無依, 顏厚何曾解忸怩. 五子旣歌邦已失, 一場前事悔難追."

소종이 기주岐州로 파천할 때 하후何后가 주도권을 행사했는데, 동곡자라는 사람이 「오자지가五子之歌」[5]를 읊자, 하후가 남몰래 진왕秦王을 시켜 죽이게 했지만 일을 실현하지 못한 채 동곡자가 달아났다. 그 시에서 "나라는 근본이 견고해야 편안하나니, 백성들에 임할 때는 언제나 썩은 새끼줄로 말 다루는 것을 경계해야 한다. 어찌하여 열흘을 유람 떠나 돌아오지 않는 것인가, 이로부터 재앙이 잉태되어 은나라의 병사를 불러들였다[邦惟固本自安寧, 臨下長須馭朽驚. 何事十旬遊不反, 禍胎從此召殷兵]", "술, 여자, 음악, 동물을 네 가지 황폐함이라 부르나니, 으리으리한 집에서 담장 조각하는 것을 어찌 감내하랴. 고금의 제왕들을 가만히 떠올려보면, 이로 인해 멸망하지 않은 이가 없다[酒色聲禽號四荒, 那堪峻宇又雕牆. 靜思今古爲君者, 未或因茲不滅亡]", "저 도당(陶唐 : 요임금)만이 기방(冀方 : 기주冀州)을 소유하셨거늘, 소년들은 도무지 생각할 줄 모른다. 지금 당시의 일을 헤아려보면, 먼저 유희만 일삼아 기강을 어지럽혔다[惟彼陶唐有冀方, 少年都不解思量. 如今算得當年事, 首爲盤遊亂紀綱]", "현명하신 우리 태조는 만방의 군주로서, 훌륭한 법칙을 자손들에게 전해주셨다. 서글프게도 태강(太康 : 하의 임금)이 황폐하여 추락하고 나서, 조정을 엎고 제사를 끊고 가문을 멸망시켰다[明明我祖萬邦君, 典則貽將示子孫. 惆悵太康荒墜後, 覆宗絶祀滅其門]", "백성들의 원수가 되어 끝내 의지할 곳 없었으니, 두꺼운 얼굴에 어찌 부끄러움을 알랴. 다섯 아들 노래 불렀으나 나라는 잃어, 한바탕 지난 일을 도모한들 되돌리기 어렵다[仇讎萬姓遂無依, 顏厚何曾解忸怩. 五子旣歌邦已失, 一場前事悔難追]"라고 했다.

5 「오자지가(五子之歌)」: 『서경』 「하서(夏書)」 편명이다. 하왕(夏王) 태강(太康)이 즉위한 뒤 유희만 즐기고 국정을 돌보지 않아 유궁(有窮)의 왕 예(羿)가 돌아오는 길을 막고 왕위를 찬탈하자, 태강의 다섯 아우가 그 형을 원망하며 지은 노래이다.

沈彬 심빈

彬, 字子文, 高安人也. 天性狂逸, 好神仙之事. 少孤, 西遊, 以三擧爲約. 常夢著錦衣, 貼月而飛, 識者言雖有虛名, 不入月矣. 洪州解至長安, 初擧, 納省卷, 「夢仙謠」云 : "玉殿大開從客入, 金桃爛熟沒人偷. 鳳驚寶扇頻翻翅, 龍悟金鞭忽轉頭." 第二擧「憶仙謠」云 : "白楡風颯九天秋, 王母朝回宴玉樓. 日月漸長雙鳳睡, 桑田歌變六鼇愁. 雲翻簫管相隨去, 星觸旌幢各自流. 詩酒近來狂不得, 騎龍却憶上淸遊." 第三擧納省卷, 贈劉象一首云 : "曾應大中天子擧, 四朝風月鬢蕭疏. 不隨世祖重攜劍, 却爲文皇再讀書. 十載戰塵銷舊業, 滿城春雨壞貧居. 一枝何事於君惜, 仙桂年年幸有餘." 時劉象孤寒, 三十擧無成. 主司覽彬詩, 其年特放象及第. 彬, 乾符中値駕遷三峰, 四方多事, 南遊嶺表二十餘年. 回吳中, 江南僞命吏部郞中, 致仕.

彬詩有"九衢冠蓋暗爭路, 四海干戈多異心"之句.

심빈은 자가 자문子文이며, 고안高安 사람이다. 천성이 초탈하고 거침이 없어 신선의 자취를 좋아했다. 어려서 고아가 되었는데, 서쪽으로 유람을 떠나며 세 번 과거에 급제할 것이라 약속했다. 일찍이 비단옷을 입고 달에 바짝 접근해 나는 꿈을 꾸었는데, 식자가 이를 두고 "비록 공허한 명성은 얻을 것이나 달에 들지는 못할 것"이라고 했다. 홍주洪州의 발해發解[6]가 장안에 이르러, 처음 시험(初擧)에서 예부주사禮部主司에게 행권을 납입했는데, 그 「몽선요夢仙謠」에서 "옥 같은 궁전이 크게 열리며 객들이 들어가니, 황금 복숭아 무르익어도 훔치는 사람이 없다. 봉황이 보선寶扇에 놀라 자주 날갯짓하고, 용은 황금 채찍에 깨쳐 문득 머리를 돌린다[玉殿大開從客入, 金桃爛熟沒人偷. 鳳驚寶扇頻翻翅, 龍悟

6 발해(發解) : 주현(州縣)의 고시에 급제한 학생을 그 지방 관청에서 중앙 정부에 올려 보내어 경사(京師)의 과거에 응시하게 하는 것을 말한다.

金鞭忽轉頭]"라고 하고, 두 번째 시험의 「억선요憶仙謠」에서 "9월 가을에 백유白楡가 바람에 휘날리며, 서왕모는 아침마다 돌아와 옥루玉樓에서 잔치를 베푼다. 해와 달이 길어지며 한 쌍의 봉황은 졸고, 상전桑田의 노래 변하며 여섯 자라는 시름겹다. 구름은 퉁소 소리에 번쩍이며 서로 뒤따르고, 별빛은 깃발에 부딪치며 각자 흐른다. 근래 시와 술을 마음껏 즐기지 못하여, 문득 용을 타고 청정한 놀이터로 올라가는 것을 생각한다[白楡風颯九天秋, 王母朝回宴玉樓. 日月漸長雙鳳睡, 桑田歌變六鼇愁. 雲翻簫管相隨去, 星觸旌幢各自流. 詩酒近來狂不得, 騎龍却憶上清遊]"라고 하고, 세 번째 시험에서 납인 행권의 「증유상贈劉象」에서 "일찍이 대중 천자의 시험에 응시하여, 네 조정의 세월에 살쩍이 스산했다. 세조世祖를 따라가 다시 칼을 들진 않고, 문황文皇을 위하여 다시 글을 읽었노라. 십 년 전쟁에 옛집은 다 잃고, 성 가득한 봄비에 가난한 살림은 무너졌다. 어찌하여 가지 하나 그대에만 아끼는가, 신선 계수나무는 해마다 남아돌거늘[曾應大中天子擧, 四朝風月鬢蕭疏. 不隨世祖重攜劍, 却爲文皇再讀書. 十載戰塵銷舊業, 滿城春雨壞貧居. 一枝何事於君惜, 仙桂年年幸有餘]"이라고 했다. 당시 유상은 고단하고 한미했는데, 삼십 번의 응시에서 한 번도 급제하지 못했다. 주사主司가 심빈의 시를 보고, 그해에 특별히 유상을 급제에 들도록 했다. 심빈은 건부 연간에 어가가 삼봉三峰으로 파천하고 사방에 소요가 많자, 남쪽 영표(嶺表 : 영남 지역)로 떠나 이십여 년을 지냈다. 오중吳中으로 돌아와서는 강남(江南 : 남당)의 위명僞命으로 이부낭중이 돼 퇴임했다.

심빈의 시에 "아홉 거리 수레들은 남몰래 길을 다투고, 사해의 창과 방패는 다들 마음이 다르다[九衢冠蓋暗爭路, 四海干戈多異心]"라는 구절이 있다.

周樸주박

樸, 唐末詩人. 寓於閩中僧寺, 假丈室以居, 不飮酒茹葷, 塊然獨處. 諸僧晨粥卯食, 樸亦攜巾盂, 廁諸僧下, 畢飯而退, 率以爲常. 郡中豪貴設供, 率施僧錢, 樸卽巡行拱手, 各丐一錢, 有以三數錢與者, 樸止受其一耳. 得千錢以備茶藥之費, 將盡復然, 僧徒亦未嘗厭也. 性喜吟詩, 尤尙苦澀, 每遇景物, 搜奇抉思, 日旰忘返. 苟得一聯一句, 則欣然自快. 嘗野逢一負薪者, 忽持之, 且厲聲曰 : "我得之矣." 樵夫矍然驚駭, 掣臂棄薪而走. 遇巡徼卒, 疑樵者爲偸兒, 執而訊之. 樸徐往告卒曰 : "適見負薪, 因得句耳." 卒乃釋之. 其句云 : "子孫何處閒爲客, 松柏被人伐作薪." 閩有一士人, 以樸僻於詩句, 欲戲之. 一日, 跨驢於路, 遇樸在旁, 士人乃欹帽掩頭吟樸詩云 : "禹力不到處, 河聲流向東." 樸聞之忿,① 遽隨其後, 且行. 士但促驢而去, 略不回首. 行數里追及, 樸告之曰 : "僕詩'河聲流向西', 何得言流向東." 士人頷之而已. 閩中傳以爲笑. 或曰 : '曉來山鳥鬧, 雨過杏花稀.' 亦樸詩也.

"古陵寒雨絶, 高鳥夕陽明."【句】"高情千里外, 長嘯一聲初."【句】

黃巢至福州, 求得樸, 問曰 : "能從乎." 答曰 : "我尙不仕天子, 安能從賊." 巢怒殺之.

① "忿"原作"忽", 據『紀事』改.

주박은 당 말기의 시인이다. 민중閩中의 사원에서 우거할 때 방장실을 빌려 지내며 술이나 훈채를 먹지 않고 홀로 조용히 지냈다. 승려들이 새벽에 죽을 먹고 묘시에 밥을 먹을 때 주박 역시 발우를 들고 승려들 옆에 가서 밥을 먹고 물러나는 것을 일상으로 삼았다. 군郡에서 고관들과 부유한 이들이 공량의 자리를 마련하여 승전僧錢을 베풀 때 주박 역시 뒤따라 공수拱手를 하며 각기 일 전씩을 구걸했고, 서너 전을 주는 이어도 일 전만 받았다. 이렇게 해서 천 전을 얻어 차나 약값 등으로 충당했고 다 떨어지면 다시 이전처럼 했는데 승려들도 별로 싫어하지 않았다. 본성이 시 읊기를 좋아하고 더욱이 고단하고 난삽한 것을 중시하여 경물景物을 만나면 기묘한 것을 헤집고 생각을 끄집어내 해가 지도록 돌아갈 줄을 몰랐다. 그렇게 해서 한 연과 한 구절을 얻게 되면 매우 만족해했다. 일찍이 들녘에서 땔나무를 등에 지고 가는 사람을 만났는데 갑자기 붙들고는 엄숙한 소리로, "내가 얻었다"라고 하니 나무꾼은 화들짝 놀라 팔을 밀치고 땔나무를 버린 채 달아났다. 우연히 순찰을 돌던 병사가 나무꾼이 도둑이라고 의심하며 붙잡아 신문하니, 주박이 서서히 가서 병사에게 고하기를 "마침 땔나무를 짊어진 것을 보고 시구를 얻은 것일 뿐이다"라고 하자 병졸이 그를 풀어주었다. 그 구절은 "자손은 어느 곳에서 한적하게 나그네 되었나, 소나무 잣나무는 사람들에게 베어져 땔나무 되었거늘[子孫何處閒爲客, 松柏被人伐作薪]"이다. 민중에 한 선비가 있었는데, 주박이 시구에 매몰돼 있는 것을 갖고 장난을 치려고 했다. 어느 날 나귀를 타고 가다 길 옆에 있는 주박을 만나자, 선비는 모자를 비스듬히 써서 얼굴을 가린 채 주박의 시를 읊기를 "우임금의 힘이 도달하지 못한 곳에서, 황하 물소리는 동쪽을 향해 흐른다[禹力不到處, 河聲流向東]"라고 하니 주박이 소리를 듣고 분노하여 그의 뒤를 따라갔다. 선비는 뒤를 돌아보지 않고 나귀를 재촉하여 갔는데 몇 리쯤 지나서 따라 잡혔고 이때 주박이 "나의 시는 '황하 물소리는 서쪽을 향해 흐른다[河聲流向西]'인데 어찌하여 동쪽을 향하여 흐른다고 한 것인가"라고 하니 선비는 턱만 끄덕일 뿐이었다. 민중에서는 이 이야기를 우스갯소리로 전하고 있다. 혹자는 '새벽이 오자 산 새 시끄럽고, 비가 지나자 살구꽃 드물다[曉來山鳥鬧, 雨過杏花稀]' 또한 주박의 시라고 했다.

"옛 능에 찬비는 그치고, 높이 나는 새에 석양은 밝다[古陵寒雨絶, 高鳥夕陽明]"【구절】, "깊은 정은 천 리 밖에 있고, 긴 휘파람이 막 들려온다. [高情千里外, 長嘯一聲初.]"【구절】

황소黃巢가 복주福州에 이르러 주박을 찾아 묻기를 "나를 따를 수 있겠는가"라고 하자, 주박이 대답하기를 "나는 여태 천자에게도 벼슬하지 않았는데 어떻게 도적을 따를 수 있겠는가"라고 하니, 황소가 노하여 죽였다.

① '忿'은 본래 '忽'로 되어 있었는데, 『당시기사』에 의거하여 고쳤다.

孫魴 손방

潤州金山寺, 張祜・孫魴留詩, 爲第一. 山居大江中, 迥然孤秀, 詩意難盡. 羅隱云: "老僧齋罷關門睡, 不管波濤四面生." 孫生句云: "結宇孤峰上, 安禪巨浪間." 又曰: "萬古波心寺, 金山名日新. 天多剩得月, 地少不生塵. 過櫓妨僧定, 驚濤濺佛身. 誰言張處士, 題後更無人." 魴「夜坐」句云: "劃多灰漸冷, 從久席成痕." 沈彬曰: "此田舍翁火爐頭之作爾."

魴, 南昌人. 唐末鄭谷避亂歸宜春, 魴往依之, 頗爲誘掖. 後有能詩聲, 終於南唐. 魴父, 畫工也. 王徹爲中書舍人, 草魴誥詞云: "李陵橋上, 不吟取次之詩, 顧凱筆頭, 豈畫尋常之物." 魴終身恨之.

윤주潤州 금산사金山寺에서는 장호와 손방이 남긴 시가 으뜸이다. 산이 큰 강 가운데 우뚝 솟아 있어서 시의詩意를 다 발휘하기 어려운데, 나은은 "노승은 재齋을 마친 뒤 문을 닫고 졸며, 사방에서 파도가 일렁이는 것도 아랑곳하지 않는다[老僧齋罷關門睡, 不管波濤四面生]"라고 하고, 손방은 "우뚝 선 봉우리 위에 집을 짓고, 거대한 물결 사이에서 선정에 든다[結宇孤峰上, 安禪巨浪間]", "만고에 물결 위에 있는 절로, 금산사의 이름은 나날이 새롭다. 하늘이 넓어 넉넉히 달을 얻고, 땅이 좁아 먼지가 일지 않는다. 지나가는 노는 승려의 선정을 방해하고, 놀란 파도는 부처의 몸에 뿌려진다. 장처사가 시를 쓴 뒤, 더 이상 쓰는 사람이 없노라고 누가 말하는가[萬古波心寺, 金山名日新. 天多剩得月, 地少不生塵. 過櫓妨僧定, 驚濤濺佛身. 誰言張處士, 題後更無人]"라고 했다. 손방이 「야좌夜坐」에서 "많이 저으니 재는 점차 차가워지고, 오래 앉아 있으니 자리에 흔적이 남는다[劃多灰漸冷, 從久席成痕]"라고 했는데, 심빈이 "이 구절은 농부가 화로머리에서 지은 것이다"라고 했다.

손방은 남창南昌 사람이다. 당 말기에 정곡의 난을 피하여 의춘宜春에 돌아와 있을 때, 손방이 찾아가 의지하며 많은 도움을 받았다. 훗날 시인의 명성을 얻었으며 남당 때 생을 마쳤다. 손방의 아버지는 화공畫工이었다. 왕철王徹이 중서사인이었을 때 손방의 고사(誥詞 : 황제의 포고문)을 기초하기를 "이릉이 다리 위에서 취차(取次 : 편의적)의 시를 읊지 않고, 고개지의 붓이, 어찌 일상의 사물을 그리겠는가"라고 했는데, 손방은 평생 이를 한으로 여겼다.

王易簡왕이간

易簡, 唐末進士. 梁乾化中及第, 名居榜尾, 不看榜, 却歸華山. 尋就山釋褐, 授華州幕職. 後召入拜左拾遺, 及辭官歸隱, 留詩一絶曰 : "汨沒朝班愧不才, 誰能低折向塵埃. 青山得去且歸去, 官職有來還自來." 及再召, 爲郎, 遷諫垣台閣三十年, 歸華山, 十年而終.

왕이간은 당 말기의 진사이다. 후량 건화(乾化 : 911~914) 연간에 급제를 했으나 이름이 방榜 끝에 있어서, 방을 다 보지 않고 화산으로 돌아가 버렸다. 얼마 되지 않아 산을 나와 화주華州 막료로 임명되었으며, 나중에 조정의 부름을 받아 좌습유에 임명되었다. 관직을 그만두고 은거하기 위해 돌아갈 때 절구 한 수를 남기기를 "조정의 반열에 골몰하며 재능 없음이 부끄러우나, 누가 능히 자신을 꺾으며 속세로 향할 수 있겠는가. 청산을 갈 수 있으면 돌아가는 것이고, 관직이 오게 되면 또 오는 것이리라[汩沒朝班愧不才, 誰能低折向塵埃. 青山得去且歸去, 官職有來還自來]"라고 했다. 다시 부름을 받아 낭관이 되고 간원대각諫垣臺閣으로 옮겨 삼십 년을 지낸 뒤, 화산으로 돌아가 십 년 만에 생을 마쳤다.

範攄之子범터

吳人範攄處士之子, 七歲能詩. 「贈隱者」云 : "掃葉隨風便, 澆花趁日陰." 方干曰 : "此子他年必成名." 又吟「夏日」云 : "閒雲生不雨, 病葉落非秋." 干曰 : "惜哉, 必不享壽." 果十歲卒.

오주吳州 사람 범터 처사處士의 아들은 일곱 살에 시에 능했다. 「증은자贈隱者」에서 "잎사귀를 쓸 때는 바람 방향이어야 하고, 꽃에 물을 줄 때는 해가 질 때여야 한다[掃葉隨風便, 澆花趁日陰]"라고 하자, 방간이 말하기를 "이 아이는 훗날 반드시 명성을 이룰 것이다"라고 했고, 다시 읊은 「하일夏日」에서 "한적한 구름은 비가 내리지 않는데도 생기고, 병든 잎은 가을이 아닌데도 떨어지네[閒雲生不雨, 病葉落非秋]"라고 하자, 방간이 말하기를 "애석하다. 분명 장수를 못 누릴 것이다"라고 했는데, 정말로 열 살 때 죽었다.

鄭雲叟정운수

鄭徵君爲詩, 皆祛淫靡, 迥絶囂塵. 如「富貴曲」云 : "美人梳洗時, 滿頭間珠翠. 豈知兩片雲, 戴却數鄉稅." 有「詠西施」云 : "素面已云妖, 更著花鈿飾. 臉橫一寸波, 浸破吳王國." 又七言「傷時」云:"帆力劈開滄海浪, 馬蹄踏破亂山青. 浮名浮利過於酒, 醉得人心死不醒." 又「題霍山秦尊師」云:"老鶴玄猿伴採芝, 有時長嘯獨移時. 翠娥紅粉嬋娟劍, 殺盡世人人不知." 又「偶題」:"似鶴如雲一個身, 不憂家國不憂貧. 擬將枕上日高睡, 賣與世間富貴人." 又「思山詠」:"因賣丹砂下白雲, 鹿裘怕惹九衢塵. 不如將爾入山去, 萬是千非愁殺人." 又「景福中作」云:"悶見戈鋋匝四溟, 恨無奇策救生靈. 如何飲酒得長醉, 直到太平時節醒." 又「招友遊春」云:"難把長繩繫日烏, 芳時偸取醉工夫. 任堆金璧摩星斗, 買得花枝不老無." 又「山居」云:"閒見有人尋, 移庵更入深. 落花流澗水, 明月照松林. 醉勸頭陀酒, 閒教孺子吟. 身同雲外鶴, 斷得世塵侵." 又詩云:"冥心棲太室,① 散髮浸流泉. 採柏時逢麝, 看雲忽見山. 夏狂衝雨戲, 春醉戴花眠. 絶頂登雲望, 東都一點烟." 又詩:"不求朝野知, 臥見歲華移. 采藥歸侵夜, 聽松飯過時. 荷竿尋水釣, 背局上崮棋. 祭廟人來說, 中原正亂離."

① "太"原作"本", 據『紀事』改.

정징군(鄭徵君 : 정운수)은 시를 지을 때 음탕하고 화려한 것은 모두 없애고 속세의 때를 멀리 떨쳐버렸다. 「부귀곡富貴曲」에서 "미인이 빗질하고 씻을 때, 머리 가득 구슬과 비취가 넘친다. 어찌 두 조각 구름이, 여러 고을의 세금을 이고 있음을 알랴[美人梳洗時, 滿頭間珠翠. 豈知兩片雲, 戴却數鄉稅]"라고 하고, 「영서시詠西施」에서 "맨얼굴만도 요염한데, 꽃비녀까지 장식했다. 뺨 가로지른 한 치의 물결이, 오왕의 나라를 망가뜨렸다[素面已云妖, 更著花鈿飾. 臉橫一寸波, 浸破吳王國]"라고 하고, 또 칠언 「상시傷時」에서 "돛의 힘은 푸른 바다 물결을 헤쳐 나가고, 말발굽은 푸른 산들을 다 답파한다. 공허한 명성과 이익의 욕심은 술보다 진하여, 사람 마음을 취하게 해 죽어도 깨어나지 못하게 한다[帆力劈開滄海浪, 馬蹄踏破亂山青. 浮名浮利過於酒, 醉得人心死不醒]"라고 하고 「제곽산

진존사題霍山秦尊師」에서 "늙은 학 검은 원숭이와 함께 지초를 캐고, 이따금 휘파람 길게 불며 홀로 시간을 보낸다. 붉게 단장한 여인의 고운 빰이, 사람들을 뇌쇄시켜도 그들은 알지 못한다[老鶴玄猿伴採芝, 有時長嘯獨移時. 翠娥紅粉嬋娟劍, 殺盡世人人不知]"라고 하고, 또 「우제偶題」에서 "학 같고 구름 같은 몸뚱이가, 국가를 걱정하지 않고 가난도 걱정하지 않는다. 태양 아래 청하는 편안한 잠을, 부귀 누리는 사람들에게 팔아야겠다[似鶴如雲一個身, 不憂家國不憂貧. 擬將枕上日高睡, 賣與世間富貴人]"라고 하고, 또 「사산영思山詠」에서 "단사丹砂를 팔러 백운白雲을 내려가며, 사슴 가죽 옷이 번화한 거리에 먼지를 일으킬까 싶다. 너를 데리고 산속으로 들어가는 것만 못하리니, 수만 가지 시비가 사람을 괴롭히리라[因賣丹砂下白雲, 鹿裘怕惹九衢塵. 不如將爾入山去, 萬是千非愁殺人]"라고 하고, 또 「경복중작景福中作」에서 "창들이 사방을 에워싸는 것을 걱정스레 보며, 생명을 구제할 기책이 없음을 한탄하노라. 어찌하면 술 마시고 오랫동안 취했다가, 태평 시절 돌아올 때 깨어나게 할 수 있을까[悶見戈鋋匝四溟, 恨無奇策救生靈. 如何飮酒得長醉, 直到太平時節醒]"라고 하고, 또 「초우유춘招友遊春」에서 "긴 밧줄로 일오(日烏 : 태양)를 묶기는 어렵나니, 아름다운 계절일 때 술 취하는 공부를 훔쳐야 하리라. 금벽金壁을 쌓아 북두성 어루만지고, 꽃가지 사서 늙지 않게 할 수는 없을까[難把長繩繫日烏, 芳時偸取醉工夫. 任堆金璧摩星斗, 買得花枝不老無]"라고 하고, 또 「산거山居」에서 "사람들이 찾아오는 것을 가만히 보고, 암자를 옮겨 더 깊은 곳으로 들어간다. 떨어진 꽃은 시냇물 따라 흘러가고, 밝은 달은 솔 숲을 비춘다. 취하여 두타(頭陀 : 승려)에게 술을 권하고, 한가하게 유자(孺子 : 어린아이)에게 시 짓기를 가르친다. 몸은 구름 밖 학과 같아서, 속세의 먼지를 끊는다[閒見有人尋, 移庵更入深. 落花流澗水, 明月照松林. 醉勸頭陀酒, 閒教孺子吟. 身同雲外鶴, 斷得世塵侵]"라고 하고, 또 시에서 "마음 가다듬어 태실太室에서 머물고, 머리 흐트러뜨린 채 흐르는 샘물에 적신다. 잣을 재취하다 이따금 사향노루를 만나고, 구름을 쳐다보다 갑자기 산을 본다. 여름날 미치광이 되어 비를 맞으며 장난을 치고, 봄날 술에 취해 꽃을 이고 잔다. 깎아지른 산 위에 올라 구름을 바라보니, 동도東都는 한 점 연기에 휩싸였다[冥心棲太室, 散髮浸流泉. 採柏時逢麝, 看雲忽見山. 夏狂衝雨戲, 春醉戴花眠. 絶頂登雲望, 東都一點烟]"라고 하고, 또 지은 시에서 "조야朝野가 알아주기를 구하지 않고, 가만히 누워 흐르는 세월만 지켜볼 뿐이다. 약을 캐러 갔다 돌아오는 길은 한밤이고, 솔바람 소리 듣느라 밥 먹는 시간도 놓친다. 낚싯대 메고 물을 찾아 낚시질하고, 바둑판 짊어지고 바위에 올라 바둑을 둔다. 종묘에 제사지내고 온 사람이 이르기를 중원은 마침 난리에 휩싸였다 한다[不求朝野知, 臥見歲華移. 采藥歸侵夜, 聽松飯過時. 荷竿尋水釣, 背局上嵓棋. 祭廟人來說, 中原正亂離]"라고 했다.

① '太'는 본래 '本'으로 되어 있었는데, 『당시기사』에 의거하여 고쳤다.

僧子蘭승려 자란

「太平里尋兵部裴郎中故宅」云①："不語淒涼無限情, 荒階行盡又重行. 昔年住此人何在, 空見槐花秋草生."

① "故宅", 據『紀事』補.

「태평리심병부배랑중고댁太平里尋兵部裴郎中故宅」에서 "무한한 처량함을 말하지 말라, 거친 섬돌을 걷고 나서 또다시 걷는다. 지난날 여기 살던 이들은 어디로 갔는가, 괴화 꽃에 가을 풀만 보일 뿐이다[不語淒涼無限情, 荒階行盡又重行. 昔年住此人何在, 空見槐花秋草生]"라고 했다.

① '故宅'은 『당시기사』에 의거하여 보충했다.

僧靈澈승려 영철

生於會稽, 本湯氏, 字澄源. 與吳興詩僧皎然遊. 然薦之包吉·李紓, 以是上人之名, 由二公而颺. 貞元中, 遊京師, 緇流嫉之, 造飛語, 流動中貴人, 侵誣得罪, 徙汀州, 後歸會稽. 元和十一年, 終於宣州.

劉夢得曰 : "詩僧多出江右, 靈一導其源, 護國襲之, 淸江揚其波, 法振沿之. 如么絃孤韻, 瞥入人耳, 非大音之樂. 獨吳興晝公, 能備衆體, 澈公承之. 至如「芙蓉園新寺」詩曰 : '經來白馬寺, 僧到赤烏年.'「謫汀州」云 : '靑蠅爲吊客, 黃犬寄家書.' 可謂入作者閫域, 豈獨雄於詩僧間耶."

「九日和于使君思上京親故」云 : "淸晨有高會, 賓從出東方. 楚俗風烟古, 汀州草木涼. 山情來遠思, 菊意在重陽. 心憶華池上, 從容鴛鷺行."

승려 영철은 회계에서 태어났으며, 본성은 탕湯씨이고 자는 징원澄源이다. 오흥吳興의 시승詩僧 교연皎然과 교류하고 포길包吉과 이서李紓에게도 추천을 받았다. 이로 인해 스님의 명성은 두 분을 통하여 세상에 알려지게 되었다. 정원 연간에 서울로 갔는데, 승려들이 질투하여 유언비어를 만들어 중앙 고관들의 마음을 움직여서 침탈과 무고의 누명을 입어 정주汀州로 옮겨 가고 나중에 회계로 돌아왔다. 원화 11년(816)에 선주宣州에서 생을 마쳤다.

유우석이 이르기를 "시승은 대부분 강우(江右 : 강서)에서 나왔는데, 영일이 그 시작을 열고, 호국護國이 뒤를 잇고, 청강淸江이 그 물결을 일으키고, 법진法振이 물줄기를 이어갔다. 하지만 작은 현絃의 외딴 운율이 사람의 귀에 스며드는 것과 같아서 대음大音의 음악은 아니었다. 그런데 오흥吳興의 주공(晝公 : 교연)만은 능히 뭇 시체를 구비했는데, 철공(澈公 : 영철)이 이를 계승했다. 예컨대 「부용원신사芙蓉園新寺」에서 '경전은 백마사白馬寺에서 오고 승려는 적오년赤烏年[7]에 왔네[經來白馬寺, 僧到赤烏年]'라고 하고, 「적정주謫汀州」에서 '푸른 파리가 조객吊客이 되고, 누렁개에게 고향 편지를 부친다[青蠅爲吊客, 黃犬寄家書]'라 한 것은 시인의 경지에 들었다고 말할 수 있으니, 어찌 시승 사이에서만 으뜸이라 하겠는가"라고 했다.

「구일화우사군사상경친고九日和于使君思上京親故」에서 "맑은 새벽 고상한 모임이 있어, 객들이 동쪽으로 나선다. 초나라 풍속은 바람 안개가 예스럽고, 정주는 풀과 나무가 황량하다. 산의 정취는 먼 생각을 떠오르게 하고, 국화의 마음은 중양절에 있다. 화청지華淸池 위의 잘 어울리는 한 쌍의 원앙새가 마음속에서 그립다[淸晨有高會, 賓從出東方. 楚俗風烟古, 汀州草木涼. 山情來遠思, 菊意在重陽. 心憶華池上, 從容鴛鷺行]"라고 했다.

僧靈一—승려 영일

「新泉詩」云: "泉源新湧出, 洞澈映纖雲. 稍落芙蓉沼, 初淹苔蘚文. 了將空色淨, 素與衆流分. 若對淸宵月, 泠然夢裏聞." 劉長卿和云: "東林一泉水, 復與遠公期. 石淺寒流處, 山空夜落時. 夢闌聞細響, 慮澹向淸漪. 動靜皆無意, 惟應道者知."

高仲武云: "自齊梁以來, 道人爲文者多矣, 少有入其流. 一公乃能尅意精妙, 與士大夫更唱遞和, 不其偉與. '泉湧階前地, 雲生戶外峰.' 則道猷·寶月, 曾何及此."

靈一, 大曆貞元間僧也.

「酬皇甫冉西陵見寄」云: "西陵潮信滿, 島嶼沒中流. 越客依風水, 相思南渡頭. 寒光生極浦, 落日映滄洲. 何事揚帆去, 空驚海上鷗."

「溪行即事」云: "近夜山更碧, 入林溪轉淸. 不知伏牛地, 潭洞何縱橫.

7 적오년(赤烏年): 삼국시대 동오의 군주 손권의 네 번째 연호(238~251)이다.

曲岸烟初合, 平湖月未生. 孤舟屢失道, 但聽秋泉聲."

「重還宜豐寺」云: "再尋招隱寺, 重會宿心期. 樵客問歸日, 山僧記別時. 野雲陰遠甸, 秋水漲前池. 勿謂探形勝, 吾今不好奇."【酬皇甫冉以下三章, 姚合取爲『極玄集』】

「酬皇甫冉將赴無錫于雲門寺贈別」云: "湖南通古寺, 來往意無涯. 欲識雲門路, 千峰到若耶. 春山子猷宅,① 古木謝敷家. 自可長偕隱, 那云相去賒."

「宿天柱觀」詩云: "石室初投宿, 仙翁幸見容. 花源隨水遠, 洞府過山逢. 泉湧階前地, 雲生戶外峰. 中宵自入定, 非是欲降龍."

① "猷"原作"敬", 據『紀事』改.

「신천新泉」에서 "원천이 새로 솟아나, 맑은 물이 옅은 구름까지 비춘다. 부용 연못에 떨어져 내리고, 이끼 무늬를 막 적신다. 공허한 빛을 맑게 만들며, 뭇 물줄기와는 구분된다. 만일 맑은 밤 달을 마주한다면, 꿈속에서 청량하게 들리리라[泉源新湧出, 洞澈映纖雲. 稍落芙蓉沼, 初淹苔蘚文. 了將空色淨, 素與衆流分. 若對淸宵月, 泠然夢裏聞]"라고 했는데, 유장경이 화답하기를 "동림東林의 샘물, 다시 원공遠公과 약속을 한다. 바위 얕은 곳에 차가운 물 흐르고, 텅 빈 산에 한밤 물줄기 떨어진다. 꿈이 끝나는 곳에서 작은 울림을 듣고, 생각이 담박하여 맑은 물줄기를 향한다. 동과 정에 모두 뜻이 없음을, 오직 도인만이 알리라[東林一泉水, 復與遠公期. 石淺寒流處, 山空夜落時. 夢闌聞細響, 慮澹向淸漪. 動靜皆無意, 惟應道者知]"라고 했다.

고중무가 이르기를 "제·양 이후 도인 가운데 글을 짓는 이가 많았지만 본류 안에 드는 경우는 적었다. 그런데 영일 공은 능히 생각을 정밀하고 오묘하게 가져 사대부들과 시를 주고받았으니, 훌륭하지 않은가. '샘물은 섬돌 앞 땅에서 솟아나고, 구름은 창 밖 봉오리에서 피어난다[泉湧階前地, 雲生戶外峰]'는 도유道猷나 보월寶月이 어찌 일찍이 미칠 수 있는 것이었겠는가"라고 했다.

영일은 대력·정원 연간의 승려이다.

「수황보염서릉견기酬皇甫冉西陵見寄」에서 "서릉西陵의 조수가 가득 차며, 섬들이 물속에 잠겼다. 월나라의 객은 바람과 물을 의지하여 남쪽 나루에서 그리움에 잠긴다. 차가운 빛이 극포極浦에서 생기고, 지는 해는 창주滄洲를 비춘다. 무슨 일로 돛을 펄럭이며 가서, 공연히 바닷가 갈매기를 놀라게 하는가[西陵潮信滿, 島嶼沒中流. 越客依風水, 相思南渡頭. 寒光生極浦, 落日映滄洲. 何事揚帆去, 空驚海上鷗]"라고 했다.

「계행즉사溪行卽事」에서 "밤이 가까워지자 산은 더욱 푸르고, 숲에 들자 시내는 갈수록 맑다. 소가 엎드려 사는 땅에, 소(潭)와 골짜기는 어찌 종횡으로 펼쳐졌는가. 굽은 언덕에 안개가 막 뭉치고, 넓은 호수에는 달이 솟지 않았다. 외딴 배 여러 번 길을 잃은 채, 가을 샘물 소리만 듣는다[近夜山更碧, 入林溪轉清. 不知伏牛地, 潭洞何縱橫. 曲岸烟初合, 平湖月未生. 孤舟屢失道, 但聽秋泉聲]"라고 했다.

「중환의풍사重還宜豊寺」에서 "다시 초은사招隱寺를 찾아가, 마음속 그리운 이를 다시 만난다. 나무꾼은 돌아가는 날을 묻고, 산승은 이별할 때를 기록한다. 들녘 구름은 먼 교외를 어둡게 드리우고, 가을 물은 앞 연못에 넘친다. 빼어난 풍광을 탐한다고 말하지 말라, 나는 지금 기묘한 것을 좋아하지 않는다[再尋招隱寺, 重會宿心期. 樵客問歸日, 山僧記別時. 野雲陰遠甸, 秋水漲前池. 勿謂探形勝, 吾今不好奇]"라고 했다【「수황보염酬皇甫冉」 이하 3편은 『극현집』에 수록됐다】.

「수황보염장부무석우운문사증별酬皇甫冉將赴無錫于雲門寺贈別」에서 "호남湖南은 옛 절과 통하여, 오고갈 때 아득한 그리움에 잠긴다. 운문사 길을 알려 한다면, 일천봉우리 약야若耶에 이르러야 한다. 봄 산은 자유子猷[8]의 저택이요, 옛 나무는 사부謝敷[9]의 집이다. 오랫동안 함께 은거하

8 자유(子猷) : 진(晉)나라 왕휘지의 자이다. 산음(山陰)에 살던 그가, 어느 날 밤 큰 눈이 갠 뒤 휘영청 밝은 달을 보고는 갑자기 섬계(剡溪)에 사는 대규(戴逵)가 생각나, 즉시 거

면 될 뿐, 어찌 거리가 먼 것을 이야기하랴[湖南通古寺, 來往意無涯. 欲識雲門路, 千峰到若耶. 春山子猷宅, 古木謝敷家. 自可長偕隱, 那云相去賒]"라고 했다.

「숙천주관宿天柱觀」에서 "석실石室에 처음 투숙하자, 선옹仙翁이 다행히 맞아주었다. 도원桃園은 물을 따라 멀고, 동부洞府는 산을 지나 만난다. 샘물은 섬돌 앞 땅에서 솟고, 구름은 창문 밖 봉우리에서 피어오른다. 한밤에 저절로 선정禪定에 든 것일 뿐, 용을 내려오게 하려는 게 아니다[石室初投宿, 仙翁幸見容. 花源隨水遠, 洞府過山逢. 泉湧階前地, 雲生戶外峰. 中宵自入定, 非是欲降龍]"라고 했다.

① '猷'는 본래 '敬'으로 되어 있었는데, 『당시기사』에 의거하여 고쳤다.

僧淸江 승려 청강

「病起」云:"身世足堪悲, 空房臥病時. 卷簾槐雨滴, 掃室竹陰移. 已覺生如夢, 那堪壽不知. 未能通法性, 詎可見支離."

「병기病起」에서 "신세가 애처로워, 텅 빈 방에서 병으로 누워 있다. 주렴 걷어 올리니 홰나무에 비 내리고, 방을 쓰니 대나무 그림자가 옮겨간다. 삶이 꿈같다는 생각이 드는데, 알 수 없는 수명을 어찌 할까. 법성法性을 통하지 못했는데, 어찌 지리支離를 볼 수 있으랴[身世足堪悲, 空房臥病時. 卷簾槐雨滴, 掃室竹陰移. 已覺生如夢, 那堪壽不知. 未能通法性, 詎可見支離]"라고 했다.

룻배를 타고 밤새 노를 저어 다음날 아침 대규의 집 앞에 당도했으나 갑가지 홍취가 사라졌다며 발길을 되돌렸다는 고사가 전해진다.

9 사부(謝敷) : 동진의 문인으로, 사석(謝石)의 아들이다. 은일적인 삶을 동경하고 담박한 생활을 즐겼으며 경전에 밝고 글씨를 잘 썼다.

僧廣宣 승려 광선

王起於會昌中放第二榜, 宣以詩寄賀曰 : "從辭鳳閣掌絲綸, 便向青雲領貢賓. 再辟文場無枉路, 兩開金榜絶冤人. 眼看龍化門前水, 手放鶯飛谷口春. 明日定歸台席去, 鶺鴒原上共陶鈞." 起和云 : "延英面奉入春闈, 亦選工夫亦選奇. 在冶只求金不耗, 用心空學秤無私. 龍門變化人皆望, 鶯谷飛鳴自有時. 獨喜向公誰是證, 彌天上士與新詩." 時劉夢得·元微之皆和之. 宣與夢得最善.

退之有「廣宣上人頻見過」詩云 : "三百六旬常擾擾, 不衝風雨即塵埃. 久慚朝士無裨補, 空愧高僧數往來. 學道窮年何所得, 吟詩竟日未能迴. 天寒古寺遊人少, 紅葉窗前有幾堆."

왕기가 회창 연간에 제2방榜에서 급제하자, 광선이 시를 보내 축하하기를 "봉황각에서 사륜(絲綸 : 조서)의 주관을 그만두고, 청운을 향하여 공빈貢賓[10]을 거느렸네. 다시 연 문장文場에서 잘못된 길이 없고, 두 번 연 금방金榜에 억울한 사람이 사라졌네. 용이 변화 일으킨 문 앞 물을 눈으로 보고, 꾀꼬리 나는 골짜기의 봄을 손수 펼쳤네. 내일 정녕 대감의 자리로 돌아갈 터, 척령원鶺鴒原[11]에서 도균陶鈞[12]과 함께 하리라[從辭鳳閣掌絲綸, 便向青雲領貢賓. 再辟文場無枉路, 兩開金榜絶冤人. 眼看龍化門前水, 手放鶯飛谷口春. 明日定歸台席去, 鶺鴒原上共陶鈞]"라고 하자, 왕기가 화답하기를 "연영전延英殿 받들어 봄 궁궐로 들어가, 공부로도 선정되고 기특함으로도 선정되었네. 풀무에서는 황금이 손상되지 않기만 추

10 공빈(貢賓) : 회시(會試)에 참여한 시험생.

11 척령원(鶺鴒原) : 형제의 우애를 상징하는 장소. 『시경』「소아」「상체(常棣)」의 "할미새 들판에서 호들갑 떨듯, 급할 때는 형제들 서로 돕는 법이라오[鶺鴒在原 兄弟急難]"에서 유래한다.

12 도균(陶鈞) : 도자기를 만들 때 그 그릇의 용도에 따라 속도를 조절하여 적절히 굴리는 물레로, 조정에서 정국을 통제하는 대권을 장악하고 백성을 교화하는 것을 뜻한다.

구하고, 마음 씀은 그저 저울에 사심이 없음만 배우네. 용문龍門의 변화를 사람들이 모두 바라보고, 골짜기에 꾀꼬리 날고 노래하는 것은 제 때가 있네. 그대만 좋아함을 누가 증명할까, 미천彌天[13]의 으뜸 인물과 새로운 시라네[延英面奉入春闈, 亦選工夫亦選奇. 在冶只求金不耗, 用心空學秤無私. 龍門變化人皆望, 鶯谷飛鳴自有時. 獨喜向公誰是證, 彌天上士與新詩]"라고 했다. 당시 유우석과 원진도 모두 화답의 시를 지었다. 광선은 유우석과 가장 친했다.

한유는 「광선상인빈견과廣宣上人頻見過」에서 "삼백육십 일 언제나 소란스러워, 비바람 맞닥뜨리지 않으면 먼지에 휩싸인다. 조정의 관리로서 도움 하나 없음이 오랫동안 부끄럽고, 고승만 자주 왕래하는 것이 공연히 죄송하다. 노년에 도를 배워 무엇을 얻으랴, 하루 내내 시 읊으며 돌아가지 못한다. 추운 겨울 옛 절에 찾아오는 이 적거늘, 창문 앞에 붉은 잎사귀 얼마나 쌓였을까[三百六旬常擾擾, 不衝風雨卽塵埃. 久慚朝士無裨補, 空愧高僧數往來. 學道窮年何所得, 吟詩竟日未能廻. 天寒古寺遊人少, 紅葉窗前有幾堆]"라고 했다.

僧法振승려 법진

「趙使君生子晬日」詩云 : "毛骨貴天生, 肌膚玉雪明. 見人空解笑, 弄物不知名. 國器嗟猶小, 風姿望亦清. 抱來芳樹下, 時引鳳凰聲."

「조사군생자수일趙使君生子晬日」에서 "모골은 타고난 귀인이고, 살결은 눈처럼 옥처럼 밝다. 사람을 보자 공연히 웃음 보이고, 사물을 만지면서도 이름을 모른다. 국가의 큰 그릇이나 아직 어리고, 풍모는 바라

13 미천(彌天) : 온 하늘에 가득하다는 뜻으로, 고승을 가리킨다.

볼수록 맑기만 하다. 아름다운 나무 아래에서 안으며, 이따금 봉황 소리를 끄집어낸다[毛骨貴天生, 肌膚玉雪明. 見人空解笑, 弄物不知名. 國器嗟猶小, 風姿望亦淸. 抱來芳樹下, 時引鳳凰聲]"라고 했다.

僧皎然승려 교연

僧皎然一日嘗於舟中抒思, 作古體十數篇, 求合韋蘇州, 韋大不喜. 明日, 獻其舊製, 乃極稱賞云: "何不但以所工見投, 而猥希老夫之意. 人各有所得, 非卒能致." 晝大服其鑒裁之精.

「同裴錄事樓上望」云: "退食高樓上, 湖山向晩晴. 桐花落萬井, 月影出重城. 水竹涼風起, 簾帷暑氣淸. 蕭蕭獨無事, 因見澁人情."

皎然 『詩式』著偷語詩例云: "如陳後主詩: '日月光天德', 取傅長虞'日月光太淸', 上三字語同, 下二字義同." 偷意詩例云: "如沈佺期詩: '小池殘暑退, 高樹早涼歸.' 取柳渾'太液滄波起, 長楊高樹秋.'" 偷勢詩例云: "如王昌齡詩: '手攜雙鯉魚, 目送千里雁. 悟彼飛有適, 嗟此罹憂患.' 取嵇康'目送歸鴻, 手揮五弦. 俯仰自得, 遊心太玄.'" 『詩式』云: "詩有跌宕格二品, 一曰越俗. 其道如黃鶴臨風, 貌逸神王, 杳不可羈. 郭景純「遊仙」詩: '左把浮丘袖, 右拍洪崖肩.' 鮑明遠詩: '擧頭四顧望, 但見松柏繁. 荊棘鬱叢叢, 中有一鳥名杜鵑, 言是古時蜀帝魂. 聲音哀苦鳴不息, 羽毛憔悴似人髡. 飛走樹間啄蟲蟻, 豈憶往日天子尊. 念茲死生變化非常理, 中心惻愴不能言.' 二曰駭俗, 其道如楚有接輿, 魯有原壤, 外示驚俗之貌, 內藏達人之度. 郭景純「遊仙」詩: '嫦娥揚妙音, 洪崖頷其頤.' 王梵志「道情」詩: '我昔未生時, 冥冥無所知. 天公強生我, 生我復何爲. 無衣使我寒, 無食使我飢. 還你天公我, 還我未生時.' 賀知章「放達」詩云: '落花眞好些, 一醉一回顚.' 盧照鄰「漫作」云: '城狐尾獨速, 山鬼面參覃.' 淈沒格一品, 曰澹俗. 此道如夏姬當爐, 似蕩而貞.

采吳楚之風, 雖俗而正. 古歌曰 : '華陰山頭百尺井, 下有流泉徹骨冷. 可憐女子來照影, 不照其餘照斜領.' 調笑格一品, 曰戲俗. 『漢書』云 : '匡鼎來, 解人頤.' 蓋說詩也. 此一品非雅作, 足以爲談笑之資矣. 李白「狂詠」: '女媧弄黃土, 摶作愚下人. 散在六合間, 濛濛若埃塵.'"

「賦得猿啼送客三峽」云 : "萬里巴江外, 三聲月峽深. 何年有此路, 幾客共霑襟. 斷壁分垂影, 流泉入苦吟. 凄凄離別後, 聞此更傷心."

승려 교연이 하루는 배 위에서 구상하여, 고체시古體詩 십수 편을 지어 위응물에게 공감을 구하자, 위응물이 대단히 기뻐하지는 않았다. 이튿날, 구작舊作을 올리자 대단히 칭찬하며 이르기를 "어찌 자신이 잘하는 것을 보여주지 않고, 외람된 것으로 노부老夫의 마음에 부합되기를 바라는가. 사람은 제각기 터득한 것이 있는데, 갑자기 이룰 수 있는 것이 아니다"라고 하자, 교연이 그의 정밀한 감정과 품평에 크게 탄복했다.

「동배록사누상망同裴錄事樓上望」에서 "퇴근하여 고루高樓에 오르니, 석양 호수와 산이 맑다. 오동꽃이 수많은 샘물 위로 떨어지고, 달그림자는 겹겹의 성 밖에서 올라온다. 물가 대숲에서는 서늘한 바람이 일고, 주렴 장막 안에는 더운 기운이 가신다. 쓸쓸히 아무 일 없을 때, 인정에 가까워짐을 보게 된다[退食高樓上, 湖山向晩晴. 桐花落萬井, 月影出重城. 水竹涼風起, 簾帷暑氣清. 蕭蕭獨無事, 因見蒞人情]"라고 했다.

교연의 『시식詩式』에서 투어시偸語詩의 예는 "진후주(진숙보) 시의 '해와 달이 하늘의 덕을 빛나게 한다[日月光天德]'는 부장우(傅長虞 : 부함傅咸)의 '해와 달이 태청을 빛나게 한다[日月光太清]'에서 취해온 것으로, 위 세 글자는 시어가 같고, 아래 두 글자는 의미가 같다"라고 하고, 투의시偸意詩의 예는 "심전기의 '작은 연못에 남은 더위 물러나고, 높은 나무에 이른 서늘함이 돌아온다[小池殘暑退, 高樹早涼歸]'는 유혼柳渾의 '태액궁太液宮에 물결이 일고, 장양궁長楊宮의 높은 나무 가을이다[太液滄波

起, 長楊高樹秋]'에서 취해온 것과 같다"라고 하고, 투세시偸勢詩의 예는 "왕창령의 '손에는 한 쌍의 잉어를 들고, 눈은 천 리 기러기를 보낸다. 저들은 제철에 맞춰 날아가거늘, 나는 우환에 휩싸여 안타깝다[手攜雙鯉魚, 目送千里雁. 悟彼飛有適, 嗟此罹憂患]'는 혜강의 '눈은 돌아가는 기러기를 보내고, 손으로는 오현금을 탄다. 하늘과 땅 바라보며 자득하고, 태현太玄에 마음 노닌다[目送歸鴻, 手揮五弦. 俯仰自得, 遊心太玄]'에서 취해온 것과 같다"라고 했다. 『시식』에서 "시에는 질탕격跌宕格 2품이 있는데, 첫 번째는 월속越俗이다. 그 내용은 황학黃鶴이 바람 앞에 서있을 때, 모습이 빼어나고 정신이 왕성하여 전혀 옭아맬 수 없는 것과 같다. 곽경순(곽박)의 「유선遊仙」에서 '왼쪽으론 부구浮丘의 소매를 붙잡고, 오른쪽으론 홍애洪崖의 어깨를 친다[左把浮丘袖, 右拍洪崖肩]'와 포명원(포조)의 시에서 '머리 들어 사방을 돌아보니, 보이는 건 울창한 소나무와 잣나무뿐이다. 가시덤불은 가득 차있고, 그 가운데 두견이라 새가 있어, 옛 촉제蜀帝의 넋이라 한다. 소리는 애달파 멈추지 않고, 깃털은 초췌하여 머리 깎인 사람 같다. 나무들 사이 날며 벌레 쪼아 먹으니, 어찌 지난날 존귀한 천자를 기억할쏘냐. 죽고 삶이 이처럼 무상함을 떠올리며, 마음이 쓸쓸하여 말할 수가 없다[擧頭四顧望, 但見松柏繁. 荊棘鬱叢叢, 中有一鳥名杜鵑, 言是古時蜀帝魂. 聲音哀苦鳴不息, 羽毛憔悴似人髡. 飛走樹間啄蟲蟻, 豈憶往日天子尊. 念兹死生變化非常理, 中心惻愴不能言]'와 같은 경우이다. 두 번째는 해속駭俗이니, 그 내용은 초나라의 접여接輿, 노나라의 원양原壤이 겉으로는 세속을 놀라게 하는 모습을 보이지만 속으로는 통달한 사람의 도량을 감추고 있는 것과 같다. 곽경순의 「유선」에서 '상아嫦娥가 오묘한 소리를 내고, 홍애가 턱을 끄덕인다[嫦娥揚妙音, 洪崖頷其頤]'와 왕범지王梵志의 「도정道情」에서 '내 지난날 태어나기 전엔, 아득하여 아는 것이 없었다. 하늘이 억지로 날 낳았는데, 날 낳아 무엇을 하려 한 것인가. 옷이 없어 날 추위에 떨게 하고, 먹을 것이 없어 날 굶주리게 한다. 아 당신 하느님(天公)이여, 날 태어나기 이전의 상태로 돌려다오[我昔未生時, 冥冥無所知. 天公强生我, 生我復何爲. 無衣使我寒, 無食使我飢. 還你天公我, 還我未生時]'와 하지장賀知章의 「방달放達」에서 '낙화는 참으로 좋아서, 취하고 나자빠진다[落花眞好些, 一醉一回顚]'와 노조린의 「만작漫作」에서 '성 위의 여우는 꼬리가 홀로 재빠르고, 산 귀신은 얼굴이 이어져 있다[城狐尾獨速, 山鬼面參覃]' 등이다. 골몰격淈沒格이 1품인데, 담속澹俗이라 한다. 이 내용은 하희夏姬가 화로 앞에 있을 때, 질탕한 듯하지만 정숙하고, 오초吳楚의 노래를 채록해 들을 때, 세속적이지만 바른 것과 같다. 고가古歌에서 '화음산華陰山 꼬대기 백 척의 샘물, 그 아래는 뼈속까지 스미는 차가운 물이 흐른다. 어여쁜 여인이 다가와 그림자를 비출 때, 다른 건 비추지 않고 비스듬한 목만 비춘다[華陰山頭百尺井, 下有流泉徹骨冷. 可憐女子來照影, 不照其餘照斜領]'이다. 조소격調笑格이 1품인데, 희속戲俗이라 한다. 『한서』에서 '광정匡鼎이 오면, 사람이 웃겨 죽는다[匡鼎來, 解人頤]'[14]는 시를 이야기한 것이다. 이 1품은 아작雅作이 아니며 담소의 자료로만 삼을 수 있을 뿐이다. 이백의 「광영狂詠」에서 '여와가 황토를 만지작거려, 어리석은 사람을 만들어 놓았다. 육합(六合: 천지) 사방 안에 뿌려 놓으니, 흐릿한 티끌과 같다[女媧弄黃土, 摶作愚下人. 散在六合間, 濛濛若埃塵]' 등 이다"라고 했다.

「부득원제송객삼협賦得猿啼送客三峽」에서 "만 리 파강巴江 밖, 세 번 울음소리에 월협月峽이 깊다. 어느 해에 이 길이 생기고, 몇 사람이나 함께 눈물 적셨나. 낭떠러지 벽에 드리운 그림자 나뉘고, 흐르는 샘물이 고심 어린 시에 들어온다. 쓸쓸히 헤어지고 나서, 이 소리 들으니 더욱 슬프다[萬里巴江外, 三聲月峽深. 何年有此路, 幾客共霑襟. 斷壁分垂影, 流泉入苦吟. 凄凄離別後, 聞此更傷心]"라고 했다.

---

14 광정은 한나라 때 사람으로 『시경』에 정통했다. 그래서 당시 사람들이 "시를 논하지 말라, 광형이 곧 올 것이다. 광형이 시를 설명하면 모두 입이 벌어질 것이다[無說詩 匡鼎來 匡說詩 解人頤]"라고 했다. 광정은 광형(匡衡)의 자이다. 『한서』「광형전(匡衡傳)」 참고.

僧文秀 승려 문수

「端午」詩云:“節分端午自誰言, 萬古傳名爲屈原. 堪笑楚江空浩浩, 不能洗得直臣冤.”

秀, 唐末詩僧也.

鄭谷「喜秀上人相訪」, 有“他夜松堂宿, 論詩更入微”之句. 又「次韻秀上人長安寺居言懷」云:“舊齋松老別多年, 香社人稀喪亂間. 出寺只如趨內殿, 閉門長似在深山.” 又「重訪秀上人」云:“展畫長懷吳寺殿, 宜茶偏賞雪溪泉.” 又「寄題詩僧秀公」云:“靈一心傳淸塞心, 可公吟後楚公吟. 近來雅道相親少, 惟仰吾師所得深. 好句未停無暇日, 舊山歸老有東林. 吟曹孤宦甘寥落, 多謝攜笻數訪尋.” 秀, 南僧也, 而居長安, 以文章應制, 故谷「送遊五臺」詩云:“內殿評詩切, 身迴心未回.”

「단오端午」에서 “단오라는 명절은 누구로부터 이야기된 것인가, 만고에 굴원을 위함이라 전해온다. 우습구나 초강은 공연히 넓기만 할 뿐, 강직한 신하의 원한을 씻어주지 못하는구나[節分端午自誰言, 萬古傳名爲屈原. 堪笑楚江空浩浩, 不能洗得直臣冤]”라고 했다.

문수는 당 말기의 시승이다.

정곡의 「희수상인상방喜秀上人相訪」에서 “훗날 송당松堂에서 묵는 밤에, 시를 논하며 더욱 미묘함에까지 들어갔다[他夜松堂宿, 論詩更入微]”는 구절이 있다. 또 「차운수상인장안사거언회次韻秀上人長安寺居言懷」에서 “오랜 이별에 옛집의 소나무는 늙고, 난리 속에 향사香社는 사람이 드물다. 절을 나서면 내전內殿을 걷는 것과 같고, 문을 닫으면 깊은 산 속에 있는 것과 같다[舊齋松老別多年, 香社人稀喪亂間. 出寺只如趨內殿, 閉門長似在深山]”라고 하고, 또 「중방수상인重訪秀上人」에서 “그림 펼쳐 오 땅의 절을 언제나 떠올리고, 차를 마시며 삽계雪溪의 샘물을 홀로 음미한다[展畫長懷吳寺殿, 宜茶偏賞雪溪泉]”라고 하고, 또 「기제시승수공寄題詩僧

秀公」에서 "영일靈一은 청색淸塞의 마음을 전하고, 가공可公이 읊고 나자 초공楚公이 읊는다. 근래에 아도雅道를 가까이하는 이가 적어, 깊이 터득하신 우리 선사만 추앙한다. 좋은 시구 끊이지 않아 쉴 날이 없고, 노년에 옛 산으로 돌아가 쉴 때는 동림東林이 있으리라. 관아에서 시 읊는 고독한 관리는 적막을 달갑게 여긴 터, 지팡이 이끌고 자주 찾아주신 것이 고맙다[靈一心傳淸塞心, 可公吟後楚公吟. 近來雅道相親少, 惟仰吾師所得深. 好句未停無暇日, 舊山歸老有東林. 吟曹孤宦甘寥落, 多謝携筇數訪尋]"라고 했다. 문수는 남쪽 지역의 승려인데, 장안에 머물며 황제의 명에 따르는 시문을 지었다. 그래서 정곡의 「송유오대送遊五臺」에서 "내전에서 시 논평이 절절하여 몸은 돌아가도 마음은 돌아가지 못하리라[內殿評詩切, 身迴心未回]"라고 했다.

僧棲白 승려 서백

「中秋夜月」云："尋常三五夕, 不是不嬋娟. 及到中秋滿, 還勝別夜圓. 清光凝有露, 皓色爽無烟. 自古人皆玩, 年來更一年."

「哭劉得仁」云："爲愛詩名吟到此, 風魂雪魄去難招. 直教桂子落墳上, 生得一枝冤始銷."

「중추야월中秋夜月」에서 "여느 보름날 밤도, 곱지 않을 때는 없었다. 중추 때의 만월은, 여느 밤 둥근 것보다 더 둥글다. 맑은 빛 속에는 이슬이 맺히고, 하얀 빛에는 안개 하나도 없다. 예로부터 사람들이 다 완상해서, 해가 바뀌고 또 바뀌어도 여전하다[尋常三五夕, 不是不嬋娟. 及到中秋滿, 還勝別夜圓. 清光凝有露, 皓色爽無烟. 自古人皆玩, 年來更一年]"라고 했다.

「곡유득인哭劉得仁」에서 "시인의 명성 사랑하며 여기까지 왔거늘, 바람 혼과 눈 넋을 부르기 어렵구나. 계수나무 씨앗을 무덤 위에 떨구어,

줄기 하나 나게 하면 원한이 녹으리라[爲愛詩名吟到此, 風魂雪魄去難招. 直敎桂子落墳上, 生得一枝冤始銷]"라고 했다.

僧無可승려 무가

「冬日寄僧友」云："斂屨入寒竹, 安禪過漏聲. 高杉殘葉落, 深井凍痕生. 罷磬松枝動, 懸燈雪屋明. 何當招我友, 乘月上方行."

「秋夜宿西林寄賈島」云："暗蟲喧暮色, 默思坐西林. 聽雨寒更盡, 開門落葉深. 昔因京邑病, 併起洞庭心. 亦是吾兄事, 遲迴直至今."

「秋日寄厲玄」云："楊柳起秋色, 故人猶未還. 別離何自苦, 少壯豈能閒. 夜雨吟殘燭, 秋城憶遠山. 何當同一見, 語默此林間."

「廬山寺」云："千峰盤磴盡, 林寺昔年名. 步步入山影, 房房聞水聲. 多年人迹絶, 殘月石陰清. 更可求居止, 安閒過此生."

「金州別姚合」云："日日西亭上, 春留到夏殘. 言之離別易, 允矣道途難. 山出一千里, 溪行三百灘. 松間樓月裏, 秋入五陵寒."

姚合「送無可往越州」云："清晨相訪門前立, 麻屨方袍一少年. 懶讀經文求作佛, 願攻詩句覓成仙. 芳春山影花連寺, 獨夜潮聲月滿船. 今日送行偏惜別, 共師文字有因緣."

「동일기승우冬日寄僧友」에서 "신발 거두어 찬 대숲으로 들어가, 선정에 들 때 물시계 소리 흐른다. 키 큰 삼나무에 시든 잎 지고, 깊은 샘물에 언 흔적이 생겼다. 풍경 소리 멈추자 소나무 가지 움직이고, 등불 내걸자 눈집이 밝다. 어찌하면 내 벗을 불러, 달을 타고 상방(上方 : 천상)으로 갈 수 있을까[斂屨入寒竹, 安禪過漏聲. 高杉殘葉落, 深井凍痕生. 罷磬松枝動, 懸燈雪屋明. 何當招我友, 乘月上方行]"라고 했다.

「추야숙서림기가도秋夜宿西林寄賈島」에서 "저물녘 벌레 소리 요란한데, 생각에 잠겨 서쪽 숲에 앉아 있다. 빗소리 들으며 차가운 시간을 다 보내고, 문을 열자 낙엽이 소복하다. 지난날 서울에서 몸이 아플 때, 함께 동정호 생각을 일으켰다. 이 또한 우리 형의 일일 뿐, 머뭇머뭇하다 오늘에 이르렀다[暗蟲喧暮色, 默思坐西林. 聽雨寒更盡, 開門落葉深. 昔因京邑病, 併起洞庭心. 亦是吾兄事, 遲迴直至今]"라고 했다.

「추일기여현秋日寄厲玄」에서 "버들에 가을이 찾아왔거늘, 친구는 아직 돌아오지 않는다. 이별에 어찌 스스로 괴로워하랴, 소장少壯이 어찌 한가할 수 있으랴. 비 내리는 밤 촛불 아래서 읊조리고, 가을 성에서 먼 산을 그린다. 어찌하면 함께 만나, 이 숲에서 지낼 수 있을까[楊柳起秋色, 故人猶未還. 別離何自苦, 少壯豈能閒. 夜雨吟殘燭, 秋城憶遠山. 何當同一見, 語默此林間]"라고 했다.

「여산사廬山寺」에서 "수천 봉우리 비탈이 끝난 곳에서, 숲 속 절은 예부터 전해오던 곳이다. 걸음마다 산 그림자로 들어가고, 방마다 물소리를 듣는다. 여러 해 사람 자취 끊겨, 쇠잔한 달빛에 바위 그림자만 맑다. 다시 머물 곳을 구한다면, 편안하게 이 생을 보내리라[千峰盤磴盡, 林寺昔年名. 步步入山影, 房房聞水聲. 多年人迹絶, 殘月石陰淸. 更可求居止, 安閒過此生]"라고 했다.

「금주별요합金州別姚合」에서 "날마다 서쪽 정자에 오르며, 봄부터 여름까지 머물렀다. 말로는 이별이 쉽지만, 참으로 길이 험난하다. 산은 천 리를 걷고, 시내는 삼백 여울을 건너리라. 소나무 사이 누대의 달 속에, 가을이 오릉五陵의 차가운 곳으로 찾아들리라[日日西亭上, 春留到夏殘. 言之離別易, 允矣道途難. 山出一千里, 溪行三百灘. 松間樓月裏, 秋入五陵寒]"라고 했다.

요합의 「송무가왕월주送無可往越州」에서 "청정한 새벽에 찾아가 문 앞에 섰을 때는, 삼 신발에 방포 두른 소년이었다. 게으르게 경문 읽으며 부처되기를 구하고, 시를 전공하며 신선되기를 바랐다. 화려한 봄 산 그림자에 꽃은 절과 이어지고, 외로운 밤 물결 소리에 달은 배에 가득하다. 오늘 전송하며 더욱 아쉬운 것은, 스승 모시고 함께 공부한 인연이 있어서다[清晨相訪門前立, 麻屨方袍一少年. 懶讀經文求作佛, 願攻詩句覓成仙. 芳春山影花連寺, 獨夜潮聲月滿船. 今日送行偏惜別, 共師文字有因緣]"라고 했다.

僧懷濬 승려 회준

秭歸郡僧懷濬, 不知何所人. 乾寧初, 知來識往, 皆有神驗. 刺史于公以其惑衆, 系而詰之. 乃以詩代通狀云 : "家在閩山西復西, 其中歲歲有鶯啼. 如今不在鶯啼處, 鶯在舊時啼處啼." 又詰之, 復有詩云 : "家在閩山東復東, 其中歲歲有花紅. 而今不在花紅處, 花在舊時紅處紅." 守異而釋之. 詳其詩意, 似在海中, 得非杯渡之流乎.【出『北夢瑣言』】

자귀군秭歸郡의 승려 회준은 어느 지역 사람인지 알 수 없다. 건녕 초에 미래를 예측했는데 모두 알아맞혔다. 자사刺史 우공于公이 혹세무민한다고 하여 구속해서 힐책하자, 통장(通狀 : 답변서) 대신 시를 짓기를 "집은 민산閩山 서쪽의 서쪽에 있으니, 그곳에는 해마다 꾀꼬리가 지저귄다. 지금은 꾀꼬리 지저귀는 곳에 없지만, 꾀꼬리는 옛날 지저귀던 곳에서 지저귀고 있다[家在閩山西復西, 其中歲歲有鶯啼. 如今不在鶯啼處, 鶯在舊時啼處啼]"라고 하고, 다시 힐책하자, 또다시 시를 짓기를 "집은 민산 동쪽의 동쪽에 있으니, 그곳에는 해마다 꽃이 붉다. 지금은 꽃이 붉은 곳에 없지만, 꽃은 옛날 붉은 곳에서 붉다[家在閩山東復東, 其中歲歲有花紅. 而今不在花紅處, 花在舊時紅處紅]"라고 하니, 자사가 특이하게 여겨 풀어주었다. 시의 내용을 자세히 살펴보면 바닷속에 있는 듯하니, 배도杯渡[15]의 부류가 아닐까 싶다【『북몽쇄언』에 나온다】.

僧可朋승려 가붕

可朋, 丹陵人. 少與盧延讓爲風雅之交, 有詩千餘篇, 號『玉壘集』. 曾題「洞庭」詩①曰 : "水涵天影闊, 山拔地形高." 「贈友人」曰 : "來多不似客, 坐久却垂簾." 歐陽炯以此比孟郊·賈島, 言其好飮酒, 貧無以償酒債, 故時賙之. 可朋自號醉髡. 「贈方干」詩云 : "月裏豈無攀桂分, 湖中剛愛釣魚休." 「杜甫舊居」云 : "傷心盡日有啼鳥, 獨步殘春空落花." 「寄齊己」云 : "雖陪北楚三千客, 多話東林十八賢."

劉公『詩話』云 : "有詩僧讀洪州滕王閣詩, 謂守者 : '詩總不佳, 何不除却.' 守曰 : '僧能佳乎.' 即吟曰 : '洪州太白方, 積翠滿空蒼. 萬古遮新月, 半江無夕陽.' 守異之. 然南方浮圖, 能詩者多矣. 予嘗見可朋詩云 : '虹收千嶂雨, 潮落半江天.' 又云 : '詩因試客分題僻, 棋爲饒人下著低.' 不減古人."

① "曾"原作"會", 據『紀事』改.

가붕은 단릉丹陵 사람이다. 젊어서부터 노연양盧延讓과 풍아風雅의 교류를 가지며 천여 편의 시를 남겨, 이를 모은 시집 이름을 『옥루집玉壘集』이라 했다. 일찍이 지은 「동정洞庭」에서 "물이 머금은 하늘 그림자는 넓고, 산이 뽑혀 땅의 형상이 높다[水涵天影闊, 山拔地形高]"라고 하고, 「증우인贈友人」에서 "찾는 일 많아 손님 같지 않고, 한참을 앉아 있다 이내 주렴을 드리운다[來多不似客, 坐久却垂簾]"라고 했는데, 구양형歐陽炯이 이를 맹교와 가도에 견주었다. 술 마시기를 좋아했으나 가난해서 술값을 댈 수가 없었으므로 이따금 도움을 받았다고 한다. 가붕은 스스로 '취곤醉髡'이라고 했다. 「증방간贈方干」에서 "달 속에 계수나무 휘

15 배도(杯渡) : 진(晉)나라의 승려로, 기주(冀州) 사람이며, 성명은 미상이다. 항상 나무로 만든 잔을 타고 물을 건넜으므로 사람들이 배도 화상이라고 불렀다. 세세한 행실에 구애되지 않았으며 신통력이 탁월했는데, 세상에서는 그의 유래를 알지 못했다.

어잡을 분수가 어찌 없으랴만, 호수에서 낚시하며 쉬는 것을 애써 좋아한다[月裏豈無攀桂分, 湖中剛愛釣魚休]"라고 하고, 「두보구거杜甫舊居」에서 "서글픈 하루 내내 새가 울어대고, 홀로 걷는 쇠잔한 봄에 하염없이 꽃이 진다[傷心盡日有啼鳥, 獨步殘春空落花]"라고 하고, 「기제기寄齊己」에서 "북쪽 초나라 삼천 객三千客을 모셨지만 다들 동림東林 십팔현十八賢[16]을 이야기한다[雖陪北楚三千客, 多話東林十八賢]"라고 했다.

『유공시화劉公詩話』에서 "어느 시승詩僧이 홍주洪州의 등왕각시滕王閣詩를 읽고 문지기에게 '시가 모두 아름답지 않은데, 왜 지우지 않는가'라고 하자, 문지기가 '스님께서 아름답게 지을 수 있겠습니까?'라고 하여 즉시 읊기를 '홍주는 태백太白의 방향이거늘, 푸른 빛 허공에 가득하다. 만고에 새 달빛을 가로막고, 강 절반은 석양이 없다[洪州太白方, 積翠滿空蒼. 萬古遮新月, 半江無夕陽]'라고 하니, 문지기가 기특하게 여겼다. 남방의 승려들 중에는 시에 능한 이들이 많다. 내 일찍이 본 가붕의 시에서 '무지개는 수많은 산의 비를 거두어들이고, 조수는 강에 비친 하늘에 진다[虹收千嶂雨, 潮落半江天]'라고 하고, 또 '시는 시험생 때문에 제목이 궁벽하고, 바둑은 사람을 너그럽게 하려고 낮게 둔다[詩因試客分題僻, 棋爲饒人下著低]'는 옛사람에 뒤지지 않는다"라고 했다.

① '曾'은 본래 '會'로 되어 있었는데, 『당시기사』에 의거하여 고쳤다.

16 십팔현(十八賢) : 진(晉) 여산(廬山) 백련사(白蓮社)의 십팔 현자로 혜원법사(慧遠法師) · 유유민(劉遺民) · 뇌차종(雷次宗) · 주속지(周續之) · 종병(宗炳) · 장야(張野) · 장전(張銓) · 서림각적대사(西林覺寂大師) · 동림보제대사(東林普濟大師) · 혜지법사(慧持法師) · 계빈불타야사존자(罽賓佛馱耶舍尊者) · 계빈불타발타라존자(罽賓佛馱跋陀羅尊者) · 혜예법사(慧睿法師) · 담순법사(曇順法師) · 담항법사(曇恒法師) · 도병법사(道炳法師) · 도경법사(道敬法師) · 담선법사(曇詵法師)를 가리킨다.

僧雲表승려 운표

「寒食」詩云 : “寒食時看郭外春, 野人無處不傷神. 平原累累添新塚, 半是去年來哭人.”

「한식寒食」에서 “한식에 성 밖 봄을 바라보니, 들녘의 사람들 저마다 슬픔에 잠겨 있다. 겹겹의 평원에 새 무덤이 늘어나는데, 절반은 지난해 찾아와 곡하던 사람들이다[寒食時看郭外春, 野人無處不傷神. 平原累累添新塚, 半是去年來哭人]”라고 했다.

僧貫休승려 관휴

姓姜氏, 字德隱, 婺州蘭溪人. 錢鏐自稱吳越國王, 休以詩投之曰 : “貴逼身來不自由, 幾年勤苦踏林丘. 滿堂花醉三千客, 一劍霜寒十四州. 萊子衣裳宮錦窄, 謝公篇詠綺霞羞. 他年名上凌烟閣, 豈羨當時萬戶侯.” 鏐諭改爲四十州, 乃可相見. 曰 : “州亦難添, 詩亦難改. 然閒雲孤鶴, 何天而不可飛.” 遂入蜀, 以詩投王建曰 : “河北河南處處災, 惟聞全蜀少塵埃. 一瓶一鉢垂垂老, 千水千山得得來. 秦苑幽棲多勝景, 巴歈陳貢愧非才. 自慚林藪龍鍾者, 亦得親登郭隗臺.” 建遇之甚厚. 建二年春, 令誦近詩. 時貴戚皆坐, 休欲諷之, 乃稱「公子行」云 : “錦衣鮮華手擎鶻, 閒行氣貌多輕忽. 稼穡艱難總不知, 五帝三皇是何物.” 建稱善, 貴倖皆怨之. 休與齊己齊名, 有『西嶽集』十卷, 吳融爲之序. 卒死於蜀.

“赤旃檀塔六七級, 白菡萏花三四枝. 禪客相逢只彈指, 此心能有幾人知.” 石霜問云 : “如何是此心.” 休不能答. 石霜云 : “汝問我答.” 休即問之, 霜云 : “能有幾人知.”

「春山行」云 : “重疊太古色, 濛濛花雨時. 好山行恐盡, 流水語相隨.

黑壤生紅黍,① 黃猿領白兒. 因思石橋月, 曾與道人期."

「晚泊湘江懷古」云:"烟浪漾秋色, 高吟似得鄰. 一輪湘渚月, 千古獨醒人. 岸濕穿花遠, 風香禱廟頻. 只應諛佞者, 到此不傷神."

「天台老僧」云:"獨住無人處, 松龕岳雪侵. 僧中九十臘, 雲外一生心. 白髮垂不剃, 青眸笑更深. 猶能指孤月, 爲我暫開襟."

「寒夜思廬山賈生」云②:"山兄詩僻甚,③ 寒夜更何爲. 覓句如頑坐, 嚴霜打不知. 石膏黏木履, 崖栗落冰池. 近見禪僧說, 生涯勝往時."

「題嶧桐律師禪院」云:"律中麟角者, 高奰出塵埃. 芳草不曾觸, 幾生如此來. 壑風吹磬斷, 杉露滴花開. 如結林中社, 伊余願一陪."

「言」詩云:"經天緯地物, 動必是仙才. 竟日覓不得, 有時還自來. 眞風含素髮, 秋色入靈臺. 吟向霜蟾下, 終須神鬼哀."

「休糧僧」云:"不食更何求, 自由終自由.④ 身輕嫌衲重, 天旱爲民愁. 供器誰將去, 生臺蠓不遊. 會須傳此術, 歸去老林丘."

"詎是言休即便休, 清吟孤坐碧溪頭. 三間茅屋無人到, 十里松門獨自遊. 明月清風宗炳社, 夕陽秋色庾公樓. 修心未到無心地, 萬種千般逐水流."

"心心心不住希夷, 石室巉嵓白髮垂. 惜竹不除當路筍, 愛松留得礙人枝. 焚香開卷雲生砌, 卷箔冥心月在池. 無限故人頭盡白, 不知頭白更何之."

「古意」云:"乾坤有清氣, 散入詩人脾. 聖賢遺清風, 不在惡木枝. 千人萬人中, 一人兩人知. 憶在東溪日, 花開葉落時. 幾擬以黃金, 鑄作鍾子期."

① "黍"原作"木", 據『全唐詩』改.

② "夜", 據『紀事』補.

③ "兄"原作"深", 據『紀事』改.

④ "終"原作"中", 據『紀事』改.

성은 강씨姜氏이고 자는 덕은德隱이며 무주婺州 난계蘭溪 사람이다. 전류錢鏐가 오월越國의 왕이라 자칭하자, 관휴가 시를 지어 전하기를 "귀해진 몸은 자유롭지 못하나니, 몇 년을 애쓰며 언덕길을 밟았던가. 집 가득한 삼천 객은 꽃에 취하고, 한 칼 아래 열네 개 주州는 서릿발처럼 차갑다. 노래자(老萊子 : 고대의 효자)의 옷에 궁궐 비단은 비좁고, 사공(謝公 : 사령운)의 시에 비단 노을은 부끄럽다. 훗날 능연각凌烟閣에 이름 오른다면, 어찌 당시의 만호후가 부러우랴[貴逼身來不自由, 幾年勤苦踏林丘. 滿堂花醉三千客, 一劍霜寒十四州. 萊子衣裳宮錦窄, 謝公篇詠綺霞羞. 他年名上凌烟閣, 豈羨當時萬戶侯]"라고 했다. 전류가 사십 주로 고치면 만나주겠다고 하자, 답하기를 "주도 더하기 어렵고, 시도 고치기 어렵다. 하지만 한적한 구름과 한 마리 학이 어느 하늘인들 날지 못하랴"라고 하고, 마침내 촉나라로 들어가서 왕건에게 시를 전하기를 "하북과 하남은 곳곳이 재앙인데, 오직 촉만 먼지가 적다고 한다. 병 하나 바리 하나에 늙어가는 몸으로 수많은 물과 산을 밟으며 왔다. 진나라 궁전은 그윽해 승경勝景이 많거늘, 파촉의 노래 지어 올리자니 재능 없어 부끄럽다. 숲 속의 용종(龍鍾 : 노쇠한 몸)인 것이 스스로 부끄러우나, 곽외대郭隗臺[17]의 누대에는 직접 오를 수 있으리라[河北河南處處災, 惟聞全蜀少塵埃. 一瓶一鉢垂垂老, 千水千山得得來. 秦苑幽棲多勝景, 巴歈陳貢愧非才. 自慚林藪龍鍾者, 亦得親登郭隗臺]"라고 하니, 왕건이 매우 후하게 대접했다. 왕건 2년(908) 봄에 왕건이 근래에 지은 시들을 읊게 하자, 당시 귀척貴戚들이 모두 앉아 있었는데, 관휴가 그들을 풍자하고자 「공자행公子行」을 읊기를 "화사한 비단옷에 송골매 손에 들고, 한가하게 걷는 모습은 경솔함이 넘친다. 농사의 고달픔을 전혀 알지 모르는데, 삼황이며 오제가 누구인지 알랴[錦衣鮮華手擎鶻, 閒行氣貌多輕忽. 稼穡艱難總不知, 五帝三皇是何

---

17 곽외대(郭隗臺) : 연나라에 있던 황금대(黃金臺). 곽외는 연나라 사람인데 연 소왕(昭王)이 제나라에 원수를 갚기 위하여 인재를 얻고자 하니, 곽외가 "인재를 얻으려 하신다면 이 곽외로부터 시작하십시오"라고 하여, 소왕이 누대를 지어 스승으로 모셨다고 한다.

物]"라고 하니, 왕건은 훌륭하다고 칭찬했으나 귀척들은 모두 원망했다. 관휴는 제기齊己와 더불어 명성을 드날렸으며 『서악집西嶽集』 10권이 있는데, 오융吳融이 서문을 썼다. 촉에서 생을 마쳤다.

"붉은 깃발 박달나무 탑은 육칠 층이요, 흰 연꽃은 서너 가지이다. 선객禪客이 서로 만나는 것은 탄지彈指일 뿐인데, 이 마음을 몇 사람이나 알라[赤旆檀塔六七級, 白菡萏花三四枝. 禪客相逢只彈指, 此心能有幾人知]"라고 하여, 석상石霜이 "무엇이 이 마음인가"라고 하니, 관휴가 답하지 못했다. 석상이 "그대가 물으면 내가 답하겠다"라고 해서 관휴가 바로 묻자, 석상은 "몇 사람이나 알 수 있겠는가"라고 했다.

「춘상행春山行」에서 "태고의 색으로 겹겹이 쌓였거늘, 꽃비가 부슬부슬 내리고 있다. 좋은 산 걸으며 길이 끝날까 걱정하고, 흐르는 물 이야기하며 서로 뒤따른다. 검은 흙에서 붉은 기장이 나고, 노란 원숭이는 흰 새끼를 거느린다. 돌다리 달 아래서, 일찍이 도인과의 약속을 떠올린다[重疊太古色, 濛濛花雨時. 好山行恐盡, 流水語相隨. 黑壤生紅黍, 黃猿領白兒. 因思石橋月, 曾與道人期]"라고 했다.

「만박상강회고晚泊湘江懷古」에서 "안개 물결에 가을빛 일렁이고, 고상하게 시 읊조리니 이웃을 얻은 듯하다. 바퀴 같은 상수湘水의 달이요, 천고에 홀로 깬 사람이다. 젖은 언덕 꽃을 찾아 멀리 가고, 향 풍기는 사당 찾아 자주 기도한다. 오직 아첨하는 자만이, 이곳에 와 마음 슬프지 않으리라[烟浪漾秋色, 高吟似得鄰. 一輪湘渚月, 千古獨醒人. 岸濕穿花遠, 風香禱廟頻. 只應諛佞者, 到此不傷神]"라고 했다.

「천태노승天台老僧」에서 "인적 없는 곳에서 혼자 살거늘, 소나무 감실에 산의 눈이 침범했다. 승려들 가운데 승려가 된 지 구십 년이고, 구름 밖에 일생의 마음이 있다. 백발은 깎지 않은 채 드리우고, 푸른 눈은 웃을수록 깊다. 아직도 달을 가리키며, 나를 위해 잠시 마음을 연다[獨住無人處, 松龕岳雪侵. 僧中九十臘, 雲外一生心. 白髮垂不剃, 青眸笑更深. 猶能指孤月, 爲我暫開襟]"라고 했다.

「한야사노산가생寒夜思廬山賈生」에서 "노산廬山의 형은 시벽이 심한데, 차가운 밤에 무엇을 할까. 시구 찾아 어리석게 앉아서, 매서운 서리 치는 줄도 모르리라. 돌 기름이 나막신에 달라붙고, 언덕의 바람은 얼음 연못에 불어치리라. 근래에 선승의 말을 들으니, 삶이 지난날보다 낫다고 하더라[山兄詩僻甚, 寒夜更何爲. 覓句如頑坐, 嚴霜打不知. 石膏黏木履, 崖栗落冰池. 近見禪僧說, 生涯勝往時]"라고 했다.

「제역동율사선원題嶧桐律師禪院」에서 "율사律師 가운데 드문 인물(麟角)로, 속세 밖을 우뚝 벗어났다. 고운 풀이 일찍이 닿지 않은 채, 몇 번의 생을 이렇게 지내왔다. 골짜기 바람은 끊어진 풍경에 불고, 삼나무 이슬은 활짝 핀 꽃에 떨어졌다. 만일 산림에서 결사結社를 한다면, 한 번 모시고 싶다[律中麟角者, 高复出塵埃. 芳草不曾觸, 幾生如此來. 壑風吹磬斷, 杉露滴花開. 如結林中社, 伊余願一陪]"라고 했다.

「언言」에서 "하늘과 땅을 날줄 씨줄로 엮을 사물로, 움직이면 반드시 신선의 재능이다. 하루 내내 찾아도 찾지 못하거늘, 이따금 스스로 찾아온다. 참 풍모는 소발(素髮 : 백발)을 머금고, 가을색은 영대(靈臺 : 마음)에 든다. 서리 두꺼비(달) 아래에서 읊조리면, 끝내 귀신도 슬퍼하리라[經天緯地物, 動必是仙才. 竟日覓不得, 有時還自來. 眞風含素髮, 秋色入靈臺. 吟向霜蟾下, 終須神鬼哀]"라고 했다.

「휴량승休糧僧」에서 "먹지 않고 구하는 게 무엇이랴, 자유로움은 끝내 자유로움이다. 몸이 가벼워 무거운 장삼이 싫고, 가뭄이 들어 백성들에게 시름이 된다. 공양 그릇을 누가 갖고 갔나, 생대生臺[18]에는 개미가 놀러 오지 않는다. 반드시 이 법을 전하고 나서, 자연으로 돌아가 늙으리라[不食更何求, 自由終自由. 身輕嫌衲重, 天旱爲民愁. 供器誰將去, 生臺蟻不遊. 會須傳此術, 歸去老林丘]"라고 했다.

"어찌 쉬겠다 하고 바로 쉬랴만, 푸른 시냇가에서 홀로 앉아 읊조린

---

18 생대(生臺) : 사원에서 승려가 밥을 먹을 때마다 밥을 조금씩 떼어내 새나 짐승에게 주는 대(臺 : 쟁반)이다.

다. 세 칸 초가에는 찾아오는 이 없고, 십 리 소나무 문을 홀로 노닌다. 밝은 달 맑은 바람은 종병宗炳[19]의 사당이고, 석양의 가을빛은 유공庾公[20]의 누대이다. 마음 닦아 무심無心에는 이르지 못하고, 수천만 갈래로 물을 따라 흘러간다[詎是言休卽便休, 淸吟孤坐碧溪頭. 三間茅屋無人到, 十里松門獨自遊. 明月淸風宗炳社, 夕陽秋色庾公樓. 修心未到無心地, 萬種千般逐水流]"라고 했다.

"마음이 희이希夷[21]에 머물지 못하고, 돌집 높은 곳에서 백발만 드리웠다. 대나무 아까워 길 위 죽순을 없애지 않고, 소나무 사랑스러워 사람 가리는 가지도 남겨둔다. 향 사르며 책을 펴자 구름이 섬돌 아래서 일고, 주렴 걷어 올리며 마음 추스르자 달이 연못 위에 있다. 수많은 벗들은 머리가 모두 희었으니, 머리가 희면 다시 어디로 가려는가[心心心不住希夷, 石室巉嵓白髮垂. 惜竹不除當路筍, 愛松留得礙人枝. 焚香開卷雲生砌, 卷箔冥心月在池. 無限故人頭盡白, 不知頭白更何之]"라고 했다.

「고의古意」에서 "하늘과 땅에 맑은 기운 있어, 시인의 마음속으로 스며든다. 성현이 청정한 기풍을 남길 때, 몹쓸 나뭇가지에는 있지 않다. 수천수만의 사람들 가운데, 한두 사람만 알고 있다. 동쪽 시내에 있을 때, 꽃 피고 잎 지던 시절이 생각난다. 황금을 가지고, 종자기를 주조하고 싶다[乾坤有淸氣, 散入詩人脾. 聖賢遺淸風, 不在惡木枝. 千人萬人中, 一人兩人知. 憶在東溪日, 花開葉落時. 幾擬以黃金, 鑄作鍾子期]"라고 했다.

① '黍'는 본래 '木'으로 되어 있었는데, 『전당시』에 의거하여 고쳤다.

② '夜'는 『당시기사』에 의거하여 보충했다.

---

19 종병(宗炳) : 남조 송(宋)의 선비. 산수를 좋아하여 고승 혜원(慧遠) 등과 어울리며 명승지를 유람했고 말년에 그동안 보았던 풍경을 그려 방안 가득 걸어 놓고 감상했던 고사가 전한다.

20 유공(庾公) : 진(晉)나라의 유량(庾亮). 무창(武昌)을 다스릴 때 휘하의 관리들과 남루(南樓)에서 연회를 베풀고 달구경을 했다는 고사가 전한다.

21 희이(希夷) : 적막하고 미묘하다는 뜻으로 세속을 초탈하여 자연 속에서 유희하는 것을 가리킨다. 『노자』에 "보아도 보이지 않는 것을 '이(夷)'라 하고 들어도 들리지 않는 것을 '희(希)'라 한다[視之不見 名曰夷 聽之不聞 名曰希]"는 말이 있다.

③ '兄'은 본래 '深'으로 되어 있었는데, 『당시기사』에 의거하여 고쳤다.

④ '終'은 본래 '中'으로 되어 있었는데, 『당시기사』에 의거하여 고쳤다.

僧齊己 승려 제기

"自古浮華能幾幾, 逝波今日去滔滔. 漢王廢苑生秋草, 吳主荒宮入夜濤. 滿屋黃金機不息, 一頭白髮氣猶高. 豈知物外金仙子, 甘露天香滴毳袍."

「戊辰歲湖中寄鄭谷郎中」云:"白髮久慵簪, 常聞病亦吟. 瘦應成鶴骨, 閒想似禪心. 上國楊花亂, 滄洲荻笋深. 不堪思翠蓋,① 西望獨沾襟."

「山寺喜道士至」云:"閏年春過後, 山寺始花開. 還有無心者, 閒尋此境來. 鳥幽聲忽斷, 茶好味重迴. 知在南嵩久, 冥心坐綠苔."

「登祝融峰」云:"猿鳥共不到, 我來身欲浮. 四邊空碧落, 絕頂正淸秋. 宇宙知何極, 華夷見細流. 壇西獨立久, 斜日轉神州."

「宿簡寂觀」云:"萬壑雲霞影, 千峰松桂聲. 如何教下士, 容易信長生. 月共虛無白, 香和沆瀣淸. 閒尋古廊畫, 記得列仙名."

① "蓋"原作"華", 據『紀事』改.

"예로부터 부화浮華한 삶이 얼마나 가던가, 물결은 오늘도 도도히 흐른다. 한나라 왕의 피폐한 궁전에는 가을 풀 돋고, 오주吳主의 황폐한 궁궐은 밤 파도로 들어간다. 집안 가득 황금에 기략이 멈추지 않고, 머리에 백발 가득해도 기운은 여전히 드높다. 어찌 세상 밖 금선자金仙子는, 감로甘露와 천향天香이 솜옷에 적시는 것을 알랴自古浮華能幾幾, 逝波今日去滔滔. 漢王廢苑生秋草, 吳主荒宮入夜濤. 滿屋黃金機不息, 一頭白髮氣猶高. 豈知物外金仙子, 甘露天香滴毳袍"라고 했다.

「무진세호중기정곡랑중戊辰歲湖中寄鄭谷郎中」에서 "백발에 오랫동안 비녀 꽂는 일 귀찮아하고, 병중에도 시를 읊는다는 말을 언제나 듣는다. 파리해 학의 몰골이 되었을 터, 한적하여 좌선의 마음과 비슷하다. 상국(上國 : 서울)에는 버들개지가 어지럽게 날 터이지만 창주滄洲에는 갈대와 죽순이 무성하다. 푸른 수레 덮개가 그리워, 서쪽을 바라보며 홀로 옷깃을 적신다[白髮久慵簪, 常聞病亦吟. 瘦應成鶴骨, 閒想似禪心. 上國楊花亂, 滄洲荻笋深. 不堪思翠蓋, 西望獨沾襟]"라고 했다.

「산사희도사지山寺喜道士至」에서 "윤년이라 봄이 지나고 나서야, 산사山寺에 비로소 꽃이 피었다. 아직도 무심한 사람이 있어, 조용히 이곳을 찾아왔다. 새는 그윽하여 소리 갑자기 끊어지고, 차는 맛이 좋아 거듭 음미한다. 남쪽 바위에 오래 머물러, 마음 가다듬은 채 푸른 이끼 위에 앉아 있을 줄 안다[閏年春過後, 山寺始花開. 還有無心者, 閒尋此境來. 鳥幽聲忽斷, 茶好味重迴. 知在南嵓久, 冥心坐綠苔]"라고 했다.

「등축융봉登祝融峰」에서 "원숭이와 새들은 모두 다가오지 못하는데, 나는 와서 몸이 붕 뜨려한다. 사방은 텅 빈 창공뿐이고, 절정絶頂은 마침 청정한 가을이다. 우주는 어느 곳이 끝인가, 중화와 오랑캐가 작은 물줄기로 보인다. 단 서쪽에 홀로 오랫동안 서 있으니, 석양이 신주神州를 돌아내린다[猿鳥共不到, 我來身欲浮. 四邊空碧落, 絶頂正淸秋. 宇宙知何極, 華夷見細流. 壇西獨立久, 斜日轉神州]"라고 했다.

「숙간적관宿簡寂觀」에서 "수많은 골짜기는 구름과 노을 그림자 속에 있고, 수천 봉우리는 소나무와 계수나무 소리 속에 있다. 어찌하면 여느 사람들로 하여금, 쉽게 장생長生을 믿게 할 수 있을까. 달은 허무와 함께 희고, 향기는 맺힌 이슬과 함께 맑다. 한가로이 옛 행랑의 그림을 찾아, 지난 신선들의 이름을 떠올린다[萬壑雲霞影, 千峰松桂聲. 如何敎下士, 容易信長生. 月共虛無白, 香和沆瀣淸. 閒尋古廊畫, 記得列仙名]"라고 했다.

① '蓋'는 본래 '華'로 되어 있었는데, 『당시기사』에 의거하여 고쳤다.

僧栖蟾승려 서섬

「短歌行」云: "蟾光堪自笑, 浮世懶思量. 身得幾時活, 眼開終日忙. 千金無壽藥, 一鏡有愁霜. 早向塵埃外, 光陰任短長."

「단가행短歌行」에서 "달빛은 저절로 웃음 자아내게 할 만하지만 부세浮世는 생각에 내키지 않는다. 이 몸 얼마나 살 수 있으랴, 눈만 뜨면 하루 내내 바쁘다. 천 금으로도 장수를 누릴 약은 없고, 거울 속에는 수심 어린 서릿발 머리만 있다. 서둘러 속세 밖으로 나가, 시간이 흐르는 대로 두고 살아야겠다[蟾光堪自笑, 浮世懶思量. 身得幾時活, 眼開終日忙. 千金無壽藥, 一鏡有愁霜. 早向塵埃外, 光陰任短長]"라고 했다.

僧淸塞승려 청색

「贈王道士」云: "藥力資蒼鬢, 應非舊日身. 一爲嵩岳客, 幾葬洛陽人. 冰縫瓢探水, 雲根斧劚薪. 關西往來熟, 誰得水銀銀."

「贈幼羣法師」①云: "北京從別後, 南越幾聽砧. 住久白髭出, 講長黃葉深. 香連鄰舍像, 磬徹遠巢禽. 寂寞應關道, 何人見此心."

「送耿逸人南歸」云: "南行隨越僧, 舊業一池菱. 兩鬢已如雪, 五湖歸掛罾. 夜濤鳴柵鎖, 寒葦露船燈. 此去應無事, 却來期未能."

「早秋過郭勁書齋」云: "暑消岡舍淸, 閒坐有餘情. 石水生茶味, 松風減扇聲. 遠雲收海雨, 靜角掩山城. 此地淸吟苦, 時來遶菊行."

「送康沼歸建業」云: "南朝秋色滿, 歸去思如何. 帝業空城在, 民耕壞塚多. 月明臺獨上, 栗綻寺頻過. 籬下西江闊, 相思見白波."

「贈柏嵓禪師」云: "野寺絶依念, 空山曾遍行. 老來披衲重, 病起讀經生. 乞食嫌村遠, 尋溪愛路平. 多年柏嵓住, 不記柏嵓名."

「贈胡僧」云：“瘦形無血色，草履著從穿．閒語似持咒，不眠同坐禪．背經來漢地，袒膊過冬天．情性人難會，遊方應信緣．”

「贈絶粒僧」云：“一齋難過日，況復更休糧．養力時行道，聞鐘不上堂．惟留煨藥火，不寫化金方．舊有山厨在，從僧請作房．”

「晚秋江館」云：“病寄泗州居帶城，傍門高柳一蟬鳴．澄江月上見魚擲，荒徑葉乾聞犬行．越嶠夜無侵閣色，寺鐘涼有隔原聲．故園賣盡休歸去，湖水秋來空自平．”

「贈李道士」云：“布褐高眠石竇春，迸泉多濺黑紗巾．昂頭說易當閒客，落手圍棋對俗人．自算天年窮甲子，誰同雨夜守庚申．擬歸太華何時去，他日相逢乞藥銀．”

「秋日同朱慶餘懷少室舊隱」云：“曾居少室黃河畔，秋夢長懸未得迴．扶病十年離水石，思歸一夜隔風雷．荒齋幾度僧眠起，晚菊頻經塵路來．燈下此心誰共說，傍松幽徑已多苔．”

師東洛人，姓周氏．少從浮圖法，遇姚合而反初，② 乃易名賀．初與賈長江・無可齊名．賀「哭柏嵓師」云：“林徑西風急，松枝構杪餘．凍鬚亡夜剃，遺偈疾時書．地燥焚身後，堂空臥影初．此時頻下淚，曾省到吾廬．”時島亦有詩云：“苔覆石牀新，師曾過幾春．寫留行道影，焚却坐禪身．塔院關松雪，經房鎖隙塵．自嫌雙淚下，不是解空人．”時謂相侔云．

“兩鬢已垂雪，五湖歸釣魚．”【「送人」句】“夜濤鳴柵鎖，寒葦露船燈．”【句】“石水生茶味，松風減扇聲．”【句】“磬徹遠巢禽．”【句】“伊流背行客，岳響答清猿．”【句】

唐有周賀詩，即清塞也．「秋宿洞庭」云：“洞庭秋葉下，旅客不勝愁．明月天涯夜，青山江上秋．一官成白首，萬里寄滄洲．只被浮名繫，寧無愧海鷗．”

「巴陵秋思」云：“楊柳已寒色，楚田方刈禾．歸心病起切，敗葉夜來多．細雨城蟬噪，殘陽嶠客過．故鄉餘業在，杳隔洞庭波．”

「岳陽樓」云：“平楚起寒色，杪秋猶未還．世情何處淡，湘水向人閒．

空翠隱高鳥, 夕陽歸遠山. 孤舟萬里外, 惆悵洞庭間."【三詩作周賀】

① "群"原作"郡", 據『紀事』改.

② "初"原脫, 據『紀事』補.

「증왕도사贈王道士」에서 "약의 힘으로 백발의 몸을 지탱하느라, 아마 지난날의 몸이 아니리라. 숭산의 객이 되고 나서, 몇 번이나 낙양 사람을 장사지냈던가. 얼음으로 꿰맨 표주박으로 물을 뜨고, 돌도끼로 땔나무를 베리라. 관서關西를 익히 왕래했을 터, 누가 수은의 은을 얻었던가[藥力資蒼鬢, 應非舊日身. 一爲嵩岳客, 幾葬洛陽人. 冰縫瓢探水, 雲根斧劚薪. 關西往來熟, 誰得水銀銀]"라고 했다.

「증유군법사贈幼羣法師」에서 "북경에서 헤어진 뒤, 남월南越에서 몇 번이나 다듬이 소리를 들었나. 오랫동안 머물러 흰 수염이 났을 테고, 강의가 길어 누런 잎이 깊숙이 쌓였으리라. 향기는 이웃집 동상과 이어지고, 풍경風磬은 먼 새집의 새와 통하리라. 조용히 도를 닦고 있을 터, 누가 이 마음을 알까[北京從別後, 南越幾聽砧. 住久白髭出, 講長黃葉深. 香連鄰舍像, 磬徹遠巢禽. 寂寞應關道, 何人見此心]"라고 했다.

「송경일인남귀送耿逸人南歸」에서 "남쪽 월나라 승려를 따라간 뒤, 옛 별장에는 연못 위 마름만 나 있다. 좌우 살쩍은 눈처럼 하얗게 변하여 오호五湖로 돌아가 그물을 걸어두리라. 밤 파도는 목책 닫힌 곳에서 울고, 찬 갈대는 고깃배 등불에 드러나리라. 여기서 떠나면 응당 일이 없을 터, 이내 올 날을 기약할 수는 없겠는가[南行隨越僧, 舊業一池菱. 兩鬢已如雪, 五湖歸掛罾. 夜濤鳴柵鎖, 寒葦露船燈. 此去應無事, 却來期未能]"라고 했다.

「조추과곽경서재早秋過郭勁書齋」에서 "더위 사라진 언덕배기의 서재가 맑아, 한가로이 앉아 있으니 여유가 인다. 석수石水는 차 맛을 살려내고, 솔바람은 부채 소리를 줄여준다. 먼 구름은 바다 비를 거두고, 조용한 뿔피리 소리는 산성山城에 가렸다. 이곳에서 청정한 시 읊느라 골몰하며, 이따금 국화를 감싸고 걷는다[暑消岡舍淸, 閒坐有餘情. 石水生茶

味, 松風減扇聲. 遠雲收海雨, 靜角掩山城. 此地淸吟苦, 時來遶菊行]"라고 했다.

「송강소귀건업送康沼歸建業」에서 "남조南朝에 가을 빛 가득한데, 돌아가노라니 무슨 생각 드는가. 황제의 사업은 빈 성터만 있고, 백성들의 경작은 무너진 무덤 터가 많다. 달 밝을 때 누대에 홀로 오르고, 밤이 벌어질 때는 절을 자주 찾으리라. 울타리 아래 서강西江이 드넓으니, 그리우면 흰 물결을 바라보라[南朝秋色滿, 歸去思如何. 帝業空城在, 民耕壞塚多. 月明臺獨上, 栗綻寺頻過. 籬下西江闊, 相思見白波]"라고 했다.

「증백암선사贈柏嵓禪師」에서 "들녘 절에서 생각을 끊고, 텅 빈 산을 일찍이 두루 밟았으리라. 나이 들며 장삼은 무겁고, 병든 몸 일으켜 불경 읽는 생도이리라. 밥을 빌 때는 마을 먼 것이 싫고, 시내를 찾을 때는 평탄한 길을 좋아하리라. 오랫동안 백암에 머물면서도, 백암이란 이름을 기억하지 못하리라[野寺絶依念, 空山曾遍行. 老來披衲重, 病起讀經生. 乞食嫌村遠, 尋溪愛路平. 多年柏嵓住, 不記柏嵓名]"라고 했다.

「증호승贈胡僧」에서 "메마른 형상은 혈색이 없을 테고, 풀로 엮은 신발은 오래 신어 뚫렸으리라. 한가로이 나누는 말은 주문을 외우는 듯하고, 잠자지 않을 때는 좌선과 같으리라. 경전을 등에 지고 한나라 땅에 오고, 어깨를 드러내며 겨울을 보내리라. 그 본성을 사람들은 이해하기 어려울 터, 노니는 방향은 믿음의 인연에 따를 뿐이다[瘦形無血色, 草履著從穿. 閒語似持咒, 不眠同坐禪. 背經來漢地, 袒膊過冬天. 情性人難會, 遊方應信緣]"라고 했다.

「증절립승贈絶粒僧」에서 "재齋 한 번 지내도 하루를 보내기 어려운데, 양식까지 떨어졌음에랴. 힘을 길러 이따금 길을 걷지만, 종소리를 듣고도 당堂에 오르지 못한다. 오직 약을 구울 불만 남겨둘 뿐, 황금을 변화시킬 방법은 쓰지 않는다. 이전부터 산 부엌이 남아 있어, 따르는 승려가 방을 만들자고 청한다[一齋難過日, 況復更休糧. 養力時行道, 聞鐘不上堂. 惟留煨藥火, 不寫化金方. 舊有山廚在, 從僧請作房]"라고 했다.

「만추강관晩秋江館」에서 "병으로 사주泗州에 기탁해 대성帶城에 머무르니, 문 옆 키 큰 버드나무에서 매미가 울어댄다. 맑은 강에 달이 올랐을 때 물고기 튀어 오르는 것을 보고, 황폐한 길에 잎사귀 메마를 때 개가 걷는 소리를 듣는다. 월나라 산은 한밤에 누각을 침범하는 기색이 없고, 절의 종은 황량하게 언덕 너머에서 들려온다. 고향의 동산을 모두 팔고 돌아가니, 호수는 가을 들어 공연히 잠잠하다[病寄泗州居帶城, 傍門高柳一蟬鳴. 澄江月上見魚擲, 荒徑葉乾聞犬行. 越嶠夜無侵閣色, 寺鐘涼有隔原聲. 故園賣盡休歸去, 湖水秋來空自平]"라고 했다.

「증리도사贈李道士」에서 "봄날 바위 집에서 베옷 입고 잠을 청하며, 솟는 샘물에 검은 깁 두건이 많이 젖었다. 머리 들어 『주역』을 설명할 때는 여유로운 객을 만났을 때고, 돌을 내리며 바둑을 둘 때는 속인을 대했을 때다. 스스로 헤아린 나이는 갑자甲子가 다했는데, 비 내리는 밤에 누구와 경신庚申을 함께 지킬까. 돌아가고픈 태화산은 언제 떠나는가, 훗날 만나면 약은藥銀[22]을 빌겠네[布褐高眠石竇春, 迸泉多濺黑紗巾. 昂頭說易當閒客, 落手圍棋對俗人. 自算天年窮甲子, 誰同雨夜守庚申. 擬歸太華何時去, 他日相逢乞藥銀]"라고 했다.

「추일동주경여회소실구은秋日同朱慶餘懷少室舊隱」에서 "일찍이 소실少室 황하黃河 언덕에 살며, 오랫동안 가을 꿈에 매달려 돌아가지 못했다. 병든 몸 붙들고 십 년 동안 물과 바위를 떠나, 돌아가고픈 어느 날 밤 비와 번개가 가로막혔다. 거친 서재에서 몇 번이나 승려는 잠에서 깨었던가, 만추에 국화 보러 자주 속세의 길을 걸어왔다. 등불 아래 이 마음을 누구와 함께 말할까, 소나무 옆 오솔길은 어느덧 이끼가 많다[曾居少室黃河畔, 秋夢長懸未得迴. 扶病十年離水石, 思歸一夜隔風雷. 荒齋幾度僧眠起, 晚菊頻經塵路來. 燈下此心誰共說, 傍松幽徑已多苔]"라고 했다.

대사는 동락東洛 사람이며 성은 주씨周氏이다. 젊어서 부처의 법을 따랐지만 요합을 만나 처음 상태로 되돌아갔고 이름을 하賀로 바꿨다. 처

22 약은(藥銀) : 도가에서 단약을 점화(點化)시켜 만든 백은(白銀)이다.

음에 가도·무가와 명성을 나란히 했다. 주하周賀의 「곡백암사哭柏嵓師」에서 "숲길에 서쪽 바람이 세차며, 소나무는 가지가 서로 엉켰다. 언 수염은 세상 떠나는 밤에 깎이고, 남긴 게송은 병들 때에 썼다. 몸을 태우고 나서 땅은 메마르고, 그림자 누울 때 집은 텅 비었다. 지금 눈물을 주르륵 흘리며, 일찍이 내 집에 왔던 때를 떠올린다[林徑西風急, 松枝構杪餘. 凍鬚亡夜剃, 遺偈疾時書. 地燥焚身後, 堂空臥影初. 此時頻下淚, 曾省到吾廬]"라고 했다. 당시 가도 역시 시를 짓기를 "이끼 덮힌 석상石牀은 새로운데, 대사는 일찍이 몇 번의 봄을 보냈던가. 도를 행한 진영을 그려놓았고, 좌선의 몸을 불태웠다. 탑원塔院은 소나무 눈에 닫히고, 경방經房은 틈새 먼지(짧은 시간)에 잠겼다. 스스로 흐르는 눈물이 혐오스러운 건, 공空을 아는 사람이 아니어서다[苔覆石牀新, 師曾過幾春. 寫留行道影, 焚却坐禪身. 塔院關松雪, 經房鎖隙塵. 自嫌雙淚下, 不是解空人]"라고 했는데, 당시에 두 작품이 서로 닮았다고 했다.

"양쪽 살쩍에는 이미 눈이 내려, 오호五湖로 돌아가 낚시 드리운다[兩鬢已垂雪, 五湖歸釣魚]"【「송인送人」의 구절】, "밤 파도는 목책 닫힌 곳에서 울고, 찬 갈대는 고깃배 등불에 드러나리라[夜濤鳴柵鎖, 寒葦露船燈]"【구절】, "석수는 차 맛을 살려내고, 솔바람은 부채 소리를 줄여준다[石水生茶味, 松風減扇聲]"【구절】, "풍경 소리는 먼 새집 새와 통한다[磬徹遠巢禽]"【구절】, "이수伊水의 물줄기는 길 가는 나그네를 등지고, 산울림은 맑은 원숭이 소리에 답한다.[伊流背行客, 岳響答淸猨.]"【구절】

당에 주하의 시가 있는데 바로 청색淸塞의 작품이다. 「추숙동정秋宿洞庭」에서 "동정洞庭에 가을 잎 지니, 나그네 시름을 가눌 수 없다. 밝은 달 하늘 끝의 밤, 푸른 산 강가의 가을. 관직 하나로 백발이 돼, 만 리 창주滄洲에 기탁했다. 한낱 속세의 이름에 얽매여 있거늘, 어찌 바닷가 갈매기에 부끄럽지 않으랴[洞庭秋葉下, 旅客不勝愁. 明月天涯夜, 青山江上秋. 一官成白首, 萬里寄滄洲. 只被浮名繫, 寧無愧海鷗]"라고 했다.

「파릉추사巴陵秋思」에서 "버들은 이미 차가운 빛을 띠는데, 초나라 밭에서는 비로소 벼를 벤다. 돌아가고픈 마음은 병이 들 때 간절하고, 해진 잎이 한밤에 많다. 가랑비에 성 위 매미 소리 요란하고, 시든 햇빛에 산 너머 객이 지나간다. 고향에 옛집이 남아 있지만 아득히 동정호 물결에 막혀 있다[楊柳已寒色, 楚田方刈禾. 歸心病起切, 敗葉夜來多. 細雨城蟬噪, 殘陽嶠客過. 故鄉餘業在, 杳隔洞庭波]"라고 했다.

「악양루岳陽樓」에서 "평초平楚에 차가운 빛이 일어나, 가을 끝에도 아직 돌아가지 못한다. 세상인심은 어느 곳이 담백할까, 상수湘水는 사람 향해 한적하다. 푸른 창공에는 높이 나는 새가 숨어 있고, 석양에 먼 산으로 돌아간다. 외딴 배 만 리 밖, 동정호에서 시름겹다[平楚起寒色, 杪秋猶未還. 世情何處談, 湘水向人閒. 空翠隱高鳥, 夕陽歸遠山. 孤舟萬里外, 惆悵洞庭間]"라고 했다【세 편의 시는 주하가 지은 것으로 돼 있다】.

① '群'은 본래 '郡'으로 되어 있었는데, 『당시기사』에 의거하여 고쳤다.

② '初'는 본래 누락되어 있었는데, 『당시기사』에 의거하여 보충했다.

僧文益승려 문익

「看牡丹」云: "擁毳對芳叢, 由來趣不同. 髮從今日白, 花是去年紅. 豔色隨朝露, 馨香逐晚風. 何須待零落, 然後始知空."

「간목단看牡丹」에서 "솜옷 입고 화려한 꽃을 바라보니, 본디 취향이 같지 않다. 머리털은 오늘부터 흰데, 꽃은 지난해 그대로 붉다. 요염한 색은 아침 이슬을 따르고, 고운 향기는 저녁 바람에 실린다. 어찌 영락零落을 기다려야만, 비로소 공空을 알리오[擁毳對芳叢, 由來趣不同. 髮從今日白, 花是去年紅. 豔色隨朝露, 馨香逐晚風. 何須待零落, 然後始知空]"라고 했다.

僧修睦승려 수목

「秋日閒居」云："是事不相關, 誰人似此閒. 捲簾當白晝, 移榻對青山. 野鶴眠松上, 秋苔長雨間. 嶽僧頻有信, 昨日得書還."

「睡起作」云："長空秋雨歇, 睡起覺清神. 看水看山坐, 無名無利身. 偈吟諸祖意, 茶碾去年春. 此外誰相識, 孤雲到砌頻."

「題東林」云："欲去不忍去, 徘徊吟繞廊. 水光秋淡蕩, 僧好語尋常. 碑古苔文疊, 山晴鐘韻長. 翻思南嶽上, 欠此白蓮香."

「추일한거秋日閒居」에서 "이 일과 관계되지 않는데, 누가 이처럼 한적할까. 주렴을 걷어 올릴 때는 한낮이고, 책상을 옮겨 청산을 마주한다. 들녘 학은 소나무 위에서 졸고, 가을 이끼는 빗속에서 자란다. 산속 스님이 곧잘 편지를 부쳐 오는데, 어제서야 답장을 보냈다[是事不相關, 誰人似此閒. 捲簾當白晝, 移榻對青山. 野鶴眠松上, 秋苔長雨間. 嶽僧頻有信, 昨日得書還]"라고 했다.

「수기작睡起作」에서 "먼 허공에 가을 비 멈추고, 잠에서 일어나자 정신이 맑다. 산과 물 보며 앉아 있으니, 명예도 이해도 없는 몸이다. 조사들의 생각이 담긴 게송을 읊고, 지난해 봄의 차를 맷돌에 간다. 이곳 밖에 누가 알 수 있을까, 구름 한 자락 섬돌 위에 자주 다가온다[長空秋雨歇, 睡起覺清神. 看水看山坐, 無名無利身. 偈吟諸祖意, 茶碾去年春. 此外誰相識, 孤雲到砌頻]"라고 했다.

「제동림題東林」에서 "떠나고 싶어도 차마 떠나지 못하고, 행랑을 배회하며 읊조린다. 물은 가을에 맑게 일렁이고, 스님은 일상의 이야기를 좋아한다. 비석은 오래돼 이끼가 쌓이고, 산이 맑아 종소리 여운이 유장하다. 생각해보니 남악南嶽에는, 이곳 백련白蓮의 향기가 부족하다[欲去不忍去, 徘徊吟繞廊. 水光秋淡蕩, 僧好語尋常. 碑古苔文疊, 山晴鐘韻長. 翻思南嶽上, 欠此白蓮香]"라고 했다.

僧景雲승려 경운

「畫松」云 : "畫松一似眞松樹, 且待尋思記得無. 曾在天台山上見, 石橋南畔第三株."

「화송畫松」에서 "소나무 그림이 실제 소나무를 닮았는데, 생각을 더듬어 기억해낼 때까지 기다려주겠는가. 일찍이 천태산天台山에서 보았으니, 돌다리 남쪽 언덕 세 번째 그 나무다[畫松一似眞松樹, 且待尋思記得無. 曾在天台山上見, 石橋南畔第三株]"라고 했다.

僧可止승려 가지

「哭賈島」云 : "燕生松雪地, 蜀死葬山根. 詩癖降今古, 官卑誤子孫.① 塚欄寒月色, 人哭苦吟魂. 暮雨滴碑字, 年年添蘚痕."

① "官"原作"宮", 據『秘書』改.

「곡가도哭賈島」에서 "연燕 땅 눈 내린 곳에서 태어나고, 촉 땅에서 죽어 산기슭에 묻혔다. 시벽은 고금에 우뚝 섰고, 낮은 관직은 자손을 그르치게 했다. 무덤은 차가운 달빛을 난간 삼고, 사람은 고심한 시의 넋에 곡한다. 저녁 비 빗돌을 적시어, 해마다 이끼 흔적이 늘어나겠다[燕生松雪地, 蜀死葬山根. 詩癖降今古, 官卑誤子孫. 塚欄寒月色, 人哭苦吟魂. 暮雨滴碑字, 年年添蘚痕]"라고 했다.

① '官'은 본래 '宮'으로 되어 있었는데, 『진체비서』에 의거하여 고쳤다.

僧卿雲 승려 경운

「長安言懷寄沈彬侍郎」云 : "故園梨嶺下, 歸路接天涯. 生作長安草, 勝爲邊地花. 雁南飛不到, 書北寄來賖. 堪羡神仙客, 青雲早致家."

「舊國里」云 : "舊居梨嶺下, 風景近炎方. 地暖生春早, 家貧覺歲長. 石房雲過溼, 松徑雨餘香. 日久竟無事, 詩書聊自強."

「장안언회기심빈시랑長安言懷寄沈彬侍郎」에서 "고향 동산 이령梨嶺 아래, 돌아가는 길은 하늘 끝과 닿았다. 장안의 풀로 태어난 것이, 변방의 꽃보다 낫다. 기러기는 남쪽에서 날아오지 않고, 편지는 북쪽으로 부쳐오는 것이 더디네. 부럽기는 신선 같은 나그네가, 청운의 꿈 이루어 일찍 집안을 일으키는 것이다[故園梨嶺下, 歸路接天涯. 生作長安草, 勝爲邊地花. 雁南飛不到, 書北寄來賖. 堪羡神仙客, 青雲早致家]"라고 했다.

「구국리舊國里」에서 "옛집 이령梨嶺 아래는, 풍경이 남쪽 지역과 가까웠다. 지대가 따뜻해 봄이 일찍 찾아왔지만 집안이 가난해 한 해가 길기만 했다. 돌 방은 구름이 지나며 습기에 젖고, 소나무 길은 비 내린 뒤 향기가 난다. 긴 하루 아무 일이 없어, 애오라지 시서詩書를 가까이 한다[舊居梨嶺下, 風景近炎方. 地暖生春早, 家貧覺歲長. 石房雲過溼, 松徑雨餘香. 日久竟無事, 詩書聊自彊]"라고 했다.

僧處默 승려 처묵

「題聖果寺」云 : "路自中峰上, 盤回出薜蘿. 到江吳地盡, 隔岸越山多. 古木叢青靄, 遙天浸白波. 下方城郭近, 鐘磬雜笙歌."

「螢」云 : "熠熠與娟娟, 池塘竹樹邊. 亂飛如拽火, 成聚却無烟. 微雨灑不滅, 輕風吹欲然. 昔時書案上, 頻把作囊懸."

「遠烟」云 : "靄靄前山上, 凝光滿薜蘿. 高風吹不斷, 遠樹得偏多. 翠與晴雲合, 輕將淑氣和. 正堪流野目, 休問意如何."

「織婦」云 : "蓬鬢蓬門積恨多, 夜闌燈下不停梭. 成縑猶自陪錢納, 未值青樓一曲歌."

「제성과사題聖果寺」에서 "중봉中峰에서 올라가, 빙 돌아 넝쿨을 벗어났다. 강에 이르자 오 땅이 다 했고, 언덕 너머로 월越의 산이 많다. 고목에 푸른 안개 엉켜 있고, 먼 하늘에 흰 물결이 잠겨 있다. 아래로는 성곽이 가까워, 종소리 풍경소리에 갖가지 노래들이 섞여 있다[路自中峰上, 盤回出薜蘿. 到江吳地盡, 隔岸越山多. 古木叢青靄, 遙天浸白波. 下方城郭近, 鐘磬雜笙歌]"라고 했다.

「형螢」에서 "반짝이고 빛나는 모습으로, 연못이나 대숲에서 지낸다. 어지러이 나는 모습 불길을 든 것 같고, 한곳에 모여도 연기가 나지 않는다. 가랑비 뿌려도 사라지지 않고, 산들바람에 불타려 한다. 지난날 책상 위에, 곧잘 주머니를 만들어 매달아놓았다[熠熠與娟娟, 池塘竹樹邊. 亂飛如拽火, 成聚却無烟. 微雨灑不滅, 輕風吹欲然. 昔時書案上, 頻把作囊懸]"라고 했다.

「원연遠烟」에서 "안개 자욱한 앞산에, 빛이 엉기며 넝쿨이 가득하다. 세찬 바람이 불어도 끊이지 않고, 먼 곳의 나무가 유독 많이 안고 있다. 푸르게 맑은 구름과 하나 되고, 가볍게 말쑥한 기운과 어울렸다. 들녘을 바라보는 눈에 알맞으니, 생각이 어떠냐고 묻지 말라[靄靄前山上, 凝光滿薜蘿. 高風吹不斷, 遠樹得偏多. 翠與晴雲合, 輕將淑氣和. 正堪流野目, 休問意如何]"라고 했다.

「직부織婦」에서 "쑥대머리 쑥대문에 한이 많이 쌓여, 한밤 등불 아래서 북을 멈추지 않는다. 비단 만들어도 바칠 돈 갑절이나 돼, 청루의 한 곡조 노래 값만 못하다[蓬鬢蓬門積恨多, 夜闌燈下不停梭. 成縑猶自陪錢納, 未值青樓一曲歌]"라고 했다.

僧澹交승려 담교

「病後作」云: "未得身亡法, 此身終未安. 病腸猶可洗, 瘦骨不禁寒. 藥少心神鉺, 經無氣力看. 悠悠片雲質, 獨坐夕陽殘."

「寫眞」云: "圖形期自見, 自見却傷神. 已是夢中夢, 更逢身外身. 水花凝幻質, 墨彩聚空塵. 堪笑余兼爾, 俱爲未了人."

「병후작病後作」에서 "죽는 법을 터득하지 못하여 이 몸 끝내 편치가 않다. 병든 창자는 씻어낼 수 있지만, 메마른 뼈는 추위를 금하지 못한다. 심신을 달랠 약은 적고, 불경을 볼 기력은 없다. 아련한 한조각 구름 바탕으로, 홀로 저무는 석양에 앉아 있다[未得身亡法, 此身終未安. 病腸猶可洗, 瘦骨不禁寒. 藥少心神鉺, 經無氣力看. 悠悠片雲質, 獨坐夕陽殘]"라고 했다.

「사진寫眞」에서 "형상을 스스로 보려했지만 보고나니 마음이 서글프다. 이미 꿈속의 꿈이거늘, 다시 몸 밖의 몸을 만났다. 물꽃에는 환상의 모습 어려 있고, 채색은 공허한 티끌만 모았네. 우습구나 나와 너는, 모두 완성되지 못한 사람이다[圖形期自見, 自見却傷神. 已是夢中夢, 更逢身外身. 水花凝幻質, 墨彩聚空塵. 堪笑余兼爾, 俱爲未了人]"라고 했다.

僧若虛승려 약허

「古鏡」云: "軒后洪爐獨鑄成, 蘚痕磨落月輪呈. 萬般物象皆能鑒, 一個人心不可明. 匣內乍開鸞鳳活, 臺前高掛鬼神驚. 百年肝膽堪將比, 只怕頻看素髮生."

「고경古鏡」에서 "황제黃帝가 큰 화로를 주조한 뒤, 이끼 흔적 드러내자 둥근 달빛 모양을 내보였다. 모든 사물 형상을 비춰내지만, 사람 마음은 밝혀낼 수 없다. 갑 안을 잠시 열자 난새와 봉황이 살아나고, 누대 앞에 높이 걸자 귀신이 깜짝 놀란다. 백 년의 간담에 견줄 수 있지만, 백발이 늘어나는 걸 자주 볼까 두렵다[軒后洪爐獨鑄成, 蘚痕磨落月輪呈. 萬般物象皆能鑒, 一個人心不可明. 匣內乍開鸞鳳活, 臺前高掛鬼神驚. 百年肝膽堪將比, 只怕頻看素髮生]"라고 했다.

僧曇域승려 담역

「贈島雲禪師」云: "遠庵枯葉滿, 羣鹿亦相隨. 頂骨生新髮, 庭松長舊枝. 禪高太白月, 行出祖師碑. 亂後潛來此, 南人總不知."

「증도운선사贈島雲禪師」에서 "먼 암자에는 마른 잎 가득하고, 사슴 무리들 서로 어울렸다. 정수리에 새 머리 생겨나고, 뜰 앞 소나무는 옛 가지가 길다. 선禪은 태백의 달보다 높고, 행적은 조사의 비문을 벗어났다. 난리 뒤에 잠시 이곳에 왔는데, 남쪽 사람들은 모두 모른다[遠庵枯葉滿, 羣鹿亦相隨. 頂骨生新髮, 庭松長舊枝. 禪高太白月, 行出祖師碑. 亂後潛來此, 南人總不知]"라고 했다.

僧懷浦승려 회포

「初冬旅舍早懷」云: "枕上角聲微, 離情未息機. 夢回三楚寺, 寒入五更衣. 月沒棲禽動, 霜晴凍葉飛. 自慚于役早, 深與道相違."

「초동려사조회初冬旅舍早懷」에서 "베갯머리에 뿔피리 소리 희미한데, 이별의 아쉬움이 사라지지 않는다. 꿈은 삼초三楚의 절로 돌아가고, 추위는 오경五更의 옷 속으로 파고든다. 달 사라지자 깃든 새 움직이고, 서리 차가워 언 잎이 나부낀다. 부끄러운 건 일찍이 부역을 떠나, 도와 크게 어긋난 것이다[枕上角聲微, 離情未息機. 夢回三楚寺, 寒入五更衣. 月沒棲禽動, 霜晴凍葉飛. 自慚于役早, 深與道相違]"라고 했다.

僧慕幽승려 모유

「燈」云 : "鐘斷危樓鳥不飛, 熒熒何處最相宜. 香燃水寺僧開卷, 筆寫春闈客著詩. 忽爾思多穿壁處, 偶然心盡斷纓時. 孫康勤苦誰留念, 少減餘光借與伊."

「등燈」에서 "종소리 끊긴 높은 누대에 새가 날아오지 않으니, 불빛 반짝이는 어느 곳이 가장 서로 맞을까. 향 태우는 물가 절에서 승려는 책을 펴고, 글씨 쓰는 봄날 큰집에서는 객이 시를 짓는다. 홀연히 벽을 뚫는 곳에 생각이 많고, 우연히 갓끈 끊어질 때 마음이 다했다. 손강孫康[23]의 근면과 고생을 누가 생각해줄까, 남은 빛 조금 덜어 네게 빌려주리라[鐘斷危樓鳥不飛, 熒熒何處最相宜. 香燃水寺僧開卷, 筆寫春闈客著詩. 忽爾思多穿壁處, 偶然心盡斷纓時. 孫康勤苦誰留念, 少減餘光借與伊]"라고 했다.

僧尚顏승려 상안

「寄陳陶處士」云 : "鍾陵城外住, 喻似玉沉泥. 道直貧嫌殺, 神清語亦低. 雪深加酒債, 春盡減詩題. 記得曾遊宿, 山茶又更攜."

23 손강(孫康) : 진(晉)나라 장사태수(長沙太守) 손방(孫放)의 손자. 집안이 가난해 등불을 밝힐 기름을 살 수가 없자 눈에 반사되는 달빛 아래서 공부를 했다는 고사의 주인공.

「기진도처사寄陳陶處士」에서 “종릉鍾陵 성 밖에서 지내니, 옥이 진흙에 잠긴 것과 비유된다. 도가 정직해 가난해도 살생을 혐오하고, 정신이 맑아 말씨도 나직하다. 눈이 깊이 쌓여 술빚만 늘어나고, 봄이 다하여 싯감도 줄었다. 일찍이 노닐던 곳을 떠올리며, 산차山茶를 다시 몸에 간직한다[鍾陵城外住, 喩似玉沉泥. 道直貧嫌殺, 神清語亦低. 雪深加酒債, 春盡減詩題. 記得曾遊宿, 山茶又更攜]”라고 했다.

開元宮人 개원의 궁인

開元中, 賜邊軍纊衣, 製於宮中. 有兵士於短袍中得詩曰: “沙場征戍客, 寒苦若爲眠. 戰袍經手作, 知落阿誰邊. 蓄意多添線, 含情更著綿. 今生已過也, 重結後生緣.” 兵士以詩白帥, 帥進呈. 玄宗以詩徧示宮中曰: “作者勿隱, 不汝罪也.” 有一宮人自言萬死. 上深憫之, 遂以嫁得詩者, 謂曰: “吾與汝結今生緣.” 邊人感泣.

개원 연간에 변방 군사들에게 솜옷을 하사했는데, 궁중宮中에서 만들어진 것이었다. 어떤 병사가 짧은 홑옷 안에서 시 한 수를 얻었는데, “모래벌판에 군역 나간 나그네, 추위가 힘들어 어찌 잠을 잘까. 전투복을 손수 지었거늘, 누구 손에 떨어질까. 생각을 담아 바느질 한 땀 더 보태고, 정을 담아 다시 솜을 집어넣는다. 금생이 이미 지나갔으니, 후생에 인연을 다시 맺고 싶다[沙場征戍客, 寒苦若爲眠. 戰袍經手作, 知落阿誰邊. 蓄意多添線, 含情更著綿. 今生已過也, 重結後生緣]”라고 되어 있었다. 병사가 시를 장수에게 보고했고, 장수는 이를 조정에 올렸다. 현종이 시를 궁중에 두루 보이며 “이 시를 지은 자는 숨기지 말라. 죄를 묻지 않겠다”라고 하자, 그 가운데 어느 궁녀가 자신이 지은 것이라고 했다. 현종이 매우 가엽게 여겨 마침내 시를 얻은 병사에게 시집보내자, 궁녀가 이르기를 "당신과 금생의 인연을 맺겠습니다[吾與汝結今生緣]"라고 하니 변방 병사들이 감격하여 눈물을 흘렸다.

崔氏최씨

盧校書年暮, 娶崔氏, 結褵之後, 爲詩曰 : "不怨盧郞年紀大, 不怨盧郞官職卑. 自恨妾身生較晩, 不及盧郞年少時."

노교서盧校書가 만년에 최씨에게 장가를 들었는데, 최씨가 혼례를 올리고 나서 시를 짓기를 "노랑이 나이 많은 걸 원망하지 않고, 노랑이 관직 낮은 것을 원망하지 않는다오. 안타까운 것은 제 몸이 늦게 태어나, 노랑의 젊은 시절에 미치지 못한 것이라오[不怨盧郞年紀大, 不怨盧郞官職卑. 自恨妾身生較晩, 不及盧郞年少時]"라고 했다.

劉氏류씨

杜羔不第, 將至家, 其妻劉氏先寄詩云 : "良人的的有奇才, 何事年年被放回. 如今妾面羞君面, 君若來時近夜來." 羔卽回. 尋登第, 又寄詩云 : "長安此去無多地, 鬱鬱葱葱佳氣浮. 良人得意正年少, 今夜醉眠何處樓."【或云趙氏】

두고杜羔가 낙방하여 집에 올 때, 그의 아내 류씨가 먼저 시를 부치기를 "낭군께서는 분명 남다른 재능이 있으신데, 어찌하여 해마다 낙방하여 돌아오시나. 지금 첩은 낭군 얼굴 보기 부끄러우니, 낭군께서 오시거든 밤 가까이에 오소서[良人的的有奇才, 何事年年被放回. 如今妾面羞君

面, 君若來時近夜來]"라고 했는데, 두고가 바로 돌아왔다. 그 뒤에 급제를 하자 또다시 시를 보내기를 "장안은 여기서 멀지 않아, 상서로운 기운이 무성하게 떠 있네. 뜻을 얻으신 낭군께서는 마침 젊으셔서, 오늘 밤 어느 곳 누대에서 취해 잠들어 계실까[長安此去無多地, 鬱鬱葱葱佳氣浮. 良人得意正年少, 今夜醉眠何處樓]"라고 했다【혹자는 조씨趙氏의 작품이라고 한다】.

薛媛설원

濠梁南楚材, 旅遊陳·潁, 受潁牧之眷, 無返舊意. 其妻薛媛寫眞寄之, 曰:"欲下丹青筆, 先拈寶鏡端. 已驚顔索寞, 漸覺鬢凋殘. 淚眼描將易, 愁腸寫出難. 恐君渾忘却, 時展畫圖看." 夫婦遂偕老焉. 時人嘲之曰:"當時婦棄夫, 今日夫棄婦. 若不逞丹青, 空房應獨守."【「雲溪友議」】

호량濠梁 남초재南楚材가 진주陳州와 영주潁州를 유람하며 영주목사의 보살핌을 입어서 옛집으로 돌아갈 마음이 없었다. 그러자 그의 아내 설원薛媛이 자신의 모습을 그려 부치기를 "단청의 붓을 내리려다, 먼저 보물 거울을 집어 들었네. 얼굴이 야윈 것에 깜짝 놀라고, 살쩍이 시들어가는 것을 점차 느끼네. 눈물 흘리는 눈은 묘사하기 쉽지만, 시름 겨운 마음은 그려내기 어렵네. 낭군께서 다 잊어버릴까 두려우니, 이따금 그림을 펴서 바라보소서[欲下丹青筆, 先拈寶鏡端. 已驚顔索寞, 漸覺鬢凋殘. 淚眼描將易, 愁腸寫出難. 恐君渾忘却, 時展畫圖看]"라고 했고, 부부가 마침내 해로했다. 당시 사람들이 이를 농담 삼아 이르기를 "그때는 아내가 남편을 버렸고, 지금은 남편이 아내를 버렸네. 만약 단청을 펼쳐 그리지 않았다면, 텅 빈 방만 홀로 지켰으리라[當時婦棄夫, 今日夫棄婦. 若不逞丹青, 空房應獨守]"라고 했다.【『운계우의』】

李季蘭이계란

「寄韓校書」云："無事烏程縣, 蹉跎歲月餘. 不知芸閣吏, 寂寞意何如. 遠水浮仙棹, 寒星伴使車. 因過大雷岸, 莫忘八分書."

季蘭五六歲, 其父抱於庭, 蘭作詩詠薔薇云："經時未架却, 心緖亂縱橫." 父恚曰："此必爲失行婦也." 後竟如其言.

高仲武云："士有百行, 女有四德. 季蘭則不然. 形器旣雌, 詩意亦蕩. 自鮑令暉以下, 罕有其倫. 如'遠水浮仙棹, 寒星伴使車.' 此五言之佳境也. 上方班婕妤則不足, 下比韓蘭英則有餘, 不以遲暮, 亦一俊嫗."① 劉長卿謂季蘭爲女中詩豪.

① "嫗"原作"異", 據『中興間氣集』改.

「기한교서寄韓校書」에서 "일 없는 오정현烏程縣에서, 뜻을 못 이룬 채 세월만 보내고 있다. 운각芸閣의 관리는, 적막한 마음이 어떤 것인지 모르리라. 멀리 물 위에 신선의 배가 떠 있고, 차가운 별은 사신의 수레와 함께 한다. 대뢰大雷의 언덕을 지나갈 때, 팔분八分[24]의 글씨를 잊지 말라[無事烏程縣, 蹉跎歲月餘. 不知芸閣吏, 寂寞意何如. 遠水浮仙棹, 寒星伴使車. 因過大雷岸, 莫忘八分書]"라고 했다.

이계란이 오륙 세 때 그의 아버지가 뜰에서 안고 있었는데, 이계란이 장미에 대해 시를 읊기를 "때가 지나도 시렁에 채워지지 않으니, 마음이 어지럽기만 하다[經時未架却, 心緖亂縱橫]"라고 했다. 아버지가 꾸짖기를 "이 아이는 반드시 부정한 부녀자가 될 것이다"라고 했는데, 훗날 정말 그의 말처럼 되었다.

고중무가 말하기를 "선비에게는 백 가지 행실이 있고 여인에게는 네 가지 덕이 있는데, 계란은 그렇지 못했다. 기국이 이미 웅장했는데,

24 팔분(八分) : 예서(隸書) 이분(二分)과 전서(篆書) 팔분을 섞어서 만든 한자(漢字)의 서체이다.

시 또한 거침없었으니, 포령휘鮑令暉 이후로 그녀와 견줄 자가 드물다. 예컨대 '멀리 물 위에 신선의 배가 떠 있고 차가운 별은 사신의 수레와 함께 한다'는 오언시의 빼어난 경지이다. 위로 반첩여에 견주면 부족해도 아래로 한란영韓蘭英에 견주면 여유가 있어서, 시대의 선후로 기준을 삼을 수 없으니, 또한 한 사람의 빼어난 여인이다"라고 했다. 유장경은 이계란을 '여중시호女中詩豪'라고 했다.

① '嫗'는 본래 '異'로 되어 있었는데, 『중흥간기집』에 의거하여 고쳤다.

如意中女子여의 연간의 여자

如意中女子, 年九歲能吟詩, 則天試之, 皆應聲而就. 其兄辭去, 則天令作詩送兄, 遂賦云: "別路雲初起, 離亭葉正飛. 所嗟人異雁, 不作一行歸."

여의(如意: 692) 연간의 여자가 아홉 살 때 시를 지었는데, 측천무후가 시험을 할 때 바로 시를 지었다. 그의 형이 떠나려 할 때 측천무후가 형을 위해 전송의 시를 지어보라고 하자 시를 짓기를 "떠나는 길에 구름이 막 일고, 이별의 정자에 나뭇잎이 휘날린다. 안타까운 것은 사람과 기러기가 달라, 일행이 되어 돌아가지 못하는 것이다[別路雲初起, 離亭葉正飛. 所嗟人異雁, 不作一行歸]"라고 했다.

魚玄機어현기

玄機, 咸通中西京咸宜觀女道士也, 字幼微. 善屬文, 其詩有"綺陌春望遠, 瑤徽秋興多." 又"殷勤不得語, 紅淚一雙流." 又"焚香登玉壇, 端簡禮金闕." 又"雲情自鬱爭同夢, 仙貌長芳又勝花." 後以笞殺女童綠翹事下獄, 獄中有詩云:"易求無價寶, 難得有情郎." 又云:"明月照幽隙, 清風開短襟."

어현기는 함통 연간의 서경西京 함의관咸宜觀의 여도사이며 자는 유미幼微이다. 글을 잘 지었는데, 그녀의 시에서 "비단길 언덕을 봄날에 멀리 바라보고, 거문고 가락에 가을 흥취 넘친다[綺陌春望遠, 瑤徽秋興多]", "은근히 말을 못하고, 붉은 눈물 두 뺨에 흐른다[殷勤不得語, 紅淚一雙流]", "향을 사르고 옥단玉壇에 올라, 단정한 자세로 금궐金闕에 예를 표하네[焚香登玉壇, 端簡禮金闕]", "운우의 정 넘쳐 앞다퉈 꿈을 함께 꾸고, 신선의 모습 어여쁘게 자라 꽃보다도 아름답다[雲情自鬱爭同夢, 仙貌長芳又勝花]"라고 했다. 나중에 여종 녹교綠翹를 태살笞殺한 일로 하옥되었을 때, 옥중에서 시를 짓기를 "무가無價의 보물은 구하기 쉬우나, 정 있는 낭군은 얻기 어렵네[易求無價寶, 難得有情郎]", "밝은 달은 깊숙한 틈을 비추고, 맑은 바람은 짧은 옷깃을 열어젖히네[明月照幽隙, 清風開短襟]"라고 했다.

僖宗宮人희종의 궁인

唐僖宗自內出袍千領, 賜塞外吏士. 神策軍馬眞於袍中得金鎖一枚, 詩一首, 云:"玉燭製袍夜, 金刀呵手裁. 鎖寄千里客, 鎖心終不開." 眞就市貨鎖, 爲人所告. 主將得其詩, 奏聞. 僖宗令赴闕, 以宮人妻眞. 後僖宗幸蜀, 眞晝夜不解衣, 前後捍禦.

당 희종이 궁에서 포袍 천 벌을 내어 변방의 관리와 군사들에게 하사했다. 신책군神策軍 마진馬眞이 포 안에서 황금열쇠 하나를 얻은 뒤 시를 짓기를 "옥빛 촛불 아래서 포를 짓는 밤에, 황금 칼로 손수 마름질했네. 열쇠를 천 리 밖 객에게 부쳐 왔지만 닫힌 마음 끝내 열리지 않네[玉燭製袍夜, 金刀呵手裁. 鎖寄千里客, 鎖心終不開]"라고 했다. 마진이 저자에 가서 열쇠를 팔았는데, 이 사실을 안 사람이 이를 알리게 되었다. 주장主將이 그 시를 얻어 황제에게 아뢰자, 희종이 마진을 대궐로 들어오게 하여 궁녀를 아내로 삼게 해주었다. 나중에 희종이 촉으로 갔을 때, 마진은 밤낮으로 혁대를 풀지 않고 앞과 뒤에서 보호했다.

張建封妓장건봉의 기녀

樂天有「和燕子樓」詩, 其序云 : "徐州張尚書有愛妓盼盼, 善歌舞, 雅多風態. 余爲校書郎時, 遊淮泗間, 張尚書宴余. 酒酣, 出盼盼以佐飲, 歡甚. 余因贈詩, 落句云 : '醉嬌勝不得, 風嫋牡丹花.' 盡歡而去. 爾後絶不復知, 茲一記矣. 昨日司勳員外郎張仲素繪之方余, 因吟新詩, 有「燕子樓」詩三首, 詞甚婉麗. 詰其由, 乃盼盼所作也. 繪之從事武寧軍累年, 頗知盼盼始末, 云 : '張尚書既沒, 彭城有張氏舊第, 中有小樓, 名燕子. 盼盼念舊愛而不嫁, 居是樓十餘年, 於今尚在.' 盼盼詩云 : '樓上殘燈伴曉霜, 獨眠人起合歡牀. 相思一夜情多少, 地角天涯未是長.' 又云 : '北邙松栢鎖愁煙, 燕子樓中思悄然. 自埋劍履歌塵散, 紅袖香消一十年.' 又云 : '適看鴻雁岳陽回, 又睹玄禽逼社來. 瑤瑟玉簫無意緒, 任從蛛網任從灰.' 余嘗愛其新作, 乃和之云 : '滿窗明月滿簾霜, 被冷燈殘拂臥床. 燕子樓中寒月夜, 秋來只爲一人長.' '鈿帶羅衫色似煙, 幾回欲起即潸然. 自從不舞「霓裳曲」, 疊在空箱十二年.' 又 : '今春有客洛陽迴, 曾到尚書墓上來. 見說白楊堪作柱, 爭教紅粉不成灰.' 又贈之絶句 : '黃金不惜買蛾眉, 揀得如花四五枝. 歌舞教成心力盡, 一朝身去不相隨.' 後仲素以余詩示盼盼, 乃反覆讀之, 泣曰 : '自公薨背, 妾非不能死, 恐百載之後, 以我公重色, 有從死之妾, 是玷我公清範也, 所以偷生耳.' 乃和云: '自守空樓斂恨眉, 形同春後牡丹枝. 舍人不會人深意, 訝道泉臺不去隨.' 盼盼得詩後, 怏怏旬日, 不食而卒. 但吟云: '兒童不識沖天物, 漫把青泥汙雪毫.'" 【出『長慶集』】

백거이가 「화연자루和燕子樓」를 지었는데, 그 서문에서 "서주徐州 장상서張尙書에게 애기愛妓 반반盼盼이 있었는데, 노래와 춤을 잘하는 등 남다른 맵시가 있었다. 내가 교서랑으로 있으며 회사淮泗 지역을 유람할 때, 장상서가 나를 위해 연회를 베풀었는데 술이 얼큰해지자 반반을 나오게 해 술시중을 들게 해서 매우 기뻤다. 내가 시를 지어주었는데, 그 마지막 구절에서 '취한 여인 몸 가누지 못하여 바람 앞에 여린 모란꽃 같네[醉嬌勝不得, 風嫋牡丹花]'라고 하며 기쁨을 만끽하고 떠났다. 그 뒤 모두 잊은 채 어느덧 십이 년이 지났다. 어제 사훈원외랑司勳員外郎 중소仲素 장회지張繪之가 나를 찾아와 새로운 시를 읊어 주었고, 그 안에 세 수의 「연자루燕子樓」가 있었는데 시가 매우 곱고 미려했다. 작가를 알아보니 바로 반반이었다. 장회지는 여러 해 무녕군武寧軍 종사從事로 있어서 반반에 대해 잘 알고 있었다. 그가 말하기를 '장상서가 세상을 떠난 뒤, 팽성彭城에 장씨張氏의 옛집이 있었는데 그 안에 연자燕子라는 누대가 있었습니다. 반반은 옛사랑을 생각하여 시집가지 않고 이 누대에서 십여 년을 살고 있으며, 현재도 아직 그곳에 있습니다'라고 했다. 반반이 지은 시에서 '누대 위 가물거리는 등불은 새벽 서리와 함께 하고, 홀로 잠든 사람 합환合歡의 침상에서 일어난다. 그리움에 잠긴 하룻밤의 정은 얼마인가, 땅 모서리 하늘 끝은 긴 것이 아니라네[樓上殘燈伴曉霜, 獨眠人起合歡牀. 相思一夜情多少, 地角天涯未是長]'라고 하고, 또 '북망산의 소나무 잣나무는 수심의 안개에 갇히고, 연자루 안은 그리움에 휩싸여 있네. 스스로 묻은 칼과 신발에 노래 먼지는 흩어지고, 붉은 소매에 향기 사라진 지 십 년이 되었네[北邙松栢鎖愁煙, 燕子樓中思悄

然. 自埋劍履歌塵散, 紅袖香消一十年]'라고 하고, 또 이르기를 '악양에서 돌아오는 기러기 바라보고, 사일社日 가까울 때 찾아오는 제비를 다시 본다. 비파며 퉁소에는 아무 생각 없어, 거미그물 쳐지는 대로 재가 되는 대로 놔둘 뿐이다[適看鴻雁岳陽回, 又睹玄禽逼社來. 瑤瑟玉簫無意緒, 任從蛛網任從灰]'라고 했다. 내 일찍이 그의 신작을 좋아하여 화답하기를 '창 가득한 밝은 달빛 주렴 가득한 서리, 이불 차갑고 등불 가물거릴 때 와상臥床에 쓰러져 있다. 연자루 안 차가운 달밤, 가을은 다만 한 사람 때문에 길 뿐이다[滿窗明月滿簾霜, 被冷燈殘拂臥床. 燕子樓中寒月夜, 秋來只爲一人長]', '장식한 띠와 비단 적삼은 안개와 같은데, 몇 번이나 일어나려다 이내 눈물 흘렸나. 「예상곡霓裳曲」을 춤추지 않을 때부터, 텅 빈 상자 안에 쌓여 있은 지 십이 년이다[鈿帶羅衫色似煙, 幾回欲起卽潸然. 自從不舞「霓裳曲」, 疊在空箱十二年]'라고 하고, 또 '올봄 낙양으로 돌아온 객이 있는데, 일찍이 장상서의 무덤을 찾아갔다. 백양나무 기둥을 삼을만하다 하는데, 어찌 아리따운 얼굴 시들지 않았으리오[今春有客洛陽迴, 曾到尙書墓上來. 見說白楊堪作柱, 爭教紅粉不成灰]'라고 했다. 또 절구를 지어 보내기를 '황금으로 아미(여인) 사는 것이 아깝지 않아, 꽃 같은 네다섯 가지를 추렸다. 노래와 춤을 가르치는 데 마음 쏟았지만 하루아침에 떠날 때 뒤따르지 않았네[黃金不惜買蛾眉, 揀得如花四五枝. 歌舞教成心力盡, 一朝身去不相隨]'라고 했다. 나중에 장회지가 나의 시를 반반에게 보이자 반복해서 읽고는 울며 말하기를 '공께서 돌아가신 뒤 첩이 뒤따라 죽고 싶었지만 백 년 후에 우리 공이 여색을 중시하여 따라죽은 첩이 있다는 말을 들을까 두려웠으니, 이는 우리 공의 청정한 모범을 욕되게 하는 것이어서 애써 삶을 꾸려온 것일 뿐입니다'라고 했다. 그러면서 화답의 시를 짓기를 '스스로 텅 빈 누대를 지키고 한스러운 아미를 거두니, 그 모습이 봄 지난 모란의 가지를 닮았네. 식구들은 남의 깊은 속도 모르고, 구천에 따라가지 않는다고 의아해하네[自守空樓斂恨眉, 形同春後牡丹枝. 舍人不會人深意, 訝道泉臺不去隨]'라고 했다. 반반이 내 시를 얻고 나서 십여 일을 슬퍼하다가 식음을 끊고 세상을 떠났다. 다만 읊기를 '아이는 하늘을 나는 새인 줄 모르고, 아무렇게나 진흙으로 눈 같은 깃털을 더럽히네[兒童不識沖天物, 漫把青泥汙雪毫]'라고 했다."【『장경집長慶集』에 나온다】

女郎宋若昭① 여랑 송약소

若昭, 貝州人. 父廷芬, 生五女皆警慧, 善屬文. 長若莘, 次若昭・若倫・若憲・若荀. 若昭尤高. 皆性素潔, 鄙薰澤靚糚, 不願歸人, 欲以學名家, 家亦不欲與寒鄉凡裔爲姻對. 貞元中, 昭義節度使李抱眞表其才, 德宗詔入禁中, 試文章並問經史大義, 帝咨美, 悉留宮中. 帝能詩, 每與侍臣賡和, 五人者皆與. 又高其風標, 不以妾侍命之, 呼學士. 自貞元七年, 秘禁圖籍, 詔若莘總領. 元和末卒. 後穆宗拜若昭尚宮, 嗣其秩. 曆穆敬文三朝, 皆呼先生. 若憲, 文宗時以讒死. 倫・荀蚤卒. 廷芬男獨愚, 不可敎, 爲民終身.

① "昭"原作"照", 據『新唐書』「宣懿韋太後傳」改. 下同.

송약소는 패주貝州 사람이다. 부친 송정분宋廷芬이 딸 다섯을 낳았는데, 모두 지혜가 뛰어나고 문장을 잘 지었다. 장녀는 약신若莘이고, 그 다음은 약소若昭・약륜若倫・약헌若憲・약순若荀이다. 그 가운데 약소가 가장 총명했다. 모두 본성이 정갈하여 꾸미고 치장하는 것을 하찮게 여겼으며, 시집 가는 여인이 되는 것을 원치 않고 학문으로 집안을 드높이려 했는데, 집안에서도 한미한 시골의 여느 후손들과 사돈을 맺으려 하지 않았다. 정원 연간에 소의절도사昭義節度使 이포진李抱眞이 그들의 재능을 조정에 알리자, 덕종이 궁 안으로 불러들여 문장을 시험하고, 아울러 경사經史의 대의大義를 묻고 나서 그들의 재능을 찬미하며 모두 궁 안에 머무르게 했다. 덕종은 시에 능했는데, 시신들과 함께 시를 주고받을 때 다섯 여인도 모두 참여했다. 또 그들의 직함을 높게 해서 시첩이라 부르지 않고 학사라고 불렀다. 정원 7년(791)에는 궁중의 금서秘書를 약신이 총괄토록 했다. 그런데 약신은 원화 말에 세상을 떠났다. 나중에 목종이 약소를 상궁尙宮에 임명하여 약신의 직책을 잇게 했다. 목종・경종景宗・문종 세 조정을 거치며 모두 선생先生이라 불리었다. 약헌은 문종 때 참소를 당하여 죽었다. 약륜과 약순은 일찍 죽었다. 송정분의 아들은 홀로 어리석어서 가르치지 못했고 평민으로 생을 마쳤다.

① '昭'는 본래 '照'로 되어 있었는데, 『신당서』 「선의위태후전宣懿韋太後傳」에 의거하여 고쳤으며, 이하 동일하다.

女郎張窈窕 여랑 장요조

「寄故人」云："澹澹春風花落時，不堪愁望更相思。無金可買長門賦，有恨空吟團扇詩."

「기고인寄故人」에서 "담담한 봄바람에 꽃이 질 때, 시름겨워 바라보다 다시 그리움에 잠긴다. 「장문부長門賦」[25] 살 돈이 없어, 한을 안은 채 하염없이 「단선시團扇詩」[26]만 읊는다(澹澹春風花落時，不堪愁望更相思。無

25 「장문부(長門賦)」 : 사마상여가 지은 글이다. 진황후(陳皇后)가 한 무제의 사랑을 받았으나 질투를 한다는 이유로 장문궁(長門宮)에 별거하게 되었다. 황후가 글에 능하다는 사마상여의 소문을 듣고 그에게 부탁을 하자, 그가 이 글을 지어 무제의 마음을 되돌리게 했다는 고사가 전한다. 『문체명변(文體明辨)』 「부」 참고.

26 「단선시(團扇詩)」 : 원가행(怨歌行), 「원가(怨歌)」. 한나라 여관(女官) 반첩여의 작품이라 전해진다. 조씨(趙氏) 자매가 입궁하고 나서 성제의 총애를 독차지하자 소외된 비빈(妃嬪)들의 억울한 감회를 서술한 작품이다.

金可買長門賦, 有恨空吟團扇詩]”라고 했다.

女郎劉媛여랑 류원

“學畫蛾眉獨出群, 當時人道使承恩. 經年不見君王面, 花落黃昏空掩門.”

“아미 그림을 배울 때 홀로 빼어나서, 당시 사람들은 성은을 받을 것이라 이야기했다. 해가 지나도 임금의 얼굴은 보지 못하고, 꽃이 지는 황혼에 하염없이 문만 걸어 잠갔다.[學畫蛾眉獨出群, 當時人道便承恩. 經年不見君王面, 花落黃昏空掩門.]”

鶯鶯앵앵

鶯鶯姓崔氏, 有張生者, 托其婢紅娘以「春詞」二篇誘之. 崔答曰:“待月西廂下, 迎風戶半開. 拂牆花影動, 疑是故人來.” 張喜其意, 旣遇而別, 崔命琴, 鼓「霓裳羽衣」之曲. 張文戰不利, 崔貽書以廣其意. 又有竹茶碾亂絲之贈曰:“淚痕在竹, 愁緖縈絲, 因物達情, 永以爲好.” 楊巨源·元稹善張生, 見其意, 歎賞之. 巨源賦「崔娘」一篇云:“淸潤潘郎玉不如, 中庭蕙草雪銷初. 風流才子多春思, 腸斷蕭娘一紙書.” 元稹亦續生「會眞」詩三十韻. 張後以爲妖於身也, 絶之. 旣而崔托其所親潛寄一詩云:“自從消瘦減容光, 萬轉千回懶下床. 不爲旁人羞不起, 因郎顦顇却羞郎.” 張將行, 賦一章以絶之云:“棄置今何道, 當時且自親. 還將舊來意, 憐取眼前人.” 自是遂絶.

앵앵의 성은 최씨崔氏이다. 장생張生이라는 사람이 자신의 여종 홍랑紅娘을 시켜 「춘사春詞」 두 편으로 유혹하자, 앵앵이 답하기를 "서상西廂 아래에서 달을 기다리며, 바람을 맞으러 문을 절반 열어 놓았다. 담장을 스치며 꽃 그림자 움직이니, 친구가 찾아오는 것인가 싶구나[待月西廂下, 迎風戶半開. 拂牆花影動, 疑是故人來]"라고 했다. 이를 받아본 장생이 기뻐하여 서로 만났고, 헤어질 때 앵앵이 금琴을 갖고 와 「예상우의곡霓裳羽衣曲」을 연주했다. 장생이 문장의 다툼에서 이롭지 못하자, 앵앵이 편지를 써 그의 마음을 넉넉하게 해주었다. 그리고 또 죽다연竹茶碾과 난사亂絲를 주며 이르기를 "눈물 흔적은 대나무에 있고, 시름 가닥은 실에 엉켜 있다. 사물을 통해 마음 전하며, 영원히 좋은 관계를 맺으려 한다[淚痕在竹, 愁緒縈絲, 因物達情, 永以爲好]"라고 했다. 양거원楊巨源과 원진이 장생과 친했는데, 그 내용을 보고 찬탄했다. 양거원이 「최랑崔娘」이라는 시를 짓기를 "맑고 윤택한 반랑潘郞은 옥도 그만 못하여 뜰 위 혜초蕙草에 눈이 막 녹는 것 같다. 풍류재자風流才子들은 봄에 사무치는데, 소랑蕭娘의 편지 한 장에 애가 끊는다[淸潤潘郞玉不如, 中庭蕙草雪銷初. 風流才子多春思, 腸斷蕭娘一紙書]"라고 했고, 원진 또한 「회진會眞」 30운을 이어 지었다. 장생은 훗날 자신에게 요염하다고 하여 관계를 끊었다. 그러자 앵앵이 가까운 사람에게 부탁하여 조용히 한 수의 시를 보내기를 "초췌해 고운 모습 사그라지고 나서, 천번만번 뒹굴다 게을리 침상을 내려온다. 다른 사람에게 부끄러워서가 아니라, 낭군으로 인한 초췌함이 낭군을 부끄럽게 할까봐서다[自從消瘦減容光, 萬轉千回懶下床. 不爲旁人羞不起, 因郞顦顇却羞郞]"라고 했다. 장생이 떠나려하자, 단절의 시를 짓기를 "버리는 것을 지금 어찌 말하랴, 당시에는 스스로 친했거늘. 예전 마음을 가지고, 눈앞의 사람을 사랑할지어다[棄置今何道, 當時且自親. 還將舊來意, 憐取眼前人]"라고 하여 마침내 교유가 단절되었다.

不知名무명인

江陵有士子遊交·廣, 五年未還, 愛姬爲太守所取, 納於高麗坊邸. 及歸, 寄詩曰: "陰雲冪冪下陽臺, 惹著襄王更不回. 五度看花空有淚, 一心如結不曾開. 纖蘿自合依芳樹, 覆水寧思反舊杯. 惆悵高麗坊邸宅, 春光無復下山來." 守遂遣還.

有爲御史分務洛京者, 其愛姬爲李逢吉一閱, 遂不復出. 明日, 以詩投之云: "三山不見海沉沉, 豈有仙蹤尚可尋. 青鳥去時雲路斷, 嫦娥歸處月宮深. 紗窗暗想春相憶, 書幌誰憐夜獨吟. 料得此時天上月, 只應偏照兩人心." 李得詩含笑曰: "大好詩." 遂絶.

唐人及第後, 或遇舊題名處, 即加前字, 故詩曰: "曾題名處添前字, 送出城人乞舊詩."【姚合及第後, 詩云: "新銜添一字, 舊友讓前途."】

長安木塔院, 有進士房魯題名處,① 有人題詩曰: "姚家新婿是房郎, 未解芳顔意欲狂. 見說正調穿羽箭, 莫敎射破寺家牆."

丹陽焦山「瘞鶴銘」小碣刻詩云: "江外水不凍, 今年寒苦遲. 三山在何處, 欲到引風歸." 後題云: "丹陽掾王瓚作." 後復題小石云: "縱步不知遠, 夕陽猶未回. 好花隨意發, 流水逐人來." 不知誰爲之.

"忽聞天子訪沉淪, 萬里懷書西入秦. 早知不用無媒客, 恨別江南楊柳春."

奇鯤, 南詔大酋之心膂也. 僖宗時來朝, 高駢自淮海飛章曰: "蠻酋用事, 惟奇鯤等數人, 請止而鴆之." 帝用其策. 奇鯤有詞藻, 途中詩云: "風裏浪花吹又白, 雨中峰影洗還青. 沙鷗聚處窗前見, 林狖啼時枕上聽."【出「瑣言」】

「雜調」云: "勸君莫惜金縷衣, 勸君須惜少年時. 有花堪折直須折, 莫待無花空折枝."

"空賜羅衣不賜恩, 一薰香後一銷魂. 雖然舞袖何曾舞, 長對春風裛淚痕."

"眼想心思夢裏驚, 無人知我此時情. 不如池上鴛鴦鳥, 雙宿雙飛過一生."

"鶯啼露冷酒初醒, 罨畫樓西曉角鳴. 翠羽帳中人夢覺, 寶釵斜墮枕函聲."

"兩心不語暗知情, 燈下裁縫月下行. 行到階前知未睡, 夜深聞放剪刀聲."

乾符末, 有客訪僧, 僧却之, 題門而去, 云:"龕龍去東流, 時日隱西斜. 敬文今不在, 碎石入流沙." 忽一僧曰:"大罵我曹, 乃合寺苟卒四字."

① "魯", 『紀事』作"曾."

강릉의 어떤 인사가 교주交州와 광주廣州로 유람을 떠났다가 오 년 동안 돌아오지 않자, 그의 애첩이 태수에게 뽑혀 고려방 저택(高麗坊邸)에 들여보내졌다. 그 인사가 돌아와 시를 보내기를 "검은 구름 흐릿하게 양대陽臺를 내려와, 양왕襄王을 일깨우며 다시 돌아가지 않는다. 다섯 번 꽃을 보았으나 공연히 눈물만 흐르고, 한마음 실로 묶은 듯하여 일찍이 풀지 않았다. 여린 넝쿨은 스스로 고운 나무에 기대었거늘, 엎어진 물은 어찌 옛 잔에 돌아갈 것을 생각하랴. 서글픈 고려방 저택이여, 봄빛이 다시는 산을 내려오지 않는구나(陰雲冪冪下陽臺, 惹著襄王更不回. 五度看花空有淚, 一心如結不曾開. 纖蘿自合依芳樹, 覆水寧思反舊杯. 惆悵高麗坊邸宅, 春光無復下山來)"라고 하니, 태수가 마침내 돌려보냈다.

낙경洛京에서 공무를 수행하던 어사가 있었는데, 그의 애첩이 이봉길李逢吉을 만나고 나서 다시는 나오지 않았다. 이튿날 시를 지어 전하기를 "삼산三山은 깊은 바다를 보지 못했거니, 어찌 신선의 자취를 찾을 수 있으랴. 푸른 새 날아갈 때 구름길 끊기고, 항아가 돌아가는 달 궁궐은 깊다. 비단 창문에서 조용히 봄날 그리워하던 때를 떠올리고, 글방 휘장 안에서 한밤 홀로 읊조리는 것을 누가 가련해 하는가. 아마도 지금 하늘의 달은, 둘의 마음만 비추고 있으리라(三山不見海沉沉, 豈有仙蹤尙可尋. 靑鳥去時雲路斷, 嫦娥歸處月宮深. 紗窗暗想春相憶, 書幌誰憐夜獨吟. 料得此時天上月, 只應偏照兩人心)"라고 하니, 이봉길이 시를 보고 웃으며 "아주 좋은 시다"라고 하고 마침내 여인과 단절했다.

당나라 사람들은 급제를 하고 나서 어쩌다 예전에 제명題名했던 곳을 만나면 바로 '전前' 자를 첨가한다. 그래서 시에서 이르기를 "일찍이 제명한 곳에 '전' 자를 첨가하여, 성을 나서는 사람을 전송할 때 옛 시를 요청한다[曾題名處添前字, 送出城人乞舊詩]"라고 했다【요합이 급제하고 나서 지은 시에서 "새로운 직함에 한 글자를 첨가하니 옛 친구가 앞길을 양보하네[新衔添一字, 舊友讓前途]"라고 했다】.

장안 목탑원木塔院에 진사 방로房魯가 제명한 곳이 있는데 어떤 사람이 시를 짓기를 "요姚씨 집안 새 신랑이 방랑房郎인데, 꽃다운 얼굴을 알지 못해 속이 탄다. 듣자니 꿰뚫는 화살을 조준한다 하는데, 절집 담장은 쏘아 무너뜨리지 말라[姚家新婿是房郎, 未解芳顏意欲狂. 見說正調穿羽箭, 莫教射破寺家牆]"라고 했다.

단양丹陽 초산焦山에 있는 「예학명瘞鶴銘」의 작은 비갈碑碣에 새긴 시에서 "강 밖에 물은 얼지 않았는데, 올해는 추위의 고통이 더디게 지나간다. 삼산三山은 어느 곳에 있는가, 가서 바람을 이끌고 돌아가고 싶다[江外水不凍, 今年寒苦遲. 三山在何處, 欲到引風歸]"라고 했는데, 그 뒤에 '단양연丹陽掾 왕찬王瓚 지음'이라 했다. 그 뒤 작은 빗돌에 다시 시가 새겨지기를 "거리도 모르고 발 닿는 대로 걸으며, 석양이 되어도 돌아가지 않는다. 좋은 꽃은 제멋대로 피고, 흐르는 물은 사람을 따라온다[縱步不知遠, 夕陽猶未回. 好花隨意發, 流水逐人來]"라고 했는데, 누가 지은 것인지 알 수 없다.

"천자가 숨은 인재 찾는다는 말 갑자기 듣고, 만 리 밖에서 편지를 안고 서쪽 진秦나라로 들어간다. 소개해줄 사람 없는 객은 등용되지 않은 줄 일찍이 알아서, 강남 버드나무 봄에 이별의 한이 서려 있다[忽聞天子訪沉淪, 萬里懷書西入秦. 早知不用無媒客, 恨別江南楊柳春]"라고 했다.

기곤奇鯤은 남조南詔 대추大酋의 심복이었다. 희종 때 당나라로 조회를 왔을 때, 고변高駢이 회해淮海에서 비장(飛章 : 급보)을 올리기를 "북쪽 오랑캐 추장의 계책은 오직 기곤 등 몇 사람이 세우고 있으니, 그를 붙들어 조용히 죽이소서"라고 하여 희종이 그 계책을 사용했다. 문장에 능한 기곤은 길 위에서 지은 시에서 "바람 속 물결 꽃은 바람 불면 하얗게 변하고, 빗속의 봉우리 그림자는 씻겨도 다시 푸르다. 백사장 갈매기 모인 곳은 창 앞에서 보고, 숲의 원숭이 우는 때는 베개 위에서 듣는다[風裏浪花吹又白, 雨中峰影洗還青. 沙鷗聚處窗前見, 林狖啼時枕上聽]"라고 했다【「북몽쇄언」에 나온다】.

「잡조雜調」에서 "그대여 황금실 옷을 아까워하지 말고, 그대여 부디 소년시절을 아까워하라. 꽃이 꺾을 만할 때 바로 꺾어서, 꽃이 없을 때 부질없이 가지만 꺾지 말라[勸君莫惜金縷衣, 勸君須惜少年時. 有花堪折直須折, 莫待無花空折枝]"라고 했다.

"부질없이 비단옷만 하사하고 은혜는 하사하지 않아, 한 번 향기 풍길 때 넋도 같이 사라진다. 하지만 춤추는 소매를 어찌 한번 시험해봤던가, 오랫동안 봄바람 앞에서 눈물 흔적만 남기고 있다[空賜羅衣不賜恩, 一薰香後一銷魂. 雖然舞袖何曾舞, 長對春風裛淚痕]"라고 했다.

"눈앞에 어른거리고 마음속에 그립고 꿈에서도 놀라, 나의 지금 이 마음을 아는 이가 없다. 연못 위 원앙새가, 함께 자고 함께 날며 한 생을 보내는 것만 못하다[眼想心思夢裏驚, 無人知我此時情. 不如池上鴛鴦鳥, 雙宿雙飛過一生]"라고 했다.

"꾀꼬리 울고 이슬 차가워 술에서 막 깰 때, 그림 그려진 서쪽 누대에서 뿔피리 소리 들린다. 푸른 깃 장막 안에서 꿈이 깰 때, 보채(寶釵: 비녀)가 기울어 베개함에 떨어지는 소리 들린다[鶯啼露冷酒初醒, 罨畫樓西曉角鳴. 翠羽帳中人夢覺, 寶釵斜墮枕函聲]"라고 했다.

"두 사람 마음은 말하지 않아도 서로 잘 알아서, 등불 아래 옷 짓고 달 아래서 걷는다. 섬돌 앞까지 와서 아직 잠들지 않은 줄 알고, 깊은 밤 가위질 소리를 듣는다[兩心不語暗知情, 燈下裁縫月下行. 行到階前知未睡, 夜深聞放剪刀聲]"라고 했다.

건부 말에 어떤 객이 승려를 찾아왔지만 승려가 그를 물리치자 문에 시를 쓰고 떠나기를 "감실龕室의 용龍이 동쪽으로 떠난 뒤, 그때(時)의 해(日)는 서쪽으로 기울어 숨었다. 경敬의 문文은 지금 보이지 않고, 부스러기(碎) 돌(石)만 모래 속으로 흘러간다[龕龍去東海, 時日隱西斜. 敬文今不在, 碎石入流沙]"라고 하니, 갑자기 한 승려가 이르기를 "우리들을 크게 욕하는 것으로, 바로 '합사구졸合寺苟卒'[27] 네 글자다"라고 했다.

① '龕'는 『당시기사』에 '龕'으로 되어 있다.

權龍褒【褒一作襄】권룡포【포는 양으로도 쓴다】

景龍中, 爲左武衛將軍, 好賦詩, 而不知聲律. 中宗與學士賦詩, 輒自預焉, 帝戲呼爲權學士. 初以親累遠貶, 洎歸, 獻詩云 : "龍褒有何罪, 天恩放嶺南. 敕知無罪過, 追來與將軍." 上大笑. 嘗吟「夏日」詩 : "嚴霜白皓皓, 明月赤團團." 或曰 : "豈是夏景." 答曰 : "趁韻而已." 通天中, 刺滄州. 初到, 呈同官曰 : "遙看滄州城, 楊柳鬱青青. 中央一群漢, 聚坐打杯觥." 諸公謝曰 : "公有逸才." 曰 : "不敢. 趁韻而已." 嘗作「秋日詠懷」詩曰 : "檐前飛七百, 雪白後園僵. 飽食房裏側, 家糞集野蜋." 參軍不曉, 問之, 權曰 : "鷂子簾前飛, 直七百, 洗衫掛後園白如雪, 飽食房中側臥, 家裏便轉集得野澤蜣蜋." 聞者笑之. 始賦「夏日」嚴霜明月之句, 乃皇太子宴賦詩. 太子援筆譏之 : "龍褒才子, 秦州人氏. 明月晝耀, 嚴霜夏起. 如此詩章, 趁韻而已."

龍褒爲瀛州刺史, 歲暮, 京中人附書云 : "改年多感." 乃將書呈判司以下云 : "有司改年爲多感元年." 一日, 謂府吏 : "何名私忌." 對曰 : "父母亡日, 請假." 偶房中靜坐, 有青狗突入, 大怒曰 : "衝破我忌日, 更牒改到明日, 好作忌日." 談者笑之.

---

27 합사구졸(合寺苟卒) : '龕'에서 '龍'을 떼면 '合', '時'에서 '日'을 숨기면 '寺', '敬'에서 '文'이 없으면 '苟', '碎'에서 '石'이 흘러가버리면 '卒'이 돼, 결국 '절간의 구질구질한 졸장부'라는 뜻이 된다. 파자(破字)를 통해 상대방을 비방한 것이다.

경룡 연간에 좌무위장군左武衛將軍이 되었는데, 시 짓기를 좋아했지만 성률은 잘 몰랐다. 중종이 학사들과 시를 지을 때 그도 나서서 참여했는데, 중종이 농담 삼아 '권학사權學士'라고 불렀다. 일찍이 친척과 연루돼 멀리 좌천당한 뒤, 다시 돌아왔을 때 황제에게 올린 시에서 "용포龍褒가 무슨 죄를 지었기에, 천은天恩은 영남嶺南으로 방출하셨나. 죄가 없음을 안 칙서를, 훗날 장군에게 내리셨네[龍褒有何罪, 天恩放嶺南. 敕知無罪過, 追來與將軍]"라고 하자, 중종이 크게 웃었다. 일찍이 지은 「하일夏日」에서 "매서운 서리는 하얗게 빛나고, 밝은 달은 붉게 둥글다[嚴霜白皓皓, 明月赤團團]"라고 하자, 혹자가 "어찌 여름 풍경인가"라고 하니, 대답하기를 "운에 맞췄을 뿐이다"라고 했다. 통천 연간(696)에 창주자사로 임명되었는데, 막 도착해서 동관同官에게 시를 지어 올리기를 "멀리 창주성을 바라보니, 푸른 버드나무 울창하다. 그 가운데 한 무리 사내들이, 모여 앉아 술잔을 주고받는다[遙看滄州城, 楊柳鬱青青. 中央一群漢, 聚坐打杯觥]"라고 하자, 여러 공들이 사례를 표하며 "공은 빼어난 재능이 있다"라고 하니, 이르기를 "그렇지 않다. 운에 맞췄을 뿐이다"라고 했다. 일찍이 지은 「추일영회秋日詠懷」에서 "처마 앞에는 칠백七百이 날고, 눈처럼 하얀 것은 후원에 쓰러져 있다. 배불리 먹고 방안에 누워 있으니, 집안 분뇨에 야랑野蜋이 모여 있다[檐前飛七百, 雪白後園僵. 飽食房裏側, 家糞集野蜋]"라고 하여 참군參軍이 무슨 말인지 몰라 묻자, 말하기를 "익더귀(새매의 암컷)가 주렴 앞을 나는데 그 값이 칠백이란 것이고, 세탁한 적삼이 후원에 걸려 있는데 눈처럼 하얗다는 것이고, 배불리 먹고 방안에 누워 있는데 집안에 변이 나뒹굴어 들판 사마귀 떼를 모은다는 말이다"라고 하니 모두 웃었다. 처음에 지었던 「하일」의 '엄상嚴霜' '명월明月' 구절은 바로 황태자의 연회에서 지은 시이다. 태자가 붓을 들어 비난하기를 "용포재자龍褒才子는 진주秦州 사람이다. '밝은 달 한낮에 빛나고, 매서운 서리 여름에 내린다' 같은 시는 운만 맞췄을 뿐이다[龍褒才子, 秦州人氏. 明月晝耀, 嚴霜夏起. 如此詩章, 趁韻而已]"라고 했다.

권룡포가 영주瀛州자사였을 때, 한 해가 저물 무렵 서울에 사는 사람이 편지를 보내오기를 '한 해가 바뀌는 때에 참 감사하다(改年多感)'라고 하자, 이 편지를 판사判司 이하에게 전하며 이르기를 "유사有司가 연호를 '다감多感'으로 개정했다"라고 했다. 하루는 부府의 아전에게 "어찌하여 '사기私忌'라 하는가?"라고 하니, 대답하기를 "부모님 돌아가시는 날 휴가를 요청하는 것이다"라고 했다. 어느 날 우연히 방안에 가만히 앉아 있는데, 푸른색 개가 갑자기 쳐들어오자 대노하며 이르기를 "나의 기일을 충돌해 깨뜨렸으니 첩(牒 : 관문서)을 고쳐 내일로 기일을 삼는 것이 좋겠다"라고 하니, 함께 있는 이들이 모두 껄껄 웃었다.

역대시화 2 | 인명 찾아보기

전당시화

ㄱ

ㄴ

ㅂ

ㅇ

ㅈ